非资本主义、半资本主义和资本主义农业
资本主义时代农业经济组织的系谱

沈 汉 著

图书在版编目(CIP)数据

非资本主义、半资本主义和资本主义农业：资本主义时代农业经济组织的系谱 / 沈汉著. — 北京：商务印书馆，2022
（沈汉集）
ISBN 978-7-100-20044-8

Ⅰ. ①非… Ⅱ. ①沈… Ⅲ. ①资本主义国家－农村经济－经济组织－研究 Ⅳ. ①F312.2

中国版本图书馆CIP数据核字（2021）第114097号

权利保留，侵权必究。

本书由教育部创建"双一流"大学基金
和南京大学人文基金赞助出版

（沈汉集）
非资本主义、半资本主义和资本主义农业
资本主义时代农业经济组织的系谱

沈 汉 著

商 务 印 书 馆 出 版
（北京王府井大街36号　邮政编码100710）
商 务 印 书 馆 发 行
北京兰星球彩色印刷有限公司印刷
ISBN 978-7-100-20044-8

2022年6月第1版	开本 850×1168　1/32
2022年6月第1次印刷	印张 23　3/8

定价：168.00元

序 一

〔美〕格奥尔格·伊格尔斯

（国际历史科学委员会史学史和史学理论委员会前主席）

我以极大的兴趣读了收入这本文集的沈汉教授的论文的英文摘要，但是要对他关于英国历史发展，特别是农业领域发展的论文做出评述，我感到踌躇，因为我对关于这个题目大量的论辩的著述只有有限的知识。但是，指导他对英国经济和社会从封建主义向资本主义转变做出分析的理论假定，给我留下了极为深刻的印象。他的研究从马克思主义关于历史过程和经济作用的概念出发，但是随后把它们置于细致的考察和修正之中。诚然，存在着一种朝着近代社会的发展，但是这种发展极为复杂。强调社会和经济的复杂性，是沈汉进行历史洞察的核心。沈汉告诫我们，无法把封建主义视为清晰界定的类型，资本主义也同样如此。二者本质上都是等级制的。封建社会的等级制使得经济身份在构成社会结构时只具有较小的意义，他写道："在封建等级制社会中，社会集团并不是按照经济来划分的。"他指出，相反，"在近代社会的社会分层中，经济起了决定性的作用"，但并不是起着排斥其他一切的作用。其他的事实如文化也起了重要的作用。而且，在封建中世纪和近代资本主义社会二者之间存在着相当的重叠。资本主义从中起源的封建社会的经济结构是多维度的，资本主义社会的经济结构同样也是多维度的。中世纪的经济不完全是封建经济,同样,19世纪英国经济也不完全是资本主义经济。封建主义和资本主义甚至被马克思当作一种类型,当然,在《资本论》中,马克思比许多晚期马克思主义者更了解,还存在着不符合这种类型的其他方面。这样,在工业社会中存在着无产阶级和资产阶级两个阶级的概念就不能不只是相对的了。这样,就假定在19世纪资本主义的英国,在农村从家庭农场主到资本主义农场主之间存在一个谱系;在工业部门,从小作坊主到大工业家之间也存在一个谱系。这样,在历史发展阶段或社会诸阶级之间,并没有一个清晰的界限。如沈汉所说,总是"存在着一个复杂的过渡带"。他的社会和历史的概念接近于 E. P. 汤普森对英国社会的探讨,后者不是把大工人阶级主要看作经济力量所形成的,尽管这起着重要的作用。但是,他们在进入近代工业社会时,深深地植根于过去的意识参与了构造这个世界,而不完全由这个世界来构造。此外,和汤普森一样,沈汉在描绘世界发展时,并不像马克思对社会历史发展阶段的公式化表述,而是在写一部特性化的英国史,而且甚至把这部历史看作是极为复杂的和多维度的。他这样强调,他所说的历史主体"处于特别的时间和地点环境的影响下"。这样,我们必须谨慎地用形态学的手段探讨历史。因此,他在论及历史形态的单个形式时,认为它是以"个性化"的形式表现出来的。沈汉这样就把必要的对社会和经济史的类型学描述与对历史复杂性的了解结合起来,同时注意到了类型学的局限性。我感到遗憾的是,我无法阅读由中文撰写的这些论文。它们也应当为英语读者公众所知。它们提供了如何探讨历史的重要思想。

2012 年

纽约州立大学布法罗分校

序 二

陈崇武

（华东师范大学教授）

商务印书馆决定出版沈汉教授的多卷本史学文集，我认为这不仅对他本人，而且对世界史学界也是一件好事，值得庆贺。

读了沈汉教授的著作，有几点特别值得一谈。

首先，著作等身，成果斐然。

三十余年来，沈汉教授已写出的著作有十七部。其中包括《资本主义史》《世界史的结构和形式》《西方社会结构的演变——从中古到20世纪》《欧洲从封建社会向资本主义社会过渡研究——形态学的考察》《英国土地制度史》《英国宪章运动史》《非资本主义、半资本主义和资本主义农业——资本主义时代农业经济组织的系谱》《资本主义国家制度的兴起》《中西近代思想形成的比较研究——结构发生学的考察》等。此外，他还有译著五部，如《资本主义社会的国家》《宗教和资本主义的兴起》《共有的习惯》《近代国家的形成——社会学导论》等。著译作已有好几百万字。

我是搞世界史教学和研究的过来人，深知在世界史领域能写出一部有学术价值的专著谈何容易。有的学者一辈子能写一两本就算不错了，而像沈汉教授这样著作等身的确实不多，使我十分感叹。

沈汉教授的著作每本都下了很大的功夫。例如为写《英国土地制度史》一书，他曾多次到英国访问研究，尤其在雷丁大学乡村史中心和东盎格利亚大学历史学院做了半年研究，是在搜集和参考了18世纪英国各郡农业调查报告、英国农业渔业部出版的《1866至1966年大不列颠一个世纪的农业统计》等原始资料和数百种研究专著论文的基础上写成。比如写《资本主义史》及《非资本主义、半资本主义和资本主义农业——资本主义时代农业经济组织的系谱》，都引用了数百种外文资料。他的著作资料翔实，内容丰富，质量上乘，给人面目一新的感觉。

其次，善于吸收，锐意进取。

与某些见洋不食、故步自封、孤陋寡闻的史学家不一样，沈汉教授善于引进并吸收外国史学研究的最新成果和方法，融会贯通，成为自己学术研究的新鲜血液。如他对 E. P. 汤普逊、布罗代尔、勒高夫、拉布鲁斯、波朗查斯、密里本德等情有独钟。对国外诸多流派，如形态学、结构学、计量学、社会学等的研究成果和方法，加以有舍取的吸收，使其为己所用。他在吸收外来各学派及代表人物的研究成果和方法时，绝不囫囵吞枣、全盘照搬，而是经过自己消化，去伪存真，扬弃其糟粕，吸收其精华。他对某些权威学者的学术观点并非亦步亦趋，而是大胆挑战和质疑。如对诺贝尔经济学奖得主诺斯和托马斯"17世纪英国已经确立了土地绝对产权制度"的观点、勒高夫关于中世纪知识分子的分类方法、马克斯·韦伯对资本主义的定性，甚至马克思主义者关于资本主义起源于农业的论点等都提出了质疑。这是一种很值得赞扬的研究精神和态度。正因为如此，他所写的著作给人以与时俱进、不断创新的印象。

第三，把理论、史料、现实三者融为一体。

在我看来，史学研究中只有把理论、史料、现实三者密切结合，才能写出较好的著作，攀登史学研究的制高点。史学研究如果没有史料就等于是无米之炊；但如果没有理论也等于一个人只有躯壳而没有灵魂；如果没有现实感，史学研究也会失去价值和活力。从沈汉教授的著作来看，他能把三者巧妙地结合起来，犹如一位有经验的交响乐团的指挥，驾驭自如，游刃有余。例如在《资本主义国家制度的兴起》一书中，他在史料研究的基础上，能对马克思主义政治学必须包含的理论范畴做出阐述，这为未来我国政治体制的改革有理论启示，从而把史学研究推向一个有活力的更高阶段。

"宁静致远""淡泊明志"。从沈汉教授著述的内容和学术历程来看，他所走的是一条甘愿坐冷板凳、孜孜于埋头做学问的学术道路。沈汉教授之所以能写出如此多有分量的作品，固然是他的天赋使然，但更重要的是他的勤奋所致。

商务印书馆决定给沈汉教授出版文集，这不仅是对他本人的史学成果的充分肯定，也是对我们世界史学界同仁的莫大鼓舞和鞭策！

2018 年 2 月 25 日

致　谢

回首一顾，治史已四十载。教学之余，游走于英、法、德、奥、意、比、美诸国，结交友人，搜集历史资料，借火铸剑。时至今日，涉猎之英国宪章运动、英国议会政治史、西方国家制度史、西方社会结构史、欧洲从封建主义向资本主义过渡研究、英国土地制度史、20世纪60年代西方学生运动史、资本主义史、英国近代知识分子形成、资本主义时代农业经济组织研究、中西近代思想形成比较研究诸题均已完成，此外有译著几种出版，可聊以自慰。

新世纪某一年我在意大利都灵逗留时，东比埃蒙特大学埃多阿多·托塔鲁鲁教授（Professor Edoardo Tortaloro）某一日突然问起我为何不著一自传？友人之语醍醐灌顶，自己方才醒悟，埋头笔耕，不觉岁月已经流逝，已到了对自己以往的文字和思想做一整理的时候。遂有了汇编出版著述之替代计划。

《沈汉集》出版得到商务印书馆总编辑陈小文先生的鼎力支持。著名国际史学理论家、国际历史科学委员会史学史和史学理论委员会前主席格奥尔格·伊格尔斯教授（Professor Georg Iggers）为我忘年之交，知我甚深，在90岁高龄时允诺为我的著作集作序，我遂将各书提要寄去，不想他突染沉疴，骤然仙逝。现在只好将格奥尔格之前为我的自选论文集《世界史的结构和形式》题序转印于此，作一替代。华东师范大学历史系前系主任、世界史著名学者陈崇武教授在86岁耄耋之年欣然应邀为《沈汉集》作序。《沈汉集》的出版得到教育部创建"双一流"大学基金和南京大学人文基金的资助。

《沈汉集》出版,实为一介书生之幸事。上下求索间得到众多基金会资助和友人支持,在此一并致谢。

沈 汉

2021年7月

目　录

前　言 1

上篇　个案

第一章　英国 13
 第一节　土地保有权和各种身份的土地持有者 13
 第二节　圈地运动 44
 第三节　庄园衰落及庄园衰落后的农业经济组织 72
 第四节　租地农场 101
 第五节　关于小农消失的问题 108
 第六节　近代地产经营方式 126
 第七节　近代对中世纪土地法的继承和最终的改革 ... 150

第二章　德国

第一节　中世纪后期的农业 167

第二节　黑死病，三十年战争，16世纪西部和东部农业

　　　　发展的不同道路 170

第三节　再版农奴制和农奴制废除 186

第四节　近代农业结构 198

第五节　20世纪初到两次大战期间的农业 239

第六节　"二战"以后的农业 251

第三章　匈牙利

第一节　农奴制和农奴制废除 284

第二节　封建社会瓦解后的匈牙利 293

第三节　集体化时期的农业 317

第四章　美国

第一节　殖民地时期的农业经济组织 339

第二节　个人财产权的确立 358

第三节　开发土地的政策和西进运动 366

第四节　南北战争前的农业 368

第五节　南部种植园制度 398

第六节　大萧条和"新政"时期农业的调整 409

第七节　19世纪到20世纪农业生产力的发展 412

第八节 20世纪的土地保有权和农业经济组织 421

第五章 印度 431
第一节 英国殖民统治之前的土地保有权 431
第二节 殖民地时期的农业生产 444
第三节 独立后的农业经济 448
第四节 20世纪下半叶农业生产的发展 478

下篇 农业经济组织的系谱

第六章 农业经济本体论和自然规定性 491
第一节 农业经济本体论 491
第二节 农业的自然规定性 493

第七章 土地所有权 509
第一节 土地所有权 509
第二节 从封建主义向资本主义过渡时期身份
制度的残存 523

第八章 租佃制、农场制和农业经济组织的系谱 539
第一节 地租和租佃制 539

第二节	农民、家庭农场和大地产	567
第三节	雇佣劳动制度	640
第四节	农业经济组织的系谱	645
第五节	农业经济形态史和马克思主义社会形态理论的再思考	660
第六节	农业经济组织的共时性和历时性：非资本主义、半资本主义和资本主义结构在当代农业中共存	669

附录：农业史学说拾零 673

第一节	马克思以前的农业经济学说	673
第二节	用资本主义经济学研究农业的马克思	684
第三节	考茨基和列宁的农业经济思想	691
第四节	恰亚诺夫的农民学	702

参考文献 711

作者著译作目录 733

前　言

长期以来，我国的外国农业史研究受到过去的理论家一些观念的束缚。这包括资本主义时代农业经济在发展规律上和工业经济相同的论点；自由资本主义发展造成的社会结构"两极分化"模式和19世纪小农消失的论点；租佃农场制属于资本主义农业制度的观念；等等。上述观点的中心问题，就是把近代农业经济运行的规律与资本主义工业经济运行的规律等同起来，否认资本主义时期农业经济的结构在资本主义经济结构之外还存在着非资本主义和半资本主义的结构。社会形态发展单线说和一种社会形态内部结构一元化的认识，也阻碍我们对农业经济形态的历史做深入研究。今天我们需要从历史经济组织的资料出发，从历史结构和组织形态理论两个方面来完善对资本主义时期农业经济形态的理论认识。

农业经济部类是一个在历史上长期存在的传统的经济部类。农业经济部类是在漫长的历史过程中起源和发展起来的，农业经济部类比工业经济部类和商业经济部类复杂得多。达尼尔·索恩说："农业经济过去一直是而且现在仍然是人类社会一种广泛存在的组织形式。""由于农民经济在历史上持续存在，农民经济恐怕有权利值得按其自身的术语充分地加以研究。""在本质上可以把农民经济定义为一种有别于诸如奴隶制、资本主义和社会主义等其他的历史制度的生产制度。"[1]

农业在人类经济生活中起过重要的作用。在经济发展的初期阶段，农业部门的人口占到总人口的三分之一到四分之三，在传统社会向现代社会过渡的过程中，农业人口仍占人口的大部分。它创造了一半以上的国民收入，它一度是整个经济的决定性的部门。随着商业的发展尤其是工业革命的开展，农业不再是主要的创造社会财富的经济部类。

农业的复杂性在于它极大地受历史因素和自然条件影响。第一，在欧洲，农业生产是古代到中世纪社会经济的基石，由法律规定的身份制度长期存在，土地的等级占有制度也长期存在。在农业关系中，除了地租剥削外，还存在着农奴和农民对地主的部分人身依附关系。土地经济关系是二元的。第二，农业是一种在相当大程度上依赖于自然条件的生产类型，而这种依赖性并未因为工业化的展开和技术革命的发生而完全消失。

农业经济不同于工业经济和商业经济的主要特征在于，农业经济的一个关键的生产要素——土地，具有不可创造性、不可复制性和地理上不可移动性。农作物的生长期是由物种的生物属性决定的，它对生长条件的要求也属于自然规定性。农业经济具有自然经济的属性。

农业部类从其产生的历史时间来说，它起源于商品经济和资本主义关系形成以前。它最初是个体农民利用有限的技术条件开展的。个体劳动是农业最初的形式，维生是农业生产基本的目的。随后农业生

---

[1] Daniel Thorner, "Peasant Economy as a Category in History", in Teodor Shanin, ed., *Peasants and Peasant Societies*, Penguin Books, 1988, p.62.

产关系中出现了强加的人身依附关系,到资本主义时代人身依附关系最终消失。随着人口的增长、生产的商品化,农业生产的规模扩大了,农业中的生产关系开始具有多样性,但农业经济部类的结构中,粗陋的自然经济的组分并未完全消失。在经济不发达的第三世界国家,农业仍然保持着维生经济特点。这是由一些地区农业发展水平低下,农民收入不高,农业采取了技术含量不高的生产方式决定的。人力和科学技术的发展不可能实现农业生产方式的统一性。到了发达资本主义时代和全球化时代,农业将长期保持集约生产方式和个体经营方式并存、自然经济和现代科学嫁接于其上的并存状况。当然,在这一过程中,各种结构组分的比例将发生重大改变。

本书用的"农业经济组织"概念,不是指狭义的农民生产组织,而是指广义的农业经济制度。它包含了以土地关系为中心的生产关系、农民人身状况和各种具体的农业生产组织形式。它包括了农业的生产关系的多种内容。

本书论及的"资本主义时代"在历史上指的是两个时期,即从封建主义向资本主义过渡时期和直到20世纪末的资本主义时期。在第一个时期,即中世纪后期到工业革命的时期,欧洲经历了从封建社会向资本主义社会的过渡时期。这个时期社会结构和农业经济形态发生着重大的范式演变。即便到了第二个时期,即成熟的资本主义时期,农业经济的构成并非与工业资本主义发展同步,农业经济部类的结构组分也绝非单一。

国内外学界在研究19世纪欧洲农业史时有一种流行的看法,农业的资本主义化是近代前后欧美农业的常态,一些国家非资本主义农业经济成分的存在是不正常的状态,是经济发展的失败。事实恰恰相反。农业作为一个传统的经济部类是从古代、中世纪社会发展过来的，农业本来具有自然经济属性，农业发展受到种种自然障碍的制约，使得农业发展缓慢曲折。非资本主义和半资本主义结构成分的存在是资本主义时期农业经济发展一个时期的常态，而资本主义农业只是在发达国家农业中较为突出。如本书在以后的章节中介绍的，即便在以农业资本主义著称的美国，在19世纪后期中西部土地经营面积有相当数量仍然采取了租佃农场的形式，完全靠雇佣劳动力来生产的严格意义上的资本主义农场数量不过占农场总数的一半左右。在近代和现代时期，随着农业生产中资本主义成分和集中化的发展，小农的确在衰落，但是小农并没有衰落到销声匿迹的地步。直到20世纪，欧洲各国仍然存在着一定数量的小农，尽管它们在数量和比例上没有在第三世界国家的比例那样大。

农业部类经济发展一个突出的特点是，农业的发展受到自然条件的限制（如地理地貌条件、土地肥力、水源、气候、季节、生长期等作物品种属性的制约、农业产量制约），这是致使资本主义时代欧洲农业经济组织性质上不同于资本主义性质的工业组织的一个原因。因此，农业史研究的方法从总体上说不仅应当采取经济的研究方法，而且应当纳入政治的、法律的、自然地理学的研究方法。农业史研究应当是多视角的和全方位的。

在土地产权问题上，道格拉斯·诺斯和罗伯特·托马斯认为英国在17世纪就确立了绝对财产私有权，绝对产权是资本主义经济形态的主要标志和资本主义经济发展的前提。这两位学者把产权问题绝对化了。现在看来，绝对的土地所有权在欧洲只是在少数国家（如法国等）存在。而在多数国家和地区，土地产权的构成极为复杂，广泛存在着拥有不完全土地所有权和部分产权的土地持有者。这个时期欧洲并非所有生产单位都是拥有土地所有权的单位，除了拥有土地所有权的业主外，还有相当数量的农民农场主靠租地经营。并非所有大地产都采用了使用雇佣劳动的资本主义大农场形式。大地产常常分级出租，租佃制农场大量存在，家庭农场也持续存在。租佃制仍然是农业经济组织的重要形式，存在着复杂的租佃制度。本书将对租佃制中不同的地租形式（货币地租、实物地租和分成制）；农场制度的各种类型，如租佃制农场、使用雇佣劳动力的资本主义大农场、家庭自耕农场和农业合作社中的生产关系；各国雇佣劳动关系在农业中的规模和比例等问题展开研究。由于有了各国统计资料和20世纪中期以后联合国国际粮农组织的统计资料，对各种农业经营单位的规模和数量，包括小农家庭经济在各国农业中存在的数量和比例现在已经有计量研究的可能了。

租佃制是一种历史的经济范畴和传统的土地经营方式。它在中国和欧洲的古代、中世纪和近现代各个历史时期都存在过。在一些国家（如英国）近代大租地经营过程中，常常实行了分层转租，而不是主要采取雇佣劳动制。在西欧乃至整个欧洲的农业中，租佃制和农场制仍属较普遍采取的农业经营形式。农场中则有大农场、中等农场和小农场之分，存在一定数量的家庭农场和面积稍大的农场。面积50英亩上下的家庭农场的耕作以家庭劳动力为主，此外辅之以使用半个雇佣劳动力或一两个雇佣劳动力。在租佃制中，又分别采取了劳役地租、实物分成制和货币地租等地租形式。关于地租的形式，过去的史学家通常将货币地租看作近代先进的地租形式，而把实物地租视为落后的地租形式。如果我们去考察一下20世纪一些国家的农业经营方式，可以发现实物地租仍然较为普遍地存在。它作为一种较为便捷的地租形式，甚至在发达资本主义国家的佃户和地主那里还颇受欢迎。

小农消失问题是农业经济组织中需要重新研究的问题。英国小农消失是19世纪马克思提出的命题。然而，在农业革命过程中，不仅在其他欧洲大国，就是在19世纪英国，小农和小家庭租佃农场主都没有完全消失。到20世纪上半叶，小农人数在欧美国家尽管有下降的趋势，在各国人口中比例不大，但仍占有一定的比例。而在发展中国家，小农则占较大的比例。恰亚诺夫学派和欧美各种农民学理论对农民的家庭经济进行了研究。

从长期的历史来看，农业经济形态是以一种松散的方式与资本主义经济对接。资本主义时代农业经济组织的相当大的部分是非资本主义性质的和半资本主义性质的，这部分是作为一种异质的或依附的成分参加到资本主义国民经济体系中来。

资本主义在农业中的发展不是没有任何条件的。资本主义和农业的结合至今仍然存在着一定的不相容。18世纪后期到19世纪的工业革命在使工业充分地工业化的同时，并没有使许多农业领域充分地工业化。近现代农业也有它无法超越的自然障碍。在当今高度工业化的社会中，农业没有被资本主义生产方式同化，在农业中工资劳动与非工资劳动共存。资本主义经济的一个矛盾的现象是，它在资本主义生产力蓬勃发展的同时，仍然持续地以非资本主义生产方式生产它最重要的、必需的农业产品。当农业和资本无法超越其发展的障碍时，这些领域就留给了小商品生产者或者其他非工资劳动生产形式。现代农业发展还是相当需要现代残存的、获得复兴的非工资劳动形式。它在资本家无法使自然从属他们时起作用。

在当代研究农业发展的社会学理论中，对农业中资本主义发展现状有不同的估计和解释，一些宏观研究倾向的学者认为，非工资形式的劳动关系随着资本主义的扩张和它对农村的控制加强注定要消失，目前只是在延缓这种消失。相反，具有微观倾向的学者则把注意力集中于农业内部的非工资劳动关系，认为这种关系提供了抵制资本主义穿透的手段。非工资劳动关系的存在有其内在原因和逻辑，它们能成功地与资本主义农业企业展开竞争，并且在资本主义生产关系占统治地位的世界中，保持相对独立的地位。

农业经济史研究的一个困难是可凭借的历史理论资源十分贫乏。农业政治经济学在古典资产阶级经济学以前有一些很有价值的成果，而那以后就几乎中断了。恩格斯在研究方法论上提出，一种政治经济学无法解决所有的历史经济形态的分析。他写道："人们在生产和交换时所处的条件，各个国家各不相同，而在每一个国家里，各个世代又各不相同。因此，政治经济学不可能对一切国家和一切历史时代都是一样的。""政治经济学本质上是一门历史的科学。它所涉及的是历史性的即经常变化的材料；它首先研究生产和交换的每一个发展阶段的特殊规律，而且只有在完成这种研究以后，它才能确立为数不多的、适合于一切生产和交换的、最普遍的规律。"恩格斯在这里要求我们注意经济关系的复杂性，在试图对各个国家和地区经济关系的差别作概括时，尤其要注意到各地发展的特殊性和差别性。波兰经济学家库拉呼应了恩格斯的看法，他指出，"每个时代有其特别的经济法则"，"为了研究一种不同的现实，有必要使用不同的研究工具"。[①]英国当代经济史学家约翰·希克斯也指出，历史理论"它必须适用于按那种方法表述出来的历史。这种历史决不是整个历史"[②]。

考茨基在19世纪末就马克思的农业理论评论道："在现有的文献中我不曾见有一本从现代社会主义立场来研究这个问题的巨著。自

---

① Witold Kula, *An Economic Theory of Feudal System: Toward A Model of Polish Economy 1500-1800*, London: NLB, 1976, p.28.
② 〔英〕约翰·希克斯：《经济史理论》，厉以平译，商务印书馆1999年版，第8页。

然，社会民主党的先进理论家都是从事于工业发展的研究的。我们在恩格斯的著作中，尤其在马克思的著作中，虽然可以找到关于农业问题的许多有价值的意见，但大都为一些偶尔的笔记及短篇论文。《资本论》第三卷中地租篇可以说是例外，但是它仍然是未完成的。马克思还没有完成他的全部著作就逝世了。""即使马克思完成了他全部著作，他还是没有解决在现时使我们发生兴趣的一切问题。照他的工作计划，他只是研究资本主义的农村经济；现时我们主要是注意资本主义社会内资本主义前期及非资本主义的农业形态的作用。"[①] 我国目前对外国农史的研究和认识状况和一百多年前那位马克思主义理论家所评述的情况相差无几。

在农业史研究中，理论演绎不是解决问题的根本途径。真正可靠的方法是"回过头去"，重新研究从中世纪后期以来的农业经济史的实际情况，从中找出农业和土地史发展的线索和经济关系，以形成结论。

我在 2005 年出版的《英国土地制度史》中曾提出一种假定："一个资本主义国家的国民经济有着它自身的结构组成。一个独立支撑的国家各经济部类之间及各部类内部都有着特定的布局。在基本不依靠外来农产品的国家里，农业在国民经济中都占有一定的位置，它负责供给城市和工业人口以必需的农产品。农业经济部类的生产面对的是几乎千古不变的土地和草场，而农业所进行的又是极其复杂的传统性的生产活动，不是所有的地区都适合于集约化生产。在地少人多人口过密的农业区，常常靠人力进行精耕细作，农业生产常常采取了小规

---

① 〔德〕考茨基：《土地问题》，梁琳译，生活・读书・新知三联书店 1955 年版，著者序，第 8 页。

模的形式。由于自然地貌的原因，总有一些地区的农业生产无法采取机器生产。在农业中，为家庭维生而进行的园圃式生产，为地方市场服务的生产和为大城市和首都以及国外进行的农业生产并存，机械化生产与人力劳作并存。所以，就生产关系和生产方式在国民经济中所占的比例来看，农业更显现为异质性结构，它在国民经济中是有异于工业的部类的。"①

这一结论的提出，在当时固然有英国农业史研究的依据，但在更大程度上带有某种假定和推断的性质。我在以后的十年间，在转而研究其他题目的过程中，思绪无意中一再回到对农业史的上述判断上来，无法摆脱。它最终促使我去捡拾和浏览英国以外一些国家的农史个案，思索农业经济史发展的一般特点，同时对社会形态理论作些思考。本书写作采用的方法仍然是历史学的和政治经济学的。疏漏和不当之处望得到学界批评指正。

---

① 沈汉：《英国土地制度史》，学林出版社2005年版，第380—381页。

上篇　个案

第一章　英国

第一节　土地保有权和各种身份的土地持有者

在英格兰最初的封建制度中，存在着对自由租地拥有自由保有权的自由佃农。地位比这个群体低的是拥有不自由保有权的佃户即"维兰"。中世纪后期绝大多数地产上劳役的消失，导致了两种主要租地范畴的出现。第一类是有不同期限的租佃权。第二类是习惯保有权，这类农民也支付地租持有租地。但是，租户为每个庄园古旧的习惯所控制，包括对他的地租的交纳，原先承担的各种义务，以及他的亲属对其持有权的继承权。[①] 到15世纪末，不自由保有权被称为公簿持有保有权。之所以这样称呼这一类保有权，是因为这些不自由佃户的法定权利记录在地方习惯法法庭的簿册上，他们自己持有一个副本。到中世纪末，英格兰人还存在有另一种保有权，即租地保有权，农民根据一定的条件租借土地。这样，英格兰在乡村便有了几种保有权：即自由持有保有权、公簿持有保有权和租借持有保有权。[②] 自由持有农

---

① E. B. Fryde, *Peasants and Landlords in Later Medieval England 1380-1525*, Stroud: Alan Sutton, 1996, p. 227.

② J. Oxley-Oxland and R. T. Stein, *Understanding Land Law*, Sydney: Law Book Company, 1985, p. 103.

由国家的普通法管理，公簿持有农由庄园法庭的习惯法来管理。① 此外，自治城市中还有自治市民土地保有权。

1. 自由持有保有权和自由持有农

取得自由持有保有权有两种方式：一是通过履行骑士义务取得军事保有权，一是租佃制取得保有权。② 可以把自由持有保有权定义为根据王国的普通法，通常是在国王统治下自由地持有土地。根据这种方式持有土地的人可以在一个确定的时间内不受限制地使用土地，在此期间按规定服役或无须服役。自由持有保有权就其基本权利又可分为三类。第一类，一个人持有无条件继承的不动产权；第二类，持有限定继承人的土地保有权；第三类，拥有终身保有权或其他限定时限的保有权。③

无条件继承的不动产是最常见的地产自由保持权。某人自己持有土地，他身后一代继承人可以继承地产。这是英格兰法律规定的最高级的土地保有权形式。拥有这种土地保有权的人，可以完全不受控制地处置他的地产，无条件继承的不动产权利不得被随意剥夺。

如果一个人的无条件继承不动产权被剥夺，他可以提起诉讼要求恢复这种资格。无条件继承不动产是持有者拥有的绝对的和永久的地产。如果一个拥有无条件继承不动产权的佃户未留下遗嘱便死去了，并且没有继承人，地产要归还他领得的土地的领主（通常是国王）。

---

① J. Oxley-Oxland and R. T. Stein, *Understanding Land Law*, Sydney: Law Book Company, 1985, p.41.
② B. W. Adkin, *Copyhold and Other Land Tenure of England*, London: The Estates Gazette, 1919, p.42.
③ J. Oxley-Oxland and R. T. Stein, *Understanding Land Law*, Sydney: Law Book Company, 1985, p.14.

领主有资格接受效忠宣誓。

佃户通常向领主行效忠宣誓礼。当领主不是国王时，佃户每年要向领主交纳一笔免役租，或者在他死后交纳价值等于一年免役租的劳役代役租。如果土地属于庄园，佃户通常对属于庄园的荒地拥有共有权（即取得共有土地上部分产品的权利）。根据无遗嘱继承法，地产向下传递给长子。在继承次第上，儿子通常在女儿之前享有继承权，而长子在幼子之前享有继承权。

但如果没有男性后代，而只有几个女儿，诸女儿则作为共同继承人均等地分享继承物。如果佃户没有子嗣，遗产传递给最亲近的男性亲属。若没有男性亲属，地产则均等地由同一等次的女性继承人共同继承。[①]

有相当一部分土地的授予是有限定继承人的土地保有权。也就是说，持有这种土地的时限以持有者本人和他的继承人在世为限。若持有者死后没有直系继承人，地产要归还授予地产者或授予者的继承人。

拥有无条件继承不动产权的佃户与限定继承人的保有权持有者相比，有以下几点值得注意。第一，前者可以不受控制地处置他的财产，而后者既不能让渡财产，也不能违背限定的继承权。第二，前者可以随意把地产遗赠给他中意的任何人，后者则不能随意遗赠地产。第三，对二者来说，在其一生中都要对欠债承担责任。第四，前者在持有者死后，地产传递给他个人的代表，并对所有债主承担责任，而后者在死后地产传递给继承人，免除除了欠国王的以及对土地承担责任者的债务之外的他所有的债务。第五，前者可以以他乐意的方式把

---

① B. W. Adkin, *Copyhold and Other Land Tenure of England*, London: The Estates Gazette, 1919, p.45.

土地租借给他人，后者只拥有终身佃户的土地租借权，即出租土地21年，出租矿山6年，出租房屋99年。第六，前者拥有不受限制的出售权利，后者拥有终身佃户出售租地的权利。

拥有终身保有权的自由持有地不能继承，对土地的租种限于佃户的有生之年，或指定的另外一人或多人的有生之年。当一块地产作为终身租借地授予时，被授予者可以说是从授予者那里持有他的地产，而授予者能够在他认为适当的情况下，保留要求地租和服役等权利。终身租借地还附随有这样的权利：对荒地负有责任，对庄稼有收益权，对固定的附属物（如房屋、树木）的权利和让渡权（把土地转租给其他人的权利）。

自由持有保有权属于普通法管辖的范围。到15世纪末，所有自由佃农关于土地的争执由高等民事法庭和大法官法庭审理。[1]

另外，还有一种习惯自由持有地。这种地产是庄园地产的一部分，它们早年是由庄园领主按照庄园习惯授予自由持有保有权的。但习惯自由持有地不是根据庄园领主的意愿而持有的。这些佃户的义务是固定的和规定的。他们的权利通常记载在庄园法庭案卷上，并由他们自己持有副本。他们每年向领主交纳直接税，还要交纳租地继承税和承担其他义务。习惯自由持有农尽管属于自由持有农，但他们的土地未经领主同意不得出租。[2]

习惯自由持有农与普通自由持有农有很大的差别，这表现在：第

---

[1] J. Oxley-Oxland and R. T. Stein, *Understanding Land Law*, Sydney: Law Book Company, 1985, p.223. B. W. Adkin, *Copyhold and Other Land Tenure of England*, London: The Estates Gazette, 1919, p.42.

[2] B. W. Adkin, *Copyhold and Other Land Tenure of England*, London: The Estates Gazette, 1919, pp.115-116.

一，习惯自由持有农从庄园领有土地，而普通自由持有农从国王或中层封建主那里领有土地；第二，习惯自由持有农由庄园习惯法管理，而普通自由持有农由普通法管理；第三，习惯自由持有农的土地财产权通常由庄园案卷记载下来，而普通自由持有农的权利由地契来证明；第四，习惯自由持有农的土地让渡用交出或许可进入及其他方法进行，而普通自由持有农的土地转让通过转让证书进行；第五，习惯自由持有农向领主交纳地租和服役，而普通自由持有农原则上不服劳役，而要向国王表示忠诚；第六，习惯自由持有农死后无继承人时，土地交还领主，而普通自由持有农则把土地交还给国王或中层封建主；第七，在没有专门的习惯法批准的情况下，习惯自由持有农不得出租土地1年以上，而普通自由持有农出租土地不受限制；第八，习惯自由持有农土地上的矿藏属于庄园领主，而普通自由持有农土地上的矿藏属于佃户本人。[1]

2. 公簿持有保有权和公簿持有农

公簿持有保有权是从维兰保有权和习惯保有权演变而来的。格雷认为，公簿持有保有权是重新形成的维兰租佃权。中世纪英国法律把作为一种保有权的维兰制和作为一种个人身份的维兰制相区别。一个自由人可以根据维兰保有权持有土地，也可以根据自由保有权持有土地。[2] 一个人的维兰保有地实际上指他需要向领主提供不自由的义务。根据英国中世纪的法律，公簿持有保有权属于庄园法庭的习惯法管理的范围。在自由民与领主发生矛盾时，普通法法庭无法保护他的所有

---

[1] B. W. Adkin, *Copyhold and Other Land Tenure of England*, London: The Estates Gazette, 1919, p.116.

[2] C. M. Gray, *Copyhold, Equity and the Common Law*, Harvard University Press, 1963, p.5.

物。甚至在他与一个外来户发生冲突时,维兰持有地佃户也无法得到普通法法庭的保护和保证得到赔偿。尽管偶尔有自由人以维兰身份持有土地,但绝大多数维兰租用地都由维兰持有。维兰的不自由保有权在范畴上属于习惯法管理的范畴。庄园习惯法有关于不自由保有权的规则。庄园习惯法规定并确认维兰的权利,庄园法庭保护维兰佃户。[①]

在 14 世纪后半叶到 15 世纪最初几十年,地主和他们的维兰佃户的关系发生着变化,促使按契约租地的实践发展。佃户用地租的方式取代劳役。当时许多地主知道,与佃户单独交易,可以防止或者至少减缓附属于他们的农民离去。早期出现的租佃制通常期限较短。地主可能希望随着租地权的终止,他们会回归到更为苛刻的保有权条件。但是大量事实表明,这种情况并没有发生。对于佃户来说,短期租佃制使他们处于一种受威胁的状态,因为它没有保证佃户可以更新契约。

如果说领主对佃户不满,领主可以在租地期到期时驱逐他们。诚然,佃户此时可寻求王室法庭的保护,但在实践中佃户在与领主的诉讼中很难获胜。[②]

随着保有权发生变化,习惯术语也在变化。14 世纪末,在习惯租用地被授予世系保有权后,仍然使用侮辱性的词汇"崽子们"来称呼被束缚佃户的后代。以后,这个词逐渐被先前用于指谓自由佃户亲属的词"继承人"代替。以后,渐渐用"受让人"代替"继承人"一词,表明佃户有"转租"的权利。但提及习惯保有权时常常附加"根

---

① C. M. Gray, *Copyhold, Equity and the Common Law*, Harvard University Press, 1963, pp. 6-7.
② E. B. Fryde, *Peasants and Landlords in Later Medieval England 1380-1525*, Gloucestershire: Alan Sutton, 1996, pp. 228-229.

据领主的意愿"这样的话作为结束。这清楚地说明,这些人不是自由租佃者,他们不可能得到国王的普通法的保护。① 在威尔伯顿,到15世纪中叶,租佃者被称为"持有副本的人"非常普遍。1452年的调查提及,凯普西的若干佃户持有记载他的租用地文件的副本。同是在1452年,在汉普顿的两项调查中检查了两个佃户的副本。② 在拉姆齐修道院的档案中,"副本"一词最初在1450年至1451年出现在修道院财务管理人的账务记录中,以后它就很频繁地出现了。③ 到15世纪末,在某些大地主地产管理中,佃户持有副本成为当时的常用语。例如,在威斯敏斯特的某些庄园,根据其持有的副本提出要求的佃户,被庄园主要求出示其持有的文件副本。在15世纪后半叶,拉姆齐修道院的所有庄园的习惯保有权都变成公簿持有保有权。

到15世纪后期,普通法律师在法律范畴上把习惯保有权明确定义为"公簿持有保有权"。④ 法学家托马斯·利特尔顿爵士在1481年出版的《保有权》一书中对"公簿持有保有权"作了简单的论述。公簿持有农可以定义为在庄园领主控制下,根据庄园法庭案卷规定的庄园习惯,并按照庄园领主意志实行的一种基本的土地保有权。公簿持有保有权与自由持有保有权的主要区别在于,公簿持有保有权的转让必须在领主的习惯法庭上进行,因此,这些地产的特别权利的证据,

---

① E. B. Fryde, *Peasants and Landlords in Later Medieval England 1380-1525*, Gloucestershire: Alan Sutton, 1996, p.30.
② E. B. Fryde, *Peasants and Landlords in Later Medieval England 1380-1525*, Gloucestershire: Alan Sutton, 1996, p.231.
③ E. B. Fryde, *Peasants and Landlords in Later Medieval England 1380-1525*, Gloucestershire: Alan Sutton, 1996, p.233.
④ E. B. Fryde, *Peasants and Landlords in Later Medieval England 1380-1525*, Gloucestershire: Alan Sutton, 1996, p.227.

记录在庄园法庭的簿册上。每块公簿持有地都必须是属于古代庄园的土地。根据有记忆以来的习惯法，它可以转让。领主可以在任何时候把他掌握的土地作为公簿持有地授予佃户。[1]

公簿持有保有权可分三类：第一类是可继承的公簿持有权，第二类是终身公簿持有权，第三类是期限为数年的公簿持有权。[2] 如果对公簿持有地的持有超过了规定的年限，它就成为不动产。复杂的庄园习惯限制了公簿持有保有权，使公簿持有地不能成为拥有全权的、完整的财产形式。在许多情况下，庄园习惯不利于佃户的利益。领主通过佃户租地的变动而获得相当多的利益。佃户可以把他持有的地产交还给领主，领主也可以把无继承人的公簿持有地收回。公簿持有地落入地主之手后，他可以把公簿持有地重新授予别的佃户。[3]

可继承的公簿持有地按照习惯法授予无条件继承权。由于缺乏专门的习惯法，公簿持有权的继承第次依照关于继承的普通法规则。在英格兰各地，习惯各不相同。在肯特郡，绝大多数土地实施均分传赎租地法，即每一代男性作为土地的共同继承人。[4] 而在英格兰另外地区相当多的庄园中，实行末子继承制，这种继承制在苏塞克斯、萨里、中塞克斯和伦敦附近的庄园十分流行，在其他地区也有实行末子

---

[1] E. B. Fryde, *Peasants and Landlords in Later Medieval England 1380-1525*, Gloucestershire: Alan Sutton, 1996, pp. 117-118.

[2] E. B. Fryde, *Peasants and Landlords in Later Medieval England 1380-1525*, Gloucestershire: Alan Sutton, 1996, p. 119.

[3] E. B. Fryde, *Peasants and Landlords in Later Medieval England 1380-1525*, Gloucestershire: Alan Sutton, 1996, pp. 120-121.

[4] B. W. Adkin, *Copyhold and Other Land Tenure of England*, London: The Estates Gazette, 1919, p. 123.

继承制的。[1] 继承公簿持有地的未成年继承人可以得到监护，领主可以拥有这种监护权或指定别的监护人，当被监护者年满 14 岁，监护权即告结束。以后，年幼的继承人有权按习惯法选择别的监护人。[2] 拥有无条件继承不动产权的佃户通常有转手土地的全权，可以不受阻碍地出售公簿持有地。在出售所继承的公簿持有地时，出售者无权把他拥有的法定财产权转手给购买者，转手必须通过庄园领主。没有领主的同意，任何租地不得转手，如果领主认为转手在方式上不适当，或新的租佃条件有损于领主利益的话，领主可以拒绝接受新的佃户。[3] 可继承的公簿持有地的持有者有权把他的财产抵押给他人。[4] 公簿持有农把他的公簿持有地产出租给其他人受到很多限制。按照关于公簿持有权的一般习惯，他只能出租公簿持有权 1 年，除非他得到领主关于更改租期的许可。庄园习惯法可能会规定土地转手的租费的数额。在没有相关习惯法规定的庄园，领主可以提出他乐意的条件。也有一些庄园有特别的习惯法允许佃户不经领主同意出租公簿持有地 9 年、11 年或 21 年。[5] 在绝大多数庄园，佃户有权立下传递公簿持有权地产的遗嘱，在某些庄园佃户则没有这种权利。[6] 关于终身公簿持

---

[1] B. W. Adkin, *Copyhold and Other Land Tenure of England*, London: The Estates Gazette, 1919, p.124.

[2] B. W. Adkin, *Copyhold and Other Land Tenure of England*, London: The Estates Gazette, 1919, p.126.

[3] B. W. Adkin, *Copyhold and Other Land Tenure of England*, London: The Estates Gazette, 1919, p.127.

[4] B. W. Adkin, *Copyhold and Other Land Tenure of England*, London: The Estates Gazette, 1919, p.132.

[5] B. W. Adkin, *Copyhold and Other Land Tenure of England*, London: The Estates Gazette, 1919, p.134.

[6] B. W. Adkin, *Copyhold and Other Land Tenure of England*, London: The Estates Gazette, 1919, p.136.

有农，领主有权授予数代人相继持有保有权，不过每一代人继承这块公簿持有地时，需要支付一笔固定数额的更新租契的地租。在某些时候，佃户有权利提名他的继承者。在英格兰北部，一些佃户拥有为期1年的租佃权。而在英格兰西部诸郡，佃户持有数代人之久的保有权非常普遍。① 至于为期数年的公簿持有权，通常定为12年。通常情况下，这类公簿持有农在到期并支付数额固定的更新地契的地租后，可以延长租佃期，他们常常有权使后代继承他的公簿持有权。②

第一，公簿持有农在持有地产的同时，享有一定的权利并承担一定的义务。这些都由庄园习惯法规定。公簿持有农为了取得附带的特权，在不同场合要向庄园领主交纳不同的租费。这又可以细分为几类。第一类是入地费，又称入庄费。即获得许可最初持有租地时，要交纳一笔款项。入地费在各地数额相差甚大。如果公簿持有农是在本庄园购买一处地产的话，按照习惯法，他要交纳数额相当于3年、4年或7年的土地产出价值的入地费。③ 如果是几个佃户合买一块公簿持有地，要征收特别的入地费。第二类，对于租期为数代的公簿持有地来说，公簿持有农死后，他的继承人在继承土地时要交纳更新租契的地租。④ 在英格兰北部的许多庄园，公簿持有农的租地权由几代佃户和接纳他们的领主共同拥有。在这种情况下，佃户不仅要交纳许可

---

① B. W. Adkin, *Copyhold and Other Land Tenure of England*, London: The Estates Gazette, 1919, p.139.
② B. W. Adkin, *Copyhold and Other Land Tenure of England*, London: The Estates Gazette, 1919, p.140.
③ B. W. Adkin, *Copyhold and Other Land Tenure of England*, London: The Estates Gazette, 1919, pp.140, 146-147.
④ B. W. Adkin, *Copyhold and Other Land Tenure of England*, London: The Estates Gazette, 1919, p.150.

他持有土地的入地费，在领主死后新领主继承地产时，庄园每个佃户还要交纳更新租契的地租。当公簿持有农要求行使比庄园习惯赋予的更多的特权，如砍伐木材、让渡土地、延长土地租期等时，他们要请求领主许可。如果领主认为要求适当，佃户要交纳一笔款项，以取得领主许可。①

第二，公簿持有农在某些时候要向领主交纳租地继承税，与公簿持有农相关的租地继承税产生于盎格鲁-撒克逊时期的习惯法。当时自由持有农要向他的维兰提供必要的农耕家畜。在维兰死后，这些物品要归还自由持有农。稍迟一些，当继承人继承公簿持有农的地产时，产生了新的习惯，即领主不再收回所有的家畜，而只是取走一头通常是最好的家畜。当公簿持有农得到维兰保有权后，取得租地继承税的租地就成为关于公簿持有地的习惯法的一部分。习惯保有权是领主登记佃户土地时便拥有的权利，领主有权在发生某些事件时索取某些属于佃户的物品。领主拥有的权利可分为三种。第一种是收取租地继承税（或租地继承义务），它本质上属于一种地租。它包括领主在佃户死后其持有的地产转交继承时提走一头最好的牲畜或拿走一件物品。第二种是当公簿持有农不交纳租地继承税时，领主可提起诉讼，或扣押（而不是夺取）某种特别的家畜。第三种是领主根据庄园习惯，拥有对某些动物、鸟或家畜的财产权。②

第三，公簿持有农在继承其祖先承租的地产或买下地产时，要向

---

① B. W. Adkin, *Copyhold and Other Land Tenure of England*, London: The Estates Gazette, 1919, p. 153.

② B. W. Adkin, *Copyhold and Other Land Tenure of England*, London: The Estates Gazette, 1919, pp. 154-155.

庄园领主交纳一笔费用。①

第四，公簿持有农每年要向庄园领主交纳地租，其中包括免役租和直接地租。公簿持有农如不交纳，领主可扣押其财物或在以后 6 年中提起诉讼。但在事情发生 12 年后则取消领主的追诉权。如果公簿持有农在相当长时间里不交纳地租并履行其他习惯法，该处地产就要被认为是自有持有地，持有人可拥有产权。当领主获得一块公簿持有地并被他以公簿持有地出租后，他就不得再增加古代沿袭下来的地租和义务，而必须保持如初。②

第五，在佃户初次租赁土地时或更换领主时，公簿持有农要向领主表示忠诚，包括对领主宣誓效忠并承诺遵守庄园习惯法。③

第六，公簿持有农有义务参加庄园法庭的诉讼案审理。如果得到要求，他们可以参加陪审团。④

公簿持有权还有某些附带的权利。公簿持有农有安全使用公簿持有地的权利，可根据习惯对领主或其他侵入他的公簿持有地、阻碍他平安地使用土地的人提出侵害诉讼。只要公簿持有农遵守庄园习惯法，他就得到法律充分的保护。但是，如果他违背了习惯法，领主就有权没收其持有地。⑤

---

① B. W. Adkin, *Copyhold and Other Land Tenure of England*, London: The Estates Gazette, 1919, p.160.
② B. W. Adkin, *Copyhold and Other Land Tenure of England*, London: The Estates Gazette, 1919, p.161.
③ B. W. Adkin, *Copyhold and Other Land Tenure of England*, London: The Estates Gazette, 1919, p.161.
④ B. W. Adkin, *Copyhold and Other Land Tenure of England*, London: The Estates Gazette, 1919, p.162.
⑤ B. W. Adkin, *Copyhold and Other Land Tenure of England*, London: The Estates Gazette, 1919, p.163.

公簿持有农根据习惯法，有义务维护他的持有地，不让土地荒芜。这是公簿持有农租佃土地的先决条件。领主在两种情况下可以没收公簿持有农占有的地产：一是当佃户死去或让渡他的土地，而他的继承人或让渡对象未能承租土地时；二是当佃户有违背租佃制的错误行为时。[①] 公簿持有地的租户有责任维持他的租地的边界，不得移动土地的界标，也不得圈入更多的土地，如果佃户未能履行这一职责，他的租地将被领主没收。[②] 如果佃户不能按期交纳地租和更新契约的地租，或不履行出席庄园法庭和陪审团会议的义务，其持有地将被没收。[③] 1870年以前，如果佃户犯有叛国罪或重罪，其持有的地产要被庄园领主收回。如果公簿持有农死后未留下遗嘱或死后没有继承人，地产归还给庄园领主。在领主收回地产之前，领主必须作出必要的宣布。而在领主收回公簿持有农的土地后，他必须偿清死去佃户的债务。关于长在公簿持有地上的树木和地下矿藏的权利归属，不同庄园的习惯法有不同的规定。一般庄园的习惯法认为树木和矿藏都属于领主，佃户不经领主同意不得砍伐树木。但一般情况下，给予佃户砍伐一些木材修理房屋和作燃料用、取沙石作修缮用，以及取泥炭做燃料的权利。上述材料在法律上称为"必须供给品"。而另一些庄园则给佃户较大的权利，他们有砍伐木材和开采矿藏的全权。[④]

[①] B. W. Adkin, *Copyhold and Other Land Tenure of England*, London: The Estates Gazette, 1919, p.165.
[②] B. W. Adkin, *Copyhold and Other Land Tenure of England*, London: The Estates Gazette, 1919, p.169.
[③] B. W. Adkin, *Copyhold and Other Land Tenure of England*, London: The Estates Gazette, 1919, p.170.
[④] B. W. Adkin, *Copyhold and Other Land Tenure of England*, London: The Estates Gazette, 1919, pp.171, 176.

公簿持有农和庄园其他佃户有权在庄园土地上的庄稼收割后在可耕地上放牧牲畜。但各个庄园对此有不同的习惯法规定。如有的庄园对于何时可在荒地上放牧，以及允许在哪些可耕地块上放牧有限制。①

庄园的荒地是属于庄园领主的财产，埋藏在荒地地面以下的矿藏和上面生长的树木都属于领主。庄园佃户在荒地上没有任何财产权，而只有使用土地产品的共有权，但没有出售或获利权。基于习惯佃户的共有权利，庄园领主能够按其意愿在荒地上做任何事情，但不得妨碍这种共有权，而只要这种共有权利存在，他们实际上被禁止圈占荒地。②

公簿持有农和其他习惯佃农对庄园荒地的权利有多种，它们附着于根据庄园习惯法授予的租佃权。他们可以从领主的庄园荒地上取得某些权利，包括荒地的共有权、泥炭采掘权、取得必须供给品的权利、捕鱼权、放猎权、挖掘权等。公簿持有农的这些权利是附属于他的所有地的。他们根据庄园习惯法的规定而拥有这些权利，而不是根据庄园领主的授予或命令而拥有这些权利。如果公簿持有农失去其租地，便立即失去这些权利。③

通常人们似乎认为，所有英国中世纪的农民都处于法律身份的壁垒中。如果是自由民，那么就可以自由流动、自由让渡财产、付较

---

① B. W. Adkin, *Copyhold and Other Land Tenure of England*, London: The Estates Gazette, 1919, pp. 177-178.

② B. W. Adkin, *Copyhold and Other Land Tenure of England*, London: The Estates Gazette, 1919, p. 187.

③ B. W. Adkin, *Copyhold and Other Land Tenure of England*, London: The Estates Gazette, 1919, pp. 190-191.

低的地租租种土地；而如果不是自由农民，那么就要服劳役，交纳入地费和法庭的罚金、封建地租、磨谷费等，并且不能从庄园中迁移出去。关于中世纪英国乡村农民的法律身份到底有多大重要性，史学家有不同的看法。希尔顿认为，中世纪后期"庄园文件中对保有权和身份上如自由民和维兰的分类仍然是重要的……要求自由是1381年起义的一个重要的口号"①。而爱德华·米勒在论及13世纪伊利主教的地产时说，"相对来说调查员不大注意个人身份并把它作为对农民分类时考虑的问题"②。但实际上，这种身份束缚已不那么严厉。在达勒姆郡东南部，曾要求在小修道院地产上的非自由佃农发誓不离开庄园。例如，1374年赫瑟尔登的维兰尤斯塔斯·弗里斯特林的儿子罗伯特曾到庄园法庭在村民面前作出此种宣誓，接受达勒姆小修道院和女修道院的司法裁决，决不离开当地。但是，很少有根据能证明非自由农民被强制居留在他出生的村庄。确实偶尔也有过让维兰返回他们土地的命令，但主教和小修道院只下过少量这种命令。③维兰住在其他村庄的例子很多。并没有命令他们都得返回原先居住的村庄。今天，历史学家已不怀疑中世纪后期非自由农民可以让渡土地这个事实。在达勒姆郡东南，各种类型的持有非自由土地的佃农看来都能自由地按照自己的愿望处置他们的土地。④

---

① R. H. Hilton, *English Peasantry in The Later Middle Ages*, Oxford U. P., 1975, p. 24.
② R. H. Hilton, *The Decline of Serfdom in Medieval England*, London: Macmillan, 1969, p. 24.
③ Tim Lomas, "South-east Durham: Late Fourteenth and Fifteenth Centuries", in P. D. A. Harvey, ed., *Peasant Land Market in Medieval England*, Oxford: Clarendon Press, 1984, p. 284.
④ Tim Lomas, "South-east Durham: Late Fourteenth and Fifteenth Centuries", in P. D. A. Harvey, ed., *Peasant Land Market in Medieval England*, Oxford: Clarendon Press, 1984, p. 285.

在中世纪英国，土地保有权和农民的身份之间并没有一一对应的关系。如惠特尔指出的，土地保有权与佃户的身份并不总是吻合的。① 在这个问题上，不同地位之间有所差别。在英国中世纪，没有任何证据可以表明，维兰持有自由土地或自由民持有维兰土地被禁止。1284 年诺福克郡格雷森豪尔庄园的一项决定确认，维兰无须领主许可便可以转手自由土地。1303 年陪审员宣布，"这个法庭的习惯法允许领主的维兰凭领主的许可向自由民出售他们租用的土地"。诚然，这个庄园现存的资料已无法证明自由土地与维兰土地的区别是如何形成的，但残存的庄园法庭的案例记录表明，改变土地的属性不是不可能的。② 这种土地保有权与农民身份的关系的复杂性并非起始于 1348—1349 年的黑死病。12 和 13 世纪律师和普通法法庭在规定维兰的不自由和随附的无资格时，曾把分类简单化和标准化。但是，他们也发现了其中的错杂，他们区别了生来便是的维兰和根据保有权确定的维兰，指出了在自由的或不自由的佃户持有自由土地和不自由土地时，可以有四种划分法。③

土地保有权与农民身份的关系应当说有一个复杂的转变过程。在达勒姆郡，根据地租簿，在 1347—1348 年，自由土地均为自由佃户持有。黑死病以后，相当数量的自由土地转到非自由佃户之手。1382—1383 年的地租簿列出的 11 名持有自由土地的佃户看来都是维

---

① Jane Whittle, *The Development of Agrarian Capitalism: Land and Labour in Norfolk 1440-1580*, Oxford: Clarendon Press, 2000, p.30.
② P. D. A. Harvey, ed., *Peasant Land Market in Medieval England*, Oxford: Clarendon Press, 1984, p.42.
③ P. D. A. Harvey, "Conclusion", in P. D. A. Harvey, ed., *Peasant Land Market in Medieval England*, Oxford: Clarendon Press, 1984, pp.331-332.

兰。大概是黑死病以后缺少劳动力，使一些非自由的佃户有机会获得自由土地，但绝大部分自由土地仍在那些有自由身份的人手中。这样，达勒姆东南部当时形成了这样的图谱：自由持有农构成了佃户的最上层；在他们之下是大量有人身自由但持有非自由土地的佃户；在阶梯的最下层是没有自由人身份的维兰。① 在达勒姆东南部，绝大部分佃农都持有非自由保有地，但到 14 世纪中叶，他们中绝大部分人都有人身自由。②

3. 租地保有权和租地农

租地保有权是在有限的租借期内，由直接地主依法享有的土地权益。租借地保有权依据的是出租人和承租人之间的契约，契约的期限制约着这种租佃关系。③

租地保有权和自由持有保有权有很多不同之处。租地保有权属于法人财产权或准不动产权；而自由持有保有权属于不动产权。租地的所有者从未拥有土地的充分所有权，也从未依法占有土地，只不过对土地有契约规定的权利；而自由持有农通常拥有对土地的充分所有权，并且总是依法占有土地。租地保有权由位于国王和佃户之间的一个或多个大土地所有者拥有；而自由持有保有权则直接由国王拥有。

---

① Tim Lomas, "South-east Durham: Late Fourteenth and Fifteenth Centuries", in P. D. A. Harvey, ed., *Peasant Land Market in Medieval England*, Oxford: Clarendon Press, 1984, pp. 281-282.

② Tim Lomas, "South-east Durham: Late Fourteenth and Fifteenth Centuries", in P. D. A. Harvey, ed., *Peasant Land Market in Medieval England*, Oxford: Clarendon Press, 1984, p. 279.

③ B. W. Adkin, *Copyhold and Other Land Tenures of England*, London: The Estates Gazette, 1919, p. 75.

租地保有权由土地法和租借条件管理；而自由持有保有权则只由土地法所管理。租地保有权对判决确定的债务应负法律义务；自由持有保有权则根据威斯敏斯特第二条例，对法庭判定的义务负责；并且根据1838年通过的判决法令，对衡平法院的判决承担义务。租借农死后，租地保有权转到法定遗嘱继承人手中；自由持有保有权则直接转到法定继承人手中。违反永久租地权的法规不适用于租地保有权。租地保有权可没收；自由持有保有权不能没收。租地保有农需承担义务和交纳地租；自由持有农只向国王效忠。租地保有农应对土地荒芜负责，并履行所有协议，他做他愿意做的事的权利受土地出租人的限制；自由持有农则能做他愿意做的事，他的权利不受限制。[①]

租地保有权有不同的租借条件。有的土地租借期确定为数年，有的确定为按照领主意愿租借土地。按照领主意愿的租借权可随时被领主中止。按照领主意愿的租借权可由专门的契约确定下来，这种契约可以是口头的，也可以是书面的文契，以表明地主同意出租而佃户同意承租。[②] 在通常情况下，根据领主意愿租佃土地根据一种默契。[③] 默契租佃权佃户的地位在根据领主意愿租佃土地的佃户之下。二者不同之处在于，后者根据权利占有土地，而前者没有占有土地的权利。爱德华·柯克把这类佃户定义为"一种根据权利耕种土地，但没有拥有它的权利"的佃户。这种租借权未经契约确认，租借权无法被分派

---

① B. W. Adkin, *Copyhold and Other Land Tenures of England*, London: The Estates Gazette, 1919, pp. 77-78.

② B. W. Adkin, *Copyhold and Other Land Tenures of England*, London: The Estates Gazette, 1919, p. 78.

③ B. W. Adkin, *Copyhold and Other Land Tenures of England*, London: The Estates Gazette, 1919, pp. 78-79.

或转租。① 根据领主意愿的租佃权是一种与为期数年的租借权不同的租借权，这种租借权没有明确的期限，根据双方的意愿可以终止这种租借权；而为期数年的租借权则有明确的限定期限。经领主默许的租借权是比租期任意的租借权在法律上地位更低的租借权，它通常发生在租借期已经结束，而佃户在没有得到地主或所有者的同意的情况下仍然持有土地之时。②

租地保有权在理论上与习惯法毫无关系，因为这种保有权是双方自由谈判缔结契约的结果，它以契约的形式记载下来，双方各持有一份契约文本，租借权可持续数代人，由1至3个指定姓名的人租借耕种土地。在英格兰西部属于教会的地产上，租地保有权是有限期的，但通常租期较长，在契约所提到的三代人死后，结束其租期。这种情况在1500年时很普遍。这种长租期对于租佃双方都有利。诚然，在当时社会急剧变动的情况下，谁能够在这种交易中获利是一场赌博。事实上，绝大多数佃户希望在一两名列入契约的佃户尚活着时便更新契约，而地主则准备不履行义务，因此，大量的租借农对于租地很担心。承租租借地还要承担大量的习惯义务，如把诉讼案提交法庭、交纳租地继承税等，但很少有劳役。租户最初的入地费通常比地租数额要大，这是双方谈判和讨价还价的主要内容之一。但双方通常都按照习惯的市场状况来定。这笔费用通常采取分期付款方式来支付。到1500年时，广泛实行的租借地保有制有所扩展，地主和租户之间谈判的这种方式对于地主和佃户的一般关系产

---

① B. W. Adkin, *Copyhold and Other Land Tenures of England*, London: The Estates Gazette, 1919, p.79.
② B. W. Adkin, *Copyhold and Other Land Tenures of England*, London: The Estates Gazette, 1919, p.80.

生了很大的影响。农场的出租推动和促使维兰保有权的终结。因为当一个领主与其佃户进行谈判时，他就很难再声称农民的人身和他们的财产是受领主控制的。①

根据对亨利八世到伊丽莎白一世时期10余个郡共118个庄园的调查，在全部6203户中租地持有农为785户。其中，在英格兰北部的诺森伯兰郡和兰开郡的13个庄园中比例较高，在全部1754户中租地持有农为346户。在英格兰中部的斯塔福德郡、莱斯特郡和北安普顿郡租地持有农的比例稍低，在1505户中租地持有农为213户。在英格兰南部的威尔特郡、汉普郡和另外10个郡的1580户中，租地持有农为148户。在英格兰东部的诺福克郡和索福克郡，调查的1364户中有78户属于租地持有农。②托尼指出，在有的地方，租地持有农的比例要大一些。如1568年在萨默塞特郡的4个庄园和德文郡的1个庄园中，租地持有农占农民的20%。1626年在罗其代尔大庄园中，租地持有农为315人，比自由持有农（64人）和公簿持有农（233人）要多。③

在16世纪，租地持有农在土地承租期间得到法律的保护，有的地方他们的租期达到92年。但当庄园土地由没有凭据的按照领主意愿租种土地的佃户持有时，或自营地短期出租给某些佃户时，领主可以收回租地。因此，托尼指出，到16世纪，一些租地持有农和按照领主意愿租种土地的佃户成为被驱逐的阶级。④

---

① Joyce Youings, *Sixteenth-century England*, Penguin Book, 1984, pp.49-50.
② R. H. Tawney, *The Agrarian Problem in the Sixteenth Century*, New York, 1928, p.25.
③ R. H. Tawney, *The Agrarian Problem in the Sixteenth Century*, New York, 1928, p.284.
④ R. H. Tawney, *The Agrarian Problem in the Sixteenth Century*, New York, 1928, pp.283-287.

4. 维兰及其消失

在 13 世纪的英格兰，有五分之三的居民具有不自由身份。① 从 1350 年到 1450 年，农奴制在很大程度上从英格兰的庄园中消失了。② 其中 1380 年到 1420 年是农奴制被侵蚀的主要阶段。在 1380 年以前，农奴制身份非常普遍，而到了 1420 年以后，拥有农奴身份的人已很稀少。1440 年以后，不自由身份农民的存在成为反常的现象。③ 1348 年以后，不再有新的农奴家庭产生。④

农奴制反映了领主最终控制从属于他的农业劳动者的能力。13 世纪，绝大多数地产上的习惯佃户都是维兰身份，这是一种被奴役身份。当庄园法庭的书记在簿册上写下维兰的姓名时，通常要提到他的身份，并强调维兰身份是依据其出身。在 1450—1540 年代，维兰的子女也列入表册。解放维兰要有正式的手续，在授予证书的同时要在主教和小修道院的注册簿上记录。传统的解放维兰的证书通常说到解放维兰和他的后代。据推测，有时农奴争取解放或者否认其维兰身份要付一笔钱。当然，这笔钱不会记录在案。

法学家格兰维尔和布莱克顿曾认为，维兰不能将自己的财产转让给他的继承人。他们当时没有注意到此类案件转由教会法庭和庄园法庭审理，而国王的法庭承认在某些情况下习惯可以取代法律的事实。维诺格拉多夫曾写道："维兰没有自己的财产，因而不能进行财产转

---

① John Hatcher, "English Serfdom and Villeinage", in *Past and Present*, No. 90 (1981), p. 7.
② R. H. Hilton, *The Decline of Serfdom in Medieval England*, London: Macmillan, 1969, pp. 34-35.
③ Jane Whittle, *The Development of Agrarian Capitalism*, Oxford: Clarendon Press, 2000, p. 37.
④ Eric Kerridge, *Agrarian Problems in the Sixteenth Century and After*, London: George Allen and Unwin, 1969, p. 90.

手。"晚近，海厄姆斯详细研究了关于维兰的普通法，分析了国王法庭对维兰继承权的处理。他指出，在普通法中没有适用于维兰的继承制，但在实践中，维兰把土地转给继承人并且自己也继承土地，他们的这种权利为庄园法庭所支持。他认为，在立法理论和实际的运作之间存在较大的裂隙。① 维兰对土地和商品的继承权既为习惯法所支持，也得到教会的支持。教会鼓励自由处置土地，而习惯法则反对让渡土地。②

到15世纪，维兰和非维兰在经济地位上的区别已很小。1340年议会取消了不自由农民向领主交纳的佃租。以后，维兰和非维兰都要交纳货币地租和其他习惯租费。与维兰制有关的主要负担是要交纳结婚费，以及维兰未经许可不得离开庄园。

维兰的数量随时间推移在逐渐下降。例如，在伍斯特主教的肯普西地产上，记载的维兰的数目1400年为19人，1476年为10人，1514年为5人，以后则不见有记载。在怀特斯通地产上，维兰在1377—1399年为24人，1430—1476年为14人，1520年为7人，1538年为6人。③

维兰制衰落和维兰数量减少的主要原因是维兰家族绝后，同时又不再确定新的维兰。前者又有两种情况，一种情况是维兰没有子女，另一种情况是维兰只有女性后代，而女性后代的子女不易继承维兰身

---

① P. R. Hyams, "The Proof of Villeinage Status in the Common Law", *Economic History Review*, lxxxix, 1974, pp. 721-749.
② Jane Whittle, *The Development of Agrarian Capitalism: Land and Labour in Norfolk 1440-1580*, Oxford: Clarendon Press, 2000, p. 37.
③ C. C. Dyer, *Lords and Peasants in a Change Society, The Estate of the Bishopric of Worcester, 1380-1540*, Cambridge U. P., 1980, p. 270.

份。海厄姆斯的研究表明，在 13 世纪已确定这样的习惯，一个具有维兰身份的妇女与另一个自由人结婚或者维兰妇女生活在一块自由持有地上，她就会免除维兰身份。① 例如在肯普西庄园，在 1476 年间有两户维兰的名字消失了。他们是布莱克和斯宾塞。1476 年时，托马斯·布莱克有 3 个女儿，而瓦尔特·斯宾塞已有 60 岁，而膝下无子女。②

维兰解放有多种途径。一些维兰因为对领主"有特别服务"而被领主解放。但绝大多数维兰看来是通过赎买获得解放。某些地产资料显示，赎金数额很大，有的地方高达 10 镑。因此，出得起钱赎买维兰身份的，一般是殷实的佃户。1514 年肯普西的调查表记载："……理查德·潘廷通过庄园法庭赎买……使自己解放。"在 1380—1450年间有 74 名维兰获得解放，并被记载下来。此外，还有别类记载，1450 年前后，来自弗拉德伯里的维兰理查德·塞弗格"否认他的维兰身份，证明他是自由人"，他出示了他是私生子的证据，最终赢得了这起诉讼。③

研究者发现，1485 年时，至少在 30 个郡的 400 个庄园中有维兰存在。在伊丽莎白一世在位的最初 10 年，在 21 个郡的 100 个庄园中仍有维兰。④ 诺福克郡东北部庄园法庭的案卷表明，1440—1460 年在

---

① P. R. Hyams, "The Proof of Villeinage Status in the Common Law", *Economic History Review*, lxxxix, 1974, pp. 721-749.
② C. C. Dyer, *Lords and Peasants in a Change Society, The Estate of the Bishopric of Worcester, 1380-1540*, Cambridge U. P., 1980, p. 271.
③ C. C. Dyer, *Lords and Peasants in a Change Society, The Estate of the Bishopric of Worcester, 1380-1540*, Cambridge U. P., 1980, p. 272.
④ D. Macculloch, "Bondmen under the Tudors", in C. Cross, D. M. Loades and J. J. Scarisbrick, eds., *Law and Government under the Tudors*, Cambridge U. P., 1986, p. 93.

所研究的 7 个庄园中,至少 6 个庄园存在维兰家庭。1490—1500 年,在 5 个庄园中有维兰家庭。1520—1530 年有 1 个维兰家庭。[①]

1536 年,英国议会上院讨论了一项关于在王国普遍解放维兰的法案。这是自 1381 年以来第一次听说议会讨论取消维兰制的一般立法提案。[②]

到了 16 世纪,尽管在英国许多地方农民的劳役义务已用货币来折算,但是在一些地方仍然存在劳役义务制度。在兰开郡和约克郡西区,如南牛顿庄园,劳役仍然存在。在诺森伯兰郡属于泰恩默思小修道院的庄园,直到修道院解散,每个佃农都得在每年谷物收获的第一时间去服劳役。1568 年在威尔特郡的瓦申庄园,公簿持有农的劳役仍然很重。持有 1 威尔格(20 英亩)土地的佃户需要为领主在冬天耕 1.5 英亩地,要为领主洗羊毛和剪羊毛;每个公簿持有农要为领主收割 1 英亩草地的青草并收回来,还要为领主收割 1 英亩小麦和 1 英亩大麦。1628 年在兰开郡的一个庄园,每个耕田的农民每年有义务带上牲畜和车,以及一个劳动力在领主的自营地服两天劳役。1602 年,在诺森伯兰郡的埃泰尔庄园,仍然存在"被束缚的维兰的劳役",要求佃户从主人的房舍和院子里向外运粪,为他放奶牛、搬煤泥、耕地,而没有工资和报酬。

5. 自治市民土地保有权

在英国,除了乡村的土地保有权外,还有一种自治市民土地保有

[①] Jane Whittle, *The Development of Agrarian Capitalism*, Oxford: Clarendon Press, 2000, p.37.
[②] E. B. Fryde, *Peasants and Landlords in Later Medieval England, 1380-1525*, Gloucestershire: Alan Sutton, 1996, p.238.

权。在盎格鲁-撒克逊时代,自治市民取得土地保有权要支付地租。在诺曼征服以后,对这种保有权随附的权利有严格的限制。拒绝外来移民参加城市商业和政治活动。自治市民交纳各种城市税,因此享有各种自治市民的特权。根据自治城市的习惯法,享有特权的自治市民享有的土地能够自由出售、划分和遗赠。享有这种土地保有权的自治市民无须承担任何封建的或维兰随附的负担,需要负担的义务始终只有向选举产生的自治城市的官员支付正常的免役地租。随着封建主义的瓦解,自治市民土地保有权和无兵役租佃保有权的差别愈大。自治市民土地保有权的一个特点是它免除了封建地产随附的权利,另一个特点是自治市民保有地产可以流动。①

英国资产阶级革命发生在英国从封建社会向资本主义社会的过渡时期。16到17世纪,英国农奴制业已消失。农村中的庄园制已经经过了较长的衰落时期。但是,英国革命时期在政治上没有像1789年的法国资产阶级革命那样通过立法一举废除中世纪的土地法。在革命中除了1642年废除了骑士领地制外,一整套封建社会的成文土地法和习惯法被保留下来。在社会结构中,仍然保留着封建等级制的残余。英国农村存在着各种不自由身份的农民,他们对土地的占有和使用受到很大的限制。

这里以英国的公簿持有农为典型案例来说明农民的身份制度的残余。公簿持有农是根据领主的意愿,按照庄园习惯法拥有土地保有权。由于近代早期绝大多数习惯佃户持有庄园法庭证明他们持有土地的资格的证书副本,他们通常被称为公簿持有农。

---

① M. de W. Hemmeon, *Burgage Tenure in Mediaeval England*, Harvard U. P., 1914, pp. 4-5. S. H. Steinburg and I. H. Evans, eds., *Steinberg's Dictionary of British History*, Edward Arnold, 1970, p. 52.

这个时期绝大多数庄园中实行了公簿持有保有权，而各地实施的公簿持有保有权又有很大的差别。在西部地区，除了汤顿—狄恩河谷以外，最常见的是租期为终身的或数代人的公簿持有保有制，附有根据领主意愿决定的更新契约时需交纳确定的特别地租。有的时候，授予四五代人一份文书抄本。在另一些地方，一份抄本只给一两代人。但通常领主按照习惯给予三代租户一份文书抄本，三代人可先后继承租地。一般来说，只有在公簿上写有姓名的人才是习惯佃户。但少数庄园有一种习惯，在授权一个人时，允许在他的姓名后面再加上其他的继承人的姓名。当然，按照数代人期限持有土地的公簿持有农，得根据领主意愿和庄园习惯法支付更新租契的特别租费。①

在密德兰地区，公簿持有农的负担很重，通常可租种土地21年，但有时可达40年、61年，至少为9年。在同一个庄园中，租地期限也会有不同。对于租种土地为期数年的公簿持有农，更新租契的特别费用由庄园领主随意确定。②

在继承土地时，几乎有一半以上的公簿持有农要交纳过户费，其数额通常不超过固定的入地费，为一两年的习惯地租。公簿持有农继承土地时交纳的上述费用不是听凭领主意愿而定，必须是"合理的"，即必须合乎继承的习惯。简单地说，继承租地时交纳的特别入地费，要由契约双方和庄园所有的佃户同意并认为合理。当就过户费发生争执时，可以提交更高一级的法庭审理。普通法庭通常只允许交纳1年或1年半的地租额，但向高等民事法庭抗辩时，会判决交纳相

---

① Eric Kerridge, *Agrarian Problems in the Sixteenth Century and After*, London: George Allen and Unwin, 1969, p. 36.
② Eric Kerridge, *Agrarian Problems in the Sixteenth Century and After*, London: George Allen and Unwin, 1969, p. 37.

当于两年地租的过户租费。而在提交大法官法庭审理时，会判决为交纳相当于 1 年半的土地利润。①

也有少数公簿持有农完全按照庄园习惯法庭案卷，而不是根据领主的意愿来持有土地。他们自己拥有直接的土地保有权，称为自由公簿持有权。这种保有权来自征服者威廉占领的撒克逊人自营地的保有权。它受到国王颁发的权利文书的保护。②

近代初期在英格兰还广泛地存在着按照领主意愿的租佃制。在这种租佃制度下，佃户从土地获得的利益较少。这种制度当时在密德兰平原上广泛存在。领主不是把土地作为特有自由地产租给佃户，而是把地产作为单纯的物让佃户占有，领主允许佃户种植谷物，收获庄稼。这种租借权，通常是给予茅舍农、贫民或最穷的租地农场主。爱德华·柯克曾说到，诺曼征服后，在东北部低地区即存在这种制度，称为习惯按领主意愿的租借权。③

在英格兰西部，终身公簿持有地普遍存在，有时把租期定为一代人、两代人或三代人，通常是为期三代人，每一代人死后更新租约。有的地方不是简单地规定为三代人，而是把三代人的时限具体定为 99 年，这习惯在西南部特别普遍。而终身公簿持有地在柴郡生产奶酪的乡村和兰开郡平原较普遍。在密德兰和英格兰北部，租期为 21 年或者三代人都比较常见，每 7 年或一代人死后更换一次租约。

---

① Eric Kerridge, *Agrarian Problems in the Sixteenth Century and After*, London: George Allen and Unwin, 1969, pp. 38-39.
② Eric Kerridge, *Agrarian Problems in the Sixteenth Century and After*, London: George Allen and Unwin, 1969, pp. 40-41.
③ Eric Kerridge, *Agrarian Problems in the Sixteenth Century and After*, London: George Allen and Unwin, 1969, pp. 45-46.

在王室所属地产上,各地土地的租期也有差别。密德兰地区王室地产上租期常为31年、41年,甚至62年。在英格兰北部租期为31年。①

各种公簿持有农也进行转租经营。根据许多庄园关于终身公簿持有农的习惯法规定,公簿持有农可以在未经许可的情况下出租持有的土地1年零1天。对于那些通过继承持有土地的公簿持有农,通常允许他们在未经许可的情况下转租土地3年,有时出租土地的时间可更长。在作出3年以上的转租之前,公簿持有农有义务获得领主的许可,但常常可以见到公簿持有农不依照上述规定的违规做法。② 公簿持有农转租土地的例子很多。例如,1555年6月至1557年10月,布雷姆希尔庄园大约向50名公簿持有农发出了17份新的转租许可证。1610年至1618年,达林顿卡姆奈顿庄园向12名公簿持有农发出了转租许可证,它涉及其他7名公簿持有农的转租活动。③ 但是,一些庄园对公簿持有农转租土地的活动仍加以限制。例如1639年奇斯伯里庄园举行效忠宣誓礼时,禁止在未经许可的情况下转租公簿持有地超过1年零1天。而在法赛特庄园,公簿持有租佃地不得向来自其他村庄的外来户再出租。④

公簿持有农获得公民权,对公簿持有农至关重要。这可以使公簿持有农摆脱公簿持有权,转而拥有自由持有权。这样一来,公簿持

---

① Eric Kerridge, *Agrarian Problems in the Sixteenth Century and After*, London: George Allen and Unwin, 1969, p.48.
② Eric Kerridge, *Agrarian Problems in the Sixteenth Century and After*, London: George Allen and Unwin, 1969, p.50.
③ Eric Kerridge, *Agrarian Problems in the Sixteenth Century and After*, London: George Allen and Unwin, 1969, p.51.
④ Eric Kerridge, *Agrarian Problems in the Sixteenth Century and After*, London: George Allen and Unwin, 1969, p.52.

有农对领主的全部义务都取消了。对他们起作用的就不再是庄园习惯法，而是适用于自由持有农的法律。因此，公民权是对公簿持有农最重要的、最有价值的权利。完成了这项工作，英国这部分农民才真正从法律身份上获得完全解放，成为严格意义上的自由农民。

授予公簿持有农以公民权一事，只是到 19 世纪中叶才提到英国立法日程上来的。1841 年通过了一项《公簿持有权法》，这项法令保证领主通过颁发证书授予公簿持有农以公民权，以及用地租折算公簿持有农的庄园义务。这种折算可以通过过去与任何单个佃户的协议作专门的折算，或是通过在领主和所有的或大部分佃户之间规定统一的折算方式来进行。1841 年的法令开创了在领主和佃户达成协议后建立"公簿持有权委员会"的做法。在这项法令之后，又在 1843 年和 1844 年通过了两项法令，后者扩展了 1841 年法令的内容。这三项法令保证了自愿授予公簿持有农公民权的原则。① 由于普通法不授予任何强制实施的权力，因此，授予公民权必须是自愿的，即通过领主与佃户双方的协议，这是一种正式的成文契约，佃户必须支付一定的款项，协议上要写明公簿持有农交纳金钱的数量和取得的权利，这是领主通过协议出售自由持有权的形式。②

1852 年制定的《公簿持有权法》③，迫使领主的佃户通过告之第三者的做法，给予所有的公簿持有农或习惯持有农以公民权。此后，1858 年和 1887 年通过的法令修改了 1858 年的《公簿持有权法》，取

---

① B. W. Adkin, *Copyhold and Other Land Tenure of England*, London: The Estate Gazette, 1919, pp. 202-203.

② B. W. Adkin, *Copyhold and Other Land Tenure of England*, London: The Estate Gazette, 1919, p. 119.

③ B. W. Adkin, *Copyhold and Other Land Tenure of England*, London: The Estate Gazette, 1919, p. 119.

消了一般的折算。①

1887 年颁布的《公簿持有权法》结束了新的公簿持有地的创设。这项法令第 6 条明确指出了这一点。以后，1894 年的《公簿持有权法》第 81 条对这一条重新加以颁布。这一条款指出，任何庄园领主不得再把先前非公簿持有权土地授予某人，让其持有庄园法庭簿册的副本而持有这块土地，除非领主事先取得农业渔业部的同意。②

在 1894 年以前，授予公簿持有农公民权的机构已经改变。相关的权力先后属于 1836 年成立的什一税委员会、根据 1841 年的《公布持有权法》建立的公簿持有权委员会，以及根据 1845 年的《一般圈地法》建立的与圈地委员会合并而成的土地委员会。1889 年根据农业部的法令，土地委员会被取消，建立了一个新的机构农业部。它接管了上述相关权力。1893 年建立了农业渔业部。③

1894 年通过了新的《公簿持有权法》。这项法令取消了先前已经失效的六个法令（1814 年、1843 年、1844 年、1852 年、1858 年和 1887 年的法令），并取而代之。同时，1894 年的法令取消了 1860 年的《大学和学院地产法延伸法令》，而在此法令中重新写进它的主要条款。1894 年的《公簿持有权法》适应于英格兰和威尔士，而不适用于苏格兰和爱尔兰。它也不适用于王室、兰开斯特公爵、康沃尔公爵、宗教团体和宗教委员会的地产。它适用于所有公簿持有地和习惯

---

① B. W. Adkin, *Copyhold and Other Land Tenure of England*, London: The Estate Gazette, 1919, p.203.
② B. W. Adkin, *Copyhold and Other Land Tenure of England*, London: The Estate Gazette, 1919, p.119.
③ B. W. Adkin, *Copyhold and Other Land Tenure of England*, London: The Estate Gazette, 1919, p.204.

自由持有地。① 这项法令授予所有公簿持有地和习惯自由持有地的持有者以公民权,即在支付适当的补偿金的情况下,这些土地转变成为正常的自由持有地。授予公民权可以通过协议或强制实行。所有授予公民权的行为都要通过农业和渔业部。一般来说,一个人可以通过交纳不超过 2 至 3 倍入地费的现金,而摆脱所有的负担。② 根据这项法令,授予公民权的方式有了强制性的或自愿的两种。前一种办法是通过颁布一份强制授予的文告为开始,以农业和渔业部的授予为完成。自愿授予的做法由佃户和经过双方签订的一项协议为开始,由农业和渔业部批准一项证书为完成。在强制性地授予公民权的过程中,佃户必须一次付给领主一批现金或 4% 的地租。在自愿授予时,允许采取不同的方式,如付固定数目的现金或变化的地租,或者让出土地或让出开矿权,或是把荒地的权利让给庄园。③

根据公簿持有权法,自 1841 年到 1914 年,作出了 23001 件授予土地持有者公民权的决定。公簿持有农为取得公民权付出了 2759092 英镑,同时还支付给领主 21248 英镑和 1388 英亩土地作为补偿。1914 年,又向农业和渔业部提出了 169 件授予权利的申请,其中 49 件的执行是无偿的。1919 年农业和渔业部作出了对补偿进行修改的决定,鼓励授予公簿持有农公民权。④ 1922 年英国通过了《财产法》,

---

① B. W. Adkin, *Copyhold and Other Land Tenure of England*, London: The Estate Gazette, 1919, p. 214.
② B. W. Adkin, *Copyhold and Other Land Tenure of England*, London: The Estate Gazette, 1919, p. 216.
③ B. W. Adkin, *Copyhold and Other Land Tenure of England*, London: The Estate Gazette, 1919, pp. 219-220.
④ B. W. Adkin, *Copyhold and Other Land Tenure of England*, London: The Estate Gazette, 1919, p. 120.

它规定,所有的公簿持有地都被授予公民权,即公簿持有地成为自由持有保有地,实行无兵役租佃制。1922年这个法令开始生效,公簿持有保有权最终被取消。而公簿持有权附带的最后的封建义务在1935年被取消。[①] 这表明,英国农民身份制度经过了漫长的历史过程最终被废除。

第二节 圈地运动

描写16世纪英国圈地运动的最有影响的著作当数托马斯·莫尔的《乌托邦》。该书在1516年秋季出版。当时的书名是《关于最完美的国家制度和乌托邦新岛的既有趣又有益的全书》[②]。莫尔的《乌托邦》描述了英国圈地运动。他写道,那些圈地的地主、绅士,"他们过着闲适奢侈的生活,对国家丝毫无补,觉得不够,还横下一条心要对它造成严重的危害。他们使所有的地耕种不成,把每寸土地都圈起来做牧场,房屋和城镇给毁掉了,只留下教堂当作羊栏。并且好像他们浪费于鸟兽园囿上的英国土地还不够多,这帮家伙还把用于居住和耕种的每块地都弄成一片荒芜"[③]。

"因此,佃农从地上被撵走,为的是一种确是为害本国的贪食无餍者,可以用一条栏栅把成千上万亩地圈上。有些佃农则是在欺诈和暴力手段之下被剥夺了自己的所有,或是受尽冤屈损害而不得不卖掉本人的一切。这些不幸的人在各种逼迫之下非离开家园不可——男

---

① Sir Robert Megarry and H. W. R. Wade, *The Law of Real Property*, London: Stevens and Sons, 1984, pp. 32-33. J. P. Kenyon, ed., *A Dictionary of British History*, London, 1981, p. 92.
② 〔苏联〕奥西诺夫斯基:《托马斯·莫尔传》,商务印书馆1984年版,第91页。
③ 〔英〕托马斯·莫尔:《乌托邦》,商务印书馆1982年版,第21页。

人、女人、丈夫、妻子、孤儿、寡妇、携带儿童的父母,以及生活资料少而人口众多的全家,因为种田是需要许多人手的。嗨,他们离开啦,离开他们所熟悉的唯一家乡,却找不到安身的去处。他们的全部家当,如等到买主,本来值钱无多,既然他们被迫出走,于是就半文一钱地将其脱手。"①

"他们在流浪中花完这半文一钱之后,除去从事盗窃以致受绞刑外(这是罪有应得,你会说),或是除去沿途讨饭为生外,还有什么别的办法?何况即使讨饭为生,他们也是被当做到处浪荡不务正业的游民抓进监狱,而其实他们非常想就业,却找不到雇主。他们是对种田素有专长的,可是找不到种田的活,由于已无供耕种的田。一度需要多人耕作才产粮食的地,用于放牧,只要一个牧人就够。"②

莫尔用"羊吃人"来概述圈地运动的后果。他写道:"你们的羊,一向是那么驯服,那么容易喂饱,据说现在变得很贪婪,很凶蛮,以至于吃人,并把你们的田地,家园和城市践踏成废墟。"③莫尔出于一个人文主义者对社会和人类的关怀及对未来乌托邦社会的美好设想,揭露了圈地运动在英国造成的严重的社会问题。

马克思在写作《资本论》第一卷时基本上接受了托马斯·莫尔对圈地运动的看法。马克思写道:"从亨利七世以来,资本主义生产在世界任何地方都不曾这样无情地处置过传统的农业关系,都没有创造出如此适合自己的条件,并使这些条件如此服从自己支配。在这一方面,英国是世界上最革命的国家。""凡是同农业的资本主义生产条件

---

① 〔英〕托马斯·莫尔:《乌托邦》,商务印书馆1982年版,第21—22页。
② 〔英〕托马斯·莫尔:《乌托邦》,商务印书馆1982年版,第22页。
③ 〔英〕托马斯·莫尔:《乌托邦》,商务印书馆1982年版,第21页。

相矛盾或不适应的,都被无情地一扫而光。"①

现在看来,以往对16世纪上半叶宗教改革和圈地运动在英国造成的农村经济和社会变动与农业资本主义发展有估计过高的倾向。一些学者认为,英国在16世纪已经是资本主义尤其是农业资本主义的典型国家,这与历史事实有出入。英国的圈地运动前后经历了三百多年的过程。16世纪的圈地不过是整个圈地运动重要的起始阶段,但不是决定性的阶段。16世纪圈地运动的规模远比不上17世纪。

公地和敞地这两个概念相关,指若干所有者的土地混杂地分散分布的大片土地。在圈地运动开展之前,敞地在英格兰普遍存在。研究土地制度史的学者霍默在1766年写的《论圈围公地时确定业主各自特定部分的性质和方法》一书中给敞地下了一个定义:"敞地……就是几个所有主人的土地混杂地分散开来的大片土地。"敞地是敞开着的,没有围垣的田,它与那些圈围起来而能自主的地产是相对立的。敞地掌握在几个都拥有各自契据的所有者手中,他们拥有土地的保有权形式可能各不相同。例如,有的人拥有土地所有权,而有的人是通过永久租赁的方法占有土地,他们的土地并没有构成一个不可分的整体。这些土地"混杂地散布着",它们分成许多小块,彼此混杂地交错在一起。这是敞地制最明显的特点。例如,1750年威廉·卢卡斯拥有的地产是由47块分散在镇区各处的地段所组成的。这些长方形地块的每一块都是以一条长而窄的带形地呈现出来,而每条带形地又被一条细长的浅草与相邻的带形地隔开。它平均大小是40竿长,4竿宽,约合200米长,20米宽,面积为1英亩。这种带形地往往分成两个长约20

---

① 马克思:《剩余价值理论》,载《马克思恩格斯全集》第34卷,人民出版社2008年版,第262—263页。

竿的相等部分，这种地段就叫牛地（Oxgang）①。这种地段延伸的方向与犁路的方向一致，在每一尽头处均留有一块供犁头转回的地方。这种敞地制的耕地分布，使农民的耕作非常困难，每个农民与他周围的人的土地十分密切连接着，错杂地混在一起，没有邻人的帮助就无法从事耕作，每块土地插在他人的土地中间，各人的地块之间不可能设立围篱，使得履行与土地相关的义务也十分复杂。而各地块的生产当然毫无争执地归其主人进行。敞地制是一种较为原始的土地耕作和占有方式。②

对于敞地，瑟尔斯克描述说："可耕地和草地按照耕作者分成条块，他们中每个人占有分散在土地上的若干条块。"可耕地和草地在收后及下一个季节中对所有平民共同放牧其牲畜都是开放的。在公地上进行耕作必须遵守某些规则。例如，使冬季播种的作物和春季播种的作物在不同的区域生长。公地上存在有共有的牧场和荒地，条地耕作者有权在那里放牧牲畜、采集木材、采集其他东西，如石头、煤及其他他们用得上的东西。通过耕作者的会议确定在这块地上的活动者须得遵守的制度，这种集会或是召开庄园法庭，或是某些地方的村庄

---

① 〔法〕保尔·芒图：《十八世纪产业革命》，杨人楩译，商务印书馆1982年版，第112—113页。Oxgang是指一头牛在一天内所耕地的面积，在不同的地区一头牛所耕地的面积也不同。在英国的不同地区，带形地的叫法各不相同。在苏格兰和诺森伯兰被称为"rigs"，在林肯郡被称为"selions"，在诺丁汉郡被称为"lands"，在多塞特郡被称为"lawns"，在威斯特摩兰被称作"dales"，在剑桥郡被称为"balks"，在萨默塞特郡被称作"raps"，在苏塞克斯被称为"pauls"，在北威尔士被称为"loons"，等等。参见 Lord Ernle, *English Farming, Past and Present*, Heinemann and Frank Cass, 1961, p. 24。

② 〔法〕保尔·芒图：《十八世纪产业革命》，杨人楩译，商务印书馆1982年版，第112—113、115—116页。

会议。①

"圈地"一词原来的意义,是指在土地四周用连续的篱笆、栅栏、墙或沟渠把那些敞田地和公地圈围起来,用重新分配的办法把分散的地块合并起来,形成彼此完全分开的独立的地产。在圈地的初期阶段,它是改善土地耕作和经营的自然经济的技术性措施。而随着圈地运动的发展,它愈益带有明显的社会性并引起下层农业劳动者的怨言和不满。从历史上看,圈地至少包括三种不同的活动:第一,圈围广大的敞地;第二,圈围正规的公地;第三,逐渐侵占森林地、沼泽地和其他荒地。②因此,正如瑟尔斯克所指出的,圈地这个概念,是一个非常松散的论及土地处理和土地使用变化的词汇。圈地在不同地区产生的经济和社会后果差别很大。③

在中世纪很早的时候,圈地便已开始,如对荒地的圈占、对小片林地的开发。1235年的《默顿条例》和1285年的《第二威斯敏斯特条例》写道:"授权庄园领主圈占自由佃户不需要的荒地。"④黑死病爆发以后,劳动力一度短缺,土地出现剩余。但这种情况没有持续很久。在一个多世纪的经济停滞以后,人口重新开始增长。在人口增长影响下,从1470年起,土地价格开始上涨。到17世纪初年这种趋势

---

① Joan Thrisk, "The Common Field", *Past and Present*, no.29 (1964), p.3. H. 霍默:《论圈围公地时确定业主各自特定部分的性质和方法》,1766年,第1页。转引自〔法〕芒图:《十八世纪产业革命》,杨人楩译,商务印书馆1982年版,第112页。

② 〔英〕约翰·克拉潘:《简明不列颠经济史:从最早时期到一七五〇年》,范定九、王祖廉译,上海译文出版社1980年版,第271页。

③ Joan Thirsk, "Enclosing and Engrossing", in Joan Thirsk, ed., *The Agrarian History of England and Wales*, Vol. Ⅳ, Cambridge U. P., 1967, p.200.

④ Joan Thirsk, "Enclosing and Engrossing", in Joan Thirsk, ed., *The Agrarian History of England and Wales*, Vol. Ⅳ, Cambridge U. P., 1967, p.201; W. E. Tate, *The English Village Community and the Enclosure Movement*, London: Victor Gollancz, 1967, p.44.

变得非常突出。尽管人口的增长在一个地区与另一个地区相差甚大，但它无疑是一种全国性的普遍现象。例如，莱斯特郡人口在1563年到1603年间增长了58%，哈福德郡的74个教区的人口也有类似的增长率。在阿克霍姆岛，埃朴沃斯庄园在1590年到1630年间增加了100座农舍。在同一个地区的米斯特尔顿，40年间新建了30座农舍，饲养的家畜的数量也大大增长。有的地区能够吸收增长的人口，而有的地区则不然。人口增长引起了土地争端，当时发生了不计其数的关于共有权的诉讼案件，各地实行了限制家畜饲养数量的措施。在人口增长和农业繁荣的压力下，对荒地的需求增加了。①

13世纪后期，公地制度在英格兰的中部和南部平原非常流行。但是，在不列颠岛的北部和西部高原沼泽地区，农民较少受地区土地所有制的影响，公地制度与它们附带的共有的束缚比较薄弱或完全不存在。② 在英格兰中世纪各郡各教区广泛存在的公用可耕地和公用荒地，经常是集体的或公共的所有物，没有明确的主人。它们大部分处于未开垦的状态。在满是荆棘的荒野里，长着杂草、灌木和金雀花，沼泽里长满了芦苇，还有一些是泥炭地，在沙石上偶尔长有树木。公地有时也包括较有价值的土地，人们可在那里放牧母羊、饲养公牛或牡马。尽管公地的价值总的来说不高，但农民从其上获得很多收益。农民拥有公地上的放牧权，在其上放牧牲畜，尤其是放羊。如果公地上长着树木，他们可以砍伐木材来修理房屋或建栅栏。他们还拥有公

---

① Joan Thirsk, "Enclosing and Engrossing", in Joan Thirsk, ed., *The Agrarian History of England and Wales*, Vol. IV, Cambridge U. P., 1967, pp. 204-205.
② Richard C. Hoffman, "Medieval Origins of the Common Fields", in William N. Paller and Eric L. Jones, eds., *European Peasants and Their Markets: Essays in Agrarian Economic History*, Princeton U. P., 1975, p. 27.

地上的池塘和河流中的捕鱼权,以及在公有的沼泽地中挖取泥煤的权利。小租佃农持有土地很少,它们可以在公地上开垦土地,以取得一定的种植收获物补充租地收入的不足,作维生之用。妇女可在公地上拾枯木做燃料。贫穷的织工可以在公地上摊晒漂洗染色的布帛,穷人可在公地上用轻便材料搭盖简易的小屋,在那里栖身,经默许搭盖的小屋数量增长很快。[1] 在公地的管理方面,对于公用耕地与牧场之间的比例没有强制性的固定规定。在需要的时候,可以通过协议,改变土地的使用方法,把可耕地改成公用草地,或者把公用牧场改作耕地。16世纪在许多以牧业为主的地区,存在大量的公地,而乡村社区则不时就改变土地的用途作出决定。[2]

其实,在15世纪时,英格兰的一些地区便有把耕地圈围起来改作农场的做法。当时人们看到,在土地上种草比种植谷物需要的劳动力要少些。到15世纪末,人口再次增长,耕地被改为牧场或草地。随着耕地的急速减少,农业工资劳动者中许多人失业,同时也出现一些荒芜的、衰落的村庄。有利可图的畜牧业使大农场主在公用草地上饲养过多的牲畜,他们用非法的手段占有土地,并驱赶平民。小农和被雇佣人员由于这种或那种原因失去耕地,小村庄完全无人居住,较大的村庄人口也严重减少。[3] 到15世纪后期,便可以听到对圈地的抱怨之声。1414年,诺丁汉郡达林顿和拉格耐尔的国王的佃户便向议

---

[1] F. Seebohm, *English Village Community*, Cambridge U. P., 1983, p.12. Erwin Nasse, *The Agriculture Community of Middle Ages and Inclosures of the Sixteenth Century in England*, London, 1872, p.8.

[2] Joan Thirsk, "Enclosing and Engrossing", in Joan Thirsk, ed., *The Agrarian History of England and Wales*, Vol. Ⅳ, Cambridge U. P., 1967, p.206.

[3] Joan Thirsk, "Enclosing and Engrossing", in Joan Thirsk, ed., *The Agrarian History of England and Wales*, Vol. Ⅳ, Cambridge U. P., 1967, p.210.

会提出反对圈地的请愿书。1459年，沃里克郡歌祷堂牧师劳斯便就圈地造成乡村人口减少向议会提出请愿书。他在《英格兰国王史》中评述并批评了他所在的沃里克郡因圈地造成人口减少的问题，他列举了大都处于南沃里克的62个庄园、教区、村子和区的名录，指出在那里部分或全部由于圈地而衰落或人口减少，有的村庄如康普顿斯科平则完全消失了。①

在都铎王朝先后建立了几个圈地调查委员会。调查委员会的报告提供了一批关于圈地运动规模的数据。可惜这些圈地委员会提供的数据不完整。其中，1517年至1519年的圈地调查委员会的调查涉及23个郡，但是，这23个郡残存的调查文件也不完整。1548年圈地调查委员会报告的残存部分，只包括沃里克郡和剑桥郡。1566年圈地调查委员会的报告只有关于莱斯特郡和伯金汉郡的不完整的资料。1607年对密德兰地区7个郡进行了调查，调查结果是由陪审团提供的，这些资料的精确性存在问题。

根据1517年至1519年圈地调查委员会在10个郡进行调查的结果，在诺丁汉郡80个村庄中，圈地4470英亩，被毁农舍71座，因圈地而流离失所的居民为188人。在沃里克郡70个村庄中，圈地9694英亩，被毁农舍189座，流离失所的居民为1018人。在莱斯特郡49个村庄中，圈地5780.5英亩，被毁农舍136座，流离失所的居民为542人。在北安普顿郡112个村庄中，圈地14018.5英亩，被毁农舍345座，流离失所的居民为1405人。在牛津郡107个村庄中，圈地11873英亩，被毁农舍176座，流离失所的居民为720人。在伯

---

① W. E. Tate, *The English Village Community and the Enclosure Movement*, London: Victor Gollancz, 1967, p.63.

金汉郡 70 个村庄中，圈地 9921 英亩，被毁农舍 160 座，流离失所的居民为 887 人。在贝福德郡 36 个村庄中，圈地 4137 英亩，被毁农舍 89 座，流离失所居民为 309 人。在伯克郡 86 个村庄中，圈地 6392 英亩，被毁农舍 116 座，流离失所的居民为 588 人。在林肯郡 63 个村庄中，圈地 4866.5 英亩，被毁农舍 70 座，流离失所的居民为 158 人。在诺福克郡 122 个村庄中，圈地 9334 英亩，被毁农舍 70 座。[1]

1607 年圈地调查委员会获得的资料限于密德兰地区 7 个郡。在沃里克郡的 28 个村庄中，圈占并转为牧场的有 5373 英亩，被毁农舍 62 座，流离失所者 33 人。在莱斯特郡的 70 个村庄中，圈占并改为牧场的有 12209.75 英亩，被毁农舍 151 座，流离失所者 120 人。在北安普顿郡 118 个村庄中，圈占并改为牧场的有 21335.5 英亩，被毁农舍 201 座，流离失所者 1444 人。在伯金汉郡 56 个村庄中，圈占并改为牧场的有 7077.5 英亩，被毁农舍 29 座，流离失所者 86 人。在亨廷顿郡的 52 个村庄中，圈占并改为牧场的有 7677.5 英亩，被毁农舍 59 座，流离失所者 290 人。在林肯郡被圈占并改为牧场的有 13420 英亩。[2]

从南密德兰地区的圈地史来看，在 1450 年至 1524 年和 1574 年至 1674 年，圈地运动形成了两次高潮。其中 1450 年至 1524 年的圈地面积为 182824 英亩，1525 年至 1574 年间圈地面积为 62044 英亩，

---

[1] I. S. Leadam, *The Domesday of Inclosures 1517-1518*, Vol. I, Kennikat Press, 1971, pp. 38, 40.

[2] E. F. Gay, "Inclosures in England in the Sixteenth Century", *Quarterly Journal of Economics*, XVII (1903), p. 581; J. D. Gould, "The Inquisition of Depopulation of 1607 in Lincolnshire", *English History Review*, LXVII (1952), p. 395.

1575年至1674年间圈地面积为477500英亩。①

摧毁村庄和驱赶居民是圈地运动最严重的后果,它造成了大批村庄荒芜,人口减少。贝雷斯福德和赫斯特指出,在南密德兰地区,1450年至1524年圈地摧毁村庄156座,1525年至1574年圈地摧毁村庄19座,1575年至1674年圈地摧毁村庄54座,圈地运动期间共有370座村庄被废弃。它在当地的影响持续到19世纪,这里人口密度很低。②

英格兰在中世纪很早的时候便开始对荒地、小片林地、共有地的圈占和开发。当时制定了最早的关于圈地的立法。1235年的《默顿条例》第4章写道:"授予庄园领主在荒地上给他们的佃户留下足够的牧场后,圈占剩余的土地,但领主必须证明佃户留有足够的牧场并有进出土地的道路。"1285年的《第二威斯敏斯特条例》扩展了1235年的《默顿条例》的相关内容。③

梅特兰和波洛克称,在默顿条例以前"似乎在公地上享有权利的自由持有者,可以拒绝他的领主圈占1/4雅兰的土地或荒地"④。单个农夫可以努力通过圈地来摆脱共有农耕对他的束缚,按照他自己的意愿更好地使用圈占的土地。所以,亨利三世第二十年制订的《默顿条

---

① Robert C. Allen, *Enclosure and Yeoman: The Agricultural Development of the South Midland, 1450-1850*, New York, 1992, p.31, Table 2-1 The Chronology of Enclosure in the South Midlands, 1450-1850.

② Robert C. Allen, *Enclosure and Yeoman: The Agricultural Development of the South Midland, 1450-1850*, New York, 1992, p.40, Table 3-1 Enclosure and Deserted Villages; M. Beresford and J. G. Hurst, eds., *Deserted Medieval Villages: Studies*, London: Lutterworth, 1971.

③ Gilbert Slater, *English Peasantry and the Enclosure of Common Fields*, p.323.

④ F. Pollock and F. W. Maitland, *The History of English Law, before the Time of Edward I*, Cambridge U. P., 1968, p.622.

例》可以称为第一个圈地法。①1290年议会案卷记载,罗杰·德布雷抱怨霍姆·德·乔姆圈占了原先的共有荒地并提高了它的地租,因而使他和其他人的家畜无处觅食。在此稍前,莫里斯·伯克莱勋爵通过交换的办法,把他分散的土地调换到一起,巩固了他的自营地。②伯克莱的后继者托马斯二世在1281—1320年继承管理这块地产期间,为使自己和佃户获得更多利益,鼓励他们交换地块,以使其土地集中,便于耕作管理。同时,他把每英亩地租从4便士和6便士提高到1先令6便士。③

由于根据法律和衡平法,确保了土地保有权的安全,圈地只有通过3种途径来进行,即通过习惯、通过整体占有或通过协议(通过补偿或委托)。④

据福恩塞特庄园案卷的记载,1404年,当地有相当一批佃户圈占了他们在敞地上的土地,使其羊群的规模有很大增长。⑤但1405年,福恩塞特的若干佃户被罚款2先令2便士,因为"他们圈占土地的行为违反了上述庄园习惯法。按照诉讼,庄园佃户在那里不能占

---

① W. H. R. Curtler, *The Enclosure and Redistribution of Our Land*, Oxford: Clarendon Press, 1920, p. 83.
② W. H. R. Curtler, *The Enclosure and Redistribution of Our Land,* Oxford: Clarendon Press, 1920, pp. 83-84. W. H. R. Curtler, *History of English Agriculture*, Oxford: Clarendon Press, 1909, p. 75.
③ W. H. R. Curtler, *The Enclosure and Redistribution of Our Land*, Oxford: Clarendon Press, 1920, p. 84.
④ Eric Kerridge, *Agrarian Problem in the Sixteenth Century and After*, London: George Allen and Unwin, 1969, p. 94.
⑤ W. H. R. Curtler, *The Enclosure and Redistribution of Our Land*, Oxford: Clarendon Press, 1920, p. 84.

有公地"①。在15世纪和16世纪，当地佃户继续圈占土地。根据1565年的调查，此时福恩塞特已有1/3—1/2的土地被圈占，每处圈地的面积为3—13英亩，绝大多数属于可耕地。

1414年，诺丁汉郡达利顿和拉格耐尔的佃户抱怨理查德·斯坦霍普强行圈占他的所有的土地、草地和牧场，要他们负连带责任。他们向议会提出反对圈地的请愿书。②

促使提高土地利用率和实行圈地的一个重要原因是人口的增长。

进入都铎王朝后，英国的毛织业有了较快的发展。随之而来的对羊毛的需求使得16世纪生产羊毛的利润比任何其他农产品要高。当时的记载中对此缺乏系统性的统计资料，但时人多有评述。例如，1539年菲茨赫伯特说："在所有的牲畜中，饲养羊获利最多。"托马斯·史密斯爵士在1549年提出的关于克服圈地带来的威胁的建议中，主张允许谷物出口并禁止羊毛出口，以此"使农耕获得的利润和畜牧业从业者和养羊人一样高"，反映了养羊业可以获得厚利。羊毛的高利润使圈地发展牧羊业的做法巩固下来。但是，1551年以后，毛织品贸易衰落，它给呢绒生产者以很大的打击。于是，农场主生产的兴趣则由羊毛转为肉类和奶酪的生产。如英格兰西部和西北部在1590年以后把兴趣转向奶酪和黄油的生产。在16世纪，英国城市发展很快。伦敦开始沿着泰晤士河扩展。城市对多种产品的需求增加了。西部各郡和西约克郡呢绒产地人口增长。伯明翰周围的金属制造业和达勒姆煤矿的发展，给农产品、肉、奶酪提供了需求和

---

① W. H. R. Curtler, *The Enclosure and Redistribution of Our Land*, Oxford: Clarendon Press, 1920, p.66, footnote 1.
② W. E. Tate, *The English Village Community and the Enclosure Movement*, London, 1967, p.63.

市场。①

　　生产更多的农产品提供市场，促使圈地运动进一步展开。对于地主来说，圈地以后，土地的价格增加，地租也相对提高。约翰·诺顿提出，圈地以后的 1 英亩土地的产出抵得上 1.5 英亩公地。亨利·贝斯特在 1641 年说，圈地以后的土地价值相当于同等面积公地价值的 3 倍。圈地可以使农场主增加收益。

　　在圈地运动中，两种性质不同的圈地交织在一起。一类是开垦和改造残存的荒地。有的时候是出于建立鹿苑和猎苑的目的，并非为了把荒地改造为可耕地。另一类是将敞地上分散的条地集中起来，以进行理性化的耕作。但这两种圈地都会导致触动荒地和共有权，带来社会问题。因为圈占土地改作牧场来放羊或放牛，可以获得很好的收益，但小土地所有者、公地持有农会被驱赶。他们的房屋被推倒，村庄人口会减少，村民可能成为流浪者，因此圈地运动在 16 世纪成为一个主要的社会和政治问题。②

　　圈地产生的恶劣社会后果在亨利七世初年便反映到议会中来。当时一份提交议会的请愿书写道："羊和牛马在驱赶上帝勤劳的子民。"《农夫的对话》中写道："自绅士成为畜牧业者后，贫穷的工匠从未快乐过。"在这种背景下，议会通过两项法令。1488 年通过的法令是针对地方性圈地运动的，它担心像怀特岛那样，圈地导致居民人数减少。"许多城镇和村庄被夷为平地，天地为壕沟围绕，变成饲养牛的牧场。"公地被圈占，农场落入个别人手中，居民的减少会影响到国家的

---

① Joan Thirsk, ed., *The Agrarian History of England and Wales*, Vol. Ⅳ, Cambridge U. P., 1967, pp.210-211. Joan Thirsk, "Tudor Enclosures", in Joan Thirsk, ed., *The Rural Economy of England*, Hambledon Press, 1984, pp.66-67.
② W. E. Tate, *The English Village Community and Enclosure Movement*.

服务。而1489年通过的一项圈地法令名为"反对夷平市镇的法令",又称"圈地条例"。它直接表示反对推倒房屋、把用于农耕的土地改为牧场,它指出:"作为王国最重要的社群之一的农民被摧毁了,教堂被摧毁了,敬奉上帝的仪式被撤销,没有人为下葬的人祈祷了。"①

1514年和1515年通过的议会法令再次强调圈地的危害,它"推倒和摧毁了王国的村庄,把那些照例已经过施肥、耕作和生长作物的土地夷为牧场"。它强调,从本届议会开始,被摧毁的房屋要立即重建,圈占的土地要立即恢复为耕地。②

到1515年,大量收购土地并把耕地变为牧场的做法引起人们的关注。伦敦的官员调查了谷物出口问题,他们担心在首都会出现谷物短缺。但是1489年和1519年的反对圈地的法令并未起到实际效果。1517年沃尔西任命一个委员会来调查人口减少的问题。该委员会调查了英格兰北部四个郡自1485年以来村庄和房屋被推倒的情况,以及耕地改为牧场的数量。1518年,沃尔西发布大法官令,规定在40天内废除自1485年以来所圈占的土地,除非他们能证明其圈地能使社会受益,违反命令者罚款100英镑。1528年又发布宣言,下令废除自1485年以来在所有地产上建立的圈围土地的树篱、沟渠和壕沟。1583年颁布的法令说到,很多租地和大畜群集中在少数人手里,因此地租上涨、耕地荒芜、房屋被摧毁,无力养家糊口的人多得惊人。有人拥有5000只、6000只、10000只、20000只,甚至24000只羊。

---

① W. H. R. Curtler, *Enclosure and Redistribution of Our Land*, Oxford: Clarendon Press, 1920, pp. 85-86.

② E. Nasse, *On the Agricultural Community of the Middle Ages and Enclosures of the Sixteenth Century in England*, London, 1872, p. 76. A. E. Bland, P. A. Brown and R. H. Tawney, eds., *English Economic History, Select Documents*, London, 1914, pp. 260-262.

以后，任何人拥有的羊不得超过20000只，超过这个数目，每只羊要罚款3先令4便士。① 这项法令看起来很严厉，但未见实效。

1536年又颁布法令，它规定，如果地主不起诉拆毁农舍和使耕地变成牧场的佃户，国王就要作为直接领主采取行动，即国王将起诉一切圈地者，而不管他们是不是国王的佃户。这个法令在哈福德郡、剑桥郡、林肯郡、诺丁汉郡、莱斯特郡、沃里克郡、拉特兰郡、北安普顿郡、贝德福郡、牛津郡、伯克郡、伍斯特郡和怀特岛付诸实施。②

1549年3月8日拉提默尔主教在宫廷向爱德华六世抱怨说，先前有居民住的地方，现在只有牧羊人和他的狗。他指责那些贵族、圈占土地者、兼并土地者和提高地租者，他们使英国的自耕农地位下降为奴隶。伯纳德·吉尔平责备乡绅们"把那些看来并没有罪过的穷人赶出他们的住处，并说土地属于他们自己，然后把他们像坏人一样逐出他们的故乡。成千上万的先前拥有很好的房屋的人们现在在英国逐户乞讨。从来没有过如此多的绅士和如此多毫无仁慈之心者"③。

1536年，英格兰北部农民在"求恩巡礼"的旗帜下发动反叛。农民起事的主要原因是对于宗教改革尤其是对解散修道院带来的社会后果的不满。修道院及其农场在当时常常构成乡村经济社会生活的中心。当弗内斯修道院被解散后，当地居民感到了生活的困难。因为在弗内斯修道院解散之前，农民向修道院贡献多种物资，他们相应地也

---

① A. E. Bland, R. A. Brown and R. H. Tawney, eds., *English Economic History, Select Documents*, London, 1914, pp.264-266.

② John Thirsk, ed., *The Agrarian History of England and Wales*, Vol. Ⅳ, Cambridge U. P., 1967, p.228.

③ E. Nasse, *On the Agricultural Community of the Middle Ages and Inclosure of the Sixteenth Century in England*, London, 1872, p.77.

可以从修道院得到许多物资，如60桶淡啤酒、30打（360个）下等小麦面包、制犁的铁、修房屋用的木材，及其他农具。此外，每个持有犁的人允许送两个人每周去修道院的斋堂用晚餐，允许所有的佃户把子女送到修道院的学校去上学，并且每天在斋堂中吃晚餐。如果儿童有学习才能，会被选为修士，或者优先给他提供一个修道院职位。弗内斯修道院还支付修理沃尔尼岛堤岸的费用。而修道院解散后，当地贫苦的乡村社会和农民得不到任何帮助。

另外，反叛农民对解散修道院后领主权和土地所有权的变化、关于习惯佃农权利和责任的变化不满。而圈地看来只是其中较小的原因。习惯保有制是英格兰北部4个郡普遍实行的保有制。它使得当地的佃农承担义务，在需要时在边境服役，以抵抗苏格兰人入侵，他们在承担这些义务时，也取得比南部的习惯佃农多得多的权利。1536年反叛的农民聚集在唐卡斯特时，他们提出的主要要求是，根据习惯租佃权的规定，他们应当持有在马夏姆郡、柯尔比郡和尼德戴尔的土地，而更新契约时交纳的款项应当限定在两年地租总额内。他们抨击地租的提高，要求开放自亨利七世第四年以来圈围的土地。

更新租契时征收的费用或过户费是除了地租外佃户一项很大的负担，提高更新租契的费用或过户费，是领主剥削佃户的一种常用的手段。其目的是扩大领主的持有地或者收回租地后出租给别的佃户以收取更高的地租。具有商业头脑的英格兰地主将租期定为几年或不断修改租地条件，使自己在价格变动中获利。①

17世纪初年，把耕地改为牧场的做法在密德兰遇到很大的阻力，

---

① Joan Thrisk, ed., *The Agrarian History of England and Wales*, Vol. Ⅳ, Cambridge U. P., 1967, pp.219-220. 参见克拉潘：《简明不列颠经济史》，第284—285页。

发生了影响很大的 1607 年农民反圈地骚动。对此，斯托记载道："大批民众突然在北安普顿郡聚集起来。随后，相类似的许多人在沃里克郡，有的群众则在莱斯特郡聚集起来。他们狂暴地推倒和摧毁树篱、填平沟渠、开放所有原先是敞开的用于耕种的公地和土地。在北安普顿郡、沃里克郡和莱斯特郡，动乱的群众力量日益增大，有的地方聚集了上千的男人、妇女和儿童。在沃里克郡的希尔莫顿达到 3000 人。这些骚乱的民众尽其力量去弄平和打开围圈的土地，但他们不能触犯任何人身、物品，也不采取暴力行动。并且，他们所到之处，一般来说都由邻近的居民供给食品。居民送给他们的不仅有装着食品的运货马车，还有准备好的铲子和铁锹，以使他们迅速完成他们正在进行的工作。"这些人把自己称作"平等派"或"掘土派"，并且发表了《致所有其他掘土派》的宣言，谴责圈地造成了人口减少。他们抗议说，圈地危及其生活及生存。此后，国王派来的军队绞死了掘土派的领袖约翰·雷纳兹，许多他的追随者也被处死，使得起义没有造成严重后果。[①]

1607 年农民反圈地起义发生后，当局再次派出圈地调查委员会到 7 个郡去。这 7 个郡是北安普顿郡、沃里克郡、莱斯特郡、亨廷顿郡、贝德福郡、伯金汉郡和林肯郡。在各郡的报告中，林肯郡的报告已经遗失。调查表明，在沃里克郡的 28 个村庄中，圈占并转为牧场的有 5373 英亩土地，被毁农舍 62 座，流离失所者为 33 人。在莱斯特郡的 70 个村庄中，圈占并转为牧场的有 12209.75 英亩土地，被毁农舍 151 座，流离失所者为 120 人。在北安普顿郡的 118 个村庄中，圈占并转

[①] W. H. R. Curtler, *The Enclosure and the Redistribution of Our Land*, Oxford: Clarendon Press, 1920, pp. 131-132.

为牧场的有 21335.5 英亩土地，被毁农舍 201 座，流离失所者为 1444 人。在白金汉郡的 56 个村庄中，圈占并转为牧场的有 7077.5 英亩土地，被毁农舍 29 座，流离失所者为 86 人。在亨廷顿郡的 52 个村庄中，圈占并转为牧场的有 7677.5 英亩土地，被毁农舍 59 座，流离失所者为 290 人。在林肯郡，圈占并转为牧场的有 13420 英亩土地。就调查反映的情况来看，抱怨不是集中在对共有牧场和荒地的圈占，而是对公地的圈占。同时，抱怨还集中在大量收购农场上。①

在 16 世纪圈地过程中，在一些零星圈地的地区，公地逐渐被农民取消。在这些地区，协议圈地很流行。哈蒙德曾评论说："通过自愿的协议逐渐圈地与 18 世纪那种翻天覆地的圈地作用有所不同。"② 1589 年在约克郡布雷德福荒原进行圈地时，所有的佃户聚集在荒原上，他们毫无异议地一致达成一项圈地协议。在兰开郡，通过协议交换条地通常是圈占公地的序幕。在此同时，公用牧场划分给各教区，然后在一致认可的条件下在个人之间划分。划分公地的典型例子是 1608 年利瑟姆庄园的 32 个居民同庄园领主达成协议。领主同意让他的佃户拥有与持有地同等面积的公有荒地，另外再加 100 英亩，使租户接受圈地。只要租户付得起地租，便允许向租户出租尽可能多的土地。再一个例子是雷庄园，领主爱德华·斯坦利允许他的佃户每人圈占 3 英亩的公地牧场而不支付地租，因为那里土地很多。所以，圈地是在一种平静的气氛中进行的。③ 有的地方圈地是

---

① W. H. R. Curtler, *The Enclosure and the Redistribution of Our Land*, Oxford: Clarendon Press, 1920, p.132.
② 转引自 J. A. Yelling, *Common Field and Enclosure in England 1450-1850*, Macmillan, 1977, p.117。
③ Joan Thirsk, ed., *The Agrarian History of England and Wale*s, Vol. IV, Cambridge U. P., 1967, p.83.

由一些人提出动议。例如在兰开郡的罗森代尔对小块的可耕条地和少量的圈占,是由佃户提议,领主同意。这些圈地大多数只引起很小的异议或没有异议。

在另一种情况下,渴求取得土地的地主花钱以买得佃户的同意。例如1582年莱斯特提丁沃斯的地主威廉·布罗卡斯便通过授予"各种赏金和按照价格出租土地",以取得他的佃户的合作。①

在协议圈地时期,圈地可以提高生产效率的观念成为人们的一种共识。这是协议圈地得以和平地进行的原因。霍汉庄园的圈地充分说明了这一点。1613年10月5日,霍汉庄园的21名农夫(农场主)全体签署了一封给庄园领主托马斯·布鲁德内尔的信件,陈述了他们的土地由于分散在公地中,所以无法很好地利用这些土地。他们"宁愿取得4英亩被圈占的土地,也不愿意占有分散在公地中的1牛地"②。结果庄园领主按10牛地折算5.5英亩土地的比例予以折算,完成了庄园的圈地。这样,托马斯·布鲁德内尔在霍汉庄园通过牺牲部分利益,共圈占了1088.75英亩土地。加上原有的自营地,他一共拥有1297.5英亩自营地。圈地以后,他的自营地的产出价值大大提高,一年原收入350英镑,到1635年这块自营地收入增至1176英镑11先令4便士。③

在莱斯特郡最南部的科茨巴赫,庄园主约翰·夸尔斯是一个伦敦亚麻布商,他和皇家军队订有供货契约。1596年,约翰·夸尔斯从托马斯·雪莉爵士处买下了科茨巴赫庄园,从1602年起实际控制了

---

① Joan Thirsk, *Tudor Enclosure*, London, 1958, p.6.
② 面积大约为10英亩。
③ M. C. Finch, *The Wealth of Five Northamptonshire Families, 1540-1640*, Oxford U. P., 1956, p.156.

这座庄园。当时在科茨巴赫庄园有两户重要的自由持有农。约翰·夸尔斯与其中一个结盟,出钱使另一个自由农放弃了他的地产。而第三个自由持有农只有 2 英亩土地,微不足道。约翰·夸尔斯用补偿给他别处土地的办法取得了该自由持有农的土地。至于其他的从夸尔斯处租种土地的租户,在租约到期后,夸尔斯在更新租契时规定了租额很高的新的地租,使所有的佃户都退出了租地。夸尔斯通过对法庭的影响,最终从王室取得许可,圈占了整座庄园。到 1607 年,夸尔斯把 20 英亩可耕地转变为草地,绝大多数租地农民变得贫穷,选择了离去。有 16 所房屋被放弃。经过圈地,科茨巴赫庄园人口减至 80 人。科茨巴赫庄园的圈地遭到 1607 年 5 月的密德兰农民起义的打击。[1] 夸尔斯则因使庄园人口减少的罪名被提交星室法庭。[2] 在圈地运动中,地主大量驱逐佃农的现象很多。克里斯托弗·戴尔教授通过对伍斯特主教地产的档案研究发现,在 1440 年至 1480 年间,地主强制性地驱赶顽固不从的佃户的案例有 20 个。这些佃户绝大多数是因为忽略了修缮房屋而丧失了他们的租地,一些佃户是因为"不服从管理"而被逐出土地。[3]

伯克郡中克莱顿庄园为弗尼家族所有。到 1626 年,弗尼家族用出钱使其放弃地产的方法在这个村庄消灭了小自由持有农。弗尼家族又把自由持有地改变为有收入权益的租地持有地,为期三代人或 99 年。但是,在签订新租契时确定了一项条款,给予弗尼家族圈占土地

---

[1] E. B. Fryde, *Peasants and Landlords in Later Medieval England. c.1380-c.1625*, Stroud: Alan Sutton, 1996, p. 234.

[2] Mark Overton, *Agricultural Revolution*, Cambridge U. P., 1996, p. 154.

[3] E. B. Fryde, *Peasants and Landlords in Later Medieval England. c,1380-c.1625*, Stroud: Alan Sutton, 1996, p. 234.

和交换其他地方等值土地的权利。这样,弗尼家族就能通过圈地来统一占有土地。到17世纪,所有庄园自营地完成了圈地。1613年自营地扩展到荒地地带,而荒地的共有权被消灭了。森林地带和一些散地在1621年被圈地,平民按其地块长度的两倍得到土地补偿。1635年至1636年进一步圈地,使剩下的敞地不到500英亩。以后,1653年至1655年的圈地是一次总圈地,到此时,弗尼家族已把中克莱顿庄园的土地圈占完毕。①

英格兰东北部的圈地过程可以分成两个阶段。第一阶段主要致力于圈占属于市镇的散地、可耕地和属于市镇的草地,以及公用牧场中较好的地段。第二阶段主要是圈占公用荒地。

在威斯特摩兰郡,从16世纪后期到18世纪后期广泛地进行协议圈地。其中在1640年到1699年间进行了25次协议圈地,1700年到1750年间进行了30次协议圈地。这些圈地主要涉及诺森伯兰伯爵及其继承人在教区的土地,圈占的土地大部分是公地,只有少数是教区的荒地。很多圈地协议没能保存下来。协议圈地的方式广泛运用于诺森伯兰的圈地。到18世纪中叶,该郡只有15%的土地留待使用私人圈地法和一般圈地法去圈占。②

在库伯兰郡,圈地运动的发展较为滞后。在1640年到1750年间,在库伯兰郡进行了许多零星的圈地。彭奈恩山脚下梅尔墨比的圈地在1677年至1704年间进行。属于伯格男爵领地和在索尔威的公地

---

① Mark Overton, *Agricultural Revolution, the Transformation of Agrarian Economy 1500-1850*, Cambridge U. P., 1996, pp. 157-158.
② Eric Erans and J. V. Beckett, "Regional Family Systems: Northern England. Cumberland, Westmorland, and Furness", in Joan Thirsk, ed., *The Agrarian History of England and Wales*, Vol. VI, Cambridge U. P., 1984, p. 47.

在 1699 年被圈地。大概在 17 世纪初，海顿的 1500 英亩公地被圈占。伊登豪尔的马斯格雷夫家族在 1705 年到 1750 年间，支出近 10000 英镑进行圈地，扩充了在东彭宁地区靠近柯克比斯蒂芬的土地。在 1758 年以前，阿斯帕特里亚的佃户通过圈地重新分配了土地，将他们先前分散的环形土地合并在一起。①

在圈地过程中尽管有通过协议较为平静地完成圈地的案例，但是亦有大量的资料表明，庄园领主与佃户不断发生矛盾。例如，辛顿庄园的领主与他的佃户围绕圈占共有牧场展开了长期的斗争。乡绅约翰·特伯维尔圈占了贝雷里奇斯的许多公地和牧羊瘠地，而没有对拥有庄园另一半土地的领主的佃户做任何补偿。②

西顿迪拉瓦和哈特利庄园的领主罗伯特·迪拉瓦把他垦殖的两个庄园的自营地置于自己的管理下，到 16 世纪末，他已经把哈特利庄园所有的佃户移置出去，使庄园所有的土地成为一个圈围的农场。到 1610 年，对这块地产的清理完成，全部 2500 英亩土地被圈占。③ 在考文垂，富裕的市民与大量平民围绕圈占城镇的土地展开了旷日持久的斗争。在林肯郡，从 1511 年到 1722 年，在不同时期发生过类似的斗争。1517 年南安普顿自治体下令圈占部分盐沼地，以支付建筑防波堤的开支。这个做法遭到强烈的反对，最终计划作了调整。④

---

① Eric Erans and J. V. Beckett, "Regional Family Systems: Northern England. Cumberland, Westmorland, and Furness", in Joan Thirsk, ed., *The Agrarian History of England and Wales*, Vol. VI, Cambridge U. P., 1984, p.20.
② Eric Kerridge, *Agrarian Problems in the Sixteenth Century and After*, London: George Allen and Unwin, 1969, pp.95-96.
③ Eric Kerridge, *Agrarian Problems in the Sixteenth Century and After*, London: George Allen and Unwin, 1969, pp.97-98.
④ Eric Kerridge, *Agrarian Problems in the Sixteenth Century and After*, London: George Allen and Unwin, 1969, p.98.

圈地过程中必然涉及在圈占土地上继续居住的自由持有农和公簿持有农的保有权问题。在通常情况下，多种自由持有农和租地农在圈地以后和圈地以前一样持有土地。但是，这需要庄园领主作出声明。有的地方领主在圈地后提出增加少许保留地租。例如，在威蒙德姆的克克比比顿—库姆—怀特林安和瓦德克庄园，公簿持有农从大沼泽得到的土地要付 1 便士入地费和半便士土地租。① 但是，爱德华·贝恩顿控制的布朗厄姆庄园法庭发布命令称，即使土地本身进行了交换，根据圈地协议的真正意图，按照习惯法和普通法，持有土地的租地农和索克曼佃户都按照老的保有权和财产权持有土地。地主通常给予参与合伙圈地的农场主更长的租期，因为非此就无法指望他们合作。在圈地中，公簿持有农常常再被授予为期三代人的租约，或让他们按照减轻的租率承租，或者把他们的习惯租地改为普通法租地。持领主意愿承租土地的佃户常常按照较低的租率承租普通法租地。如果他们愿意离开教区，他们常常可得到一份补助费。② 这些材料表明，在圈地中，一些地方的公簿持有农和自由持有农的利益得到了保护。

圈地运动总体上说是在现存法律框架下进行的，在庄园内部土地的交换和圈围土地都需要在庄园法庭登记和被认可，庄园法庭的记载则需要经常公布。③ 对某些圈地的批准有时是由兰开斯特公爵领地法庭的特别委员根据佃户的请愿作出的。也有些圈地协议由财政法庭批

---

① Eric Kerridge, *Agrarian Problems in the Sixteenth Century and After*, London: George Allen and Unwin, 1969, p. 107.
② Eric Kerridge, *Agrarian Problems in the Sixteenth Century and After*, London: George Allen and Unwin, 1969, p. 107.
③ Eric Kerridge, *Agrarian Problems in the Sixteenth Century and After*, London: George Allen and Unwin, 1969, p. 112.

准。达勒姆主教的档案处有时也作出这种批准。王室大法官法庭有时也作出类似的批准。① 一般说来，得到王室大法官法庭的批准比取得议会的批准要容易些。1587年科特纳姆的圈地据记载得到了大法官法庭和议会法令的双重批准。1613年王家大法官法庭颁布法令，决定奥厄斯比的圈地协议成立。1693年一项议会法案批准了汉伯尔顿的圈地协议，而这项协议在40年前已得到大法官法庭的认可。②

17世纪开始后，英国政府对圈地运动总的态度是加强控制。1603年国王指示"北方委员会"要时时勤勉有效地调查占领公地和其他土地而导致耕地减少、农民房屋倒塌的事件。对违犯者要"严加惩处"，以纠正错误行为。③ 密德兰地区1607年农民起义发生后，政府采取特别措施对待圈地者，主要肇事者被送去政务会，命令他们重建圈地致使倒塌的房屋。次年，成立了两个委员会来解决圈地引起的纠纷。④ 1614年，诺福克的法官报告政务会，根据后者的指示，他们已经检查了过去两年中进行的圈地，并且下令，禁止用树篱和壕沟围圈土地。1621年贝德福德郡巡回法庭的法官被指示禁止侵害公地。1623年成立了一个专门委员会来纠正引起抱怨的切申特地方的圈地。⑤

在17世纪的圈地过程中，荒地通常要经过批准才能圈占。关于

---

① Eric Kerridge, *Agrarian Problems in the Sixteenth Century and After*, London: George Allen and Unwin, 1969, pp. 113-114.
② Eric Kerridge, *Agrarian Problems in the Sixteenth Century and After*, London: George Allen and Unwin, 1969, pp. 116-117.
③ G. W. Prothero, ed., *Select Statutes and Other Constitutional Documents: Illustrative of the Reigns of Elizabeth and James I*, Oxford: Clarendon Press, 1944, pp. 370-371.
④ G. W. Prothero, ed., *Select Statutes and Other Constitutional Documents: Illustrative of the Reigns of Elizabeth and James I*, Oxford: Clarendon Press, 1944, pp. 470-472.
⑤ R. H. Tawney, *Agrarian Problem in Sixteenth Century*, Longman, 1912, p. 375.

公地的圈占，在詹姆士一世时期通过一项法律确认了在哈福德郡一些地方，庄园主圈占土地时把佃户仍留在公地上的做法。在查理一世时期还通过了少数私人圈地法案。这个时期进行圈地时，非常普遍的做法仍是通过庄园主与佃户的协议来进行。有时这种协议要通过大法官法庭和财政法庭批准，有时也不经批准。随着英国宪政制度的发展，人们也开始向议会而不是王室提出圈地申请。1666年向上院提出的一项法案，要求"根据衡平法院的敕令确认圈地"。1664年曾有一项要求圈占公地和荒地的法案提交下院，但在表决时以103票对94票被否决。1681年，一位著名的研究商业和农业的作者倡导用一般法令处理圈地问题，但未得到响应。①

根据调查委员会在1630年到1631年间对圈地的调查，莱斯特郡圈地进展迅速。两年中圈占了10000英亩土地，几乎占该郡土地的2%。在北安普顿郡，圈地的速度与莱斯特郡相仿。但是在亨廷顿郡和诺丁汉郡，圈地涉及的区域较小。在那里，试图圈占的是小块土地而不是整片土地。②

内战爆发以后，英国政府无力顾及圈地，政府控制圈地计划中止了。到了英吉利共和国时期，试图恢复旧时对圈地的限制，加强对圈地的管理，曾经提出过一项一般圈地法案，但在议会被否决。③

17世纪英国圈地运动的规模远远超过了16世纪。在达勒姆郡南部和东部绝大部分较好的土地在1630年到1680年间被圈地。从1640年到1750年间，主教法庭的命令确认了28起圈地。另有22起

---

① 直到1801年才通过一项《一般圈地法》。W. H. R. Curtler, *The Enclosure and Redistribution of Our Land*, Oxford: Clarendon Press, 1920, pp.136-137.
② E. C. K., Gonner, *Common Land and Inclosure*, London: Macmillan, 1912, p.134.
③ E. C. K., Gonner. *Common Land and Inclosure*, London: Macmillan, 1912, p.176.

圈地虽已经实施，但未被主教法庭确认。在议会圈地阶段到来之前，达勒姆郡有50%的土地被圈占。①

在德比郡沃克斯沃斯庄园，有继承权的公簿持有农有权利按照数代人或数年的期限转租土地，并把更新租契的地租定为1年的租金。在1649年30户茅舍农蚕食了沃克斯沃斯庄园的荒地。此后，这些占有者获得了为期数年的租佃权。②1640年，在德尔菲德，公地在国王和佃户间平均分配。1675年，在海德猎园的其他部分与霍普的公地和荒地也用类似的办法处理。1697年在克尼弗顿，1726年在蒂辛顿，1731年在多佛里奇，1758年在阿索普，一些荒地按照拥有的羊、牛和马的数目分配到户。③在圈地过程中，地方大户人家自私的圈地行为遭到有力的抵制。例如，1650年前后，里顿的44户居民起来抗议布雷德肖家族圈地。1665年，巴格肖家族因为非法侵占阿布尼和大胡克河的部分公地遭到谴责。根据领主和自由持有农的协议对公地和荒地的圈占贯穿于17世纪中叶到18世纪中叶，在希罗普郡北部莫斯顿公地的一部分、韦斯顿公地中的200英亩、莫里顿林地中的500英亩被圈占。1693年海因-希恩河畔埃斯普利的253英亩土地被圈占。在柴郡，到1650年前后索豪有277英亩公地被圈占。④

17世纪，圈地运动在密德兰地区、莱斯特郡、林肯郡、北安普

---

① Joan Thirsk, ed., *The Agrarian History of England and Wales*, Vol. VI, Cambridge U. P., 1984, p. 48.

② David Hay, "The North-west Midland", in Joan Thirsk, ed., *The Agrarian History of England and Wales*, Vol. VI, Cambridge U. P., 1984, p. 135.

③ David Hey, "The North-west Midland", in Joan Thirsk, ed., *The Agrarian History of England and Wales*, Vol. VI, Cambridge U. P., 1984, p. 136.

④ David Hey, "The North-west Midland", in Joan Thirsk, ed., *The Agrarian History of England and Wales*, Vol. VI, Cambridge U. P., 1984, p. 150.

顿郡、诺丁汉郡、德比郡、格洛斯特郡、萨默塞特郡的西部和威尔特郡大规模进行。在莱斯特郡，1630年至1631年有10000英亩被圈占。此后，在林肯郡、剑桥郡北部、西诺福克郡、亨廷顿郡、北安普顿郡和萨默塞特郡，对沼泽地和低地进行了筑填和开垦。到17世纪后期，这种开垦进一步进行，并得到议会批准。[1]

16世纪末和17世纪，农业的商业化和专业化促使这个地区，特别是东盎格利亚地区的中部和东部的圈地运动加快进行。[2]1573年塔瑟称索福克郡是一个"典型的圈地郡"。到16世纪末，索福克郡的圈地已基本完成。[3]到1750年以后，在诺福克郡和索福克郡的多个教区，可耕敞地已所剩无几。

17世纪的圈地并没有广泛地摧毁乡村社会。因为许多被圈占的土地在耕种过程中已雇佣的劳动力并不少于敞地时期。因为几块地合并在一起后，尽管便于耕作可节省劳动力，但由于农业发展耕地细作，农耕需要更多的人手。圈地并不直接导致减少对农业劳动力的需求。[4]

关于圈地导致驱赶佃户的情况不那么一致。在达勒姆地产上佃户的人数从1685年到1755年减少了不到10%。卡莱尔伯爵在莫佩思的地产上佃户数量保持不变。一般地说，如果佃户能够支付日渐上涨的地租，地主似乎不情愿赶走他们而带来麻烦。1685年在纽伯恩，

---

[1] W. H. R. Curtler, *The Enclosure and Redistribution of Our Land*, Oxford: Clarendo Press, 1920, p.125.

[2] M. R. Postgate, "Field System of East Anglia", in Alan R. H. Baker and Robin A. Butlin, eds., *Studies of Field System in the British Isles*, Cambridge U. P., 1973, p.287.

[3] Alan R. H. Baker and Robin A. Butlin, eds., *Studies of Field System in the British Isles*, Cambridge U. P., 1973, p.289.

[4] W. H. R. Curtler, *Enclosure and Redistribution of Our Land*, Oxford: Clarendon Press, 1920, p.126.

据说佃户尽可能地到一些矿坑去背煤，用工资收入来支付地租。①

晚近的研究修正了英格兰圈地的编年史。现在，学者们认为，17世纪是圈地的比率最高的时期。在英格兰17世纪有24%的土地被圈占，而16世纪只有3%的土地被圈占，18世纪被圈占的土地占13%，19世纪被圈占的土地占11%。尽管对上述数字仍存在某些争议，但这一基本估计已被接受。

从一些地区的情况来看，莱斯特郡在议会圈地以前的圈地阶段，1550年以前共圈地52起，圈占土地是此期圈地面积的36%；1550—1600年圈地7起，占圈地面积的5%；1600—1650年圈地57起，占圈地面积的40%；1650—1700年圈地24起，占圈地面积的17%；1700—1750年圈地为4起，占圈地面积的3%。1607年时，莱斯特郡有25%的土地被圈占。到1710年时，有47%的土地被圈占。②

在达勒姆郡，1551年至1600年的圈地面积占1551—1800年的圈地总面积的2%。1601—1650年的圈地面积占1551—1800年的圈地总面积的18%。1651—1700年的圈地面积占1551—1800年的圈地总面积的18%。这样，17世纪达勒姆郡的圈地面积占1551—1800年的圈地总面积的36%。1701—1750年的圈地面积占1551—1800年的圈地总面积的3%。1751—1800年的圈地面积占1551—1800年的圈地总面积的35%。③

在南密德兰地区，1450年以前的圈地面积占圈地总面积的4%。1450—1524年的圈地面积占圈地总面积的6%，1525—1574年圈地

---

① Paul Brassley, "Northumberland and Durham", in Joan Thirsk, ed., *The Agrarian History of England and Wale*, Vol. VI, Cambridge U. P., 1984, p. 51.
② Mark Overton, *Agricultural Revolution*, Cambridge U. P., 1996, pp. 148-149.
③ Mark Overton, *Agricultural Revolution*, Cambridge U. P., 1996, p. 149, Table 4. 3.

面积占圈地总面积的 2%。1575—1674 年圈地面积占圈地总面积的 17%。1675—1749 年圈地面积占圈地总面积的 5%。1750—1849 年的议会圈地阶段，圈地面积占圈地总面积的 55%。1850 年以后的圈地面积占圈地总面积的 3%。① 这个地区 17 世纪圈地的比例低于后来的议会圈地阶段。

第三节　庄园衰落及庄园衰落后的农业经济组织

英国在庄园制瓦解以后，是否立即转向大资本主义农场经营，那以后英国的农业经济组织究竟是怎样的，是一个值得讨论的问题。

英格兰庄园的衰落开始得很早。在英格兰，自 13 世纪末起，法律就不允许再建立新的庄园。② 任何人试图逃避对于已经合法建立的庄园的与土地有关的义务，而去建立自己的庄园，都将被判定是非法的。在庄园衰落的过程中，庄园土地转而归自由持有农和公簿持有农持有。就这样，许多庄园到近代初期逐渐被解体。特别是在密德兰平原、盛产奶酪之乡和其他正在进行圈地的各农业郡，一些庄园不再有庄园法庭，而只存在一个庄园领主。在许多地方，甚至在庄园未被解体时，庄园法庭便已经不为人注意了。③ 但是，在公簿持有农继续存在的地方，倘若庄园法庭被撤销则不利于审理习惯佃户的案件。所以，有过弗兰西斯·培根下令惠特彻奇庄园继续保持庄园法庭的例

---

① Mark Overton, *Agricultural Revolution*, Cambridge U. P., 1996, p.150, Table 4.4.
② F. Pollock and F. W. Maitland, *The History of English Law, before the Time of Edward I*, Cambridge University Press, 1895, p.596.
③ Eric Kerridge, *Agrarian Problems in the Sixteenth Century and After*, London: George Allen and Unwin, 1969, p.18.

子。此外，有施鲁顿庄园被解体后，由于庄园法庭不再继续维持其职能，整个教区处于混乱状态的例子。一般来说，只有当庄园土地已出售给非习惯业主，不再需要庄园的地方法时，庄园才会被解体。在公地存在的情况下，教区需要根据地方法承认庄园法庭继续存在。因此，在某些地方，庄园如以往那样十分坚固。

在这一过程中，庄园会被合并，也会发生分裂。如果一个庄园落入两个共同继承人之手，就会成立两个庄园法庭。庄园也就会一分为二，每个领主召集属于自己的佃农组成自己的庄园法庭。此外，两个庄园也可能会并为一个。如果一个领主正式拥有另一个庄园，他会把新得到的庄园并入原有的庄园。在维斯特伯里，庄园曾经分裂为若干块。此后，马尔波罗伯爵买下最大的属于维斯特伯里百户村的庄园和附属的 7 个小庄园，将其合并为 1 个大庄园。这便是若干庄园合并为一个庄园的例子。在科斯莱、阿姆斯伯里和布莱斯伯格，都出现了庄园合并的现象。[1] 尽管在 16 到 17 世纪有庄园合并的例子，但庄园分割成小庄园的例子极多。一个庄园可分为 6 个或数目更多的小庄园，有的小庄园离庄园中心很远。在高地区，一个庄园所属的土地可以分散在 15 英里半径之内的地区。[2]

在庄园衰落的情况下，英国的土地所有权和对农民的控制都发生了变化。过去那种没有什么土地是没有领主的，或者称所有的土地都是庄园的或是领主领地一部分的说法不再符合英国的现实。边远的自由持有农不再接受庄园对他们离去的控制，但占压倒的多数地产仍然

---

[1] Eric Kerridge, *Agrarian Problems in the Sixteenth Century and After*, London: George Allen and Unwin, 1969, pp. 19-20.

[2] Eric Kerridge, *Agrarian Problems in the Sixteenth Century and After*, London: George Allen and Unwin, 1969, p. 20.

属于庄园。①

威格斯顿庄园位于莱斯特南部郊区。到16世纪末这个庄园最终被分割,庄园的土地分成16小块出售。这里的公簿持有农力量较强大,1606年20名公簿持有农买下了庄园土地,他们中有7人日后成为租地持有农。②

诺西利庄园位于莱斯特南部10英里处。1086年时它是一个独立的庄园,有16名维兰、6名边民、3名农奴和1名牧师。在1504年至1509年间,该庄园人口减少,结束了这个庄园的历史。1563年这里有8户居民,1670年只剩下1户人家。1676年教区调查表明,当地有20个成年人。1807年人口调查表明当地有4个居民,1851年时增至40人。③

15和16世纪庄园法庭的衰落过程表现在庄园法庭召集的次数和它处理的事务的数量和种类的减少。其实,庄园的衰落在黑死病以后便开始了,但它的衰落过程很缓慢。庄园法庭的衰落与英国农奴制的废除密切相关。庄园中单个农奴身份的消失以及农奴罚金的消失直接对庄园法庭的档案产生影响。1348年以后乡村人口的减少使得参加庄园法庭的佃户人数下降,这直接影响到庄园法庭的活动。④佃户对庄园法庭的抵制影响到庄园的收益,同时也影响到庄园法庭解决问题的效率。黑死病以后英国颁布的《劳工法规》以及一系列行政法规,

---

① Eric Kerridge, *Agrarian Problems in the Sixteenth Century and After*, London: George Allen and Unwin, 1969, pp. 23-24.

② D. R. Mills, *Lords and Peasants in Nineteenth Century*, London: Croom Helm, 1980, pp. 109-110.

③ D. R. Mills, *Lords and Peasants in Nineteenth Century*, London: Croom Helm, 1980, pp. 111-112.

④ J. Whittle, *The Development of Agrarian Capitalism*, Oxford: Clarendon Press, 2000, p. 47.

加强了王室法官的作用。每年召开 4 次的各郡治安法庭处理大量地方案件和纠纷。这种司法体制在 16 世纪超过了封建民事法庭的作用。

  黑死病以前,许多庄园召集庄园法庭的频率是每 3 周 1 次。黑死病以后,庄园法庭的召集则不那么频繁。例如,在伍斯特主教领地,14 世纪末到 15 世纪,通常 1 年只召开 6 次庄园法庭,到 15 世纪中叶减少为每年 4 次,到 1520 年代减少为每年 2 次。① 在赫文罕主教领地,在 1440 年以后,每年召集 3 次庄园法庭。在 1527 年以后,每年只召集 2 次庄园法庭。② 庄园法庭的收入也普遍下降。伍斯特主教地产上庄园法庭的收益在 1419 年至 1420 年间下降了 6%,1506 年至 1507 年下降了 4%。③ 赫文罕主教领地上庄园法庭的收益在 1450 年至 1452 年为 6 英镑 19 先令 4 便士,1486 年至 1488 年为 4 英镑 15 先令 7 便士,1517 年至 1519 年为 7 英镑 15 先令 1 便士,1553 年至 1555 年为 3 英镑 1 先令 3 便士。④

  到了 16 世纪,市场对于土地的需求有相当的增长,佃户出售土地的价格增长了 3 倍,但同期庄园的收入并没有明显增长。在绝大多数庄园,到 1520 年代账上的结余不再增加。在赫文罕主教庄园,1462 年至 1463 年结余额为 10 英镑 10 先令,1468 年至 1469 年结余额为 27 英镑,1500 年结余额为 3 英镑,1532 年至 1533 年结余额为零。在萨克斯索普劳恩德霍尔庄园,15 世纪的结余额最高达 27 英

---

① C. Dyer, *Lords and Peasants in a Change Society: The Estates of the Bishopric of Worcester 680-1540*, Cambridge U. P., 1980, pp. 265-266.
② J. Whittle, *The Development of Agrarian Capitalism*, Oxford: Clarendon Press, 2000, p. 48.
③ C. Dyer, *Lords and Peasants in a Change Society*, Cambridge U. P., 1980, p. 174.
④ J. Whittle, *The Development of Agrarian Capitalism*, Oxford: Clarendon Press, 2000, p. 51, Table 2.3.

镑，最低时为 7 英镑。到 1513 年至 1514 年结余额为 13 英镑，1524 年至 1525 年结余额为零。①

由于佃户过于贫穷，所以庄园法庭预期的财政收入无法如数到账。在 1496 年至 1498 年间，在东盎格里亚的布兰登庄园，有 47% 预期的庄园收入由于佃户贫穷被免收。② 佃户拒绝支付罚款，是布兰登伊利主教领地庄园面临的大问题。在 1463 年至 1499 年间，几乎有四分之一的庄园法庭的不定期收入在会计结算时未能到账，至少有一半庄园原来领主可以得到的收入未能得到。③

到了 16 世纪，佃户感到征收的租金和更新地契的租费过于沉重，抵制的情绪强烈。庄园领主发现征收地租以及更新地契时的租费已逾出其能力。在庄园法庭的权能和管理的事务减少、其收入减少的同时，16 世纪四季法庭在处罚事务和司法管理事务中显得比封建领主召集的庄园法庭更有效率。所以，四季法庭所起的作用在 16 世纪超过了庄园法庭。诚然，在此时庄园法庭对于领主来说，在管理习惯保有权、处理某些与佃户相关的事务，以及管理乡村生活中仍然起着不可替代的作用。庄园法庭尤其在决定与土地保有权形式有关的事务中仍然起着重要作用。④

庄园法庭的残存与公簿持有制的继续存在有直接的联系，因为庄园法庭被废止将不利于当地习惯佃户的管理。这方面有过例子，如施

---

① J. Whittle, *The Development of Agrarian Capitalism*, Oxford: Clarendon Press, 2000, p. 74.
② Mark Bailey, *A Marginal Economy? East Anglian Breckland in the Later Middle Ages*, Cambridge University Press, 1989, p. 270.
③ Mark Bailey, *A Marginal Economy? East Anglian Breckland in the Later Middle Ages*, Cambridge University Press, 1989, pp. 272-273.
④ J. Whittle, *The Development of Agrarian Capitalism*, Oxford: Clarendon Press, 2000, pp. 83-84.

鲁顿庄园分裂,庄园法庭无法继续下去,致使村子内部陷入混乱,直至政府找出办法加以干预。一般来说,只有当地不再需要庄园地方法,并且庄园土地已准备出售给非习惯所有者时,庄园才会分裂。①

英国资产阶级革命建立的政权无意于彻底摧毁庄园制度。英格兰在 1650 年征服爱尔兰和 1654 年征服苏格兰以后,议会还颁布法令,按照英格兰的模式在这两个地区推行庄园制。②

庄园影响的衰落与另一类地方行政管理组织,即教区和教区会的兴起直接联系着。从 15 世纪后期开始,教区会组织在少数教区开始出现。它持续存在了 300 多年。教区会和教区委员逐渐拥有很大的地方权力,而且教区临时警察也开始出现。在一些教区,教区官员由选举产生并只任职一年。而在另一些教区,他们可以任职数年。教区会可以自存不废,也可以由选举产生。在某些教区,尽管庄园男爵正式的权力已经衰微了,但庄园领主凭借庇护关系,对任命教区委员会仍有相当的影响,对教区会的活动及教区的政策可起某种控制作用。③16 世纪以后,庄园法庭在衰落之后,日渐成为土地登记机构和征收地租的机构。它逐渐把对乡村社区事务的管理权交给社区本身。当庄园男爵对当地的农作实践作出规定时,往往地方法庭已对此作出了规定。地方团体只是让庄园法庭对实施上述决定作出记载而已。④

在 16 和 17 世纪的约克郡西区,尽管庄园制面对众多城市中心

---

① Eric Kerridge, *Agrarian Problems in the Sixteenth Century and After*, London: George Allen and Unwin, 1969, p. 19.
② C. H. Firth and R. S. Rait, eds, *Acts and Ordinances in the Interragunum*, Vol. II, London, 1911, pp. 883-884.
③ J. W. Molyneux-Child, *Evolution of English Manorial System*, Lewis, 1987, pp. 132-134.
④ J. W. Molyneux-Child, *Evolution of English Manorial System*, Lewis, 1987, p. 131.

和毛织业家内工业的兴起，已失去了它许多最初具有的意义，但庄园的一些特征仍然继续影响着西区经济生活的模式。如在哈利法克斯教区，领主仍然要求恢复对于磨坊的权利以及征收更新土地租契时的特别租费，以使他能获得利益。尽管在此时佃户已是公簿持有农而非中古时期的维兰，但仍然维持着对庄园领主的某些义务。他们有义务参加庄园法庭的诉讼案件审理和从事在磨坊的劳作，他们关于土地持有的任何变更都必须在领主的法庭登记。每年因为租种土地要向领主交纳地租，同时，有义务交纳一笔称作租地继承税的更新租地契约的费用。有的时候在教区的某些地方，佃户仍需要做一天修路的工作，但这种义务也可以通过支付 12 便士现金来替代。在磨坊的劳作也可以用现金来抵付。在巴基斯兰德，仍要每个人做 6 天的工，同时任命了一个监工去监督租户履行这种义务，在拉斯提克也是如此。①

在近代时期，庄园在英国并没有立即消失。在许多地方，为数不少的庄园持续存在。戴德斯韦尔庄园历史悠久，早在土地调查册时期便已经存在。1512 年，约翰·维尔斯继承了这个庄园，此后传给其子托马斯·维尔斯。1539 年至 1661 年的斯维尔庄园为维斯顿家族所有。1661 年以后该庄园落到翁斯洛家族手中，翁斯洛家族有 11 代人是这个庄园的领主。②

作为庄园制残余的自营地农场，从 16 世纪一直存在到 20 世纪。它成为支持地主生活的一种主要手段。地主和承租人之间的联系纽带长期以来依然照旧，并没有完全商品化。这种联系纽带仍然属于领主

---

① J. W. Molyneux-Child, *Evolution of English Manorial System*, Lewis, 1987, pp. 121-129.
② Martha J. Ellis, "A Study in the Manorial History of Halifax Parish in the 16th and 17th Century", *Yorkshire Archaeological Journal*, XL pt. 1. 2. (1960), p. 259, footnote 3.

关系，包括双方之间的权威和保护关系、服役和尊重关系。租地持有权可以在一个家族手中保留达数代人之久。直到17世纪中叶，许多自营地租地或前公簿持有地仍以很低的地租由一个租户家族持有两三代之久，地租也很少变化。许多领主是中世纪骑士的后代，或者是商人、律师、上升的自耕农的继承人，他们的祖先在都铎和斯图亚特朝买下了庄园。到19世纪，在一些村庄，许多农田为一两个大家族所拥有。他们通常继承了中世纪庄园领主的土地财产所有权。庄园习惯也继续保存着。

切顿安和阿希利这两个庄园是在12世纪由一个庄园分裂为二形成的。它们都保持着同样的庄园习惯，因此在本质上也可以算是一个庄园。在这两个庄园中，所有的习惯保有地都按照继承制向继承人传递，租地的继承采取了习惯保有权的旧形式。大致到15世纪，这里的公簿持有农取得与租地农相同的三代人的租佃权。这时，不自由人也逐渐获得迁居的权利。这个庄园已经没有在驻领主，但庄园严格遵守先例，在这里长子继承制的习惯保持下来。如果佃户死去，继承人年少，庄园便行使监督权持有其遗产。在切顿安庄园，为了使寡妇维持家庭生计，12年后将其已故丈夫的租佃地产给予寡妇本人。①

佩特沃斯庄园在17世纪则正处于它的黄金时代。② 当时，在佩特沃斯庄园存在着由自由持有佃户组成的男爵法庭，由庄园领主和管事组成的处理公簿持有农案件的习惯法法庭，还有审理较小的犯罪案件的领主的民事法庭。在这里还存在着十家联保制。自1625年至

---

① Mary Poget, "A Study of Manorial Custom before 1625", *Local Historian*, Vol. 15, no 3, Aug. 1982, pp. 166-167.

② Lord Leconfield, *Petworth Manor in the Seventeenth Century*, Oxford University Press, 1954, p. 1.

1922年，近300年间佩特沃斯庄园保留下来的法庭的案卷共有25卷。它收录和记载了庄园的命令、习惯、职责、领主和佃户之间不动产的让与、佃户的死亡和继承。① 其庄园法庭的主要功能是依照习惯法来管理庄园公簿持有农的地产。它禁止公簿持有农在未得到庄园法庭颁发的领主的许可证的情况下出租其租地超过1年零1天。庄园法庭许可证的有效期限不超过7年。要使许可证延长，需要在7年期满时申请延期。所有的公簿持有地，无论是通过继承还是通过转让得到的，如要转手必须经过庄园法庭，违犯者要没收其公簿持有地。②

佩特沃斯庄园在1610年时，196英亩土地中只有13亩是自由持有地，其余的183英亩均为公簿持有地。1779年时公簿持有地已大大减少。在185英亩土地中只有74英亩是公簿持有地，而自由持有地增加到45英亩。到1779年，登记的自营地达到66英亩。由于这个庄园缺乏足够的自营地，庄园土地的兼并拖延下来。③ 在17世纪，这个庄园公簿持有农继承租地的费用甚高。例如，1616年杰弗里·豪金斯死后，他持有的本村的公簿持有地和在乌帕顿的36英亩公簿持有地转给了他儿子，其子托马斯·豪金斯付出的代价为一头值40先令的母牛。而当1642年托马斯死后，租地继承税是值3英镑15先令的一头公牛。而他的寡妇安娜在法庭更新租契时交纳的特别租费为22英镑。④ 当地的租户在荒地上建房必须得到庄园领主的同意，

---

① Lord Leconfield, *Petworth Manor in the Seventeenth Century*, Oxford University Press, 1954, pp.2-3.

② Lord Leconfield, *Petworth Manor in the Seventeenth Century*, Oxford University Press, 1954, p.10.

③ Lord Leconfield, *Petworth Manor in the Seventeenth Century*, Oxford University Press, 1954, p.92.

④ Lord Leconfield, *Petworth Manor in the Seventeenth Century*, Oxford University Press, 1954, p.18.

而领主对租户建房的要求可以同意也可以不同意。庄园荒地上种植的树木和地下的矿藏都属于领主，佃户未经领主许可砍伐树木要受重罚。① 对公簿持有农的处罚在佩特沃斯庄园多种多样。例如1612年两名公簿持有农因为囤积黄油和鸡蛋到市场销售而被罚款8便士。② 可以说，直到18世纪末，佩特沃斯庄园仍属于较传统的旧式庄园。公簿持有农在庄园公地上的权利很小。

帕普沃斯庄园也是起源于土地调查册时代。1240年时，罗伯特·德·帕普沃斯是该庄园的主人。1612年前后，埃德蒙·斯莱菲尔德把庄园领主权出售给亨利·韦斯顿。③

1677年，在英格兰北部达勒姆郡的布朗斯佩斯庄园法庭，威廉·泰勒因为侵占1英亩领主的土地被罚款5先令，另有2人因为侵占3英亩土地被罚款15先令。庄园法庭审理的此类案件很多。1696年为10件，1709年为40件，1716年为50件。在18世纪前50年，庄园法庭持续地进行着这种对佃户的处罚案件的审理。④ 在诺森伯兰郡，在山地地区重新组织地产的工作在17世纪初开始进行。当时，庄园法庭处理了一系列有关确定边境地区土地保有权的案件。在上述地区，到1720年时，在南泰恩河谷的少数庄园还保持着习惯保有权，但绝大多数大地产已被兼并建成有实力的农场，土地以租地制加以

---

① Lord Leconfield, *Petworth Manor in the Seventeenth Century*, Oxford University Press, 1954, pp. 28-29.
② Lord Leconfield, *Petworth Manor in the Seventeenth Century*, Oxford University Press, 1954, p. 31.
③ J. W. Molyneux-Child, *Evolution of English Manorial System*, Lewis, 1987, pp. 122-127, 129, 130.
④ Paul Brassley, "Northumberland and Durham", in Joan Thirsk, ed., *The Agrarian History of England and Wales*, Vol. VI, Cambridge U. P., 1984, p. 48.

出租。①

诺丁汉郡的拉克斯顿村在17世纪开始时是一个纯农业村庄。1618年吉尔伯特·鲁斯把拉克斯顿庄园的领主权出售给伯金汉公爵。伯金汉公爵作为詹姆士一世的宠臣,在1616年至1620年间聚敛了大量的财富,其中主要是地产。而拉克斯顿只是其中一处。伯金汉公爵主要关心的是在他家乡莱斯特郡的地产,而诺丁汉郡不在他发展地产的计划之列。因此,1625年伯金汉公爵把拉克斯顿庄园出手给威廉·考腾爵士。威廉·考腾爵士是佛兰德逃亡者之子,其父定居伦敦,从事丝绸和亚麻布的贸易。1631年时威廉·考腾爵士和他的弟兄共有资本150000英镑,他拥有20艘商船进行与非洲和西印度群岛的贸易,是西印度群岛殖民的先驱。他在英格兰有价值6500英镑的地产。到1635年,拉克斯顿地产的三个大地主分别是考腾爵士、布劳顿和欣德。

1635年,在拉克斯顿占有土地的有庄园领主1人,占地2329英亩,即占全部地产的60.3%。两个大自由持有农共占地1116英亩,即占总面积的28.9%,其中彼特·布劳顿占地754英亩,奥古斯丁·欣德占地362英亩。占地在50—99英亩的有两户自由持有农,其中罗伯特·希普顿占地76英亩,詹姆士·培根占地69英亩。此外,占地在20—49英亩的有4人,占地共116英亩。占地10—19英亩的有3人,占地共38英亩。占地5—9英亩的有3人,占地共21英亩。占地1—4英亩的有6人,共占地15英亩。此外,占地1英亩以下的有4人。另有几户在外土地所有者也在拉克斯顿拥有土

---

① Paul Brassley, "Northumberland and Durham", in Joan Thirsk, ed, *The Agrarian History of England and Wales*, Vol. VI, Cambridge U. P., 1984, p.50.

地。从 1635 年拉克斯顿土地保有权结构来看，全村 89 户中，48 户系从庄园领主考腾处租种土地，16 户从布劳顿处租种土地，7 户从欣德处租种土地，有 14 块地产为自由持有农持有。①

17 世纪初年拉克斯顿庄园的居民绝大多数依靠土地为生，但彼此情况差别很大。考腾的地产可粗略地分为三部分。第一部分为自营地产，共 295 英亩，这部分地产在中世纪一直由村庄农民为领主耕种。第二部分为 292 英亩林地，通常租给交纳地租的佃户，租种这些土地的共有 68 名佃户，他们的租地大小不等，大的如托马斯·泰勒的租地为 99 英亩，而有 34 名佃户的租地均小于 5 英亩。第三部分地产是罗斯和斯诺晚近从欣德那里获取的地产，由 7 户佃户租种。布劳顿在拉克斯顿持有的地产租给了 25 名佃户。欣德的地产有 100 英亩租给 12 名佃户耕种。②

1635 年，拉克斯顿的租地农场面积在 100 英亩以上的有 5 个，总面积为 1077 英亩。面积在 51—99 英亩的租地农场有 15 个，总面积为 1131 英亩。面积在 21—50 英亩的租地农场有 15 个，总面积为 519 英亩。面积在 11—20 英亩的租地农场有 10 个，总面积为 167 英亩。面积在 6—10 英亩之间的租地农场有 21 个，总面积为 174 英亩。面积在 1—5 英亩的租地农场有 34 个，总面积为 99 英亩。拉克斯顿租地农场总面积为 3342 英亩。③ 而拉克斯顿庄园土地总面积为 3861

---

① J. V. Beckett, *A History of Laxton: England's Last Open Field Village*, Oxford: Basil Blackwell, 1989, pp.59-60, Table 3.1.
② J. V. Beckett, *A History of Laxton: England's Last Open Field Village*, Oxford: Basil Blackwell, 1989, pp.65-66.
③ J. V. Beckett, *A History of Laxton: England's Last Open Field Village*, Oxford: Basil Blackwell, 1989, p.69, Table 3.2 Size of Farms in Laxton 1635.

英亩，约占 86%的庄园土地为租地农场经营。萨缪尔·斯坦福是拉克斯顿三个最大的农场主之一，他是没有土地所有权的租地经营者，是庄园主考腾的管家，从考腾的自营地中租有 123 英亩，另外租种了 51 英亩牧师的地产，他从奥古斯丁·欣德处租下农场，并从布劳顿处租种了 2 英亩。[①]

拉克斯顿庄园的所有权 17 世纪初年为威廉·考腾拥有。但他经营不善，很快债务缠身。为了减轻债务，确保拉克斯顿和尼萨尔庄园财产的安全，他在 1640 年 6 月用自己的财产从金斯顿处换得 7200 英镑，但 3 年后他仍然破产了。该庄园的新领主是显赫的贵族罗伯特·皮尔庞特。他在 1620 年代末取得纽瓦克子爵和赫尔的金斯敦的头衔。17 世纪这个家族在德比郡、希罗普郡、林肯郡、萨默塞特郡、威尔特郡、汉普郡和约克郡取得大宗财产，同时扩大了诺丁汉郡的地产。罗伯特·皮尔庞特接管拉克斯顿庄园后，发现在庄园领主名下只有 60%拉克斯顿的土地，他遂从市场中积极购买出售的一切拉克斯顿的地产。1715 年这个家族取得公爵称号。罗伯特·皮尔庞特家族把拉克斯顿庄园一直保持到 1950 年代。[②]

在拉克斯顿庄园中，从 1635 年到 1736 年的百年中，绝大多数小自由持有地都发生了转手，并且在转手过程中，几乎所有的自由持有地都被分割出售。持有土地面积在 99 英亩以下的自由持有农从 22 人增加到 47 人，数量翻了一番。而自由持有地总面积变化不大。[③]

[①] J. V. Beckett, *A History of Laxton: England's Last Open Field Village*, Oxford: Basil Blackwell, 1989, p.67.

[②] J. V. Beckett, *A History of Laxton: England's Last Open Field Village*, Oxford: Basil Blackwell, 1989, p.97.

[③] J. V. Beckett, *A History of Laxton: England's Last Open Field Village*, Oxford: Basil Blackwell, 1989, p.99, Table 4.3.

格洛斯特郡的布莱丁顿庄园在 1533 年为托马斯·利爵士和几个合伙人买得。利氏是伦敦商人和副市长，常年生活在伦敦，但他持续地买进地产。斯通利修道院、阿德尔斯特罗普和朗伯勒庄园都归他所有。在 1533 年时，布莱丁顿庄园的价格是 897 英镑 13 先令 1.5 便士。庄园土地保有权归于以服兵役为条件对土地的占有权，当时这种义务已经取消。布莱丁顿庄园的自营地上居住有 16 户佃户，他们的租佃期为 99 年。所有的佃户都被称为"自由人"。他们的劳役均已折算，他们可以自由地离开庄园，让子女去学手艺或进学校。庄园中习惯佃户的地租保持不变。① 庄园设有男爵法庭，其主要工作是记录土地保有权的变更，并维持庄园生产的正常秩序。利氏买下布莱丁顿庄园后，最初分别在 1553 年、1555 年、1557 年和 1560 年召集庄园男爵法庭会议。②

在 17 世纪，布莱丁顿庄园的保有权和农民的生活发生了很大变化。1571 年托马斯·利死后，他和另三人拥有的庄园土地租给三个伦敦城的绅士，其中一个是林肯法学院的成员，一个是针线商，一个是布商。租期以他的儿子罗兰死时，或者到罗兰的儿子年满 21 岁时为结束。大约在 1600 年，罗兰·利作出一项决定，不再出租持有的土地，而是零零碎碎地出售整个庄园。这样，布莱丁顿庄园佃户由于拥有了习惯法承认的权利，自然在购买土地时捷足先登。在 17 世纪，托马斯·洛金斯、安德鲁·菲利普斯、托马斯·霍尔福德和约翰·拉克（或约翰·鲁克）买下了布莱丁顿庄园的土地。最早是托马斯·贝

---

① M. K. Ashley, *The Change English Village: A History of Bledington, Gloucestershire in its Setting 1066-1914*, Kineton: The Roundwood Press, 1974, p.107.

② M. K. Ashley, *The Change English Village: A History of Bledington, Gloucestershire in its Setting 1066-1914*, Kineton: The Roundwood Press, 1974, p.108.

克尔在 1611 年买下庄园土地。1611 年托马斯·盖伊在遗嘱中提到他拥有那里的宅院和租地。1649 年赫尔斯家族在那里拥有宅院和自由持有地。[①] 1721 年在布莱丁顿有 21 户自由持有农,他们都是"庄园领主"。这种记叙反映了历史的真实情况,每个公簿持有农和自营地的买主都拥有庄园的"地基和农田",即他已买下充分的领主权。实际上,土地出售后,领主权已荡然无存,庄园法庭不再存在。"没有庄园法庭,也就没有了庄园",只是庄园档案保存在利氏家族手中。[②] 到 1660 年,在布莱丁顿几乎不再有公簿持有农存在。这个教区的乡村居民可以分成四类:经济地位较好的是约曼或农场主、原先的小公簿持有农、技工、日工。[③] 经过圈地运动,全教区 1539 英亩土地分别为 19 人持有,持有土地最多的人达 219 英亩,其他的人持有土地平均在 90 英亩左右。经过圈地运动,布莱丁顿土地持有者的人数并没有减少。[④]

1741 年,一份庄园法庭指南列出庄园法庭管理的诸种事务,共有 20 种以上。其中包括:提出所有诉讼人的讼案;调查自上一次开庭后与所有死亡的佃户有关的应交纳给领主的救济、监护等;领主退回的任何权利和劳役;所有农奴的儿女入学和安置其从事手工艺,或未经许可娶其女儿;任何农奴未经许可出租土地,或者未经许可收回其有形地产(家居杂物);农奴未经赎身或交纳罚金逃跑的;任何超

[①] M. K. Ashley, *The Change English Village: A History of Bledington, Gloucestershire in its Setting 1066-1914*, Kineton: The Roundwood Press, 1974, p.136.

[②] M. K. Ashley, *The Change English Village: A History of Bledington, Gloucestershire in its Setting 1066-1914*, Kineton: The Roundwood Press, 1974, p.137.

[③] M. K. Ashley, *The Change English Village: A History of Bledington, Gloucestershire in its Setting 1066-1914*, Kineton: The Roundwood Press, 1974, p.158.

[④] M. K. Ashley, *The Change English Village: A History of Bledington, Gloucestershire in its Setting 1066-1914*, Kineton: The Roundwood Press, 1974, p.219.

过 1 年零 1 天的让渡，或为期数年的出租；任何土地由公簿持有地转为自由持有地或由自由持有地转为公簿持有地时，有可能对领主利益的损害；任何砍伐大的木材的事件；非法进入、狩猎或放鹰打猎的行为；任何公簿持有农或其他佃户出售其衰微的保有地；任何农奴在未经领主同意的情况下购买自由土地；为管家逮捕的人被解救或被阻挠；在佃户和领主之间发生任何搬动道路基石或桩标之事；任何未经领主许可侵占领主土地之事；任何持有两块土地者让一块土地荒芜或者把树从一块土地挪到另一块土地上去；任何拔除树木或树篱，推倒房子之事；任何拿取或破坏属于领主的证据如庄园法庭案卷之事；等等。①

1770 年出版的由尼科尔森和波恩合写的威斯特摩兰郡和库伯兰郡农业史表明，此时这两个郡共残存着 325 个庄园。在库伯兰郡有 71 个庄园即有 66% 的庄园实行着习惯保有权，在威斯特摩兰郡有 70 个庄园即 68% 的庄园实行着习惯保有权。在当地实行习惯保有权的庄园中，仍在征收佃户死后的租地转手费。库伯兰郡有 39 个庄园的佃户要支付不固定的由领主任意确定的更新契约的租费。在威斯特摩兰郡有 18% 的庄园佃户要交纳不固定的由领主任意确定的更新契约的租费。② 劳役义务在这两个郡此时也未消失。尽管从都铎王朝往后，劳役有逐渐抵偿的趋势，但到 18 世纪，它们"仍然引人注目……并且，它仍是无法选择的和必需的事情"③。

① J. W. Molyneux-Child, *Evolution of English Manorial System*, Lewis, 1987, pp. 44-47.
② C. E. Seale, "The Cumbrian Customary Economy in the Eighteenth Century", *Past and Present*, no. 110 (1964), pp. 110-111.
③ J. Nicholson and R. Bum, *History and Antiquities of the Counties of Westmorland and Cumberland*, London: Wakefield, 1777, p. 26. From C. E. Seale, "The Cumbrian Customary Economy in the Eighteenth Century", *Past and Present*, no. 110 (1964), p. 113.

惠特维克庄园位于莱斯特城西北 12 英里，处于煤田地区和大片供放牧的公地边缘。1086 年时，该庄园属于休·德·格伦特迈斯尼尔。1264 年庄园转手给温彻斯特和莱斯特伯爵。以后，1310 年通过婚姻转到波蒙特家族手中。1507 年波蒙特家族系谱灭绝后，庄园转归国王所有。此后国王至少两次将它授予他人。1612 年至 1613 年詹姆士一世将惠特维克庄园授予亨廷顿伯爵亨利。直到 19 世纪，惠特维克庄园一直由亨廷顿伯爵家族所有。①

在多塞特郡，斯特拉顿和格里姆斯顿两庄园的庄园体系到 1900 年以前仍然很有活力地存在着。到此时，近 200 年的庄园法庭案卷一直保存了下来。② 每年大约在圣诞节时，庄园的所有佃户聚集起来，庄园管事出席会议。由上一届选出的庄园官员公布账目，然后他们辞去职务，会上选出继任的庄园官员。庄园官员中最重要的是土地检查员和牲畜清点员。在各郡建立警察制度和什一税划拨制度前，庄园还设有临时警察和什一税收税员。③ 斯特拉顿庄园法庭的案卷记载了庄园对河流中水的使用权利，一些外来人的归顺，租佃权的变迁。凡违背经一致同意的土地管理规定以及在公地上放牧规定的，要罚款 5 先令或 10 先令。④

在汉普郡的克劳利庄园，1869 年至 1874 年间阿什伯顿勋爵拥

---

① D. R. Mills, *Lords and Peasants in Nineteenth Century*, London: Croom Helm, 1980, pp. 107-108.

② Gilbert Slater, *The English Peasantry and the Enclosure of Common Fields*, New York, 1907 (1968), pp. 19-20.

③ Gilbert Slater, *The English Peasantry and the Enclosure of Common Fields*, New York, 1907 (1968), p. 22.

④ Gilbert Slater, *The English Peasantry and the Enclosure of Common Fields*, New York, 1907 (1968), p. 29.

有庄园自营地农场。1874年阿什伯顿勋爵把自营地农场出售给亚当·斯坦梅茨·肯纳德,后者是银行家之子。从1875年到1883年,肯纳德买下了克劳利庄园一块又一块土地,包括6个村庄和菜园。他最终买下了庄园领主自己的所有地产。最后,肯纳德推倒了庄园的旧房屋,建立了新的克劳利庄园法庭。肯纳德本人是伦敦的银行家,1885年他成为汉普郡治安法官和名誉郡长。[1] 1900年,肯纳德把克劳利庄园的土地出售给出生于汉堡的德国实业家奥托·恩斯特·菲利皮,后者在格拉斯建有公司。这样,地产落到资本家手中。1902年,克劳利庄园土地上的约曼离开了地产,失去了约曼身份,这个庄园的历史结束。[2]

罗伯特·C.阿兰根据土地税征收资料以及维多利亚郡史的资料,对1790年代密德兰南部16131个土地所有单位进行了研究,结果如下:从农场的规模而论,如果以200英亩为大农场和小农场的界限,那么庄园领主属下的大农场占农场总数的48.3%,庄园领主属下的小农场占农场总数的1.4%;非庄园农场中大农场占农场总数的18.3%,非庄园农场所属的小农场占农场总数的32.2%。[3] 1790年前后,属于庄园的农场共有1957个,非庄园农场有8843个。从两类农场的规模来看,在属于庄园的农场中,面积在10—60英亩的占26%,面积在60—200英亩的占农场总数的38.5%,面积在200—300英亩的占农场总数的16.8%,面积在300英亩以上的占农场总数的18.8%。在非

---

[1] Norman S. B. Gras and Ethel Calbert Gras, *The Economic and Social History of an English Village (Gawley Hamshire A. D. 909-1928)*, Harvard U. P., 1930, p. 123.
[2] Norman S. B. Gras and Ethel Calbert Gras, *The Economic and Social History of an English Village (Gawley Hamshire A. D. 909-1928)*, Harvard U. P., 1930, p. 124.
[3] Robert C. Allen, *Enclosure and Yeoman: The Agricultural Development of the South Midland, 1450-1850*, New York, 1992, p. 90, Table 5-4, Table 5-5.

庄园农场中，面积在 10—60 英亩的占农场总数的 58.5%，占地 60—200 英亩的农场占农场总数的 32.6%，占地 200—300 英亩的农场占农场总数的 5.5%，占地 300 英亩以上的农场只占农场总数的 3.5%。①

从 1790 年前后阿兰调查的这批庄园所属农场和非庄园农场的占地面积来看，庄园所属农场的总面积为 322608 英亩，非庄园农场的总面积为 399008 英亩。非庄园农场的面积稍多于庄园农场。② 这一组数据表明，到 1790 年前后，残存的庄园制度在南密德兰地区仍占相当比例，庄园主属下的租佃农场与地主和自由农民经营的农场规模大致相当，其中庄园所属农场的规模还稍大些。这表明，18 世纪末英格兰农业结构实为一种二元经济，即庄园农场制和自由农场制并存。前者本质上是一种带束缚性的租佃制，后者在构成上也不排除存在租佃制。

克劳利庄园一直持续到 1874 年。从 1795 年至 1874 年间，克劳利庄园法庭仍在履行例行公事。但它已明显缺少活力。随着圈地运动开展，对农业的管理加强了，共有农耕则处于消失状态。于是，庄园主要的事务由管事和什一税收取者来履行，其主要工作是记录习惯佃户的死亡和他们偶尔留下的遗嘱。从 1859 年到 1872 年，克劳利庄园法庭仍在召集，但对领主效忠宣誓礼的记载大大减少。从 1872 年到 1874 年，克劳利庄园法庭仍在召集，但是它已经无所事事。从 1875 年到 1899 年，克劳利庄园法庭消失了。1899 年宗教特派员派出副管事去克劳利召集庄园法庭。法庭是召开了，但没有行效忠宣誓礼，也

---

① Robert C. Allen, *Enclosure and Yeoman: The Agricultural Development of the South Midland, 1450-1850*, New York, 1992, p.53, Table 5-7.
② Robert C. Allen, *Enclosure and Yeoman: The Agricultural Development of the South Midland, 1450-1850*, New York, 1992, p.94.

没有履行什么事务。此后,如副管事所记载的,克劳利庄园成为一座"死亡的庄园"。①

在20世纪后期英国的报纸上,人们还不时可以看到有些出售庄园的广告。一些庄园可能已经卖不到此前价格的十分之一,庄园转手的价格有的只有15000英镑。1986年,索福的拉斯特菲尔德和拉斯特菲尔德教区长领地这两个庄园分别卖了7100英镑和6800英镑。杰拉尔德·兰德在1976年买下诺福克的5座庄园,耗资180000英镑。②在19世纪,对于英国的乡绅来说,拥有庄园法庭仍被视为有尊严的象征。③

1922年英国议会通过财产法,取消残存的公簿持有保有权。这样,召集庄园法庭的基本理由便不存在了。但此后,一些庄园法庭仍然存在着。1977年颁布的司法行政法令规定,庄园法庭和其他古旧的法庭"应当中止听取和决定一切法律程序的司法权",但是,它们能够继续作为特别法庭处理习惯事物。④

近代时期庄园和庄园法庭残存的历史证明,在新的生产关系和新的政治制度成长起来后,旧的制度形态和组织形式的消失却是何等的漫长。它并不简单地表现为结构取代。社会经济组织表现为一种结构

---

① Norman, S. B. Gras and Ethel Calbert Gras, *The Economic and Social History of an English Village (Crawley Hampshire A. D. 909-1928)*, Harvard U. P., 1930, pp. 106, 110-111.

② J. W. Molyneux-Child, *Evolution of English Manorial System*, Lewis, 1987, p. 139.

③ 在19世纪,残存的庄园法庭及其古雅的习俗,引起了地方考古学者和对民俗学有兴趣的人士很大的兴趣。在德文郡,曾成立了一个专门研究租佃权和庄园法庭习惯法的委员会,该委员会在1880年至1884年间提出了多达四卷的报告。(P. D. A. Harvey, *Manorial Record*, p. 58.)

④ P. D. A. Harvey, *Manorial Record*, p. 58.

混杂的长期共存。诚然，旧结构因子在质和量上都随着时间推移发生了急剧的衰退。

庄园瓦解后，农村经济组织发展的一种形式是朝着农民村庄转化。牛津伯爵的庄园便是这样的例子。1513年牛津伯爵死去，维格斯顿庄园由他的侄子继承。后者娶了诺福克公爵托马斯·霍华德的女儿安娜为妻。他的侄子于1526年死去，无男性继承人。从1540年到1585年间，这个庄园的领主权不断转手。领主与习惯佃户之间争斗不断，时时提起法律诉讼，古旧的庄园习惯遭到挑战。在1588年，代表庄园上81户的8户习惯佃户和公簿持有农与庄园领主约翰·丹佛斯爵士及其妻子伊丽莎白围绕着公簿持有权的性质展开了诉讼。1606年，20户公簿持有农从庄园财产受托人处买下他们的农场。农场面积从1/4雅兰到2雅兰、21/4雅兰、21/2雅兰和31/4雅兰大小不等。这些农场总面积为30雅兰。而另有7户公簿持有农没有买下他们的持有地，而只是作为租地持有农，他们持有的全部土地为21/2雅兰。①

维格斯顿的特维尔庄园在1586年至1587年瓦解后，几百英亩土地投放市场，其中绝大多数以20—80英亩的小块被威格斯顿的居民购买。②1606年，威格斯顿的第二个大庄园全部出售之后，这里完全成为一个农民村庄。这里没有领主，乡村团体由中小农民土地所有者构成，土地由村庄来管理，而不是由庄园管理，敞田制和共有权在这里存在，形成一种自给自足的农民的维生经济。直到17世纪后期，

---

① W. G. Hoskins, *The Midland Peasant: The Economic and Social History of a Leicestershire Village*, London-New York, 1965, pp.102-109.
② W. G. Hoskins, *The Midland Peasant: The Economic and Social History of a Leicestershire Village*, London-New York, 1965, p.176.

煤业和编织业发展起来，方才打破自给自足的乡村经济生活旧态。①而三块大的敞田一直存在到 1776 年，到那时，圈地运动改变了当地的面貌。②

格洛斯特郡的布莱丁顿庄园解体以后，实行了敞地农耕。③到 1660 年，在布莱丁顿几乎没有一个公簿持有农，村民的谋生手段多种多样。村庄居民可以分成四类：约曼或农场主、小的前公簿持有农、工匠、粗工。教区居民安布罗斯·雷德尔曾买下村庄的大量土地，并且在牛津郡和伯金汉郡也买下若干农场。他后来因为欠债，在 1798 年，安布罗斯·雷德尔把部分土地出售给当地的居民和新来的外来户。在 1807 年时，该教区的 1539 英亩土地，除去那些拥有极少量土地以至于无须交纳土地税者外，分别为 19 个所有者拥有。其中最大的一块地产为 291 英亩，有 18 个土地持有者拥有的土地都在 60 英亩以上。这里实行了没有领主制的自由土地所有制。④从 1815 年到 1870 年，布莱丁顿失去了中世纪的基础，农场主与村庄的关系变得越来越松散，农场主的产品更多地与市场发生联系。⑤从 1831 年到第二次世界大战，除了面积在 40 英亩以下的小农场外，大农场的数目

---

① W. G. Hoskins, *The Midland Peasant: The Economic and Social History of a Leicestershire Village*, London-New York, 1965, p.212. Mark Overton, *Agriculture Revolution in England*, Cambridge U. P., 1996, p.155.

② W. G. Hoskins, *The Midland Peasant: The Economic and Social History of a Leicestershire Village*, London-New York, 1965, p.185.

③ Michael Havinden, *Estate Villages Revisited*, University of Reading, Rural History Center, 1999, p.141.

④ Michael Havinden, *Estate Village Revisited*, University of Reading, Rural History Center, 1999, p.219.

⑤ Michael Havinden, *Estate Village Revisited*, University of Reading, Rural History Center, 1999, pp.219, 263-264.

从10个减少为8个。到1901年,布莱丁顿大农场拥有土地288英亩,另有两个农场分别拥有土地272英亩和119英亩,4个农场拥有的土地在86—109英亩之间,另一个农场拥有土地42英亩。此外,有8个小土地所有者拥有的土地在12—37英亩之间。其他的土地所有者拥有的土地在4英亩以下。[1] 到1914年,所有持有土地的人,包括农场劳工,都取得了议会授予的公民权。[2]

海莱是希罗普郡东南角的一个教区,它在1550年以后的大量历史资料被保存了下来。海莱的庄园领主约翰·利特尔顿于1601年死于狱中,他的寡妇梅里尔严重负债。于是1604年大法官法院作出裁决,应当出售地产来偿还债务,当时估定债务为10000英镑。到1618年,梅里尔·利特尔顿卖掉了她在海莱庄园的最后的财产,包括早先出租的自由持有地产。1618年,位于教区北部海莱森林的共有牧场也按照当地土地所有者拥有的土地面积加以分割。[3] 这样,从1607年到1625年,庄园佃户先是变成特别的长期租佃农,而后成为自由持有农,他们为此花了一大笔钱。到1618年,海莱庄园本身也卖掉了。海莱森林的共有牧场的划分对当地居民产生深刻的影响。社会典型的农场不再是持有分散条块土地的在共有地上享有附带权利的公簿持有佃户,1620年以后他们成了自由持有农,拥有土地集中的农场。一些茅舍农和小土地持有者也成为自由持有农,而其他人则成

---

[1] Michael Havinden, *Estate Village Revisited*, University of Reading, Rural History Center, 1999, pp. 219, 380.

[2] Michael Havinden, *Estate Village Revisited*, University of Reading, Rural History Center, 1999, pp. 219, 249.

[3] G. Nair, Highley, *The Development of a Community 1550-1880*, Oxford: Basil Blackwell, 1988, pp. 79-80.

为地主的佃户。①

庄园解体后，16 到 17 世纪，地主—佃户的关系是海莱社区众多社会关系的基础。大的租佃农场主从地主那里转租农场经营，而绝大多数劳工和小茅舍农则从当地地主那里租房子居住。一些大农场主本身又是在外地主的佃户，他们与在外地主谈判更新租约的条件，又直接雇佣工资劳动者。教区重要的官职逐渐由当地社区中的富有者来担任。② 在 1780 年到 1880 年间，工业在海莱发展起来。1780 年代当地的煤矿和采石场开始运作，并且开始冶铁。这使得当地劳动者的职业结构向工业转移。从事农业的男性劳动力从 1841 年的 67 人，减少到 1881 年的 42 人。③

米德尔是位于希罗普郡北部面积 4691 英亩的乡村地区，包括 7 个教区。由于当地缺少在驻领主，16 到 17 世纪米德尔教区的领主权落到那些持有土地面积在 700 英亩以上的大农场主和乡绅手中。这个地区形成了 3 个租地大农场和其他一些农场。④ 卡斯尔农场是米德尔领主的自营地，被加以出租。在理查德·吉廷四世（他死于 1624 年 7 月）承租时，有 625 英亩土地，地租甚低。他还拥有牧场的共有权和在米德尔林地的另外 8 英亩土地，在米德尔纽顿和霍尔斯顿持有较多的自由持有地产，承租了布朗希思泥炭沼泽地。他亦将土地租给佃

---

① G. Nair, Highley, *The Development of a Community 1550-1880*, Oxford: Basil Blackwell, 1988, p. 83.
② G. Nair, Highley, *The Development of a Community 1550-1880*, Oxford: Basil Blackwell, 1988, p. 128.
③ G. Nair, Highley, *The Development of a Community 1550-1880*, Oxford: Basil Blackwell, 1988, p. 169, Table 7.1 Male Occupations 1841-1881.
④ David Hey, *An English Rural Community: Myddle under The Tudors and Stuarts*, Leicester U. P., 1974, p. 85.

户。① 马霍尔农场为本教区的自由持有农阿彻利家族拥有，这个家族17世纪末成为教区最显赫的家族，直到19世纪都没有衰微。该家族成员能从外地弄到钱，这个家族中的罗杰·阿彻利年轻时迁到马顿，后成为伦敦市长。这个家族的第一代农场主托马斯·阿彻利一世在教区边缘修建了色彩斑斓的房屋，他的长子为使家族致富，买下了家族从劳合·皮尔斯处租来的自由持有地，以后又买下了翁斯洛的土地共187.5英亩。这样，他在马顿有了437英亩自由持有地。他在米德尔森林买了32英亩地，还买下了米德尔猎园以及在佩廷森林的土地，并继续从事皮革业。② 在米德尔教区还有自由持有地小农场和为期数代人的租地农场，所有者是约曼或绅士。③

哈维林是位于埃塞克斯郡的王室庄园。几乎所有的土地都根据有特权的习惯保有权占有。16世纪这里的习惯佃户承担的义务在形式上同中世纪没有什么差别，他们向国王交纳数额不大的年地租，行效忠宣誓礼，并在最初持有土地时，交纳相当一年地租额的入地费，被要求参加庄园法庭的开庭和每年两次的庄园大会，但在实践中，许多大佃户每年付一笔钱，便被免去参加庄园法庭会议的责任。在中世纪，哈维林有少量自由持有地，但到16世纪后期它与习惯保有地的差别已经消失，习惯保有权到16世纪和17世纪初被当作事实上的自由持有保有权。④ 哈维林的直接佃户实际上能够享有他们土地的全部

---

① David Hey, *An English Rural Community: Myddle under The Tudors and Stuarts*, Leicester U. P., 1974, pp. 91-92.

② David Hey, *An English Rural Community: Myddle under The Tudors and Stuarts*, Leicester U. P., 1974, p. 100.

③ David Hey, *An English Rural Community: Myddle under The Tudors and Stuarts*, Leicester U. P., 1974, p. 107.

④ M. K. McIntosh, *A Community Transformed: The Manor and Liberty of Havering 1500-1620*, Cambridge U. P., 1991, p. 95.

权益。佃户承担的地租、折偿劳役和入地费都是固定的，自 1251 年以来从未变动过，因此王室收取的地租实际上极低。① 进入 16 世纪，随着时间推移，伦敦消费市场的需求增大了哈维林庄园保有权的自由度。这里地租较低，土地市场不受控制，地产的分化和小持有地发展为大持有地的过程加剧了。到 1617 年，有 14 块地产在 200 英亩以上。在土地所有者中，有 5 个家族拥有骑士、缙绅和贵族头衔。他们每户拥有 400 英亩以上的土地。大地产主通常大块出租其自营地，将产品提供给伦敦。各种规模的租户都向伦敦的罗姆福德市场以及附近的消费者提供产品，向沿伦敦至科尔切斯特大道而来的旅行者提供食品、饮料和住宿。②

牛津郡的阿丁顿的土地在 1833 年为地主罗伯特·弗农买下，地产分为 13 个租地农场，其中面积在 500 英亩以上的租地农场有 5 个。其中西洛金农场面积约 830 英亩，由佃户托马斯·布朗耕种；东洛金庄园农场共 582 英亩，由佃户威廉·吉布斯租种；东洛金教区的西贝特顿农场共 568 英亩，由约翰·F. 柯林斯租种；阿丁顿教区的东贝特顿农场共 587 英亩，由理查德·劳伦斯租种；东洛金教区的西金格农场由萨拉·桑德斯耕种，面积 567 英亩。规模在此以下的面积在 200—300 英亩的租佃农场有 3 个，面积在 100—200 英亩的租佃农场有 4 个，面积在 70 英亩以下的租佃农场有 1 个。此外，还有 14 个小土地持有者，持有土地面积均在 25 英亩以下，他们往往同时从事小

---

① M. K. McIntosh, *A Community Transformed: The Manor and Liberty of Havering 1500-1620*, Cambridge U. P., 1991, p. 98.
② M. K. McIntosh, *A Community Transformed: The Manor and Liberty of Havering 1500-1620*, Cambridge U. P., 1991, pp. 92-93, 118-119.

商业经营。①

　　谢林顿是伯金汉郡的一个村庄,它的历史可以追溯到罗马不列颠和诺曼征服时期。到了15世纪末,谢林顿的发展进入一个新阶段。当地出现了许多租地农场主,许多大农场主如托马斯·奇布诺尔和亨利·格伦顿将他们的农场范围扩展到相邻的村庄,那里有大面积的牧场有待开发。当地一个起源于13世纪的古老家族、名叫约翰·马休的人,已经成为伦敦的市民和绸布商,1490年当上了伦敦市长。他死于1498年。②到了亨利七世统治时期,谢林顿乡村经济发生了很大变化。这里的土地所有权发生了很大的变化,无论是自由持有农还是租佃农场主人数都不多,值得注意的是绸布商公司占有了柯克菲尔德庄园。从此以后,这处地产便由伦敦绸布商公司的协理会进行管理。这个协理会的成立,与当地的佃户没有什么联系。居住在伯金汉郡温多佛的亨利·柯利特家族在当地居住的时间长达几代人。他本人是伦敦显赫的市民,1476年第一次当上伦敦副市长,后来在1484年当上伦敦市长。他是一个绸布商和绸布商公司协理会的成员,也是冒险商人公司的成员。他用出售呢绒的收入支付买进绸布的费用,把从中获得的大量利润投资于伯金汉郡地产。在1505年他去世前数月,他刚刚从格雷·德·维尔顿勋爵爱德蒙手中买下了柯克菲尔德庄园。绸布商公司便成为谢林顿的在外地主。③约翰·奇布诺尔在17世纪上半叶拥有年价值300英镑的地产。1625年他死后,地产落到他的第三个儿子之

---

① Michael Havinden, *Estate Villages Revisited*, University of Reading, Rural History Center, 1999, pp. 55, 56-57, Table 5, Table 6.

② A. C. Chibnall, *Sherington, Fiefs and Fields of a Buckinghamshire Village*, Cambridge U. P., 1965, p. 154.

③ A. C. Chibnell, *Sherington, Fiefs and Fields of a Buckinghamshire Village*, Cambridge U. P., 1965, p. 158.

手。到 17 世纪上半叶，由于其他地方圈地运动的展开，大批新人来到这里，有的是租佃农场主，有的是农业劳工，他们迫切希望找到工作。所以，谢林顿的很多自由持有农便出租自己的土地，或者雇佣一些劳力帮助自己耕作，使自己能腾出手来去干其他行当。约翰·奈特两个年价值为 70 英镑的农场由他的寡妇玛格丽特及儿子罗伯特经营。6 个小自由持有农和 3 个租佃农场主除了农耕外，还从事商业和手工业。[①]

谢林顿村的地产归伦敦绸布商公司所有。其年总收入 1620 年代为 19 英镑 5 先令 6 便士；1650 年代为 21 英镑 3 先令 9 便士；1710 年代为 48 英镑 11 先令；1730 年代为 77 英镑 13 先令 2 便士；1750 年代为 90 英镑 13 先令 2 便士；1781 至 1797 年为 105 英镑。[②] 18 世纪开始后，老的自由持有农农场主相继退出土地。萨缪尔·坎宁安欠下了纽波特帕特耐尔的瓦勒博士的债务，在 1711 年无力赎回土地。罗伯特·亚当斯深陷债务之中。他死后，其子将地产出售。到 1750 年，菲茨·约翰庄园农场的约翰·巴宾顿成了唯一的在驻农场主。在 1650 年，只有 12% 的土地为在外所有者占有，其余的土地为当地乡绅和农场主持有。而到 100 年后，情况发生很大变化，居住在村庄外的人士，包括未亡人、未婚女子和居住在纽波特帕格耐尔和伦敦的商人，拥有当地三分之二的土地。农场主与地方乡绅占有其余的土地。这时，地租额很低，而农场的利润也很低。[③] 到 18 世纪末拿破仑战争期间，英国的经济受到战争很大的影响。许多当地的劳动者被迫转而

[①] A. C. Chibnell, *Sherington, Fiefs and Fields of a Buckinghamshire Village*, Cambridge U. P., 1965, p. 204.

[②] A. C. Chibnall, *Sherington, Fiefs and Fields of a Buckinghamshire Village*, Cambridge U. P., 1965, p. 234, Table 40 Annual Income from The Mercers' Estate in Sherington.

[③] A. C. Chibnall, *Sherington, Fiefs and Fields of a Buckinghamshire Village*, Cambridge U. P., 1965, pp. 236-237.

从事乡村工业，如织席和编制篮子，而他们的妻子则为纽波特帕特耐尔的商人织饰带，以这些收入弥补生活不足。到 1810 年，小租佃持有农和小土地所有者大大减少。①

在谢林顿 1797 年圈地以后，公地被并入农场，土地经营结构没有大的变化。伦敦绸布商公司在其农场上继续征收地租。该公司指派它的书记员约翰·沃特尼从 1876 年起任伯金汉郡诸庄园的管事。4 年以后，他在谢林顿召开了一次庄园法庭。10 年以后的 1890 年，约翰·沃特尔突然报告说，他在试图召开谢林顿庄园法庭时，已经没有任何佃户前来参加庄园法庭会议。②

在汉普郡的克劳利村，到了 16 世纪，随着个人的自由发展和庄园领主需要更多的货币形式的收入，土地市场出现了。土地可以从一个人手中转到另一个人手中。但是在当时，土地转让必须征得领主的同意，条件是佃户支付给庄园领主一笔罚金以取得转让租地的特权。同时，转租的佃户需承担与他占有土地相关的义务。③ 此时还出现了几块租地合并成一块经营的现象。在这里，农业的商业化经历了三个阶段。第一阶段是领主和佃户加入市场商品交换。第二阶段是用货币支付劳役和地租。第三阶段是转包土地和用土地做抵押。例如，1613 年安布罗斯·达维向约翰·威尔金斯抵押他的土地。威廉·布朗宁在 1629 年用自己的土地向约翰·葛德温作抵押④。在克劳利村，最初，

---

① A. C. Chibnell, *Sherington, Fiefs and Fields of a Buckinghamshire Village*, Cambridge U. P., 1965, p.251.

② A. C. Chibnell, *Sherington, Fiefs and Fields of a Buckinghamshire Village*, Cambridge U. P., 1965, p.258.

③ Norman Scott Brien Gras and Ethel Calbert Gras, *The Economic and Social History of an English Village (Crawley Hampshire, A. D. 909-1928)*, Harvard U. P., 1930, pp.95-96.

④ Norman Scott Brien Gras and Ethel Calbert Gras, *The Economic and Social History of an English Village (Crawley Hampshire, A. D. 909-1928)*, Harvard U. P., 1930, p.99.

是地方官和农奴成为第一批农场主。16世纪后半叶到17世纪初期，一些外来户如约翰·霍尔维和杰拉尔德·弗利特伍德爵士成为农场主①。在圈地运动开始后，当地土地所有者拥有的土地并非全部由自己耕种，如理查德·迈勒便把家庭农场转租给其他人。②

第四节　租地农场

英国在16世纪以后，领主租佃制和自由契约租佃制一度共存，租佃制仍是大地产内部管理的基本制度。近代英国非庄园的租佃农场制已不含有旧的封建领主关系，但是它还不是纯粹的资本主义关系。租地农场主通过支付租金，取得土地的有条件的使用权，尽管社会承认的契约关系保证了他们的使用权，但他们不是拥有全部产权的资产者。另一方面，如前所述，租地农场的规模有大有小。有的租地农场大到上千英亩，有的租地农场面积在数百英亩。至于说地位处于租佃制另一端的小租佃农场主和小佃户，他们的租佃农场属于家庭农场。他们要承担地租，生产的农产品主要供家庭维生所用，只有一部分提供给市场。此外，他们不那么容易自由流动，因为他们对土地有了一定的投入，退佃离去时很难完全收回他们的投资，租地农场实际上就对他们产生了一种束缚。因此，他们不可能像雇佣工人那样自由，无法随时离开租地。

在英国19世纪中期以后的土地持有制度中，实行租佃持有的农

---

① Norman Scott Brien Gras and Ethel Calbert Gras, *The Economic and Social History of an English Village (Crawley Hampshire, A. D. 909-1928)*, Harvard U. P., 1930, p.120.

② Norman Scott Brien Gras and Ethel Calbert Gras, *The Economic and Social History of an English Village (Crawley Hampshire, A. D. 909-1928)*, Harvard U. P., 1930, p.102.

户占相当大的比例。

在英格兰和威尔士，1887年通过租佃持有土地的农户为393047户，通过所有权持有土地的农户为64588户，对部分土地有所有权部分租佃土地的为18991户。1888年通过租佃持有土地的农户为400297户，通过所有权持有土地的农户为6389户，对部分土地有所有权部分租佃土地的为20327户。1889年通过租佃持有土地的农户为405859户，通过所有权持有土地的农户为66385户，对部分土地有所有权部分租佃土地的为20143户。1890年通过租佃持有土地的农户为408040户，通过所有权持有土地的农户为66130户，对部分土地有所有权部分租佃土地的为20665户。1908年主要靠租佃土地经营的有375212户，主要靠所有权经营土地的有54869户。1910年主要靠租佃土地经营的有376241户，主要靠所有权经营土地的有55433户。1914年主要靠租佃土地经营的有385920户，主要靠所有权经营土地的有49204户。1920年主要靠租佃土地经营的有360757户，主要靠所有权经营土地的有57234户。1922年主要靠租佃土地经营的有352035户，主要靠所有权经营土地的有62680户。1950年主要靠租佃土地经营的有185004户，主要靠所有权经营土地的有138733户，对部分土地有所有权部分租佃的有56256户。1960年主要靠租佃土地经营的有123715户，主要靠所有权经营土地的有157651户，主要靠租地经营的有20590户，主要靠所有权经营的有31220户。[①]

在苏格兰，1887年通过租佃持有土地的农户有74870户，通过所有权持有土地的农户有5995户，对部分土地有所有权部分租佃土

---

① Ministry of Agriculture, Fisheries and Food Department of Agriculture and Fisheries for Scotland, *A Century of Agricultural Statistics*, *Great Britain 1866-1966*, London, 1968, p.24, Table 10 Number of Holdings by Tenure—England and Wales.

地的有 426 户。1888 年通过租佃持有土地的农户有 75665 户，通过所有权持有土地的农户有 6044 户，对部分土地有所有权部分租佃土地的有 484 户。1889 年通过租佃持有土地的农户有 75889 户，通过所有权持有土地的农户有 6054 户，对部分土地有所有权部分租佃土地的有 510 户。1890 年通过租佃持有土地的农户有 76393 户，通过所有权持有土地的农户有 6019 户。1891 年通过租佃持有土地的农户有 76384 户，通过租佃持有土地的农户有 6535 户。1908 年主要靠租佃土地经营的有 72129 户，主要靠所有权经营土地的有 6419 户。1910 年主要靠租佃土地经营的有 72024 户，主要靠所有权经营土地的有 6110 户。1914 年靠租佃土地经营的有 71259 户，靠所有权经营土地的有 5891 户。1920 年靠租佃土地经营的有 69684 户，靠所有权经营土地的有 6218 户。1922 年靠租佃土地经营的有 68177 户，靠所有权经营土地的有 7824 户。1950 年靠租佃土地经营的有 54514 户，靠所有权经营土地的有 20278 户。1960 年靠租佃土地经营的有 37918 户，靠所有权经营土地的有 23390 户。1961 年靠租佃土地经营的有 37579 户，靠所有权经营土地的有 24171 户。1962 年靠租佃土地经营的有 36851 户，靠租佃土地经营的有 24102 户。1963 年靠租佃土地经营的有 36319 户，靠所有权经营土地的有 24125 户。1964 年靠租佃土地经营的有 34854 户，靠所有权经营土地的有 23404 户。1965 年靠租佃土地经营的有 33581 户，靠所有权经营土地的有 23254 户。1966 年靠租佃土地经营的有 33104 户，靠所有权经营土地的有 23240 户。[1]

在苏格兰，1887 年通过租佃持有的土地面积为 424700 英亩，通

---

[1] Ministry of Agriculture, Fisheries and Food Department of Agriculture and Fisheries for Scotland, *A Century of Agricultural Statistics, Great Britain 1866-1966*, London, 1968, p.29, Table 12 Number of Holdings by Tenure-Scotland.

过所有权持有土地的面积为618000英亩。1900年通过租佃持有的土地面积为4286000英亩，通过所有权持有土地的面积为613000英亩。1910年通过租佃持有的土地面积为4275000英亩，通过所有权持有土地的面积为578000英亩。1920年通过租佃持有的土地面积为4133000英亩，通过所有权持有土地的面积为606000英亩。1930年通过租佃持有的土地面积为3230000英亩，通过所有权持有土地的面积为1411000英亩。1940年通过租佃持有的土地面积为3106000英亩，通过所有权持有土地的面积为1421000英亩。1950年通过租佃持有的土地面积为2828000英亩，通过所有权持有土地的面积为1571000英亩。1959年通过租佃持有的土地面积为2174000英亩，通过所有权持有土地的面积为2185000英亩。1966年通过租佃持有的土地面积为6349000英亩，通过所有权持有土地的面积为9118000英亩。[1] 从1959年起，通过所有权持有土地的总面积超过通过租佃权持有土地的总面积。

根据国际粮农组织的调查报告，1950年所有者持有的土地为701.1万公顷，占土地的39.6%，租佃者持有的土地为1068.9万公顷，占土地的60.4%。1970年所有者持有的土地为1052.4万公顷，占土地的58.5%，租佃者持有的土地为746.8万公顷，占土地的41.5%。[2]

英国1970年佃户共有89822户。租地在1公顷以下的佃户有

---

[1] Ministry of Agriculture, Fisheries and Food Department of Agriculture and Fisheries for Scotland, *A Century of Agricultural Statistics, Great Britain 1866-1966*, London, 1968, p.30, Table 13 Acreage of Holdings by Tenure–Scotland.

[2] Food and Agriculture Organization of United Nations, *1970 World Census of Agriculture: Analysis and International Comparison of the Results*, Rome, 1981, p.290, Table 9.1; p.289, Table 15.12 Area in Holdings by Tenure, 1970, 1960, 1950.

2767 户，租地在 1—2 公顷的佃户有 4489 户，租地在 2—5 公顷的佃户有 10658 户，租地在 5—10 公顷的佃户有 9269 户，租地在 10—20 公顷的佃户有 12215 户，租地在 20—50 公顷的佃户有 22931 户，租地在 50—100 公顷的佃户有 14956 户，租地在 100—200 公顷的佃户有 8123 户，租地在 200—500 公顷的佃户有 3292 户，租地在 500—1000 公顷的佃户有 700 户，租地在 1000 公顷以上的佃户有 422 户。①

英国 1970 年持有土地的农户共有 326698 户，持有土地在 1 公顷以下者为 14213 户，占农户总数的 4.4%。其中持有土地在 0.5 公顷以下者为 4864 户，持有土地在 0.5—1 公顷的为 9349 户。② 英国持有土地在 1 公顷以下的小农户的比例较小，他们持有的土地只占全部土地的 0.04%。③

1827 年，英格兰的耕地面积为 1114 万英亩，苏格兰为 255 万英亩，爱尔兰为 545 万英亩。英国种植作物的总面积为 1914 万英亩。1846 年，英格兰的耕地面积为 1330 万英亩，苏格兰为 339 万英亩，爱尔兰为 524 万英亩，英国种植作物的总面积为 2193 万英亩。1866 年，英格兰的耕地面积为 1334 万英亩，苏格兰为 317 万英亩，爱尔

---

① Food and Agriculture Organization of United Nations, *1970 World Census of Agriculture: Analysis and International Comparison of the Results*, Rome, 1981, p.98, Table 5.4 Number of Holdings Rented from Others by Size of Holding.

② Food and Agriculture Organization of United Nations, *1970 World Census of Agriculture: Analysis and International Comparison of the Results*, Rome, 1981, p.59, Table 3.4 Number and Area of Holdings and Percent Distribution of Holdings under 1 Hectare.

③ Food and Agriculture Organization of United Nations, *1970 World Census of Agriculture: Analysis and International Comparison of the Results*, Rome, 1981, p.59, Table 3.4 Number and Area of Holdings and Percent Distribution of Holdings under 1 Hectare.

兰为 525 万英亩，英国种植作物的总面积为 2176 万英亩。1876 年，英格兰的耕地面积为 1392 万英亩，苏格兰为 351 万英亩，爱尔兰为 521 万英亩，英国种植作物的总面积为 2264 万英亩。1888 年，英格兰的耕地面积为 1335 万英亩，苏格兰为 369 万英亩，爱尔兰为 414.5 万英亩，英国种植作物的总面积为 2118.5 万英亩。在 1827 到 1888 年的六十年间，英格兰作物种植面积增加了 220 万英亩，苏格兰增加了 114 万英亩，爱尔兰则减少了 130 万英亩。英国种植农作物的耕地面积在 19 世纪没有很大的增长。1888 年英国的土地，种植小麦的为 267 万英亩，种植燕麦的为 418 万英亩，种植大麦的为 294 万英亩，种植马铃薯的为 141 万英亩，种植芜菁的为 335 万英亩，种植亚麻的为 1.6 万英亩，种植蛇麻草子的为 5.8 万英亩，种植三叶草和其他草的为 3268 万英亩，休闲地为 47 万英亩。[①]

对于英国各种作物的每英亩产量，不同学者作出了不同的估算。库默对 1810 年到 1815 年的产量作出的估计为，小麦为 22 蒲式耳，燕麦为 36 蒲式耳，大麦为 32 蒲式耳。麦科洛赫对 1840 年到 1846 年的每英亩产量估计为，小麦为 31 蒲式耳，燕麦为 37 蒲式耳，大麦为 37 蒲式耳。凯尔德对 1857 年到 1877 年的产量作出的估计为，小麦为 28 蒲式耳，燕麦为 46 蒲式耳，大麦为 37 蒲式耳。

英国各种粮食作物的总产量，1830 年小麦为 10400 万蒲式耳，燕麦和荞麦等为 30400 万蒲式耳，总产量为 40800 万蒲式耳。1846 年小麦为 14300 万蒲式耳，燕麦和荞麦等为 25800 万蒲式耳，总产量为 40100 万蒲式耳。1866 年小麦为 9800 万蒲式耳，燕麦和荞麦等为 29000 万蒲式耳，总产量为 38800 万蒲式耳。1876 年小麦为 8400

---

① Michael G. Mulhall, ed., *The Dictionary of Statistics*, Thoemmes Press, 1892 [2000], p.13.

万蒲式耳，燕麦和荞麦等为 27000 万蒲式耳，总产量为 35400 万蒲式耳。1887 年小麦为 7600 万蒲式耳，燕麦和荞麦等为 23500 万蒲式耳，总产量为 31100 万蒲式耳。由于人口的增长，人均粮食占有量下降。1830 年人均占有粮食 17 蒲式耳，1846 年人均占有粮食 15 蒲式耳，1866 年人均占有粮食 14 蒲式耳，1876 年人均占有粮食 11 蒲式耳，1887 年人均占有粮食 8 蒲式耳。①

进入 20 世纪，从 1890 年到 1941 年，英国小麦的种植面积有所下降。1890 年为 96.6 万公顷，1895 年为 57.3 万公顷，1900 年为 74.7 万公顷，1905 年为 72.7 万公顷，1910 年为 73.2 万公顷，1915 年为 90.9 万公顷，1920 年为 78.1 万公顷，1925 年为 62.6 万公顷，1930 年为 56.7 万公顷，1935 年为 75.8 万公顷，1940 年为 72.7 万公顷。从 1943 起小麦的种植面积有所增长。②

人们长期以来对英国近代的商业化农业的成就称赞有加，但英国自工业革命开展以来在世界谷物市场一直属于谷物进口国。1775 年英国小麦出口 26.5 万吨，进口 163.2 万吨。1781 年英国小麦出口 30 万吨，进口 46.5 万吨。1785 年英国小麦出口 38.7 万吨，进口 32.3 万吨。1790 年英国小麦出口 9 万吨，进口 64.9 万吨。1795 年英国小麦出口 5.5 万吨，进口 91.3 万吨。1800 年英国小麦出口 6.4 万吨，进口 368 万吨。1805 年英国小麦出口 22.7 万吨，进口 267.9 万吨。1810 年英国小麦出口 22.1 万吨，进口 455.9 万吨。1815 年英国小麦出口 66.3 万吨，进口 111.7 万吨。1820 年英国小麦出口 26.7 万吨，进口 289.7 万吨。1825 年英国小麦出口 11.3 万吨，进口 229.2 万吨。

---

① Michael G. Mulhall, ed., *The Dictionary of Statistics*, Thoemmes Press, 1892 [2000], p.14.
② B. R. Mitchell, ed., *European Historical Statistics 1750-1970*, Columbia University Press, 1975, p.226.

1830年英国小麦出口10.8万吨,进口641.7万吨。1835年英国小麦出口39万吨,进口218.5万吨。1840年英国小麦出口25.3万吨,进口735.1万吨。

从1841年起几年间,英国只有小麦进口的数据而没有小麦出口的数据。小麦进口额1847年为174.9万吨,1850年为145万吨,1855年为106万吨,1860年为240.1万吨,1865年为221.5万吨,1870年为333.8万吨,1875年为486.7万吨,1880年为599.6万吨,1885年为617万吨,1890年为677.3万吨,1895年为786.6万吨,1900年为812.8万吨,1905年为905.5万吨,1910年为904.4万吨,1915年为839.2万吨,1920年为771.9万吨,1925年为754.8万吨,1930年为832万吨,1935年为921.2万吨,1940年为850.6万吨,1945年为433.7万吨,1950年为517.8万吨。[①]

第五节　关于小农消失的问题[②]

16至17世纪,英格兰各地形成了一批小租地农场。在17世纪,每户农家通常持有10—50英亩土地,并拥有共有权。在柴郡和希罗

---

① B. R. Mitchell, ed., *European Historical Statistics 1750-1970*, Columbia University Press, 1975, p.342.
② 英国圈地运动使得小农消失的结论是英国农业史上长期引人关注的问题。1909年阿瑟·H.约翰逊将其讲演稿《小土地所有者的消失》出版。1904年德国学者列维的德文著作《大小持有地,英格兰农业经济的研究》出版,随后在1911年出版了英文本。1987年戴维·格里格发表《从早期维多利亚时代到现今英格兰和威尔士农场的大小》一文(《农业史评论》第35卷第2期)。过去关于英国小农消失的研究结论大都是依据这种或那种个案资料或当时代人的叙述作出的,而不是基于系统的权威的统计资料,因此难以客观地反映全面情况。

普郡，这些家庭农场有时是自由持有地，更普遍的是租地持有地，租期为三代人。租地持有农通常有权出售他们的租地，有权转租他们的租地，并有权增加他们认为合适的新的承租人。在密德兰地区西部，传统的与家庭农场相伴随的放牧经济在1640年到1750年间仍然残存着。到18世纪中后期，为期三代人的租地制消失了。小块租佃地并入了面积在300—400英亩的大农场。①

在北伍斯特郡有大批小农场，平均面积为40英亩大小，适合于发展奶业。②在密德兰西南部格洛斯特河谷地区，是畜牧业和农业混合地区。这里的农村面积都很小。例如，马格里特·弗兰库姆直到1688年一直在奥尔维斯顿教区的托金顿务农，他的畜群包括72头奶牛、阉牛和小牛，但只有19英亩耕地。亨伯里的约翰·布莱克直到1719年专门从事奶业，并饲养牲畜供宰杀。他放牧了25头奶牛、5头小奶牛和牛犊、16头阉公牛、1头公牛，另外耕种了7英亩农田。③在阿希彻奇教区的诺思维和纳顿，有8户习惯持有农，他们持有的土地面积最大的为62英亩、34英亩和21英亩。1666年时地租为5英镑13先令8便士。④

小农场主的例子很多。诺丁汉郡沃尔德的威洛比的约翰·帕尔默在1698年时，地里的庄稼价值35英镑，家畜值42英镑10先令，他

---

① David Hey, "The North-west Midland", in Joan Thirsk, ed., *The Agrarian History of England and Wales*, Vol. VI, Cambridge U. P., 1984, p.149.

② Joan Thirsk, "The South-west Midlands", in Joan Thirsk, ed., *The Agrarian History of England and Wales*, Vol. VI, Cambridge U. P., 1984, p.186.

③ Joan Thirsk, ed., *The Agrarian History of England and Wales*, Vol. V, Cambridge U. P., 1984, p.187.

④ Joan Thirsk, ed., *The Agrarian History of England and Wales*, Vol. V, Cambridge U. P., 1984, p.188.

的全部财富定为 105 英镑 10 先令。韦萨里附近的理查德·史密斯有 8 头乳牛、2 头牛仔、3 头小母牛、80 只羊、5 匹母马、2 匹骟马，另有 2 匹公马。他的可耕地上的庄稼值 50 英镑，仓库中囤积的粮食共值 10 英镑 8 先令，他全部的谷物价值为 180 英镑 11 先令。诺丁汉郡西哈顿的威廉·克拉克则比史密斯富，1746 年时他全部谷物值 56 英镑 12 先令 6 便士。他有 28 只羊和 15 只羊羔值 13 英镑 5 先令，有 2 匹马值 8 英镑 10 先令。他种草和谷物的土地值 10 英镑，他仓库中贮存的豆类、谷物、干草等共值 13 英镑。① 东密德兰沼泽地上绝大多数农场是小农场。在 1690 年代一般大小的农场上有 36 只羊、9 头母牛、4 匹马、4 头猪。②

在东密德兰，绝大多数农场主按每年订立的协议或领主的意愿租种农场，特别是那些大土地所有者属下的小佃户更是如此。他们很少有人转让自己的租地农场。在某些地区，特别是舍伍德森林，有一定数量的公簿持有农。农场租期是公簿持有农与地主谈判的一个主要内容。地主常常把农场租期定得较长，而租给一个名声较好的租户。而租户出于自身的利益往往不愿意长期承租。1712 年靠近奥卡姆的利氏地产的管家安德鲁·洛夫调查了当时佃户中是否有人愿意长期承租农场的事例。但他发现，只有两户佃户愿意以 21 年租期长期租种农场，而另两位佃户愿意以 11 年的较短租期承租农场。③

---

① G. E. Mingay, "The East Midland", in Joan Thirsk, ed., *The Agrarian History of England and Wales*, Vol. VI, Cambridge U. P., 1984, p. 104.
② G. E. Mingay, "The East Midland", in G. E. Mingay, ed., *The Agrarian History of England and Wales*, Vol. VI, Cambridge U. P., 1984, p. 113.
③ G. E. Mingay, "The East Midland", in Joan Thirsk, ed., *The Agrarian History of England and Wales*, Vol. VI, Cambridge U. P., 1984, pp. 113-114.

在农业史研究中，由于缺乏单个农民家庭农场经营的档案，在 19 世纪以前只能根据农场的规模即田亩数来区分或判断它完全是家庭农场还是使用雇佣劳动力的资本主义农场。各种信息表明，一个农民家庭可以在不雇佣劳动力的情况下，耕种 50—60 英亩大小的农场，而耕种一个面积超过 100 英亩的农场则必须使用雇佣劳动力。可以粗略地说，非资本主义化农场的面积不超过 60 英亩，面积在 100 英亩以上的农场则属于资本主义农场，而面积在 60—100 英亩的农场则属于这两种类型之间的过渡型的农场，它们几乎同等地使用家庭劳动力和雇佣劳动力。阿瑟·杨计算过多种类型的农场所需要的劳动力。他的计算表明，可耕地面积在 8—25 英亩的农场几乎不耗用农夫的时间。面积为 36 英亩的可耕地农场，除了在收获季节外，可以由一个劳动力耕作，一个成年劳动力在耕种 50 英亩可耕地农场时，用去 52% 的劳动时间。当然，这里没有计算进妇女和儿童的劳动。[1]

及至近代，乡村无地劳动者增加，小农场主的数量减少。这个现象从马克思时代开始便引起了人们的极大关注。人们给这一现象贴上了不同的标签，有的称之为"小土地所有者的衰落"，有的称之为"小农场主的衰落"，有的则称之为"农民的消失"。如欧弗顿教授指出的，人们对于这个需要调查的问题的真正性质模棱两可。[2]

自 17 世纪末以来，合并为大地产和小土地所有者迅速消失的过

---

[1] Arthur Young, *The Farmer's Guide in Hiring and Stocking Farms*, London, 1970, from Robert Allan, *Enclosure and the Yeoman: The Agriculture Development of the South Midland, 1450-1850*, Oxford U. P., 1992, p. 51.

[2] Mark Overton, *Agricultural Revolution in England*, Cambridge U. P., 1996, p. 171.

程加速进行。① 相关的证据来自当时代人的陈述和统计资料两方面。约翰逊对英格兰一些郡的教区作了比较研究。他把都铎王朝和斯图亚特王朝对牛津郡 24 个教区的概览与 1785 年土地税征收资料比较后得出结论，在 16 和 17 世纪，当地持有 100 英亩以下土地的有 482 户自由持有农、公簿持有农或终身佃户，他们共持有土地 13674 英亩，即平均每户为 28 英亩。而到 1785 年，他们减少到 212 户，共持有 4494 英亩土地，平均每户 21 英亩。即他们在户数上减少了一半，持有土地的总量减少了三分之二。

在格洛斯特郡的 10 个教区，16 到 17 世纪持有土地者在 100 英亩以下的为 229 户，它们共持有土地 6458 英亩。1782 年到 1785 年，持有 100 英亩以下土地的只剩下 80 户，他们共持有土地 1104 英亩。即持有土地 100 英亩以下的人数减少到原来的三分之一，持有土地总量为原来的五分之一。②

在另外 6 个郡的 15 个教区，在亨利八世统治时期，有 472 户自由持有农或公簿持有农，59 户茅舍农，而到 1786 年前后，土地占有者减少为 92 户，茅舍农减少为 35 户，而土地所有者减少为 225 户。③

在牛津郡的 301 个教区中，不少于 96 个教区根本没有土地所有者，在另外 75 个教区中，土地所有者的数目低于 6 户。1753 年，在肯特郡的 40 个教区中，有 10 个教区没有土地所有者，在 13 个教区中土地所有者低于 6 户。1712 年在诺福克郡 25 个教区中，有两个教区没有土地所有者，有 7 个教区土地所有者的数目在 6 户以下。在牛津郡的 8 个教区中，从 1760 年到 1785 年，土地所有者的人数从 69

---

① A. H. Johnson, *Disappearance of the Small Landowner*, Oxford U. P., 1909, p. 128.
② A. H. Johnson, *Disappearance of the Small Landowner*, Oxford U. P., 1909, pp. 132-133.
③ A. H. Johnson, *Disappearance of the Small Landowner*, Oxford U. P., 1909, p. 133.

户减少为 41 户。① 从 1772 年到 1802 年，在牛津郡 21 个教区中，拥有土地在 6 英亩以上的农户从 219 户减少到 203 户；拥有土地在 6 英亩以下的则从 4 户增加到 37 户。②

18 世纪末到 19 世纪初，根据农业部的调查，土地兼并和囤积活动在贝德福郡、柴郡、德文郡、多塞特郡、希罗普郡、斯塔福德郡和威尔特郡引人注目。但是，小农场在康沃尔郡、库伯兰郡、德比郡、德文郡、肯特郡、兰开郡、中塞克斯郡、诺丁汉郡、牛津郡、拉特兰郡、希罗普郡、萨里郡、苏塞克斯郡、威斯特摩兰郡、伍斯特郡、约克郡北区广泛存在。③ 在威尔士，特别是在威尔士南部持续存在。④

事实上，500 英亩以上的农场主要存在于南密德兰地区、东盎格利亚和南部诸郡。而为数在 100—150 英亩或为数更小的租佃农场则在英格兰西北部、北密德兰地区、威尔士、英格兰西南部和林肯郡沼泽地带占主导地位。⑤

在英格兰，很少有土地拿到土地市场上去出售，英国绝大部分土地是限定继承人的。所有者有义务在他死后原封不动地把土地传递给他的长子或其他法定继承人。众多土地所有者无法出售土地，而只能购买土地，以至于土地所有权长期为极少数人掌握。可以说，英格兰

---

① A. H. Johnson, *Disappearance of the Small Landowner*, Oxford U. P., 1909, pp. 135-136.
② A. H. Johnson, *Disappearance of the Small Landowner*, Oxford U. P., 1909, p. 150.
③ G. E. Mingay, ed., *The Agrarian History of England and Wales*. Vol. VI, Cambridge U. P., 1989, pp. 607-608.
④ R. J. Colyer, "The Size of Farms in the Later Eighteenth and Early Nineteenth Century Cardiganshine", *Bulletin of the Board of Celtic Studies*, XXVII, 1976, p. 119.
⑤ G. E. Mingay, ed., *The Agrarian History of England and Wales*, Vol. VI, Cambridge U. P., 1989, p. 609.〔英〕克拉潘：《现代英国经济史》上卷，姚曾廙译，商务印书馆 1964 年版，第 149—151 页。

有50%的土地为2000至3000人所有。由于提供给市场的土地很少，所以土地价格很高。① 小农业经营者没有资本去购买土地，而只能租种一块小持有地。

通过把大农场划成小农场而发展小租佃农场，也造成土地所有权方面的问题。② 这取决于大地主是否愿意形成小农场，而大地主通常不愿意这样做，因为在开始时需要建立农场住宅以及供水系统等，这需要耗费巨大的资金。所以从经济上考虑，地主不愿意这样做。③ 对地主来说，小土地持有制不如大土地更有利于运动和狩猎。许多思想保守的地主怀疑，把大土地分割成小块，会削弱他们的影响。④

弗兰德斯·钱宁爵士曾说："这是一个极端奢侈的年代。在此时，极富有的人为了社会尊严而买下地产，根本不考虑附着在土地所有者身上的民族受托人的职责。他们许多人，对运动的热情超过了其他，而对土地再分割设置许多障碍，因为它危及狩猎射击的乐趣。"而大农场主本人也反对把土地分成小农场租给农业劳工。因为拥有大农场会增强他们与大地主和土地代理人抗衡的基础。他们还认为分成小块土地出租会使劳工过于独立，会导致他们更多地靠耕作自己的土地为生，而不是依靠大农场主。⑤

---

① Hermann Levy, *Large and Small Holding: A History of English Agricultural Economics*, London, 1966, pp. 118-119.

② Hermann Levy, *Large and Small Holding: A History of English Agricultural Economics*, London, 1966, p. 119.

③ Hermann Levy, *Large and Small Holding: A History of English Agricultural Economics*, London, 1966, p. 120.

④ Hermann Levy, *Large and Small Holding: A History of English Agricultural Economics*, London, 1966, p. 121.

⑤ Hermann Levy, *Large and Small Holding: A History of English Agricultural Economics*, London, 1966, p. 122.

19世纪末在乡村中存在大量茅舍农，他们往往没有土地或共有权。他们中许多人一直以农业劳动力的身份生存着。此外，还存在有大量的"农场仆役"，他们居住在农场的房屋内。托马斯·斯通记叙道："一般说来，（他们）经营共有地农场"，他们不占有任何土地。①

　　1886年的统计资料表明，英格兰有66%的人持有土地面积在1—50英亩之间。而这并不包括多由农业劳工持有的大量划成小块出租的土地。在19世纪末20世纪初，一般讲的"小持有地"是指那些在1—50英亩之间的持有地。②

　　从18世纪中期以后，英国朝野不少人士主张在发展有利可图的大土地所有制的同时，把小块持有地租给乡村劳动者，以维持他们的生存。1775年纳撒尼尔·肯特在谈到大农场的必要性的同时，倡导小土地持有制，是他最先倡导"三英亩地和一头牛"，即在给勤勉的乡村劳工以茅舍外，他们还应当有三英亩牧场和一头乳牛，同时至少有半英亩的菜园。③温彻西伯爵也倡导向农业劳工提供土地，让他们在靠近房舍附近被圈占的草地上拥有园圃，并养一头或几头母牛。阿瑟·杨在他晚年也倡导小块持有地，他还认为拥有一头牛和足够的牧场比小块持有地更有利于农业劳动者。弗里德里克·埃登爵士则希望留有足够的土地和牧场使他能养一两头牛、猪还有家禽并生产马铃薯，以满足家庭每年的需要。④

---

① Hermann Levy, *Large and Small Holding: A History of English Agricultural Economics*, London, 1966, p. 263.

② Hermann Levy, *Large and Small Holding: A History of English Agricultural Economics*, London, 1966, p. 263.

③ W. H. R. Curtler, *The Enclosure and Distribution of Our Land*, Oxford Clarendon Press, 1920, p. 265.

④ W. H. R. Curtler, *The Enclosure and Distribution of Our Land*, Oxford Clarendon Press, 1920, p. 265.

1800 年，农业部提供的奖项有两项金奖，一项给予在他的地产上建筑更多的提供给劳工的茅舍的人，每座茅舍有适当的土地可饲养一头牛，同时还包括好的菜园；另一项给那些在全王国能为农业劳工提供小块土地的人。农业部此时主要由地主组成，这项措施反映了他们的意见。

在 1801 年通过的《一般圈地法》中，第 13 条款规定，从圈地费用中拿出一部分提供给农民小块土地，在公地中用蓝色木桩围圈起用作放牧的土地安置他们。

1806 年威尔特郡布罗德萨默福德一项圈地法，指定分给教区每个茅舍 1/2 英亩土地，临近的教区也仿效这种做法。[1]

1810 年，分派小块土地的做法为温彻西伯爵在拉特兰郡和威尔特郡试验推广，在他一个郡的地产上，有 70 至 80 个劳动者得到足够的土地，每人饲养 1—4 头牛。[2] 1815 年，彼得巴勒勋爵贮集了一批土地分给他的农业劳动者。在此以前，埃塞克斯郡切斯特福德的教区长和若干地主也采取了类似的做法。1821 年，科贝特在各地旅行时注意到，在英格兰的一些地方，特别是南部诸郡，会向劳动者提供菜园使之受益，在苏塞克斯，他"高兴地看到每个农业劳工的茅舍都有一头猪"。[3]

1819 年通过一项法令，授权济贫法当局在教区会同意下，掌握

---

[1] W. H. R. Curtler, *The Enclosure and Distribution of Our Land*, Oxford: Clarendon Press, 1920, p. 266.

[2] W. H. R. Curtler, *The Enclosure and Distribution of Our Land*, Oxford: Clarendon Press, 1920, p. 267.

[3] W. H. R. Curtler, *The Enclosure and Distribution of Our Land*, Oxford: Clarendon Press, 1920, p. 267.

一些在教区内或附近不超过 20 英亩的属于教区的土地，在法律指导下安置一些人的工作，或就这些贫民的工作付给一笔钱。除了由教区耕种这些土地外，也可向贫民出租这些土地。①

1831 年，将上述法令提出的 20 英亩土地的标准提高到 50 英亩，随后，由于许多教区表明需要更多的土地，决定扩展"这个法令有关的仁慈意向"。1832 年的法规将更多的土地交由劳工使用。

1829 年贝德福德公爵、德·格雷伯爵和其他地主却从自己的地产中拿出部分土地作小块分给无地的农业劳动者。②

在剑桥郡，较普遍地采取了向劳动者分发小块土地的做法，在萨里郡、西苏塞克斯郡、中苏塞克斯郡，许多大土地所有者都拿出小块土地给农村无地劳动者。在亨廷顿郡这种现象非常普遍；在约克郡西区，大土地所有者"为茅舍农提供食宿"。③

诚然，有的地方分给茅舍农的土地非常小。例如，巴斯和韦尔斯主教把 50 英亩土地出租给 203 人，每个租户只得到 1/12—1/2 英亩，地租按每英亩 50 先令计算，佃户免交土地税和什一税。④

1834 年新济贫法通过后，给予农村贫民以补助的做法被取消。

1868 年到 1881 年间，提供小块土地的运动遭到挫折，1881 年，

---

① W. H. R. Curtler, *The Enclosure and Distribution of Our Land*, Oxford: Clarendon Press, 1920, p. 267.

② W. H. R. Curtler, *The Enclosure and Distribution of Our Land*, Oxford: Clarendon Press, 1920, p. 268.

③ W. H. R. Curtler, *The Enclosure and Distribution of Our Land*, Oxford: Clarendon Press, 1920, p. 270.

④ W. H. R. Curtler, *The Enclosure and Distribution of Our Land*, Oxford: Clarendon Press, 1920, pp. 270-271.

皇家农业委员会报告说，这个运动在许多郡消失了。① 看来，那种基于自愿把小块土地拿出来分给茅舍农的做法无法满足需要。②

议会在1882年通过了《扩大小块土地法令》，但这个法令未能很好实施，因为土地保管人对此设置了许多障碍。③ 1892年，议会又通过了《小持有地法令》，它授权郡委员会用购买或租赁的办法而不是强制性的办法获得土地，向劳动者生产或出租面积在1—50英亩的"小持有地"。但各郡在购买土地时受到很大限制，这个法令未取得很大成效。从1892年到1907年，仅在9个郡实施了这个法令。一共买得716.75英亩土地，出售了59块，出租了135块，④ 成果甚微。

1888年，英国议会下院指派一个审查委员会去调查在不列颠建立小持有地的利弊。该委员会提出的报告书指出，在全国不止一个郡存在着10—50英亩的可供利用的持有地。1892年10月通过了一项议会立法。这项法令指出，如果有任何人向郡委员会提出请愿表明其土地要求，郡委员会就有权利为满足这些要求创立小持有地。国家将会以极低的利率提供必需的用以购买土地的资本。购买者必须至少支付地价四分之一的款项。这样一块小持有地面积不应当超过15英亩，其年地租不应当高于15英镑。这些小持有地可以按分期付款的办法出售。这项措施主要是为了创立小土地所有者而不是小租佃农。这项

---

① W. H. R. Curtler, *The Enclosure and Distribution of Our Land*, Oxford: Clarendon Press, 1920, p.281.

② W. H. R. Curtler, *The Enclosure and Distribution of Our Land*, Oxford: Clarendon Press, 1920, p.281.

③ W. H. R. Curtler, *The Enclosure and Distribution of Our Land*, Oxford: Clarendon Press, 1920, p.282.

④ W. H. R. Curtler, *The Enclosure and Distribution of Our Land*, Oxford: Clarendon Press, 1920, p.296.

立法未取得大的成效。在议会立法公布以后一年间，英国各郡的议会取得了 652 英亩土地，其中出售给农民的不足 300 英亩。①

在这个法案通过后 10 年间，英格兰和威尔士有 27 个郡、苏格兰有 14 个郡收到了要求获得土地的请愿书。但是，英格兰仅有 5 个郡、苏格兰仅有 1 个郡购买了土地，还有 3 个英格兰郡租下了土地，以满足这些劳动者的要求。1902 年到 1906 年，英格兰的郡委员会会议只讨论了两例购买了土地以解决劳动者需求的要求，一例是 46 英亩，另一例是 92 英亩。②

在拉克斯顿庄园，占地在 50 英亩以下的小租地农场的数目在下降。1862 年为 90 个，1870 年减少到 49 个，1890 年减少到 34 个，1905 年减少到 29 个，1910 年减少到 27 个，1915 年仍为 27 个。从大萧条到第一次世界大战爆发，拉克斯顿庄园农场总数减少了 40%，1915 年小农场的数目只有 1862 年时的 30%、1870 年时的 55%。③ 但是，直到第二次世界大战前夜，占地 50 英亩以下的小农场仍占相当的比例，占拉克斯顿庄园农场总数的 52%。在这里并未出现小农场消失的现象。研究者指出，拉克斯顿庄园小租地农场在农场中占的比例较高，它大大超出了全英国的一般水准。

1870 年在林肯郡沼泽地区的阿克斯霍尔姆的 5 个教区中，有 396 人持有的农场面积在 5 英亩以下；有 29 人持有农场的规模为 5—20

---

① 〔英〕克拉潘：《现代英国经济史》第三卷，姚曾廙译，商务印书馆 1977 年版，第 135 页。
② Hermann Levy, *Large and Small Holdings: A Study of English Agricultural Economics*, London, 1966, p. 126.
③ J. V. Beckett, *A History of Laxton: England's Last Open Field Village*, Oxford: Basil Blackwell, 1989, p. 184, Table 6.8; p. 244, Table 8.3; p. 267, Table 9.2.

英亩；有142人持有农场的面积在20—25英亩，有72人持有农场面积在50—100英亩之间，有63人持有农场面积在100英亩以上。在全部964个农场中，面积在5英亩以下的农场占农场总数的41%。

在霍兰德的15个教区中，持有农场面积在5英亩以下的有564人，持有农场面积在5—20英亩的有711人，持有农场面积在20—50英亩的有410人，持有农场面积在50—100英亩的有235人；持有农场面积在100英亩以上的有247人。在全部2167个农场中，面积在5英亩以下的农场占农场总数的26%，面积在5—20英亩的农场占农场总数的32.8%，面积在20—50英亩的农场占农场总数的18.9%。

在林肯郡科斯塔盐沼黏土地的5个教区中，占地在5英亩以下的农场有145个，占当地农场总数的24.6%；占地在5—20英亩的农场有235个，占当地农场总数的39.9%；占地在20—50英亩的农场有115个，占当地农场总数的19.5%；占地在50—100英亩的农场有48个，占当地农场总数的8.1%；占地在100英亩以上的农场有46个，占农场面积的7.8%。

在中沼泽地的12个教区中，占地在5英亩以下的农场有147个，占农场总数的23.4%；占地在5—20英亩的农场有226个，占农场总数的35.9%；占地在20—50英亩的农场有113个，占农场总数的18%；占地在50—100英亩的农场有66个，占农场总数的10.5%；占地在100英亩以上的农场有77个，占农场总数的12.2%。[①]

在林肯郡的高地区，1870年时农场规模如下：在凯斯特文希斯的11个教区中，占地在5英亩以下的农场有44个，占农场总数的

---

① Joan Thirsk, *English Peasant Farming: The Agrarian History of Lincolnshire from Tudor to Recent Times*, London: Routledge & Kegan Paul, 1957, p.242, Table 40.

16.2%;面积在 5—20 英亩的农场有 79 个,占农场总数的 29%;面积在 20—50 英亩的农场有 34 个,占农场总数的 12.5%;面积在 50—100 英亩的农场有 38 个,占农场总数的 13.9%,面积在 100 英亩以上的农场有 77 个,占农场总数的 28.3%。

在林赛克里夫的 7 个教区中,面积在 5 英亩以下的农场有 8 个,占农场总数的 9.7%;面积在 5—20 英亩的农场有 23 个,占农场总数的 28%;面积在 20—50 英亩的农场有 9 个,占农场总数的 11%;面积在 50—100 英亩的农场有 8 个,占农场总数的 9.7%;面积在 100 英亩以上的农场有 34 个,占农场总数的 41.5%。

在沃尔斯的 24 个教区中,面积在 5 英亩以下的农场有 116 个,占农场总数的 31.7%;面积在 5—20 英亩的农场有 84 个,占农场总数的 22.9%;面积在 20—50 英亩的农场有 30 个,占农场总数的 8.2%,面积在 50—100 英亩的农场有 34 个,占农场总数的 9.3%;面积在 100 英亩以上的农场有 102 个,占农场总数的 27.9%。[1]

1870 年在林肯郡黏土和混合土地上的农场中,面积在 5 英亩以下的农场有 374 个,占农场总数的 26.5%;面积在 5—20 英亩的农场有 415 个,占农场总数的 29.4%;面积在 20—50 英亩的农场有 194 个,占农场总数的 13.7%;面积在 50—100 英亩的农场有 155 个,占农场总数的 11%;面积在 100 英亩以上的农场有 273 个,占农场总数的 19.3%。[2]

19 世纪末,根据 J. 斯坦德林向专门委员会的报告,伊普沃斯教

---

[1] Joan Thirsk, *English Peasant Farming: The Agrarian History of Lincolnshire from Tudor to Recent Times*, London: Routledge & Kegan Paul, 1957, p.264, Table 42.

[2] Joan Thirsk, *English Peasant Farming: The Agrarian History of Lincolnshire from Tudor to Recent Times*, London: Routledge & Kegan Paul, 1957, p.298, Table 46.

区存在着大量的小持有农。持有土地在100—200英亩的是12人，持有土地在50—100英亩的是14人，持有土地在20—50英亩的是31人，持有土地在10—20英亩的是40人，持有土地在2—10英亩的是115人，持有土地在1/2—2英亩的是80人。即该地区绝大多数农户属于小土地持有者。①

剑桥郡的索哈姆教区是一个敞地和小土地持有者广泛存在的教区。这里始终未进行议会圈地。1889年小土地持有专门委员会取得的资料说，持有土地在1英亩以下的有195人，持有土地在1—5英亩的有77人，持有土地在5—10英亩的有34人，持有土地在10—20英亩的有43人，持有土地在20—50英亩的有57人，持有土地在50—100英亩的有32人，持有土地在100—200英亩的有6人，持有土地在200—500英亩的有8人，持有土地在500英亩以上的有5人。②合计小土地持有者持有土地在100英亩以下者为395人，持有土地在100英亩以上者为19人。在这个地区存在着较多的小土地持有者。

英国19世纪后期到20世纪上半叶小农并没有消失。英国小农和小农场数量在减少，但在全部农业生产组织中仍占有相当大的比例。1851年，面积在5—20英亩的小农场有42315个，占农业单位总数的19.8%；面积在20—50英亩的农场为47829个，占农业单位总数的21.9%。③二者相加，占农业生产组织的41.7%。1875年英格兰农户总

---

① Gilbert Slater, *The English Peasantry and the Enclosure of Common Fields*, New York, 1907, p.58.
② Gilbert Slater, *The English Peasantry and the Enclosure of Common Fields*, New York, 1907, p.61.
③ David Grigg, *English Agriculture: A Historical Perspective*, Oxford: Basil Blackwell, 1989, p.112, Table 9.1 The Size of Agricultural Holdings in England and Wales, 1851-1975.

数为 412340 户，持有土地在 50 英亩以下的农户为 293469 户，小农占农户总数的 71.2%。1895 年英格兰农户总数为 380197 户，持有土地面积在 50 英亩以下的农户为 257646 户，小农占农户总数的 67.8%。①

在英格兰和威尔士，1875 年持有土地的农户共有 470000 户，其中持有土地在 50 英亩以下的共有 333630 户。1885 年持有土地的农户共有 475140 户，其中持有土地在 5 英亩以下的有 136425 户，持有土地在 5—20 英亩的有 126674 户，持有土地在 20—50 英亩的有 73472 户。总计持有土地在 50 英亩以下的有 336571 户，占全部农户总数的 70.8%。1895 年持有土地的农户共有 440467 户，其中持有土地在 5 英亩以下的有 97818 户，持有土地在 5—20 英亩的有 126714 户，持有土地在 20—50 英亩的有 74846 户。总计持有土地在 50 英亩以下的为 299378 户，占全部农户总数的 68%。1905 年持有土地的农户共有 432573 户，其中持有土地在 5 英亩以下的有 91574 户，持有土地在 5—50 英亩的有 198293 户。总计持有土地在 50 英亩以下的为 289867 户，占全部农户总数的 67%。1915 年持有土地的农户共有 433353 户，其中持有土地在 5 英亩以下的有 90643 户，持有土地在 5—20 英亩的有 120616 户，持有土地在 20—50 英亩的有 78430 户。总计持有土地在 50 英亩以下的有 289689 户，占全部农户总数的 67%。1925 年持有土地的农户共有 405708 户，其中持有土地在 5 英亩以下的有 75283 户，持有土地在 5—20 英亩的有 110385 户，持有土地在 20—50 英亩的有 79119 户。总计持有土地在 50 英亩以下的有 264787 户，占全部农户总数的 65%。1935 年持有土地的农户共有 379727 户，其

---

① E. J. T. Collins, ed., *The Agrarian History of England and Wales*, Vol. VII, Cambridge U. P., 2000, Part II, pp. 1807-1813. Table 36.10 Landholdings by Countries, 1875, 1895, 1915.

中持有土地在5英亩以下的有67223户,持有土地在5—20英亩的有96882户,持有土地在20—50英亩的有75062户。总计持有土地在50英亩以下的有239167户,占全部农户总数的63%。1955年持有土地的农户共有369565户,其中持有土地在5英亩以下的有79618户,持有土地在5—19.75英亩的有87076户,持有土地在20—49.75英亩的有66222户。总计持有土地在49.75英亩以下的有232916户,占全部农户总数的63%。1966年持有土地的农户共有312182户,其中持有土地在5英亩以下的有63546户,持有土地在5—19.75英亩的有70024户,持有土地在20—49.75英亩的有52713户。总计持有土地在49.75英亩以下的有186283户,占全部农户总数的59.7%。①

在苏格兰,1875年持有土地的农户总数为80796户,其中持有土地在50英亩以下的为56311户,占农户总数的70%。1885年持有土地的农户总数为80796户,其中持有土地在50英亩以下的为79355户,占农户总数的70%。1895年持有土地的农户总数为79636户,其中持有土地在50英亩以下的为54061户,占农户总数的68%。1905年持有土地的农户总数为79131户,其中持有土地在50英亩以下的为53358户,占农户总数的67%。1935年持有土地的农户总数为75335户,其中持有土地在50英亩以下的为49147户,占农户总数的65%。1955年持有土地的农户总数为73026户,其中持有土地在50英亩以下的为48694户,占农户总数的67%。1966年持有土地的农户总数为54560户,其中持有土地在50英亩以下的为32426户,占农户总

---

① Ministry of Agriculture, Fisheries and Food Department of Agriculture and Fisheries for Scotland, *A Century of Agricultural Statistics, Great Britain 1866-1966*, London, 1968, p.19, Table 6 Holdings by Crop and Grass Acreage Size Groups–England and Wales, 1875-1966.

数的 59%。①

当然，小农持有土地的总面积在全部持有地总面积中占的百分比比户数所占百分比要小得多。在英格兰和威尔士，1875 年全部耕地为 2683.7 万英亩，面积在 50 英亩以下的持有地总面积为 418.2 万英亩，占全部耕地面积的 15.6%。1885 年全部耕地为 2771 万英亩，面积在 50 英亩以下的持有地总面积为 421.5 万英亩，占全部耕地面积的 15.2%。1895 年全部耕地为 2768.3 万英亩，面积在 50 英亩以下的持有地总面积为 422.5 万英亩，占全部耕地面积的 15.3%。1915 年全部耕地为 2705.3 万英亩，面积在 50 英亩以下的持有地总面积为 427.2 万英亩，占全部耕地面积的 15.8%。1944 年全部耕地为 2432.1 万英亩，面积在 50 英亩以下的持有地总面积为 3394 万英亩，占全部耕地面积的 14%。1951 年全部耕地为 2446.6 万英亩，面积在 50 英亩以下的持有地总面积为 3414 万英亩，占全部耕地面积的 14%。1960 年全部耕地为 2444.6 万英亩，面积在 50 英亩以下的持有地总面积为 303.4 万英亩，占全部耕地面积的 12.4%。1966 年全部耕地为 2432.6 万英亩，面积在 50 英亩以下的持有地总面积为 264.1 万英亩，占全部耕地面积的 11%。②

在苏格兰，1875 年全部耕地为 461.1 万英亩，面积在 50 英亩以下的持有地总面积为 66.6 万英亩，占全部耕地面积的 14.4%。1885

---

① Ministry of Agriculture, Fisheries and Food Department of Agriculture and Fisheries for Scotland, *A Century of Agricultural Statistics, Great Britain 1866-1966*, London, 1968, p. 22, Table 8 Holdings by Crop and Grass Acreage Size Groups–Scotland.
② Ministry of Agriculture, Fisheries and Food Department of Agriculture and Fisheries for Scotland, *A Century of Agricultural Statistics, Great Britain 1866-1966*, London, 1968, p. 20, Table 7 Acreage by Crop and Grass Size Groups–England and Wales.

年全部耕地为484.7万英亩，面积在50英亩以下的持有地总面积为66.8万英亩，占全部耕地面积的15.2%。1895年全部耕地为489.4万英亩，面积在50英亩以下的持有地总面积为67.5万英亩，占全部耕地面积的13.8%。1925年全部耕地为470.5万英亩，面积在50英亩以下的持有地总面积为67.3万英亩，占全部耕地面积的14.3%。1945年全部耕地为442.5万英亩，面积在50英亩以下的持有地总面积为67.7万英亩，占全部耕地面积的16%。1966年全部耕地为430.9万英亩，面积在50英亩以下的持有地总面积为40.7万英亩，占全部耕地面积的9.3%。①

第六节　近代地产经营方式

1. 近代租佃制

在17世纪中叶的英格兰，习惯保有权仍然广泛存在，但以这种方式持有土地的乡村居民比一个世纪以前要少得多。克里斯托弗·克雷估计，按习惯保有权持有土地的土地持有者可能占土地持有者的三分之一，但他们在各地所占的比例相差很大。例如，在肯特郡，按习惯保有权持有土地者相对来说较少，在那里，乡村居民较多的或者是以自由持有保有权持有土地，或者以一年的租期或数年的租期租种土地。而在毗邻的萨里郡和苏塞克斯郡则存在着众多的以习惯保有权持有土地的乡村人口。在英格兰西南部，以习惯保有权持有土地相当普遍，但随着时间推移，这种持有者人数迅速减少。在英格兰北部某些

---

① Ministry of Agriculture, Fisheries and Food Department of Agriculture and Fisheries for Scotland, *A Century of Agricultural Statistics, Great Britain 1866-1966*, London, 1968, p.23, Table 9 Acreage by Crop and Grass Size Groups–Scotland.

地区，如兰开郡平原，到 18 世纪初，以习惯保有权持有土地的方式仍然存在，最常见形式便是公簿持有保有权。公簿持有农支付很低的年地租（称作法令地租、保留地租、清偿地租）。保留地租数额很低，一年只有 6 便士到 2 英镑 3 先令，而此时多种改进地租的数额一年为 3—40 英镑。公簿持有农支付的地租额在各地都由习惯法规定。庄园领主不得参加。但是，在租地每次转手时，无论是转由后代继承还是转让，或是更新租契时，公簿持有农都得支付一笔数额较大的特别租费。特别租费的数额可以由习惯法规定，也可以是"专横的"，即要与庄园领主谈判商定。在后一种情况下，大法官法庭的立法认为，它必须是"合理的"。领主不能够将它提得很高，以至于违反继承习惯。在实际做法中，按领主意愿确定的地租很难超过在 15 世纪已经固定下来的一年至多两年改进后的土地价值。在佃户死去时，需要向领主交纳租地的继承税，通常用农场的一头家畜或用一笔现金来抵交。公簿持有农有义务参加庄园法庭，租佃权的改变需要在庄园法庭登记。在英格兰西部，许多公簿持有农还要承担多种数额不大的古旧的财政义务，如救助费、圣诞节交纳一两只阉鸡为形式的实物地租，或提供一点劳役。①

由于 16 世纪中叶至 17 世纪中叶固定地租的实际价值在下降，所以更新地契的特别地租不会上涨得太高。② 到 18 世纪中叶，按习惯保有权持有土地的总量比 1640 年时要少许多。公簿持有农数量减少的一个原因是租期为数代人的公簿持有农大多数转变成为租期为 99 年

---

① Christopher Clay, "Landlords and Estate Management in England", in Joan Thirsk, ed., *The Agrarian History of England and Wales*, Vol. IV, Cambridge U. P., 1967, pp. 199-200.
② Christopher Clay, "Landlords and Estate Management in England", in Joan Thirsk, ed., *The Agrarian History of England and Wales*, Vol. IV, Cambridge U. P., 1967, p. 202.

的租地持有农。庄园领主通过占有习惯保有地得到的收入非常低，他们希望改变这种保有权形式。[1] 这个时期领主有两种做法，一种方式是向公簿持有农出售习惯保有地，授予其土地权，使之成为自由持有农；另一种方式是庄园领主买下佃户的公簿持有权，把习惯持有地转变为自营地。这两种做法都导致了公簿持有农的减少。[2]

有一种租佃制是按照领主意愿的租佃制。它逐年确定佃户对租佃农场的占有和使用权，称"逐年租佃佃户"或"按领主意愿的租佃农"。这两种佃户之间存有差别。按照领主意愿租佃土地的佃户并不与地主签订成文协议，但这并不是意味着地主可以任意地随时把佃户赶走。地主可以在一年的收获期结束时，决定下一年是否仍让他租佃土地，可以让佃户收割当年他种下的庄稼。当地主决定驱逐他们时，法律要求地主提前一季度通告佃户，以使他有足够的时间找到另外的租佃农场工作。如果佃户种植的作物在地里还未收割，他可以要求补偿。而地主得对他作出补偿。在法律上，对按领主意愿租种土地的佃户的保护期限不超过下一年的米迦勒节租地日。对于这些"按领主意愿租种土地"的佃户，地主并不敢随意把地租提得很高。当地主猛涨地租时，这些佃户可以不交纳提高了的地租，而是断然弃租。而地主找到的顶替佃户常常无法像老佃户那样经营租地、饲养更多的家畜、很好地施肥、开沟排水的灌溉，也不善于积聚资本应付困难。佃户展开斗争也会使地主处于困难境地。费茨威廉的管家就曾报告说，在北

---

[1] Christopher Clay, "Landlords and Estate Management in England", in Joan Thirsk, ed., *The Agrarian History of England and Wales*, Vol. IV, Cambridge U. P., 1967, p. 208.

[2] Christopher Clay, "Landlords and Estate Management in England", in Joan Thirsk, ed., *The Agrarian History of England and Wales*, Vol. IV, Cambridge U. P., 1967, p. 208.

安普顿郡的密尔顿地产上，无法找到能顶替离去者的佃户。①

再一种是租期为一年和数年的佃户。逐年租种土地的佃户与地主通常有口头或书面协议。从理论上说，每年的承租在每个农业年度结束时由地主和佃户双方决定。但是在实际做法上，一年期佃户时常继续占有土地。布里斯托尔的伍尔诺思家族在格洛斯特郡伊斯廷顿的一个农场是逐年出租的。它的一户佃户从父亲到儿子长期持续租种达半个世纪，直到1748年。租期为数年的佃户和地主也有口头或书面协议，但签订书面协议更常见。②

在收取盘剥性地租的租佃制中，地主和佃户订立的协议通常要写明对租地使用，如对佃户耕种茬数的限制。③

在庄园内部进行圈地的过程中，便出现了领主部分改变租佃关系的事例。有的租地农成为按照领主意愿租佃土地的佃户，也有根据领主意愿租佃土地的佃户转为租地持有农的例子。从16世纪开始，许多公簿持有保有权被"有利可图的租地权"所取代。地主通过这种租佃权的建立，提高一次性收取租费的总额（即入会费），而以较低的年地租为代价。也可以将这种方法理解为领主从他的佃户那里预支钱。这种租地制使得佃户的地位正规化，并强制推行保有权条件。④

在莱斯特以南的大威格斯顿有两个庄园。其中一个庄园在1586年至1588年出售给习惯佃户，很可能是因为习惯地租数额固定，而

---

① Christopher Clay, "Landlord and Estate Management in England", in Joan Thirsk, ed., *The Agrarian History of England and Wales*, Vol. IV, Cambridge U. P., 1967, pp. 210-211.

② Christopher Clay, "Landlord and Estate Management in England", in Joan Thirsk, ed., *The Agrarian History of England and Wales*, Vol. IV, Cambridge U. P., 1967, pp. 212-213.

③ Christopher Clay, "Landlord and Estate Management in England", in Joan Thirsk, ed., *The Agrarian History of England and Wales*, Vol. IV, Cambridge U. P., 1967, p. 217.

④ Mark Overton, *Agricultural Revolution in England*, Cambridge U. P., 1996, p. 154.

物价上涨，领主的收入骤减，该庄园的绝大多数习惯佃户因此成为自由持有农。另一个庄园到1585年为约翰·丹弗斯所有。因为在他以后几年间庄园几次易手，情况混乱。他与他的佃户就公簿持有权发生争执。佃户们争辩说，给予他们的财产属于规定有固定入地费的可无条件继承的不动产。这实际上与自由持有保有权并无二致。而约翰·丹弗斯称他们只拥有终身保有权。双方展开了法律诉讼。结果不明，似乎丹弗斯败诉。1606年该庄园土地被出售给佃户。①

在北安普顿郡斯坦尼恩的厄普希尔庄园，1631年至1635年把7户原租地持有农变为按领主意愿的租佃农。他们需对敞地上每英亩土地支付平均4先令的"新地租"，而对租用的牧场土地支付10先令。在狄恩庄园，绝大多数佃户在1635年按有利可图的租地制租种土地，而1642年的概览表明，此时他们已转为按领主意愿的租佃农。毫无疑问，租佃制的改制可使得领主取得更多的地租收入。例如，在1635年布鲁德内尔勋爵通过租佃制的改变，可以取得80英镑13先令4便士的收入。② 莱斯特郡的斯通顿庄园和克兰诺庄园在1631年结束了有利可图的租佃制，改为按领主意愿的租佃制。佃户们此时支付的商业性地租每英亩土地为7先令，比先前支付的地租每英亩高出2先令至2先令6便士。在艾斯顿，1623年前后将按领主意愿租种土地的佃户改为租地持有农，地租率仍为每英亩2先令6便士未变。③

---

① Mark Overton, *Agricultural Revolution in England*, Cambridge U. P., 1996, p. 155.
② M. E. Finch, *The Wealth of Five Northamptonshire Family 1540-1640*, Oxford U. P., 1956, p. 159.
③ M. E. Finch, *The Wealth of Five Northamptonshire Family 1540-1640*, Oxford U. P., 1956, p. 161.

在公簿持有保有权向租地持有保有权转变过程中，地主常用的一种做法是把好地捡出和提高入地费，使之上涨到习惯佃户无法接受的水准。而地主坚持说这种水准是合理的，最终使习惯佃户被驱逐。① 领主滥用权力迫使佃户离开土地，或者迫使他们转为交纳盘剥性地租的租佃持有保有权。这种高压措施是露骨的和非法的。在17世纪佃户与领主的争端中，在法律理论上，法律是维护庄园习惯法的，佃户应当得到支持。但是，在法庭对入地费的"合理性"进行裁决的过程中，由于领主比佃户有更强大的财力，他们常常在法庭审理中取得优势。所以，在某些情况下，改为租地持有保有权不利于习惯佃户的利益。②

到18世纪末，一部分英格兰乡村中，按长期租佃制来收取盘剥性地租在土地经营中占据了主导地位。例如在希罗普郡、格洛斯特郡、伯金汉郡和肯特郡便是这样。但调查也表明，各郡情况相差甚大。在库伯兰郡、伍斯特郡和贝德福德郡并未实行租地持有保有制，在另一些郡实行短期年租佃制。③

在18世纪，诺丁汉郡的大地主把长期租地制改为租期为1年的租地制度。从1760年代到19世纪初，约克郡东区旧有的以7年为期限的租地制消失了。在整个南威尔士，以终身或数年为期限的租地制，在19世纪上半叶逐渐为租期为一年的租地制所取代。④ 根据18世纪末、19世纪初农业部的报告，以一年为租期的租佃制在约克郡、伍斯特郡、莱斯特郡、北安普顿郡、亨廷顿郡、中塞克斯郡、伯克郡

---

① Mark Overton, *Agricultural Revolution in England*, Cambridge U. P., 1996, p.155.
② Mark Overton, *Agricultural Revolution in England*, Cambridge U. P., 1996, p.156.
③ Mark Overton, *Agricultural Revolution in England*, Cambridge U. P., 1996, p.156.
④ J. V. Beckett, "Landownership and the Estate Management", in G. E. Mingay, ed., *The Agrarian History of England and Wales*, Vol. VI, Cambridge U. P., 1989, pp.612-613.

和萨默塞特郡广泛实行。①

18世纪末对中塞克斯郡农业进行调查的约翰·密德尔顿说，一些贪婪的地主和地主的拙劣的管家时常在租佃土地时实行极短的租佃期，例如以为期1年的租期，来要挟租户。极短的租佃期使得农民不愿意向土地投入肥料，致使土地日益贫瘠，最终使地主蒙受极大的损失。② 有的佃户在租期结束前出于对地主的不满，采取破坏土地的办法，甚至引出了地主对农民的诉讼。例如，1802年赫里福德巡回法庭便审理过一起卡帕诉韦尔斯案。诉讼案中被告佃户在租期快满时，接到退租通知，他便开始破坏自己先前租种了8年的租地。他掘翻草地，停止给农田施肥，在果园里把油桃树和桃树拔掉，并拔掉苗木，用他可能的一切方法进行破坏。他基于这样的观念——一个根据地主意愿租种土地的佃户有权这样做。③

在另一些地方，地主对大租佃农场采取了租期为多年的租地制度。将它作为防止地租收入受损失的一种措施。1788年在霍克汉地产上，有39块租地的租期为21年，另外有18块租地的租期为18—20年。到18世纪末，这种形式在诺福克郡不受人欢迎。柯克对这种租地制的信心也发生了动摇。到19世纪初年，对长期租地制的怀疑成为一股大潮流。到了拿破仑战争以后，土地所有者反对物价的上涨，认为长期租佃制对他们提高地租不利。这成为他们转而采取逐年租佃土地制度的主要原因。例如，在1795年到1812年间，科巴姆的达恩利勋爵便把他在肯特郡的土地经营方式从租地持有保有制改为按

---

① J. V. Beckett, "Landownership and the Estate Management", in G. E. Mingay, ed., *The Agrarian History of England and Wales*, Vol. VI, Cambridge U. P., 1989, p.613.

② John Middleton, *General Views of the Agriculture of Middlesex*, London, 1813, p.83.

③ John Middleton, *General Views of the Agriculture of Middlesex*, London, 1813, p.89.

领主意愿的租佃制，使自己能够增加地租收入。在19世纪的威尔特郡，长期租地制改成短期租地制及租期为一年的租地制。及至1870年，以1年为租期的租地协议在威尔特郡已非常普遍。①

从对农业发展的作用而论，长期租佃制有其历史作用。为期21年或者为期三代人的租佃制对于农场经营和发展起了非常重要的作用。时间上较长的租期能够保证佃户投资于农场、改进土地和建筑房舍，同时可以确保地主能从对农场地产的投资中取得利润的回报中的一部分，而短期租佃制度则不可能促使佃户向农场投入足够的资本。公簿持有保有权对于持有地稳定地耕作亦非常不利。但是，正如农业部对库伯兰郡的调查报告所指出的，习惯佃户"看来继承了他们先祖的地产和他们对农耕的想法"。他们改变这种见解经历了很长的时间，直到1815年以后，绝大多数公簿持有农才发现这种持有土地的模式是不经济的。② 这样，18世纪以来，为期三代人的租佃农场制逐渐被看作理想的土地制度模式。

但是，实行为期99年或三代人的租地制度亦有困难和障碍。实施这种制度要求佃户牺牲目前利益以获取长远利益。这与佃户的利益会发生冲突。它面临的另一个问题是，其前提是列入租地契约名单中的人必须存活。在它的实践中地主还遇到很多问题，因为租户的租期是不确定的，不可能频繁地向佃户征收入地罚金。农场遭到过度垦殖，到租期临近结束时弊端成堆，而佃户用尽了获得的资本，除了支

---

① J. V. Beckett, "Landownership and the Estate Management", in G. E. Mingay, ed., *The Agrarian History of England and Wales*, Vol. VI, Cambridge U. P., 1989, pp.613-614.

② J. Bailey and G. Culley, *General View of the Agriculture of the Country of Cumberland*, London, 1813, p.181.

付地租外，不可能再做什么别的事。① 到了拿破仑战争以后，尤其是到了 1820 年代初的困难时期，长期租佃制度实施的土地面积急剧下降，一蹶不振。尽管在诺福克、索福克郡和轻质土地地质的农场仍采用这种租佃形式，但它在兰开郡和诺森伯兰郡都消失了。而每年更换契约的租佃制，则成为英国流行的租佃制形式。②

资本的投入，是农业发展的重要前提，也是在地产的租佃农场经营中，地主和租佃农场主所面临的共同问题。在英国，土地所有者和租佃农场主在土地经营中一般有不同的责任分工。租佃农场主必须自己去寻找生产资本，包括生产工具、送货马车、大车、家畜、种子和肥料。有的时候，租佃农场主承担的责任更大些。如果租种一个较大的农场，租佃农场主便需要有较多的资本准备。而土地所有者要承担改良土地的责任。随着农业季节的开展，耕作技术和水平的提高，单位面积对资本准备的要求也日渐提高。在 18 世纪，原则上每英亩土地要准备 1—4 英镑的资金。例如，1771 年，在埃塞克斯的东北部和西北部，1 英亩土地需要的资金达到 3 英镑。而到 1807 年，在埃塞克斯的西北部，每英亩土地需要 7 英镑资金，在该郡东部，每英亩土地需要 10 英镑资金。从 1790 年代到 1814 年，单位面积土地对资本的要求增加了 25% 至 100%。③ 到 1850 年，每英亩土地至少需要资金 8—10 英镑，最好能有 10—12 英镑。④ 这样的资本标准绝非租佃农场

---

① G. E. Mingay, ed., *The Agrarian History of England and Wales*, Vol. VI, Cambridge U. P., 1989, pp. 611-612.

② F. M. L. Thompson, *English Landed Society in the Nineteenth Century*, London, 1968, pp. 229-231.

③ G. E. Mingay, *The Agriculture and Revolution Change in Agriculture 1650-1880*, London, 1977, p. 4.

④ G. E. Mingay, ed., *The Agrarian History of England and Wales*, Vol. VI, Cambridge U. P., 1989, p. 609.

主能够轻易达到的。

在佃户对农业经营抱有的希望和持有的信心减退的情况下，租地农场持有人乐意接受将为期多年的租地制度改为为期 1 年的租佃制。他们这时不必担心自己在租期内改进农场的投资会遇到损失。因为各郡都有对土地租佃者的投资作出补偿的决定。例如，在约克郡西区，佃户在租种土地的最后 1 年，用于土地的种子和肥料将得到补偿。而在此之前一年投入租地的费用将补偿一年。在林肯郡，租佃农场主在没有成文的年度租佃契约的情况下也不担心。他们认为，强有力的地方习惯法和地主的声誉和诚意可以保证他们的安全。到 1850 年代初，在诺丁汉郡、萨里郡、苏塞克斯郡、肯特郡的森林地带，约克郡的西区和林肯郡，佃户的租佃权都得到了保证。[1] 1864 年，拉姆利家族在达勒姆郡、约克郡和林肯郡的地产上，实行了与佃户每年签订协议的做法。协议规定：继续租佃关系的一方必须提前 6 个月通知对方，租地上的采矿权、伐木权和狩猎权均归留地主。在约克郡，租地农场的租期从每年的 2 月 2 日开始，农场建筑的租期从每年的 5 月 1 日开始。在耕种土地前，需要订立书面协议。如果佃户无视签订的条款，需要罚款 10 英镑。地租每年交纳一次。土地租佃者需要负责除地主的财产税以外的其他一切支出。实行四圃制，不得连续两次种植小麦或玉米。在佃户离开租地时，佃户将按照当地习惯规定的条件得到他为改进农业所作投资的补偿。[2]

总的来说，在 19 世纪颁布租佃权的法令之前，地产租佃制的双

---

[1] G. E. Mingay, ed., *The Agrarian History of England and Wales*, Vol. VI, Cambridge U. P., 1989, pp. 616-617.

[2] T. W. Beastell, "Landlords and Peasants", in G. E. Mingay, ed., *Victorian Countryside*, London, 1981, p. 431.

方可以按照他们认可的条件自行确定租佃条件，在实施长期租佃制的地区，在租佃期满两年前双方进行谈判，避免突然"结束租佃农耕"。此外，在这两年中，租佃农场主可以自由地放纵自己去掠夺榨取这些土地上的地力。此外，长期租佃制实行固定的货币地租，租佃双方中这方或那方常常会提出租金标准对自己一方不公正。当价格上涨时，佃户可以获得利润，而在萧条加剧时期，只有通过地主自愿地减租，佃户才能在灾难中得以幸免。长期租佃制度在农业波动和萧条加剧的情况下，明显对佃户不利。①

到了19世纪30年代，即便那些财力较丰的农场主也倾向于把资金用于购买家畜饲料和肥料，不再把资金用于农场固定资产的投资上。1833年一位土地代理人写道："在贝德福公爵的地产上，晚近一直在开展大宗排水工程，他给他的佃户砖石和木料去修排水道；但是，在那些地主无法承担开支的地方，则依然如故……佃户无力投资以改进土地，他们没有财力。"另一位威尔特郡的土地代理人报告说："排水工程过去一直进展得很迅速，而它现在停下来了，除非地主来完成它……我发现佃户不能总做这件事，除非允诺支付他们的部分开支或全部开支。"随着时间推移，越来越无法指望佃户承担改善土地的工作，而地主只得自己提供农场固定设施。② 这种在农业投资上相互推诿的现象表明，英国大地产下的租佃农场制存在着不适应于农业发展的根本性弊病。

而在19世纪，英国租佃农场主的状况逐渐恶化，可以以约克郡

---

① James A. Watson, "Land Ownership, Farm Tenant, and Farm Labor in Britain", *Agricultural History*, Vol.17, no 2 (1943), p.75.

② F. M. L. Thompson, *English Landed Society in the Nineteenth Century*, London: Routledge and Kagan Paul, 1968, p.237.

霍克汉地产上的租佃农场主哈斯丁斯家庭的经营为例加以说明。1816年约翰·萨顿·哈斯丁斯承租了霍尔农场，他时年 26 岁。从 19 世纪初到世纪中叶，是英国租佃农场制的繁荣时期。约翰的农场当时的面积为 584 英亩。到 1850 年该农场交纳的地租上升到 606 英镑。约翰·萨顿·哈斯丁斯在世期间，一直富于进取心地经营农场。他死后，农场由其子约翰·哈斯丁斯接管租种，这时，谷物价格开始下跌。但是在 1860 年代，家畜的产量一直在上升，饲养家畜的收入暂时弥补了谷物生产的不佳状态。约翰·哈斯丁斯维持着农场，他希望经营有所转机。他继续努力积累资金以支付高额的地租。但是，谷物价格的低廉在英格兰持续着，农场的处境不妙。1882 年约翰·哈斯丁斯不得不告知地主，他欲在米迦勒节中止农场租约，要求得到一笔贷款使他得以把农场维持到那时。莱斯特勋爵面对众多佃户降低地租的要求，表示无法支付这笔贷款，同时要求约翰·哈斯丁斯继续留在农场上直到次年 2 月。1884 年约翰·哈斯丁斯死去。农场由其子继续租种。地主同意按利息 5% 借给他 500 英镑，并允许他抵押一部分家庭财产。1885 年，该农场的租金最终从 1013 英镑下降到 700 英镑。但约翰·哈斯丁斯之子仍无力支付这笔地租。1887 年，他已负债 877 英镑。他再次向地主提出退租。地主通过地产代理人要求坚持到次年米迦勒节。由于找不到新的租户，地主同意把农场的地租减至 600 英镑，外加 21 英镑狩猎费。1888 年，地主的地产代理人要求约翰·哈斯丁斯之子继续经营农场。1891 年约翰·哈斯丁斯之子第三次提出退租。但地主找不到愿意承租的新的租户，在维持原地租额的同时，答应由地主承担修缮费，并在农场南角建筑新的养牛的院子等设施。1895 年，在约翰·哈斯丁斯之子退租的威胁下，农场的地租降低到

477英镑。①

在约克郡霍克汉地产上，租佃农场主的状况普遍不佳，只有极少数租佃农场主自己饲养牛或奶牛。萧条使许多租佃农场主破产。1890年代农场难以找到承租者。在1880年到1890年间，有10座农场空出，无人租种。1890年至1900年又有18座农场空出。1895年至1896年有6座农场转手。②

在19世纪的租佃关系中，从土地所有者一方来说，他们希望找到或保留有资本、有农业技艺、勤勉、政治见解温和的佃户。地主不情愿那些能很好地租佃土地并按期支付地租的佃户离去。地主们竭力不驱赶佃户，特别是那些长期租种地产土地的佃户。因为在19世纪已难以找到好的佃户承租农场。莱斯特勋爵是个精明的地主，甚至当他把租额降低42%到56%，也无法留住佃户。从一般的佃户来说，他们在维持租期为一年的租佃制时，他们需要保证他们租佃者的地位，需要有一种有效的关于租佃权的制度，以增加他们投资改进租地农场的信心和积极性。而在莱斯特勋爵的地产上，佃户往往宁可让自己的儿子从事公职或自由职业，也不愿意让他们投资租佃农场而赔本。③

19世纪在租佃农场制广泛存在的背景下，为了保证租佃农场主自身的权益，使其投入土地的资金在他们撤离农场时能得到补偿，从维多利亚中期展开了争取租佃权的运动，以争取通过有利于租佃农场

---

① S. W. Martin, *A Great Estate at Work: The Holkham Estate in Its Inhabitants in the Nineteenth Century*, Cambridge U. P., 1980, pp. 119-125.

② S. W. Martin, *A Great Estate at Work: The Holkham Estate in Its Inhabitants in the Nineteenth Century*, Cambridge U. P., 1980, pp. 110-111.

③ S. W. Martin, *A Great Estate at Work: The Holkham Estate in Its Inhabitants in the Nineteenth Century*, Cambridge U. P., 1980, p. 111.

主权益的一般立法。在 1847 年和 1849 年，在伦敦农场主俱乐部支持下，伯克郡乡绅出身的议员菲利普·普西先后两次在议会下院提出议案。议案提出，在租佃农场主意欲离开他租种土地的前 3 个月，需要向地主报告他向土地投入未消耗尽的资金额，以使他们的投资得到补偿。但这两项法案均未能在议会两院通过。1872 年，诺福克郡富裕的农场主克莱尔·休厄尔·里德和詹姆斯·霍华德向议会提出争取租佃权的法案，仍未能获得通过。① 1875 年通过了《农业持有地条例》，对于佃户改良设施的补偿予以法律化，并对退耕预先报告作出了规定。但是，这项条例具有很大的随意性，缺乏能对地主实施补偿的强制性规定。1883 年制定的《农业持有地条例》最终把地主对租地农场主的赔偿规定为强制性的。这项法令成为租佃权立法史上一个重要的转折点。②

然而，对租佃权的立法并未从根本上改变英国租佃农场主的窘困状态。在 1870 年代开始的农业萧条时期，小农场遭到严重打击。里德报告说："在诺福克郡我们有大量约曼，而他们在所有的人中遭到的打击最大。"租佃农场主也遭到萧条的打击，特别是那些资本较小的租佃农场主。③ 此外，19 世纪英国雇佣劳动者的工资持续在上升，这使得租佃农场相应的劳动力开支增大。有人做过这样的计算，1866 年到 1869 年，奥佛曼支付的劳动力的工资平均每年增加了 300 英镑。

---

① Julian R. McQuiston, "Tenant Right: Farmer Against Landlord in Victorian England 1847-1885", *Agricultural History*, Vol. 47, no. 2 (April 1973), pp. 95-113. See J. R. Fisher, "Landowners and English Tenant Right", *Agricultural History*, Vol. 31, no. 1 (1983).

② 〔英〕克拉潘：《现代英国经济史》中卷，姚曾廙译，商务印书馆 1975 年版，第 330 页。

③ S. W. Martin, *A Great Estate at Work: The Holkham Estate in Its Inhabitants in the Nineteenth Century*, Cambridge U. P., 1980, pp. 29-30.

1879年时，奥佛曼经营的1100英亩农场，支付的劳动力工资为2480英镑。①

19世纪后期，《秘密投票法》的通过和选举权的扩大，使得地主难以控制佃户。1880年通过的《狩猎法》，给予农场主宰杀捕获的兔子的权利。取得初步胜利的租佃农场主开始在地租、租佃权、农作物栽培方面重新考虑自己的权利要求。地主对佃户退租也束手无策。到了这个时期，英国政府和议会的注意力也不再过多地放在农村。面对着大量外国廉价的小麦进入英国市场，地主显得无能为力。

1881年，地主爱德华·赫尼齐为改进农业花去100000英镑，但他只能按照1847年的水准来征收地租。1886年他在谈到他在林肯郡中央荒原大农场上的佃户时说："我担心即使在降低地租的情况下，我也会失去农场上的某些佃户。"他还提到，与他邻近的农场主们"处在这种恐慌中，他们正在以任何价格出租土地，并给予（佃户）减少30%到40%（地租）"②。租佃农场主在自身状况每况愈下的情况下，越来越不愿意与地主合作。1890年，兰开郡租佃农场主有组织的斗争越来越激烈。1893年，在兰开郡租佃农场主协会的努力下，建立了"租佃农场主全国联盟"。它提出了实现稳定的持有权和公正的地租。这一要求实质上提出了要把地主与佃户的关系确定为纯粹的商业关系。③ 在这种背景下，英国地主和佃户的关系双方位置发

---

① S. W. Martin, *A Great Estate at Work: The Holkham Estate in Its Inhabitants in the Nineteenth Century*, Cambridge U. P., 1980, p. 28.

② T. W. Beastell, "Landlords and Tenants", in G. E. Mingay ed., *Victorian Countryside*, Vol. II, London, 1981, p. 435.

③ J. V. Beckett, "Land, Labor, Capital, Taxation", in E. J. T. Collins ed., *The Agrarian History of England and Wales*, Vol. VII, Cambridge U. P., 2000, pp. 744-745.

生了转换，变得地主更依赖佃户而不是佃户依赖于地主。

2. 所有者经营和租地经营之二元结构

到了 19 世纪后期，英国农业经济组织仍表现为二元结构，即所有者持有的地产和租地农场。如果说使用雇佣劳动的所有者农场属于资本主义农场，那么租佃制农场则是一种历史的、中世纪遗留下来的经济组织形式。由于租佃制农场长期存在，英国租佃农在近代时期也长期存在着。这些财力不大、经营规模一般较小的农业经营者在 18 到 19 世纪漫长的历史时期中没有取得土地所有权。

到了 19 世纪末和 20 世纪初，不仅在英格兰，而且在苏格兰和威尔士实行着农业土地租佃制，大部分农场都是租佃农场。1887 年，英格兰和威尔士从事租地经营的农业业主为 393047 户，所有者农业业主为 64588 户，拥有部分土地所有权并租佃部分土地的农业业主为 18991 户。1888 年，英格兰和威尔士从事租地经营的农业业主为 400297 户，所有者农业业主为 67389 户，拥有部分土地所有权并租佃部分土地的农业业主为 20327 户。1889 年，英格兰和威尔士从事租地经营的农业业主为 405859 户，所有者农业业主为 66385 户，拥有部分土地所有权并租佃部分土地的农业业主为 20413 户。1890 年，英格兰和威尔士从事租地经营的农业业主为 408040 户，所有者农业业主为 66130 户，拥有部分土地所有权并租佃部分土地的农业业主为 20665 户。1891 年，英格兰和威尔士从事租地经营的农业业主为 404630 户，所有者农业业主为 68923 户，拥有部分土地所有权并租佃部分土地的农业业主为 31373 户。1908 年，英格兰和威尔士从事租地经营或以租地经营为主的农业业主为 375212 户，所有者农业业主为 54869 户。1909 年，英格兰和威尔士从事租地经营或以租地经营为主的农业业主为 374892 户，所有者农业业主为 55920 户。1910年，英格兰和威尔士从事租地经营或以租地经营为主的农业业主为 376241 户，所有者农业业主为 55433 户。1911 年，英格兰和威尔士从事租地经营或以租地经营为主的农业业主为 381134 户，所有者农业业主为 54176 户。1912 年，英格兰和威尔士从事租地经营或以租地经营为主的农业业主为 384914 户，所有者农业业主为 50972 户。1913 年，英格兰和威尔士从事租地经营或以租地经营为主的农业业主为 386917 户，所有者农业业主为 48760 户。1914 年，英格兰和威尔士从事租地经营或以租地经营为主的农业业主为 385920 户，所有者农业业主为 49204 户。1919 年，英格兰和威尔士从事租地经营或以租地经营为主的农业业主为 368003 户，所有者农业业主为 48665 户。1920 年，英格兰和威尔士从事租地经营或以租地经营为主的农业业主为 360757 户，所有者农业业主为 57234 户。1921 年，英格兰和威尔士从事租地经营或以租地经营为主的农业业主为 349664 户，所有者农业业主为 70469 户。1922 年，英格兰和威尔士从事租地经营的农业业主为 352035 户，所有者农业业主为 62680 户。[①]

就英格兰和威尔士两种土地经营的面积来看，租地经营的土地面积比所有者经营的土地面积要多。1887 年英格兰和威尔士租地经营的土地面积为 23291000 英亩，所有者经营的土地面积为 4217000 英亩。1888 年，英格兰和威尔士租地经营的土地面积为 23522000 英亩，所有者经营的土地面积为 4284000 英亩。1889 年，英格兰和威尔士租地经营的土地面积共 23618000 英亩，所有者经营的土地面积

---

① Ministry of Agriculture, Fisheries and Food Department of Agriculture and Fisheries for Scotland, *A Century of Agricultural Statistics, Great Britain 1866-1966*, London, 1968, p. 24, Table 10 Number of Holdings by Tenure–England and Wales.

为 4227000 英亩。1890 年，英格兰和威尔士租地经营的土地面积为 23646000 英亩，所有者经营的土地面积为 4226000 英亩。1891 年，英格兰和威尔士租地经营的土地面积为 23809000 英亩，所有者经营的土地面积为 4193000 英亩。1908 年，英格兰和威尔士租地经营的土地面积为 24014000 英亩，所有者经营的土地面积为 3334000 英亩。1909 年，英格兰和威尔士租地经营的土地面积为 23986000 英亩，所有者经营的土地面积为 3337000 英亩。1910 年，英格兰和威尔士租地经营的土地面积为 23964000 英亩，所有者经营的土地面积为 3329000 英亩。1911 年，英格兰和威尔士租地经营的土地面积为 24002000 英亩，所有者经营的土地面积为 3247000 英亩。1912 年，英格兰和威尔士租地经营的土地面积为 24220000 英亩，所有者经营的土地面积为 2954000 英亩。1913 年，英格兰和威尔士租地经营的土地面积为 24239000 英亩，所有者经营的土地面积为 2891000 英亩。1914 年，英格兰和威尔士租地经营的土地面积为 24152000 英亩，所有者经营的土地面积为 2962000 英亩。1919 年，英格兰和威尔士租地经营的土地面积为 23458000 英亩，所有者经营的土地面积为 2396000 英亩。1920 年，英格兰和威尔士租地经营的土地面积为 22407000 英亩，所有者经营的土地面积为 4103000 英亩。1921 年，英格兰和威尔士租地经营的土地面积为 20912000 英亩，所有者经营的土地面积为 5232000 英亩。1922 年，英格兰和威尔士租地经营的土地面积为 21386000 英亩，所有者经营的土地面积为 4640000 英亩。①

在苏格兰，就土地持有者的数量而论，1887 年土地租佃者为

---

① Ministry of Agriculture, Fisheries and Food Department of Agriculture and Fisheries for Scotland, *A Century of Agricultural Statistics, Great Britain, 1866-1966*, London, 1968, p.25, Table 11 Acreage of Holdings by Tenure－England and Wales.

74870户，土地所有者为5995户，部分租佃土地并拥有部分土地所有权的土地持有者为426户。1888年土地租佃者为75665户，土地所有者为6044户，部分租佃土地并拥有部分土地所有权的土地持有者为484户。1889年土地租佃者为75889户，土地所有者为6054户，拥有部分土地所有权并租佃部分土地的土地持有者为510户。1890年土地租佃者为76393户，土地所有者为6049户，拥有部分土地所有权并租佃部分土地的土地持有者为564户。1891年土地租佃者为76384户，土地所有者为6535户，部分租佃土地并拥有部分土地所有权的土地持有者为629户。1908年土地租佃者或主要是租佃土地的土地持有者为72129户，拥有土地所有权或拥有部分土地所有权的土地持有者为6419户。1909年土地租佃者或主要是租佃土地的土地持有者为72216户，拥有土地所有权或拥有部分土地所有权的土地持有者为6143户。1910年土地租佃者或主要是租佃土地的土地持有者为72024户，拥有土地所有权或拥有部分土地所有权的土地持有者为6110户。1911年土地租佃者或主要是租佃土地的土地持有者为71908户，拥有土地所有权或拥有部分土地所有权的土地持有者为6041户。1912年土地租佃者或主要是租佃土地的土地持有者为72426户，拥有土地所有权或拥有部分土地所有权的土地持有者为5236户。1913年土地租佃者或主要是租佃土地的土地持有者为71740户，拥有土地所有权或拥有部分土地所有权的土地持有者为5148户。1914年土地租佃者或主要是租佃土地的土地持有者为71259户，拥有土地所有权或拥有部分土地所有权的土地持有者为5891户。1920年土地租佃者或主要是租佃土地的土地持有者为69684户，拥有土地所有权或拥有部分土地所有权的土地持有者为6218户。1921年土地租佃者或主要是租佃土地的土地持有者为68449户，拥有土地所有权或拥有部分土地所有权的土地持有者为

7554 户。1922 年土地租佃者或主要是租佃土地的土地持有者为 68177 户，拥有土地所有权或拥有部分土地所有权的土地持有者为 7824 户。[1]

就苏格兰土地面积而论，1887 年苏格兰租地经营的土地面积为 4247000 英亩，拥有所有权进行经营的土地面积为 618000 英亩。1888 年苏格兰租地经营的土地面积为 4252000 英亩，拥有所有权进行经营的土地面积为 627000 英亩。1889 年苏格兰租地经营的土地面积为 4263000 英亩，拥有所有权进行经营的土地面积为 626000 英亩。1890 年苏格兰租地经营的土地面积为 4278000 英亩，拥有所有权进行经营的土地面积为 618000 英亩。1891 年苏格兰租地经营的土地面积为 4291000 英亩，拥有所有权进行经营的土地面积为 626000 英亩。1892 年苏格兰租地经营的土地面积为 4285000 英亩，拥有所有权进行经营的土地面积为 616000 英亩。1893 年苏格兰租地经营的土地面积为 4275000 英亩，拥有所有权进行经营的土地面积为 615000 英亩。1894 年苏格兰租地经营的土地面积为 4284000 英亩，拥有所有权进行经营的土地面积为 608000 英亩。1895 年苏格兰租地经营的土地面积为 4288000 英亩，拥有所有权进行经营的土地面积为 606000 英亩。1896 年苏格兰租地经营的土地面积为 4292000 英亩，拥有所有权进行经营的土地面积为 605000 英亩。[2]

也就是说，1887 年时，苏格兰约有 15% 的土地是由土地所有者

---

[1] Ministry of Agriculture, Fisheries and Food Department of Agriculture and Fisheries for Scotland, *A Century of Agricultural Statistics, Great Britain, 1866-1966*, London, 1968, p. 29. Table 12 Number of Holdings by Tenure–Scotland.

[2] Ministry of Agriculture, Fisheries and Food Department of Agriculture and Fisheries for Scotland, *A Century of Agricultural Statistics, Great Britain, 1866-1966*, London, 1968, p. 30, Table 13 Acreage of Holdings by Tenure–Scotland.

经营的,到 1902 年,所有者耕作的土地占 12%。在 1919 年到 1933 年间,所有者经营的土地面积上升为三分之一。1960 年,在苏格兰,土地所有者占有的土地面积达到了 51%。①

3. 使用雇佣劳动力和不使用雇佣劳动力的农场

使用雇佣劳动力的情况是衡量农业资本主义发展程度的重要标准。1831 年的人口统计表明,英格兰共有 236343 户从事农业的土地所有者,他们中有 36% 没有雇佣任何劳动力。这其中有地理差别。在德比郡、拉特兰郡、威斯特摩兰郡和西约克郡,有 50% 以上的农场主没有雇佣任何劳动力。而在伯金汉郡,有 80% 以上的农场主使用了雇佣劳动力,数量不小的这批小农场的主人更关心家庭的需要、邻里的义务,以及农产品贸易的利润。②

到了 19 世纪中叶,从英国劳动者的来源和农场的生产关系来看,并非所有的农场都使用雇佣劳动力。根据 1854 年的统计,在英国共有农场 285936 个。仅使用 1 个雇佣劳动力的农场为 38821 个,使用 2 个雇佣劳动力的农场为 33526 个,使用 3 个雇佣劳动力的农场为 21172 个,使用 4 个雇佣劳动力的农场为 17291 个,使用 5 个雇佣劳动力的农场为 9259 个,使用 6 个雇佣劳动力的农场为 7781 个,使用 7 个劳动力的农场为 4582 个,使用 8 个雇佣劳动力的农场为 4435 个,使用 9 个雇佣劳动力的农场为 2786 个,使用 10 个雇佣劳动力的农

---

① Ministry of Agriculture, Fisheries and Food Department of Agriculture and Fisheries for Scotland, *A Century of Agricultural Statistics, Great Britain, 1866-1966*, London, 1968, p. 28.
② Mark Overton, *Agricultural Revolution in England, The Transformation of the Agrarian Economy 1500-1800*, Cambridge University Press, 1996, p.178.

场为9660个，使用15个雇佣劳动力的农场为3527个，使用20个雇佣劳动力的农场为3153个，使用30个雇佣劳动力的农场为1049个，使用40个雇佣劳动力的农场为403个，使用50个雇佣劳动力的农场为213个，使用60个或更多雇佣劳动力的农场为182个。不使用雇佣劳动力或没有申报的农场为128090个，即有44.8%的农场没有使用雇佣劳动力。从雇佣关系来看，英国非资本主义农场占44.8%以上，使用少量雇佣劳动力（1—5人）的农场占42.1%。[1] 这说明，英国在19世纪中叶，使用雇佣劳动力的农场不过占农场总数的一半稍多，其中还有相当一批只是使用极少量雇佣劳动力的农场。这说明，纯粹家庭农场和把雇佣劳动力作为辅助劳动力的农场占农场的多数，即真正靠雇佣劳动力进行生产的资本主义农场只占农场的少数。这是在估计19世纪中叶英国农业资本主义发展程度时需要重视的事实。

　　1851年人口统计资料和议会文件，提供了当时英格兰各地和威尔士农场规模和使用雇佣劳动力的情况。在英格兰东南部，占地100英亩以下的农场占农场总数的48.8%，占地500英亩以上农场的比例为22.2%，未雇佣劳动力或未说明使用雇佣劳动力的农场的比例为18.3%，使用2名以上劳动力的农场占农场总数的59.3%。在南密德兰地区，占地100英亩以下的农场占农场总数的44.5%，占地500英亩以上农场占农场总数的17.7%，未雇佣劳动力或未说明使用雇佣劳动力的农场总数的17.5%，使用2名以上劳动力的农场占农场总数的62.8%。在英格兰东部，占地100英亩以下的农场占农场总数的53.5%，占地500英亩以上的农场占农场总数的18.9%，

---

[1] G. E. Mingay, ed., *The Agrarian History of England and Wales*, Vol. VI, Cambridge U. P., 1989, pp. 1072-1073, Table IV. 2 Numbers of Farmers in Great Britain, Acreage of Farms, and Number of Labourers Employed in Each Size.

未雇佣劳动力或未说明使用雇佣劳动力的农场占农场总数的18.2%，使用2名以上劳动力的农场占农场总数的57.4%。在英格兰西南部，占地100英亩以下的农场占农场总数的60.8%，占地500英亩以上的农场占农场总数的8.6%，未雇佣劳动力或未说明使用雇佣劳动力的农场占农场总数的37.5%。在西密德兰，占地100英亩以下的农场占农场总数的56.1%，占地500英亩以上的农场占农场总数的8%，未雇佣劳动力或未说明使用雇佣劳动力的农场占农场总数的34.6%，使用2名以上劳动力的农场占农场总数的36%。在北密德兰，占地100英亩以下的农场占农场总数的65.4%，占地500英亩以上的农场占农场总数的9.7%，未雇佣劳动力或未说明使用雇佣劳动力的农场占农场总数的46.5%，使用2名以上劳动力的农场占农场总数的25.8%。在英格兰西北部，占地100英亩以下的农场占农场总数的86.8%，占地500英亩以上的农场占农场总数的0.8%，未雇佣劳动力或未说明使用雇佣劳动力的农场占农场总数的58.4%，使用2名以上劳动力的农场在农场总数中占的比例为15%。在约克郡，占地100英亩以下的农场占农场总数的73.3%，占地500英亩以上的农场占农场总数的4.8%，未雇佣劳动力或未说明使用雇佣劳动力的农场占农场总数的54.7%，使用2名以上劳动力的农场占农场总数的18.2%。在英格兰北部，占地100英亩以下的农场占农场总数的55.2%，占地500英亩以上的农场占农场总数的10.3%，未雇佣劳动力或未说明使用雇佣劳动力的农场占农场总数的47.2%，使用2名以上劳动力的农场在农场总数中占24.9%。在威尔士，占地100英亩以下的农场占农场总数的71.9%，占地500英亩以上的农场占农场总数的3%，未雇佣劳动力或未说明使用雇佣劳动力的农场占农场总数的 54.4%，使用 2 名以上劳动力的农场占农场总数的 17.1%。①

1851 年，在英格兰和威尔士，不使用或没有单独使用雇佣劳动力的农场为 91698 个，仅使用 1 个雇佣劳动力的农场为 33465 个，使用 2 个雇佣劳动力的农场为 27949 个，使用 3 个雇佣劳动力的农场为 17348 个，使用 4 个雇佣劳动力的农场为 14109 个，使用 5 个雇佣劳动力的农场为 7622 个，使用 6 个雇佣劳动力的农场为 6449 个，使用 7 个雇佣劳动力的农场为 3849 个，使用 8 个雇佣劳动力的农场为 3806 个，使用 9 个雇佣劳动力的农场为 2423 个，使用 10—14 个雇佣劳动力的农场为 8632 个，使用 15—19 个雇佣劳动力的农场为 3221 个。使用 20—24 个雇佣劳动力的农场为 2073 个，使用 25—29 个雇佣劳动力的农场为 850 个，使用 30—34 个雇佣劳动力的农场为 721 个，使用 35—39 个雇佣劳动力的农场为 256 个，使用 40—44 个雇佣劳动力的农场为 275 个，使用 45—49 个雇佣劳动力的农场为 106 个，使用 50—54 个雇佣劳动力的农场为 132 个，使用 55—59 个雇佣劳动力的农场为 65 个，使用 60 个或更多雇佣劳动力的农场为 170 个。

在索福克郡，不使用雇佣劳动力的农场为 748 个，占该郡农场总数的 14.7%；使用 1 个雇佣劳动力的农场为 686 个，占农场总数的 13.5%；使用 2 个雇佣劳动力的农场为 650 个，占农场总数的 12.8%；使用 3 个雇佣劳动力的农场为 482 个，占农场总数的 9.5%；使用 4 个雇佣劳动力的农场为 468 个，占农场总数的 9.2%；使用 5 个雇佣劳动力的农场为 321 个，占农场总数的 6.3%；使用 6 个雇佣

---

① G. E. Mingay, ed., *The Agrarian History of England and Wales*, Vol. IV, Cambridge U. P., 1989, p.694, Table 7.5 Size of Farms and Employment of Labour in 1851.

劳动力的农场为 268 个，占农场总数的 5.3%；使用 8 个雇佣劳动力的农场为 170 个，占农场总数的 3.3%。使用 10 个以下雇佣劳动力的农场共有 4147 个，占农场总数的 81.6%。使用 10 个以上雇佣劳动力的农场共有 933 个，占农场总数的 18.4%。[1]

这说明，英国农业中资本主义雇佣剥削关系到 19 世纪中叶已有相当发展，但已使用雇佣劳动力的农场不过占农场总数的一半稍多，其中还有相当一批是使用极少量雇佣劳动力的农场。这说明，纯粹家庭农场和把雇佣劳动力作为辅助劳动力的农场占农场的多数。这是在估计 19 世纪中叶英国农业资本主义发展程度时基本的史实。

第七节　近代对中世纪土地法的继承和最终的改革

资产阶级革命在一国的胜利并不意味着资本主义经济已经确立，也不意味着资本主义财产关系业已成熟。同样，大规模资本的积累和工业革命的胜利作为一种经济史的事实也不等于资本主义财产关系的最后确立。马克思曾注意到资本主义私有制建立的复杂性。他说："以个人自己劳动为基础的分散的私有制转化为资本主义私有制，同事实上已经以社会生产为基础的资本主义所有制转变为公有制比较起来，自然是一个长久得多，艰苦得多，困难得多的过程。"[2] 而英国在没有摧毁封建法律体系的情况下向近代社会过渡，在残存着相当的封建法律残余的背景下在农业和土地制度领域向资本主义关系的过渡，

---

[1] Howard Newby, *The Deferential Worker: A Study of Farm Workers in East Anglia*, London: Allen Lane, 1977, p.26, Table 5 Number of Labourers Employed on Farms in England and Wales and in Suffolk, 1851.
[2] 〔德〕马克思：《资本论》第一卷，人民出版社 1975 年版，第 832 页。

其农业发展的道路自然就更漫长更艰巨。许多学者在描述英国近代资本主义发展的典型性时很少注意到这方面的历史事实。法律制度是一种社会经济制度的重要方面。对英国近代时期土地法和习惯做一粗略的浏览，对于理解这个时期农村土地关系的变化非常必要。

1. 革命时期的土地立法

在1640年开始的英国革命期间，长期议会及以后的护国政府颁布了一系列土地立法。这些立法剥夺了王室和王党的土地，在一个时期内造成了土地所有权的部分变动。

1646年2月，长期议会颁布法令取消监护法庭。这项法令宣布取消国王对贵族地产的监护和转让权，所有行封建臣从宣誓礼领有土地者，所有通过罚款、特许、查封、赦免进行土地转让者，均取消一切附加费用。过去对国王履行骑士义务而领有土地者，现在成为土地的所有者。[①] 此后，护国政府重申了这一法令。这项法令废除了地主对国王的封建臣属关系和义务。但是，革命时期并没有进一步废除农民对地主的封建义务，也没有废除地主的司法权，没有取消什一税。

长期议会颁布一系列法令，没收了封建贵族和王党的土地。1643年9月，颁布了扣押国王、王后和王子收入的法令，规定王室领地上的收入交由议会支配。1649年7月，议会颁布出售属于国王、王后和王子的领地、庄园和土地的法令。1653年11月议会又颁布了出售王室拥有的森林的法令。此外，长期议会还没收了王党分子的土地和财产。1642年10月，议会决定没收"拿起武器帮助国王的罪犯"

---

① S. R. Gardiner, ed, *Constitutional Documents of the Puritan Revolution, 1625-1660*, Oxford, 1906, p.290.

的收入。1643年3月,议会通过立法扣押声名狼藉的王党分子的土地。一切支持国王的人的地产,除留五分之一为其家庭维生外,均予没收。1650年6月以后,议会又数次通过出售未交纳罚款的王党分子的领地的法案,迫使王党分子再次大规模出售土地。从1651年到1652年,议会多次通过法令,详细列出了其土地应出售人的名单。其中一个法令列举了74人,另一个法令列举了29人,再一个法令列举了678人的姓名。[1] 但是长期议会和护国政府从未宣布封建地产为非法。几乎所有的没收土地的法令在说明其原因时,都强调没收是为了解决议会军与王党作战时的财政需要。例如1653年11月一项出售王室森林的法令便强调,作出这项决定是因为议会的事业"需要大量的财政开支"[2]。

长期议会还制定了没收教会土地的法令。1641年7月9日,下院决定没收14个主教的土地。1646年10月9日,长期议会取消大主教职,将其领地交给国家管理。1646年11月,通过出售大主教和主教领地的法令。1649年4月,议会取消了教长、牧师会成员和受俸牧师的职务和土地所有权。教会地产属于封建产业,但议会在没收上层教职人员土地时,却把没收的原因归结为教士个人的罪行。[3] 总的来说,革命时期的土地立法使土地所有权发生了部分变化,共没收和出售了价值5500000英镑以上的土地,向王室罚款将近1500000英镑。[4]

---

[1] 〔苏联〕塔塔里诺娃:《英国史纲:一六四〇年——八一五年》,何清新译,生活·读书·新知三联书店1962年版,第129页。

[2] C. H. Firth and R. S. Rait, eds, *Act and Ordinance of the Interreganum 1640-1660*, Vol. 2, London, 1911, p. 783.

[3] 如1641年9月9日的法令。参见 Christopher Hill, *Puritanism and Revolution*, London: Lawrence and Wishart, 1958, pp. 170-171。

[4] C. Hill, *Reformation to Industrial Revolution, British Economy and Society 1530-1780*, London: Weidenfeld and Nicolson, 1967, p. 116.

在长期议会通过的出售土地的法案中作出了这样的规定,如果该地产对除国王和王党外的任何人欠有任何债务,那么购买者就要对这个债主履行这些债务。大多数出售土地的法令给土地的直接租佃者以购买土地的优先权,这个优先权保留30天。土地的价格定为土地年收入的10倍,并且规定,买主在购买时须立即交付地价总额的50%,余下的在6个月内付清。许多出卖土地的法令,保留了国家的债主权利。他们借给国家的款项,在购买土地交款时扣除,有时还给予他们以购买土地时仅次于直接租户的优先权。① 地产所有者过去享有的一切特权、权利和惯例,也随同土地转归买主。这样,就形成了新的土地所有权和原先对农民的封建权利的结合。如果新的土地所有者购买的是教会土地,那么买主不仅获得土地及所属的全部财产,而且获得收取什一税和教会捐税的权利、推荐和任命神职人员的权利,以及原先土地所有者在地产范围内的司法权等。②

根据瑟尔斯克对英国革命时期出售没收土地的研究,在出售的295块地产中,由议会官员买下的为18块,由伦敦商人买下的为79块,由地方乡绅买下的为13块,由伦敦的乡绅买下的为7块,由地方的约曼和技工买下的为41块,由律师买下的为4块,由王党的代理人买下的为20块,购买者身份不明的为9例。在获得出售的王党封建地产的各社会集团中,伦敦商人买得的土地最多,为31%。③

---

① 〔苏联〕塔塔里诺娃:《英国史纲:一六四〇年——一八一五年》,何清新译,生活·读书·新知三联书店1962年版,第129页。
② 〔苏联〕塔塔里诺娃:《英国史纲:一六四〇年——一八一五年》,何清新译,生活·读书·新知三联书店1962年版,第130页。
③ Joan Thirsk, *The Rural Economy of England: Collected Essays*, London, 1984, p.106, Table I; p.108, Table III.

出售的王党分子的土地，很多被原土地所有者的代理人买回。瑟尔斯克在研究中发现，在埃塞克斯郡、赫福德郡、肯特和萨里郡出售的土地中，有 25% 在当时又落到原所有者手中。在伯克郡、汉普郡、牛津郡和苏塞克斯郡，出售的没收土地有 39% 又落到原所有者手中。根据霍利戴的研究，约克郡出售的没收的王党分子的土地有 67% 被原主人买下。瑟尔斯克发现，到 1660 年，在东南各郡 130 个被 1651 年至 1652 年的 3 个议会法令没收并加以出售的原所有者中，有不少于 126 人最终恢复了自己的地产。霍利戴发现，这一比例在约克郡更高。在上述 3 个法令没收的 14 个家族的地产中，只有一个家族没有恢复其地产。诚然，这些恢复了地产的王党分子并非都有能力持续保持原有地产，有的恢复其被没收地产者，以后又将其中一部分出售。[①]

到了 17 世纪 50 年代护国政府时期，小议会曾建议公簿持有农取消封建宣誓，改为由公簿持有农作一种简单的自白，说他从该地主处领有土地。当公簿持有农的土地转入另一个人手中时，地主任意征收的费用应当改为交纳一定数量的费用，等于该地段 1 年的地租。尽管公簿持有农多次提出要求废除公簿持有制这种土地持有形式，但是这种制度仍然存在。[②]

复辟以后，一切在革命中被没收的土地，都归还了原主，但在革命时期由地主自己出售的土地，则仍归买主所有。在这个问题上没有恢复革命前的情况。[③]

---

① Christopuer Clay, "Landlords and Estate Management in England", in Joan Thirsk, ed., *The Agrarian History of England and Wales*, Vol. VII, Cambridge U. P., 1984, p.143.
② 〔苏联〕塔塔里诺娃：《英国史纲：一六四〇年——一八一五年》，何清新译，生活·读书·新知三联书店 1962 年版，第 113—114 页。
③ 〔苏联〕塔塔里诺娃：《英国史纲：一六四〇年——一八一五年》，何清新译，生活·读书·新知三联书店 1962 年版，第 172 页。

议会在 1660 年颁布法令，完全取消了封建主与国王之间的封建依附关系。这个法令继续了 1646 年 2 月的法令的内容，取消骑士领地制，把过去为国王服役而领有的贵族领地，变成与国王没有任何封建联系的地产。①

总的说来，英国近代初期的土地法在理论上仍然承认中世纪保有权的框架，并且继续用传统的术语讨论它。爱德华·科克接受了利特尔顿和更早的布莱克顿的著作中对保有权的分类方法。近代英格兰的土地法的主要内容是围绕着五种保有权关系发展起来的。这就是骑士义务、无兵役租佃制、公簿持有保有权、教会永远所有的捐助产和租地者每年向国王交纳的军器赋。其中租地者每年交纳给国王的军器赋到了伊丽莎白一世时期已经消失。而教会永远所有之捐助产只与教会土地有关。骑士义务最终在 1660 年被取消。② 17 世纪英国革命以后，封建制度在严格意义上已经崩溃，但庄园制度在许多地方仍然保存着。③ 18 世纪法学家布莱克斯通指出了英国土地制度的若干荒谬之处，例如，在更新租契时要交纳特别地租，以及采取租地收回的制度。直到 19 世纪，英国土地法的概念和文字，都还是用封建语言写成。如同狄骥在 1905 年时所评述的，尽管此时英国已成为一个民主国家，但它的土地法仍适合于一个贵族国家。④

---

① Act Abolishing Tenure by Knight Service, etc. in A. E. Bland, P. A. Brown, and R. H. Tawney, eds., *English Economic History, Select Documents*, London, 1914, p. 670.
② Mildred Campbell, *English Yeoman Under Elizabeth and the Early Stuart*, Kelly, 1942, pp. 107-109.
③ Mildred Campbell, *English Yeoman Under Elizabeth and the Early Stuart*, Kelly, 1942, p. 107.
④ A. V. Dicey, "The Paradox of the Land Law", *Law Quarterly Review*, Vol. 21, p. 221.

2. 土地继承制

继承制度是财产从死去的人向活人转移的过程，特别是代际财产转移的过程。这是财产关系再生产的一个组成部分。[①] 而土地继承制是土地制度和农业经济形态研究的重要问题。它涉及不动产所有权的转移、土地是否资本化，以及土地市场的形成诸问题。它是检验资本主义财产制度和经济自由原则是否形成的一个重要指标。

大土地所有者授产制度在各个时代都是相似的，他们希望自己在世时有最大限度的自由，同时希望在他们死后把土地财产保持在自己家族手中，但希望限制他们后代相关的自由。这就是英国中世纪限制继承权的原则。这体现在 1285 年的《赠予法》中。1285 年的《赠予法》规定，赠予人的遗嘱必须得到执行，受赠人无权作出有损赠予人及其子女利益的转让。该法令还规定，通过在血统继承制中追索财产的令状，受赠人的继承人能从受让人手中重新取得让予物。对赠予人而言，他可以从大法官法庭取得令状。而且，这种称为"追索财产令"的令状，实际上与归还令状相联系。[②]

英国普通法关于继承的原则在诺曼征服后不久便建立，直到 1925 年被废除。其首要的原则众所周知，即地产传递给长子，而排除其他同宗兄弟姊妹的继承权。其次的原则则不那么为人所知，即如果没有儿子，土地传递给女儿。这样，普通法给了男性优先权，但只是有限的优先权。它把儿子置于女儿之上，而女儿位于旁系男性亲属之上。如果有几个女儿，她们有同等的继承权。在最初，女儿中只有

[①] Jack Goody, "Introduction", in Jack Goody, Joan Thirsk and E. P. Thompson, eds., *Family and Inheritance: Rural Society in Western Europe 1200-1800*, Cambridge U. P., 1976, p.1.

[②] 〔英〕密尔松：《普通法的历史基础》，中国大百科全书出版社 1999 年版，第 188 页。

一个有继承权,但到了 12 世纪中叶,这个规则有所修改,此后诸女儿有同等的继承权。① 但是,在中世纪,在英国法律框架中,关于继承制不甚明了。14 世纪以来,长子在继承制中处于优势地位,但次子有时也有收获。到了 15 世纪后期,长子在继承制中的地位有所削弱,但长子继承制的优势地位没有遭到有力挑战。到了 16 世纪,围绕继承制问题产生了争论。托马斯·斯塔基在《枢机主教波尔和托马斯·勒普塞特的对话》(1532—1534 年)一书中,批评长子继承制剥夺次子的继承权不正当。书中枢机主教波尔也对长子继承制表示强烈的反对。只有勒普塞特支持长子继承制。他指出,在英国,长子继承制渗透到等级社会中。到了 1630 年代,约翰·塞尔顿肯定英国早期的继承实践。他认为,在各个儿子中分割财产,是英格兰早期撒克逊人的习惯,诺曼征服后在肯特继续存在。② 从宗教改革到 17 世纪英国革命,曾作出过平均分割继承的改革尝试,但是最终失败了。

  16 世纪在土地短缺的地方,在所有的儿子中平分土地会导致家庭持有地分成小块土地。土地再划分在经济上简直就是一种自杀行为。所以,不可能采取在诸子中平分土地的做法。我们在遗嘱中可以看到,得到土地的儿子则没有家畜和动产,家畜和动产转归其余的子女。例如,在 1536 年,罗伯特·史密斯只拥有半维格特土地和价值 13 英镑的动产,他把土地遗产给了他的妻子和长子,而把他的动产给了其余的儿子和女儿。他吩咐说:"我希望我的子女们将共同留在我的房屋内,使用我留给年仅 16 岁的幼子的家畜。"1543 年斯密顿

---

① Eileen Spring, *Law, Land, and Family: Aristocratic Inheritance in England, 1300-1800*, The University of North Caroline Press, Chapel Hill & London, 1994, pp. 9-10.

② Joan Thirsk, "The European Debate on Customs of Inheritance, 1500-1700", in J. Goody, Joan Thirsk, and E. P. Thompson, eds., *Family and Inheritance: Rural Society in Western Europe 1200-1800*, Cambridge U. P., 1976, pp. 183-191.

的托马斯·斯蒂文森作出了类似的决定:"如果我的任何一个子女离开了或者结婚了,属他的那部分财产应当在其他子女中分割。"在基布沃思哈科特教区,土地继承制的基本原则仍是保持财产尽可能不分割的原则。①

在无兵役租佃保有权实行中,根据普通法程序,一般由长子继承租田。但在某些地方,实行无遗嘱死者土地均分制。即死者如果未留下遗嘱,继承者年满15岁以后,可在他们中均分土地,在没有男性后代时,可在女性后代中均分土地。无遗嘱死者土地均分制在肯特郡、威尔士、东诺福克、波特兰岛、伦敦河谷、密德兰平原和北方诸郡实行。此后,亨利八世时期先后在威尔士和肯特郡取消了许多地产上的无遗嘱死者土地均分制,1601年在肯特郡取消了这种制度。②

在17世纪初,伦敦有在继承人中分割继承的习惯。通常在支付了债务和葬礼的费用之后,把动产平均分成三份:一份给寡妇,一份在没有得到遗产的子女中平均分配,而另一份可作自由遗赠。这种做法长期以来使得伦敦富人的寡妇所得的遗产比她的女儿要多。到了17世纪后期,伦敦商人也不再采取分割继承的方式,而是逐渐采取乡村社会土地继承的习惯。1692年和1696年在约克郡和威尔士乡村,立遗嘱人可以自由地不受习惯的束缚,寡妇除了先夫留给她的遗产外,还可以要求取消三分。此后,大地主没有采取任何有效的行动保证他们的次子分享父亲的财产。③

---

① Cicely Howell, *Land, Family and Inheritance in Transition: Kibworth Harcourt, 1280-1700*, Cambridge U. P., 1983, pp. 260-261.
② Eric Kerridge, *Agrarian Problems in the Sixteenth Century and After*, London, 1969, pp. 34-35.
③ J. P. Goody, "Patterns of Inheritance and Settlement by Great Landowners from the Fifteenth to Eighteenth Centuries", in J. Goody, Joan Thirsk, and E. P. Thompson, eds., *Family and Inheritance, 1200-1800*, Cambridge U. P., 1976, pp. 225-226.

在约克郡东区实施继承的过程中，授产是占统治地位的方式。如果一个土地所有者死前没有立下遗嘱，按照普通法，他的土地要依照法律传递给他的长子，或最亲近的男性亲属；但是在约克郡东区实施继承过程中，后一种情况始终未发生过，也未发生过继承失败的事例。①

在约克郡东区，从 1530—1919 年的将近 400 年间，共进行了 120 多起继承。其中，有 78 起是由儿子继承土地所有者的地产，有 7 起是由孙子继承，有 7 起是由女儿继承，有 7 起是由外孙继承，有 11 起是由兄弟继承，有 4 起是由侄子继承，有 7 起是由外甥继承，有 1 起是由姐妹的孙子继承，有 3 起是由叔伯继承，有 7 起是由男性堂兄弟继承，有 1 起是由养子继承。在继承案中，占主导地位的是男性亲属，而在女性亲属中，只有女儿可能继承父亲的财产。②

根据劳伦斯和珍妮·斯通的研究，从 1540 年至 1780 年间，在英格兰的赫福德郡、北安普顿郡和诺森伯兰郡 362 个乡村宅邸的 2000 个以上的所有者对地产的处置中，有 5% 的地产传给了女儿。克雷教授指出，在 1670 年至 1740 年期间，女性继承人的数目有所增长。

这个时期男性继承人占的比例在下降。③ 根据斯通的研究，在 1840 年至 1880 年间，在财产继承中，有 10% 的财产为妇女所继承。④

---

① Barbara English, *The Great Landowner of East Yorkshire 1530-1910*, Harvester, 1990, p.100.
② Barbara English, *The Great Landowner of East Yorkshire 1530-1910*, Harvester, 1990, pp.99-100, Table Relationship of Great Landowners to Their Successors.
③ J. P. Cooper, "Patterns of Inheritance and Settlement by Great Landlords from the Fifteenth to Eighteenth Centuries", in J. Goody, Joan Thirsk and E. P. Thompson, eds., *Family and Inheritance, 1200-1800*, Cambridge U. P., 1976, p.229.
④ L., J. C. F. Stone, *An Open Elite? England 1540-1880*, Oxford U. P., 1986, p.60.

封建继承法是封建经济的一种表现形式。大土地所有者为了他们自己的利益保存了指定继承制，使个人的财产转变为家族指定继承人的财产。他们在实行这种继承制时，努力保持大地产的完整性，防止遗产的分散和地产的变小，以使地主集团保持自己的经济实力，为继续控制政治权力提供一个经济基础。①

3. 19世纪对土地法的改革、公簿持有农的消灭

1820年代，詹姆斯·汉弗莱斯对英国的不动产法提出了一系列的批评，他建议给予终身佃户以严格授予的权利。边沁对汉弗莱斯的提议表示赞赏。此后，根据布鲁姆1828年所做的著名讲演，成立了不动产委员会。不动产委员会在1829年、1830年、1832年、1833年先后提出了4份详细的报告，建议对不动产法实行改革。1829年提出的第一份报告的内容涉及了继承、遗孀产权、鳏夫产权、契约和更新租契时的地租、收回、长期使用的权利要求和有效期限。1830年提出的第二份报告涉及关于土地的一般契约和文件的登记。1832年提出的第三份报告涉及保有权、随附的继承权、未来的利益和永久

---

① 正如考茨基所评价的，"在法国，革命彻底地扫除了封建经济即封建继承法。反之，在英国和德国的大土地所有者在资产阶级社会中还保持了极大的势力；这势力有时表现于继承法的一种特殊形态"。（〔德〕考茨基：《土地问题》上卷，岑纪译，商务印书馆1936—1937年版，第285—286页。）"只有实行土地的完全私有制，取消阶级和出生的特权，才能打破压迫农业经济和工业的封建锁链，并使农业经济能够继续向前发展。""有产者社会，不仅须要一切公民在法律之前平等，而且需要家庭内一切儿童的平等，也就是说，在儿童间平均分配父母的财产。"（〔德〕考茨基：《土地问题》上卷，岑纪译，商务印书馆1936—1937年版，第282页。）

所有权，以及关于教会权利的条款和限制。① 1833 年提出的第四份报告涉及遗嘱和遗嘱检验。② 从 1829 年的第一份报告中可以看出，"不动产委员会"对于土地改革的态度非常动摇和矛盾。这份报告中写道："我们得到令人满意的报告，对我们来说，不动产只需要很少的本质性变动。"除了在一些相对来说不那么重要的特例中，英国法看来几乎可以像任何人类制度那样期盼完善。与此同时，委员会的报告评述说，有关不动产转手的法律"极度的不完善"，因此需要进行"许多重大的变更"。造成这种不完善状况的原因很清楚，那就是，曾经适合于现状并且理性化的规则和准则，在社会状况和财产状况已经变化的情况下依然如故。委员会指出："在封建时代非常有效的理论基础，看来在 19 世纪不再有效。现在出租和再出租的迂回方式本身，看来成为耽搁和开支浩繁的原因。"③ 根据不动产委员会上述报告的内容，英国制定了六项立法，这就是，1833 年的《继承法令》，1833 年的《获得和更新租契时交纳的地租及收回的法令》，1833 年的《物权诉讼法》，1833 年的《遗孀产权法》，1837 年的《遗嘱法》和 1845 年的《物权法》。④ 这些法令是具有资本主义性质的土地法令，它们的通过，朝着确立地产的绝对财产权迈出了重要的一步。

---

① J. P. Cooper, "Patterns of Inheritance and Settlement by Great Landlords from the Fifteenth to Eighteenth Centuries", in J. Goody, Joan Thirsk, and E. P. Thompson, eds., *Family and Inheritance, 1200-1800*, Cambridge U. P., 1976, pp. 225-226.

② A. W. B. Simpson, *History of Land Law*, Oxford: Clarendon Press, 1986, Second edition, p. 274.

③ A. H. Manchester, *A Modern Legal History of England and Wales 1750-1950*, London: Butterworths, 1980, p. 303.

④ A. W. B. Simpson, *History of Land Law*, Oxford: Clarendon Press, 1986, Second edition, pp. 276-278.

19世纪中叶,几乎在"反谷物法同盟"活动的同时,科布登和布莱特领导了一个激进的要求"自由的土地"的运动,同时展开了取消长子继承权、取消限定继承权和让渡,以及使土地转手简单化的斗争。但取得的成果甚微。[①] 1854年帕麦斯顿内阁时期,成立了专门的王室委员会。[②] 1862年,根据威斯特伯里勋爵的法令建立了全国范围的土地所有权登记制度。规定在严格的检查后自愿登记土地所有权。此后,在1897年通过了土地转让法,实行了地产强制登记制度。[③]

1864年的土地改进法给予终身佃户以投资改进土地的权利。1856年和1857年给予终身佃户在法庭允许的情况下出售土地、分割其土地的权利。1877年的法令进一步规定,佃户无须经过同意便可租种土地21年,但财产授予人可以剥夺终身佃户的这种权利。1882年的法令采取了更为大胆的步骤,把全部土地管理权交给终身佃户,而终身佃户可以不受束缚地自行使用这些权利。[④]

1873年张伯伦提出:"我赞成把土地从所有的束缚下解放出来,因为它抑制了土地最大限度的产出。我赞成通过一切手段推进它随时出售和转手。""我愿意取消不合理的长子继承制的习惯法","我赞成取消限定继承人的法律,因为它为了设想中的不到150个家族的利

---

① A. H. Manchester, *A Modern Legal History of England and Wales 1750-1950*, London: Butterworths, 1980, p.305.

② A. W. B. Simpson, *History of Land Law*, Oxford: Clarendon Press, 1986, Second edition, p.281.

③ A. W. B. Simpson, *History of Land Law*, Oxford: Clarendon Press, 1986, Second edition, pp.282-283.

④ A. W. B. Simpson, *History of Land Law*, Oxford: Clarendon Press, 1986, Second edition, p.285.〔英〕克拉潘:《现代英国经济史》中卷,姚曾廙译,商务印书馆1975年版,第326页。

益，全国有半数的土地被束缚在那里。""其次，我赞成修订影响占用公地的法律，由于需要根据公正合理的条件为了人民确保残存的公地，并且从国家那里拿出小块土地直接确保租佃权。""最后，我赞成给予每个农场主以充分的租佃权，而不管任何租佃条件。这样将使得他们对于给予他的地产不断进行改进。"① 在此同时，土地法同盟在 1869 年宣布了这个组织努力的目标。它包括："推进土地的自由转手，确保通过一项《无遗嘱地产法》；保留社会对于土地的权利，以及对请求颁布议会法以授权圈地的土地权，并反对把这些土地兼并到附近地主地产的做法；推进适当的干涉私有权的措施，以便于影响劳动者和土地耕作者在目前获得的土地上获得利益；致力推动对公共拥有的财产的管理，它将有助于达到上述目标。"②

在 19 世纪，争取土地转让是立法改革的一项具体内容。这是朝着确认土地绝对所有权的重要一步。1853 年，克兰沃斯勋爵提出议案，提议成立一个王室委员会处理这一问题。这个委员会于 1854 年成立，后于 1857 年提出了报告。该委员会在报告中陈述说，要找出持久性的方法来保护现存的土地所有权。希望找到一种土地发册制度，使得土地所有者能够以一种简易的方式来买卖土地。而就土地财产权而论，可以允许主体的性质有所差别。③

1859 年，时任副检察长的凯恩斯以委员会报告为基础提出了两

---

① R. Douglas, "Land, People and Politics", from A. H. Manchester, *A Modern Legal History of England and Wales 1750-1950*, London: Butterworths, 1980, p.305.
② A. H. Manchester, *A Modern Legal History of England and Wales 1750-1950*, London: Butterworths, 1980, pp.305-306.
③ A. H. Manchester, *A Modern Legal History of England and Wales 1750-1950*, London: Butterworths, 1980, p.308.

项法案。一项是 1859 年的《所有权注册法案》，这项法案未能通过。另一项是韦斯伯里勋爵于 1862 年提出的《土地注册法》，结果这个法令未遭激烈抵制便获得通过。法令规定，国家保证进行登记的一切土地财产的所有权有效，但是，所有者首先有义务去证明他对自己土地有财产的所有权。而这注册纯粹是自愿的，当时人们对这一法令的实施热情不够。从 1862 年 10 月到 1868 年 1 月，申请地产所有权注册的只有 507 例，土地财产所有权登记的案例只有 200 个。① 保守党财政大臣哈尔斯伯里勋爵在 1897 年成功地通过了《土地转手法》。这项法令规定，在数年之内，在全国进行强制性的地产注册。②

4. 对租地持有保有权的改革

直到 1880 年代，英国对租地持有保有权没有进行任何改革。但这个问题在关于工人阶级住房的王室委员会的会议上多次辩论，并提出了补充报告。1886 年任命了一个城镇持有地专门委员会以调查相关的事务。该委员会提出的备忘录说，未发现有任何对租地持有者授予土地权的计划，可以授予地方当局在合适的地区推动授予租地持有农以土地权的做法。③

1948 年任命了租地持有权委员会来考虑租地持有者授予权利的问题。以 L. J. 詹金斯为首的委员会多数委员反对向租地持有者授予土地权，他们推荐通过地租法来延长长期租地持有农租地的期限。

---

① A. H. Manchester, *A Modern Legal History of England and Wales 1750-1950*, London: Butterworths, 1980, p. 309.
② A. H. Manchester, *A Modern Legal History of England and Wales 1750-1950*, London: Butterworths, 1980, p. 310.
③ N. T. Hague, *Leasehold Enfranchisement*, London: Sweet & Maxwell, 1987, p. 1.

在 1967 年租地持有权法令颁布之前，只有两项法规涉及佃户的持有地获得自由持有保有权。这两项法令都不那么重要。第一项法令是 1925 年财产法，它的第 153 条条款把非常长期的残存地产的保有权扩展为不受限制的土地所有权。这些土地必须是创立至少 300 年，而且离到期还有 200 年以上；它的地租已没有货币价值；租地没有为再次进入与惯例不合的倾向。符合这些规定的地产数量非常有限。第二项法令是 1920 年的礼拜堂处所法令。这个法令授予强制性购买教堂、小教堂和其他做礼拜场所托管的自由持有地。[1]

1966 年 2 月 18 日工党政府发布了关于英格兰和威尔士租地保有权改革白皮书，其意向是提出一项法案，使得长期租地持有地强制性地获得自由持有保有权，或者将现在的租地保有权延期 50 年。这项白皮书基于这样的怀疑，即在长期的租地保有权下存在着对佃户的不公正而有利于地主。[2]

1967 年最终颁布了租地持有保有权改革法令。法令规定，一个拥有租地持有保有权的佃户，如果占有土地上的房屋全部或房屋的主要部分，他便有权获得土地的自由持有保有权或者至少将租期延续 50 年，条件是：(1) 他的租期是长期租期，即租期在 21 年以上，或者后来租期扩展到 21 年。(2) 他持有的是低地租的租地，即地租不超过 1965 年应纳税价值的三分之二。(3) 在 1965 年 3 月 23 日调查中，他的财产估值在大伦敦地区不超过 400 镑，在其他地区不超过 200 镑。这个限度在 1973 年有所增加。(4) 到佃户依照权利提出要求的日期，他应当已占有房屋至少 3 年。

---

[1] N. T. Hague, *Leasehold Enfranchisement*, London: Sweet & Maxwell, 1987, pp. 2-3.
[2] N. T. Hague, *Leasehold Enfranchisement*, London: Sweet & Maxwell, 1987, p. 3.

如果佃户希望获得自由持有保有权,会向他转交有关土地转让、抵押清账、地租清账和其他影响地主利益的债权的条款。自由持有保有权购买价格是未来的市场价格。如果佃户希望获得延长租期的租地,他必须满足等同于他的租期上加 50 年的佃户承担的条件,包括 50 年延长期中增加的地租额。[①]

[①] N. T. Hague, *Leasehold Enfranchisement*, London: Sweet & Maxwell, 1987, pp. 10-11.

第二章　德国

第一节　中世纪后期的农业

德国东部的土地使用制度是在 13 至 14 世纪德意志人在东斯拉夫人的土地拓殖时期开始确立的。到 14 世纪末期，德国已经包括波美拉尼亚、勃兰登堡州和西里西亚省。在东边更远的地方，德意志的条顿骑士沿着东波罗的海海岸，在从下维斯杜拉河到芬兰湾的地区定居下来。在德国东部的西里西亚、波希米亚、埃尔茨山区到波希米亚的西北部、南萨克森部分地区、威瑟尔河口和易北河河口、勃兰登堡的北海湿地、东普鲁士围绕着维斯杜拉河的地区。有的村庄建设成不大的防守严密的村庄，采用了高度统一的形式。在所有这些新定居地，共同使用土地的做法不像在老的德意志西部地区那样流行。① 在新殖民化的村庄建立的政府机构和德国西南部的乡村机构不同。它们的首要职能是立法和行政职能，而非经济职能。

易北河以东地区领主的收入，首先来源于领主直接管理的庄园自营地，包括种庄稼的土地、牧场、草地和森林。第二方面来自居住在

---

① R. L. Hopcraft, *Regions, Institutions, and Agrarian Change in European History*, Ann Arbar: University of Michigan Press, 1999, p. 163.

村庄里的居于从属地位的农民的劳役义务和其他的租费。第三方面是在领主权力控制下的磨坊主和工匠支付的租金。①

中世纪易北河以东德意志村庄有大量的公有地。通常公有地面积是一个村庄农民拥有的土地面积的2—4倍。公有地的一部分属于定居在村庄的贵族所有，或者日渐被统治当地的贵族的陪臣所有。典型的村庄还拥有用以支持教区神甫和行政长官的土地。为庄园领主和村庄显贵服务的少数小土地持有者便定居在那里。

15世纪以前，在易北河以东的中欧和东欧地区，这里的乡村居民拥有较大的自由。当地中海和西欧土地上中世纪后期村民取得和市民以及其他公民平等的法律身份时，在易北河以东的东欧，在15世纪末和16世纪初出现一种相反的倾向。到了15世纪初期，情况开始恶化，建立农奴制度的速度加快了。②在德国中部和东部，还存在一种对庄园雇工的强制性劳务。这种方式1543年出现在勃兰登堡。其内容是农奴的所有子女都必须在土地所有者家中做1—4年的仆人，这是在通常的农业劳务之外的额外负担。③到了16世纪初，土地贵族急切地将他们的地产用于生产国内和国外市场所需要的产品。在此时，统治王公包括勃兰登堡选帝侯，用一种新的身份把人身自由的村民束缚在土地上。勃兰登堡统治者要求村民每周去领主土地上耕作2天。这种领主的侵犯性行为实际上"使易北河以东的自由农民成为农

---

① William W. Hagen, *Ordinary Prussians: Brandenburg Junkers and Villagers, 1500-1840*, Cambridge U. P., 2002, p. 32.
② 〔英〕E. E. 里奇、〔英〕C. H. 威尔逊（主编）：《剑桥欧洲经济史》，第五卷，高德步等译，经济科学出版社2002年版，第109页。
③ 〔英〕E. E. 里奇、〔英〕C. H. 威尔逊（主编）：《剑桥欧洲经济史》，第五卷，高德步等译，经济科学出版社2002年版，第111页。

奴"。它成为中东欧农奴制大规模发展的一个插曲。①

除了在勃兰登堡的乌尔马克和诺伊马克外，处于从属地位的农民并没有被限制持有，或转移财产、缔结婚约，或以农奴身份在法庭进行诉讼。农奴或农奴制的概念在德国中世纪法律中非常普遍地被使用，但很少出现在16和17世纪勃兰登堡的法规中。德国法律解释说，这些依附条件不是个人身份属性，而是因为他们占有要承担不支薪的劳役和强制性服役的农场的结果。② 这些地方的地主迫使大农场持有者每周带上一队牲畜到庄园去做2天到3天的劳役义务。小土地所有者则要承担在庄园的体力劳动。③

在德国北部，公共法庭和庄园法庭一样仍然正常地存在。自由人、自由地持有者和租佃者一样出席公共法庭并接受审判。④

德国南部和西北部基层组织是由许多村庄和独立农场组成的，其特征是在土地上很少有什么公共权力。这种小村庄在威斯特伐利亚、上帕拉丁、符腾堡和巴伐利亚的部分地区广泛存在。在这里，持有土地的农民是孤立的完全封闭的。⑤

在德国西南部和易北河以西的中部，存在着公用的敞地，农民依附于封建领主。部分庄园土地由奴隶和依附佃农耕种，其余的土地

---

① William W. Hagen, *Ordinary Prussians: Brandenburg Junkers and Viliagers, 1500-1840*, Cambridge U. P., 2002, p. 35.
② William W. Hagen, *Ordinary Prussians: Brandenburg Junkers and Viliagers, 1500-1840*, Cambridge U. P., 2002, pp. 36-37.
③ William W. Hagen, *Ordinary Prussians: Brandenburg Junkers and Viliagers, 1500-1840*, Cambridge U. P., 2002, pp. 36-37.
④ R. L. Hopcraft, *Regions, Institutions, and Agrarian Change in European History*, Ann Arbar: University of Michigan Press, 1999, pp. 167-168.
⑤ R. L. Hopcraft, *Regions, Institutions, and Agrarian Change in European History*, Ann Arbar: University of Michigan Press, 1999, p. 165.

则分配给乡村佃户。每个佃户占有1"胡符（Hufe）"土地。德国把这种佃户称为"胡符农"，胡符农要向领主服劳役并交纳地租。到13世纪，耕种村庄土地受村庄共同体监督。尽管劳役衰落了，但农民对领主的租费仍然负担沉重。这些租费因庄园不同而异，但都包括地租、个人的税负、什一税、交给法警和行政官的费用、租地继承费，以及使用庄园所垄断的磨坊、公共面包房、酿啤酒坊要支付费用，还要交纳赋税。可能德国农民承担的全部负担比英格兰要轻一些。在莱茵兰和摩塞尔地区，中世纪盛期农民的负担总和相当于农民谷物总产品的三分之一。他们的税赋比英格兰农民要轻些。依附农民常常要把自己的谷物收获物的一半用于交纳税费。[1]

在易北河以西的地区，封建关系和中世纪的农奴制度在12到16世纪逐渐消失。到16世纪庄园制已完全废除，甚至有的地区从1500年起，庄园中的农民就可以自由地迁徙和买卖土地。农民在婚姻、继承、土地占有及使用方式（包括出租、占有、半参股方式的出租或者封建的采邑制）等方面拥有广泛的自主权，他们以货币或实物方式支付地租。

第二节 黑死病，三十年战争，16世纪西部和东部农业发展的不同道路

14世纪中叶到15世纪发生的黑死病使得德国人口急剧减少。在这一过程中，又发生了内战和贵族纷争。1475年前后勃兰登堡乡村呈现出一幅荒凉的景象，许多村庄因人口减少而被完全放弃了，还有

---

[1] Werner Rosener, *Peasants in the Middle Ages,* University of Illinois Press, 1992, p. 140.

一些村庄只剩下一半居民。绝大多数庄园领主长期丧失了作为封建军士的功用。在中世纪后期的危机中，勃兰登堡的侯爵拍卖了许多土地。当地残存的强有力的庄园领主则通过土地兼并致富。他们在扩大领主权的同时，强化了领主的司法权，使得庄园法庭的权力压倒了村民会议的权力。①

到 16 世纪经济繁荣时期，德国人口才完全恢复。到了三十年战争前夕，德国人口增加到 1500 万。②

在 16 世纪农业生产高涨以后，是 17 世纪的衰退。③ 这是一个在资本主义萌芽之后重新封建化的时期。在这个时期，以不断上升的价格向市场提供肥畜、黄油、啤酒花、蔬菜和水果的趋势在发展，牧场被改造为耕地。在产品价格不断上涨的情况下，在麦克伦堡、波美拉尼亚、莱茵河下游地区、西里西亚和萨克森等地开始集约经营粮食生产。④

三十年战争使得德国人口骤减。有学者评论说："在这灾难深重的 30 年里，约有 40% 的德国农村人口被战争和瘟疫夺去了生命。"⑤估计三十年战争中有 40% 的乡村人口和 30% 的城市人口死去。⑥ 由

---

① William W. Hagen, *Ordinary Prussians: Brandenburg Junkers and Villagers, 1500-1840*, Cambridge U. P., 2002, pp. 32, 34.
② R. L. Hopcraft, *Regions, Institutions, and Agrarian Change in European History*, Ann Arbar: University of Michigan Press, 1999, pp. 176-177.
③〔德〕马克斯·布劳巴赫等：《德意志史》第二卷上册，陆世澄等译，商务印书馆1998 年版，第 629 页。
④〔德〕马克斯·布劳巴赫等：《德意志史》第二卷上册，陆世澄等译，商务印书馆1998 年版，第 562 页。
⑤〔德〕马克斯·布劳巴赫等：《德意志史》第二卷上册，陆世澄等译，商务印书馆1998 年版，第 631—632 页。
⑥ Wilhelm Abel, *Agricultural Fluctuations in Europe from the Thirteenth to the Twentieth Centuries*, N. Y: St. Martin Press, 1978, p. 155.

于战争,黑森损失了 40%—50% 的人口,图林根损失了 50% 以上的人口。[①] 在黑森—卡塞尔的松塔拉区,从 15 世纪末到 17 世纪中叶村庄拥有的家庭数量普遍减少。小村庄劳腾豪森的家庭数目 1583 年为 17 家,1639 年为 3 家,1656 年为 9 家。小村庄登斯的家庭数目 1583 年为 27 家,1639 年为 13 家,1656 年为 19 家。在中等村庄科林斯瓦尔德的家庭数目 1583 年有 58 家,1639 年有 14 家,1656 年有 23 家。在大村庄松塔拉的家庭数目 1583 年有 231 家,1639 年有 58 家,1656 年有 134 家。[②]

三十年战争给德国农业造成了很大的破坏,同时使波西米亚、德意志、波兰和勃艮第大片土地荒芜。[③]

战争间接的结果是饥荒、谷物价格上涨和传染病流行。传染病 1634 年开始在德国东南部发生,1636—1640 年横扫德国中部、西部和南部绝大部分地区。在此同时,勃兰登堡绝对主义国家的发展,增加了对赋税的要求,使容克和地主处境恶劣。农业发展缓慢地下降,1700 年全德谷物产量比英格兰、低地国家,甚至比法国还要低。

德国东部和北部通过法律来保持大农场制。随着 15 世纪末庄园控制的增强,领主和王公都要求实行地产不可分割的继承制。这有利于巩固一个富有的上层土地所有者等级。在西南部,再封建化不那么成功,分割继承制较为流行,小土地持有非常普遍。当地生产葡萄酒

---

① John C. Theibault, *German Villages in Crisis: Rural Life in Hesse-Kassel and the Thirty Years' War, 1580-1720*, New Jersey: Humanities Press, 1995, p. 166.

② John C. Theibault, *German Villages in Crisis: Rural Life in Hesse-Kassel and the Thirty Years' War, 1580-1720*, New Jersey: Humanities Press, 1995, p. 172, Table 6.2 Number of Householders in Selected Villages in Amter Sontra and Wanfruied, 1583, 1639, 1656.

③ 〔英〕E. E. 里奇、〔英〕C. H. 威尔逊(主编):《剑桥欧洲经济史》第五卷,高德步等译,经济科学出版社 2002 年版,第 65 页。

和工业原料作物，他们创造的收入超过了农业。分割继承的土地有利于这些经营项目。许多代延续下来的持续分割继承，使得德国西部的农场变得很小，典型的农场面积在 5 公顷即 12 英亩以下。德国这种小农场分布在西南部、大农场分布在东部和西北部的状况一直持续到 20 世纪。①

尽管发生了庄园化，但德国东部谷物大部分还是由农民农场生产的。例如，在立窝尼亚奥克森斯蒂尔那地产上，1624—1654 年得自农民的岁入相当于来自领主自营地岁入的 4 倍。在波兰和波希米亚情况也是一样。直到 17 世纪末，农民始终是市场主要的谷物供应者。在德国东部，土地贵族自己拥有的大地产经营得很好。例如东普鲁士的塔皮奥，1550 年到 1696 年间，由庄园地产生产出的谷物很少达到司法区平均收成的 45% 的。司法区有 26% 的岁入来自独立农民的谷物税，14% 来自磨坊税和其他税收。②

在中世纪后期，在德国的西北部、北部和东部实行非公社制的农耕制度。在北部沿海和西北部，这种农民经济残存到近代早期。在德国东部，政治发展则与西部完全不同。在这里，农民和工人的状况没有改善，相反重新实行了封建式的劳役制，并对原先在欧洲最自由的农民加以限制。③

在德国西北部，在 16 世纪农民的自由遭到了某种压制。例如，

---

① R. L. Hopcraft, *Regions, Institutions, and Agrarian Change in European History*, Ann Arbar: University of Michigan Press, 1999, pp. 182-183.
② Wilhelm Abel, *Agricultural Fluctuations in Europe from the Thirteenth to the Twentieth Century*, N. Y.: St. Martin Press, 1978, p. 214.
③ R. L. Hopcraft, *Regions, Institutions, and Agrarian Change in European History*, Ann Arbar: University of Michigan Press, 1999, pp. 157-158.

在石勒苏益格－霍尔斯坦因，1524年贵族被授予对于农民无限制的司法权，而农民向丹麦上诉的权利被取消。农民未得到领主的许可不得离开他们的持有地，甚至禁止农民结婚。在近代早期，许多地方的农民进行反抗，以保持他们的权利和自治。例如，迪特马奇的农民在1500年起义打败了丹麦汉斯国王的重装骑兵。[①]

在德国西北部，国王和伯爵在16世纪强夺了农民的农场，然后由他们自己来经营这些地产。这些地产绝大多数是小地产，但也有大地产。例如，奥格登堡伯爵饲养牛的农场面积达到4000公顷左右。以后，随着经济条件的变化，西部的大农场纷纷瓦解。

16世纪，在生产专门化和国际贸易关系发展的过程中，相互缠绕的复杂经济关系发展起来。西欧中心地区在粮食需求发展和价格波动中，更依赖世界市场。商业化的起伏强有力地影响到生产和出口谷物的德国东部地区的内部社会结构。在易北河以东地区，发展起了一种专门化的农业类型。

在这个商业化过程中，一个土地所有者阶层——容克地主成长起来。它生产的目的是依靠出口市场获利。与此同时，农民劳动力日渐被束缚在地产上，自由农民一步步地失去了他们的权利，承担沉重的劳役和租税负担。这样，第二次农奴制（或称"再版农奴制"）发展起来，被剥夺了土地所有权的农民依附于并被束缚在土地上。形成这个过程还有其他一些因素，当时收成很坏，饥馑和流行病造成了人口锐减，农产品价格下降，普遍的萧条和购买力丧失。当时对付这种

[①] R. L. Hopcraft, *Regions, Institutions, and Agrarian Change in European History*, Ann Arbar: University of Michigan Press, 1999, p. 181.

挑战的措施，便是改变以地租为基础的地产管理方式。①

16世纪地主对于变化的形势采取了由地主家族直接控制土地的方式，取代了封建领主的地租、剥削和财产管理方式，用劳役和租费来代替农民的地租。16世纪庄园经济扩张，容克地主把统治权作为工具来达到其经济目的，加强了贵族对于农民的权力关系。直到18世纪，国家权力都没有阻碍容克扩大其地产。政府继续承认容克的贵族特权，特别是从未干涉容克在地产上的领主权。这是一种长期的政治交易，它起了一种归化贵族、使贵族承担起了给扩张中的国家以财政支持的责任。②

在德国符登堡的朗根堡区，生产力水平不高。在平原村庄布鲁赫林根、比林斯巴赫和拉波德斯豪森，种子和产出的比率是1∶4.9。而在亚格斯特河谷边缘、在阿岑罗德和库普弗霍夫村，种子产出率为1∶4.2，这里的种子产出比率低于德国的平均水平。而在17世纪，德国农民的平均产出率平均为1∶4.5。所有的农民都努力将农业失败的概率最小化，他们种植谷类作物、做饲料的斯佩尔特小麦和裸麦，因为这些作物能抗霜冻和过多的雨水。③ 在16世纪30年代以后，当地对土地的需求增大了。在贫瘠的土地上，劳动力的增加解决了农业产量停滞不前的问题。15世纪德国市场对葡萄酒的需求则促使农

---

① Hanna Schissler, "The Junkers: Notes on the Social and Historical Significance of the Agrarian Elite in Prussia", in Robert G. Moeller, ed., *Peasant and Lords in Modern Germany, Recent Studies in Agricultural History*, Boston: Allen & Unwin, 1986, pp. 25-26.

② Hanna Schissler, "The Junkers: Notes on the Social and Historical Significance of the Agrarian Elite in Prussia", in Robert G.Moeller, ed., *Peasant and Lords in Modern Germany, Recent Studies in Agricultural History*, Boston: Allen & Unwin, 1986, p. 26.

③ Thomas Robisheaux, *Rural Society and the Search for Order in Early Modern Germany*, Cambridge U. P., 1989, p. 25, Table 1.1 Seed Ratio in Langenburg District, 1623.

民将种植谷物的土地改种葡萄。由于当时地主贵族的主要收入来源是土地，所以，他们仔细地看管所属的土地，实行长子继承制，防止领地分散，并加强用领主制控制农民。①

在经历了第一场大饥荒后，到1580年代，当地的许多村庄和市场小镇出现了数量可观的没有任何土地的家庭。1581年在朗根堡区，有10%—15%的家庭没有土地，没有土地的家庭环绕着小小的市场城镇。在加斯特河谷的其他村庄，如赫尔登和下埃京巴赫，有30%的农民是茅舍农。在霍亨洛赫平原的村庄中，1581年有40%的农民是茅舍农。②1553年该地区12个村共有佃户224户，1581年佃户数增至318户。1553年茅舍农为23户，1581年增至58户，茅舍农的比例从1553年时的10.3%增至1581年的18.2%。③其中比林斯巴赫村的茅舍农由占农户的26.5%，增至占农户的37.3%。下埃京巴赫村的茅舍农由占农户的9.7%，增至占农户的23.3%。赫尔登村的茅舍农增长了27%。④

1606年在阿岑罗德，有14家佃户没有土地，18户佃户每户持有土地在0.1—4.9摩尔根，6户佃户每户占有土地5—9.9摩尔根，6户佃户每户占有土地10—19.9摩尔根，1户佃户占有土地在20—29.9摩尔根，3户佃户每户占有土地在30—39.9摩尔根，3户佃户每

---

① Thomas Robisheaux, *Rural Society and the Search for Order in Early Modern Germany*, Cambridge U. P., 1989, pp. 28, 29.
② Thomas Robisheaux, *Rural Society and the Search for Order in Early Modern Germany*, Cambridge U. P., 1989, pp. 73, 74.
③ Thomas Robisheaux, *Rural Society and the Search for Order in Early Modern Germany*, Cambridge U. P., 1989, p. 73, Table 3.1 Cotters in Langenburg District, 1553 and 1581.
④ Thomas Robisheaux, *Rural Society and the Search for Order in Early Modern Germany*, Cambridge U. P., 1989, p. 73.

户占有土地均在40摩尔根以上。①

在布鲁赫林根村,有7户佃户没有土地,23户佃户每户持有土地在0.1—4.9摩尔根,8户佃户每户占有土地5—9.9摩尔根,6户佃户每户占有土地10—19.9摩尔根,2户佃户每户占有土地在20—29.9摩尔根,1户佃户占有土地在30—39.9摩尔根,3户佃户每户占有土地在40摩尔根以上。②

在朗根堡区,从1550年到1689年地主每年从土地出租征收的地租在逐步增长。1550—1559年地租总额为204佛罗林,1570—1579年地租总额为319佛罗林,1590—1599年地租总额为387佛罗林,1600—1609年地租总额为433佛罗林,1610—1619年地租总额为453佛罗林,1620—1629年地租总额为509佛罗林,1630—1639年地租总额为519佛罗林,1640—1649年和1680—1689年地租总额均为522佛罗林。③ 在朗根堡区,地主从更新租约中向租户收取的费用,1590—1599年间每年为888佛罗林,1600—1609年间每年为735佛罗林,1610—1619年间每年为789佛罗林,1620—1629年间每年为877佛罗林,1630—1639年间每年为757佛罗林,1640—1649年间每年为170佛罗林,1650—1659年间每年为270佛罗林,1660—1669年间每年为288佛罗林,1670—1679年间每年为355佛罗林,1680—

---

① Thomas Robisheaux, *Rural Society and the Search for Order in Early Modern Germany*, Cambridge U. P., 1989, p. 88, Table 3.4 Land Distribution in Atzenrod, 1606.

② Thomas Robisheaux, *Rural Society and the Search for Order in Early Modern Germany*, Cambridge U. P., 1989, p. 88, Table 3.5 Land Distribution in Atzenrod, 1606.

③ Thomas Robisheaux, *Rural Society and the Search for Order in Early Modern Germany*, Cambridge U. P., 1989, p.169, Table 6.3 Average Yearly Income in Rents from Langenburg District, 1550-1689.

1689年间每年为304佛罗林。①

将德国乡村地区整合进市场经济的过程，在16世纪可分为两个阶段。第一个阶段是稳健的发展阶段，时间是从1450到1560年。第二个阶段是1560到1640或1650年，这个阶段是非常迅速的发展阶段。在第一阶段，谷物价格的高涨在吸引农民经济进入市场上起了最为重要的作用。例如在维尔茨堡，裸麦的价格从1511—1520年到1531—1540年翻了一番。②在朗根堡区，作饲料用的斯佩尔特小麦每马耳脱（malter）的价格从1601—1610年的1.5佛罗林，上涨到1611—1620年的3.4佛罗林和1621—1630年的4.3佛罗林。③

在16世纪后期，霍亨洛厄地区的市场发展起来。由于农产品价格很高，并且向地区以外外销谷物、葡萄酒和牛，当地的每个村庄或多或少都卷入了市场经济。在朗根堡区，首先是在1572年，马特尔·埃尔曼、马丁·海恩利希和文德尔·朔伊尔曼首先向市场出售产品致富，随后在1580年代大批租佃农场主和小土地持有者展开向外地出售谷物的商业活动。其他农民也买卖货物、烘面包、做屠户和做各种工匠、酿造葡萄酒和打工。库普弗霍夫村的老约普·普洛恩格通过经商，他的土地、现金贮藏，以及出售牛、葡萄酒、谷物和放贷的财富达到3700佛罗林。调查者在下埃京巴赫的雅各布·阿贝尔家中

---

① Thomas Robisheaux, *Rural Society and the Search for Order in Early Modern Germany*, Cambridge U. P., 1989, p. 169, Table 6.4 Average Yearly Income in Entry Fines from Langenburg District, 1590-1689.

② Thomas Robisheaux, *Rural Society and the Search for Order in Early Modern Germany*, Cambridge U. P., 1989, p. 148.

③ Thomas Robisheaux, *Rural Society and the Search for Order in Early Modern Germany*, Cambridge U. P., 1989, p. 150, Table 6.1 Median Price of Spelt in Langenburg District, 1606-1670.

的收入簿册上发现这个家族有4600佛罗林的资产。他的几个邻居的账簿上一般都有1330佛罗林的资产。在亚格斯特河谷的奈瑟尔巴赫村，小酒馆主人恩德雷斯·弗兰克的财产达到了8600佛罗林，这是一个惊人的数字。①

德国农业的转折点是在1627年到1634年。沃伦斯坦政府在三十年战争期间大量征收战争税。以朗根堡区为例，1627—1628年战争税总额为295佛罗林，1627—1628年增至918佛罗林，1628—1629年更增至7726佛罗林，1629—1630年为2912佛罗林，1631—1632年为1587佛罗林，1636—1637年战争税又增至6500佛罗林。到1634年，许多土地沦为了荒地和牧场。

奥托博伊伦在士瓦本地区，这里是1517年到1525年农民战争的中心地区之一。这里的领主权非常巩固和持久。奥托博伊伦的农民受到的压迫和剥削非常沉重。1544年，在奥托博伊伦的阿滕豪森村，各种领主税负给农民带来很重的负担，其中土地税占农民全部收成的10.8%，货币地租占2.4%，什一税占10%，全部封建税负占农民收成的23.8%。在博恩村，土地税占农民全部收成的6.7%，货币地租占4.3%，什一税占10%，全部封建税负占农民收成的21.6%。在弗雷兴雷登村，土地税占农民全部收成的9.1%，货币地租占3.7%，什一税占10%，全部封建税负占农民收成的23.4%。②

在奥托博伊伦的阿尔提斯里德村，占地不到2.534公顷的农户有6家，占地在5.491公顷以上的农户有7家。在阿滕豪森村，占地不

---

① Thomas Robisheaux, *Rural Society and the Search for Order in Early Modern Germany*, Cambridge U. P., 1989, pp. 153-154.
② Govind P. Sreenivasan, *The Peasants of Ottobeuren, 1487-1726*, Cambridge U. P., 2004, p. 138, Table 3.7 Seignenrial Dues as a Propotion (%) of the Harvest at Ottobeuren, 1544.

到 2.534 公顷的农户有 58 家，占地在 2.534—5.487 公顷之间的农户有 1 家，占地在 5.491 公顷以上的农户有 17 家。在本宁根村，占地不到 2.534 公顷的农户有 72 家，占地在 2.534—5.487 公顷之间的农户有 6 家，占地在 5.491 公顷以上的农户有 25 家。迪特拉特里德村，占地不到 2.534 公顷的农户有 19 家，占地在 2.534—5.487 公顷之间的农户有 3 家，占地在 5.491 公顷以上的农户有 8 家。在艾格村，占地不到 2.534 公顷的农户有 74 家，占地在 2.534—5.487 公顷之间的农户有 7 家，占地在 5.491 公顷以上的农户有 19 家。

在这个地区，农民处于贵族领主的司法权控制之下。在弗兰肯骚森村，通常有两个或更多的领主。他们对村庄里的居民行使伯爵领主的司法裁判权，另有 45 个居民从属于贵族冯多恩伯格的司法裁判权。在内塔村有 18 个居民从属于伯爵领主的司法裁判权。[1] 到了 17 世纪，旧的判例汇编已经被新的法律实践所取代。地方上有司法官和陪审团共同裁决违法行为。格里希特博恩伯格村实施的是由冯博恩伯格家族若干支系在 1604 年制定的 42 点指示来判案。[2]

1630 年在阿布特罗德村，地产分布得极不平等。在账簿上，89 个家庭每个家庭持有的土地面积从 1 胡符以上到不足 1 阿克尔（Arcker）。[3]

---

[1] John C. Theibault, *German Villages in Crisis: Rural Life in Hesse-Kassel and the Thirty Years' War, 1580-1720*, New Jersey: Humanities Press, 1995, pp. 21-22.

[2] John C. Theibault, *German Villages in Crisis: Rural Life in Hesse-Kassel and the Thirty Years' War, 1580-1720*, New Jersey: Humanities Press, 1995, p. 26.

[3] John C. Theibault, *German Villages in Crisis: Rural Life in Hesse-Kassel and the Thirty Years' War, 1580-1720*, New Jersey: Humanities Press, 1995, p. 119.

表 2-1　1601 年施塔韦诺领主拥有的财产价值统计（按照 4% 资本化）[1]

财产			价值（单位:荷兰盾）	占总资产的比例（单位:%）
庄园房舍和自营地农场的建筑			5813	8.6
森林的收入			15552	23.2
来自自营地产品的收入	谷物出售		12104	18.0
	家畜		10917	16.3
	鱼和菜园		3615	5.4
领主磨坊的租			4400	6.5
领主法庭和司法裁判费收入			1649	2.3
来自村庄的地租收入	施塔韦诺附属农民的固定地租	劳役	8454	12.6
		以收获物作为地租	1375	2.0
		现金地租	864	1.3
	外来公民的短期义务	劳役义务	1609	2.4
		谷物地租	804	1.2
总额			67156	100

施塔韦诺在 1618 以前存在着贵族的司法权，领主向农民征收或轻或重的领主税并强迫农民服劳役。持有整份和半份土地的农民通常每周要服 3 天劳役。这是易北河以东勃兰登堡乡村大致流行的封建劳役情况。在 16 世纪中叶以后，农民每周服 3 天劳役的情况非常流行。在三十年战争结束以前，没有证据表明劳役义务进一步加重。[2]

---

[1] William W. Hagen, *Ordinary Prussian: Brandenburg Junkers and Villagers, Junkers, 1500-1840*, Cambridge U. P., 2002, p. 41, Table l. 1 Composition of the Stavenow Lordship's Market Value, 1601.

[2] William W. Hagen, *Ordinary Prussian: Brandenburg Junkers and Villagers, 1500-1840*, Cambridge U. P., 2002, pp. 65, 67.

1601—1614年拥有整份和半份土地的持有者占50%，小土地持有者占27%。1694年拥有全份和半份土地的持有者占38%，小土地持有者占21%。1727年在施塔韦诺领主的地产上，拥有整份和半份土地的持有者占52%，小土地持有者占5%，农业劳工占19%。

在施塔韦诺领主土地上，1601—1614年种植的作物中，裸麦为32.3%、大麦为11.5%、燕麦为33%，谷物种植面积占全部土地的76.8%。1694年种植的作物中，裸麦为24%、大麦为18%、燕麦为6%，谷物种植面积占全部土地的48%。1719年种植的作物中，裸麦为24%、大麦为10.5%、燕麦为17%，谷物种植面积占全部土地的51.5%。1727年种植的作物中，裸麦为35%、大麦为14.5%、燕麦为19.5%，谷物种植面积占全部土地的69%。该地产土地利用率提高了21%。[1]

德国这个时期是一个半市场化的社会，资本主义并没有得以无所障碍地发展，绝对主义国家朝着更加商业化、官僚化和军事化的方向发展。在贵族和村民的关系中情况相仿，家庭和财产起着决定性的作用，但社会并非没有流动，社会并非仍是传统束缚的社会和自我再生产的社会，历史在不断地变动中，社会成员须得不断地适应这种变动。[2]

---

[1] William W. Hagen, *Ordinary Prussian: Brandenburg Junkers and Villagers, 1500-1840*, Cambridge U. P., 2002, p.115. Table 2.4 Projected Seigneurial Production and Incomes, 1727, Compared with Earlier or Anticipated Output.

[2] William W. Hagen, *Ordinary Prussian: Brandenburg Junkers and Villagers, 1500-1840*, Cambridge U. P., 2002, p. 122.

表 2-2　柏林市场 1703—1805 年谷物平均价格（单位：格罗申小银币）①

年份	裸麦	大麦	燕麦
1703—1712	19	18	12
1713—1722	24	21	15
1723—1732	20	18	13
1733—1742	24	19	14
1743—1752	23	19	14
每十年均数，1703—1752	22	19	14
1766—1775	33	23	18
1776—1785	27	20	16
1786—1795	32	26	20
1796—1805	47	38	28
每十年均数，1766—1805	35	27	21

　　德国东部和德国西部地区一个非常明显的差别是，非德意志居民的生产效益比德意志居民低得多。这就使得德国地主在对东部土地进行圈地实行庄园化过程中，首先被圈占的是非德意志居民的土地而不是德意志居民的土地。被迫放弃土地的首先是"普鲁士居民"，而"德意志居民"的土地被圈占的要少得多。此外，土地、交通状况、政治边界和居民点的地界，也影响到庄园面积扩大的情况。所以，肥沃的黏土地和黄土地最能吸引庄园以损害农民利益为代价进行扩展，靠近河流的和波罗的海沿岸的地区便是这样。

　　16 世纪下半叶，德国东部地区农民的个人地位有所恶化，往往与斯拉夫居民更为低下的法律地位相当。在这个地区盛行着沉重的徭

---

① William W. Hagen, *Ordinary Prussian: Brandenburg Junkers and Villagers, 1500-1840*, Cambridge U. P., 2002, p. 210, Table 2.4.

役，农民不仅要为上升中的邦国，而且也要为贵族和城市负担新的贡赋，并重新沦为农奴。在易北河以东，由于14世纪以来建立了与波兰西部和西方世界的联系，农业的市场化在那里发展更快。东部的邦君们在17世纪以前财政极为窘迫，为了自身的独立不得不以批准赋税为条件允许贵族对农民拥有更多的自由，这种自由的程度甚至超过了邦国巩固以来的西部地区。庄园主被赋予了领主裁判权、警察权力和教会庇护权等官厅权力，使得他们集中了对付农民的私人停止权和行政管理权。在这个地区，由于庄园主对农业的兴趣，也出现了诸侯直辖庄园的萌芽。勃兰登堡大选侯在16世纪便接受了这样的观点：君主必须是他的国土上最大的地主。王室领地也可以作为私人经济来经营、扩大、出卖和世袭。①

在易北河西岸，尽管农民的生活和社会地位也都下降了，但情况对农民更有利些。这里邦国领地分散，邦国君主出于关心税收的目的，对农民提供了某种程度的保护，而另一些农民则处于较为温和的教会领主的控制之下。②西部的贵族往往为诸侯和教会供职，他们较少自己经营农业，而宁可把各个田庄季节性地租赁出去，并把劳役转化为可靠的不受物价波动和货币贬值影响的货币租金和实物租金。

在德国西部，存在着自由农民的定居地，这些地方被称作"帝国的村庄"。这些帝国的村庄是数世纪以前像帝国城市一样创立的。这些村庄只承认德意志神圣罗马帝国是其领主。到18世纪，这些帝国村庄中绝大多数已经落入地方统治者的控制中，失去了原先的地位。

---

① 〔德〕马克斯·布劳巴赫等：《德意志史》第二卷上册，陆世澄等译，商务印书馆1998年版，第559—560页。
② 〔德〕马克斯·布劳巴赫等：《德意志史》第二卷上册，陆世澄等译，商务印书馆1998年版，第559页。

此外，德意志还有一批自由农民生活在法德边境地区。自由农民构成了德国西部乡村人口的一小部分。这些农民尽管有自由身份，但他们中的绝大多数人还得向有权势的领主交纳租税。①

在德国东部自由农民的数量比西部要多得多。13世纪条顿骑士团征服这个地区时，他们由于立即皈依了基督教而获得了自由。在东普鲁士，自由民被称为"克尔默"，因为骑士团授予他们那种曾授予卡尔姆城和托伦城同样的特权。德意志东部其他地方的自由农民还有其他的名称。②

"克尔默"在德意志乡村社会等级中是一个专门的类别，他们的地位处于贵族和农民之间。这种身份表现在普鲁士军事组织中。在那里，贵族之子担任委任的官员，"克尔默"之子充任非委任军官，而不自由农民之子充当士兵。尽管"克尔默"被称为他们所持有土地的所有人，并可以随意地让渡这些土地，他们却没有对这些土地的完全所有权。他们的土地被视为国家土地的一部分。他们要向君主交纳税金，并要在王室庄园服劳役，以此表示承认后者的最高所有权。那些从私人领主那里租得土地的自由民，有时需要在交纳货币地租之外，另交纳实物地租和服劳役。他们时常生活在他们自己的村庄或是孤立的农场上。此后，庄园的土地逐渐环绕了他们的土地，他们沦为领地农民的同类。到了18世纪，一些"克尔默"失去了自由。领主强迫他们交纳不自由农民要交纳的租费。而且，由于他们中许多人缺少能够证明自己特别身份的文件，他们的土地有时会被领主霸占，他们像德意志东部绝大多数农民那样有沦为农奴的危险。③

---

① Jerome Blum, *The End of Old Order in Rural Europe*, Princeton U. P., 1978, p. 29.
② Jerome Blum, *The End of Old Order in Rural Europe*, Princeton U. P., 1978, p. 30.
③ Jerome Blum, *The End of Old Order in Rural Europe*, Princeton U. P., 1978, p. 30.

在德国西南部，一些领主对土地持有者转手土地索要费用。新的土地持有者要向对该地产具有直接所有权的领主付费，还要对在当地有司法审判权的领主付费，如果持有者是农奴，他还要对作为农奴主人的领主付一笔费用。而在德国符登堡，领主对土地转手只索要相当于土地售价 2% 的费用。①

在德意志王室的地产，法令规定土地转手的费用在持有地价值的 3% 到 5% 之间。在各斯拉夫省份，没有授权征收土地转手的费用，但是确实有领主征收这种费用。在下西里西亚，在农民之间转手土地时，领主要收取费用。②

在德国，政府规定了农民全份额持有地的单位"胡符（Hufe）"的面积在 7 至 15 公顷之间。征税土地单位的确定，有利于实行较为公正的征税制度。根据萨伏依公爵的指令，1728 年至 1738 年对土地面积和土地价值做了地籍测量。③

第三节 再版农奴制和农奴制废除

在德国中部，自 15 世纪开始的再封建化进一步发展。这种倒退削弱了领域统治者的权利。地方领主能够利用这种削弱获得对农民的司法裁判权。④ 最初只是农民的社会和法律自由受到威胁，但最终他们的经济自由也被剥夺了。16 世纪农产品价格上涨导致了领主更多地直接耕种庄园自营地。为了获得自由劳动力，他们开始运用自己

---

① Jerome Blum, *The End of Old Order in Rural Europe*, Princeton U. P., 1978, pp. 60-61.
② Jerome Blum, *The End of Old Order in Rural Europe*, Princeton U. P., 1978, p. 62.
③ Jerome Blum, *The End of Old Order in Rural Europe*, Princeton U. P., 1978, pp. 66-67.
④ F. L. Castern, *The Origins of Prussia*, London: Oxford U. P., 1954, p. 94.

的法律权利，要求农民为他们服劳役。这样一来，一大批先前欧洲最自由的农民开始像农奴那样要承担劳役义务，在向市场提供产品的商业化地产上劳动。例如在 15 世纪的勃兰登堡，贵族只有很小的自营地农场。贵族逐渐地扩大庄园对农民的权利，减少农民的人身自由，增加他们的劳役义务，把世袭租佃制变成很不利于农民的租佃制。16 世纪在勃兰登堡出现了土地贵族的大农场。在 16 世纪最后 25 年到 17 世纪最初 25 年，勃兰登堡土地贵族的自营地占有面积增加了 50%。而农民拥有的土地大约减少了 8%。[1] 在这个阶段，村长和村团体的地位大大下降了。这一过程以德国中部出现一种新的庄园制度为顶点，其特点是由服强制性劳役的农民来耕种庄园土地。而在以往的封建领主统治下，农民的负担主要为地租负担。

另一方面，农民并没有因为庄园的控制和劳役义务的加强而被摧毁。在勃兰登堡，伴随着劳役义务的增加，现金或实物地租冻结或有所下降，作为对劳役义务的某种补偿。在其他地区，如同在波美拉尼亚乡村一样，农民保持了一定的自主权。在这里，地方政府掌握在农民中精英分子手中，他们组成了地方法庭。这种法庭每个季度举行一次，处理财产、继承问题上发生的纠纷，并维持地方秩序、维修街道和桥梁、建筑水坝、提供消防服务、保护村庄的特权。他们还支付雇佣牧师和教师的开支。在封建权力不十分强大的地方，强有力的农民团体起来保护农民的权利和自由，使乡村控制着自己的事务。[2]

德国东部农民法律地位和自由的下降，造成了这个地区农业生产的衰落。诚然这个地区继续生产谷物供出口，但是当地的农业生产技

---

[1] F. L. Castern, *The Origins of Prussia*, London: Oxford U. P., 1954, p. 58.
[2] R. L. Hopcratt, *Regions, Institutions, and Agrarian Change in European History*, Ann Arbar: University of Michigan Press, 1999, p. 179.

术是原始的,庄园自营地地产的扩大并没有带来生产力的提高。谷物生产力的下降造成了17世纪德国谷物贸易额的下降。北海地区谷物在欧洲市场上的竞争力下降了。18世纪上半叶运到荷兰的谷物平均总值不到前一个世纪的一半。①

德国东部的再封建化极大地减少了这个地区自由农民的数量,但农民仍然耕种着大部分土地。1624年的统计资料表明,在勃兰登堡的密德尔马尔克,农民耕种了总量26000胡符土地中的77%。到18世纪末,普鲁士选侯国中官员和贵族只耕种了五分之一的可耕地,而农民耕种了五分之四的可耕地。在16世纪的价格革命中,农耕显得有利可图。地主更多地致力于耕种自己的土地。但他们中大部分人不是特别富裕,许多人还比不上殷实的自由农民那样富裕。哈根认为,尽管容克庄园主企业家确实可以得到利润,但生产成本也非常高。总的来说,在再封建化获得成功的德国东部,许多农民沦落到状况不比农奴好多少的地步。波美拉尼亚的编年史家托马斯·坎错在1530年代就当时的农民写道:"他们对他们的农场没有任何权利,许多人向他们的领主提供后者索要的众多役务。有时这些役务使他们都没有时间从事自己的农事,他们因此日益贫穷和被迫外逃。这些农民说,他们一周六天都得服劳役;第七天他们才做自己的事。""这些农民比奴隶好不了多少,他们的领主能够随意地殴打他们,把他们发配到很远的地方。但如果农民或他们的子女违背领主的意志迁居他地,领主能够下令将他们像自己的奴隶一样捉回来……而这个农民的后代,不管是儿子还是女儿,都不得离开地产农场。不仅他们父亲的农场被占

---

① R. L. Hopcraft, *Regions, Institutions, and Agrarian Change in European History*, Ann Arbar: University of Michigan Press, 1999, p. 180.

有，而且他们必须接受去耕种领主选择的贫瘠的土地。所以，许多人逃亡或不明下落，使得许多农场无人耕种。农场必须安排其他人来耕种。如果逃亡者没有在农场留下物资，地主就不得不给新来的农场持有者以马匹、牛、猪、大车、犁、种子和其他物品，并且或许自己要数年才能获得收益，直到这块土地恢复了生产秩序。其时，新人和他们的子女就和其他农民一样成为他的农奴。"① 哈根指出，劳役义务的增加和庄园控制的加强并未使农民崩溃。例如在勃兰登堡，在劳役增加的同时，冻结了低额的货币或实物地租，这意味着对增加的劳役义务的一种补偿。许多农民发现，通过增加劳役来保持他们的农场是值得的。在其他一些地方，如 16 世纪在东波美拉尼亚的一些村庄，农民保持了他们先前拥有的一定程度的自主权。在这种领主权相对薄弱、保留有农民的村社权利的地方，就给予农民对自己事务的管理权。这与自由农民享有的权利没有什么区别。②

在德国西南部，要求农民如果不带牲畜拉的车每年服劳役 14 又 1/3 天，如果带上牲畜拉的车每年服 16 天劳役。在德国中部，领主对农业生产较为积极，有的领主要求农民 1 年服 52 天劳役。但大多数领主向农民索要的劳役日数比这要少，领主索要的劳役是与农民持有土地的大小成比例。在德意志西北部，许多领主致力于大规模的农场生产。持有足够大面积土地的农民每年要带上牲畜拉的大车服劳役 104 天，少数地区为 156 天，平均每周 2—3 天。在东汉诺威的吕内堡的庄园，持有足够大面积土地的农民每年要带上牲畜拉的大车服劳

---

① Wilhelm Abel, *Agricultural Fluctuations in Europe from the Thirteenth to the Twentieth Centuries*, N. Y: St. Martin Press, 1978, p. 131.

② Wilhelm Abel, *Agricultural Fluctuations in Europe from the Thirteenth to the Twentieth Centuries*, N. Y: St. Martin Press, 1978, p. 179.

役 156 天，或者不带牲畜拉的大车服劳役 300—312 天，即平均每周服劳役 6 天。①

在东普鲁士，领主通常要求持有足够大土地的农民每周 6 天派出两个人、带上 4 匹马去服劳役。在靠近柯尼斯堡的埃尔梅兰，私人领地上的农民一家每周要出两个人、4 匹马去服 3 天劳役。而在王室庄园上的农民，则一年只要服 9—60 天劳役。相反，在瑞士的波美拉尼亚的农民家庭，在 18 世纪 60 年代每天要提供两个劳动力、4 匹马去为领主服劳役。在麦克伦堡，领主提出特别的劳役要求。在那里许多私人庄园上，持有充分的份地的农民家庭，一周要出 3 个劳动力和 6 匹牲畜为领主服劳役。勃兰登堡的领主要求的劳役稍轻些，持有土地的农民家庭每周要带上牲畜拉的车去服 3 天劳役。只有房舍和园子的农民，一周服劳役 3 天。而在乌克马克，这样的农民一周要服 6 天劳役。在下西里西亚，持有租地的农民每周只要带上牲畜拉的车服 1—2 天劳役。在萨克森，劳役一年为 30—80 天，服劳役的时间集中在春季土地耕种和秋季收获时节。②

在波希米亚、摩拉维亚、西里西亚和加利西亚，持有全份土地的农民一年要服 156 天劳役。在波希米亚，持有半份土地或四分之一土地的农民，一年要带上 2 至 3 头能够工作的家畜服 156 天劳役。而持有全份土地的农民则要求带上 4 头牲畜服劳役。那些持有土地不到半份土地的农民，1 年要服 26 天到 156 天不带牲畜的劳役。无地农民每年要服 13 天劳役。③

在许多地方，要求离去的农民须得向他的领主交纳一笔离去费。

---

① Jerome Blum, *The End of Old Order in Rural Europe*, Princeton U. P., 1978, p. 53.
② Jerome Blum, *The End of Old Order in Rural Europe*, Princeton U. P., 1978, pp. 53-54.
③ Jerome Blum, *The End of Old Order in Rural Europe*, Princeton U. P., 1978, p. 55.

有时离去费的数额是固定的，有时离去费定为农民财产总额的1%，多的时候为10%，通常是2.5%—3%。农民在支付了离去费之后，自己就从农奴制下解放出来了。如果他离去时没有交纳这笔费用，那么仍然是农奴，而他的领主可以在他死后要求取得他的财产。如果在离去时没有付费的农奴是一个妇女，那么她不仅依旧是农奴，在德意志的土地上，她的子女不管出生在何处、生活在何处，在法律上仍然是她的领主的农奴。①

在巴伐利亚以及1791年以后的洛林，农奴取得教士职位或是与贵族结婚，或是自己被封为贵族，便自动获得了解放，不再是农奴。②

几乎在所有地方，领主在领有农奴时要付给他们一小笔钱，这笔钱通常给农奴本人，同时告知他的农奴身份。有的时候农奴要行臣从宣誓礼。在符登堡，农奴在12月26日即圣斯蒂芬日行这种宣誓礼，并付出一笔款项。在仪式之后，领主赐给农奴一顿餐食。领主为此花费的费用甚至超过了他刚从农奴那里得到的款项。这种情况表明，领主主要不是把这笔钱作为收入的一种来源，而是以此彰示他的领主权。③

在麦克伦堡，农民比德国其他地方的农民的处境要恶劣。从17世纪中叶起，在麦克伦堡公开的农奴买卖就很活跃，诚然这种买卖直到1757年都未得到官方的批准。麦克伦堡的诗人和爱国主义者约翰·亨利希·福斯（1751—1826年）则抨击麦克伦堡领主把农奴送去补充普鲁士军队。④

---

① Jerome Blum, *The End of Old Order in Rural Europe*, Princeton U. P., 1978, p. 37.
② Jerome Blum, *The End of Old Order in Rural Europe*, Princeton U. P., 1978, p. 37.
③ Jerome Blum, *The End of Old Order in Rural Europe*, Princeton U. P., 1978, pp. 37-38.
④ Jerome Blum, *The End of Old Order in Rural Europe*, Princeton U. P., 1978, p. 41.

1681 年的法律允许勃兰登堡国在一定的条件下出售无地农奴。但是有报告说，这种出售一直规模不大。1759 年普鲁士西里西亚政府下令结束活跃的农奴买卖。但禁令似乎没有完全生效，在勃兰登堡出售农奴的现象持续到 1795 年。1773 年 11 月 8 日弗里德里希二世表示禁止在东普鲁士出售没有土地的农奴。而在波美拉尼亚，直到 1780 年代立法还允许出售没有土地的农民、抵押或交换农奴。① 在石勒苏益格－霍尔斯坦因，法律禁止出售没有土地的农奴。但农奴主对这项法律毫不在意，报告说，一个农奴主用一名农奴去换两条狗，还有农奴主将自己的农奴在赌场作为赌注。②

　　几个世纪以来，在欧洲奴役性的土地上，农民对领主承担的负担和劳役义务不断变化。在北德意志的希尔德斯海姆王公的领地上，农民要承担 138 种名称不同的义务。

　　西欧的领主通常不像东欧的领主那样对农业生产那么积极。他们中许多人允许农民将其劳役折算成货币来支付。也有一些领主把农民的劳役用于建筑房屋、修缮、差役、站岗放哨，有时将劳役用于狩猎活动，让农民在他们狩猎时驱赶野兽、搬运猎获物。农民大多因为租种领主的土地要承担劳役义务。但是在洛兰、汉诺威、下萨克森南部、符腾堡，农民还要对那些对他们拥有司法审判权的领主承担劳役义务。③ 到了农奴制取消的前夜，用现金抵付劳役的做法在东普鲁士等一些地区越来越普遍。④

　　领主除了要农奴服不付酬的劳役外，还强迫农民为领主额外工

---

① Jerome Blum, *The End of Old Order in Rural Europe*, Princeton U. P., 1978, p. 41.
② Jerome Blum, *The End of Old Order in Rural Europe*, Princeton U. P., 1978, p. 42.
③ Jerome Blum, *The End of Old Order in Rural Europe*, Princeton U. P., 1978, pp. 50-51.
④ Jerome Blum, *The End of Old Order in Rural Europe*, Princeton U. P., 1978, p. 59.

作。领主对这种雇佣劳动只支付比一般的雇佣劳动低得多的工资。在德意志的中部，领主付给从事附加劳动的农民以实物工资，数额相当于他们收割或扬晒的谷物实物的八分之一到十二分之一。在波希米亚、摩拉维亚和西里西亚，每周劳役义务不到三天的农民被迫按照固定的工资率为领主做三天工。①

在法国资产阶级革命的影响下，德国从 18 世纪末期起在一些邦国的地区废除农奴制。实行开明专制的奥地利走在农奴解放运动的前列。玛莉亚·特蕾萨以"调整"为宗旨进行了改革。这一改革在 1781—1789 年约瑟夫二世实行重农主义的激进改革中达到了顶峰。不过在约瑟夫二世死后，这些改革又被取消了，只有废除农奴制和已经实行的保护农民的规定仍然生效。1783 年巴登的卡尔·弗里德里希对农奴制的废除没有触及地主和农民的关系。②

在符登堡公国，1817 年取消了采邑联盟。农民的土地可以出售。在诸侯土地上封建制度一直存在到 1848 年。在此以前土地不准分割，实行土地的一子继承制。③

巴伐利亚农奴的解放比普鲁士王国要早。1803 年巴伐利亚公布的一个调查材料说，在半数以上已经世俗化的教会领地上，农奴制已经不复存在。1808 年 8 月 31 日，普遍地不经补偿地废除了农奴制，但领地制和领主裁判权大部分还保留着。而在巴登，是通过赎买得到

---

① Jerome Blum, *The End of Old Order in Rural Europe*, Princeton U. P., 1978, p. 56.
② 〔联邦德国〕卡尔·艾利希·博恩：《德意志史》第三卷下，张载扬等译，商务印书馆 1991 年版，第 495 页。
③ 〔联邦德国〕卡尔·艾利希·博恩：《德意志史》第三卷下，张载扬等译，商务印书馆 1991 年版，第 496 页。

削弱。①

在普鲁士王国，18 世纪的农民保护法推迟了这个地区的农民解放。但普鲁士地区农民解放过程进展很快。在 18 世纪末以前，农民的解放已经展开。19 世纪初年施泰因和哈登堡两首相先后进行了改革，宣布了人身自由，通过财产让与和补偿，在法律上为绝大多数中农和大农免除了土地负担和一切劳役和赋税。但小农直到 1850 年仍然没有得到调整，领主裁判权还完整地保留着。普鲁士的农业制度建立在新的基础上，一些土地贵族开始采用农业资本主义经营。在易北河以东，庄园中农业劳动者开始得到解放。地产由中世纪的骑士领地向现代资本主义大地产发展。这样土地经营方式就必然要转变为雇佣劳动，形成一个新的农业工人阶层。

在弗里德里希·威廉三世登基后不久，在普鲁士省大臣冯·施勒特尔周围形成了一个改革家团体。在 1793 年到 1795 年新兼并的东普鲁士，弗里德里希·威廉一世和弗里德里希二世采取了改革措施，1804 年确认了农民的人身自由。

在普鲁士斯泰因和哈登堡两任首相期间，通过 1807 年和 1811 年的改革敕令。1807 年的敕令宣布："关于地产自由交换：第一款，我们每个州领土上的居民从今以后可以自由地获得和拥有各种类型的地产。这样，贵族不仅能够获得贵族的土地，而且能够获得市民和农民的土地，同样，市民和农民也能不仅获得市民和农民这些非贵族的土地，而且获得贵族的土地。每一次此类地产转手，无论如何必须如同以前那样，向当局申报。""关于财产的划分：第四款，所有拥有性质

---

① 〔联邦德国〕卡尔·艾利希·博恩：《德意志史》第三卷下，张载扬等译，商务印书馆 1991 年版，第 501 页。

属于可以出手的地产的所有者，在向地方当局作相应的申报后，能够一点一点地出售这块土地或整块出售。合作者能够以同样的方式划分他们拥有的共有财产。""关于授予自由租佃权：第五款，每个业主拥有的无论是作为采邑的一部分或是任何其他的限定继承的财产，都可以自由地以任何期限出租，只要以货币形式收取的租金用于支付抵押的，或是限定继承的财产，都可以作为地产收益将其资本化。""取消维兰制：第十款，从此敕令公布之日起，不再有任何新的维兰关系——无论是根据出身、婚姻或获得一份维兰持有地——存在。第十一款，从同一日起，所有根据世袭保有权持有土地的农民和他们的妻子和他们的后代，都不再是维兰。"[1]

1811年的立法由同一天颁布的两道敕令构成。一道敕令的名称为《关于领主、专员和他们的农民之关系的规则》，另一道敕令的名称是《关于更好地耕作土地的敕令》。它们规定，所有领主土地的佃户在支付了敕令规定的给领主的赔偿金后，就成为他们持有地的业主。[2] 1807年和1811年的改革敕令在普鲁士废除了农奴制。

在施泰因和哈登堡时期，德国进入了一个在国家支配下进行农业改革的新阶段。英国的自由主义经济思想在这个时期传播到德国，首先影响到柯尼斯堡地区。在这里出现了自由主义思想家克雅卡劳斯、施特勒尔、奥尔斯瓦德和策勒，还有普鲁士1811年敕令的起草人塔埃尔。

关于19世纪上半个世纪普鲁士农业改革的结果，20世纪60年

---

[1] Cobden Club, *System of Tenure in Various Countries*, London: Macmillan Press, 1870, pp. 306-308.
[2] Cobden Club, *System of Tenure in Various Countries*, London: Macmillan Press, 1870, pp. 313-314.

代的研究表明，1816年至1859年，有能力用牲畜拉犁耕地的农民由于土地的自由买卖失去了44.5万公顷耕地，由于所有权调整失去了48万公顷土地，由于地主收回失去约30万公顷土地，合计共失去120万公顷土地。但由于耕地整顿得到了240万摩尔根土地。对自耕农来说，地产结构变化很小，自耕农大体保住了他们从公地分得的土地。但是由于所有权的调整，他们失去了在公地上的权利。后来庄园主就利用其面积与耕地相等的共有地资源，把自己的庄园扩大为大农业企业。与此同时，骑士庄园的土地增加了约18%。由于分配共有地和大量的土地买卖，农村小农户的数字不断增加，[①] 出现了农村人口过剩的情况。这些过剩农业人口在1850年以后被德国西部和中部的工业化所吸收。

在东、西普鲁士，1819—1849年农村人口增长率为53%，这种增长主要发生在小农和农业工人中，因为对这些家庭来说子女就是劳动力。而城市人口增长率要低些，为27%。这就造成了从40年代开始，农村人口向城市的大迁徙。这种运动使得在几十年后，城市人口在总人口中的比例从占三分之一增加到占二分之一，有的地区增加到总人口四分之三。[②]

在莱茵河右岸的普鲁士，大地主从赎买中得到的款项大多用来清理债务、抢购土地或购买铁路股票。在那里和在南德以及西南部德国，购买国内和外国的公债券的人也很多。南德的大庄园和大领地得到了几百万古尔登。克莱贝尔说："庄园的大地产企业主要依赖农

---

① 〔联邦德国〕卡尔·艾利希·博恩：《德意志史》第三卷下，张载扬等译，商务印书馆1991年版，第500页。

② 〔联邦德国〕卡尔·艾利希·博恩：《德意志史》第三卷下，张载扬等译，商务印书馆1991年版，第503页。

民……被迫支付的巨额赎金才得以转变为资本主义生产……不是一场胜利的资产阶级革命给普鲁士的资本主义发展扫清了障碍,而是古老的庄园主阶级或者说它的国家所操纵的改革给它做好了准备。由于这种情况就产生了一个特点,即不断发展的农业资本家阶层对发展往往受到阻碍的工业资产阶级来说居于领先地位。"[1]

萨克森在改革过程中,1832年3月17日发布了关于赎买和共有地分配的法令。而后,1834年1月1日成立的地租银行承担了农民给领主的现金补偿,解除了农民额外的封建负担,农民可以不受限制地支配自己的土地,农民有55年的偿还期限。这项措施几乎完全保住了农民的土地并且新建了许多大农庄。从此以后,农村中富裕的中农和大农户成为萨克森农业区典型的农业组织形式。在汉诺威,在法学家卡·贝·施蒂费参与下制定的1831年赎买法令和1833年执行法取消了领地制,使土地一子继承制成为固定的制度。[2]

德国农民的解放是在农民承担巨额负担的情况下实现的,农民要承担新的租税。几十年前确定下来的劳役负担和现金负担不再使用,农民必须根据1806—1807年高昂的谷物价格测算出的金额来支付免除劳役费。农民为了得到所有权和附带偿还资本化的地租需要直接支付的款项,往往支出等于土地赎金的两倍。这种负担在初期往往无法通过提高生产率得到补偿。领主利用农民的土地补偿费征购不受保护的农民的土地,用自由经营等方法扩大自己的地产,用赎金建立甜菜加工厂、烧酒酿造、木材加工企业等工业企业和磨坊。

---

[1] 〔联邦德国〕卡尔·艾利希·博恩:《德意志史》第三卷下,张载扬等译,商务印书馆1991年版,第503—504页。
[2] 〔联邦德国〕卡尔·艾利希·博恩:《德意志史》第三卷下,张载扬等译,商务印书馆1991年版,第501页。

易北河以东的大地产传统上一直拥有政治和经济特权。到了19世纪后期，容克和资产阶级日益同质化，他们都成为普鲁士统治阶级的成员。这个时期，尽管大土地持有者在衰落，但他们可以确保自己的农业利益。普鲁士统治精英新的封建化的统治方式与地主向后看的意识结合起来。而大土地所有者对市场的依赖，表现出一种资产阶级化的倾向。

第四节 近代农业结构

18到19世纪初德国的农业制度可以划为五个地区。第一个地区是德意志西部、南部。这个地区的农业制度古旧僵化，实行着领主制，多数农民田产在继承人中实行平均分配。第二个地区是西北部实行新领主制的地区。在德国西北部几乎完全不存在农奴制，在这个地区实行的领地制是对土地的统治。在这里领主拥有"直接所有权"，农民拥有罗马法规定的"使用权"。中世纪这个地区存在着军人等级和劳动者等级的等级制度。1525年以后，在这里发生了有利于领主的变化。贵族领主拥有低级的或高级的审判权，甚至有权处死人。贵族的权力超过了国家的权能，他们能向农民索要租税、支派劳役，征收古老的、长期以来归世俗君主所有的教会什一税。第三个地区是东南部（巴伐利亚—阿尔卑斯）农业制度地区。第四个地区是波西米亚、西里西亚和易北河以东的庄园制地区。德国东部庄园制的特点是包括人身统治、土地统治和审判权在内的所有统治权集中在一个人的手中，实行了完整的大地产制。自主保有地经济在不断地增长。农民的负担（包括徭役和强制性的劳动）大大加强，而农民的自由受到比古代德意志更大的限制，以至于在18世纪，由世袭隶属关系向农奴制转化的情况时常可见。第五个地区是德国中部的领地制地区。

德国各地的农民尽管有些差别，但他们也有很多共同点。农民受到两重束缚，即他们既是领主的臣仆，又是一个乡村或马尔克公社的成员，他们的生活由领主和公社共同决定。农民是领主的臣仆，但也有一些特权。在他们以下，还有数量日益增多的茅舍农和寄居农，这两类人不能享受农村公社成员的权利，地位比农民还低一等。

18世纪下半叶到19世纪上半叶，物价上涨、市场扩展，新的市场形成。领主在物价高涨的年代需要更多的现金来维持他们的生活水平和对奢侈品的需求，他们的剥削标准也提高了。在他们对农民经济剥削加强的同时，在实行农奴制的地区，农民的法律身份和个人权利也恶化了。在麦克伦堡、波美拉尼亚、霍尔斯坦因和其他一些地方，律师持续地降低农民自由迁徙的权利，允许领主向农民要求超出常规的劳役义务，削弱或取消农民的土地保有权。麦克伦堡1616年的一项法律规定，农民被领主占有的土地应当归还农民自由使用。然而在1797年11月7日格赖夫斯瓦尔德大学法学院的一项规定说，"先前的习惯"不再适用。[1]

在下萨克森、东北德意志的韦尼格罗德公爵领地、勃兰登堡和东普鲁士的王室庄园上，拥有整份土地的持有者通常持有2胡符土地。德意志中部安哈尔特的某些王公的庄园，1687年规定整份农民持有地的面积为4胡符。在哈尔伯施塔特主教领地的一个村庄，整份农民持有地的面积在4.5—7.5胡符之间，半份农民持有地的面积在1.5—2.5胡符之间。整份持有地的面积各地相差很大。[2]

---

[1] Jerome Blum, *The End of Old Order in Rural Europe*, Princeton U. P., 1978, p. 72.
[2] Jerome Blum, *The End of Old Order in Rural Europe*, Princeton U. P., 1978, pp. 95-96.

18世纪初期德国的农业落后于英格兰和尼德兰。1700年时,除德国西北部例外,其他地区普遍出现了农业萧条,经济停滞一直延续到下一个世纪。腓特烈大帝指出,在德国东部,轻视牲畜耕作,很少有放牧的草地,施肥不足,土地收成很差。在西南部,园圃和葡萄园属于密集性种植,可耕地仍然不足。在西南部许多地区,谷物种植两圃制仍在实行。18世纪德国的君主已经知晓英国和荷兰的先进的农业经验。弗里德里·克威廉一世(1713—1740年)致力于在某些地区引入改进农耕的方法,安排重新定居的农民开垦土地,复兴普鲁士的农业经济。他颁布了圈地法,并宣布反对共有农耕制度。他建立了专门的委员会去调查农耕制度,以便对各地区的圈地提出建议。从1763年开始,他指导司法审判法庭。1777年他在西里西亚颁布了"永久不变的法律",指出共有的财产制或混合土地持有制已经束缚了农业发展,自由使用土地和草地应该被完全废除。18世纪在德国西南部,由国家和村庄官员组织的农业生产已经出现了。[1] 改革在不那么发达的地区较为成功。例如,圈地法在德国北部的实施较为成功,土地私有化付诸实行,但巩固土地所有制和实行圈地在德国南部实施较为困难。直到20世纪开始前,在南部和西南部还存在着高度分散的敞地,需要进行大规模的圈地。[2]

18世纪各地区农业发展模式不同。德国北部和东部一些地区,开始引入新作物和轮种制。18世纪在霍尔斯坦因和麦克伦堡部分地区在圈占的土地上实行了一种复杂的轮种制度。在德国北部沿着弗里

---

[1] Sabean, David Warren, *Property Production, and Family in Neckarhausen 1700-1870*, Cambridge U. P., 1990, p. 187.

[2] R. L. Hopcraft, *Regions, Institutions, and Agrarian Change in European History*, Ann Arbar: University of Michigan Press, 1999, p. 181.

斯兰海岸，在部分莱茵地区和威斯特伐利亚，从东石勒苏益格到东浦路也是波罗的海沿岸，以及在萨克森，四圃制等多种轮作制发展起来。在较远的南部，还有实行七圃轮作制的地区。石勒苏益格－霍尔斯坦因是最发达的农业区之一。到1800年，北海沿岸地区仍然是牛的主要出口地区。到1800年，德国东、西部之间牛的贸易已经明显衰落。因为此时勃兰登堡、普鲁士、萨克森和德国西部较多地区努力使肉类自给自足。[1] 威斯特伐利亚的西普鲁士省和巴登大公爵领地代表了两种类型的土地所有制的转换形式。一个实行土地充分的私有化，一个实行仍然公开让人们去占有土地的个人土地占有制。

自1750年以后，在绝大多数欧洲启蒙思想家中形成了一种认识，即集体用益权和共同放牧的土地成为发展农业谷物生产的障碍，他们普遍倡导取消上述共有制度。在这个时期，把牲畜关起来养肥、种植饲料作物，以及适当地施肥，得到了倡导。这种观念与古典自由主义确立对土地的绝对产权的观念密切相关。这种思想在普鲁士的哈勒和柯林斯堡有深厚的基础。[2]

在普鲁士，1760—1770年代早期的法令并没有导致土地关系广泛的转变。但是在一些地区，如威斯特伐利亚的拉文斯堡县，到1806年有四分之三的程序已经完成。两个基本的原则的运作成为作出进一步规定的模式：即共有地必须转变为完全私人所有，土地分配应当根据

---

[1] Wilhelm Abel, *Agricultural Fluctuations in Europe from the Thirteenth to the Twentieth Centuries*, N. Y: St. Martin Press, 1978, p. 211.

[2] Niel Grune, "Individualisation, Privatization, Mobilization, the Impact of Common Property Reform on Land Markets and Agricultura Growth in Germany", in Gérard Béaur, Phillipp R. Schofield Jean-Michel Chevet, Maria Teresa Perez Picazo, eds., *Property Right, Land Markets and Economic Growth in European Countryside (Thirteenth-Twentieth Centuries)*, Brepols, 2013, p. 159.

规定的使用权，而不是根据非正式的使用权实践来决定。在这一过程中，少数大农确保了最大最好的份额，而小农则得到较小的土地作为补偿，而没有财产的小茅舍农和租佃劳动者则几乎什么也得不到。1821年普鲁士颁布了《公地划分敕令》。①

在这个时期，德国国家和邦的官员首先关心的是维持原先的岁入，他们为此不惜阻挠农业制度的改革。②在远东贫瘠的土地上，旧的三圃轮作制仍然在实行。在东普鲁士实行七圃轮作制，经常是按裸麦—大麦—大麦—燕麦—燕麦—豌豆—休耕的次序轮作。许多地区重视为市场生产谷物。③

在18世纪下半叶，德国西南部农民商人集团已经形成。1740—1860年他们在帕拉丁、莱茵-黑森和上莱茵河谷北部地区农业生产、农业技艺和农产品销售转变过程中起了关键的作用。18世纪最后几十年，农民商人要求得到更多的劳动力。在经过三十年战争后的复苏，德国西南部的农业制度发生了根本的变化。战争和瘟疫曾造成这个地区人口减少了80%。当地信奉加尔文教的政治流亡者在目睹了国外的农业状况后，发起了大规模的移民运动。有1万名信仰和来源不同的移民移居到这一地区。这些移民把成熟的农耕方式引入，特别是

---

① Niel Grune, "Individualisation, Privatization, Mobilization, the Impact of Common Property Reform on Land Markets and Agricultura Growth in Germany", in Gérard Béaur, Phillipp R. Schofield Jean-Michel Chevet, Maria Teresa Perez Picazo, eds., *Property Right, Land Markets and Economic Growth in European Countryside Thirteenth-Twentieth Centuries*, Brepols, 2013, pp. 159-160.
② R. L. Hopcraft, *Regions, Institutions, and Agrarian Change in European History*, Ann Arbar: University of Michigan Press, 1999, p. 188.
③ Wilhelm Abel, *Agricultural Fluctuations in Europe from the Thirteenth to the Twentieth Centuries*, N. Y: St. Martin Press, 1978, p. 215.

在农业状况较好的巴登北部和莱茵河谷——帕拉丁东部，开始种植新作物，如玉米、烟草、蛇麻草、块状茎作物（马铃薯和萝卜）。休耕制度在 18 世纪几乎完全消失了。1780 年代在许多地区，如克莱希和帕拉丁北部，人口明显增多了。① 在帕拉丁选侯国，1770 年代以后人口平均年增长 0.9%。德国西南部每平方公里人口达到 77 人，成为西欧人口最密集的地区。以后，人口继续增长，1860 年代达到每平方公里 100 人。在适合居住的巴登北部和东帕拉丁，甚至达到每平方公里 130 人。② 这个时期，许多农民为保持自己继承下来的农场，宁愿支付更高的地租。除了租地农外，农民拥有的土地权在 18 世纪的进程中增加了。1790 年代，在绝大多数地区，拥有土地的农民占到农民总数的 70% 到 80%。自由持有农将他们的土地出租给小土地持有者。从 1720 年代起，在村庄中个人对公地的管理权得到承认。此后，在巴拉丁人口增长后，这种情况在那里也发生了。农民最大的负担是地租，而农民的离去费至少要占到土地财产价值的 10%。③

18 世纪下半叶赋税负担特别是消费税和其他税负的加重，加上土地缺乏，导致了对所有现存生产资料的密集和有效的使用。农产品

---

① Frank Konnersmann, "Land and Labour in Intensification in the Agricultural Modernization of Southwest Germany, 1760-1860", in Mats Olsson and Patrick Svensson, eds., *Growth and Stagnation in European Historical Agriculture*, Brepols, 2011, pp. 142-143.

② Frank Konnersmann, "Land and Labour in Intensification in the Agricultural Modernization of Southwest Germany, 1760-1860", in Mats Olsson and Patrick Svensson, eds., *Growth and Stagnation in European Historical Agriculture*, Brepols, 2011, p. 144.

③ Frank Konnersmann, "Land and Labour in Intensification in the Agricultural Modernization of Southwest Germany, 1760-1860", in Mats Olsson and Patrick Svensson, eds., *Growth and Stagnation in European Historical Agriculture*, Brepols, 2011, p. 144.

价格的上涨也使农民收入增加。中农和大农更需要从家庭外获得劳动力。当时农村中有 15% 的大农场和 20 公顷以上的农场在农民手中。而 100 年以后，这个比例下降到 1% 到 2%。普费德斯海姆的戴维默林格的账簿记载了 1802—1819 年的农事资料，使用由两匹马拉的马车次数每月从 60 次增加到 110 次。1802 到 1819 年他使用的日工人数增加了三分之一，达到 30 人；仆人增加了四分之一，达到 8 人。结果，种植的芜菁在 1803—1807 年间增加了 19%，1807—1812 年间增加了 57%。1803—1807 年间马铃薯生产由于投入的劳动力增加，产量增加了 50%。① 普费德斯海姆的戴维·默林格和奥夫斯泰因的戴维·卡古，19 世纪上半叶遗赠给他们的后代 10 万古尔登以上。这些巨大的财富都是通过出售肥母牛和公牛、精酿的白兰地酒得到的。例如，出售一头肥公牛可获得 150 古尔登。很多农场主在这个时期土地面积没有扩大，但通过提高生产力使收入大大增加。②

普鲁士在 1760—1770 年制定的早期法令并没有导致土地关系全面改变。在一些地区，例如威斯特伐利亚和拉文斯堡郡，到 1806 年，全部法律程序中有三分之二已经完成，两项基本规则的运作已经成为未来管理的模式。公地已经完全转变为私人所有；土地份额的分配由实践中确定。1821 年普鲁士颁布的《公地划分敕令》给整个王国提

---

① Frank Konnersmann, "Land and Labour in Intensification in the Agricultural Modernization of Southwest Germany, 1760-1860", in Mats Olsson and Patrick Svensson, eds., *Growth and Stagnation in European Historical Agriculture*, Brepols, 2011, p. 156.

② Frank Konnersmann, "Land and Labour in Intensification in the Agricultural Modernization of Southwest Germany, 1760-1860", in Mats Olsson and Patrick Svensson, eds., *Growth and Stagnation in European Historical Agriculture*, Brepols, 2011, p. 157.

供了这种支配权的法律框架。①

在巴登的马格拉维特这个以后得到极大地扩展的大公爵领地的核心地区,领地的领主和一小批大公爵的顶层官员,推行了重农主义的改革政策,实行了给予农民更多土地的计划。而在西南部由于遭到村庄和政府在18世纪后期保守的抵抗而失败了。在他们这样做的时候,州的改革者有意识地注意到特别的地方条件,以及小农和附属农民群体的需求,在公地划分时不违背地方共同体的意愿。在莱茵河右岸帕拉丁选侯区,把共有地转变为个人拥有的可耕地或草地的工作在1810年左右完成了。当地平均地将小块土地分配给所有公民。但是,在农民之间的沟壑也产生了,因为随着人口的增长,新的公民需要等待数年才能分到面积有限的公地条块。②

在巴登大公爵领地,1809年、1810年和1829年的敕令和1831年的共同宪法都没有规定强制性地来划分公地。他们倾向于由地方上提出划分公地的动议。根据当地公民的意见,如果没有合法文件反对这一原则,公地最终在公民中分配。对于划分公地的决定和进一步改变使用公地的制度,都要求在公民中有三分之二多数的授权。授予终

---

① Niels Grune, "Individualisation, Privatisation, Mobilization: the Impact of Common Property Reforms on Land Markets and Agricultural Growth in Germany. A Comparative View of Westphalia and Baden", in Gérard Béaur, Phillipp R. Schofield Jean-Michel Chevet, Maria Teresa Perez Picazo, eds., *Property Right, Land Markets and Economic Growth in the European* Countryside *(Thirteenth-Twentieth Centuries)*, Brepols, 2013, pp. 159-160.

② Niels Grune, "Individualisation, Privatisation, Mobilization: the Impact of Common Property Reforms on Land Markets and Agricultural Growth in Germany. A Comparative View of Westphalia and Baden", in Gérard Béaur, Phillipp R. Schofield Jean-Michel Chevet, Maria Teresa Perez Picazo, eds., *Property Right, Land Markets and Economic Growth in the European Countryside (Thirteenth-Twentieth Centuries)*, Brepols, 2013, pp. 160-161.

身佃户的公地，不得被抵押、转租或出售。巴登的法律确认了由"公共所有权"和"个人占有制"构成的双重制度。在巴登实行这种限制，主要是出于担心在较富裕的农民手上实行第二次积累。当时，后一种现象已经在邻近的黑森-达姆施塔特出现。那里的埃希采尔和兰佩特海姆在 1821 年和 1838 年把当地的公地转变为私人财产后，许多茅舍农卖掉了自己的小块土地。据报告，直至 1883 年，巴登-巴拉丁的赫姆斯巴赫仍然强烈反对私有化。理由是担心会产生乡村无产者，并给乡村团体带来负担。①

普鲁士在土地改革中公地转变为私人地产的案例，只有一些个案资料。在拉文斯伯格县，到 1874 年，有 23620 公顷的土地，即全部土地的四分之一被分配。与此同时，在毗邻的原明登公国，有 35887 公顷的土地，即占整个地区面积 31% 的土地被分配。在更为西边的明斯特兰，分配的土地在 25%—45% 之间。当然，实行这一过程，必须由取消封建主义的对农民自由处置土地的限制来支持。在威斯特伐利亚的绝大部分地区，在 19 世纪第一个十年，绝大多数公地的划分已经发生了。② 在拉文斯伯格县有 19313 公顷，即 83% 的公地分给

---

① Niels Grune, "Individualisation, Privatisation, Mobilization: the Impact of Common Property Reforms on Land Markets and Agricultural Growth in Germany. A Comparative View of Westphalia and Baden", in Gérard Béaur, Phillipp R. Schofield Jean-Michel Chevet, Maria Teresa Perez Picazo, eds., *Property Right, Land Markets and Economic Growth in the European Countryside (Thirteenth-Twentieth Centuries)*, Brepols, 2013, p. 161.

② Niels Grune, "Individualisation, Privatisation, Mobilization: the Impact of Common Property Reforms on Land Markets and Agricultural Growth in Germany. A Comparative View of Westphalia and Baden", in Gérard Béaur, Phillipp R. Schofield Jean-Michel Chevet, Maria Teresa Perez Picazo, eds., *Property Right, Land Markets and Economic Growth in the European Countryside (Thirteenth-Twentieth Centuries)*, Brepols, 2013, pp. 161-162.

了农民。而只有304公顷公地留给没有分得有所有权土地的租佃者。这种转变是一个里程碑式的事件，它形成了双重结构的土地所有权。这种分配使得在那些得到土地补偿的业主中，有许多小土地所有者由于得到分配的土地而进入半小农或小农的范畴。在东威斯特伐利亚的希尔德斯舍教区的乡村村庄中，在土地划分后的数十年间，农家的数量增加了。其中半农民和小农增加的比例甚多。从整体上说，一方面私有化极大地加强了大农的经济地位，另一方面进一步剥夺了无地乡村居民家庭必不可少的生活来源。与此同时，小土地所有者在农民的系谱中很大程度上加宽了。①

巴登的人均土地面积比威斯特伐利亚明显要少得多。在整个大公爵领地上，到19世纪中叶，有20%的土地属于公有财产。但是这些土地大部分是森林，共有可耕地和草地只占全部面积的4%。其中有三分之二分给个人使用。占所有家庭的三分之一、平均占有0.4公顷的是终生佃户。在巴登北部的拉登堡和施韦青根，每人平均分得的共有地相对比例较高，占全部土地面积的7.8%和5.5%。而各地的情况千差万别。人均拥有可耕地在黑德斯海姆和伊维斯海姆可达到0.9公顷。在福伊登海姆、尼卡豪森和普兰克斯塔德，平均分摊的共有地占持有地面积的四分之一。但也有6个村庄共有地占的比例很低，或

---

① Niels Grune, "Individualisation, Privatisation, Mobilization: the Impact of Common Property Reforms on Land Markets and Agricultural Growth in Germany. A Comparative View of Westphalia and Baden", in Gérard Béaur, Phillipp R. Schofield Jean-Michel Chevet, Maria Teresa Perez Picazo, eds., *Property Right, Land Markets and Economic Growth in the European Countryside (Thirteenth-Twentieth Centuries)*, Brepols, 2013, p. 162.

没有共有地可分配。① 在巴登公爵领地，到了 1854 年，分配给个人的公地为 37804.62 公顷，占全部土地的 2.48%。到 1873 年，分配给个人的公地为 45348.12 公顷，占全部土地的 5.69%。②

根据当时代人的观察，在 1835 年以前，在威斯特伐利亚首府明斯特的 10000 公顷牧地和荒地中，有 1.5% 被分割出售给大约 1000 户小农，连同他们自己原有的土地，他们耕种了这个地区 7.5% 的土地；由于建立了世袭的租佃农或是在 1808 年取消领主限制后，土地通过出售可以让渡。在 1770 年，平均每年转让的土地只占 0.03%。但在 1771—1800 年间两个土地私有化阶段，土地让渡的比例分别增加了 4—5 倍，达到了 0.11% 和 0.16%。1801—1805 年这一比例又下降到 0.05%。以后在 1816—1830 年，这个比例达到了顶点，为 0.32%。但是在威斯特伐利亚的两个地区，1830—1860 年土地流转率分别达到 1.6% 和 0.8%。而在勒纳教区，年土地流转率达到 2.5%。这与下层阶级强烈地要求土地和当地土地的私有化直接相联系。在

---

① Niels Grune, "Individualisation, Privatisation, Mobilization: the Impact of Common Property Reforms on Land Markets and Agricultural Growth in Germany. A Comparative View of Westphalia and Baden", in Gérard Béaur, Phillipp R. Schofield Jean-Michel Chevet, Maria Teresa Perez Picazo, eds., *Property Right, Land Markets and Economic Growth in the European Countryside (Thirteenth-Twentieth Centuries)*, Brepols, 2013, p. 165.

② Niels Grune, "Individualisation, Privatisation, Mobilization: the Impact of Common Property Reforms on Land Markets and Agricultural Growth in Germany. A Comparative View of Westphalia and Baden", in Gérard Béaur, Phillipp R. Schofield Jean-Michel Chevet, Maria Teresa Perez Picazo, eds., *Property Right, Land Markets and Economic Growth in the European Countryside (Thirteenth-Twentieth Centuries)*, Brepols, 2013, p. 163, Table 7.1 Communal Property and Access to Common Land in the Grand Duchy of Baden, 1854; p.165, Table 7.2.1 Agricultural Farmland by Tenurial Statutes in the Grand Duchy of Baden, 1873.

1842年之前，有235公顷的土地被分割。①

在威斯特伐利亚通过分割共有地来分配小块土地，对土地市场造成某种程度的冲击。但大量无地人口并没有通过这一过程成为土地的所有—占有者。在19世纪，在威斯特伐利亚建立了相当数量的小农场。由于这个地区土地资源稀缺，它采纳了劳动密集型的生产方式。这个过程对于总产量的提高作用不可估计过高。因为在当时土地持有结构中，占主导地位的是大农。在勒纳教区，无地者购置土地和共有地的分占，并没有导致产量的增加。②

19世纪普鲁士土地改革的计划，旨在创建一个不受限制的土地市场，并促使把土地给予最适合耕种者。但是在威斯特伐利亚，这两个目标都没有完全实现。1816—1859年，大农持有的土地减少了2%，这是由于关闭了10%的农场，又新建了8%的农场的结果。有将近24000公顷的土地出售给了小土地持有者，但是这部分土地只占农民所有维生的土地的不到3%。根据当时代人的观察，1835年在威斯特伐利亚管辖的明斯特地区，100000公顷牧场和荒地中，有15%出售给了大约1000户小农。就规模而论，土地改革对市场的作用，很难说造

---

① Niels Grune, "Individualisation, Privatisation, Mobilization: the Impact of Common Property Reforms on Land Markets and Agricultural Growth in Germany. A Comparative View of Westphalia and Baden", in Gérard Béaur, Phillipp R. Schofield Jean-Michel Chevet, Maria Teresa Perez Picazo, eds., *Property Right, Land Markets and Economic Growth in the European Countryside (Thirteenth-Twentieth Centuries)*, Brepols, 2013, pp. 167-168.

② Niels Grune, "Individualisation, Privatisation, Mobilization: the Impact of Common Property Reforms on Land Markets and Agricultural Growth in Germany. A Comparative View of Westphalia and Baden", in Gérard Béaur, Phillipp R. Schofield Jean-Michel Chevet, Maria Teresa Perez Picazo, eds., *Property Right, Land Markets and Economic Growth in the European Countryside (Thirteenth-Twentieth Centuries)*, Brepols, 2013, p. 173.

成了土地持有结构的大变革。①

1873年在巴登大公爵领地，土地保有权的形式如下：全部土地为797600.5公顷，其中有完全所有权的土地为628456.32公顷。租地持有地为11039.40公顷。个人化的共有地为45348.12公顷。其他土地为13396.68公顷。②

海德堡省土地保有权情况如下：面积在1.8公顷以下的农场中，有土地所有权的占61.28%，租地农场占27.29%，共有地农场占6.73%。面积在1.8—3.6公顷的农场中，有土地所有权的占65.68%，租地农场占27.02%，共有地农场占4.06%。面积在3.6—7.2公顷的农场中，有土地所有权的占72.82%，租地农场占23.52%，共有地农场占1.58%。面积在7.2—36公顷的农场中，有土地所有权的占77.52%，租地农场占20.26%，共有地农场占0.29%。

在曼海姆省，面积在1.8公顷以下的农场中，有土地所有权的占38.59%，租地农场占35.42%，共有地农场占23.35%。面积在1.8—3.6公顷的农场中，有土地所有权的占49.75%，租地农场占33.95%，

---

① Niels Grune, "Individualisation, Privatisation, Mobilization: the Impact of Common Property Reforms on Land Markets and Agricultural Growth in Germany. A Comparative View of Westphalia and Baden", in Gérard Béaur, Phillipp R. Schofield Jean-Michel Chevet, Maria Teresa Perez Picazo, eds., *Property Right, Land Markets and Economic Growth in the European Countryside (Thirteenth-Twentieth Centuries)*, Brepols, 2013, p. 167.

② Niels Grune, "Individualisation, Privatisation, Mobilization: the Impact of Common Property Reforms on Land Markets and Agricultural Growth in Germany. A Comparative View of Westphalia and Baden", in Gérard Béaur, Phillipp R. Schofield Jean-Michel Chevet, Maria Teresa Perez Picazo, eds., *Property Right, Land Markets and Economic Growth in the European Countryside (Thirteenth-Twentieth Centuries)*, Brepols, 2013, p. 164.

共有地农场占 14.31%。面积在 3.6—7.2 公顷的农场中，有土地所有权的占 61.99%，租地农场占 28.94%，共有地农场占 6.89%。面积在 7.2—36 公顷的农场中，有土地所有权的占 77.58%，租地农场占 17.76%，共有地农场占 2.32%。

在海德堡区，面积在 1.8 公顷以下的农场中，有土地所有权的占 57.94%，租地农场占 28.04%，共有地农场占 9.78%。面积在 1.8—3.6 公顷的农场中，有土地所有权的占 61.78%，租地农场占 30.32%，共有地农场占 4.68%。面积在 3.6—7.2 公顷的农场中，有土地所有权的占 68.54%，租地农场占 26.58%，共有地农场占 2.65%。面积在 7.2—36 公顷的农场中，有土地所有权的占 75.54%，租地农场占 20.14%，共有地农场占 0.74%。

在曼海姆区，面积在 1.8 公顷以下的农场中，有土地所有权的占 38.73%，租地农场占 39.26%，共有地农场占 19.09%。面积在 1.8—3.6 公顷的农场中，有土地所有权的占 48.73%，租地农场占 39.20%，共有地农场占 9.78%。面积在 3.6—7.2 公顷的农场中，有土地所有权的占 56.04%，租地农场占 37.15%，共有地农场占 5.53%。面积在 7.2—36 公顷的农场中，有土地所有权的占 65.02%，租地农场占 29.33%，共有地农场占 2.04%。

在施韦青根区，面积在 1.8 公顷以下的农场中，有土地所有权的占 35.25%，租地农场占 40.77%，共有地农场占 21.92%。面积在 1.8—3.6 公顷的农场中，有土地所有权的占 50.67%，租地农场占 38.06%，共有地农场占 8.94%。面积在 3.6—7.2 公顷的农场中，有土地所有权的占 67.86%，租地农场占 20.94%，共有地农场占 4.80%。面积在 7.2—36 公顷的农场中，有土地所有权的占 85.10%，租地农场占 10.65%，共有地农场占 1.84%。①

在勒纳教区，1830 年有 22% 的农场主与领主共享土地财产权；而到 1866 年，只有 2% 的农场主与领主共享财产权。在这里，共有地在 1830 年占 1.2%，1866 年占 0.4%。再一个是博格伦教区，1830 年农民中与领主共有地产权占 68%，1866 年农民与领主共有地产权占 8%。

1830 年勒纳教区农场主占人口的 52%，无地农民占人口的 37%，仆役在 1822—1855 年约占人口的 3%。在奥伯基希教区，1830 年农场主占人口的 17%，无地农民占人口的 62%，仆役在 1822—1855 年约占人口的 10%，日工在 1822—1855 年占人口的 11%。在博格伦教区，1830 年农场主占人口的 27%，无地农民占人口的 42%，仆役在 1822—1855 年约占人口的 34%。

关于农场面积，1830—1833 年勒纳教区农场平均面积为 10.3 公顷，农场承担的平均税额为 44.3 塔勒尔。在奥伯基希教区，1830—1833 年农场平均面积为 46.9 公顷，农场承担的平均税额为 60 塔勒尔。在勒纳教区，1830 年纳税低于 18 塔勒尔的茅舍农为 35 人，纳税在 18—50 塔勒尔的小农场主为 42 人，纳税在 50—120 塔勒尔的中等农场主为 25 人，纳税在 120 塔勒尔以上的大农户为 7 人。在奥伯基希教区，1830 年茅舍农为 7 人，小农场主为 2 人，中等农场主

---

① Niels Grune, "Individualisation, Privatisation, Mobilization: the Impact of Common Property Reforms on Land Markets and Agricultural Growth in Germany. A Comparative View of Westphalia and Baden", in Gérard Béaur, Phillipp R. Schofield Jean-Michel Chevet, Maria Teresa Perez Picazo, eds., *Property Right, Land Markets and Economic Growth in the European Countryside (Thirteenth-Twentieth Centuries)*, Brepols, 2013, p. 166, Table 7.2.2 Tunurial Structure of Agricultural Land by Farm Size Group in the Grand Duchy of Baden, 1873.

为1人，大农场主为41人。①

1830—1866年在勒纳教区，土地转手为900起，土地转让率为6.9%。其中根据契约转手的土地为3.3%，通过出售发生的土地转手为1.6%，与外部关系密切的家族间发生的土地转手为0.7%。在博格伦教区，此期间发生的土地转手为996起，转手率为8.9%。其中通过契约转手的占4.9%，通过出售转手的为0.5%，转手给外部关系密切的家族的为0.6%。②

从19世纪中叶起，德国农业走上了技术革新和近代化的道路。从18世纪后期绝对主义时期开始，新技术不断发明，改革农业耕作制度的思想在德国广泛传播。18世纪末出版了大量农业书籍，其中有塔埃尔、舒巴特、根茨、克鲁格、舒巴特等人写作的农业经济和技术的著作。学者对农业的性质和任务进行了热烈的讨论。卡斯帕尔·福格特在汉堡附近办起了示范农场，道格拉斯-费希特从苏格兰引入了苗圃技术。英格兰的技术在德国北部农业和林业地区产生很大的影响。塔埃尔的学生马·舍恩劳伊特内写了《农业理论》，在巴伐利亚创立了魏恩斯特凡农业学校。李比希在1840年出版了《有机化

---

① Georg Fertig, "A Peasant Way of Economic Growth. the Land Market, Family Transfers, and the Life Circle in Nineteenth-century Westfhalia", in Gérard Béaur, Phillipp R. Schofield Jean-Michel Chevet, Maria Teresa Perez Picazo, eds., *Property Right, Land Markets and Economic Growth in the European Countryside (Thirteenth-Twentieth Centuries)*, Brepols, 2013, p. 373, Table 18.1 Basic Characteristics of the Parishes.

② Georg Fertig, "A Peasant Way of Economic Growth. the Land Market, Family Transfers, and the Life Circle in Nineteenth-century Westfhalia", in Gérard Béaur, Phillipp R. Schofield Jean-Michel Chevet, Maria Teresa Perez Picazo, eds., *Property Right, Land Markets and Economic Growth in the European Countryside (Thirteenth-Twentieth Centuries)*, Brepols, 2013, p. 375, Table 18.2 Turnover Rates of Land by Marketed Definition, 1830-1866.

学及其在农业和生理学上的应用》。1817年兽医学校和种马场结合建立了高级农业学校,之后同大学合并。在19世纪上半叶还创办了模范农场、试验站和各种私人农业协会。到1848年已经形成了一个全国的各种农业组织的网络。在农村实行义务教育,则把农民从地理和精神上的孤立和隔绝状态下解放出来。[1]

1762年舒巴特在魏森湖建立了"图林根农业协会"。1808年塔埃尔在默克林建立了"农业联合会"。这期间,农民在乡镇、县和地区建立了农业联合会。1820年普鲁士共建立了20个这样的协会。1820年以后为了帮助谋求职业利益和增长农业知识,在德国的各省和地区,到1870年建立了18个这类组织。1842年在普鲁士成立了国家农业经济委员会,作为国家促进各省农业协会的技术代表机构。1848年在萨克森建立了农业委员会,在黑森-达姆施塔特成立了一个国家农业中心。各地都试图使这些组织与国家合作,并受国家领导和控制。在巴伐利亚和其他邦也建立了类似的组织。但是在黑森选侯国,却在1848年解散了所有的联合会。1837年根据塔埃尔的建议成立了德国农场主大会,该大会每年举行。庄园主和骑士在会员中占了很大的优势,会员中没有农民。1860年在海德堡举行的第21次农场主大会上,仿照伦敦皇家协会的模式建立了德国农业协会。1870年成立了北德意志联邦地区的农业总会。1872年德国农业总会建立了德国农业委员会。这是一个主要为普鲁士富裕农业阶层服务的组织。此外,六七十年代以后还建立了威斯特伐利亚农民协会。1883—1885年马克斯·艾特工程师以英国为榜样,创立了德国农业协会,

---

[1] 〔联邦德国〕卡尔·埃里希·博恩:《德意志史》第三卷下,张载扬等译,商务印书馆1991年版,第506—507页。

到 1896 年该会有会员 12000 名。德国农业协会一直存在到 1933 年。

德国农业发展的一个标志是耕地面积在土地总面积中的比例增加了。在旧普鲁士各省，耕地在土地总面积中占的比例由 1802 年的 36.5% 增至 1900 年的 52.6%。

18 世纪到 19 世纪德国的农业技术和生产工具有很大发展。1865 年前后，较先进的长柄镰刀在大地产盛行的地区普及，而小镰刀则限于在小块土地上使用。在庄园和农家，男子使用大镰刀，妇女使用小镰刀。到 19 世纪上半叶，生产需要的犁不再由手工制造，而是由大工业生产。在犁的制作材料上，越来越多地用钢铁而不是木材。1819 年在霍恩海姆建立了第一个农具厂，在北部输入模仿英国的犁和农具。1847 年在柏林，1850 年和 1851 年在莱比锡、1854 年在乌尔姆建立了农业机器厂。莱比锡萨克工厂在 1883 年生产了犁 1 万具，1904 年生产了 100 万具，1911 年生产了 200 万具；以后又生产出仿照英美式样的播种机、收割打谷机和分离机、污水泵和离心泵。1862 年在布考建立了沃尔夫自动蒸汽机和打谷机工厂。1859 年起亨兰茨工厂开始制造农业机器，到 1866 年已经能生产 50 个不同品种的机器。德国在 1850 年代有了大约 1900 台条播机、施肥机和干草收割机。1907 年有了 3000 台蒸汽犁在使用。①

在 1800 年前后，中欧每年生产的木材只有 10% 用作建筑材料，用作矿山和金属工业燃料的木材比例很大。19 世纪中叶以后，德国发展起了近代木材加工业。木材主要不再作为燃料，而是作为建筑材料，用于建筑业、矿山、铁道枕木、家具制造。1800—1880 年木材

---

① 〔联邦德国〕卡尔·艾利希·博恩：《德意志史》第三卷下，张载扬等译，商务印书馆 1991 年版，第 520 页。

价格上涨300%到500%，国家林业管理局的收益从1850年到1870年增加了50%到75%。1895年德国有9万林业工人，占就业人数的5%，1903年达到103000人。普鲁士和巴伐利亚的国家林业管理局是全国最大的雇主，分别雇用了35000名和15000名专职工人，规模可以和克虏伯公司相比。①

19世纪中叶以后，德国的园艺业发展起来。1823年在爱尔福特建立了J. C.施密特花卉公司。1843年恩斯特·本纳里加入这个公司。1848年F. C.海内曼的公司参加进来。1863年起哈格—施密特公司发展成为世界上经销花木的大公司。1900年它向市场提供了13000种花木，它的品种目录有90页之多。在1865年园艺大博览会召开时，该公司培植的玫瑰有500种以上。1900年前后爱尔福特公司的出口目录中除了一年生夏季花草以及仙人掌和多浆植物外，还有1000种花卉鳞茎和球根植物、3000种温室植物和冷室植物、1500种两年生花木。②

到了19世纪80年代，随着工业化和城市化的发展，农村人口和在农业中的就业者在减少。1882年德国全部就业者的42.2%在农业和林业部门工作，33.8%在工业和手工业部门工作。1871年总人口的63.6%住在人口不超过2000人的农村村镇，12.4%住在2000至5000人的乡镇。1925年有35.6%的人口住在农村村镇，10.8%住在人口为2000—5000人的乡镇。③

---

① 〔联邦德国〕卡尔·艾利希·博恩：《德意志史》第三卷下，张载扬等译，商务印书馆1991年版，第526页。
② 〔联邦德国〕卡尔·艾利希·博恩：《德意志史》第三卷下，张载扬等译，商务印书馆1991年版，第527页。
③ 〔联邦德国〕卡尔·艾利希·博恩：《德意志史》第三卷下，张载扬等译，商务印书馆1991年版，第522页。

19世纪德国的农业是建立在拥有土地的自由农民和经营耕作的大地主的基础上。各个土地所有者阶层的实力对比在19世纪没有大的变动，但是最大的和最小的保有地的面积都在减少。1895—1907年间，面积在250英亩以上的保有地从占全国土地面积的24.1%降到22.2%。面积在5英亩以下的保有地从占全国土地面积的5.6%下降到5.4%。在麦克伦堡，60%的土地属于面积在250英亩以上的保有地。而在符登堡和巴伐利亚，这样的保有地只占2%；在巴登只占3%。巴伐利亚的土地有一半属于面积为12.5—50英亩的保有地；而面积在50—250英亩的保有地占地面积不到土地总面积的三分之一。① 在德国社会中，拥有面积在250英亩以上的大保有地的地主数量众多。大保有地的面积将近占到巴伐利亚土地的三分之一。在麦克伦堡这种现象也很普遍。1895年大约有280000份这样的保有地。到1907年持有土地在12.5—50英亩的中等农民所占的土地总面积已经超过了他们。持有土地在12.5—50英亩土地的小农人数有100万，他们占有德国农田耕作面积的三分之一，他们的土地占土地总耕作面积的10%。这些人无法单靠他们的小块土地维生。面积不到5英亩的"零星土地保有者"的土地共有325份，平均每份土地的面积不到1英亩，他们的土地总面积只占德国耕地面积的5%。随着农奴的解放带来的土地变动，大地主拥有的土地面积下降到占德国耕地总面积的四分之一左右。在易北河以东，为数不多的大地产有相当一部分出租给农场主。在易北河以西，大地产到处都是，它们几乎都掌握在大地主自己手中。这种大地产的面积可能达到2000英亩，典型的东部的

---

① 〔英〕克拉潘：《1815—1914年法国和德国经济的发展》，傅梦弼译，商务印书馆1965年版，第228—229页。

容克都靠大地产经营谋利。①

在18世纪末,黑森-卡塞尔的小土地精英几乎完全是贵族。但拥有90%非森林土地的农民中绝大多数人拥有的土地面积都非常小而且是分散的,他们时常要承担庄园税,以及承担给国家和地方地主的劳役义务。此外这里也有少量的大地产。这种结构在19世纪没有大的变动。

到了1907年,黑森-卡塞尔行政区的土地占有情况如下:持有2公顷以下土地的有76220户,他们共持有土地47524公顷,占全部土地的9.6%。持有土地在2到5公顷的小农有25597户,他们共持有土地83565公顷,占全部土地的16.9%。持有土地在5到20公顷的中等规模的农民持有者有22177户,他们共持有土地216412公顷,占全部土地的43.7%。持有土地在20到100公顷的大农持有者共有3463户,他们共持有土地109904公顷,占全部土地的22.2%。持有土地在100公顷以上的大土地所有者有223户,他们共持有土地37911公顷,占全部土地的7.7%。在18世纪末,当地的大地产绝大多数落到贵族和王室家族成员手中。可能从18世纪后期起,以资本主义所有权拥有土地的所有者的数量大大增长。

1865年占有土地在100—200公顷的土地所有者中,贵族为63家,非贵族为32家。占有土地在200—299公顷的土地所有者中,贵族为20家,非贵族为5家。占有土地在300—399公顷的土地所有者中,贵族为14家,没有非贵族。占有土地在400—499公顷的土地所有者中,贵族为10家,没有非贵族。占有土地在500—599公

---

① 〔英〕克拉潘:《1815—1914年法国和德国经济的发展》,傅梦弼译,商务印书馆1965年版,第230—231页。

顷和 600—699 公顷的土地所有者为 2 家贵族。占有土地在 700—799 公顷的土地所有者为 3 家贵族。占有土地在 800—899 公顷的土地所有者为 1 家贵族。占有土地 1000 公顷的土地所有者为 7 家贵族。

1895 年占有土地在 100—199 公顷的土地所有者中，贵族为 56 家，非贵族为 69 家。占有土地在 200—299 公顷的土地所有者中，贵族为 34 家，非贵族为 12 家。占有土地在 300—399 公顷的土地所有者中，贵族为 10 家，非贵族为 1 家。占有土地在 400—499 公顷的土地所有者中，贵族为 10 家，没有非贵族。占有土地在 500—599 公顷的土地所有者中，贵族为 8 家，非贵族为 1 家。占有土地在 600—699 公顷的土地所有者中，贵族为 7 家，没有非贵族。占有土地在 700—799 公顷的土地所有者为 3 家贵族。占有土地在 800—899 公顷的土地所有者为 4 家贵族。[①]

在 19 世纪最后 25 年，德国农业对国民财富增长的意义不断降低。农业部类中的生产水平、商业价值，以及雇佣劳动力所占的比例都在下降。德国经济正在从一个以农业经济为主的国家向工业经济占主导地位的国家转变。德国这种转变的开始比英国在历史时间表上要晚得多，也因为这种差别，德国 19 世纪后期农业的现代化程度更高。德国农业部类中雇佣的劳动人口 1882 年占总雇佣人口的 43.2%，1895 年占 36.1%，1907 年占 34.7%。在农业中工资劳动者占的比例从 1882 年的 52.1%，下降到 1907 年的 34%，到 1925 年降至 26.5%。独立的农业生产者数量从 1882 年的 46.7%，下降到 1907 年时的 24%。农业对国内生产总值的贡献从 1860—1864 年期间平均 44.9%，

---

① Gregory W. Pedlow, "The Landed Elite of Hesse-Cassel in the Nineteenth Century", in *Ralph Gibson and Martin Blinkhorn, Landownership and Power in Modern Europe*, Harper Collins Academic, 1991, p.111, Table 5.1 Landownership in 1907.

下降到 19 和 20 世纪之交时的 29%，1910—1913 年的 23.4%。农业在德国出口额中占的份额从 1880 年代开始时的 18.3%，下降到 1930 年代中期的 1%。在 19 世纪最后 25 年，谷物生产部门尤其表现出这种衰退。由于世界范围的农业萧条，农产品价格自 1873 年起猛烈下降，直到 1896 年以后才开始回升。尽管德国的农场的数量持续上升，但这种增长集中在面积 2 公顷以下的小农场，耕种的土地的数量实际上在下降。几乎 60% 的农场都属于小农场。面积超过 200 公顷的大农场只占全部农场的 0.2%，占全部可耕地面积的 20%。[1]

在 19 世纪最后 25 年，德国农民未能赶上社会经济的变革，未能从结盟的精英那里得到特权和保护。农民遭到 1870 年谷物价格下降的打击。他们拒绝从国外进口价格不那么昂贵的饲料以从事奶业和其他家畜的生产，而放弃不谋利的谷物生产。相反，农民寻求建立一个农民联盟，去争取有权的能取得俾斯麦支持的容克的政治领导。农民赢得了容克对农民过时的生产方式的保护。[2] 德国 1890 年保守主义农业政策，把易北河以东和以西的农民整合进一个种植谷物的土地所有者利益占统治地位的制度框架中。[3]

根据德国的统计资料[4]，德国耕作土地的面积在 19 世纪持续增长，谷物产量也持续增长。德国种植各种作物的耕地面积 1816 年为 2310 万英亩，这年谷物产量为 2.96 亿蒲式耳。1837 年德国种植各种作物

---

[1] Hans Juergen Puhle, "Lords and Peasants in the Kaiserreich", in Robert G. Moeller, ed., *Peasants and Lords in Modern Germany: Recent Studies in Agricultural History*, Boston: Allen&Unwin, 1986, pp.83-84.
[2] R. G. Moeller, ed., *Peasants and Lords in Modern Germany*, Boston: 1986, pp.6-7.
[3] R. G. Moeller, ed., *Peasants and Lords in Modern Germany*, Boston: 1986, pp.8-9.
[4] 德国从 1837 年起才有官方统计资料。

的耕地为 3001 万英亩。1858 年德国种植各种作物的耕地为 3533 万英亩。1879 年德国种植各种作物的耕地为 4331 万英亩，这年谷物产量为 5.8 亿蒲式耳。1887 年德国种植各种作物的耕地为 4405 万英亩，这年谷物产量为 6.4 亿蒲式耳。在普鲁士王国，1834 年可耕地和草地为 2851 万英亩，每年收益为 840 万镑；牧场为 1362 万英亩，年收益为 330 万英镑；林地为 1730 万英亩，年收益 110 万英镑；种植其他作物的土地为 1260 万英亩，年收益为 80 万英镑。普鲁士全部土地为 7203 万英亩，年收益为 1360 万镑。1887 年德国全国有可耕地 4405 万英亩，草地 1465 万英亩，林地 3010 万英亩，牧场等占地 3760 万英亩。①

在德国易北河以西的土地上，直到 19 世纪土地关系都保持不变。贵族仍然拥有权力并占有土地。在宗教改革以后，在信奉天主教的各个邦国中，教会仍然占有相当的土地。从整体上说，德国西部的贵族地主当时并没有开始自己耕种地产。他们主要的兴趣是能收得多少地租。这些贵族地主常常并不住在他们自己的地产上，而是去担任政府的官职，或在军队中和教会中任职。在 18 世纪，某些开明的统治者解放了土地上的农奴。例如在巴登便是这样。但是在巴伐利亚，土地贵族实质上并没有放弃他们的任何封建特权，农民的劳役义务、该交纳的现金，特别是实物地租仍然十分沉重。②

到 18 世纪末，改革的压力加大了。法国大革命以后法国军队入侵德国，造成了德国第一次大的社会政治变动。拿破仑兼并了莱茵河以西的土地后，把威斯特伐利亚、伯格大公爵领地分给他的兄弟和妹

---

① Michael G. Mulhall, ed., *The Dictionary of Statistics*, Thoemmes Press, 2000, p. 21.
② Michael Tracy, *Agriculture in Western Europe: Challenge and Response, 1880-1980*, Granada, Second edition, 1982, p. 90.

夫，还有属于他控制的莱茵河联盟的若干其他的邦国。农民从中世纪的奴役制度下解放出来，并获得了他们的持有地的所有权。在 1815 年以后，由于贵族要求重建他们的权利，德国南部和西部农民的自由在 1848 年革命后没有得到保证。特别是在威斯特伐利亚，贵族和教会直到 1848 年还坚持要求他们的特权和对土地的所有权。在 1848 年以后，农民才完全从封建纽带下解放出来。

土地改革的本质是使农民获得解放并取得对自己土地的权利。购买土地所有权对许多农民来说是沉重的负担，并不是所有的邦国都建立了农民银行为农民购买土地提供信贷。但即便有这种贷款，一些农民家庭在 1918 年以后，还是无法使自己免除债务负担。改革并没有创造一个理性的农场结构。重新分配土地主要是将坐落在共有换地和森林的土地分配给农民。这一过程使得无地农民免于沦为乞丐，但农耕仍然在先前的条块敞地上进行。在德国的西部和南部地区，在继承人中平分土地的习惯具有使土地碎化加剧的倾向。一些州较早就开始合并土地，但这种做法从整体上说效果有限。[1]

在普鲁士王国东部情况不同。霍亨索伦帝国保护农民的意图毫无效果，他们的努力遭到了地主的抵制。普鲁士在 1806 年被拿破仑打败，以后又在 1807 年签署了屈辱的《提尔西特条约》。普鲁士失去了几乎一半的领土。1807 年的施泰因-哈登堡法把农民从地主控制和劳役义务、现金负担下解放出来。农民为了取得土地所有权，得把他们持有地的三分之一到一半割让给地主。如果留给他们的土地太小，以至于无法养家糊口，现金税和实物地租就会被用作替代而得到减免。许多

---

[1] Michael Tracy, *Agriculture in Western Europe: Challenge and Response, 1880-1980*, Granada, Second edition, 1982, p.91.

农民发现自己无法维生和负担沉重，结果重新出售了先前他们从地主那里获得的土地。先前保护农民就业权利的立法在1816年被取消。这样，地主可以在给予农民自由时提出苛刻的条件，或者夺取农民的持有地。在麦克伦堡省和先前属于瑞典的波美拉尼亚省的一部分，农民从未得到任何真正的保护，土地改革被推迟了，以至于持有土地的农民几乎没有离去的自由。在德国易北河以东，改革的结果只是增强了土地贵族对自己地产的所有，并且增大了没有土地的劳工阶级的队伍。到19世纪后期，采取了重新安置农民的政策。有人认为，先前属于农民的200万公顷土地（相当于地产的三分之一）被地主和贵族掠夺了。也有人认为，这一估计可能过高，被掠夺的土地占上述面积的一半。①

到19世纪末，德国东、西部土地持有的结构完全不同。1895年位于易北河以东的普鲁士王国诸省中，面积在100公顷以上的大地产的总面积占到农耕土地面积的43%。农民的小持有地尽管数量众多，但它们在土地总面积中占的比例却微不足道。在德国西部，农场面积相差甚大。大地产尽管仍然构成了当地地产的重要部分，但在全部地产数量中占的比例很小。此外，面积在2公顷以下的小地产的数量甚多。2—20公顷面积的农场是主要的地产结构类型，它们的面积占到全部土地面积的一半左右。就当时的技术水平而论，这类地产适宜农民家庭维生。较小的农场通常无法通过出售谷物获益。在实际的农村生活中，实行密度的种植，饲养猪、奶牛和家禽，是农民主要的收入来源。相反，东部的大地产主要生产谷物（小麦、裸麦）。直到1880

---

① Michael Tracy, *Agriculture in Western Europe: Challenge and Response, 1880-1980*, Granada, Second edition, 1982, pp.91-92.

年代,才大量向德国国内一些地区和其他国家出口谷物。①

在这个时期,德国的农场主持强烈地支持自由贸易政策的态度。从1850年到1870年是繁荣年代。德国作为一个净出口国不需要任何保护。此外,农场主反对对工业进行保护,因为这可能提高农业所需工业产品的价格,并且会导致英国对于德国谷物出口的反对。另一方面,工业家希望自己发展工业的活动得到政府的保护,防御英国工业产品的竞争。弗里德里希·李斯特提出的"民族的政治经济制度"是保护年轻的工业的理论。工业家此时意识到必须得到农业企业家的支持。这时德国农业家和法国、英国一样感到——在从美国输入的小麦对市场的冲击下——正在失去阵地。德国随着人口增长,开始从俄国、奥匈和美国那里进口小麦和裸麦。

1876年建立了德国工业家中央协会以及税收和经济改革家协会,后一个组织主要由大地主构成。1878年他们联合展开了回到农业和工业的保护政策上来的运动。与此同时,在德国国会中成立了一个强大的保护主义者协会。俾斯麦也正在设法为帝国财政争取附带的岁入,因此支持恢复进口税的主张。新的关税则在1879年7月获得通过,它包括对谷物征收温和的关税,对家畜产品提高税收,进口动物则受到限制。当时谷物税太低,以至于不足以防范从1879年开始的价格下跌。现在德国谷物几乎完全被迫退出了先前的出口市场。而在国内市场上则遭到日益增加的竞争,因此需要进一步的保护措施。

1883年德国国会同意把小麦和裸麦每100公斤的进口关税从1马克提高到3马克,俾斯麦此时坚定地相信,粮食产品的进口税既是

---

① Michael Tracy, *Agriculture in Western Europe: Challenge and Response, 1880-1980*, Granada, Second edition, 1982, p.92.

岁入的来源，又是帮助农民的手段。1887年俾斯麦提出提高小麦和裸麦的关税到6马克。这对于帝国国会议员来说提得太高了。他们接受了5马克的税率，同时提高了其他谷物的关税。这样，德国市场上小麦的价格达到将近17马克。①

1887年以后农产品价格短暂地恢复，这是由于增加灌输和海外竞争的加强造成的粮食价格上涨。尤其发生在1890年和1891年由德国和其他国家的歉收引起的食品供应短缺，引发了反对，这样谷物的关税临时停止了。1890年俾斯麦为帝国皇帝免职，由卡普里维接替了他的总理职务。卡普里维与俾斯麦不同，他与农业利益没有纽带联系。他处于与农业没有利益联系的工业家的压力之下。工业家现在不仅要求廉价的粮食以降低开支，而且要求更接近国内市场，因为这一政策使工人的开支提高。一系列因素的综合作用使得德国的关税政策发生变化。卡普里维要求缔结新的商业条约，在农产品关税问题上作出退让，使德国从出口工业产品中获益。德国首先与奥匈缔结条约，然后和意大利、比利时、瑞士缔约。与奥地利的条约把德国的小麦和裸麦的出口关税从每100公斤5马克降低为3.5马克，同时还降低了其他谷物的关税率。与意大利的条约降低了德国对于葡萄酒、鸡蛋、水果和家禽的关税率。这些条约为帝国国会通过。在这些条约付诸实施后，谷物价格急剧下降。这主要归因于世界市场的发展。德国调低关税的政策遭到了众多的谴责，农场主的不满加剧了。

1893年普鲁士的地主建立了由普鲁士容克地主创立和领导的"农场主联盟"。它首要的目标是确保生产出来的谷物在普鲁士邦国

---

① Michael Tracy, *Agriculture in Western Europe: Challenge and Response, 1880-1980*, Granada, Second edition, 1982, p. 93.

中有更好的市场。这个组织的成员包括西部各州中数量日益增大的小农场主，他们要求保护关税，并强烈地反对新的商业条约。第一次世界大战以后，"农场主联盟"和"德国土地联盟"混合，组成了"帝国土地联盟"。①

德国这个时期最引人瞩目的特点是种植谷物的土地面积没有收缩。在1890年代和1900年代，种植裸麦和燕麦的面积扩大，30年间种植面积扩大了一倍。而随着农业技术的改进，裸麦和燕麦的产量也都提高了。德国裸麦的进口量逐渐减少：1865—1869年为298000吨，1870—1874年为626000吨，1875—1879年为1082000吨，1885—1889年为737000吨，1895—1899年为866000吨，1900—1904年为804000吨，1905—1909年为490000吨，1910—1913年为418000吨。裸麦的出口量逐年增大：1865—1869年为117000吨，1870—1874年为125000吨，1875—1879年为155000吨，1900—1904年为168000吨，1905—1909年为407000吨，1910—1913年为830000吨。

但是，德国的小麦进口量逐年增长：1865—1869年为409000吨，1875—1879年为819000吨，1890—1894年为946000吨，1895—1899年为1404000吨，1900—1904年为1891000吨，1905—1909年为2255000吨，1910—1913年为2419000吨。小麦的出口量数量不大：1865—1869年为590000吨，1875—1879年为660000吨，1880—1884年为82000吨，1900—1904年为162000吨，1905—1909年为186000吨，1910—1913年为363000吨。德国大麦的进口量也逐渐增长：1865—1869年为112000吨，1875—1879年为335000吨，1888—1889年为

---

① Michael Tracy, *Agriculture in Western Europe: Challenge and Response, 1880-1980*, Granada, Second edition, 1982, pp. 100-101.

480000 吨，1890—1894 年为 799000 吨，1895—1899 年为 1056000 吨，1900—1904 年为 1165000 吨，1905—1909 年为 2078000 吨，1910—1913 年为 3037000 吨，而 1905—1913 年大麦出口量趋于零。[①] 德国成为小麦和大麦的进口国。

1880 年代到 1910 年代，德国主要谷物的种植面积增加不多。裸麦种植面积由 590 万公顷增至 620 万公顷，小麦种植面积从 180 万公顷增至 190 万公顷。燕麦种植面积从 370 万公顷增至 430 万公顷。大麦种植面积保持不变，为 160 万公顷。但谷物的总产量却有很大的增长。裸麦总产量由 1880—1884 年的 560 万吨增至 1910—1913 年的 1130 万吨。小麦产量由 1800—1884 年的 250 万吨增至 1910—1913 年的 430 万吨。燕麦产量由 1880—1884 年的 410 万吨增至 1910—1913 年的 850 万吨。大麦产量由 1880—1884 年的 220 万吨增至 1910—1913 年的 330 万吨。[②] 德国消费的主要谷物由裸麦转为小麦。

关于 1880 年代到第一次世界大战，有多少农户从谷物关税政策中获益，学者的看法不一，相关的资料也残缺不全。但从一些资料来看，持有土地在 5 公顷以下的农户很难从高谷物价格中获益。只有那些持有土地在 20 公顷以上的土地持有者才能从高谷物价格中获得实质性的利益。1895 年时，有 4252000 个土地持有者持有的土地面积在 5 公顷以下。有 990000 个土地持有者持有的土地面积在 5—20 公顷。只有 307000 个土地持有者持有的土地面积在 20 公顷以上。至于那些

---

① Michael Tracy, *Agriculture in Western Europe: Challenge and Response, 1880-1980*, Granada, Second edition, 1982, p.104, Table 4.4 Imports and Exports of Grain.
② Michael Tracy, *Agriculture in Western Europe: Challenge and Response, 1880-1980*, Granada, Second edition, 1982, p.105, Table 4.3 Area of Major Crops; Table 4.6 Production of Grain.

被雇佣的农业劳动者，他们通过农产品价格增长获取的利益是非常有限的。从谷物价格增长中获利的农场主看来占的比例很小。①

1848年革命以后，德国农场的结构和规模没有特别的发展。在到1848年为止的改革时期，在德国南部和西部，小土地持有的模式依然如故。到1800年土地经营的面积已经固定下来。倘若要重新安排地块，需要得到全部土地所有者的同意才能进行。到19世纪中叶，在一系列州中，通过了巩固已有的土地占有制的法律。一些州试图禁止在土地继承中平均分配的做法，巴伐利亚州便采取了这种做法。②重新改变土地占有结构的做法只是在人口贫瘠的地区实行了，在那里重新安置小农场主。例如，根据1886年的法律，在普鲁士的波茨坦地区和西普鲁士，促进发展小土地持有地和中等规模的土地持有地。抵押制使农民凭借有限的财力，通过在一段时间里支付现金或庄稼实物的方法来获得土地。

技术进步对德国农业发展的意义很大，特别是在普鲁士各州。20世纪初年，阿尔布雷希特·特尔关于"理性化的农耕"的先驱性著作出版后，对农业产生了很大的影响。敞地制度被废除后，作物轮作技术得到推广。德国从英格兰引进排水工程技术，蒸汽犁等新的机器和化肥得到广泛使用。在德国创立了农学院，农学研究发展起来。抵押信贷制度在许多州建立，随后短期信贷也发展起来。1860年以后，合作银行的发展解决了农民的财政问题，农民开始集体购买必需的农业设备，奶制品的合作销售组织开始建立，对付农业危机的保险组织

---

① Michael Tracy, *Agriculture in Western Europe: Challenge and Response, 1880-1980*. Granada, Second edition, 1982, p. 105.
② Michael Tracy, *Agriculture in Western Europe: Challenge and Response, 1880-1980*. Granada, Second edition, 1982, p. 107.

也发展起来。①

德国19世纪末，在普鲁士的霍尔斯坦因，持有土地面积在2公顷以下的农户中，所有者占有土地的占31%，租佃占有者占42%，所有权和租佃权混合占有者占27%。持有土地面积在5—20公顷的农户中，所有者占有土地的占64%，租佃占有者占5%，所有权和租佃权混合占有者为31%。持有土地面积在20—100公顷的农户中，所有者占有土地的占70%，租佃占有者占7%，所有权和租佃权混合占有者占23%。持有土地面积在100公顷以上的土地持有者中，所有者占有土地的占59%，租佃占有者占21%，所有权和租佃权混合占有者占20%。

在汉诺威，持有土地面积在2公顷以下的农户中，所有者占有土地的占20%，租佃占有者占49%，所有权和租佃权混合占有者占31%。持有土地面积在2—5公顷的农户中，所有者占有土地的占28%，租佃占有者占22%，所有权和租佃权混合占有者占50%。持有土地面积在5—20公顷的农户中，所有者占有土地的占51%，租佃占有者占5%，所有权和租佃权混合占有者占44%。持有土地面积在100公顷以上的土地持有者中，所有者占有土地的占35%，租佃占有者占34%，所有权和租佃权混合占有者占31%。

在威斯特伐利亚，持有土地面积在2公顷以下的农户中，所有者占有土地的占20%，租佃占有者占55%，所有权和租佃权混合占有者占25%。持有土地面积在5—20公顷的农户中，所有者占有土地的占57%，租佃占有者占5%，所有权和租佃权混合占有者占38%。持有土地面积在100公顷以上的土地持有者中，所有者占有土地的占

---

① Michael Tracy, *Agriculture in Western Europe: Challenge and Response, 1880-1980*, Granada, Second edition, 1982, p.108.

45%，租佃占有者占 24%，所有权和租佃权混合占有者占 26%。这表明，在德国，土地持有的主要形式为所有者占有，第二位是所有权和租佃权混合占有，租佃制农场的比例处于第三位。①

巴伐利亚帕拉丁地区 1840 年有 580000 居民，1871 年有 615000 居民。1840 年当地居民有三分之二从事农业，这些居民中有一半被认为是农民。帕拉丁的可耕地大约有一半用来种植谷物，其余的土地种植马铃薯。在这个地区形成了一种乡村显贵。在 1907 年有将近 90% 的农地以不到 20 公顷的单位面积耕种。在这里实行了不分割继承制，起到了防止土地碎化的作用，这样就形成了中等大小的富裕农民。②

19 世纪下半叶，德国农业生产得到了蓬勃发展，但仍然落后于英国、丹麦、荷兰。到了这个时期，气候和土地质量对农业产出的作用越来越小。19 世纪下半叶，德国的地租和土地价格上涨，普鲁士国有地每公顷的租金从 1849 年至 1914 年由 14 马克增加到 37 马克，整个农业产量增加了 3—3.5 倍。1800 年至 1900 年农业劳动力由 950 万人增加到 1140 万人。③

德国的小麦种植面积 1849 年为 176.6 万公顷，1855 年为 184.4 万公顷，1860 年为 190.2 万公顷，1870 年为 196.4 万公顷，1879 年

---

① Stefan Brakensiek and Gunter Mahlerwein, "North-west Germany, 1750-2000", in Bas van Bavel and Richard Hoyle, eds., *Rural Economy and Society in North-western Europe, 500-2000. Social Relations: Property and Power*, Brepols, 2010, p.260, Table 10.3 Percentage of Owner Occupiers, Tenants and Farmers Cultivating Mixed Holdings in Various Prussian Provinces, 1895.

② Jonathan Osmond, "Peasants and Rural Notables in the Bavarian Palatinate 1816-1933", in Ralph Gibson and Martin Blinkhorn, eds., *Landownership and Power in Modern Europe*, London: Harper Collins Academic, 1991, pp.133, 136.

③ 〔联邦德国〕卡尔·埃里希·博恩：《德意志史》第三卷下，张载扬等译，商务印书馆 1991 年版，第 521 页。

为230.6万公顷，1885年为229.4万公顷，1889年为232.2万公顷。马铃薯的种植面积1849年为160.2万公顷，1855年为184.8万公顷，1860年为205.6万公顷，1870年为239.6万公顷，1880年为276.3万公顷，1885年为292.1万公顷，1889年为291.8万公顷。大麦、燕麦和裸麦的种植面积在19世纪后期变化不大。[1]

1899年到1944年，德国谷物的种植面积受世界大战的影响有所减少。小麦的种植面积1890年为232.7万公顷，1895年为227万公顷，1900年为236.6万公顷，1905年为226万公顷，1910年为223.8万公顷，1915年为226.2万公顷，1920年为154万公顷，1925年为167.7万公顷，1930年为190万公顷，1935年为218.7万公顷，1940年为189.7万公顷，1944年为178.1万公顷。裸麦的种植面积1890年为582万公顷，1895年为589.4万公顷，1900年为595.5万公顷，1905年为614.6万公顷，1910年为618.7万公顷，1915年为641.1万公顷，1920年为432.5万公顷，1925年为470.8万公顷，1930年为471.1万公顷，1935年为455.5万公顷，1940年为497.5万公顷，1944年为385.1万公顷。燕麦种植面积1890年为390.7万公顷，1895年为402.9万公顷，1900年为412.3万公顷，1905年为418.2万公顷，1910年为428.9万公顷，1915年为461.5万公顷，1920年为324.4万公顷，1925年为345.2万公顷，1930年为332.2万公顷，1935年为279.8万公顷，1940年为284.3万公顷，1944年为243.8万公顷。这个时期大麦种植面积变化不大，基本持平。[2]

德国农产品的产量在19世纪中期以后迅速增长。1846年小麦产

---

[1] B. R. Mitchell, ed., *European Historical Statistics 1750-1970*, New York: Columbia U. P., 1975, p.204.

[2] B. R. Mitchell, ed., *European Historical Statistics 1750-1970*, New York: Columbia U. P., 1975, p.215.

量为141.6万公吨,裸麦产量为292.7万公吨,大麦产量为253.3万公吨,燕麦产量为238.3万公吨,马铃薯产量为705.5万公吨,甜菜产量为23.3万公吨。1850年小麦产量为184.6万公吨,裸麦产量为499.9万公吨,大麦产量为187.2万公吨,燕麦产量为309.8万公吨,马铃薯产量为1094.2万公吨,甜菜产量为62.7万公吨。1855年小麦产量为152.4万公吨,裸麦产量为389.4万公吨,大麦产量为206.7万公吨,燕麦产量为380.4万公吨,马铃薯产量为1014.6万公吨,甜菜产量为98.4万公吨。1860年小麦产量为249.1万公吨,裸麦产量为656.1万公吨,大麦产量为226.1万公吨,燕麦产量为462.3万公吨,马铃薯产量为1192.5万公吨,甜菜产量为163.2万公吨。1865年小麦产量为218.6万公吨,裸麦产量为564.5万公吨,大麦产量为208.9万公吨,燕麦产量为400.2万公吨,马铃薯产量为2159.2万公吨,甜菜产量为220.5万公吨。1870年小麦产量为240.9万公吨,裸麦产量为624.7万公吨,大麦产量为210.1万公吨,燕麦产量为397.3万公吨,马铃薯产量为2036.6万公吨,甜菜产量为230万公吨。1875年小麦产量为272.4万公吨,裸麦产量为640.9万公吨,大麦产量为197.9万公吨,燕麦产量为383.2万公吨,马铃薯产量为2281.6万公吨,甜菜产量为275.7万公吨。1880年小麦产量为323.6万公吨,裸麦产量为586.2万公吨,大麦产量为255万公吨,燕麦产量为512.8万公吨,马铃薯产量为2279.5万公吨,甜菜产量为473.8万公吨。1885年小麦产量为351.3万公吨,裸麦产量为689.4万公吨,大麦产量为270万公吨,燕麦产量为526.4万公吨,马铃薯产量为3374.4万公吨,甜菜产量为930万公吨。[①]1890年小麦产量

---

① B. R. Mitchell, ed., *European Historical Statistics 1750-1970*, New York: Columbia U. P., 1975, p.241.

为374.3万公吨，裸麦产量为692.6万公吨，大麦产量为271.2万公吨，燕麦产量为593.4万公吨，马铃薯产量为2731.6万公吨，甜菜产量为1062.3万公吨。1895年小麦产量为364.3万公吨，裸麦产量为772.5万公吨，大麦产量为279.4万公吨，燕麦产量为624.4万公吨，马铃薯产量为3778.6万公吨，甜菜产量为1119.6万公吨。1900年小麦产量为430.7万公吨，裸麦产量为855.1万公吨，大麦产量为300.2万公吨，燕麦产量为709.2万公吨，马铃薯产量为4058.5万公吨，甜菜产量为1601.3万公吨。1905年小麦产量为418.7万公吨，裸麦产量为960.7万公吨，大麦产量为299.2万公吨，燕麦产量为654.7万公吨，马铃薯产量为4832.3万公吨，甜菜产量为1737万公吨。1910年小麦产量为424.9万公吨，裸麦产量为1051.1万公吨，大麦产量为290.3万公吨，燕麦产量为790万公吨，马铃薯产量为4346.8万公吨，甜菜产量为1815万公吨。[1]

德国农产品产值的资料不完整。1840年有估计说德国农业总产值为1.05亿英镑。1856年德国农业产值为1.51亿英镑，畜牧业产值为8000万英镑，农牧业总产值为2.31亿英镑。1886年德国农业产值为2.62亿英镑，畜牧业产值为1.62亿英镑，农牧业总产值为4.24亿英镑。1840年德国从事农业的劳动力人数为640万人，年总产值为1.7亿英镑，农民人均产值27英镑。1856年从事农业的劳动力人数为740万人，年总产值为2.31亿英镑，农民人均产值31英镑。1886年从事农业的劳动力人数为812万人，年总产值为4.24亿英镑，农民人均产值52英镑。[2]

---

[1] B. R. Mitchell, ed., *European Historical Statistics 1750-1970*, New York: Columbia U. P., 1975, p.254.
[2] Michael G. Mulhall, ed., *The Dictionary of Statistics*, Thoemmes Press, 2000, p.24.

德国 1837 年农业资本总额为 6.31 亿英镑，其中土地资本为 4.8 亿英镑，牲畜为 8800 万英镑，其他资本为 6300 万英镑。1856 年农业资本总额为 16.02 亿英镑，其中土地资本为 13.04 亿英镑，牲畜为 1.38 亿英镑，其他资本为 1.602 亿英镑。1886 年农业资本总额为 23.07 亿英镑，其中土地资本为 18.15 亿英镑，牲畜为 2.62 亿英镑，其他资本为 2.3 亿英镑。

19 世纪德国农业资本总额的变化如下：1837—1856 年农业资本总额为 9.71 亿英镑，年平均资本额为 5100 万英镑。1848—1856 年间，由于将大地产在农民中分割，农业总资本迅速增长。1856—1886 年德国农业资本总额为 7.05 亿英镑，年平均资本额为 2350 万英镑。①

在 1895—1900 年的五年之间，德国农业能够供应国内市场所需裸麦的 92.6%，但只能供应国内市场所需小麦的 73.7%。

表 2-3　德国各种主要作物的平均产量与进口量（单位：百万公吨）②

时期	小麦		裸麦		大麦		燕麦	
	产量	进口	产量	进口	产量	进口	产量	进口
1900—1904 年	3.90	2.03	9.66	0.83	3.12	1.17	6.95	0.51
1905—1908 年	3.72	2.32	9.94	0.55	3.15	1.96	7.95	0.62
1911—1912 年	4.21	2.08	11.23	0.32	3.32	3.30	8.11	3.0

19 世纪末到 20 世纪初德国的土地持有面积有如下的统计资料。

---

① Michael G. Mulhall, ed., *The Dictionary of Statistics*, Thoemmes Press, 2000, p.24.
② 〔英〕克拉潘：《1815—1914 年法国和德国经济的发展》，傅梦弼译，商务印书馆 1965 年版，第 244 页。

1882 年持有土地面积在 2 公顷以下的农户有 3061831 户，这部分农户共持有 1825900 公顷土地；持有土地面积在 2—5 公顷的农户有 981407 户，这部分农户共持有 3190200 公顷土地；持有土地面积在 5—20 公顷的农户有 926605 户，这部分农户共持有 9158400 公顷土地；持有土地面积在 20—50 公顷的农户有 239887 户，这部分农户共持有 7176100 公顷土地；持有土地面积在 50—100 公顷的农户有 41623 户，这部分农户共持有 273200 公顷土地；持有土地面积在 100—200 公顷的农户有 11033 户，这部分农户共持有 1521100 公顷土地；持有土地面积在 200 公顷以上的农户有 13958 户，这部分农户共持有 6265000 公顷土地。

　　1895 年持有土地面积在 2 公顷以下的农户有 3236367 户，这部分农户共持有 1818900 公顷土地；持有土地面积在 2—5 公顷的农户有 1016318 户，这部分农户共持有 3286000 公顷土地；持有土地面积在 5—20 公顷的农户有 998804 户，这部分农户共持有 97219100 公顷土地；持有土地面积在 20—50 公顷的农户有 239643 户，这部分农户共持有 7113200 公顷土地；持有土地面积在 50—100 公顷的农户有 42142 户，这部分农户共持有 2756600 公顷土地；持有土地面积在 100—200 公顷的农户有 11250 户，这部分农户共持有 1545200 公顷土地；持有土地面积在 200 公顷以上的农户有 13811 户，这部分农户共持有 6286600 公顷土地。[1]

　　1907 年持有土地面积在 2 公顷以下的农户有 3378509 户，这部分农户共持有 1731300 公顷土地；持有土地面积在 2—5 公顷的农

---

[1] Michael Tracy, *Government and Agriculture in Western Europe 1880-1988*, Harvester Wheatsheaf, 1989, p. 84, Table 3.1 Agricultural Holdings and Agriculturally Used Land in Germany 1898-1907.

有1006277户,这部分农户共持有3304900公顷土地;持有土地面积在5—20公顷的农户有1065539户,这部分农户共持有10421600公顷土地;持有土地面积在20—50公顷的农户有225697户,这部分农户共持有6821300公顷土地;持有土地面积在50—100公顷的农户有36494户,这部分农户共持有2500800公顷土地;持有土地面积在100—200公顷的农户有10679户,这部分农户共持有1499200公顷土地;持有土地面积在200公顷以上的农户有12887户,这部分农户共持有5555800公顷土地。[1]

1907年在石勒苏益格,持有土地面积在2公顷以下的小土地持有者为97069户,占有总土地面积的2.8%;持有土地面积在2—5公顷的土地持有者为14994户,占有总土地面积的3.7%;持有土地面积在5—20公顷的小土地持有者为25004户,占有总土地面积的20%;持有土地面积在20—100公顷的大农场主为21021户,占有总土地面积的57.8%;持有土地面积在100公顷以上的大土地持有者为922户,占有总土地面积的15.7%。

同年在汉诺威,持有土地面积在2公顷以下的小土地持有者为41408户,占有总土地面积的5.9%;持有土地面积在2—5公顷的土地持有者为11550户,占有总土地面积的11.6%;持有土地面积在5—20公顷的小土地持有者为12664户,占有总土地面积的44.8%;持有土地面积在20—100公顷的大农场主为2820户,占有总土地面积的30.8%;持有土地面积在100公顷以上的大土地持有者为107

---

[1] Hans Juergen Puhhle, "Lords and Peasants in the Kaiserreich", in Robert G. Moeller, ed., *Peasants and Lords in Modern Germany: Recent Studies in Agricultural History*, Boston: Allen & Unwin, 1986, p.84, Table 3.1 Agricultural Land-Holding and Agriculturally Used Land in Germany, 1882-1907.

户，占有总土地面积的 6.9%。

同年在希尔德斯海姆，持有土地面积在 2 公顷以下的小土地持有者为 60222 户，占有总土地面积的 11%；持有土地面积在 2—5 公顷的土地持有者为 9391 户，占有总土地面积的 14%；持有土地面积在 5—20 公顷的小土地持有者为 9568 户，占有总土地面积的 33.5%；持有土地面积在 20—100 公顷的大农场主为 2132 户，占有总土地面积的 24.9%；持有土地面积在 100 公顷以上的大土地持有者为 214 户，占有总土地面积的 16.6%。

同年在吕讷堡，持有土地面积在 2 公顷以下的小土地持有者为 38509 户，占有总土地面积的 4%；持有土地面积在 2—5 公顷的土地持有者为 14274 户，占有总土地面积的 7.9%；持有土地面积在 5—20 公顷的小土地持有者为 14219 户，占有总土地面积的 27.6%；持有土地面积在 20—100 公顷的大农场主为 6276 户，占有总土地面积的 54.3%；持有土地面积在 100 公顷以上的大土地持有者为 143 户，占有总土地面积的 6.2%。

同年在施塔德，持有土地面积在 2 公顷以下的小土地持有者为 31475 户，占有总土地面积的 4.2%；持有土地面积在 2—5 公顷的土地持有者为 11108 户，占有总土地面积的 11.2%；持有土地面积在 5—20 公顷的小土地持有者为 11894 户，占有总土地面积的 41.1%；持有土地面积在 20—100 公顷的大农场主为 3573 户，占有总土地面积的 40.7%；持有土地面积在 100 公顷以上的大土地持有者为 89 户，占有总土地面积的 2.8%。

同年在奥斯纳布吕克，持有土地面积在 2 公顷以下的小土地持有者为 25846 户，占有总土地面积的 4.9%；持有土地面积在 2—5 公顷的土地持有者为 14762 户，占有总土地面积的 15.7%；持有土地面积在5—20公顷的小土地持有者为11365户，占有总土地面积的55.2%；持有土地面积在20—100公顷的大农场主为1521户，占有总土地面积的23.4%；持有土地面积在100公顷以上的大土地持有者为11户，占有总土地面积的0.8%。

同年在奥里希，持有土地面积在2公顷以下的小土地持有者为21725户，占有总土地面积的6.7%；持有土地面积在2—5公顷的土地持有者为5948户，占有总土地面积的10.9%；持有土地面积在5—20公顷的小土地持有者为4885户，占有总土地面积的26.6%；持有土地面积在20—100公顷的大农场主为2786户，占有总土地面积的52.4%；持有土地面积在100公顷以上的大土地持有者为50户，占有总土地面积的3.4%。

同年在明斯特，持有土地面积在2公顷以下的小土地持有者为62743户，占有总土地面积的5.7%；持有土地面积在2—5公顷的土地持有者为16026户，占有总土地面积的11.7%；持有土地面积在5—20公顷的小土地持有者为14010户，占有总土地面积的37%；持有土地面积在20—100公顷的大农场主为4818户，占有总土地面积的40.6%；持有土地面积在100公顷以上的大土地持有者为46户，占有总土地面积的5%。

同年在明登，持有土地面积在2公顷以下的小土地持有者为62199户，占有总土地面积的10.4%；持有土地面积在2—5公顷的土地持有者为16995户，占有总土地面积的15.8%；持有土地面积在5—20公顷的小土地持有者为13016户，占有总土地面积的41%；持有土地面积在20—100公顷的大农场主为2609户，占有总土地面积的25.3%；持有土地面积在100公顷以上的大土地持有者为107户，占有总土地面积的7.5%。

同年在阿恩斯贝格，持有土地面积在 2 公顷以下的小土地持有者为 161188 户，占有总土地面积的 11.4%；持有土地面积在 2—5 公顷的土地持有者为 14471 户，占有总土地面积的 13.7%；持有土地面积在 5—20 公顷的小土地持有者为 12638 户，占有总土地面积的 35.4%；持有土地面积在 20—100 公顷的大农场主为 3123 户，占有总土地面积的 31.8%；持有土地面积在 100 公顷以上的大土地持有者为 85 户，占有总土地面积的 7.7%。①

1890—1913 年德国国民收入年增长率为 2.9%，比法国、英国和其他欧洲国家增长要快，但比丹麦、瑞典和美国要慢。德国的农业保护政策刺激了农业生产。德国出口每年增长约 5.1%，比几乎所有其他国家要快。尽管它使粮食价格上涨，但它阻止了人口向其他部类转移。②

第五节　20 世纪初到两次大战期间的农业

在第一次世界大战爆发时，德国依赖进口的不仅有大宗的粮食，特别是从北美来的制面包的小麦，还有家禽饲料和肥料。德国在农业生产中还依靠外国劳动力。第一次世界大战时期，德国遭到英国的封锁，大量进口削减，造成了粮食严重短缺。在"一战"后的一段时间，德国食品仍然短缺，因此继续实行价格控制。从 1920 年起控制

---

① Stefan Brakensiek and Gunter Mahlerwein, "North-west Germany, 1750-2000", in Bas van Bavel and Richard Hoyle, eds., *Rural Economy and Society in North-western Europe, 500-2000. Social Relations: Property and Power*, Brepols, 2010, p.258.
② Michael Tracy, *Agriculture in Western Europe: Challenge and Response, 1880-1980*, Granada, Second edition, 1982, p.108.

逐渐放松，随后粮食价格上涨。1923年通货改革以后，农业产品价格的上升比生产开支增长得要慢些，特别是比工资的增长要慢。工业失业人口的增长使得对食品的要求得到抑制。战争爆发终止了对食品的关税，以后也没有恢复。德国的农业服从于国家的国际竞争。农场主发现自己处于严重的困难中，债务加重，许多农场主不得不把农场卖掉。

1925年《凡尔赛条约》终止，德国恢复了自己决定关税的权利。当时在德国发生了是否应当恢复对农业的保护政策的辩论。一些经济学家认为，应当对谷物实行自由贸易，德国应当像丹麦和荷兰那样发展畜牧业生产。国会中的左翼政党和代表小农的政党反对保护关税政策。而1925年9月以后在国会中得势的保守党和大地主要求实行新的关税政策，他们重建了战前的标准关税率，家畜产品的关税比以前提高了一些，而谷物的关税率则降低了一些。[①]

在此时，结束了战时禁止农产品出口的禁令，再次允许农产品出口。重要的进口许可恢复到战前的水平。德国过去的谷物价格一般来说低于世界的水平，此时上升到略高于世界价格。总的来说，德国还没有恢复农业繁荣。政府优先出口的是制造业产品，用这笔收入支付沉重的战争赔款。

1913年到1926年间德国主要农作物产量下降。小麦产量从1913年的393万吨下降到1926年的220万吨。裸麦产量从1913年的771万吨下降到1926年的422万吨。马铃薯产量从1913年的1762万吨下降到1926年的1170万吨。甜菜产量从1913年的1779万吨下降

[①] Michael Tracy, *Agriculture in Western Europe: Challenge and Response, 1880-1980*, Granada, Second edition, 1982, p.195.

到 1926 年的 1075 万吨。① 农业产出的价值扣除了种子和家畜饲料后，1913 年为 1970 万德国马克，1925 年为 919.8 万德国马克，1926 年为 861.9 万马克，1927 年为 955.9 万德国马克，1929 年为 1097.5 万德国马克。②

到 1925 年时，德国农业已经糟糕到了极点，甚至人们称之为出现了"危机"。1929 年以后德国和其他国家一样，农产品价格下降。这问题对于债务缠身的农场主显得特别严重，因为他们在 1920 年代早期繁荣年代开支过度。统一在"绿色阵线"中的农业组织要求采取行动，恢复对谷物进口实行垄断，以稳定国内市场的谷物价格。政府否决了与现存商业条约相违背的要求。尽管政府否定了进口小麦垄断化的要求，但在 1930 年 4 月提出了国家对所有玉米贸易进行垄断的政策。由于国内玉米生产量很小，这实际上只是对进口玉米的国家垄断。裸麦是德国谷物生产中与小麦相比更为大宗的产品。在 1925 年困难时期政府通过在市场上购买裸麦以支持其价格。当时由政府支持的私人团体来做此事。1919 年政府买下了两个贸易公司，在 1928 年裸麦丰收后，由它们来进行大规模的市场运作。但这一行为耗资巨大，效果却不佳。③

由于 1929—1933 年德国政府提高了关税率，进口粮食数量大大减少，1933 年进口的粮食只有危机前的 62%。德国小麦市场价格出现

---

① Gustavo Corni, *Hitler and the Peasants: Agrarian Policy of the Third Reich, 1930-1939*, Berg, 1990, p. 5, Table 1.1 Main Crop, 1913-1936.
② Gustavo Corni, *Hitler and the Peasants: Agrarian Policy of the Third Reich, 1930-1939*, Berg, 1990, p. 6, Table 1.3 Value of Agricultural Yield, Excluding Seeds and Animal Feed.
③ Michael Tracy, *Agriculture in Western Europe: Challenge and Response, 1880-1980*, Granada, Second edition, 1982, pp. 196-197.

了与世界市场相仿的下跌趋势。小麦价格指数如果以1928—1929年为100，那么1929—1930年为115，1930—1931年为120，1931—1932年为108，1932—1933年为91。裸麦的价格指数从1928—1929年的100，下跌到1929—1930年的82，1930—1931年的77，1931—1932年的92，1932—1933年的74。谷物价格总指数逐年下降，从1928—1929年的100，下降到1929—1930年的87，1930—1931年的86，1931—1932年的85，1932—1933年的71。畜产品的价格指数从1928—1929年的100，降到1929—1930的89，1930—1931年的76，1931—1932年的65，1932—1933年的59。[①] 收支相抵，德国农业总收入1928—1929年为22亿马克，1929—1930年为19亿马克，1931—1932年为12亿马克，1932—1933年为9亿马克。危机期间德国农业收入逐年下降。[②]

德国1928—1929年农业总收入为1022.8万马克，总开支为803.3万马克，净收入为219.5万马克。1929—1930年农业总收入为980.8万马克，总开支为788.1万马克，净收入为192.7万马克。1930—1931年农业总收入为864.6万马克，总开支为692万马克，净收入为172.6万马克。1931—1932年农业总收入为735万马克，总支出为612.7万马克，净收入为122.3万马克。1932—1933年农业总收入为640.5万马克，总开支为551.4万马克，净收入为89.1万马克。农业

[①] Michael Tracy, *Agriculture in Western Europe: Challenge and Response, 1880-1980*, Granada, Second edition, 1982, p.200, Table 7.2 Agricultural Price Indices. 1928—1929年为100。

[②] Michael Tracy, *Agriculture in Western Europe: Challenge and Response, 1880-1980*, Granada, Second edition, 1982, p.200, Table 9.3 Receipts and Expances Agriculture.

实际收入在逐年下降。①

但是，德国农场经营不大景气。1928 年德国农场平均每公顷土地负债额如下：5—20 公顷的农场在德国西部每公顷土地平均负债 36 马克，在德国东部每公顷土地平均负债 43 马克；21—50 公顷的农场在德国西部每公顷土地平均负债 36 马克，在德国东部每公顷土地平均负债 47 马克；面积在 51—100 公顷的农场，在德国西部每公顷土地平均负债 37 马克，在德国东部每公顷土地平均负债 59 马克；土地平均面积在 201—400 公顷的农场，在德国东部每公顷土地平均负债 71 马克；面积在 400 公顷以上的农场，在德国东部平均每公顷土地负债 62 马克。②

第三帝国时期政府将资金投入其他方面，不重视农业问题。希特勒在 1930 年 7 月让瓦尔特·达尔负责农业政策。当时当局认为农场主不是一种经济力量，不应当归入市场力量，他们应当得到国家的特别照顾，确保其产品公正的价格。

国家社会主义党在帝国议会中的席位从 1928 年的 12 席增加到 1933 年的 288 席。1930 年 9 月的大选中，由于该党在纲领中写入了对处于债务、赋税重负和价格下降打击下的农场主减轻负担的内容，国社党争得了相当多的乡村选民的选票，特别在石勒苏益格-霍尔斯坦因地区的选举中取得胜利。

1930 年纳粹党将其兴趣转向吸引乡村选民。和其他法西斯国家一样，粮食部门对于德国纳粹政权起了显著的作用。粮食供应对于维

---

① Gustavo Corni, *Hitler and the Peasants: Agrarian Policy of the Third Reich, 1930-1939*, Berg, 1990, p.9, Table 1.8 Incomes and Expenditure in Agriculture, 1928-1933.
② Gustavo Corni, *Hitler and the Peasants: Agrarian Policy of the Third Reich, 1930-1939*, Berg, 1990, p.11, Table.1.11 Average Level of Indebtedness, 1928 (RM. per hectare).

持德国的社会道德水平和使公众观念支持纳粹制度起了关键的作用。必须增加粮食生产以保证食品自给。此外，重组欧洲市场可以对德国纳粹制度的粮食需求作必要的补充。德国从第一次世界大战吸取了反面的教训，当时协约国的封锁造成了德国粮食短缺。纳粹党认为这是德国在大战中失败的国内原因。纳粹党非常注意避免第一次世界大战的那种失败。

纳粹党努力从普鲁士容克那里谋求支持。1931年10月创立的"哈兹伯格政线"纳入了纳粹党和两个由容克占主导地位的组织。当时纳粹党和容克在一系列问题上的观点是一致的。尽管他们之间阶级基础不同，但都强调增加国内的粮食生产、强调农业对增强军事力量的重要性。1894年容克卡尼茨公爵提出的谷物进口垄断政策是纳粹相关政策的前身。1933年1月希特勒出任总理后，他允诺采取措施把农民从悲惨境地中解放出来。他在"五一讲演"中宣称，国家的复兴要从农民开始。胡根伯格出任了政府的经济和农业大臣。德国迅速地建立了新的农业经济组织。1933年7月15日的法律宣布，农民的组织从此属于帝国的事务。

1933年9月，德国开始大规模地重建农业部类。9月13日制定的《基本法》授权建立"国家食品公司"。"国家食品公司"是一个综合性的包括粮食生产和分配的组织。在法律上，所有农场主和他们的家庭、所有的农业工人、所有处理农业生产的加工者和商人都从属于这个组织，乡村的具有公共性质的农业组织都从属于它，农业合作者也归属于它。[①] 参加"国家食品公司"的有40%以上的居

[①] Michael Tracy, *Agriculture in Western Europe: Challenge and Response, 1880-1980*, Granada, Second edition, 1982, p.205.

民，人数达 600 万人。这一组织有助于改善农民的经济状况和确保他们在帝国中的地位。德国 55000 个村庄每个村庄都设立一名地区农民领导人，他们向 500 个高级农民领导人提出报告，后者向 19 名国家农民领导官员提出报告。这一体制确保了对农业经济部类和粮食生产的控制。粮食的进口、粮食的生产和粮食价格都受到严格控制。帝国粮食种植园制度实际上结束了农产品的自由市场。粮食生产受到指导，粮食在市场影响下调动。每年雇佣 2 万名雇员的帝国粮食种植园运作的基金通过向每个农场征税来解决。为此，每年的开支超过了 100 万德国马克。德国 25% 以上的国民生产总值都是来自于帝国粮食种植园，它们的产品年销售额超过 300 亿德国马克。从 1936 年的四年计划开始时起，德国法西斯国家对农业的干预更加厉害。1937 年 1 月，对黄油、人造奶油和脂肪实行配给制度。1938 年以后，对农场生产的监督达到了新的水平。每个农场都要就其农耕和收成填报报表。农场生产的一部分粮食允许消费，其余的需要上交国家。①

在纳粹统治时期，德国的土地所有权关系没有发生根本性的变化。1933 年 9 月确立了加强对家庭农场的保护的政策。这项法律规定了维持家庭生计需要的农场的最小规模。有的地方法庭视具体情况将家庭农场规模定在 7.5—12.5 公顷之间。农场土地应当是所有权占有。这一法律不适用于租佃持有地。在世传农场所有者死亡或退休后，土地应当转给唯一的继承人。这一规定在于禁止农场土地投机，

---

① Gesine Gerhard, "The Modernization Dilemma: Agrarian Policies in Nazi Germany", in Fernandez-Prieto, Lourenzo, Juan Pan-Montojo, and Miguel Cabo, eds., *Agriculture in the Age of Fascism: Authoritarian Technocracy and Rural Modernization, 1922-1945*, Brepols, 2014, pp.145-146.

同时防止了在代际传递中土地持有碎化的问题。后一项规定是针对某些地区存在的在继承人中平分土地的习惯。此外，把权力授予官员去处置无效率的世传农场，甚至重新使国家作为地主，恢复封建保有权的状况。[①]

事实上许多按世传[②]的规定建立的大小限制农场也不合格。这些农场太小，不足以养活农民。当时还有一些农场是联合所有的农场。到 1938 年，有 684997 个世传农场进行了登记。这批农场占有的土地占德国农田面积的一半。对农场主有利的条件是由国家承担农场主的债务，而后者每年偿付较少的款项。1933—1938 年建立了 204057 个新农场，总面积为 28500 公顷。1933—1938 年建立了 20408 个新农场，总面积为 328500 公顷。

纳粹政府时期土地持有碎化的现象更加严重。当时德国的法律强调国家对土地的责任，租佃制不被政府认可，也不受鼓励。只是到 1937 年国家采取了推进租佃制的措施，其目的是为了推动对农场的投资。

国社党通过控制供给确保生产者获得"公正的价格"，而增加粮食生产是根本问题。1933 年外贸形势很糟，粮食大宗进口。1934 年 11 月展开了一场"生产战争"，目标是在各种农产品生产中增加粮食产量。政府采取了担保粮价、赎买债券的政策，还规定了年度产量目标。但希特勒拒绝提高农产品价格，这使得到了 1938 年农场主财政处境困难，无法进行新的生产投资。同时，连年从农村抽出大量劳动力到工业部门，这些都影响了农业的发展。德国农业的净收入增

---

① Michael Tracy, *Agriculture in Western Europe: Challenge and Response, 1880-1980*, Granada, Second edition, 1982, p.207.
② Erbhof 为 1933—1945 年德国纳粹时期由长子世传的农庄。

长很慢。1932—1933年为将近10亿马克，1934—1935年为26亿马克，以后就很少增长。"生产战役"使得1930—1931年谷物产量达到2020万吨，1932—1933年达到2420万吨。马铃薯产量1930—1931年为4270万吨，1936—1937年达到5080万吨，1938—1939年达到5120万吨。①

对农业机械的投资1934—1935年为2.54亿帝国马克，1935—1936年3.56亿帝国马克，1936—1937年为4.12亿帝国马克，1937—1938年为4.63亿帝国马克，1938—1939年为5.93亿帝国马克。德国1933年新定居的农民为4914户，增加耕种面积6.03万公顷；1935年新定居的农民为3905户，增加耕种面积6.83万公顷；1937年新定居的农民为1894户，增加耕种面积3.76万公顷；1939年新定居的农民为486户，新增耕种面积1.79万公顷；1941年新定居的农民为381户，新增耕种面积9600公顷。②

根据1933年的统计资料，德国东部拥有土地面积在100公顷以上的土地所有者拥有的土地占全帝国土地的37.9%。在麦克伦堡占土地的64.7%，在什切青占土地的59.1%，在科斯林占土地的56.6%，在柯宁斯堡占土地的55.2%，在波斯坦占土地的52.8%，在波森占土地的52%，在奥德河上的法兰克福占土地面积的50.9%。

对德国1932—1938年独立的农场主和挣工资者的净收入有如下

---

① Michael Tracy, *Agriculture in Western Europe: Challenge and Response, 1880-1980*, Granada, Second edition, 1982, pp.210-211, Table 9.6 Production of Major Agricultural Production.

② Lourenzo Fernandez-Prieto, Juan Pan-Montojo and Miguel Cabo, eds., *Agriculture in the Age of Fascism Authoritarian Technocracy and Rural Modernization, 1922-1945*, Brepols, 2014, p.156, Appendix Agriculturalindicators for Germany, Table 5.1 Number and Area of New Settlements during the Period of National Socialism.

统计：1931—1933 年，独立的农场主的总收入为 3 亿马克，挣工资者的总收入为 13.32 亿马克，挣工资者的总收入是独立农场主收入总额的 444%。1933—1934 年，独立的农场主的总收入为 13.68 亿马克，挣工资者的总收入为 13.76 亿马克，两个集团的总收入基本持平。1934—1935 年，独立的农场主的总收入为 22.35 亿马克，挣工资者的总收入为 14.43 亿马克，挣工资者的总收入是独立农场主收入总额的 64.5%。1935—1936 年，独立的农场主的总收入为 21.59 亿马克，挣工资者的总收入为 15.76 亿马克，挣工资者的总收入是独立农场主收入总额的 72.9%。1937—1938 年，独立的农场主的总收入为 22.68 亿马克，挣工资者的总收入为 17.38 亿马克，挣工资者的总收入是独立农场主收入总额的 76.6%。[①]

德国农业在 1939 年时遇到了严重的危机，价格政策有利于城市消费者，但是成千上万的农业劳动者离开了乡村和土地，到迅速扩张的军工部门去找工作。劳动力短缺是 1939 年农业产量下降的直接原因。这场危机在 1936 年时已经非常清晰了，但纳粹政府没有力量采取实际措施来解决问题。唯一可能采取的措施是掠夺国外劳动力来解决这一危机。1939 年 10 月，大约有 25 万波兰公民和战争因犯被用于普鲁士农场的地产，首先是作为收获时节的劳动力使用。以后，由于源源不断地增加外国劳动力的供给，农业经济得到恢复。[②]

到了 1939 年，与德国西部的土地持有相比，德国东部有更多的土地（7%）为 100 公顷以上的大土地持有者所持有。不到一半的土

[①] Gustavo Corni, *Hitler and the Peasants: Agrarian Policy of the Third Reich, 1930-1939*, Berg, 1990, p.230, Table 10.2 Net Incomes in Agriculture 1932-1938.

[②] Gustavo Corni, *Hitler and the Peasants: Agrarian Policy of the Third Reich, 1930-1939*, Berg, 1990, Xii, Tim Mason, "Forward".

地是由面积 5 公顷以下的持有地构成。这些小土地为部分时间务农的农户占有，这些农户往往同时还在工厂和矿山工作。[1] 这些土地中有一部分是由农户完全自营，另一些则由农户雇佣其他人来耕种。其他的土地则采取长期出租。德国法律给予租地农以充分的保护，不允许单方面毁约，甚至当所有权发生变更时也不允许毁约。在苏联占领东德以前，大地产占马格德堡和阿尔特马克土地的 30%，它们由容克、贵族和资产阶级家庭占有。

萨克森省 19 世纪后期的农业生产已经高度机械化。到 19 和 20 世纪之交，该省拥有德国全部蒸汽机马力的三分之一。到 1920 年当地的农业与工业结合在一起，1928 年当地糖的产量占德国糖产量的四分之一。

这种大地产生产在第二次世界大战以后发生了变化。当时进行了在苏联指导下的土地改革。有 9 万流亡者来到这里，大量土地被认为是纳粹分子的土地加以没收，土地按小块分配给这些无地的农民和农业工人。

德国 1915 年小麦产量为 423.5 万公吨，裸麦产量为 915.2 万公吨，大麦产量为 248.4 万公吨，燕麦产量为 598.6 万公吨，马铃薯产量为 4346.8 万公吨，甜菜产量为 1096.3 万公吨。第一次世界大战的战败打击了德国的农业生产力。1920 年小麦产量为 424.9 万公吨，裸麦产量为 1051.1 万公吨，大麦产量为 290.3 万公吨，燕麦产量为 790 万公吨，马铃薯产量为 4346.8 万公吨，甜菜产量为 1815 万公吨。1925 年小麦产量为 387.8 万公吨，裸麦产量为 927.2 万公吨，大麦产

---

[1] Hans C. Buechler, and Judith Maria Buechler, *Contesting Agriculture: Coopprativism and Privatization in the New Eastern Germany*, State University of New York Press, 2002, p.42.

量为298.9万公吨,燕麦产量为642.3万公吨,马铃薯产量为4797.6万公吨,甜菜产量为1032.6万公吨。1930年小麦产量为432万公吨,裸麦产量为844.7万公吨,大麦产量为314.6万公吨,燕麦产量为599万公吨,马铃薯产量为5078.3万公吨,甜菜产量为1491.9万公吨。1935年小麦产量为526.9万公吨,裸麦产量为822.6万公吨,大麦产量为372.7万公吨,燕麦产量为592.5万公吨,马铃薯产量为4511.8万公吨,甜菜产量为1056.8万公吨。1939年小麦产量为495.6万公吨,裸麦产量为840.4万公吨,大麦产量为372.6万公吨,燕麦产量为614.3万公吨,马铃薯产量为5186.7万公吨,甜菜产量为1677万公吨。1944年小麦产量为380.8万公吨,裸麦产量为750.8万公吨,大麦产量为229.1万公吨,燕麦产量为444.4万公吨,马铃薯产量为4124万公吨,甜菜产量为1361.7万公吨。[1]统计资料表明,德国除了在第一次世界大战和战后受影响的二十年代,德国农业产量保持了平稳的增长。甚至在第二次世界大战期间,农业产量下滑也不大。

根据国际粮农组织的调查报告,联邦德国在1950年所有者持有的土地为1941.7万公顷,租佃者持有的土地为270.1万公顷,以其他方式占有的土地为5.5万公顷。1960年所有者持有的土地为1816.4万公顷,租佃者持有的土地为313.1万公顷,以其他方式占有的土地为7.4万公顷。1970年所有者持有的土地为896.4万公顷,租佃者持有的土地为361.6万公顷,以其他方式持有的土地为3.6万公顷。[2]

---

[1] B. R. Mitchell, ed., *European Historical Statistics 1750-1970*, New York: Columbia U. P., 1975, p.254.

[2] Food and Agriculture Organization of United Nations, *1970 World Census of Agriculture Analysis and International Comparison of the Results*, Rome, 1981, p.290, Table 9.1.

第六节 "二战"以后的农业

"二战"期间德国经济遭到了蹂躏,城市被毁,基础结构崩溃,工业生产停顿。在战后早期,农业成为国家经济和社会的主要支柱。城市中的居民遭受饥饿,需要尽快地使人口恢复。1946 年和 1947 年的坏收成加剧了严重的粮食短缺。在战后很短的时间里,有 1200 万德国人从东部流亡到德国西部。① 在纳粹时期被解散的农场主联盟在 1948 年重建。1951 年农场主联盟在联邦德国成为代表利益的集权化的、排他的官方正式承认的代表机构,它代表了 80% 到 90% 的联邦德国农场主。在此同时,地方上建立了 24000 个农场主地方组织。1948 年建立了支持农场的中期和短期信贷制度。1948 年新德国马克的使用,增加了生产和商品交换的信心,绝大多数重要农产品的价格稳定下来。②

1949 年联邦德国有将近 170 万个农场(这个数字不包括面积在 1 公顷以下的农场),但其中有三分之一的农场面积不到 2 公顷。这种小农场的结构与历史的和文化的因素相关。19 世纪初期农奴解放后,形成了大量小家庭农场。在联邦德国的某些地方,这种历史的模式进一步被流行的土地继承制所加强。北部和东部农场一般实行长子继承制,和英国相仿。这种制度防止在代际继承中土地规模变小。在西南部和西部则相反,在那里以分割继承为特征。农场土地在所有者后代

---

① Geoff A. Wilson and Olivia J. Wilson, *German Agriculture in Transition: Society, Policies and Environment in a Changing Europe*, Palgrave, 2001, p.21.

② Geoff A. Wilson and Olivia J. Wilson, *German Agriculture in Transition: Society, Policies and Environment in a Changing Europe*, Palgrave, 2001, p.24.

中划分加剧了农场土地碎化和萧条。①

国际粮农组织的统计资料反映了1950年联邦德国农业中劳动力的使用和雇佣劳动者所占的比例。在调查的2011992个土地持有家庭的9403681人中，土地持有者耕种自己土地的为6018461人，土地持有者耕种非自己的土地的为73687人。土地持有者家庭成员被固定地雇佣的为3494457人，土地持有者家庭成员临时被雇佣的为546841人。在持有地上被雇佣的劳动者为1583865人，其中固定被雇佣的劳动者为1104363人，临时被雇佣的工资劳动者为479502人。② 上述资料表明，1950年时在联邦德国的农业劳动者中，雇佣劳动者只占八分之一左右。这表明，雇佣劳动当时不是联邦德国农业生产中主要的生产组织形式。

在20世纪中期以后，联邦德国农场规模变化的重要特点是小农场的数量急剧下降。面积在1—9公顷的小农场的数量，1949年为1262000个，1953年为1172000个，1955年为1135000个，1957年为1090000个，1959年为1039000个，1960年为961000个，1961年为944000个，1962年为914000个，1963年为880000个，1964年为851000个，1965年为808000个，1967年为760000个，1968年为738000个，1969年为709000个，1970年为639000个，1971年为599000个，1972年为561000个，1973年为539000个，1974年为508000个，1975年为491000个，1976年为479000个，1977年为456000个，1978年为

---

① Geoff A. Wilson and Olivia J. Wilson, *German Agriculture in Transition: Society, Policies and Environment in a Changing Europe*, Palgrave, 2001, p.29.
② Food and Agriculture Organization of United Nations, *Report on the 1950 World Census of Agriculture*, Vol.1, Census Result by Countries, Rome, 1955, p.10, Feudal Republic of Germany.

442000个，1979年为419000个，1980年为407000个，1981年为395000个，1982年为384000个，1983年为369000个，1984年为362000个，1985年为354000个，1986年为345000个，1987年为325000个，1988年为317000个，1989年为307000个，1990年为296000个，1991年为273000个，1992年为268000个，1993年为260000个，1994年为251000个，1995年为236000个，1996年为228000个，1997年为221000个，1998年为216000个。[1]

面积在10—19公顷的小农场的数量，1949年为256000个，1953年为258000个，1955年为263000个，1957年为270000个，1958年为274000个，1959年为278000个，1960年为287000个，1961年为290000个，1962年为293000个，1963年为297000个，1964年为296000个，1965年为292000个，1966年为291000个，1967年为289000个，1968年为286000个，1969年为281000个，1970年为268000个，1971年为253000个，1972年为2431000个，1973年为231000个，1974年为219000个，1975年为212000个，1976年为206000个，1977年为200000个，1978年为194000个，1979年为187000个，1980年为181000个，1981年为177000个，1982年为172000个，1983年为167000个，1984年为163000个，1985年为159000个，1986年为155000个，1987年为149000个，1988年为143000个，1989年为137000个，1990年为129000个，1991年为121000个，1992年为115000个，1993年为110000个，

---

[1] Geoff A. Wilson and Olivia J. Wilson, *German Agriculture in Transition: Society, Policies and Environment in a Changing Europe*, Palgrave, 2001, pp.26-28, Table 2.1 Farm Holdings in the FRG by Size Classes, 1949-1998 (Number of Holding over 1 ha in 1000s).

1994年为104000个，1995年为97000个，1996年为93000个，1997年为88000个，1998年为85000个。①

面积为20—29公顷的小农场的数量，1967年为94000个，1970年为104000个，1971年为106000个，1972年为109000个，1973年为109000个，1974年为108000个，1975年为107000个，1976年为107000个，1977年为106000个，1978年为105000个，1979年为104000个，1980年为103000个，1981年为100000个，1982年为99000个，1983年为97000个，1984年为95000个，1985年为94000个，1986年为92000个，1987年为89000个，1988年为86000个，1989年为84000个，1990年为80000个，1991年为76000个，1992年为72000个，1993年为69000个，1994年为66000个，1995年为62000个，1996年为60000个，1997年为57000个，1998年为55000个。②

联邦德国农场总数1949年为1647000个，1953年为1559000个，1955年为1528000个，1957年为1492000个，1958年为1471000个，1959年为1452000个，1960年为1385000个，1961年为1375000个，1962年为1348000个，1963年为1320000个，1964年为1294000个，1965年为1252000个，1966年为1228000个，1967年为1206000个，1968年为1186000个，1969年为1157000个，1970年为1083000个，1971年为1035000个，1972年为997000个，1973年为968000个，

---

① Geoff A. Wilson and Olivia J. Wilson, *German Agriculture in Transition: Society, Policies and Environment in a Changing Europe*, Palgrave, 2001, pp.26-28, Table 2.1 Farm Holdings in the FRG by Size Classes, 1949-1998 (Number of Holding over 1 ha in 1000s).
② Geoff A. Wilson and Olivia J. Wilson, *German Agriculture in Transition: Society, Policies and Environment in a Changing Europe*, Palgrave, 2001, pp.26-28, Table 2.1 Farm Holdings in the FRG by Size Classes, 1949-1998 (Number of Holding over 1 ha in 1000s).

1974年为928000个，1975年为905000个，1976年为889000个，1977年为862000个，1978年为844000个，1979年为815000个，1980年为797000个，1981年为780000个，1982年为764000个，1983年为744000个，1984年为731000个，1985年为721000个，1986年为707000个，1987年为681000个，1988年为665000个，1989年为649000个，1990年为630000个，1991年为595000个，1992年为582000个，1993年为567000个，1994年为550000个，1995年为524000个，1996年为509000个，1997年为494000个，1998年为484000个。[1] 在1949—1998年期间联邦德国农场总数也呈下降趋势，减少了三分之二左右，其中主要原因是小农场数量的急剧减少。

德国学者对于面积多大的农场能够发挥商业市场功能有不同的看法。有的学者认为，只有面积在50公顷以上的农场才有足够的能力来履行市场功能。但是，在不同的省份对此有不同的看法。在莱茵兰-普法尔茨省，通常认为12公顷以下的农场属于小的混合农场。在石勒苏益格-霍尔斯坦因省，通常认为75公顷以上的农场才算得上是大农场。[2]

经验事实表明，一个地区农业组织采取大农场还是小农场，在一定程度上受当地农村人口密度的影响。例如巴伐利亚就是这样，上巴

---

[1] Geoff A. Wilson and Olivia J. Wilson, *German Agriculture in Transition: Society, Policies and Environment in a Changing Europe*, Palgrave, 2001, pp.26-28, Table 2.1 Farm Holdings in the FRG by Size Classes, 1949-1998 (Number of Holding over 1 ha in 1000s).

[2] Geoff A. Wilson and Olivia J. Wilson, *German Agriculture in Transition: Society, Policies and Environment in a Changing Europe*, Palgrave, 2001, p.43.

伐利亚 1836 年的人口密度达到每平方英里 105 人，比法国同期人口密度要小。但 1939 年增至每平方英里 302 人，1952 年达到每平方英里 384 人。1954 年在巴伐利亚，难民达到 200 万，巴伐利亚南部移民来自苏台德地区，巴伐利亚北部移民来自西里西亚。移民占当地居民人口的 21%，他们中有五分之三居住在人口不到 2000 人的村庄中。德国人口密度到 1954 年为每平方英里 492 人，超过了意大利。德国西部的人口密度超过了德国东部，但德国西部解决就业问题不如德国东部好。① 巴伐利亚农场的土地面积一般较小。

联邦德国 1971 年租种土地的佃户共有 71997 户，租地面积在 1 公顷以下的佃户有 3669 户，租地面积在 1—2 公顷的佃户有 9055 户，租地面积在 2—5 公顷的佃户有 13765 户，租地面积在 5—10 公顷的佃户有 11312 户，租地面积在 10—20 公顷的佃户有 14922 户，租地面积在 20—50 公顷的佃户有 15949 户，租地面积在 50—100 公顷的佃户有 2635 户，租地面积在 100—200 公顷的佃户有 690 户。②

到了 20 世纪中叶，从土地保有权来看，所有者持有的土地在德国土地总面积中占 70%—80%，租佃者持有的土地在德国土地总面积中占 20%。

在德国东部，许多大地产在 1945 年以后迅速崩解为小地产，结果小地产的数量和比例大大增长。③

---

① Rene Dumont, *Types of Rural Economy: Studies in World Agriculture*, London: Methuem, 1957, pp. 339-340.

② Food and Agriculture Organization of United Nations, *1970 World Census of Agriculture, Analysis and International Comparison of the Results*, Rome, 1981, p. 98, Table 5.4 Number of Holdings Rented from Others by Size of Holding.

③ Rene Dumont, *Types of Rural Economy: Studies in World Agriculture*, London: Methuem, 1957, p. 439.

从上表看来，在 1949—1990 年间，大量面积在 1 到 10 英亩的小农场在德国继续存在，持有地平均面积仍然很小。联邦德国农场的平均面积比法国、丹麦、卢森堡和英国的农场要小。德国较多的农场面积在 5 英亩以下和 100 英亩以上。到了 1980 年，联邦德国有三分之一的农场面积在 5 英亩以下。在欧洲，只有比利时和意大利的这种小农场的百分比超过德国，面积在 5 英亩以下的农场在比利时农场中占 42%，在意大利农场中占 74%。

1945 年以后，石勒苏益格-霍尔斯坦因地区的农业中使用的收割机、拖拉机和挤奶机大量增加了，农业生产经历了从劳动密集型农业向资本密集型农业的转变。1949 年当地典型的家庭农场通常拥有 15 公顷土地，由 3 个家庭整劳动力（他们通常来自 3 代人）和一个季节劳工来耕作。一个家庭农场通常拥有 3 匹马、8 头奶牛、20 头猪、60 只鸡。农场通常装备了挤奶机、脱粒机、拖拉机。许多农场主自己购置所需的车辆，其余的设备在收获时节从邻人农场主或机械站去租借。① 一个家庭农场的劳作从早晨 5 点钟开始，先是挤奶，然后去田地，有 2.5 小时的午餐休息时间，一天的劳作在傍晚 7 点钟结束。②

约翰内斯·马施曼回忆说，"自我童年以来农耕发生了多么大的变化啊！" 1970 年代的农场生活方式与 1940 年代完全不同。在 1970

---

① George Gerolimatos, *Structural Change and Democratization of Schleswig-Holstein's Agriculture, 1945-1973*, Doctor Dissertation of University of North Carolina, UMI, 2014, p.3.

② George Gerolimatos, *Structural Change and Democratization of Schleswig-Holstein's Agriculture, 1945-1973*, Doctor Dissertation of University of North Carolina, UMI, 2014, p.4.

年，农业生产过程完全靠计时的农业机械来完成。对谷物生产来说，机械化缩短了需要好几个步骤来完成的时间，与邻近农场的轮作缩短了先前所需要的劳作时间。拥有装备的大公司在一天开始时首先去大农场工作，用余下的时间来解决小农场的工作。虽然工作单调沉闷，但无须外部劳动力参加劳作。马施姆回忆，在1960年代后期，小的用篱笆围起来的条地被拉平，地貌被改变以使用新的笨重的机械。农场主过去习惯于生产黄油和奶酪以满足地方市场的需求，用不规则的方式送牛奶，现在拖拉机在固定时间开来送货送奶。①

石勒苏益格-霍尔斯坦因地区的农业，举出位于东霍尔斯坦因靠近麦克伦堡的科格尔的地产的例子。那里有一个农场面积有1290公顷，其中755公顷土地用于农耕。农场主威廉·洛斯需要成百的劳动者为他耕作，其中有茅舍农、分成制佃户、工资劳动者、机械劳工等。许多像威廉·洛斯一样的农场，还会雇佣代理人、会计、监工来维持农场生产顺利运转。②

德国由于农场规模小，靠农场收入难以满足家庭生活所需，所以在联邦德国的农场主中，在农场之外工作的人很多。全日制工作的农场主的比例不超过50%。1965年，全日制工作的农场主只占41%，部分时间在农场工作的农场主占33%，兼职的农场主占26%。1970年，全日制工作的农场主占43%，部分时间在农场工作的农场主占

---

① George Gerolimatos, *Structural Change and Democratization of Schleswig-Holstein's Agriculture, 1945-1973*, Doctor Dissertation of University of North Carolina, UMI, 2014, pp. 288-290.

② George Gerolimatos, *Structural Change and Democratization of Schleswig-Holstein's Agriculture, 1945-1973*, Doctor Dissertation of University of North Carolina, UMI, 2014, p. 7.

35%，兼职的农场主占22%。1975年，全日制工作的农场主占45%，部分时间在农场工作的农场主占15%，兼职的农场主占40%。1980年，全日制工作的农场主占50%，部分时间在农场工作的农场主占39%，兼职的农场主占11%。1985年，全日制工作的农场主占50%，部分时间在农场工作的农场主占40%，兼职的农场主占10%。1990年，全日制工作的农场主占49%，部分时间在农场工作的农场主占42%，兼职的农场主占9%。1995年，全日制工作的农场主为49%，部分时间在农场工作的农场主占43%，兼职的农场主占8%。[1] 1980年联邦德国有记载的797500个农场中，大约39%即大致五分之二的经营者只是部分时间花在农场生产上。[2]

联邦德国在农场数量减少的同时，农业劳动力的数量也在下降。1949年农业劳动力为530万，在全部劳动力中占27.1%。1950年农业劳动力为510万，在全部劳动力中占23.2%。1955年农业劳动力为430万，在全部劳动力中占20%。1960年农业劳动力为340万，在全部劳动力中占13.8%。1965年农业劳动力为290万，在全部劳动力中占10.9%。1970年农业劳动力为210万，在全部劳动力中占7.8%。1975年农业劳动力为170万，在全部劳动力中占6.7%。1980年农业劳动力为130万，在全部劳动力中占4.7%。1985年农业劳动力为110万，在全部劳动力中占4%。1990年农业劳动力为83万，在全部劳动力中占2.9%。1994年农业劳动力为69万，在全部劳动

---

[1] Geoff A. Wilson and Olivia J. Wilson, *German Agriculture in Transition: Society, Policies and Environment in a Changing Europe*, Palgrave, 2001, p.31, Table 2.3 Full-time and Part-time Farms in the FRG (over 1 ha).

[2] E.Morhs, "Part-time Farming in the Federal Republic of Germany", *Geographic Journal*, 6.4, 1982, p.327.

1. 东德农业及其变革

相当大比例的土地分配给了无地的农民和农业工人。这批人看起来确实得到了一些土地，但分得的土地过小，无法进行生产经营。到1953年，有三分之一的新农场主已经放弃了他们的农场。这些土地回归国家所有，以国家农场的方式来进行耕作，或者以集体的形式来使用，获益者只拥有土地的收益权，而不对土地拥有完全的所有权。当时一度没有直接按照苏联的模式实行集体化。一种看法认为，创立非常小的农场是一种深思熟虑的策略，这样可以最终实行集体化而不至于遭到乡村农民的敌对行动。把土地分给流民是一种将他们整合进经济生活的手段，防止未来他们引发骚乱。把土地分给个人的做法也降低了"二战"期间工业被破坏造成的很高的失业率。1945年苏联占领当局下令重建此先存在的农业购置合作社，并允许建立其他形式的自愿组织。但所有这些组织以后都被解散，它们在1946年被"相互帮助的农场主协会"取代。建立这种组织的最初目是组织和管理农业机械的工作站，它使单个农场主和后来的集体农场可以租用先前的旧农机设备，并通过这种机构来增添新的设备。以后，仿造苏联的模式建立的机械工作站合并成为更大的机构，由公共所有。这些工作站还承担了对成立的乡村合作社进行政治教育的任务。

1952年政府创建了一种新的集体农庄形式，它致力于进行生产

---

[1] Geoff A. Wilson and Olivia J. Wilson, *German Agriculture in Transition: Society, Policies and Environment in a Changing Europe*, Palgrave, 2001, p.34, Table 2.4 People Working in FGR Agriculture (Excluding Fishers and Forestry).

而不是商业活动。在这种合作社中，成员只是将土地入股，而自己保留家畜和机械。与保加利亚和罗马尼亚这些社会主义国家不同，在东德1945年的土地改革中，土地并没有被征用和罚没，土地继续归个人所有。这些单位的结构、权利和义务都由法典规定，而不由国家控制。在这些合作社中，收入分配部分是根据各成员带进入股的土地数量。土地带入占收入的比例，在不同类农庄不同，有的是30%，有的是40%。在所有的集体农庄中，小规模的私人生产是允许的。每个成员可分得半公顷土地，用于生产个人所需的产品。这块土地可以个人耕种，也可以集体耕作。每个成员可以饲养两头母牛、两头母猪和它生下的小猪、5只羊、数量不限制的山羊、鸡、兔子和其他小家禽。在强调这些安排是根据自愿的原则的同时，政府从一开始就倡导农民采取合作社的形式。[1]

在民主德国的国有农场1960年为669个，1970年为511个，1980年为469个，1989年为454个。农业生产合作社1960年为19313个，1970年为9009个，1980年为3946个，1989年为4015个。专门化的生产为市场服务的蔬菜或园艺合作社，1960年为298个，1970年为346个，1980年为213个，1989年为199个。[2]

农产品和投资的价格政策成为指导农业结构变化的手段。在1945年土地改革后，面积20公顷以上的农场仍然存在。最初，只是用稍许强制性的手段按照规定的低价格出售，由占领当局政府管理

---

[1] Hans C. Buechler, and Judith Maria Buechler, *Contesting Agriculture: Coopprativism and Privatization in the New Eastern Germany*, State University of New York Press, 2002, p.45.

[2] Geoff A. Wilson and Olivia J. Wilson, *German Agriculture in Transition: Society, Policies and Environment in a Changing Europe*, Palgrave, 2001, p.116.

它。到了 50 年代初，大的私人农场已经处于越来越不利的地位，他们要被迫以很低的价格上交他们的产品，他们只有小部分产品能拿到特别设立的农民市场上去出售。这种政策促使这些大私人农场主纷纷逃往西部。

最初，大农场不允许加入集体合作社。但这个规则到 1953 年发生了变化，这些大私人农场的数量开始减少，特别是在 1950 年代初展开防止大私有农场的运动后。从 1952 年到 1955 年，合作社的数量从 1906 个增至 6047 个，到 1959 年增加到 10645 个。到 1960 年，实际上所有残存的农场主都"被鼓励"加入合作社。在 1970 年代，开始将土地集中化，组成大的农业合作社。一个这样的合作社有 4000—6000 公顷土地。到 1980 年，将其中的工厂和家畜生产分开组成专门的生产单位。畜牧业单位有的养奶牛，有的养羊、猪和肉牛。根据原农场管理者的陈述，有的农场非常富有，在银行有 300 万马克的存款，这在当时是一个不小的数额。[1]

1973 年到 1990—1991 年，民主德国农业生产合作社发展到最高峰。民主德国的合作社平均面积大约为 6000 公顷，此外还有家畜生产合作社，后者通常饲养 1000 头母牛和其他家畜。[2] 民主德国的农业生产合作组织具有极度集中化和专门化的特点。它借鉴和采纳了大规模无个性化生产的美国福特主义的模式。在我们引用的此书作者考

---

[1] Hans C. Buechler, and Judith Maria Buechler, *Contesting Agriculture: Cooperativism and Privatization in the New Eastern Germany*, State University of New York Press, 2002, pp. 50-51.

[2] Hans C. Buechler, and Judith Maria Buechler, *Contesting Agriculture: Cooperativism and Privatization in the New Eastern Germany*, State University of New York Press, 2002, p. 59.

察的某些地区，某些专门化的家畜饲养合作社饲养了 2200 头牛，包括 600 头奶牛，300 头母猪和生下的小猪；另一个合作社饲养了 980 头母牛和公牛、1500 头猪；第三个合作社饲养了 6000 头牛，包括 1800 头母牛，并饲养了 7000 头猪；第四个合作社饲养了 2200 头牛、8000—8500 头猪、2200 只羊、大约 60000 只母鸡。一些用于对外展示的合作农场达到了极大的规模，养了 40000 头家畜。在图林根，一个大的养猪农场养了 196000 头猪。[1] 民主德国大规模工厂化地生产家畜，其主要目的是为了出口。但饲养家畜的合作社的效益并不很高，因为当时农田生产不出足够的饲料来供给家畜。

民主德国农业生产合作社的成员一方面领取工资，另一方面通过从事个体生产来增加自己的收入。如前所说，每个社员可分到半公顷土地自己耕种。到 1977 年，无地的农场工人都有权分得这种土地。其结果是到 1980 年代初期，有三分之二的农业生产合作社社员都在从事私人生产。有的社员还通过开垦边际土地增加私人的收入。研究者发现，在 1982 年，有 2300 公顷的土地没有得到耕种，其中有一些交由农业合作社负责开垦耕种，但其中有一部分为小规模生产。大规模私人生产当时是不允许的，但小规模的私人生产实际上得到鼓励。1989 年，有 33% 的水果、13.5% 的蔬菜、33% 的鸡蛋、25% 的兔肉、15% 的猪肉、29% 的羊毛、98% 的蜂蜜是由私人生产者提供的。但国家始终对私人生产的规模加以限制。[2]

---

[1] Hans C. Buechler, and Judith Maria Buechler, *Contesting Agriculture: Cooperativism and Privatization in the New Eastern Germany*, State University of New York Press, 2002, p.62.

[2] Hans C. Buechler, and Judith Maria Buechler, *Contesting Agriculture: Cooperativism and Privatization in the New Eastern Germany*, State University of New York Press, 2002, p.84.

农业生产合作社设置了一批专职管理人员。一个典型的生产合作社有 270 名劳动者，其中有 30% 即 81 人从事管理工作，而不参加实际农业生产。一个占地 5000 公顷的粮食生产合作社中，管理人员有 22 人，从事生产准备工作的人员有 5 人，行政人员有 10 人。这样，非生产人员总共有 37 人。[①]

到 1989 年时，东德有三分之二的农业生产合作社社员没有私人土地。在东德，"二战"后私人农场的数量在持续下降。但是，到 1989 年，仍然有大约 3500 个私人持有的农场，这些农场的土地占全部可耕地的 5.4%。[②]

许多非农业工人也被允许拥有私人的小块土地。这些私人所有的土地在某些产品的生产中起了重要的作用。私有的小块土地为农村居民提供了附带的收入，同时为家庭消费提供了高质量的新鲜食品。在东德，私有小块土地的生产高效率与国家和集体农场生产的低效率形成了鲜明的对比。[③]

从 1950 年到 1989 年，东德的农业无论在投入上还是在生产的产品方面都在发展。东德饲养的牛（包括肉用牛和奶牛）的数量，1950 年为 360 万头，1960 年为 460 万头，1970 年为 520 万头，1980 年为 570 万头，1989 年保持在 570 万头。饲养的猪的数量，1950 年为 570 万头，1960 年为 830 万头，1970 年为 970 万头，1980 年为 1280

---

① Hans C. Buechler, and Judith Maria Buechler, *Contesting Agriculture: Cooperativism and Privatization in the New Eastern Germany*, State University of New York Press, 2002, pp. 90-91.

② Geoff A. Wilson and Olivia J. Wilson, *German Agriculture in Transition: Society, Policies and Environment in a Changing Europe*, Palgrave, 2001, p. 116.

③ Geoff A. Wilson and Olivia J. Wilson, *German Agriculture in Transition: Society, Policies and Environment in a Changing Europe*, Palgrave, 2001, p. 117.

万头，1989 年为 1200 万头。饲养的羊的数量，1950 年为 100 万只，1960 年为 200 万只，1970 年为 160 万只，1980 年为 200 万只，1989 年为 260 万只。[1]

东德实行的是密集型的农业耕作。因此农田使用的化肥数量不断增加。每公顷土地施用的硝酸盐类化肥，1950 年为 28.7 公斤，1960 年为 36.7 公斤，1970 年为 81.3 公斤，1980 年为 119.9 公斤，1988 年增至 141.3 公斤。每公顷土地施用的磷酸盐肥料，1950 年为 15.4 公斤，1960 年为 34 公斤，1970 年为 65.2 公斤，1980 年为 62 公斤，1988 年为 56.4 公斤。每公顷土地施用的钾肥，1950 年为 59.7 公斤，1960 年为 77.4 公斤，1970 年为 97.7 公斤，1980 年为 79.2 公斤，1988 年为 94.4 公斤。每公顷土地施用的石灰，1950 年为 84.5 公斤，1960 年为 121 公斤，1970 年为 186.8 公斤，1980 年为 197.8 公斤，1988 年为 272.7 公斤。东德使用的拖拉机数量也在增长，1960 年共有 70566 台，1970 年有 148865 台，1980 年有 144502 台，1988 年达到 167529 台。[2]

1960 年到 1989 年东德农业的单位面积产量在增长。谷物类每公顷产量 1960 年为 2.75 吨，1970 年为 2.82 吨，1980 年为 3.81 吨，1989 年为 4.4 吨。马铃薯每公顷产量，1960 年为 19.24 吨，1970 年为 19.52 吨，1980 年为 17.97 吨，1989 年为 21.25 吨。甜菜每公顷

---

[1] Geoff A. Wilson and Olivia J. Wilson, *German Agriculture in Transition: Society, Policies and Environment in a Changing Europe*, Palgrave, 2001, p.118, Table 4.3 Development of Livestock Number in the GDR, 1950-1989.

[2] Geoff A. Wilson and Olivia J. Wilson, *German Agriculture in Transition: Society, Policies and Environment in a Changing Europe*, Palgrave, 2001, p.118, Table 4.4 Intensification of Agriculture in the GDR, 1960-1988.

产量，1960 年为 28.78 吨，1970 年为 32.01 吨，1980 年为 28.19 吨，1989 年为 28.60 吨。每头奶牛的奶产量，1960 年为 2315 公斤，1970 年为 2900 公斤，1980 年为 3433 公斤，1989 年为 4120 公斤。[1]

德意志民主共和国的解体导致了由国家管理的合作社的解散和对集体生产模式的怀疑。在民主德国转折时期，农业的状况比其他经济部类要好。农业没有出现立即崩溃的危险。农民可以在没有价格补贴的情况下继续从事农业。

东、西德之间边境开放后，东德马克与西德马克的比率是 2∶3。这造成了大量货物从东德流出。在德国东部，除了绝大多数最基本的必需品外，所有物品都稀缺，因此价格都很高。东德农场主的产品中，水果和蔬菜是仅有的二种能找到市场的产品。东德由于气候潮湿和生长期较长，农产品质量在市场上无法与低工资的第三世界国家的农产品竞争。[2]

德国东部原来的农业生产合作社得到了相当的政府资助，以补偿它们因价格下降遭到的损失，使其能够向资本主义转型。

德国东部朝着土地私有化的转变早在 1990 年初就已经开始。1990 年 6 月德意志民主共和国政府制定了《农业调整法》，提出了一个重建农业合作社制度的计划。这个法令提出了三个目标。第一，重建土地的私人所有权。第二，创建一个有活力的可以变动的农业结

---

[1] Geoff A. Wilson and Olivia J. Wilson, *German Agriculture in Transition: Society, Policies and Environment in a Changing Europe*, Palgrave, 2001, p.119, Table 4.5 Agricultural Productivity in the GDR: Selected Commodities, 1960-1989 (t/ha).

[2] Hans C. Buechler, and Judith Maria Buechler, *Contesting Agriculture: Cooperativism and Privatization in the New Eastern Germany*, State University of New York Press, 2002, pp.108, 109.

构。第三，公正地和平等地对待所有的农业实体，旨在解散或重建合作社，把土地所有权和包括家畜和机器在内的入社的资本归还给它的所有者，不论他们当时是不是合作社社员。土地所有者可以选择是继续留在重建的合作社中，还是出租或出售他们的土地，或是把土地抽出来由自己耕种。①

当时莫德罗政府继承了昂纳克和克伦茨政府的政策，建立了"托管公司"来接受所有政府资产的管理事务，并寻求将能存活的企业私有化，同时清算其余无法存活的企业。农业十分特殊，土地所有权和土地使用权只是在国有农场中才保持一致。这些农业企业的结构与国有的工业联合企业相似，耕作先前的大地产的自营地和某些企业在1940年代末从大的私人土地所有者那里征用的部分土地。事实上，这些企业在组织体系上已经完全破产了。而农业合作社与它们不属于同一范畴。当时，根据"托管"制度，农业合作社的生产具有合法性。这一点为1991年马齐埃政府制定的《农业调整法》所确认。这一法令写道："所有的所有权和生产形式、家庭农场和有农场自由行程的合作社，和其他林业企业一样，都被授予同等的竞争机会。"尽管社会民主政府在1998年开始掌权，但合作社仍然广受承认。② 除了重新归还合作社成员对土地的充分的权利外，他们还可以对合作社的资产提出其他的要求。

1991年6月的《农业适应（改造）法》，对上述法令的规定作了

---

① Geoff A. Wilson and Olivia J. Wilson, *German Agriculture in Transition: Society, Policies and Environment in a Changing Europe*, Palgrave, 2001, p. 126.
② Hans C. Buechler, and Judith Maria Buechler, *Contesting Agriculture: Cooperativism and Privatization in the New Eastern Germany*, State University of New York Press, 2002, p. 113.

调整。因为1990年6月的《农业调整法》没有给予合作社社员一系列旧法律中没有的权利，没有给合作社社员以充分的法律保护。修订后的法令收紧了把土地财产归还给合作社成员的管制，把1991年12月31日作为重建或解散合作社的最后期限。过了这个期限，作为法律实体的合作社将不复存在。合作社重建为新的法律实体，它必须得到三分之二成员的同意。这个法令还包括了自愿进行土地交换的措施。[1]

当旧法律承认它的成员对土地拥有私人所有权时，农业合作社的继承权就变得很模糊了。第一个变化表现在1990年3月，规定继承人对最初投资于合作社的价值拥有权利，在10年里每年可以得到同等的分期付款。而以后的《农业改造法》超过了这一法律，承认了合作社成员对合作社的资本拥有权利。由于统一后的德国没有承认农业合作社是一个法人单位，这些合作社被要求询问所有的社员对于合作社未来的意见。决定应当经合作社持有股份成员的三分之二的多数认可下作出。对过去服务的补偿，按合作社支付工资的总额的比率来计算。这样，对资本和土地的所有权在分配时比对劳动的分配具有优先权。当合作社的成员希望离开时，补偿总额按他们在合作社的股份来定。如果成员决定继续加入生产，那些在其他地方找到工作或者开始在自己农场生产的人，补偿将在5年内全额支付。

当时合作社的债务总额估计有76亿德国马克。政府提出了债务救济计划，由国家信托管理机构来管理合作社债务偿还计划。该机构还监督德意志民主共和国所有的工业资产。它首先拿出了14亿马克

---

[1] Geoff A. Wilson and Olivia J. Wilson, *German Agriculture in Transition: Society, Policies and Environment in a Changing Europe*, Palgrave, 2001, p.126.

支付"旧债务",以实现合作社重建计划;此后又提出了实业理性化的计划,提供28亿马克偿债基金,帮助1530个合作社继承者的业务。对于合作社继承者,免除资本所得税,并免征1992年和1993年的工业税。[1]

绝大多数合作社选择了按照联邦德国的法律重组。与此同时,各种类型的个体农场、有限的合作伙伴组织和其他的合作形式都出现了。1992年底以前,有40%的合作社或是由于财政破产或是根据成员的协议解散了。1992年到1993年,家庭农场的数量迅速增长。1998年达到25925个。这些家庭农场大小不一,其中有一些是农场主用部分时间经营农场,这类农场的平均面积为14.6公顷。农场主全日制耕作的家庭农场平均面积为126.7公顷。[2]

1996年,在德国东部21.7%的土地由个人耕种,15%合伙耕种,后者通常是父子组合。1996年在新本德斯伦,农业土地组织包括个人农场25014个、合伙农场2465个、私有法律土地实体3249个。[3]

1989年在德国东部存在的3844个农业合作社中,到1995年仍有3126个合作社继续存在。[4]

在统一后的德国东部乡村,一个合作社可以改造为一个合伙人拥

---

[1] Geoff A. Wilson and Olivia J. Wilson, *German Agriculture in Transition: Society, Policies and Environment in a Changing Europe*, Palgrave, 2001, p.127.
[2] Geoff A. Wilson and Olivia J. Wilson, *German Agriculture in Transition: Society, Policies and Environment in a Changing Europe*, Palgrave, 2001, p.128.
[3] Hans C. Buechler, and Judith Maria Buechler, *Contesting Agriculture: Cooperativism and Privatization in the New Eastern Germany*, State University of New York Press, 2002, p.117, Table II.1 Juridical Forms of Agriculture in the New Bundeslander (1996).
[4] Hans C. Buechler, and Judith Maria Buechler, *Contesting Agriculture: Cooperativism and Privatization in the New Eastern Germany*, State University of New York Press, 2002, p.121.

有优先的义务的普通法合伙人,也可以成立一个分成制的公司,或是单一的合作社;它也可以在内部分成几个法律上独立的公司,合作进行农业生产。① 当许多德国东部的合作社在等待解体时,有的选择了改造为西德的农业企业形式。那些选择重新组织成西部式样的合作社的社员,遭到了极大的压力,导致农场规模缩小。许多合作社接受了西方专家的劝告,后者认为原先的合作社规模太大,不利于理性地进行生产运作,还是分成较小的合作社重新把作物生产和家畜饲养合并在一起更好。但也不是所有合作社的管理者都赞成把原先的农业合作社化小。②

柏林墙倒塌后,成千上万的东德人流向西部,造成了东部土地的剩余和荒芜。一个例子是某个合作社不得不将169个所有者拥有的46块土地、总计700公顷加以出租。③ 一些合作社因债务而破产。④ 许多德国东部的农民宁可建立自己的农场,也不愿意被西德的农场主雇佣。

德国西部和东部不同,它不像德国东部那样有大规模的集体农

---

① Hans C. Buechler, and Judith Maria Buechler, *Contesting Agriculture: Cooperativism and Privatization in the New Eastern Germany*, State University of New York Press, 2002, p. 121.

② Hans C. Buechler, and Judith Maria Buechler, *Contesting Agriculture: Cooperativism and Privatization in the New Eastern Germany*, State University of New York Press, 2002, pp. 130-131.

③ Hans C. Buechler, and Judith Maria Buechler, *Contesting Agriculture: Cooperativism and Privatization in the New Eastern Germany*, State University of New York Press, 2002, pp. 139-140.

④ Hans C. Buechler, and Judith Maria Buechler, *Contesting Agriculture: Cooperativism and Privatization in the New Eastern Germany*, State University of New York Press, 2002, p. 187.

场。在西部，中等的和较小规模的家庭农场仍然占主导地位，但农业经济组织仍在朝着土地集中化和大农场的方向发展。在1990年代初，在德国西部，由全天在农场工作的农场主经营的农场平均面积只有29公顷。此外还有同等数量的面积更小的农场，由半日制的农民在经营。由于西部农场的面积小，生产通常专门化，不像民主德国的农场靠规模经营获得效益，由农场生产家畜需要的饲料。[1]

在东、西德统一以后，东德的农业制度并没有很快地消失，德国东部的农业合作社的形式继续存在。当年在东德，和苏联的集体农庄不同。在民主德国，土地归私人所有，尽管土地所有权对所有者来说不那么有实际意义。同时，尽管对农业合作社有限制，强迫合作社社员加入一个大的合作单位，农业合作社保持了不像国家企业那样的自由。正因为如此，民主德国的农业比匈牙利等其他社会主义国家农业的效率要高。[2]

在德国统一以后，农场主与国家权力执掌者的关系非常复杂。西部的农民并没有支持单一的经济制度。相反，他们把若干不同的资本主义模式用于德国东部的农业，不那么强调经济规模，而推行合作社式的或与家庭所有的商号相类似的制度。

德国东部的农民很少经营个人农场。由一个经理来管理对合作社更为有利，更有利于合作社取得贷款。德国西部农场主建立的农场采取了第二种集体合作社的形式，这样更容易形成大资本。由于在原先

---

[1] Hans C. Buechler, and Judith Maria Buechler, *Contesting Agriculture: Cooperativism and Privatization in the New Eastern Germany*, State University of New York Press, 2002, p.232.

[2] Hans C. Buechler, and Judith Maria Buechler, *Contesting Agriculture: Cooperativism and Privatization in the New Eastern Germany*, State University of New York Press, 2002, p.304.

的东德农业并没有国有化,所以德国东部的农业向西德式农业转变并不十分困难。但是,在德国西部很少有农业合作社。

在德国东部农业中,统一后的生产组织形式可以分为三种。第一种是合作社,第二种是东部独立的家庭农场。它们很像是仿效西部的家庭农场形式。它们从前共产主义时期的农业和反对苏联霸主权的民主德国时期的个人农场形式受到启发。此外还有第三种,各种中间的农业经济组织形式。例如,有14个独立的农场分成了6个合伙单位,在先前合作社的土地上各自拥有一定的地段。他们饲养家畜,并且互相帮助。这6个合作单位还建立了一个销售和购买合作社,出售猪仔。合作社对每个成员分别记账和结账。[1]

1991年制定的《农业改造法》规定了对农民的补偿。但是在这个法令执行的过程中,各个合作社的做法不一样。农业合作社对补偿进行的谈判常常是旷日持久的。有的社员得到他们股份的35%或40%的补偿金。一些年迈的农民可以依靠这笔资金度过晚年。另一些人则把这笔钱用于投资,投资的利率可达6.5%—7.5%,他们可以保留本金而享用利息。一些合作社社员接受了西方专家的意见,即原先东德的合作社规模过大,不利于理性地耕作,而把它划分为较小的农场。但是,并非所有原先的农业合作社都选择了重组成较小的合作社的做法。有的合作社仍然保留了原先的规模,将其继续经营下去,而且经营得很好。[2] 许多东德农民试图建立个人农场,当然规模

---

[1] Hans C. Buechler, and Judith Maria Buechler, *Contesting Agriculture: Cooperativism and Privatization in the New Eastern Germany*, State University of New York Press, 2002, pp.309-311.

[2] Hans C. Buechler, and Judith Maria Buechler, *Contesting Agriculture: Cooperativism and Privatization in the New Eastern Germany*, State University of New York Press, 2002, pp.126-127, 130.

要小些。有个农民把自己土地的四分之一出租。1994年,一个农业合作社失去了原先的1560公顷土地中的310公顷。国家常常为建设高速公路从农民手中买地。例如一个合作社中,169个土地所有者租出了469条块土地,总面积为700公顷。从1992年到1998年,德国农业合作社的数量在持续减少。当然这种减少的速度较慢。1992年到1995年农业合作社数量减少了10.2%,1995年到1998年减少了7.4%。农业合作社持有土地的平均面积减少得较为缓慢。

建立独立的农场是德国政府倡导的道路,但是,相对来说只有很少的原农业合作社走这条道路。建立独立农场的主要障碍是风险太大。尽管农场主可以从国家那里得到相当多的国家补助金,以降低失败的风险,但很多农民还是放弃了这种做法。他们说,自己害怕因经营不善而负债,他们没有偿还债务的经验。在1994年到1999年,只有极少数新的独立的农场主能够在东德建立农场。单个农业企业家通常是家庭企业家。他们在对付危机时,只向合伙的自己家庭的成员取得财政资助。家庭主妇和家庭其他成员继续在农场外工作,她们以此提供给家庭必需的现金,以维持生计和渡过困难。一些东部的农场主收入比西部要高,但东部的农场主不考虑子女继承他们的独立农场。研究者发现有的农场的历史已经有三代人之久,每个农场主都希望牺牲自己这一代人,以帮助下一代人离开土地。[1]

东部农场主只拥有所需土地的10%,所以他们得设法从别人或教会那里租得土地。总的来说这种机会太少。到1994年只有极少数个人能够通过购买获得新的土地。但是,到1999年,也有些东部独

---

[1] Hans C. Buechler, and Judith Maria Buechler, *Contesting Agriculture: Cooperativism and Privatization in the New Eastern Germany*, State University of New York Press, 2002, p. 196.

立的农场主通过购买土地扩大了自己的农场。例如费尔德曼家将其农场面积从 266 公顷扩大到 342 公顷。[①] 独立的农场也雇用临时工帮助生产，这些人通常是退休者或失业者。但是失业者如果每日挣到 315 马克，或者一周工作在 14.9 小时以上，根据规定，他们会失去全部失业救济金。一个被调查者说："当你说你已经挣了 100 马克时，国家就会来拿走 80 马克。"[②]

独立的农场和农业合作社一样，常常种植一些特别的作物供给市场，用来补充收入。他们中的一个人曾说："我们不得不根据市场来定位自己的生产，在当前，我们不得不把我们的耳朵贴在地上去听。"[③] 单个农场主的生产常常受到东德消费者反复无常的需求的影响。某些年份市场需要马铃薯，下一年市场又转而需要玉米粉了。

一个农业史的作者采访了 6 位自己拥有或家庭拥有土地在 5—28 公顷之间的德国东部的农民，这些农民平均拥有 18.5 公顷的土地。他们都表示需要更多的土地来组建一个农场。许多农民和专家认为，一个家庭农场需要 200—300 公顷的土地。如果他的农场有 500 公顷的土地，三个人经营，他们的装备就能够有效率地使用。但是在 1994 年，很少有单个农民能够购买到土地。当时国家基金

[①] Hans C. Buechler, and Judith Maria Buechler, *Contesting Agriculture: Cooperativism and Privatization in the New Eastern Germany*, State University of New York Press, 2002, p.202.

[②] Hans C. Buechler, and Judith Maria Buechler, *Contesting Agriculture: Cooperativism and Privatization in the New Eastern Germany*, State University of New York Press, 2002, p.212.

[③] Hans C. Buechler, and Judith Maria Buechler, *Contesting Agriculture: Cooperativism and Privatization in the New Eastern Germany*, State University of New York Press, 2002, p.215.

和贷款愿意帮助农民发展生产。1990年一个全日制的农场主可以获得20000马克非投资贷款,投资贷款则可达到40000马克。1989—1990年欧盟平均每年分配给农场主的每笔补助金达到18535德国马克。[1]

德国统一前后,西部和东部的农业劳动和土地的生产率的差距发生了巨大的变化。

表2-4　1989—1994年德国西部和东部农业劳动和土地生产率
(生产总值按1991年价格计算,单位:德国马克)[2]

年份	每个劳动者的劳动生产总值		每公顷土地的生产总值	
	德国西部	德国东部	德国西部	德国东部
1989	35097	3472	2289	485
1990	38224	8146	2413	798
1991	36814	22494	2194	1328
1992	47812	43175	2720	1467
1993	43045	53201	2348	1464
1994	45863	55852	2357	1354

上述表格的数据说明,在德国统一以前的1989年,东德的农业劳动生产率只达到联邦德国的农业劳动生产率的四分之一。而到

---

[1] Hans C. Buechler, and Judith Maria Buechler, *Contesting Agriculture: Cooperativism and Privatization in the New Eastern Germany*, State University of New York Press, 2002, pp. 196, 202, 210.

[2] Hans C. Buechler, and Judith Maria Buechler, *Contesting Agriculture: Cooperativism and Privatization in the New Eastern Germany*, State University of New York Press, 2002, p. 148, Table 6.1. 表格有节略。

1993年,德国东部的农业劳动生产率已超过了德国西部的农业劳动生产率。从每公顷土地的生产总值来看,统一前的1989年,东德每公顷土地的生产总值只有联邦德国的37.1%,德国统一后,1992年德国东部的每公顷土地生产总值达到德国西部每公顷土地生产总值的85%,1994年为德国西部每公顷土地生产总值的74%,较统一前有很大提高。

表2-5 1992—1998年在德国新合并的土地上农场事业的发展[①]

农场类型 (不同的法律形式)	农场数量				平均面积 (公顷,1998年)
	1992	1994	1996	1998	
家庭农场	14602	22601	25014	25925	49.3
合伙农场	1125	1977	2820	3064	416.7
全部私营农场	15727	24578	27834	28989	—
合作社	1432	1333	1293	1218	1432.3
有限责任公司 (GmbHs)	1180	1388	1432	1560	773.5
其他公司	423	588	284	164	525
公司全部	3035	3309	3009	2942	—

统一以后,德国东部农场数量有很大增长。根据上表,在德国东部,1992年有37524个农场,1994年有55774个农场,1996年有61986个农场,1998年农场数量增至63862个。1998年农场数量是

[①] Geoff A. Wilson and Olivia J. Wilson, *German Agriculture in Transition: Society, Policies and Environment in a Changing Europe*, Palgrave, 2001, p.129, Table 4.8 Development of Farm Businesses in the New Lander, 1992-1998.

1992年农场数量的1.7倍。

联邦德国的小土地结构可以追溯到中世纪的敞地制度。以后，拿破仑法典规定在继承人中平均地分配土地。这使得农场愈益无法管理。这种分割继承的做法到19世纪末大致结束。到20世纪，土地小块化则很少发生，但是这种传统继续存在。早在1800年德国人就已经意识到需要改进农场的结构。当时德国小农场林立的状况与英国圈地形成的大农场制相比，就是一幅未开化的景象。到了20世纪，尽管1920年代后期的萧条和纳粹统治时期都尝试改变这种农业结构，提高农业生产的效益，但是直到第二次世界大战开始，始终没有着手进行这项工作。在德国还存在一种对于家庭农场的认同，家庭农场始终被认为是社会的一个基本的支柱。在德国，"家庭农场"模式被认为包括了农民文化和农民传统的优点。在纳粹时期，又被"血与土壤"的口号夸大了。俾斯麦时期采取了价格和进口控制措施，以后则提出了为了国家安全，粮食要保持自给自足。所以，德国的农业保护主义有着长期的传统。以后，工业家和农场主重新发展起了一种政治意识，即要保护农业，养活增长的城市人口，为工业提供劳动力后备军。①

2. 统一后的农业结构

在1989年德国重新统一时，德国东部的农场平均面积为4107公顷，而在德国西部农场平均面积为18.2公顷。德国东部存在着面积很大的农场，二者形成很大的差别。在德国统一之前数月，人们一直

---

① Geoff A. Wilson and Olivia J. Wilson, *German Agriculture in Transition: Society, Policies and Environment in a Changing Europe*, Palgrave, 2001, p.19.

认为，完全的私有财产权应当归还给土地所有者。但是在做法上存在着很大的争论。德国农场主联盟主张推进家庭农场制。1990年联邦德国政府决定在新合并的土地上实行的农业政策的目标是：支持发展各种能够在欧洲单一市场中竞争的、有活力的、新的农业组织；支持农业和林业工人增加收入和提高生活水平；重新把农业生产的结构定向在向市场责任和高质量的方向上；停止环境对农业造成的危害；支持一种对环境不发生危害的可持续发展的农业。[1]

1967年德国从各国购买粮食耗资169亿马克，出口粮食货值为22亿马克。1977年从各国购买粮食耗资385亿马克，出口粮食货值127亿马克。1988年从各国购买粮食耗资522亿马克，出口粮食货值267亿马克。1991年从各国购买粮食耗资680亿马克，出口粮食货值358亿马克。1993年从各国购买粮食耗资593亿马克，出口粮食货值347亿马克。1995年从各国购买粮食耗资654亿马克，出口粮食货值369亿马克。1997年从各国购买粮食耗资748亿马克，出口粮食货值439亿马克。德国粮食贸易逆差1967年为147亿马克，1977年为258亿马克，1988年为254亿马克，1991年为322亿马克，1993年为246亿马克，1995年为286亿马克，1997年为309亿马克。[2] 1967年以后，德国在世界粮食市场中属于少量粮食进口国。

根据国际粮农组织的调查报告，联邦德国1950年所有者持有的

---

[1] Geoff A. Wilson and Olivia J. Wilson, *German Agriculture in Transition: Society, Policies and Environment in a Changing Europe*, Palgrave, 2001, p.125, Table 4.7 Comparative Agricultural Indicators: GDR and FRG, 1989.

[2] Geoff A. Wilson and Olivia J. Wilson, *German Agriculture in Transition: Society, Policies and Environment in a Changing Europe*, Palgrave, 2001, p.154, Table 5.1 German Agricultural Imports (billion DM); p.155, Table 5.2 German Agricultural Exports (billion DM); p.156. Table 5.3 German Agricultural Trade Balance (billion DM).

土地为 1941.7 万公顷，占土地的 87.6%，租佃者持有的土地为 270.1 万公顷，占土地的 12.2%，其他方式占有的土地为 5.5 万公顷，占土地的 0.3%。1960 年所有者持有的土地为 1816.4 万公顷，占土地的 85%，租佃者持有的土地为 313.1 万公顷，占土地的 28.7%，其他方式占有的土地为 7.4 万公顷，占土地的 0.4%。1970 年所有者持有的土地为 896.4 万公顷，占土地的 71.1%，租佃者持有的土地为 361.6 万公顷，占土地的 28.7%，其他方式持有的土地为 3.6 万公顷，占土地的 0.3%。①

联邦德国 1960 年持有土地在 1 公顷以上的农户共有 1390772 户。其中持有土地在 1—2 公顷的有 232431 户，持有土地在 2—5 公顷的有 388749 户，持有土地在 5—10 公顷的有 342769 户，持有土地在 10—20 公顷的有 287037 户，持有土地在 20—50 公顷的有 22296 户，持有土地在 50—100 公顷的有 13771 户，持有土地在 100—200 公顷的有 2102 户，持有土地在 200—500 公顷的有 617 户。②

联邦德国 1971 年持有土地的人口共 1060617 户，其中以农业为主要职业的居民为 611701 户，以非农业为主要职业的有 448916 户。③ 联邦德国 1971 年时，共有耕地 12616227 公顷，土地持有者

---

① Food and Agriculture Organization of United Nations, *1970 World Census of Agriculture Analysis and International Comparison of the Results*, Rome, 1981, Table 15.12 Area in Holdings by Tenure, 1970, 1960, 1950, p.289.

② Food and Agriculture Organization of United Nations, *Report on the 1960 World Census of Agriculture*, Analysis and International Comparison of Census Results, Rome, 1971, p.26.

③ Food and Agriculture Organization of United Nations, *1970 World Census of Agriculture Analysis and International Comparison of the Results*, Rome, 1981, p.42, Table 2.6 Holding and Area Operated by Main Occupation of the Hold.

为1067755户。其中拥有所有权的持有者为424835户，他们持有的土地为3764151公顷。租地持有者为71997户，他们持有的土地为1128355公顷。以不止一种保有权持有土地的有567245户，他们持有的土地为7723721公顷。[1]

联邦德国1971年持有土地的农户共有15234户。其中持有土地在1公顷以下的为85户，持有土地在1—2公顷的为272户，持有土地在2—5公顷的为923户，持有土地在5—10公顷的为1853户，持有土地在10—20公顷的为4311户，持有土地在20—50公顷的为5624户，持有土地在50—100公顷的为1424户，持有土地在100—200公顷的为464户，持有土地在200—500公顷的为278户。[2]

而联邦德国1971年租种土地的佃户共有71997户，租地在1公顷以下的佃户有3669户，租地在1—2公顷的佃户有9055户，租地在2—5公顷的佃户有13765户，租地在5—10公顷的佃户有11312户，租地在10—20公顷的佃户有14922户，租地在20—50公顷的佃户有15949户，租地在50—100公顷的佃户有2635户，租地在100至200公顷的佃户有690户。[3]

上述两项相比较，可以看出，联邦德国租佃农比拥有土地所有权

---

[1] Food and Agriculture Organization of United Nations, *1970 World Census of Agriculture Analysis and International Comparison of the Results*, Rome, 1981, p.93, Table 5.1 Number and Area of Holding by Tenure of Holding.

[2] Food and Agriculture Organization of United Nations, *1970 World Census of Agriculture, Analysis and International Comparison of the Results*, Rome, 1981, p.53, Table 3.2 Area of Holdings by Size of Total Area.

[3] Food and Agriculture Organization of United Nations, *1970 World Census of Agriculture, Analysis and International Comparison of the Results*, Rome, 1981, p.98, Table 5.4 Number of Holdings Rented from Others by Size of Holding.

的农户数量要多得多。

从联邦德国 1971 年持有不同面积土地的户数来看，持有土地在 5 公顷以下的占农户的 7.5%，持有土地在 5—50 公顷的占农户的 77.4%，持有土地在 50—100 公顷的占农户的 9.3%，持有土地在 100—200 公顷的占农户的 3.0%，持有土地在 200—500 公顷的占农户的 1.8%。①

在德国统一后，德国东部的大农场比德国西部要多。在德国西部，有 3.1% 的农场面积在 100 公顷以上。而在德国东部，有 25% 的农场面积在 100 公顷以上。在各种类型的农场中，德国东部农场平均面积比德国西部的农场要大。②

到了 1999—2000 年农业调查时，德国共有土地持有者 471960 户，持有土地 19097900 公顷。其中，几乎没有土地的有 2070 户，他们共拥有 9290 公顷的土地。持有土地在 1.99 公顷以下的有 35760 户，他们共持有土地 54500 公顷。持有土地在 2—4.99 公顷的有 79800 户，他们共持有土地 410020 公顷。持有土地在 5—9.99 公顷的有 73950 户，他们共持有土地 714450 公顷。持有土地在 10—19.99 公顷的有 87360 户，他们共持有土地 1578670 公顷。持有土地在 20—29.99 公顷的有 51770 户，他们共持有土地 1514570 公顷。持有土地在 30—49.99 公顷的有 62580 户，他们共持有土地 2755890 公顷。持有土地在 50—99.99 公顷的有 543100 户，他们共持有土地 4078210

---

① Food and Agriculture Organization of United Nations, *1970 World Census of Agriculture, Analysis and International Comparison of the Results*, Rome, 1981, p.56, Table 3.3 Percent Distribution of Ares of Holding by Size of Total Area.

② Geoff A. Wilson and Olivia J. Wilson, *German Agriculture in Transition: Society, Policies and Environment in a Changing Europe*, Palgrave, 2001, p.144.

公顷。

在全部农户持有的土地中,以所有权持有的土地总面积为 6224280 公顷,以租地持有的土地总面积为 10766640 公顷,以其他保有权持有土地的总面积为 160640 公顷。即以所有权持有的土地面积占土地总面积的 36.3%,以租地持有的土地面积占土地总面积的 62.8%,以其他保有权持有的土地面积占土地总面积的 0.9%。[1]

从 1971 年到 1995 年,德国土地持有地面积从 15236139 公顷增至 17156900 公顷,但土地持有者的数量却从 1074637 户减少到 566900 户,户数大大减少。持有土地在 2 公顷以下的户数,从 195201 户下降到 90600 户。这表明德国到了 20 世纪后期小农人数急剧下降。[2]

---

[1] Food and Agriculture Organization of United Nations, FAO Statistical Development Series, *2000 World Census of Agriculture: Main Results and Metadata by Country (1996-2005)*, Roma, 2010.

[2] Food and Agriculture Organization of United Nations, *Supplement to the Report on the 1990 World Census of Agriculture: International Comparison and Primary Results by Country (1986-1995)*, Rome, 2001, p.73, Table 4.2 Number and Area (in Hectares) of Holdings Classified by Size: 1990, 1980, and 1970 Rounds of Censuses (including only countries proving this information for the 1990 round of censuses).

第三章 匈牙利

奥地利曾是统治中欧 650 年的哈布斯堡王朝的核心部分；其他民族有斯洛文尼亚人、克罗地亚人和匈牙利人，占总人口的 1%；官方语言德语；78% 的居民信奉天主教。匈牙利是欧洲内陆国家，位于多瑙河冲积平原，中国古称马扎儿。公元前 1 世纪，罗马帝国征服了匈牙利南部地区。罗马帝国灭亡后，匈人建立了强大的匈牙利帝国。1526 年奥地利取得了波希米亚和奥斯曼帝国没有占领的匈牙利。1849 年 4 月匈牙利国会通过独立宣言，建立匈牙利共和国，但匈牙利共和国不久后被奥地利和沙俄军队所扼杀。1867 年之前，奥地利统治着匈牙利全境。

1867 年，为了化解奥地利在普奥战争中的失利对帝国的冲击，哈布斯堡王朝被迫对帝国内强大的匈牙利贵族作出妥协，宣布将奥地利帝国更改为所谓共主邦联——奥匈帝国。

奥匈帝国是 1867 年至 1918 年间的一个中欧的"二元君主国"或"共主邦联国家"。在这段时间里，匈牙利王国与奥地利帝国组成联盟，这个联盟的全称是"帝国议会所代表的王国和领地以及匈牙利圣斯蒂芬的王冠领地"。在这种情况下，匈牙利国王与奥地利国王是同一个人。匈牙利对内享有一定程度的立法、行政、司法、税收、海关等方面的自治权；对外事务方面（外交和国防）则与奥地利一样，统一由帝国中央政府处理。匈牙利地区在理论上升级为奥匈帝国内部的一个王国，并拥有自己的国王（在奥匈帝国半个世纪的历程中，匈牙利国王始终由奥匈帝国皇帝兼任）、议会和海关系统等；这种局面一直维持到第一次世界大战结束为止。第一次世界大战后奥匈帝国解体，1918年奥地利和匈牙利分裂成为两个独立的国家。1919年3月建立匈牙利苏维埃共和国。同年8月匈牙利苏维埃共和国被以霍尔西为首的军队推翻，恢复了君主立宪制的匈牙利王国。

第一节　农奴制和农奴制废除

在奥地利君主国的绝大多数地区，只有少数自由农民。在它所属的斯拉夫省份，如波西米亚、摩拉维亚和西里西亚，自由农民占乡村人口的1%。18世纪在摩拉维亚，估计1年中只有不到20名农奴获得自由。农民获得自由是通过颁布单个解放农奴的法令来实现的。通常农民要为此交纳一笔现金。而其他的所谓自由农民，实际上是逃亡的农奴。他们定居在领主的庄园中，而这些领主要承担将逃亡者归还给他们原先领主的责任。在东部王室土地上缺少自由农民，但是蒂罗尔和福拉尔贝格例外。这里的农民在16到17世纪就摆脱了领主的束缚，获得了自由。少数不自由农民一直存在到17世纪和18世纪上半叶，那时哈布斯堡君主国最终取消了束缚农民的不自由身份。

上奥地利的地主利用他的自营地农场不仅生产市场需要的谷物和牛，而且生产为维持家庭和增产商业纺织业所需要的原材料如蛇麻草和大麻纤维。这些生产对劳动力的需求很少，交纳代役金比实际提供劳役有更大的意义。奥地利北部一处不太大的地产克拉姆的资料表明，这里在1600年征收的代役金收入占地产总收入4780佛罗林的

11.7%。一处有更大地产的加斯滕寺庙，从臣民处征收的代役金收入为2100佛罗林，占地产总收入的21.1%。①

到中世纪末，在上奥地利乡村有各种法律，各个村庄有它们自己的法典，它规定如何选出村庄的首领，以及乡村共同体内部的生活、不变的习惯。另一方面，帝国的法律也处于建设中，当时已经开始为1530年查理的帝国刑法典搜集素材。②

15世纪末上奥地利的地方官僚采取了取消土地自由持有制的措施。他们占有所有农民的持有地，将他们改变为统一的佃户。这项措施不仅得到了王室官僚的同意，而且也得到了皇帝和他的下奥地利官员的同意。到1600年，奥地利只存在一个同质的公簿持有佃户等级，他们的地位得到国家法的保证。另一方面，奥地利地方当局须得向地产持有者发布公簿持有权文件。地方当局要把征收的税费上交给王室财政机关。③15到17世纪，上奥地利已有若干地产有了法典。④1559年斐迪南一世授予地产所有者所有下级司法当局对一切司法事务的管理权。⑤在中世纪奥地利存在着两种分离的劳役义务形式。在16世纪，国家和地方当局实行了两种不同的代役金。1560—1570年代下奥地

---

① Hermann Rebel, *Peasant Classes: The Bureaucratization of Property and Family Relations Under Early Habsburg Absolutism 1511-1636*, Princeton U. P., 1983, p.133.
② Hermann Rebel, *Peasant Classes: The Bureaucratization of Property and Family Relations Under Early Habsburg Absolutism 1511-1636*, Princeton U. P., 1983, p.150.
③ Hermann Rebel, *Peasant Classes: The Bureaucratization of Property and Family Relations Under Early Habsburg Absolutism 1511-1636*, Princeton U. P., 1983, p.147.
④ Hermann Rebel, *Peasant Classes: The Bureaucratization of Property and Family Relations Under Early Habsburg Absolutism 1511-1636*, Princeton U. P., 1983, p.152.
⑤ Hermann Rebel, *Peasant Classes: The Bureaucratization of Property and Family Relations Under Early Habsburg Absolutism 1511-1636*, Princeton U. P., 1983, p.156.

利当局财政官员采取措施统一了代役金的标准。①

奥地利君主国政府在1760年代和1770年代颁布了地方法典,保护领主农民免受额外的剥削。这些法典规定了农民应服劳役的总量,减轻了对农民的劳役要求。1780年代约瑟夫二世的改革把不牢靠的土地保有权改为世袭的土地所有权。匈牙利1767年颁布的法典规定,拥有充分的土地的农民每年要服104天劳役,或带上牲畜服52天劳役;无地劳动者每年要服12天劳役。②

在欧洲东部向西部移民的过程中,匈牙利人在9世纪抵达喀尔巴阡山盆地,在10世纪在那里定居下来,建立了信奉基督教的以欧洲封建制度为准绳的国家。到15世纪中期,匈牙利的社会发展已经接近欧洲其他国家,为市场进行的农业生产和货币地租都引入了匈牙利,劳动分工和自给自足的工商业活动都开始发展。尽管匈牙利和欧洲经济发展水平有相当大的差别,但它们的发展趋势相同。

土耳其人在对欧洲的侵略期间占领了匈牙利长达150年的时间。这给匈牙利带来了严重的后果,持续的战争摧毁了匈牙利繁荣的农业和发展起来的城镇。17世纪末土耳其被赶出欧洲,匈牙利这个当时衰弱的国家被哈布斯堡君主国控制,并入了哈布斯堡王朝的中欧帝国。匈牙利从16世纪开始丧失了独立性。16世纪开始后,匈牙利的发展过程不同于西欧。到18世纪,西方国家农业生产市场已经兴起,但在匈牙利,如同其他一些中欧、东欧国家,农奴制仍然存在着,对农奴的束缚很严重,农民的迁居自由被剥夺,领主地产为市场的生产

---

① Hermann Rebel, *Peasant Classes: The Bureaucratization of Property and Family Relations Under Early Habsburg Absolutism 1511-1636*, Princeton U. P., 1983, p.127.
② Jerome Blum, *The End of Old Order in Rural Europe*, Princeton U. P., 1978, pp. 55, 62, 65.

是以不付薪俸的农奴劳动为基础的。①

在多瑙河公国的 50 万农民家庭中，有 10.7 万户即大约五分之一是自由农民。这批人绝大部分生活在山区。他们在那里拥有自己的土地所有权，并有权使用森林和牧场。多瑙河公国也有逃亡农民。他们定居在清理出的领主土地上，通过签订契约获得了特权。这些人通常来自特兰斯瓦尼亚（那里尽管属于匈牙利，但居民主要是罗马尼亚人）、多瑙河南岸，也有一部分来自多瑙河公国本土。他们每年要向领主服 3 到 6 天的劳役，他们中大部分人有权利把应服的劳役折算成现金付给领主。他们获得了永久使用自己开垦出来的土地的权利。国家降低了对他们拥有的土地征收的赋税，并允许他们将赋税直接交给国库。这样就避免了国库代理人对这些农民的额外勒索。

多瑙河公国农奴制不同于其他东部国家。这里的领主对它的农民没有民事和刑事审判权，但农奴面对领主残酷的对待和过度的要求，得不到真正的保护。1746 年和 1749 年，瓦拉几亚和摩尔达维亚的王公康斯坦丁·马夫罗科达托促使各公国的波雅尔实行取消农奴制的改革。但是在这阶段，农民仍然依附于他们的领主，几十年间农民对领主的依附和领主对农民的剥削有增无减。1761 年立窝尼亚议会尽管禁止出口农奴和使结婚的农奴夫妻分离，但仍通过法律批准出售没有土地的农奴。1770 年代当事人报告说，农奴和他们的子女被用来交换马匹和狗。②

在 1820 年代，匈牙利 900 万乡村人口中，有 25 万自由农民。有一些农民是经济上富有的农场主，其他的自由农民根本没有土地，他

---

① Ference Donath, *Reform and Revolution: Transformation of Hungary's Agriculture, 1945-1970*, Corvina Kiado, 1980, pp. 9-11.

② Jerome Blum, *The End of Old Order in Rural Europe*, Princeton U. P., 1978, pp. 39, 41.

们靠为贵族或有土地的农民做雇工为生。匈牙利的自由农民极其分散,主要集中在南匈牙利和克罗地亚。1848 年在匈牙利最东端的特兰斯瓦尼亚全部 1960 个村庄中,有 94 个村庄是自由农民的村庄。[①]

在匈牙利和特兰斯瓦尼亚,对于出售农奴的问题法律不置可否。从 16 世纪到 18 世纪末,领主买进、出售、抵押、交换和赠送农奴之事比比皆是。布科维纳在 1775 年作为摩尔达维亚并入奥地利之前,尽管法律禁止,但领主可以自由买卖农奴。[②] 在多瑙河公国,吉卜赛人奴隶是欧洲最后的奴隶,到 19 世纪中叶共有 20 万人,大约占多瑙河公国人口的 5%—6%。他们为修道院或私人所有,主要从事家内劳动,有时也在修道院从事田间劳作。他们作为奴隶,个体在法律上没有权利,也没有公民权,因此他们没有资格要求法庭和警察保护他们。他们也没有向政府纳税和服劳役的义务。他们像动物一样被买进卖出,没有法律上的人身自由。如果他们的主人释放了他们,其他人会宣布对他们的占有权。大部分吉卜赛人是由统治者让渡给修道院和私人,但也有少数直接隶属于统治者。1783 年约瑟夫皇帝下令将修道院土地世俗化,吉卜赛奴隶因此获得了和其他人一样的人身自由。科尔维纳的修道院奴隶获得解放后,仍有 422 名奴隶属于私人所有。1811 年民法典最终禁止奴隶在奥地利君主国存在。吉卜赛人在 1837 年有 37000 人。他们几乎拥有完全的人身自由,只向统治者交纳少量的税。他们采取传统的流浪生活方式,以做工匠、驯马师、乐师、乞丐或小偷为生。[③]

在摩拉维亚,用货币支付的租费有 246 种。当然不是每个农民都

[①]　Jerome Blum, *The End of Old Order in Rural Europe*, Princeton U. P., 1978, p.31.
[②]　Jerome Blum, *The End of Old Order in Rural Europe*, Princeton U. P., 1978, p.42.
[③]　Jerome Blum, *The End of Old Order in Rural Europe*, Princeton U. P., 1978, p.45.

要承担所有这些义务，农民对领主承担的税费因地而异。有的人承担得多些，有的人承担得少些。农民的住处离领主住处的远近也决定了他们应承担的劳役义务的多少，住得远的农民承担的劳役要少些。许多庄园的土地由于买卖、继承、交换、赠送等原因，与其他人持有的地产混淆，因此这些人要承担不同的义务。领主向农民索要的租税和劳役义务各不相同，然而劳役是其中最常见的义务。但是在西欧，劳役在农民的全部负担中占的比例不那么大。①

在多瑙河公国，19世纪王公颁布的法律规定了农民的义务特别是劳役义务。多瑙河公国同奥地利君主国不同，政府的做法不是保护农民，而是努力满足领主增加农民劳役义务的要求。在瓦拉几亚，1746年的立法规定劳役义务1年为6天，1775年将劳役天数提高到12天，1818年规定劳役义务1年至少12天。在摩拉维亚，1749年的立法规定农民的劳役义务为每年24天，以后在1766年1年劳役改为30天，到1805年1年劳役改为43天。在多瑙河公国还规定了为期3天的"劳动日"。在这期间，农民实际工作量比立法规定的要多3倍。1831年俄国占领了多瑙河公国，俄国颁布的《组织法规》减少了农民每年劳役的天数。② 在多瑙河公国，1831年的《组织法规》把农民分成三个类别，即拥有4头牛以上的人、拥有2头牛的人、拥有1头牛或没有牛的人。

在东欧，什一税的征收不像在西欧那样普遍。许多地区甚至不知道什一税的名称，有的地方不普遍征收什一税。在征收什一税的波兰、丹麦和奥地利君主国，什一税数额是根据地方法或地方习惯法来

---

① Jerome Blum, *The End of Old Order in Rural Europe*, Princeton U. P., 1978, p. 50.
② Jerome Blum, *The End of Old Order in Rural Europe*, Princeton U. P., 1978, p. 56.

确定的，其总量并非固定为产品的十分之一。有些时候纳租人把所有的义务折算成每年交纳的现金额。匈牙利农民要交纳两种什一税，一种交纳给他的领主，一种交纳给教会。他们交纳给教会的是收获的谷物、绵羊、山羊和生产的蜂蜜这些产品的十分之一。他们交纳给领主的是除了在菜园和低草地上生产的产品外的所有产品的九分之一。如果农民的领主有一天成为修道院长，他将收取两种什一税。交纳给领主的什一税是国王路易大帝在1351年开始征收的，一直持续到1848年农奴制废除。在多瑙河公国，农民要向领主交纳除去菜园中生产的和为自己使用的产品外所有产品的十分之一。但在实际生活中，领主收取的有时多于、有时少于产品的十分之一。[1]

在多瑙河公国，19世纪开展了很多道路建筑工程，它们绝大多数是由农民完成的。1831年的《组织法规》把农民对国家的劳役义务减少为一年6天，并命令农民只是在自己所在的地区服这种劳役。但是后一规定并没有严格执行，农民有时需到劳动力短缺的地区去服劳役，他们途中旅行的时间不包括在劳役时间中，有时农民来去要走一个月。

奥地利君主国的德意志和斯拉夫王室土地分成37个征兵区，征兵年龄为17—40岁。服兵役的年限为10—14年，不同兵种服役年限有所不同。蒂罗尔地区不征兵，那里的农民是自由的。但是在全国危急时期，有能力的农民都要拿起武器从军。在匈牙利，服兵役完全是自愿的。但如果没有人自愿参军，省和地方团体将起草招募令。例如1830年匈牙利议会就下令征招士兵，富有的农民设法让其儿子不

---

[1] Jerome Blum, *The End of Old Order in Rural Europe*, Princeton U. P., 1978, p.64.

被列入征兵名单，那些列入征兵名单的人可以出钱请人代服兵役。①

在波希米亚和奥地利君主国其他的省，领主在18世纪把小土地持有者服劳役义务的时间增至每周2—3天。甚至个别庄园要求农民一周每天都要服劳役。②在多瑙河公国，领主对农民的索取在18世纪中叶到19世纪发展到了顶峰。在农奴制废除前几十年，许多村庄的劳役义务增加了两倍，甚至三倍。农民使用森林、牧场、河边低草地和池塘的权利被剥夺了，他们常常要为使用这些资源付费。领主要求农民对未服的劳役折算为现金交纳。

1770—1780年代，奥地利皇帝玛利亚·特雷萨和约瑟夫二世的立法改变了农民状况下降的趋势，使奥地利被奴役的农民的状况优于东欧其他国家的农民。

奥地利君主国在1817年进行了较为精确的土地调查，对约瑟夫二世时期的调查做了修正，作为征收土地税的依据。③

在下奥地利，一份持有地面积为24—89牛地④，即34—126英亩。在上奥地利的穆尔维尔提尔，一份农民持有地面积为57英亩。而在林地或山地，一份持有地面积在280英亩以上。在匈牙利，一份农民持有地面积在17—57英亩之间。在波希米亚，一份持有地面积约为61英亩。⑤

继承制影响到匈牙利农业资本的积累和农民的结构。德意志实行了家族世代间遗产不分割的稳定的继承制，这种继承制使得地产保持

---

① Jerome Blum, *The End of Old Order in Rural Europe*, Princeton U. P., 1978, p. 68.
② Jerome Blum, *The End of Old Order in Rural Europe*, Princeton U. P., 1978, p. 71.
③ Jerome Blum, *The End of Old Order in Rural Europe*, Princeton U. P., 1978, pp. 66-67.
④ 牛地：1头牛一天犁地的面积。
⑤ Jerome Blum, *The End of Old Order in Rural Europe*, Princeton U. P., 1978, p. 96.

了大块形式在代际间传递。在西欧大部分地区，如英格兰、德国北部和相当大部分的德国地区、荷兰、斯堪的纳维亚国家，都实行这种继承制。由长子或末子继承农场，然后继承人用现金或其他方式对他们的兄弟姊妹作出补偿。作为其结果，农民农场没有崩解，而是保持了完整。从许多方面来说，这种家族世代稳定继承制和男女平等继承制对近代农业社会的经济发展的影响差别很大。德国的稳定继承制有利于资本集中和地产财政管理制度的发展，并使得农民更加关心货币。而那些离开父母留下的土地的后代则更多地去经营企业，有接触各种工业生产、学习新技艺的机会。这样就使他们日后更适应于工业劳动。而实行均分继承制土地上的农民的生活方式完全限于农业，他们从土地上获取自己的需求物，甚至纺纱和织布在西欧大陆农民中也不常见，这些农民缺少资本。这些因素在相当大的程度上影响了西欧农民转变和分化的可能性。

匈牙利与英国农业发展的道路不同。这不仅反映在农业发展的历史时间表不同，而且表现在两个社会中农民资本积累的规模不同。匈牙利农民的资本积累比德国和法国要少，与奥地利和捷克相比更少，但比波兰、罗马尼亚和俄国农民要多。15世纪以来，匈牙利存在着拥有部分持有地的众多的农民，他们非常贫穷，被束缚在土地上。每个农民后代继承一小块土地，他们努力保持这块土地，并试图扩大这块土地，以此维生。继承制还使得农民无法分得牲畜，他们也没钱去购买拖犁的牲畜。但他们委身于这块土地，不愿意离开。

总的来说，19世纪后期到20世纪上半叶，匈牙利农村缺乏资本，这使得匈牙利的工业化无法以西欧的奥地利和波西米亚同样的速度进行。1945年以后，匈牙利的农业社会继续扩大，大量农民被束缚在农村。由于低工资，或是没有工资收入而几乎完全靠实物收入，大片的乡村地区无法成为工业产品的市场。①

第二节　封建社会瓦解后的匈牙利

1848年4月11日，奥地利皇帝和匈牙利国王斐迪南颁布了31部法律，结束了匈牙利的封建社会，开始了以资本主义制度为基础的新时期。法律规定成立对议会负责的匈牙利政府；封建国会被代表制议会取代；全国居民有百分之十成为选民；议员由被排斥在权力之外的民众选出。匈牙利的农奴带有中世纪的残余。他们的人身自由和肉体权利都受到限制，他们生活在乡绅统治之下，没有选举权也没有被选举权，他们接受授予他们的财产和转手财产都受到限制。1848年4月制定的法律将匈牙利的农奴从这种状况下解放出来，因此具有很大的意义。② 由于匈牙利农奴制主要的封建义务是支付年金，它包括交给地主的九分之一税、强制性劳役、土地税、教会什一税。1848年4月的法律宣布："从此以后永远废除强制性的劳役、什一税、无兵役租佃制和类似的以契约为基础的交纳的现金（第九条）；宣布取消教会什一税。这样，农民被免除了每年承担的义务，并有权认为他们自己是土地的自由所有者。根据保持社会安宁和民权的原则，法律必须尊重每个人的财产权。通过立法决定，对地主收取的每年原先交给他

---

① Peter Gubst, "Preface", in Peter Gubst, ed., *Hungarian Agrarian Society from the Emancipation of Serfs (1848) to the Reprivatization of Land (1998)*, Colorado: Atlantic Research and Publications, Inc., 1998, pp. 3-4.

② Istvan Orosz, "Peasant Emancipation and After-effects", in Peter Gubst ed., *Hungarian Agrarian Society from the Emancipation of Serfs(1848) to the Reprivatization of Land (1998)*, Colorado: Atlantic Research and Publications, Inc., 1998, p. 53.

们的税负作出补偿，因为农民每年交纳的税负是地主合法的财产。法律规定，对私人地主的补偿应当置于保护民族利益的盾牌之下。"补偿金数额等于每年利润的20倍。丧失的农奴的年贡转变为"身份债务"（第十二条）。这些立法改变了持续数世纪之久的农奴制。匈牙利的农奴制通过1848年4月的法律和以后的补充的法律，持续了十年。它们经补充了解放条例才最后废除。[1]

1848年以前，匈牙利社会是封建社会，匈牙利封建社会的基础是封建土地所有制。农奴没有资格拥有土地所有权。农奴制改革的第一步，是通过玛莉亚·特雷萨颁布的1767年的《城市规章》的条款实行的。它在法律上把地主独立管理的庄园土地与农奴使用的无兵役租佃制土地分开，把农奴和土地所有者之间的民法关系部分地转变为公法关系。敕令把土地所有者对于无兵役土地租佃制土地不受限制的处置权，转变为农民永久的集体使用权，除了例外的少数特殊的案例，不能把农奴的土地转变为庄园土地。当无兵役租佃关系巩固下来，地主的所有权和农奴的永久使用权就彼此限制，无论哪一方都没有资格自由地处置土地。[2]

在1848年以前，拥有用益权的土地可以继承，但不能转让。地租须得按照1767年玛莉亚·特雷萨规定的地租率继续支付。1年地租为服104天劳役或带上做工的家畜劳作52天。持有地大小为7—

---

[1] Istvan Orosz, "Peasant Emancipation and After-effects", in Peter Gubst ed., *Hungarian Agrarian Society from the Emancipation of Serfs(1848) to the Reprivatization of Land (1998)*, Colorado: Atlantic Research and Publications, Inc., 1998, p.53.

[2] Istvan Orosz, "Peasant Emancipation and After-effects", in Peter Gubst ed., *Hungarian Agrarian Society from the Emancipation of Serfs(1848) to the Reprivatization of Land (1998)*, Colorado: Atlantic Research and Publications, Inc., 1998, pp.54-55.

17 公顷。劳役根据土地的价值而定。持有四分之一地块的农民平均一年服劳役 26 天，或带上家畜服劳役 13 天。除了耕地以外，农民还得到园地，在共有草地上有放牧权，并有权在森林里拾柴。除了支付地租外，农民要向领主和教会纳税。前一种税额是农民总产出的十分之一，后一种税额是农民总产出的九分之一。领主履行与国家相关的职能。领主是法官、行政官和保护人的遗嘱执行人。此外，他在某种意义上是保险代理人；有时给农民医疗指导。随着国家权力的增长，中央权力开始侵蚀领主的习惯权力。在 1780 年代，约瑟夫二世限制领主的司法权，给予农民无须付出金钱便可以离开土地的权利。此后，农民可以自由结婚、不受妨碍地出售自己的产品，不再强迫他们使用庄园领主的面粉磨坊。① 英国旅行家约翰·佩吉特在匈牙利农村旅行了 1 年半，他笔下写道，许多农民依赖肥沃的土地，"他们不是农奴，他们的领主也不是对他们的生命有无限权力的暴君"。他对在某些村庄"一切都很舒适"感到十分惊讶。在查看了一系列茅舍后，他写道："在一个茅舍的储藏室中，我从未看到有如此多的奶酪、猪油、水果、干的牧草和泡黄瓜。""我对目睹农民对领主表示的善意感情感到大吃一惊。"②

1848—1849 年在匈牙利和奥地利进行了土地改革，农奴得到了解放。农民得到了有用益权的土地财产权，而无须支付费用。农民不

---

① John Komlos, "The Emancipation of the Hungarian Peasantry and Agricultural Development", in Ivan Volgyes, ed., *The Peasantry of Eastern Europe,* Vol.I, Roots of Rural Transformation, Pergamon Press, 1978, pp.109-110.
② John Komlos, "The Emancipation of the Hungarian Peasantry and Agricultural Development." in Ivan Volgyes, ed., *The Peasantry of Eastern Europe*, Vol.I, Roots of Rural Transformation, Pergamon Press, 1978, p.110.

再对他们世俗的和宗教的领主交纳赋税,他们只向国家交纳赋税。这些改革措施有助于发展农业生产。尽管农奴制废除习惯上被称为匈牙利农业发展的分水岭,但是在1850年以后,匈牙利农业发展缺少工业部类发展的呼应。事实上匈牙利农业劳动者人均谷物生产在农奴制废除后仍然以农奴制废除前通常的年增长率增长。1850年以后资本的积累额不足以提高农产品的增长率。[1] 直到1878—1883年,匈牙利由于对农业投资的增加和耕地的扩大,才取得较高的农业增长率。[2]

匈牙利贵族被剥夺了免税的资格。在整个帝国内部实行了自由贸易,它对于获得解放的农民是发展经济的催化剂,使匈牙利农业获得了充分的劳动力。这以后,奥匈农业在半个世纪的时间里稳定增长。在19世纪40年代以每年超过5%的增长速度扩大谷物出口。但在随后的50年代,农业发展出现了相对停滞,1852年在北方甚至出现了饥荒。只是在1859年,匈牙利的谷物出口一度达到了40年代的水平。[3]

根据1840年的《永久赎身法》和1848年的《农奴解放法》,原先由农奴使用的76.4%的土地现在成为自由的地产。农民不用支付赎金就拥有这些地产。和其他中东欧国家的农奴不同,后者要部分交纳赎金。匈牙利农民获得土地经过两个阶段。第一个阶段是1840—

---

[1] John Komlos, "The Emancipation of the Hungarian Peasantry and Agricultural Development", in Ivan Volgyes, ed., *The Peasantry of Eastern Europe,* Vol.I, Roots of Rural Transformation, Pergamon Press, 1978, p.110.

[2] John Komlos, "The Emancipation of the Hungarian Peasantry and Agricultural Development", in Ivan Volgyes, ed., *The Peasantry of Eastern Europe,* Vol.I, Roots of Rural Transformation, Pergamon Press, 1978, p.115.

[3] 〔英〕斯科特·M.埃迪:《奥匈帝国的经济政策和经济发展:1867—1913年》,载〔英〕彼特·马赛厄斯、〔英〕悉尼·波拉德主编:《剑桥欧洲经济史》第八卷,王宏伟、钟和等译,经济科学出版社2002年版,第764—765页。

1848年，当时农民可以在永久赎买的范围内获得土地所有权，但当时只有全部土地的1.89%成为农奴的自由地产。而1848年，有74.51%的土地成为农民的自由地产，总面积为1025.1万寻。与这个部分相比，由农民使用的土地的十分之一仍然属于庄园，要交纳年金。先前农奴土地的将近七分之一法律地位不清晰，需要进一步立法以确定这些土地是属于先前的农奴还是属于先前的地主。根据1848年的法律，土地的所有权仍然不那么清晰，由农民和地主共同使用的森林和牧场的所有权也不那么清晰。在解放过程中，制定的立法涉及1000万寻牧场和150万寻森林。改革后，所有权不清晰的土地仍有195.6万寻，占全部土地的14.1%；没有废除农奴制的土地为131万寻，占全部土地的9.5%。①

奥匈帝国是在1868年1月建立的。当时奥匈帝国的经济景气，1867年和1868年的大丰收带来了农业前所未有的繁荣。与此同时，欧洲其他市场的谷物歉收，奥匈帝国的大量谷物找到了现成的国外市场，卖出很好的价钱。此后奥匈帝国的谷物产量和出口量再也没有达到1867—1868年的水平。

从玛莉亚·特雷萨和她的继承者约瑟夫二世统治时起，哈布斯堡帝国实行了地区生产专业化的规划。这个规划将工业部门集中到奥地利，而把匈牙利逐渐变成帝国的主要产粮区。1849年以后，自由主义的改革也没有改变这种趋势。

到了19世纪，奥匈帝国开垦的土地不到全部土地面积的43%，森林占全部土地面积的31%，牧场占全部土地面积的26%。1836年

---

① Istvan Orosz, "Peasant Emancipation and After-effects", in Peter Gubst ed., *Hungarian Agrarian Society from the Emancipation of Serfs (1848) to the Reprivatization of Land (1998)*, Colorado: Atlantic Research and Publications, Inc., 1998, pp. 63-64, Table 1.

作物覆盖的土地为3840万英亩，1876年为3750万英亩，1880年为3960万英亩，1885年为4450万英亩。1836年奥匈帝国谷物总产量为3.64亿蒲式耳，其中奥地利产量为1.72亿蒲式耳，匈牙利产量为1.92亿蒲式耳。1887年谷物总产量为7.18亿蒲式耳，其中奥地利产量为3.31亿蒲式耳，匈牙利产量为3.87亿蒲式耳。奥匈帝国马铃薯产量1846年为230万吨，1859年为510万吨，1885年为1100万吨。1887年奥地利谷物种植面积为1766.5万英亩，匈牙利为1981.5万英亩，奥匈帝国谷物种植总面积3748万英亩。奥匈帝国年谷物生产总值1850年为6000万英镑，1870年为8300万镑，1877—1880年为9000万英镑（其中奥地利为4000万英镑，匈牙利为5000万英镑）。1881—1884年谷物总共产值为9800万英镑（其中奥地利为4100万英镑，匈牙利为5700万英镑）。奥匈帝国肉类产量1836年为84万吨，1850年为88万吨，1870年为97万吨，1880年为98万吨。1887年主要农产品产值为1.63亿英镑，其他杂类农产品产值为1.678亿英镑。分类计算，农产品产值为2.247亿英镑，畜牧产品产值为1.061亿英镑，农牧业产品总产值为3.308亿英镑。[①]

1868—1888年，奥地利小麦和裸麦的产量持续增长。1868年小麦产量为1181.9万公吨，裸麦为2416.6万公吨，马铃薯为6440.5万公吨。1870年小麦产量为1283.5万公吨，裸麦为2740.1万公吨，马铃薯为8300.8万公吨。1875年小麦产量为1088.5万公吨，裸麦为2327.2万公吨，马铃薯为9346万公吨。1880年小麦产量为1430.2万公吨，裸麦为2275.3万公吨，马铃薯为8577万公吨。1885年小麦产量为1701.6万公吨，裸麦为2798.4万公吨，马铃薯为12973.7

---

① Michael G. Mulhall, ed., *The Dictionary of Statistics*, Thoemmes Press, 2000, pp. 26-27.

万公吨。1889年小麦产量为1352.5万公吨,裸麦为2504.2万公吨。① 1890年小麦产量为1552.8万公吨,裸麦为2853.8万公吨。②

根据1930年奥地利的统计资料,持有土地在2公顷以下的农户有118422户,他们共持有土地118422公顷。持有土地在2—5公顷的农户有97771户,他们共持有土地325642公顷。持有土地在5—10公顷的农户有75720户,他们共持有土地544975公顷。持有土地在10—20公顷的农户有73118户,他们共持有土地1058510公顷。持有土地在20—50公顷的农户有52521户,他们共持有土地1541504公顷。持有土地在50—100公顷的农户有8177户,他们共持有土地553765公顷。持有土地在100—200公顷的农户有3113户,他们共持有土地443058公顷。持有土地在500—1000公顷的农户有520户,他们共持有土地372159公顷。持有土地在1000公顷以上的农户有549户,他们共持有土地2124837公顷。③ 这表明,到20世纪20年代,在奥地利农村中仍然存在着一定数量的小农。

关于奥地利的土地保有权,根据国际粮农组织的报告,1950年所有者持有的土地为735.7万公顷,占土地的95.4%,租佃者持有的土地为36万公顷,占4.7%。1970年所有者持有的土地为631.5万公顷,占土地的94.5%,租佃者持有的土地为36.6万公顷,占土地

---

① B. R. Mitchell, ed., *European Historical Statistics 1750-1970*, New York: Columbia U. P., 1975, p. 238.
② B. R. Mitchell, ed., *European Historical Statistics 1750-1970*, New York: Columbia U. P., 1975, p. 249.
③ Dr. Leopold Hennet and Dr. Anton Steden, "The Austrian Agrarian Policy", in O. S. Morgan, ed., *Agricultural System of Middle Europe: A Symposium*, N. Y.: Macmillan Company, 1933, p. 13.

的 5.5%。① 奥地利 1970 年 362216 户农户中，持有土地在 1 公顷以下的为 34171 户，占农户总数的 9.4%。其中持有土地在 0.5 公顷以下的为 5408 户，持有土地在 0.5—1 公顷的为 28763 户。②

奥地利 1970 年全部土地面积为 1469600 公顷。其中持有面积在 1 公顷以下的耕地总面积为 7700 公顷，持有面积在 1—2 公顷的耕地总面积为 19100 公顷，持有面积在 2—5 公顷的耕地总面积为 74300 公顷，持有面积在 5—10 公顷的耕地总面积为 156600 公顷，持有面积在 10—20 公顷的耕地总面积为 410100 公顷，持有面积在 20—50 公顷的耕地总面积为 599500 公顷，持有面积在 50—100 公顷的耕地总面积为 104900 公顷，持有面积在 100—200 公顷的耕地总面积为 35300 公顷，持有面积在 200—500 公顷的耕地总面积为 62100 公顷。③

19 世纪 60 年代是匈牙利谷物出口明显增长的时期。1857—1861 年是匈牙利铁路建设大发展的时期，这时期铁路里程几乎增加了 3 倍。1861 年和 1862 年农业获得了大丰收，铁路线进一步延伸到东部、东南部和南部盛产谷物的地区，使得谷物出产较容易运往国内外主要市场。当时谷物出口增长率是农业总出口率的两倍或更多。60 年代中期谷物出口的下降是暂时的，随后农业丰收和对外运输达到了

---

① Food and Agriculture Organization of United Nations, *1970 World Census of Agriculture Analysis and International Comparison of the Results*, Rome, 1981, p.290, Table 9.1; p.289, Table 15.12 Area in Holdings by Tenure, 1970, 1960, 1950.

② Food and Agriculture Organization of United Nations, *1970 World Census of Agriculture, Analysis and International Comparison of the Results*, Rome, 1981, p.59, Table 3.4 Number and Area of Holdings and Percent Distribution of Holdings under 1 Hectare.

③ Food and Agriculture Organization of United Nations, *1970 World Census of Agriculture, Analysis and International Comparison of the Results*, Rome, 1981, p.80.

1869年的水平。在19世纪中叶一度实行自由主义以后，奥匈帝国又恢复了保护主义。

1867年以后，在奥匈帝国范围内，匈牙利的农业生产保持了优势，它的农业生产比奥地利增长快。在1868—1870年至1881—1883年间，匈牙利农业产量年增长率为3.4%，而奥地利的增长率为1.6%。在1881—1883年至1911—1913年间，匈牙利农业产量的年增长率下降为1.6%，而奥地利的增长率下降为1.2%。①

在19世纪后期，匈牙利政府实行了保护大土地所有者的政策。1869年政府发布命令，重新实行限定继承。1870年到世纪之交的几十年间，限定继承的不动产面积增长了5倍以上，从463000霍尔德增至2369000霍尔德（held，大约从660000英亩增至3400000英亩）。限定继承权的扩张不仅缩小了可再细分的土地面积，而且以更小的单位出售土地。后来农业部长直接干预土地市场，停止土地经纪人对农民的剥削。经纪人全部买下负债的大农场。在奥匈帝国时期，单位面积超过10000霍尔德（即大约14300英亩）的大庄园拥有匈牙利五分之一的土地。大庄园吞并了占地1000至10000霍尔德的大农场，使其拥有的土地份额翻了一番。此外，国家干预劳动力市场。匈牙利1876年第八部法律规定了国内的劳动条件、农业劳动力和日劳动量，使得劳动力更难离开土地。政府甚至派军队镇压1897年和1906年收获季节的罢工。另一方面，匈牙利积极帮助农民改善牛的饲养条件，匈牙利本地产的灰白色品种的牛基本消失了，代之以牛肉和牛奶产量更高的西方花白牛品种。在匈牙利农业专业化过程中，谷物生产集中

---

① 〔英〕斯科特·M.埃迪：《奥匈帝国的经济政策和经济发展：1867—1913年》，载〔英〕彼特·马赛厄斯、〔英〕悉尼·波拉德（主编）：《剑桥欧洲经济史》第八卷，王宏伟、钟和等译，经济科学出版社2002年版，第765页。

到大庄园中,而畜牧业集中到农民的大农场。农民从改善牛的品种中获利甚多。①

匈牙利在 1878 年最终取消了对农民出售土地的一切限制。1889 年匈牙利重建了农业部。匈牙利政府对农业采取的重要措施是对蒂萨河加以管理,降低了大量的肥沃农田遭受周期性的洪水侵害的危险,同时大大缩短了蒂萨河的航道,使以前成千上万亩无法利用的土地变成耕地。奥匈帝国一度大量进口外国的谷物,进行加工然后出口。奥匈帝国从俄国、罗马尼亚和塞尔维亚进口的谷物 1892 年为 13.98 万公吨,1893 年为 21.66 万公吨,1894 年为 19.3 万公吨,1897 年为 16.24 万公吨,1898 年为 19.63 万公吨,1899 年为 17.94 万公吨。②匈牙利谷物种植者展开了反对在匈牙利实施免税进口廉价的巴尔干的谷物然后加工出口的措施的斗争,在 1896 年成功地限制了这一措施,并在 1900 年完全废除了这一措施。③

在法律上,直到 20 世纪初,匈牙利仍然是奥匈帝国的一部分。1918 年,这个双重君主国最终瓦解。匈牙利成为独立的主权国家。

在 1918 年和 1919 年革命浪潮中,匈牙利土地改革的主要措施表现在政治方面。米哈雷·卡洛雷伯爵的民主政府曾许诺将土地返还

---

① 〔英〕斯科特·M. 埃迪:《奥匈帝国的经济政策和经济发展:1867—1913 年》,载〔英〕彼特·马赛厄斯、〔英〕悉尼·波拉德(主编):《剑桥欧洲经济史》第八卷,王宏伟、钟和等译,经济科学出版社 2002 年版,第 766—767 页。

② 〔英〕斯科特·M. 埃迪:《奥匈帝国的经济政策和经济发展:1867—1913 年》,载〔英〕彼特·马赛厄斯、〔英〕悉尼·波拉德(主编):《剑桥欧洲经济史》第八卷,王宏伟、钟和等译,经济科学出版社 2002 年版,第 769 页。表 113 用于加工贸易而进口到奥匈的谷物。

③ 〔英〕斯科特·M. 埃迪:《奥匈帝国的经济政策和经济发展:1867—1913 年》,载〔英〕彼特·马赛厄斯、〔英〕悉尼·波拉德(主编):《剑桥欧洲经济史》第八卷,王宏伟、钟和等译,经济科学出版社 2002 年版,第 768 页。

给农民，但这个政府寿命很短，随后被持有集体主义农业思想的共产党政权所取代。以后，在阿迪米哈尔·霍赛执掌政权时，于1920年通过了一项土地改革法案，并且建立了一个土地改革法庭来管理土地分配。但由于受到占主导地位的土地贵族的政治影响，在两次世界大战之间的时期，约1500个大庄园（占土地所有者总数的0.1%）拥有可耕地的23.5%，而其余99.9%的土地所有者平均只占有土地1—50公顷，他们占有农业土地的53.6%。匈牙利土地改革造就了东南欧人数最多的农业无产阶级：拥有土地少于1公顷的农业劳动者和小农占农村劳动人口总数的52.3%，而罗马尼亚这部分农业人口只占15.7%，南斯拉夫只占15.2%，保加利亚只占9.1%。[①] 匈牙利的土地改革没有为本国农业结构的变化铺平道路，在为工业化提供较为健全的基础方面也几乎没有产生任何效果。

匈牙利谷物种植面积在1890年到1917年间保持了稳定。1890年匈牙利小麦种植面积为297.9万公顷，裸麦为123.9万公顷，大麦为100.8万公顷，燕麦为99.3万公顷，玉米为193.2万公顷。1895年匈牙利小麦种植面积为313.3万公顷，裸麦为113.2万公顷，大麦为100.8万公顷，燕麦为96.2万公顷，玉米为214.8万公顷。1900年匈牙利小麦种植面积为329.5万公顷，裸麦为111.8万公顷，大麦为100.6万公顷，燕麦为98.1万公顷，玉米为221.7万公顷。1905年匈牙利小麦种植面积为341.7万公顷，裸麦为113.1万公顷，大麦为103.3万公顷，燕麦为101.7万公顷，玉米为212.3万公顷。1910年匈牙利小麦种植面积为337.4万公顷，裸麦为112.2万公顷，大麦

---

① 〔英〕斯科特·M.埃迪：《奥匈帝国的经济政策和经济发展：1867—1913年》，载〔英〕彼特·马赛厄斯、〔英〕悉尼·波拉德（主编）：《剑桥欧洲经济史》第八卷，王宏伟、钟和等译，经济科学出版社2002年版，第802页。

为 109.9 万公顷,燕麦为 106.9 万公顷,玉米为 242.7 万公顷。1915 年匈牙利小麦种植面积为 335.1 万公顷,裸麦为 106.3 万公顷,大麦为 114.5 万公顷,燕麦为 108 万公顷,玉米为 251.3 万公顷。1918 年匈牙利小麦种植面积为 306.3 万公顷,裸麦为 97.4 万公顷,大麦为 93.3 万公顷,燕麦为 96 万公顷,玉米为 223 万公顷。①

但是,随后匈牙利谷物种植面积大大减少。1920 年匈牙利小麦种植面积为 107.7 万公顷,裸麦为 59.4 万公顷,大麦为 51.2 万公顷,燕麦为 32.5 万公顷,玉米为 816 万公顷。1925 年匈牙利小麦种植面积为 142.6 万公顷,裸麦为 68.8 万公顷,大麦为 41.2 万公顷,燕麦为 29 万公顷,玉米为 107.4 万公顷。1930 年匈牙利小麦种植面积为 169.5 万公顷,裸麦为 65.2 万公顷,大麦为 45.8 万公顷,燕麦为 24.6 万公顷,玉米为 105.4 万公顷。1935 年匈牙利小麦种植面积为 167.3 万公顷,裸麦为 62.2 万公顷,大麦为 42.8 万公顷,燕麦为 20.3 万公顷,玉米为 115.1 万公顷。1940 年匈牙利小麦种植面积为 140.7 万公顷,裸麦为 54.1 万公顷,大麦为 41 万公顷,燕麦为 24.5 万公顷,玉米为 114.6 万公顷。1944 年匈牙利小麦种植面积为 153.9 万公顷,裸麦为 54.1 万公顷,大麦为 44.8 万公顷,燕麦为 24 万公顷,玉米为 104.9 万公顷。②

匈牙利在 1873 年耕地面积为 16792278 寻,占土地面积的 34.7%;1883 年耕地面积为 20130533 寻,占土地面积的 41%;1895 年耕地面积为 2006286 寻,占土地面积的 41%;1913 年耕地面积为

---

① B. R. Mitchell, ed., *European Historical Statistics 1750-1970*, New York: Columbia U. P., 1975, p.216.
② B. R. Mitchell, ed., *European Historical Statistics 1750-1970*, New York: Columbia U. P., 1975, p.216.

22310493 寻。①

匈牙利在 1895 年农场结构分布如下。极小的农地分成两类：面积在 1 寻以下的农场有 526940 个，占农场总数的 23.6%；面积在 1—5 寻的农场有 716769 个，占农场总数的 30%。小农场分四类：面积在 5—10 寻的农场有 458535 个，占农场总数的 19.2%；面积在 10—20 寻的农场有 385381 个，占农场总数的 16.1%；面积在 20—50 寻的农场有 205181 个，占农场总数的 8.6%；面积在 50—100 寻的农场有 36032 个，占农场总数的 1.5%。中等农场分三类：面积在 100—200 寻的农场有 10275 个，占农场总数的 0.4%；面积在 200—500 寻的农场有 6448 个，占农场总数的 0.3%；面积在 500—1000 寻的农场有 3144 个，占农场总数的 0.1%；面积在 1000 寻以上的大农场有 3768 个，占农场总数的 0.2%。②

从 19 世纪 70 年代到第一次世界大战前夜，匈牙利的耕地面积在持续增长。1873 年耕作的土地为 16792278 寻，占全国土地面积的 34.7%。1883 年耕作的土地为 20130533 寻，占全国土地面积的 41%。1895 年耕作的土地面积为 20906286 寻，占全国土地面积的 42.8%，1913 年耕作的土地面积为 22301493 寻，占全国土地面积的 45.5%。匈牙利可耕地面积在逐年增加。就土地肥沃程度来看，1873 年肥沃的土地为 44912879 寻，占全部土地面积的 92.7%；

---

① Peter Gubst ed., *Hungarian Agrarian Society from the Emancipation of Serfs (1848) to the Reprivatization of Land (1998)*, Colorado: Atlantic Research and Publications, Inc., 1998, p.107.

② Peter Gubst ed., *Hungarian Agrarian Society from the Emancipation of Serfs (1848) to the Reprivatization of Land (1998)*, Colorado: Atlantic Research and Publications, Inc., 1998, p.100, Table 1 The Structure of Land Ownership in Hungary, in 1895.

同年贫瘠不毛之地为3533291寻,占全部土地面积的7.3%。1883年肥沃的土地为46365999寻,占全部土地面积的94.4%;同年贫瘠不毛之地为2777143寻,占全部土地面积的5.6%。1895年肥沃的土地为46520182寻,占全部土地面积的95.2%;同年贫瘠不毛之地为2319743寻,占全部土地面积的4.8%。1913年肥沃的土地为46543423寻,占全部土地面积的94.9%;同年贫瘠不毛之地为2508292寻,占全部土地面积的5.1%。匈牙利肥沃土地的面积和比例在逐渐增加。①

1871—1910年匈牙利粮食作物的产出不断提高。小麦1871—1880年年均产量为1648750吨,1881—1890年年均产量为3141250吨,1891—1900年年均产量为3758100吨,1901—1910年年均产量为4094700吨。1901—1910年小麦年均产量是1871—1880年年均产量的248.3%。裸麦1871—1880年年均产量为812850吨,1881—1890年年均产量为1078850吨,1891—1900年年均产量为1134800吨,1901—1910年年均产量为1258000吨。1901—1910年裸麦年均产量是1871—1880年年均产量的154.7%。大麦1871—1880年年均产量为753950吨,1881—1890年年均产量为1026650吨,1891—1900年年均产量为1212800吨,1901—1910年年均产量为1315050吨。1901—1910年大麦年均产量是1871—1880年年均产量的164.4%。燕麦1871—1880年年均产量为638100吨,1881—1890年年均产量为832250吨,1891—1900年年均产量为1032200吨,1901—1910

---

① Peter Gubst ed., *Hungarian Agrarian Society from the Emancipation of Serfs (1848) to the Reprivatization of Land (1998)*, Colorado: Atlantic Research and Publications, Inc., 1998, p.107, Table 2 The Development of Cultivation Section in Hungary between 1873-1913.

年年均产量为1131250吨。1901—1910年燕麦年均产量是1871—1880年年均产量的177.5%。玉米1871—1880年年均产量为1582150吨，1881—1890年年均产量为2320500吨，1891—1900年年均产量为3120500吨，1901—1910年年均产量为392100吨。1901—1910年玉米年均产量是1871—1880年年均产量的214.4%。马铃薯1871—1880年年均产量为1181100吨，1881—1890年年均产量为2453900吨，1891—1900年年均产量为3268250吨，1901—1910年年均产量为4357950吨。1901—1910年玉米年均产量是1871—1880年年均产量的369%。[1] 从19世纪最后三十年到第一次世界大战前夕，匈牙利耕地面积和粮食产量都有较大增长。

1910年匈牙利农村居民人数较多的主要阶层分布如下：持有土地面积在50—100寻的有134687人，占居民的1.19%。持有土地面积在20—50寻的有822912人，占居民的7.26%。持有土地面积在10—20寻的有1580834人，持有土地面积在5—10寻的有1930251人，占居民的17.04%。持有土地面积在5寻以下的有2437190人，占居民的21.52%。分成农场主有81281人，占居民的0.72%。农场工人为1265079人，占居民的11.17%。农业劳工有2833025人，占居民的25.01%。[2]

匈牙利1972年802892户农户中，持有土地在1公顷以下的有

---

[1] Peter Gubst, ed., *Hungarian Agrarian Society from the Emancipation of Serfs (1848) to the Reprivatization of Land (1998)*, Colorado: Atlantic Research and Publications, Inc., 1998, p.109, Table 3 Crop Yields in Hungary between 1871-1910.

[2] Peter Gubst, ed., *Hungarian Agrarian Society from the Emancipation of Serfs (1848) to the Reprivatization of Land (1998)*, Colorado: Atlantic Research and Publications, Inc., 1998, p.144, Table 2 Distribution of the Peasant Population in 1910.

690114户,占农户总数的85.9%。其中持有土地在0.5公顷以下的有509428户,持有土地在0.5—1公顷的有180686户。[①] 即小农在匈牙利农民中占据了多数。

19世纪末至20世纪初,匈牙利农业社会的结构与俄国和罗马尼亚不同。匈牙利农业人口中拥有土地的农民的比例比俄国和罗马尼亚要低,但是,在匈牙利为市场进行的农业生产比整个东欧国家的发展程度要高。在农奴解放时期,有一半的农村人口已是茅舍农,即农民没有持有足够的土地以支持他们的家庭生活。因此,在1848年以前,这部分农民也没有完全靠他们自己的农场来支持他家庭的生计。另一方面,他们除了在自己的土地上劳作外,还在富有农民阶层的地产或农场上劳动。在农奴制度废除后50年间,完全靠出卖自己的劳动力维生的农民人口持续增长。尽管工业以惊人的速度发展,但无法保证吸收随着人口增长创造出来的新近变得贫穷的人口。匈牙利的工业化尽管取得成绩,但是它不能保持或降低贫困人口的数量。在西欧,工业化的发展改变了社会结构,以至于不仅在农村中贫穷的农村无产阶级阶层的数量在减少,这个时期土地持有者的数量也在下降,结果是一些乡村农村阶层开始要求发展技术,每个农民持有的土地面积在增长。

在匈牙利工业化过程中农业人口在数量上增长,其中贫穷的农业无产阶级也在数量上增长。[②] 19世纪末到20世纪初,乡村农民的不

[①] Food and Agriculture Organization of United Nations, *1970 World Census of Agriculture, Analysis and International Comparison of the Results*, Rome, 1981, p.59, Table 3.4 Number and Area of Holdings and Percent Distribution of Holdings under 1 Hectare.

[②] Peter Gunst, "Agrarian Developments in East Central Europe at the Turn of the Century", in Peter Gubst, ed., *Hungarian Agrarian Society from the Emancipation of Serfs (1848) to the Reprivatization of Land (1998)*, Colorado: Atlantic Research and Publications, Inc., 1998, p.25.

满通过"农业社会主义运动"表现出来。1891—1907年这一运动在匈牙利的蒂萨河与毛罗什河之间的东南部大平原展开，之后又在这个国家的其他地方发生。①

从第一次世界大战到第二次世界大战前，匈牙利的粮食生产呈缓慢增长的趋势。小麦产量1911—1915年为199万吨，1920—1924年为144万吨，1925—1928年为219万吨，1929—1933年为213万吨，1934—1938年为221万吨。裸麦产量1911—1915年为80万吨，1920—1924年为61万吨，1925—1928年为75万吨，1929—1933年为75万吨，1934—1938年为69万吨。大麦产量1911—1915年为71万吨，1920—1924年为46万吨，1925—1928年为57万吨，1929—1933年为66万吨，1934—1938年为50万吨。燕麦产量1911—1915年为44万吨，1920—1924年为31万吨，1925—1928年为36万吨，1929—1933年为30万吨，1934—1938年为25万吨。玉米产量1911—1915年为151万吨，1920—1924年为129万吨，1925—1928年为179万吨，1929—1933年为179万吨，1934—1938年为230万吨。马铃薯产量1911—1915年为194万吨，1920—1924年为150万吨，1925—1928年为191万吨，1929—1933年为177万吨，1934—1938年为213万吨。②

---

① Peter Gunst, "Agrarian Developments in East Central Europe at the Turn of the Century", in Peter Gubst, ed., *Hungarian Agrarian Society from the Emancipation of Serfs (1848) to the Reprivatization of Land (1998)*, Colorado: Atlantic Research and Publications, Inc., 1998, p.23.

② Miklos Szuhay, "Evolution of Hungarian Agriculture during the Inter-war Years(1918-1945)", in Peter Gubst, ed., *Hungarian Agrarian Society from the Emancipation of Serfs (1848) to the Reprivatization of Land (1998)*, Colorado: Atlantic Research and Publications, Inc., 1998, p.194, Table 3 Increase of Yields.

1910 年匈牙利农业土地所有权分布如下：持有土地在 100 霍尔德①以上的地主有 71425 人，占人口的 0.39%；在农民业主中，持有土地在 50—100 霍尔德的有 134687 人，占农业人口的 0.7%；持有土地在 20—50 霍尔德的有 822912 人，占农业人口的 4.5%；持有土地在 5—20 霍尔德的有 3511085 人，占农业人口的 19.2%；持有土地在 5 霍尔德以下的有 2437100 人，占农业人口的 13.4%；农业工人有 4356316 人，占农业人口的 23.9%；其他人口有 30711 人。②

匈牙利地产大小分布变化如下：持有土地为 0.5 霍尔德的农户在 1869 年占全部农户的 58.85%，在 1895 年占全部农户的 54.14%，在 1900 年占全部农户的 56.3%，在 1910 年占全部农户的 52%；持有土地在 5—50 霍尔德的农户在 1869 年占全部农户的 39.92%，在 1895 年占全部农户的 44.34%，在 1900 年占全部农户的 41.7%，在 1910 年占全部农户的 45.8%；持有土地在 50—100 霍尔德的农户在 1869 年占全部农户的 1.23%，在 1895 年占全部农户的 1.52%，在 1900 年占全部农户的 1.2%，在 1910 年占全部农户的 1.3%；持有土地在 100 霍尔德以上的农户在 1900 年占全部农户的 0.8%，在 1910 年占全部农户的 0.8%。③

1848 年匈牙利农奴解放形成的土地占有模式到 1919 年已经发生了变化。1919 年拥有 1.4 英亩以上土地的农民占农民总数的 38%。这批农民有 63 万个农民家庭，共占有 330400 英亩的土地。1918 年

---

① 1 霍尔德（hold）等于 1.42 英亩。
② Joseph Held, *The Modernization of Agriculture: Rural Transformation in Hungary, 1848-1975*, East European Monographs, Boulder, 1980, p.185.
③ Joseph Held, *The Modernization of Agriculture: Rural Transformation in Hungary, 1848-1975*, East European Monographs, Boulder, 1980, p.185.

的民主革命开始了一系列改革尝试。米哈里·卡罗依政府在 1919 年 2 月制订了 1919 年公法第 17 款。这部法律提出征用面积在 700 英亩以上的大地产,将这些土地在农民中加以分配。但由于政府更迭,这项立法并未能付诸实施。①

1920 年 12 月 7 日公布了公法第 36 款。该款将 84317 英亩土地分成小块给予 259733 户农民,将 979067 英亩土地以小农场形式分给 411514 个农民,每个农民平均得到 2.38 英亩土地。学校、医院和其他公共机构共得到 267050 英亩土地。单个农业官员共得到 4 万英亩土地。另有 217429 英亩土地作为低地租土地在农民家庭中分配。这次改革使得面积在 142 英亩以下的小农场持有者,在跨多瑙河地区从占全部土地持有者的 43% 增加到 49%,在北部高原地区从占土地持有者的 39.3% 增至 44.4%,在大平原地区从占土地持有者的 46.9% 增至 50.2%,在匈牙利全国农民个人持有犁地的比例达到 73.9%。之后到 1939 年,匈牙利的土地持有的分布保持了相对的稳定。② 改革使匈牙利小土地持有者家庭的数量达到 552000 户,增加了那些原先就拥有小块土地的农民的土地持有面积。大地产所有者持有的土地面积减少了 0.3%。③

1930 年农民持有土地面积的分布如下:持有土地在 50—100 寻的农民有 43631 人,占农村人口的 0.98%;持有土地在 20—50 寻的

---

① Joseph Held, *The Modernization of Agriculture: Rural Transformation in Hungary, 1848-1975*, East European Monographs, Boulder, 1980, p. 216.
② Joseph Held, *The Modernization of Agriculture: Rural Transformation in Hungary, 1848-1975*, East European Monographs, Boulder, 1980, pp. 216-217.
③ Joseph Held, *The Modernization of Agriculture: Rural Transformation in Hungary, 1848-1975*, East European Monographs, Boulder, 1980, p. 218.

农民有 242620 人，占农村人口的 5.47%；持有土地在 10—20 寻的农民有 461274 人，占农村人口的 10.4%；持有土地在 5—10 寻的农民有 604157 人，占农村人口的 13.63%；持有土地在 1—5 寻的农民有 1070642 人，占农村人口的 24.15%；持有土地少于 1 寻的农民有 75088 人，占农村人口的 1.69%；分成制农民有 72872 人，占农村人口的 1.64%；农场劳工为 597474 人，占农村人口的 13.47%；农场劳工为 1252731 人，占农村人口的 28.25%。①

1930 年农民农场的数目如下：面积在 50—100 寻的农场有 10755 个，占农场总数的 1.55%；面积在 20—50 寻的农场有 57367 个，占农场总数的 8.28%；面积在 10—20 寻的农场有 111190 个，占农场总数的 16.06%；面积在 5—10 寻的农场有 156959 个，占农场总数的 22.66%；面积在 1—5 寻的农场有 308047 个，占农场总数的 44.49%；面积不到 1 寻的农场有 25857 个，占农场总数的 3.73%。②

1935 年持有土地面积在 1.4 英亩以下的农户为 775487 户，他们共持有土地 437364 英亩，占全部可耕地面积的 1.9%；持有土地面积在 1.4—7.5 英亩的农户为 664263 户，他们共持有土地 1620942 英亩，占全部可耕地面积的 10%；持有土地面积在 7.5—70 英亩的农

---

① Miklos Szuhay, "Evolution of Hungarian Agriculture during the Inter-war Years (1918-1945)", in Peter Gubst, ed., *Hungarian Agrarian Society from the Emancipation of Serfs (1848) to the Reprivatization of Land (1998)*, Colorado: Atlantic Research and Publications, Inc., 1998, p.194, Table 2 Division of the Peasant Population in 1930 Based on the 1930 National Census.

② Peter Gubst, "Hungarian Agrarian Society during the Inter-war Period", in Peter Gubst, ed., *Hungarian Agrarian Society from the Emancipation of Serfs (1848) to the Reprivatization of Land (1998)*, Colorado: Atlantic Research and Publications, Inc., 1998, p.207, Table 4 The Number of Peasant Farms in 1930.

户为 428547 户，他们共持有土地 5654125 英亩，占全部可耕地面积的 34.5%；持有土地面积在 70—142 英亩的农户为 14895 户，他们共持有土地 1008597 英亩，占全部可耕地面积的 7%；持有土地面积在 142—700 英亩的农户为 10699 户，他们共持有土地 2251629 英亩，占全部可耕地面积的 14%；持有土地面积在 700—1420 英亩的农户为 1816 户，他们共持有土地 1272094 英亩，占全部可耕地面积的 7.9%；持有土地面积在 1420 英亩以上的农户为 1560 户，他们共持有土地 3962094 英亩，占全部可耕地面积的 24.7%。①

1935 年农民农场雇佣外部劳动力的情况如下：每 100 个面积在 10—20 寻的农场雇佣固定的雇工的数目为 10.22 人；每 100 个面积在 20—50 寻的农场雇佣固定的雇工的数目为 42.36 人；每 100 个面积在 50—100 寻的农场雇佣固定的雇工的数目为 124—125 人；每 100 个面积在 100—200 寻的农场雇佣固定的雇工的数目为 248 人。② 农场雇佣外部劳动力总的来说数量很少。农业工人的平均日工资 1933 年为 1.26 辨戈（pengos），1934 年为 1.24 辨戈，1935 年为 1.28 辨戈，1936 年为 1.42 辨戈。③

1930—1931 年不同层次的农业经营者人均收入如下：农场劳工

---

① Joseph Held, *The Modernization of Agriculture: Rural Hungary, 1848-1975*, East European Monographs, Boulder, 1980, p. 242.
② Peter Gubst, "Hungarian Agrarian Society during the Inter-war Period", in Peter Gubst, ed., *Hungarian Agrarian Society from the Emancipation of Serfs (1848) to the Reprivatization of Land (1998)*, Colorado: Atlantic Research and Publications, Inc., 1998, p. 209, Table 5 The Employment of Permanent Outside Manpower by Peasant Farms in 1935.
③ Joseph Held, *The Modernization of Agriculture: Rural Hungary, 1848-1975*, East European Monographs, Boulder, 1980, p. 246, footnote 74.

的人均收入为183.4辨戈,农场工人的人均收入为205.3辨戈,面积在10寻以下的小土地持有者的人均收入为227.2辨戈,持有土地在10—100寻的土地持有者的人均收入为429.6辨戈。相比较,同期矿工和金属工人的人均收入为442.4辨戈,工业和公共交通的助理人员的人均收入为369.7辨戈,低收入的独立商人和工匠的人均收入为342辨戈,日工和军人的人均收入为200辨戈。①

在跨多瑙河地区,面积为5—10寻的农场平均年收入为27辨戈,面积为10—20寻的农场平均年收入为31辨戈,面积为20—30寻的农场平均年收入为36辨戈,面积为30—50寻的农场平均年收入为39辨戈,面积为50—100寻的农场平均年收入为46辨戈。②

1921—1949年间,跨多瑙河地区的富裕农民家庭的年收入为2300—4600辨戈。在匈牙利大平原上,这类农民家庭年收入为2050—4100辨戈。在大平原上,农场面积一般在50—100寻之间,农场面积超过100寻的农民根据他们的收入被视为富裕农民,拥有土地40—50寻的农民属于最低限度的富裕农民。1930年代,面积在20—30寻的农场收入为1500—2250辨戈,面积在30—50寻的农场收入为1950—3250辨戈。在全国范围内,拥有土地在5—20寻的农

---

① Peter Gubst, "Hungarian Agrarian Society during the Inter-war Period", in Peter Gubst, ed., *Hungarian Agrarian Society from the Emancipation of Serfs (1848) to the Re-privatization of Land (1998)*, Colorado: Atlantic Research and Publications, Inc., 1998, p.213, Table 6 The Per Capital Income in 1930-1931 of some Strata within the Agricultural and Industrial Population in Pengos.

② Peter Gubst, "Hungarian Agrarian Society during the Inter-war Period", in Peter Gubst, ed., *Hungarian Agrarian Society from the Emancipation of Serfs (1848) to the Re-privatization of Land (1998)*, Colorado: Atlantic Research and Publications, Inc., 1998, p.218, Table 12 Farms.

场属于中小农场。面积在 5—10 寻的家庭农场，人均收入最少的为 150—226 辨戈，最多的为 376—565 辨戈。①

在匈牙利大平原上，1931—1939 年每寻土地收入大约为 53.5 辨戈。1933—1939 年在北部的希利地区，农民农场每寻土地的收入为 63.78 辨戈。这样，土地面积为 5—10 寻的人口为 4—6 人的家庭农场，人均收入为 85—128 辨戈。而面积在 10—20 寻的农场，最低人均收入为 121—181 辨戈，最高人均收入为 241—362 辨戈。在北方，农民农场收入水平也是如此。② 1929—1941 年，位于跨多瑙河的面积小于 5 寻的农场，每个农场年收入可达 362—810 辨戈。在大平原上，同样面积的农场 1931—1939 年年收入为 204—1024 辨戈，1937—1939 年年收入为 322—1660 辨戈。在北方，同样面积的农场年收入为 260—1300 辨戈。③

农业失业人口的数量在第二次世界大战前一直呈下降趋势。1934 年为 83807 人，1935 年为 73202 人，1936 年为 48828 人，1937 年为 34566 人，1938 年为 22206 人。

---

① Peter Gubst, "Hungarian Agrarian Society during the Inter-war Period", in Peter Gubst, ed., *Hungarian Agrarian Society from the Emancipation of Serfs (1848) to the Re-privatization of Land (1998)*, Colorado: Atlantic Research and Publications, Inc., 1998, p. 219.

② Peter Gubst, "Hungarian Agrarian Society during the Inter-war Period", in Peter Gubst, ed., *Hungarian Agrarian Society from the Emancipation of Serfs (1848) to the Re-privatization of Land (1998)*, Colorado: Atlantic Research and Publications, Inc., 1998, p. 220.

③ Peter Gubst, "Hungarian Agrarian Society during the Inter-war Period", in Peter Gubst, ed., *Hungarian Agrarian Society from the Emancipation of Serfs (1848) to the Re-privatization of Land (1998)*, Colorado: Atlantic Research and Publications, Inc., 1998, p. 222.

匈牙利跨多瑙河地区每个家庭人均开支因农场大小有所不同。面积在10寻以下的农场1923—1924年人均开支为324辨戈，1934年为119辨戈，1935年为285辨戈。面积在10—20寻的农场1923—1924年人均开支为468辨戈，1934年为423辨戈，1935年为285辨戈。面积在20—30寻的农场1929—1933年人均开支为534辨戈，1934年为517辨戈，1935年为630辨戈。面积在30—40寻的农场1923—1924年人均开支为718辨戈，1934年为422辨戈，1935年为445辨戈。面积在40—50寻的农场1923—1924年人均开支为825辨戈，1934年为422辨戈，1935年为445辨戈。面积在50—100寻的农场1923—1924年人均开支为718辨戈，1934年为422辨戈，1935年为445辨戈。[1]

匈牙利农民的营养水平可从农民平均每年糖的消费量看出。1933—1934年匈牙利人均消费糖9.5公斤。而同年英国人均消费糖48.7公斤，捷克斯洛伐克人均消费糖2公斤，奥地利为26.5公斤，德国为23.5公斤，罗马尼亚为6.5公斤，南斯拉夫为6.5公斤，保加利亚为4.9公斤，欧洲平均为17.4公斤。[2] 匈牙利人均糖的消费量只有欧洲人均消费的一半稍多，匈牙利农民在欧洲农民中属于营养较差的类别。

---

[1] Peter Gubst, "Hungarian Agrarian Society during the Inter-war Period", in Peter Gubst, ed., *Hungarian Agrarian Society from the Emancipation of Serfs (1848) to the Re-privatization of Land (1998)*, Colorado: Atlantic Research and Publications, Inc., 1998, p.242.

[2] Peter Gubst, "Hungarian Agrarian Society during the Inter-war Period", in Peter Gubst, ed., *Hungarian Agrarian Society from the Emancipation of Serfs (1848) to the Re-privatization of Land (1998)*, Colorado: Atlantic Research and Publications, Inc., 1998, p.240.

从 1920 年到 1949 年，匈牙利小农的人数大大增加。持有土地在 1 寻以下的农户和佃户 1920 年为 31235 户，1930 年为 25857 户，1949 年为 69596 户。持有土地在 1—5 寻的农户 1920 年为 194576 户，1930 年为 308047 户，1949 年为 457401 户。持有土地在 5—10 寻的农户 1920 年为 134306 户，1930 年为 156959 户，1949 年为 365032 户。① 1949 年，占地在 1.5 公顷以下的农场占农场总数的 0.9%，占地在 1.5—7 公顷的农场占农场总数的 18.6%，占地在 7—14 公顷的农场占农场总数的 32.2%，占地在 14—28.5 公顷的农场占农场总数的 28.5%，占地在 28.5—70 公顷的农场占农场总数的 15.9%，占地在 70—140 公顷的农场占农场总数的 3.1%，占地在 140 公顷以上的农场占农场总数的 0.7%。②

第三节 集体化时期的农业

第二次世界大战结束后，土地问题和土地改革成为摆在匈牙利所有政党面前的重大问题。任何一个民主党派都无法回避这个问题，他们就土地改革问题提出了自己的纲领。匈牙利共产党人希望立即进行土地改革和转变。由于红军迅速地占领这个国家，共产党人取得了国家权力。苏维埃占领当局在土地立法问题上不信任国民议会的议员。而国民议会的政治委员会提出，需要解决土地改革问题的法律。苏维埃当时施加压力说，如果迅速分配土地的工作被拖延，

---

① Ferenc Donath, *Reform and Revolution: Transformation of Hungary's Agriculture 1945-1970*, Corvina Kiado, 1980, p. 167.

② Rene Dumont, *The Rural Economy: Studies in World Agriculture*, London: Methuem, 1957, p. 467, note 1.

就要采取军事行动。在 1945 年 4 月 1 日召集国民议会之前，3 月 18 日政府颁布的敕令中发布了土地改革的基本原则。在此同时，共产党发动了一场"人民运动"，在红军进军之后开始了示威。大量的请愿和要求被提交给匈牙利组织和政府，群众运动促使在匈牙利立即实行土地改革。①

1945 年颁布的法令提出：土地改革的最终目标是"确保国家的民主转变和未来的发展"，并"把庄园地产转交给农民"，促进"被压迫数个世纪的农民人口的政治、社会、经济和知识发展"。它强调，推行土地改革，"是重大的不可缺少的国民利益"。它提出，土地政策战略的总的方面："随着大地产制度的结束，匈牙利农业将依赖于强大的、健康的、市场方向的小土地持有制度，它将建立合法的小持有者的私有财产。"《法令》规定，创立一个"国家土地基金"以推动土地分配。分配的土地包括被没收的和征用的土地（保证就使用它作出补偿）。在农业大臣的领导下，改革的实施委托给国家土地等级解决委员会、省土地登记解决委员会和共同要求土地委员会。

在实施过程中，这些组织完全没收了叛徒、匈牙利纳粹、国社党和其他法西斯领袖，同时还有战争罪犯和犯下反人民罪的罪犯的土地。实施赎买政策，把非农民的，即乡绅的资产和大于 100 寻的农民农场，交给土地基金或分割它们。全部征用面积超过 1000 寻的所有者拥有的农场和工业家以及金融家的地产，没收措施自然也用于教会地产，同时还有部分牧师的地产，面积大于 10 寻的森林也被征用。

---

① Sandor Szakdcs, "From Land Reform to Collectivization (1945-1956)", in Peter Gubst, ed., *Hungarian Agrarian Society from the Emancipation of Serfs (1848) to the Reprivatization of Land (1998)*, Colorado: Atlantic Research and Publications, Inc., 1998, p. 257.

家畜、工具、农场建筑和属于被征用财产的机器都被征用,并给予那些得到土地的人。大地产附属的工厂也被征用,法律规定,这些将被授予那些得到土地的人组成的新的合作组织。①

农场劳动者如农业劳工和小土地所有者将被授予土地,作为对他们的农场的补充。他们已婚的儿子继承的土地份额不得超过5寻。土地优先给予优秀的开垦土地的农民经营者和有5个或更多子女的农民家庭。法令规定,给予一个人或一个家庭的地产不得超过一个农场主家庭能够独立耕种的面积,从技术上说,给予的耕地和草地合起来面积不得超过15寻,此外,还可以给予5寻的菜园和葡萄园。法令允许补偿要求的财产,而土地被没收的人例外。法令规定接受个人的赎买,赎金在10—20年间付清。原则上说,法令倾向于确保新地产的稳定。它规定,土地在分配后10年内不得出售。②

在苏联的支持下,经过匈牙利共产党的批准,在1945年2月建立了"土地要求委员会"。在3300个村庄中,成立了3165个土地要求委员会。③ 土地分配浪潮持续到1945年5月。1946年的法律确认了获得土地者对土地的所有权,随后在3200个村庄建立了土地要求

---

① Sandor Szakdcs, "From Land Reform to Collectivization (1945-1956)", in Peter Gubst, ed., *Hungarian Agrarian Society from the Emancipation of Serfs (1848) to the Reprivatization of Land (1998)*, Colorado: Atlantic Research and Publications, Inc., 1998, p.258. Ferenc Donath, *Reform and Revolution: Transformation of Hungary's Agriculture 1945-1970*, Corvina Kiado, 1980, p.98.

② Sandor Szakdcs, "From Land Reform to Collectivization (1945-1956)", in Peter Gubst, ed., *Hungarian Agrarian Society from the Emancipation of Serfs (1848) to the Reprivatization of Land (1998)*, Colorado: Atlantic Research and Publications, Inc., 1998, p.259.

③ Ferenc Donath, *Reform and Revolution: Transformation of Hungary's Agriculture 1945-1970*, Corvina Kiado, 1980, p.90.

委员会。3万名有资格的农民加入了土地要求委员会,他们共提出了730425份土地要求,其中有663359份土地要求被认为是合格的要求。在土地改革中,有34.5%的农业土地(总面积为560万寻)转手。其中有一半以上是耕地,四分之一是林地。在土地改革中,有将近11万名农场工人、26万名农业劳工、21.4万拥有小土地的农民、33000名小土地持有者和24500名其他有资格要求土地的人得到了土地。人均分得5.1寻土地。有48.5%的农业劳工、53%的农场工人、55.8%的持有极少量土地的农民和20.3%的小土地持有者获得了土地。随着土地的分配,有三分之一的农场主成为新的拥有全部土地或部分土地的土地所有者。农场工人、农业劳工、小土地持有者构成了90%的土地获得者,他们拥有了93%的土地。小地产平均增加了1.4—5.3寻土地。这样,小土地持有者拥有土地的平均面积从7.2寻增至11.6寻。有1500个城堡和乡村大厦,8000寻的园圃和公园的土地成为国家财产,有6950台拖拉机和蒸汽犁、6000台脱粒机转给合作社。16万台小型农业机械和工具,以及25万台其他机具转交给了新的农场所有者。[1]

匈牙利土地改革中土地的转手造成了所有权和阶级关系的根本改变,在匈牙利形成了以小规模农耕制度为特点的农业结构。土地所有者的队伍被重组,社会结构的顶层和基部都发生了巨大的变化。随着征用大地产和中等地产,社会系谱中这两个土地所有者等级被消灭了。由于土地分配,乡村穷人等级的数量减少了63%以上,农场面

---

[1] Sandor Szakdcs, "From Land Reform to Collectivization (1945-1956)", in Peter Gubst, ed., *Hungarian Agrarian Society from the Emancipation of Serfs (1848) to the Reprivatization of Land (1998)*, Colorado: Atlantic Research and Publications, Inc., 1998, pp. 260-261.

积在 25 寻以上的以及依附于他们的家庭成员减少了 60%。拥有土地面积在 25 寻以下的小农场主比土地改革以前增加了 68%。在土地改革以前，46% 的乡村人口是农业无产阶级，47% 的农村人口是小农场主，他们同家庭成员一同劳作。土地改革使农业无产阶级的比例减少到 17%，小农场主的比例增至 80%，形成了以小农场主占绝对多数的新的乡村社会结构。部分重新分配土地所有权对社会结构产生了重大的作用。社会中小农场主的比例从 27% 增加到 43%，而农业工人、被雇佣者、农业劳工、家内雇工、领取年金者（领取工资者及其家属）在全部人口中的比例从 75% 下降到 47%。仅农业劳工的数量就减少了 50 万人。①

在土地改革后，匈牙利农业经济成为小农经济。

在第二次世界大战期间，匈牙利乡村的固定资产有 40% 被摧毁，大量家畜损失了，三分之一的农业机械被摧毁，剩下的几乎都过期无法使用了。农业和整个国家经济都需要重建。与 1935 年相比，主要为市场生产的乡村经济组织从占乡村组织的 75% 下降到 51%。②

土地再分配以后，所有地产的 99% 和全部疆土都属于个人农业。这成为匈牙利农业的基础。当时基本的经济组织是以个人劳动为基础的农民农场。为市场而生产的地产和要求试用固定的工资劳动者

---

① Sandor Szakdcs, "From Land Reform to Collectivization (1945-1956)", in Peter Gubst, ed., *Hungarian Agrarian Society from the Emancipation of Serfs (1848) to the Reprivatization of Land (1998)*, Colorado: Atlantic Research and Publications, Inc., 1998, p. 262.

② Sandor Szakdcs, "From Land Reform to Collectivization (1945-1956)", in Peter Gubst, ed., *Hungarian Agrarian Society from the Emancipation of Serfs (1848) to the Reprivatization of Land (1998)*, Colorado: Atlantic Research and Publications, Inc., 1998, p. 265.

的地产急剧减少。① 在战前,面积在100寻以上的中等地产和大地产占私人地产面积的36.3%。而土地改革后,这类地产只占全部地产的2.9%,即只占土地改革前的8%。在土地改革后,200万个私人地产中,只有56000个(占私人地产数目的2.7%)面积超过25寻。而这些农场的全部面积甚至不到私有财产总数的四分之一。而在战前,这个比例超过了50%。而面积为25—100寻的农场,甚至25—50寻的农场,都要周期性地使用工资劳动者。②

土地面积在5—25寻的农场属于小农场,它们占农场总数的十分之一。这类农场中有64%拥有的土地少于1寻,有34%拥有的土地为1—3寻。这种规模的农场可以确保农民的生计。这种农场的数量有250万。在土地分配中,它们的数量增加了224000个,总面积增加了1243000寻。这类农场首先是自给自足,但是在买入和售出活动中,仍然接近商品生产体系。它们也出售某些农产品,如奶、蛋、家禽、某些蔬菜、水果。这类农场提供的家禽数量比战前减少了。③

---

① Sandor Szakdcs, "From Land Reform to Collectivization (1945-1956)", in Peter Gubst, ed., *Hungarian Agrarian Society from the Emancipation of Serfs (1848) to the Reprivatization of Land (1998)*, Colorado: Atlantic Research and Publications, Inc., 1998, p. 271.
② Sandor Szakdcs, "From Land Reform to Collectivization (1945-1956)", in Peter Gubst, ed., *Hungarian Agrarian Society from the Emancipation of Serfs (1848) to the Reprivatization of Land (1998)*, Colorado: Atlantic Research and Publications, Inc., 1998, p. 274.
③ Sandor Szakdcs, "From Land Reform to Collectivization (1945-1956)", in Peter Gubst, ed., *Hungarian Agrarian Society from the Emancipation of Serfs (1848) to the Reprivatization of Land (1998)*, Colorado: Atlantic Research and Publications, Inc., 1998, p. 279.

在土地改革中，有68600寻的土地留归国家所有，由国家管理。在紧随土地改革的年代，通过对剩余土地的占有，国有地产的数量再次开始增长。到1948年，国有地产扩大到战前的规模。原先的国家农场中有一些享有国际声望。到1947年，国有农场平均面积为700寻，只有十分之一的国有农场面积超过1000寻。国有农场所属土地中有200000寻为犁耕地，它们用于种子的生产。此外，有120000寻农民的犁耕地也专门用于生产种子。

再一种经济组织是合作社。在1947年和1948年之交，成立的合作社已持有270万到300万寻犁耕地，即占全国犁耕地的27%—30%。它包括12.5%的葡萄园、42%的草地和1600寻以上的水稻田。灌溉装备和2200台旧拖拉机、180个酒厂、228座磨坊（面粉厂）、210个其他农业工厂、几万个车匠和铁匠铺、汽水厂、将近7000台拖拉机、6000台脱粒机被给予新的小土地所有者的合作社和合作农场。到1947年底，农业合作社有40万至60万名社员，到1949年开始时，新老合作社成员超过了200万人。在战前，匈牙利有大约4000个农业合作社。由于战争的破坏作用，老的合作社都支离破碎了，有300个合作社被战争破坏。战后，老的合作社得到恢复，同时获得土地的农民被组织进新的合作社。这些合作社有的叫农民合作社，有的叫人民合作社。属于大地产的不可分割的资产绝大部分分给了小土地的所有者组成的新的合作社。联合党倾向于建立包括农民经济和销售经济在内的包罗万象的综合的合作体系。最大的议会党"小持有者党"倾向于丹麦农业的组织模式。"社会民主党"倾向于成立工人合作社。共产党人把"人民民主合作社"作为他们理想的农业经济组织。最小的联合党"全国农民党"把自己的主张概括为"合作社会主义"。①

1946年合作化达到高潮时，全国26个法庭未能有效地解决合作化过程中出现的纠纷。到1947年底有五分之三的农民合作社的纠纷没有得到解决。1947年到1948年，共产党清理了先前的政治结盟关系，兼并了"社会民主党"。建立了"匈牙利工人党"，选择了苏联式的共产主义道路，重新清理和整顿了合作社。1948年时，据估计"合作协会"的成员有77万人，农民合作社的社员有60万人，由农民党成员组成的人民合作社的社员有20万人，农民联盟合作社有19万人，奶业合作社有将近10万人。这些组织的成员都加入了农民合作社。政府宣布农业合作社是村庄合作社的一般形式。②

总的来看，从1920年到1949年，匈牙利小农的人数大大增加。持有土地在1寻以下的农户和佃户1920年为31235户，1930年为25857户，1949年为69596户。持有土地在1—5寻的农户1920年为194576户，1930年为308047户，1949年为457401户。持有土地在5—10寻的农户1920年为134306户，1930年为156959户，1949年为365032户。③

从1946年底开始，反法西斯的同盟国成员分裂为两个敌对的阵

---

① Sandor Szakdcs, "From Land Reform to Collectivization (1945-1956)", in Peter Gubst, ed., *Hungarian Agrarian Society from the Emancipation of Serfs (1848) to the Reprivatization of Land (1998)*, Colorado: Atlantic Research and Publications, Inc., 1998, pp.279, 285.
② Sandor Szakdcs, "From Land Reform to Collectivization (1945-1956)", in Peter Gubst, ed., *Hungarian Agrarian Society from the Emancipation of Serfs (1848) to the Reprivatization of Land (1998)*, Colorado: Atlantic Research and Publications, Inc., 1998, pp.279, 286.
③ Ferenc Donath, *Reform and Revolution: Transformation of Hungary's Agriculture 1945-1970*, Corvina Kiado, 1980, p.167.

营。1948年夏季建立了"情报局"。在1949年夏季召开的情报局第二次会议上，来自苏联集团的代表正式提出了一项关于整个地区农村实行合作化的决议。1948年，共产党拟定了一般农业合作社转变为农民合作社的计划。在1948年11月17日匈牙利工人党中央委员会会议上，党的总书记马加什·拉科西宣布要清除小规模农场制度，"在3到4年内，这个问题必须解决到这样的程度，90%的匈牙利农民人口将在各自的社会主义集体农庄中耕种他们的土地"。

1949—1953年，匈牙利农村土地所有权发生了变化。国有土地、集体所有的土地所占的比例逐渐增大，私有土地所占的比例逐渐减少。国有土地所占的比例1949年为25.4%，1950年为27.4%，1951年为31.2%，1952年为34.4%，1953年为36.6%。集体所有的土地所占的比例1949年为0.6%，1950年为3.2%，1951年为9.4%，1952年为13.4%，1953年为18.3%。私有土地所占的比例1949年为74%，1950年为69.8%，1951年为49.4%，1952年为52.3%，1953年为45.3%。[1]

1953年斯大林去世后苏联领导人没有公开地解决危机。他们下令在匈牙利采取矫正的措施，以减轻自身的问题。纳吉取代拉科西成为总理。政府减少了不适合国家形势的多余的重工业和军事工业的投资、增加福利开支，对农业采取了有差别的政策。[2] 免除农场主出租最多25寻土地（25寻是以前富裕农民地产面积的下限）的土地税。

---

[1] Joseph Held, *The Modernization of Agriculture: Rural Hungary, 1848-1975*, East European Monographs, Boulder, 1980, p. 372, Table VI.
[2] Sandor Szakdcs, "From Land Reform to Collectivization (1945-1956)", in Peter Gubst ed., *Hungarian Agrarian Society from the Emancipation of Serfs (1848) to the Reprivatization of Land (1998)*, Colorado: Atlantic Research and Publications, Inc., 1998, p. 291.

政府给予开垦剩余土地的农民以种子和贷款，保护每个农民的地租。政府废除了以前关于不允许成员在加入合作社 3 年内退社的规定。如果同一批社员同意，生产合作社可以在社员接受集体债权的条件下解散。到 1953 年下半年，合作社的数量减少了七分之一，合作社拥有的土地减少了四分之一，合作社社员的数量减少了三分之一。1954 年，退社在继续发生。在 1953 年下半年，全部 5224 个合作社中有 688 个解散。1954 年又解散了 255 个合作社。到 1953 年 6 月底，合作社有 1620 万公顷的土地。到这年年底，合作社拥有的土地只剩下 477000 公顷。不久，有 20 万个农场重新由私人经营。[①]

由于苏联领导人的更迭和苏联政策的改变，18 个月以后纳吉在莫斯科被处以死刑，纳吉政府被解散。随后，农业人口、技术人员和零售商的赋税义务增加了。政府再次开始向贫民征收拖欠的款项，包括 1945 年土地改革的赎金。这部分资金增加了国家的收入。政府还作出决定，向工匠和零售商征税，拒绝交税者要交出营业执照。

1956 年的政治大变动在匈牙利农村造成了新的动荡和不确定性。1956 年仲夏以后，合作社制度开始溃散，有一半合作社社员退出了合作社。到 1956 年 12 月，在两个月的时间里，合作社人口从 200 万下降到 118000 人。贫穷的无地的成员、前日工和劳工仍然留在合作社中。在以后的 6 个月中，有数万前合作社社员回到了合作社。但许多前社员并没有回到他们先前参加的合作社，而是建立了新的合作社。

这时，乡村社会摆脱了若干旧日的限制和义务，村民可以自由地参加工业部门的工作。允许有限的移民迁居，每年有 28 万村民移居其他

---

① Sandor Szakdcs, "From Land Reform to Collectivization (1945-1956)", in Peter Gubst ed., *Hungarian Agrarian Society from the Emancipation of Serfs (1848) to the Reprivatization of Land (1998)*, Colorado: Atlantic Research and Publications, Inc., 1998, p.293.

地区。国有农场情况不佳，一些农场家畜失窃。1957 年，国家农场拥有全国 11.9% 的犁耕地，有 11.3% 的犁耕地为各种合作社拥有，75.1% 的犁耕地为私人农场拥有。①

到 1956 年 6 月底，全国有 4863 个合作社。到这年底，合作社为 2089 个。1957 年底合作社为 3457 个。1958 年 6 月底合作社为 3476 个。合作社社员总数从 1956 年 6 月底到 1958 年 6 月底减少了 50% 以上。② 乡村大规模向城市移民，出售的地产包括耕地在增加。当时农业收入占国民总收入的 33.4%，农产品出口占国家出口的 38.4%，农业使用的劳动力占全国人口的 44%。

匈牙利农业集体化的过程与地区的特点有关。跨多瑙河流域的西部地区，大多数农民生活在小村庄和原先贵族、教会的庄园土地上。在这个地区还生活着德国人、斯洛伐克人、斯洛文尼亚人和克罗地亚人。在这个地区密集地饲养着家畜。东部地区的大平原上，如蒂萨河东部，有大村落和居民在 5000 到 1 万人的城市，甚至有人口超过 10 万人的城市。在这里，后来不少居民迁移到大城市。在多瑙河和蒂萨河之间的地区，从布达佩斯延续到匈牙利与南斯拉夫的边界，主要的可耕地是沙土，适合于园艺，这里的果园和葡萄园很有名。第四个地区是匈牙利北部，这里有工矿业村庄和传统的葡萄园。1960 年党中央提出，这个地区的山区不易开垦，留给集体农庄，在这里建立了专

---

① Sandor Szakdcs, "From Land Reform to Collectivization (1945-1956)", in Peter Gubst, ed., *Hungarian Agrarian Society from the Emancipation of Serfs (1848) to the Reprivatization of Land (1998)*, Colorado: Atlantic Research and Publications, Inc., 1998, p. 299.
② Sandor Szakdcs, "From Land Reform to Collectivization (1945-1956)", in Peter Gubst, ed., *Hungarian Agrarian Society from the Emancipation of Serfs (1848) to the Re-privatization of Land (1998)*, Colorado: Atlantic Research and Publications, Inc., 1998, p. 300, Table 1.

门化的合作社和销售组织。①

从1949年开始在大平原中部开展集体化。新的合作化高潮1958—1959年在多瑙河地区展开。在多瑙河地区提出了"一个村庄建立一个合作社"的口号。在大平原上，一个大村庄甚至建立了3—4个合作社。②

在1958—1961年重新组织合作社的时期，匈牙利农村土地所有权重新发生了集体所有的土地所占的比例逐渐增大、私有土地所占的比例逐渐减少的趋势。集体所有的土地所占的比例1958年为8.5%，1959年为21.6%，1960年为45%，1961年为57%，1962年为58%。私有土地所占的比例1958年为51.1%，1959年为40.5%，1960年为18.1%，1961年为3.7%，1962年为3.3%。③

在1958—1961年重新组织合作社的时期，农业生产没有下降。到1966年，国家拥有土地366000寻，占全国土地面积的32.6%。④从土地的使用来看，1961年国家农庄使用的土地为986622公顷，国有森林为1020478公顷，固有土地共3030702公顷。合作社使用的土

---

① Sandor Szakdcs, "From Land Reform to Collectivization (1945-1956)", in Peter Gubst, ed., *Hungarian Agrarian Society from the Emancipation of Serfs (1848) to the Reprivatization of Land (1998)*, Colorado: Atlantic Research and Publications, Inc., 1998, pp. 307-308.

② Sandor Szakdcs, "From Land Reform to Collectivization (1945-1956)", in Peter Gubst, ed., *Hungarian Agrarian Society from the Emancipation of Serfs (1848) to the Reprivatization of Land (1998)*, Colorado: Atlantic Research and Publications, Inc., 1998, p. 308.

③ Joseph Held, *The Modernization of Agriculture: Rural Hungary, 1848-1975*, East European Monographs, Boulder, 1980, p. 383, Table VII Changes in Land Ownership and Employment Structure.

④ Sandor Szakdcs, "From Land Reform to Collectivization (1945-1956)", in Peter Gubst, ed., *Hungarian Agrarian Society from the Emancipation of Serfs (1848) to the Reprivatization of Land (1998)*, Colorado: Atlantic Research and Publications, Inc., 1998, p. 310, Table 3.

地为4855452公顷，个人农场的土地为344113公顷。①

1961年匈牙利农村社会结构中，生产合作社社员有1123200人，占农村人口的61.8%；生产合作社的辅助家庭成员为113400人，占6.2%；农业劳工为321000人，占17.7%；农业雇工为36000人，占2.0%；个人农场主包括其助手，共224100人，占12.3%。②此外，有321000人为不在农业合作社的劳动者，他们包括在国有农场中的144900人，在机械站的36000人，在国有森林中劳动的43400人，在专门化的农业公司中的11200人，从事管理和研究的人员85500人。③

根据1970年联合国国际粮农组织的资料，当时匈牙利共有可耕地4954800公顷，其中持有地面积在1公顷以下的可耕地的总面积为113700公顷，持有地面积为1—2公顷的可耕地的总面积为45100公顷，持有地面积为2—5公顷的可耕地的总面积为48300公顷，持有地面积为5—10公顷的可耕地的总面积为14300公顷，持有地面积为10—20公顷的可耕地的总面积为1300公顷，持有地面积为20—50公顷的可耕地的总面积为800公顷，持有地面积为50—100公顷

---

① Sandor Szakdcs, "From Land Reform to Collectivization (1945-1956)", in Peter Gubst, ed., *Hungarian Agrarian Society from the Emancipation of Serfs (1848) to the Reprivatization of Land (1998)*, Colorado: Atlantic Research and Publications, Inc., 1998, p. 313, Table 5 Land Usage by Farm Types.
② Sandor Szakdcs, "From Land Reform to Collectivization (1945-1956)", in Peter Gubst, ed., *Hungarian Agrarian Society from the Emancipation of Serfs (1848) to the Reprivatization of Land (1998)*, Colorado: Atlantic Research and Publications, Inc., 1998, p. 314, table 6.
③ Sandor Szakdcs, "From Land Reform to Collectivization (1945-1956)", in Peter Gubst, ed., *Hungarian Agrarian Society from the Emancipation of Serfs (1848) to the Reprivatization of Land (1998)*, Colorado: Atlantic Research and Publications, Inc., 1998, p. 315, table 8.

的可耕地的总面积为 1400 公顷，持有地面积为 100—200 公顷的可耕地的总面积为 4400 公顷，持有地面积为 200—500 公顷的可耕地的总面积为 23700 公顷，持有地面积为 500—1000 公顷的可耕地的总面积为 155100 公顷，持有地面积为 1000 公顷以上的可耕地的总面积为 4546700 公顷。①

1972 年在匈牙利全部 802892 户土地持有者中，有数量不少的小土地持有者。持有土地在 1 公顷以下的有 690114 户，持有土地在 0.5 公顷以下的有 509428 户，持有土地在 0.5—1 公顷的有 180686 户。②

自 1970 年以来，匈牙利农村的农民利用制度的自由空间在增强。他们的家庭农场开始加强面向市场的生产。到 1980 年代初，大约有 5%—15% 的农户在经营高度专业化的、主要面向市场的家庭农业企业。他们现金收入的很大比例（家庭收入的至少三分之一或一半）来自农业生产。③ 一些匈牙利学者认为这些农户变成了资产阶级或企业家。④ 但他们中的大部分人仅仅是兼职农民，他们为自己工作，不雇佣工人，或者只是季节性地雇工。

---

① Food and Agriculture Organization of the United Nations, *1970 World Census of Agriculture: FAO Statistical Development Series 12*, Rome, 1981, p.80.

② Food and Agriculture Organization of the United Nations, *1970 World Census of Agriculture*, Rome, 1981, p.59, Table 3.4 Number and Ares of Holdings and Percent Distribution of Holdings under 1 Hectare.

③〔美〕伊万·撒列尼等：《社会主义的企业家：匈牙利乡村的资产阶级化》，史原普等译，中国社会科学出版社 2015 年版，第 11 页。

④ 马克思主义经典作家对这类农业人有不同的提法。马克思在《资本论》第一卷关于商品拜物教的一章中，阐释了小商品生产的理论基础，认为那种微小的生产形式也是孕育资本家的温床，是一种不血腥的生产关系。列宁在 1919 年写道："这些资本主义的生产形式恰是以小商品生产为基础成长起来的。""农民的家庭农场依旧是小商品生产，我们在这里有极其广阔而充分的、根深蒂固的资本主义的土壤，资本主义可能在这里继续存在或重新出来与共产主义进行殊死搏斗。"

根据 1948 年春建立合作社的经验，同年秋季合作社发展到 150 个，1949 年底合作社数目增加到 1500 个，1950 年增加到 2272 个，1951 年增加到 4650 个。1952 年年底合作社达到 5315 个，他们持有 3200000 英亩可耕地，占匈牙利全部可耕地的 22.8%。这时仍有 250000 英亩可耕地在未入社的农民手中。合作社的优势在于，它们不仅可以得到购买装备的贷款，还可以免除赋税，减少以低价出售谷物的数量。①

1949 年以后，匈牙利国有农场占地总面积有所扩大。1949 年 6 月底为 106500 公顷，1953 年 6 月底为 963300 公顷，1960 年 5 月底为 970300 公顷，1970 年 5 月底为 998700 公顷，1974 年 5 月底为 991000 公顷。②

从 1950 年到 1980 年，集体农庄在匈牙利继续存在，成为占据主导地位的农业生产组织形式。集体化为土地所有制的现代化作出了贡献。而 20 世纪初期和内战时期，资产阶级化导向的家庭农场已经开始控制土地。当匈牙利的农民被迫进入集体农庄时，政府允许他们拥有一块"自留地"。其面积比 1 英亩稍大，这恰好与"二战"前在大庄园中劳动的庄园劳动力得以保留的土地份额相等。匈牙利建立的社会主义集体农庄中，家庭禁止拥有马匹。但是政府允许他们养猪，也允许他们拥有一到两头牛。同时，对农民在"自留地"上投入过多的时间进行限制。"自留地被限制为谋求生计型的生产"。通过对"自留地"的面

---

① Rene Dumont, *Type of Rural Economy, Studies in World Agriculture*, London: Methuem, 1957, pp. 86-487.
② Ferenc Donath, *Reform and Revolution: Transformation of Hungary's Agriculture 1945-1970*, Corvina Kiado, 1980, p. 190.

积和家庭运输手段（比如禁止拥有马匹）的控制来达到这一目的。① 集体农庄和过去的庄园一样，都把给予社员的"自留地"作为绑定廉价劳动力的主要机制。它们表现出很大的活力，起着越来越重要的作用。匈牙利在 70 年代，来自家庭农业生产的产品在国家农业总产品中所占的比重一直十分稳定，比在其他社会主义国家的状况要好。

到了 70 年代早期，匈牙利对集体农庄进行重组，农业合作社的合并加速进行。1960 年时每个村庄通常有几个农业合作社，多的有 4—5 个，但到 70 年代要求每个村庄只有一个合作社。这使得合作社的规模从起初仅占地 1200 英亩，扩大到日后占地 12000 英亩，有的甚至面积更大。合作社大规模的资本运营与合作使每英亩粮食产量显著提高。大型集体农庄的权利逐步落入新型技术专家手中，他们和前中农出身的集体农庄干部共同执掌集体农庄的管理权。②

在匈牙利社会主义工业化加速进行的时候，到 1970 年代中后期，城市的增长变慢了。匈牙利的农民根本没有经历过"离开土地"的过程，当甚至还有一半人口仍旧生活在传统的村落中时，农村人口就已经停止下降了。匈牙利的城市化具有"低度城市化"的特点。在第一代产业工人离开农村进城以后，作为补偿，政府允许他们保留"自留地"，使他们能达到一个合理的生活水平。在社会主义向节约型增长转型的背景下，出现了"农村复兴"。这是家庭生产进一步稳固的结果。在 1970 年代的十年中，匈牙利农民不再离开农村，有些甚至还往回挪，重新转向商品生产的兼业性家庭农业。因为农村比城市给他

---

① 〔美〕伊万·撒列尼等：《社会主义的企业家：匈牙利乡村的资产阶级化》，史原普等译，中国社会科学出版社 2015 年版，第 19 页。

② 〔美〕伊万·撒列尼等：《社会主义的企业家：匈牙利乡村的资产阶级化》，史原普等译，中国社会科学出版社 2015 年版，第 143—145 页。

们更多的经营机会。

在1970年代，附属农场和自留地的数量都在下降。在1960年代集中进行集体化运动的过程中，只有极少数农民留在集体农庄外。在60年代，这些农民经营着传统的经济单位，他们的数量在下降。这表明传统的小农生产方式正在匈牙利农村消失。但是，1972—1981年间，那些只有1英亩土地的甚至更小土地的微小农业单位的数量却在上升，一种新型的小型农业生产者在形成。① 小生产者所占的比重的下降并不等于家庭生产的下降。相反，1981年的家庭生产产值比1970年还增长了10%。小生产者比重的下降是由于1970年代集体部门生产的迅速增长和扩张导致的。1970年代，匈牙利政府为增强集体部门的生产能力，向它们提供了资金，同时，新一代年轻的有活力的技术型官僚进入了集体农庄。小生产者无法与集体生产部门竞争。② 1970年代，家庭小农场基本是起维持生计的作用，它们的产品有40%进入市场。到1980年代，这一数据上升到62%。1982年最顶层的10%的劳动者的生产者的年收入与集体农庄或国有工厂中的领工资的体力劳动者的年收入相当，甚至更高。1981年产业工人的年平均工资为52000福林，集体农庄中的体力劳动者的年收入为46000福林。③

匈牙利对农业的投资从1938年到1954年逐步增长，1938年投

---

① 〔美〕伊万·撒列尼等：《社会主义的企业家：匈牙利乡村的资产阶级化》，史原普等译，中国社会科学出版社2015年版，第32—33页。
② 〔美〕伊万·撒列尼等：《社会主义的企业家：匈牙利乡村的资产阶级化》，史原普等译，中国社会科学出版社2015年版，第34—35页。
③ 〔美〕伊万·撒列尼等：《社会主义的企业家：匈牙利乡村的资产阶级化》，史原普等译，中国社会科学出版社2015年版，第37页。

资为 9.6 亿福林，1949 年为 18 亿福林，1950 年为 17 亿福林，1951 年为 26 亿福林，1952 年为 36 亿福林，1953 年为 38 亿福林，1954 年为 45 亿福林。但是投资增加的速率仍然低于合作化的需要。①

匈牙利农民保留的家庭小块可耕地 1961 年总量为 559000 公顷，1970 年为 492500 公顷，1974 年为 444900 公顷。②农业集体化 20 年后，家庭农业生产仍然起着重要的作用。60%的匈牙利家庭在从事粮食生产。1980 年匈牙利家庭生产占蔬菜总产量的 46.6%，占水果产量的 51%，占蛋类生产的 62%。③1982 年，几乎 90%的农村人口和 30%的城市人口还在种植农作物。根据政府的农业调查，匈牙利 1000 万居民中，大约有 150 万个小农场在规模上达到了企业的标准。这 150 万个小农场耕种了略多于全国 12%的耕地，但它们的产量却占了全国农产品总量的 34%。除去成本，每个农民家庭平均每月有 1765 福林的收入，而 1981 年工业工人平均月工资是 4332 福林，农民家庭的收入已很不错了。④

第二次世界大战以后，匈牙利农村形成了富农、中农和贫农三个等级。在 1949 年以后的匈牙利农村，最上层 5%到 10%的人口拥有 20 或 25 霍尔德以上的土地，或者拥有大型商场、大型机器（拖拉机、联合收割机），小工厂的所有者被官方定性为农业或工业富农。

---

① Ferenc Donath, *Reform and Revolution: Transformation of Hungary's Agriculture 1945-1970*, Corvina Kiado, 1980, p.254.
② Ferenc Donath, *Reform and Revolution: Transformation of Hungary's Agriculture 1945-1970*, Corvina Kiado, 1980, p.214.
③〔美〕伊万·撒列尼等：《社会主义的企业家：匈牙利乡村的资产阶级化》，史原普等译，中国社会科学出版社 2015 年版，第 30 页，注 1。
④〔美〕伊万·撒列尼等：《社会主义的企业家：匈牙利乡村的资产阶级化》，史原普等译，中国社会科学出版社 2015 年版，第 29 页。

他们在几年中曾被严重迫害。大部分富农在 20 世纪 50 年代被无产阶级化的浪潮吞没。在 50 年代早期，几乎所有成年的"工业富农"，即大商场、磨坊、拖拉机、联合收割机、小工业企业，以及大的家畜（特别是马和牛）买卖商都去了城市。留在乡村的被贴上富农的标签。他们非常富有，拥有超过 50 甚至几百霍尔德的土地。他们可以被称为农业企业家，极少从事体力劳动，主要负责管理和监督。他们因为残酷贪婪，对农民苛刻，因此为农民所仇视，被村干部列入黑名单。在富农之下，有从小农和中农起家的农民，成为拥有财富的企业家。他们受到村民的支持，当选为乡村官员，1945 年以后在乡村政治中发挥了作用。他们中许多人加入小农政党。①

1949—1953 年，政府在不断的土地调整中采取了彻底铲除富农的政策。但到 1953 年，反富农政策放松。到了 60 年代早期，留在农村的富农卷土重来，在农村社会阶层中重新占有自己的位置，他们的地位比原先要低，但是仍然有一定的财富、地位和声望。一些富农被选为集体农庄的负责人和高级官员。没有当选干部的富农都加入了集体农庄。一些富农的后代在 1960 年后开始读专业学校和学院，大多在工程领域，成为农业工程师。80 年代他们的子孙后代成为新精英。

这里可以举出杜纳帕塔基的两个富农走向专业化的例子。久洛瓦·内迪在 1953 年前后成年，在斯大林时代他的家庭丧失了 100 多霍尔德土地，他在 1956 年以前参军，在军队中学会了驾驶卡车。1960 年他回到杜纳帕塔基，在集体农庄中管理卡车，成为集体农庄

---

① 〔美〕伊万·撒列尼等：《社会主义的企业家：匈牙利乡村的资产阶级化》，史原普等译，中国社会科学出版社 2015 年版，第 162—163、165 页。

的管理者,为集体农庄创建了赢利的工业、运输等副业,受到尊敬,很有影响。久洛瓦·纳吉同样是拥有100霍尔德土地的富农之子。他在专业学校学习农业工程,毕业后在杜纳帕塔基城外的一家监狱工厂当了农业工程师,他使这些罪犯工人接受了他的管理。此后他在尤基埃特集体农庄做了一名农业工程师,管理畜牧业,成为有权力的农业知识分子的一员。①

中农在1949年以后生活水平下降,他们中大部分人是斯大林主义的反对者。他们在50年代留在了农村,因为在农业中他们能够大显身手。他们慢慢接受了集体化的现实。在政治上,中农是小农政党的坚定支持者。在1960年以前,中农不主张子女接受高等教育,只希望子女继承自己的土地。但从60年代开始,中农子女纷纷接受教育,成为农村工程领域的技术人才。

一些农村下层劳动者在60年代中期在乡村聚居地生活。这些聚居地大部分是大地主在19世纪为长工们建造的宿舍,吉卜赛侨民曾在这里居留过。这些居留地有的至今还没有通水通电。他们人口流动缓慢,一些人在1945年分得土地,成为小农,一些人成为乡村干部;还有一批贫农在1945到1956年间参加工业生产,进入纺织业和罐头食品生产业。在60年代受过教育的贫农后代有的成为专业技术人员,有的进入干部队伍。②

在50年代初的匈牙利,私人农场主的消费水平比合作社社员要高。1951年,私人农场主年均消费为674福林,合作社社员年均消

---

① 〔美〕伊万·撒列尼等:《社会主义的企业家:匈牙利乡村的资产阶级化》,史原普等译,中国社会科学出版社2015年版,第168页。
② 〔美〕伊万·撒列尼等:《社会主义的企业家:匈牙利乡村的资产阶级化》,史原普等译,中国社会科学出版社2015年版,第173—180页。

费为727福林。1952年，私人农场主年均消费为646福林，合作社社员年均消费为477福林。1953年，私人农场主年均消费为658福林，合作社社员年均消费为534福林。[1]

在1951—1960年以后，匈牙利农业年增长率为1.9%，远远低于欧洲绝大多数国家。同期奥地利的农业年增长率为3.9%，保加利亚农业的年增长率为6.2%，法国农业的年增长率为4.0%，都高于匈牙利。只有捷克斯洛伐克农业的年增长率是1.5%，低于匈牙利。[2]

匈牙利每公顷农产品年均产出从1951—1990年呈增长态势。小麦1951—1960年为1480公斤，1961—1965年为1860公斤，1966—1970年为2430公斤，1971—1975年为3320公斤，1976—1980年为4060公斤，1981—1985年为4630公斤，1986—1990年为4880公斤。裸麦1951—1960年为1170公斤，1961—1965年为1080公斤，1966—1970年为1160公斤，1971—1975年为1510公斤，1976—1980年为1650公斤，1981—1985年为1900公斤，1986—1990年为2350公斤。水稻1951—1960年为1880公斤，1961—1965年为1870公斤，1966—1970年为1980公斤，1971—1975年为2350公斤，1976—1980年为1340公斤，1981—1985年为3250公斤，1986—1990年为3240公斤。大麦1951—1960年为1710公斤，1961—1965年为1870公斤，1966—1970年为2120公斤，1971—1975年为2880公斤，1976—1980年为3250公斤，1981—1985年为3660公斤，1986—1990年为4210公斤。燕麦1951—1960年为1340公斤，1961—1965年为1160公斤，

---

[1] Ferenc Donath, *Reform and Revolution: Transformation of Hungary's Agriculture, 1945-1970*, Corvina Kiado, 1980, p.264.
[2] Ferenc Donath, *Reform and Revolution: Transformation of Hungary's Agriculture, 1945-1970*, Corvina Kiado, 1980, p.296.

1966—1970年为1390公斤，1971—1975年为1820公斤，1976—1980年为2370公斤，1981—1985年为2810公斤，1986—1990年为3020公斤。玉米1951—1960年为2190公斤，1961—1965年为2610公斤，1966—1970年为3230公斤，1971—1975年为4170公斤，1976—1980年为4850公斤，1981—1985年为6110公斤，1986—1990年为5630公斤。马铃薯1951—1960年为6950公斤，1961—1965年为7910公斤，1966—1970年为10450公斤，1971—1975年为11740公斤，1976—1980年为14160公斤，1981—1985年为18230公斤，1986—1990年为17740公斤。匈牙利粮食的单位面积产量，从1950年代开始保持了持续的上升。

从匈牙利土地所有制关系来看，在经营者有所有权的土地上，国有土地（包括合股公司）有27199处，占所有者的9.7%；其他机构包括教会的土地有613处，占所有者的0.2%；合作拥有的土地为100241处，占所有者的35.9%；私人拥有的土地有109241处，占所有者的39.1%；联合所有的土地有28229处，占所有者的10.1%；不清楚的雇主拥有的土地有13840处，占所有者的5.0%。综合来看，合作所有的和私人所有者合计已占所有者的75%。而国有土地所有者只占土地所有者的9.7%。[1]

---

[1] Pal Romany, "The Completion and Partial Dismantling of Collective Agriculture", in Peter Gubst, ed., *Hungarian Agrarian Societ from the Emancipation of Serfs (1848) to the Reprivatization of Land (1998)*, New Jersey: Monographs, Boulder, Colorado: Atlantic Research and Publications, Inc., 1998, p.357, Table 13 Active Earners Working in Agriculture Broken Down by Employer's Ownership Type, 1996.

第四章　美国

第一节　殖民地时期的农业经济组织

在北美殖民地化之前，当地的经济处于原始社会后期的农耕和渔猎经济水平。与欧洲同期资本主义发展程度相比，经济较为落后。

印第安人的农业发展的水平今天难以作出准确的估计。在圣劳伦斯河的两岸、密西西比河的德苏托、西南部的科罗拉多发现最早的种有玉米的耕地，在俄亥俄河岸两旁发现了长达数英里的第一批移民种植玉米的地带。不同地区印第安部落的农业发展程度多不相同。西南部的各印第安部落不大狩猎，他们建筑水库和灌溉体系。从缅因州到佛罗里达的大西洋沿岸的印第安人既从事农耕，也狩猎。印第安人的农业以玉米、烟草和马铃薯为主要栽培作物，他们燃烧树木，用木棍挖坑，种下玉米。收获后，晒干后在地窖中加以收藏。马铃薯的最初产地可能是秘鲁或智利，之后在弗吉尼亚、新罕布什尔和新英格兰广大地区种植。印第安人没有家畜，家畜是由移民从国外运到北美的，后来在北美繁殖起来。英国移民把萝卜、三叶草和优良草种带到了美洲。[①]

[①] 〔美〕福克纳：《美国经济史》上册，王锟译，商务印书馆1989年版，第79—83页。

欧洲移民拓殖者给北美带来了新的作物，其中包括谷类（如小麦、大麦、玉米等）、含糖作物、卷心菜、洋葱、豌豆、苹果和桃子。美洲原有的家畜较少，只有狗、火鸡和南美山区的无峰驼。欧洲人带去了马、牛、猪、鸡和羊等家禽家畜。1492年以前，印第安人在金属中只会使用铜，用它锤制各种工具和器皿，除了铜制的工具外只有石器、骨器和木器。白种人带去了火器和火药。[①]

新英格兰地区的土地比较贫瘠，气候也较为寒冷。农业生产者很少能负担得起使用契约奴或奴隶的成本，所以在这个地区，家庭劳动力是主要的农业劳动力。当地家庭之间有互相交换劳动力的关系。年轻人把自己的时间花在父母经营的农场上，形成一种家庭再生产体系。富有的农民购买奴隶和契约奴，也雇佣一般劳动力。在纳拉甘西特湾西岸，养奶牛和牧羊农场规模很大，许多农场都拥有印第安或者非洲奴隶。但是在新英格兰大部分农村，商业性生产不占重要的地位。

在气候温暖和土壤更为肥沃的一些中部殖民地，那里的农场更多地生产谷物产品以供出口，但在那里家庭生产仍占主流地位。哈德逊河谷、新泽西低地以及宾夕法尼亚东部的丘陵地区吸引了许多开发者的注意，他们到那里抢占了大量土地。在17世纪最后25年，这些地区的大部分土地为私人占有，建立了庄园。以后佃户来这里租地经营，年租金一般低于农产品价值的4%，并允许长期赊欠。在这种条件下佃户能够像自由农民一样经营农场。中部殖民地的农场比新英格兰地区的农场要大些，面积一般都有100英亩或超过100

---

① 〔美〕杰拉尔德·冈德森：《美国经济史新编》，杨宇光等译，商务印书馆1994年版，第44页。

英亩。这就使得租佃农场主能够负担得起招募家庭以外的劳动者的费用。在宾夕法尼亚,以契约奴身份来这里工作的年轻人,在契约服务期满后,就进入农村劳动力市场,为农业发展注入了强大的动力。但是在这个地区,家畜数量和谷物产量的增长不是很快,劳动力主要集中在手工业。①

在殖民地南部和边疆地区,农业劳动力在劳动力总数中大概要占到85%,而在美国中部大西洋沿岸的殖民地则占劳动力的少数。在新英格兰,土地贫瘠,气候恶劣,使得农业在那里发展很困难。新英格兰的农业属于维生经济,它无法生产出大量可供交换的剩余粮食,甚至无法维持农场家庭最低限度的生活水平。制造业是农业以外劳动者的谋生手段。当能得到新的土地时,农场主就从原先的地区迁移出去。17到18世纪这里的农场主的市场参与度不高,不愿意采取新的耕作方式和栽培新的作物。他们认为交换只与使用价值有关,而与市场价值无关。②

但是到了18世纪,情况发生变化。宾夕法尼亚东南部的农场主向费城集市和更远的地区供应商品,他们已经以商业为导向。一些农场主生产出超出自己家庭所需的粮食,向远处集市出售。当时有每周一次的集日和定期的集市。独立战争之前,马萨诸塞州的农场主平均一天要走25英里去出售自己的农产品,有的农场主在方圆100英里内去寻找集市,地区市场便形成了。罗滕伯格报道说,在独立战争以

---

① 〔美〕丹尼尔·维克斯:《北美北部殖民地的经济和社会(1600—1775)》,载〔美〕恩格尔曼、〔美〕高尔曼(主编):《剑桥美国经济史》第一卷,巫云仙、邱竞主译,中国人民大学出版社2008年版,第171—172、174页。
② 〔美〕杰里米·阿塔克、〔美〕彼得·帕塞尔:《新美国经济史》上,中国社会科学出版社2000年版,第41页。

前，被检验的遗嘱和遗产中就有距离遥远的债务人出具的已背书转让的商业期票，这标志着市场和信贷手段已很活跃。[①]

到独立战争开始时，美国南方还没有发展起来。南方发展最早的农业区是切萨皮克湾周围种植烟草的区域。在这里出现了小种植园主，一个人只需要最简单的工具、几头牛、大约50英亩的土地就可以成为种植园主。获得自由的契约奴或中等富裕程度的移民很容易就进入这个群体。[②]

南部种植烟草、大米、靛青和棉花的种植园主已具有商业心态。他们通过由代理人、包装者、托运人、银行家和债权人组成的交易网络进行商品交易。

北美殖民地农业有两个显著的特点，一是在大面积的土地耕作经营中，劳动力和资本的运用都很原始，二是商业关系没有充分发展起来，农业生产基本是自给自足，生产的主要目的是为了家庭需要而不是出售。

在17到18世纪，美国北部的农场的生产主要依靠农场所有者及他们的家庭劳动力。在农作物收获和谷仓建造时，常常几个农场主家庭联合劳作。在新英格兰，只有男性劳动力下地干活，妇女平时则操持家务和饲养，在收获时节偶尔帮助男子。而在宾夕法尼亚，妇女则经常与她们的丈夫和兄弟一同下地从事农业劳作。在新英格兰，一个

---

① 〔美〕杰里米·阿塔克、〔美〕彼得·帕塞尔：《新美国经济史》上，中国社会科学出版社2000年版，第42页。
② 〔美〕丹尼尔·维克斯：《北美殖民地南方地区的经济和社会发展》，载〔美〕恩格尔曼、〔美〕高尔曼（主编）：《剑桥美国经济史》第一卷，巫云仙、邱竞主译，中国人民大学出版社2008年版，第202页。

农场主可能偶尔雇佣贫穷的邻人做帮工。①

殖民地时期北美国内市场不发达，因此，导致了工业的落后，从事工业的人口很少。不大的消费品市场主要集中在波士顿、纽约、费城和巴尔的摩这几个沿海城市。北美殖民地的农产品从腹地乡村向沿海港口城市巴尔的摩、费城、纽约和波士顿等新英格兰的港口城市流动。殖民地时期农产品缺少广阔的国内市场，因此大量农产品外销。1770年北美殖民地的小麦外销到大不列颠和北爱尔兰的数量为161724蒲式耳，外销到南欧的小麦为588561蒲式耳，外销到西印度群岛的小麦为100955蒲式耳，出口的小麦共达851240蒲式耳。向大不列颠和北爱尔兰出口亚麻籽共达311863蒲式耳。② 同年，出口印第安人生产的玉米为578349蒲式耳，出口黄油和奶酪的货值为223610英镑。③

1774年自由财富持有者的全部实物财富构成中，新英格兰的土地财富占其全部财富的71.4%，在大西洋中部各州土地财富占其全部财富的60.5%，在南部土地财富占其全部财富的45.9%，在所有殖民地土地财富平均占其全部财富的53%。④

北美的奴隶有两种，一种是所谓的"契约奴"。契约奴又可分为

---

① Percy Wells Bidwell and John I. Falconer, *History of Agriculture in the Northern United States 1620-1860*, Washington: Carnegie Institute, 1925, pp.115-116.

② Percy Wells Bidwell and John I. Falconer, *History of Agriculture in the Northern United States*, p.136, Table 19 Marketed, for Northern, Farm, Products. Destination of Export of Commodities Produced in the Northern Colonies, 1770.

③ Percy Wells Bidwell and John I. Falconer, *History of Agriculture in the Northern United States*, Washington: Carnegie Institute, 1925, p.137, Table 19.

④ 〔美〕杰里米·阿塔克、〔美〕彼得·帕塞尔：《新美国经济史》上，罗涛等译，中国社会科学出版社2000年版，第59页。

两类，自愿契约奴和非自愿契约奴。自愿契约奴是那些自愿签订合同来北美从事劳动的人，他们原本为欧洲自由人，为了来美洲新大陆谋生致富，他们用短期卖身或者出卖劳动力的方式换取去北美的旅费。他们要为代他们支付旅费的人服务3—7年，出卖劳动力时间的长短取决于何时能偿清旅费，使自己解放出来。这些契约农在服务期满后能得到一份土地，从而变为一个独立的土地所有者。在新泽西，他可以获得75英亩的土地。北美大土地所有者威廉·佩恩的地产多达4700万英亩，他在1713年按每100英亩2—5英镑的价格卖掉他的大部分土地。对那些花钱来到佩恩殖民地的人，赠送土地200英亩，对运送来的每个契约奴再加50英亩。[1] 第二类契约奴是那些被强迫到北美劳动的人，他们通常是债务人、流浪者，或是被法庭驱逐出境的罪犯。在英国伊丽莎白一世时期，政府对流浪者非常严厉残酷，而当时在社会变动中，平民很容易陷入债务而被投入监狱。当时英国的监狱中贫民、流浪者、债务人和轻罪犯人满为患，将这些人遣送到殖民地，似乎成为英国政府的一种解决办法。此时北美殖民地也急需劳动力。此外，契约奴中还有被职业人贩子和拐骗者胁迫的，这些人贩子将他们卖给从事殖民地贸易的船长。英国议会曾对此通过了限制立法，但实际上并未严加执行。[2] 而在美国，自由工人可以得到比在英国高出30%—100%的工资。这使得到美国来的契约奴不乏其人。

北美的另一种奴隶是黑奴。黑奴的贩运是在15世纪开始的，当时葡萄牙商人从非洲西海岸北起佛得角南到圣玛荷海角，把黑人贩运到欧洲。这些奴隶是土著部落的战俘或俘虏，由当地的经纪人卖给欧

---

[1] 〔美〕吉尔伯特·C.菲特、〔美〕吉姆·E.里斯：《美国经济史》，司徒淳、方秉铸译，辽宁人民出版社1981年版，第45页。
[2] 〔美〕福克纳：《美国经济史》上册，王锟译，商务印书馆1989年版，第93—95页。

洲商人。

北美殖民地使用奴隶的种植园主要是围绕着烟草和大米生产发展起来的。这种种植园制度，是在世界市场已经发展起来的历史条件下，将奴隶制度与资本主义的商业化农业的混合，而并非是纯粹的资本主义大农业。种植园雇佣相当数量的奴隶，在统一管理和指挥下从事单一作物生产。

早期的种植园是以白人契约奴为基础建立起来的。虽然在 1619 年时黑奴进入北美，但直到 1675 年他们还不是种植园的主要劳动力。据统计，1756 年在弗吉尼亚人口中奴隶占 40%，在马里兰人口中奴隶占 29%。在南卡罗来纳奴隶的比例最高，1790 年达到人口的 43% 左右。据估计，北美殖民地的奴隶数目在 1714 年为 59000 人，在 1754 年为 263000 人，而到 1790 年人口调查时，奴隶人数在 637000 人以上。① 黑奴在北美广泛使用，原因在于黑人奴隶吃苦耐劳，而价格又非常便宜。1676—1679 年期间，在非洲海岸买一个奴隶花的商品价值不过 3 英镑稍多。1698—1707 年一个奴隶的价格上涨到 8—12 英镑，1763—1788 年价格上涨到 12—15 英镑。根据杰默里和霍根多恩的研究，一个奴隶按贸易商品计价的平均值，1701—1710 年为 12.6 英镑，1711—1720 年为 16.8 英镑，1721—1730 年为 14.2 英镑，1731—1740 年为 20.2 英镑，1741—1750 年为 17.7 英镑，1761—1770 年为 20 英镑，1771—1776 年为 21 英镑，1777—1780 年为 11.4 英镑，1781—1790 年为 29.1 英镑，1791—1800 年为 25.3 英镑。②

---

① 〔美〕福克纳：《美国经济史》上册，王锟译，商务印书馆 1989 年版，第 97 页。
〔美〕吉尔伯特·C. 菲特、〔美〕吉姆·E. 里斯：《美国经济史》，司徒淳、方秉铸译，辽宁人民出版社 1981 年版，第 88 页。
② Robin Blackburn, *The Making of New World Slavery, from the Baroque to the Modern 1492-1800*, London: Verso, 1997, p.387.

最早在美国南部种植烟草的农场采用了奴隶制经济，以廉价的奴隶充当劳动力。南卡罗来纳的农场把奴隶作为唯一的劳动力。奴隶制暂时满足了当地农业经济对劳动力的需要。到了北美独立战争前夕，随着种植烟草的农场渐渐衰落，奴隶制一度衰落。但几年之后随着弹棉机的发明和棉花生产的发展，使用奴隶的农场又发展起来。①

1607年，伦敦弗吉尼亚公司建立了北美大陆上英国第一个永久性殖民地詹姆斯敦。1620年，一批受伦敦商人赞助的非国教徒和清教徒建立了普利茅斯殖民地。1630年代瑞典公司在特拉华建立了殖民地。从1634年开始，英王把北美土地大量赏赐给个人，先是把马里兰赏赐给巴尔的摩家族，之后在宾夕法尼亚、南卡罗来纳和北卡罗来纳、新泽西、缅因、新罕布什尔都建立了领事独占的殖民地。1664年，英国殖民者在纽约击败荷兰人，取得了北美东北部沿海地区的控制权。到1732年为止，英国人在北美建立了十三个殖民地。与此几乎同时，法国殖民者在本国王室支持下，取得了圣劳伦斯河流域、大湖区、俄亥俄、密西西比河流域的控制权，建立了魁北克、蒙特利尔、新奥尔良诸城市。②占有土地，是英国殖民地移民的主要目的。在英国经济社会地位低下的铣工、木匠等工匠，以及希望寻求宗教自由的非国教徒、清教徒和寻求政治避难者，纷纷移居北美。英国在北美殖民地的创业者有三种，一是执有特许状的公司，二是来自其他殖民地如康涅狄格、罗德艾兰以及新罕布什尔和缅因的部分地区的移民团体，三是富有的地主。③

---

① 〔美〕福克纳：《美国经济史》上册，王锟译，商务印书馆1989年版，第98页。
② 〔美〕吉尔伯特·C.菲特、〔美〕吉姆·E.里斯：《美国经济史》，司徒淳、方秉铸译，辽宁人民出版社1981年版，第33—34页。
③ 〔美〕福克纳：《美国经济史》上册，王锟译，商务印书馆1989年版，第71页。

殖民地时期北美殖民地分为三个地区，即新英格兰、中部和南部。新英格兰地区包括马萨诸塞、新罕布什尔、康涅狄格和罗得岛。在殖民地时期，新英格兰的农民从印第安人那里学会了玉米、南瓜、甜瓜和豆类的种植，同时也种植豌豆、防风草。在粮食作物方面，种植了大麦、燕麦、黑麦和荞麦。移民还引入了畜牧业。1630年初次来到马萨诸塞州的清教徒带来了牛、马、山羊。几年以后，新英格兰大多数地区都开始饲养牛、羊、猪。但是，这个时期该地区的耕作方法不善，饲养牛群的技艺不佳。许多新英格兰农民除了购买少量的食盐和生铁外，基本上是自给自足的，他们生产自己所需要的粮食、水果、肉类和乳类产品，用亚麻和羊毛制成衣服。新英格兰的土地并不十分肥沃，在这里没有培育出销路较好的农产品，但是木材、肉类、黄油和奶酪的出口在增长。在殖民地开拓的初期，新英格兰的运输费和手续费都很高，这使得其他地区的农产品无法运输到此地与当地农产品竞争。到独立战争爆发时，新英格兰地区的农业已经专门化，粮食靠输入，肉类、奶酪、黄油、马匹则销往外地。①

在新英格兰殖民地建立初期，移民根据合同有权利得到一定数量的土地。许多团体和组合从初级法院领取许可证，集体迁入。授予团体和组合的土地一般是36平方英里，然后再在团体中进行分配。土地法规允许把土地分给移民的后裔，这种制度加上土地多石、气候不佳，使得大地产没有在新英格兰发展起来。新英格兰的农民一般都保持较小的地产规模。新英格兰的村庄有密集的房舍和花园，共享村里的公产。多数土地属于公有，人们容易得到土地。和当时英格兰的领

---

① 〔美〕福克纳：《美国经济史》上册，王锟译，商务印书馆1989年版，第79、82—84页。〔美〕杰拉尔德·冈德森：《美国经济史新编》，杨宇光等译，商务印书馆1994年版，第81—84页。

主庄园制很相似,地方成立议会,由议会选出放牛人、放猪人和管理全村财产的官员。①

北美新英格兰殖民地工资太高。因此,农业从业者买下农场更多的是由自己耕种。根据晚近的估计,17世纪后期新英格兰有五分之二的农业从业者靠雇佣劳动力来耕种他们的农场。②

中部殖民地纽约、新泽西和宾夕法尼亚的农场与新英格兰的情况相仿,但中部殖民地的农场一般比较大,产量也高。1765年,宾夕法尼亚切斯特县的农场一般规模为135英亩,兰开斯特县的农场一般规模则为300—500英亩。中部殖民地发展速度快于殖民地的平均发展速度。小麦每英亩平均产量为20—30蒲式耳,高于当时英国的一般收获量。小麦是这个地区的主要作物,这个地区还普遍栽种黑麦、大麦、荞麦、燕麦以及亚麻,同时也出口皮毛和木材。宾夕法尼亚是中部殖民地最富足的地区,那里的生产多样化、在满足自身需要后有剩余产品出口。面粉和小麦是中部殖民地出口的商品。1763年以前,纽约每年出口25万桶小麦和面粉,宾夕法尼亚每年出口35万桶小麦和面粉。1763—1766年宾夕法尼亚每年出口的小麦和面粉价值为45万英镑。③

南部殖民地包括弗吉尼亚、马里兰、南卡罗来纳、北卡罗来纳和佐治亚。这些地区土地肥沃、气候温暖,主要农产品为烟草、稻米、

---

① 〔美〕福克纳:《美国经济史》上册,王锟译,商务印书馆1989年版,第85页。
② David W. Galenson, "The Settlement and the Growth of the Colonies: Population, Labors and Economic Development", in Stanley L. Engerman and Robert E. Gallman, eds., *The Cambridge Economic History of the United States*, Cambridge University Press, 1996, p.169.
③ 〔美〕吉尔伯特·C.菲特、〔美〕吉姆·E.里斯:《美国经济史》,司徒淳、方秉铸译,辽宁人民出版社1981年版,第87、83页。

靛蓝和松脂。商业作物烟草在当地集中种植,市场对烟草的需求很大。弗吉尼亚的烟草农场面积都有 5000 英亩,有的更大一些。这个地区新的土地易于获得,只需付出一点费用或免役税就可以取得占有土地的所有权,对把移民送到美洲的人也授予土地。这些都有助于大土地占有制在南部的发展。由于白种人劳动力缺乏,工资较高,于是渐渐用黑人来代替白人作为种植园的劳动力。北卡罗来纳和南卡罗来纳的农场盛产稻米,实施集约型农业。查尔斯顿稻米的出口量增长很快,在 1716 年一年出口 9000 桶,1726—1730 年增至年均 31000 桶,1746—1750 年增至年均 51000 桶,1750—1760 年增至年均 69000 桶,1766—1770 年年均出口为 92000 桶,1771—1775 年年均为 120000 桶。[①]

最初,由英国人开拓的三个殖民地均归英王所有。英王把土地赐给各个公司或殖民地的领主,此后他们再转让或出卖给移民个人。一般来说,欧洲人不承认任何印第安人有土地所有权。但是,在实际处理过程中,欧洲移民常常与印第安人进行交易,劝说他们放弃地产所有权。在殖民地建立初期,殖民当局就已承认土地可以为个人所有。但是在不同的殖民地和不同的地区土地占有制度有所不同。[②]

英国在新英格兰的殖民地除了新汉普郡外,都是按照所谓的公司殖民地组织起来的。英王授予贸易公司广阔的土地,后者又把土地赐予个人和移民团体。在马萨诸塞,许多家庭共同向州议会申请土地。在授予田产之后,按每户移民对建设的投资和使用能力分配土地。在马萨诸塞的北安普敦,每家户主可以得到 15 英亩土地,每个子女

---

① 〔美〕杰拉尔德·冈德森:《美国经济史新编》,杨宇光等译,商务印书馆 1994 年版,第 87 页,表 2-2 查尔斯顿出口的稻米(五年平均数)。
② 〔美〕吉尔伯特·C. 菲特、〔美〕吉姆·E. 里斯:《美国经济史》,司徒淳、方秉铸译,辽宁人民出版社 1981 年版,第 43 页。

再加 3 英亩。1640 年在康涅狄格的哈特福德，对 121 户移民授予了 3311 英亩土地，平均每户为 27 英亩，最多的一户是 160 英亩，有 70 户授予 1—20 英亩。① 在新英格兰南部，有直接把土地授予个人的做法，但土地都是小块授予。1631—1656 年在马萨诸塞殖民地，有把土地授予个人的 100 个案例，只有少数授予地面积超过 500 英亩，其中最大一块是 3200 英亩，绝大多数授予地面积不超过 250 英亩。在新英格兰的绝大多数地区，移民形成了大的乡村团体，通常首先是乡村团体中为首的家庭，他们或是从殖民地法庭或是从当地印第安人那里取得一块未被占领的土地，并取得王室特许状，然后在移民中加以分配。② 此后，殖民当局加强了对土地购买的控制，以防土地买卖中出现混乱。

在中部殖民地的纽约，早期在荷属西印度公司的支持下建立了大庄园制。任何人在 1629 年以后的四年内，运送 50 名 15 岁以上的人到该殖民地，就有资格得到沿着一条通航河流长 16 英里的土地，其纵深不限。在这种制度下，出现了惊人规模的大地产。例如，沿哈得逊河的伦塞勒斯城大地产有 70 万英亩。1640 年以后，授予土地时给予小块地产完整的产权。③

在南部殖民地，实行了几种不同的土地制度，在马里兰、南卡罗来纳和北卡罗来纳，曾经建立了模仿欧洲中世纪的大庄园制度，大庄

---

① 〔美〕吉尔伯特·C. 菲特、〔美〕吉姆·E. 里斯：《美国经济史》，司徒淳、方秉铸译，辽宁人民出版社 1981 年版，第 44 页。
② P. W. Bidwell and Falconer, *History of Agriculture in the Northern United States*, Washington: Carnegie Institute, 1925, pp. 49-50.
③ 〔美〕吉尔伯特·C. 菲特、〔美〕吉姆·E. 里斯：《美国经济史》，司徒淳、方秉铸译，辽宁人民出版社 1981 年版，第 45 页。

园中实行封建土地制度。早年马里兰特许殖民地发布的题为《殖民地的现状》的文件表明，要以庄园形式建立大土地所有制。最初规定庄园面积不小于 1000 英亩，以后增加到 3000 英亩。在 1640 年时，认为 2000 英亩是庄园合适的面积，每年的地租为 40 先令。以后地租由每年收获物的二十分之一，加上每个庄园的利润或 10 英镑。1683 年规定，出租的庄园自营地农场面积不得超过 200 英亩。1754 年规定庄园自营地租期不得超过 21 年。[①] 另一种类型是城镇和村庄管理土地的制度。1636 年在马里兰州的圣马丽斯，给每个最初的冒险者发 10 英亩土地，给以后直到 1683 年 8 月 30 日为止到来的移民每人发放 5 英亩土地。1729 年英王下令，11 个城镇每个城镇可分配给定居者 20000 英亩土地。[②] 在詹姆斯敦，到 1660 年，维兰在很大程度上消失了，但封建土地保有权还没有取消。当时降格为实行无兵役租佃制。[③] 在卡罗来纳，每 100 英亩征收 20 磅优质小麦作为地租。1635 年以后弗吉尼亚规定每 100 英亩征收地租 2 先令，1699 年增加到 100 英亩征收 4 先令地租，1737 年增加到 10 先令。[④] 但是，由于免役税的征收十分困难，在整个殖民地免役税的征收不普遍。[⑤]

在殖民地初期阶段，租佃制主要用来表示对土地的占有，而不

[①] L. C. Gray, *History of Agriculture in the Southern United States to 1860*, vol.1, Washington: Carnegie Institution, 1933, pp.372-373.

[②] L. C. Gray, *History of Agriculture in the Southern United States to 1860*, vol.1, Washington: Carnegie Institution, 1933, p.378.

[③] L. C. Gray, *History of Agriculture in the Southern United States to 1860*, vol.1, Washington: Carnegie Institution, 1933, p.381.

[④] L. C. Gray, *History of Agriculture in the Southern United States to 1860*, vol.1, Washington: Carnegie Institution, 1933, p.382.

[⑤] L. C. Gray, *History of Agriculture in the Southern United States to 1860*, vol.1, Washington: Carnegie Institution, 1933, p.384.

是着眼于很高的地租价值。在弗吉尼亚州，租佃制是弗吉尼亚公司晚期实行的移民政策的一部分。18世纪后期，在马里兰州和北卡罗来纳州，租佃制实施非常普遍，地租也有相当的增长。在马里兰，从1720年到1765年，每100英亩土地的地租从10先令增至10镑。1750年前后，质量不错的中等大小的种植园，地租从1年5镑增至8镑。在南弗吉尼亚和卡罗来纳，租佃制的实行不那么普遍，地租也比较低。1785年据称在卡罗来纳县没有佃户。1726年到北卡罗来纳的旅行者说，在这个殖民地不存在租佃制。[1] 有时领主把种植园和奴隶、奴仆一同出租。例如，1788年，罗伯特·卡特将他的吉米尼种植园的1230英亩土地和15个奴隶按每年65英镑的地租出租，租佃者以产品支付地租。[2] 马里兰的圣克来门洛庄园便是著名的大封建地产。马里兰的领主地产最小也得有1000英亩，很多地产面积要大得多。移民们由于能够得到需要的土地，不愿意依附于大地产为领主服务。因而领主为了吸引移民，不得不按有利的条件把土地授予或卖给移民们。[3] 从1700年开始，在弗吉尼亚很多移民直接购买土地。在马里兰，从1863年开始把土地出售给农民。在南、北卡罗来纳和佐治亚，也实行土地出售。到了18世纪，在中部和南部殖民地，大多数地方实行了土地出售。

征收免役税是英国16到17世纪土地保有权的一个独特的特点。

---

[1] L. C. Gray, *History of Agriculture in the Southern United States to 1860*, vol. 1, Washington: Carnegie Institution, 1933, p. 406.

[2] L. C. Gray, *History of Agriculture in the Southern United States to 1860*, vol. 1, Washington: Carnegie Institution, 1933, p. 407.

[3] 〔美〕吉尔伯特·C. 菲特、〔美〕吉姆·E. 里斯：《美国经济史》，司徒淳、方秉铸译，辽宁人民出版社1981年版，第45—46页。

这种习惯对土地征收的税收在北美殖民地持续存在。它是以英格兰的制度为模式移植到美国的。在英格兰，免役税制度是在封建制度衰落时期需交纳封建性质的年税和免役税。各地的免役税税额不同，弗吉尼亚公司授予土地时每 100 英亩纳税 2 先令，而大土地所有者佩恩则对每英亩土地征收 1 便士的免役税。但移民们往往不交纳免役税，有的农民则通过交纳现金免除了每年的免役税，成为土地所有者。此外，土地制度的封建残余还表现在实行长子继承权和限定地产继承人的制度。前者规定长子应当继承全部地产，后者限制死者家属以外的人继承地产。①

在新英格兰殖民地，存在着城镇授予土地的原则和私人持有者自由持有保有权。法律允许土地自由转手。这个地区早期的立法鼓励通过购买和出售的方式使土地转手。在土地继承过程中，英国的长子继承制原则很快被置之一旁，在所有继承人中平分土地，或者是为长子保留双份的遗产。1639 年康涅狄格规定，无遗嘱地产应当在公共法庭监督下在所有继承人中均分。罗得岛 1718 年取消了长子继承制，但十年后又恢复了这一制度。② 英国的继承制在北美的殖民地实施中有所修改。原因在于，北美在殖民地时期除了地产以外，没有什么其他形式的财产，所以，地产在继承时的分配方式具有极大的经济价值，必须按经济生活的实际需要来处理。

殖民地时期，在纽约、泽西和新尼德兰殖民地，实行了享有大宗地产特权的地主制。根据 1629 年的特权和免税法令，如果任何人能

---

① 〔美〕吉尔伯特·C. 菲特、〔美〕吉姆·E. 里斯：《美国经济史》，司徒淳、方秉铸译，辽宁人民出版社 1981 年版，第 46—47 页。
② P. W. Bidwell and John I. Falconer, *History of Agriculture in the Northern United States*, Washington: Carnegie Institute, 1925, pp. 58-59.

在 4 年内建设一块 50 souls 的殖民地并保持 15 年，就可以从新尼德兰殖民当局取得持有大宗地产的特权。每个特权享有人可以取得一块 16 英里长的沿河岸一侧或海岸的土地，或河流两侧 8 英里长、宽度不限的土地。这个法令可应用于除荷兰西印度公司保留的曼哈顿地区外的殖民地的任何地方。这块土地可以永久继承并按土地所有者的意愿处理，殖民者将免税 10 年。特权享有人不限于地主，也可以是官员、法庭律师等。① 在纽约，授予的土地要交纳免役地租。1687 年时，每 100 英亩土地最少要交纳地租 2 先令 6 便士。斯塔腾岛的移民每耕种 80 英亩的土地要交 1 蒲式耳小麦作地租，在莫豪克河谷，免役地租也可用水獭皮和海狸皮来抵付。②

在中部殖民地，没有完全实行新英格兰授予团体土地和小块土地的自由持有保有权的做法。除了沿海地区荷兰人引入较特殊的所有权外，东、西泽西和宾夕法尼亚是英王特许殖民地，土地和政府的特权都是由英王授予的。土地不是授予贸易公司，而是授予领主个人。土地被称为私人财产，它可以继承、出售、出租和抵押。③

在一些中部殖民地，土地继承和转手的法律和习惯较之新英格兰殖民地更有利于大地产的发展。在纽约州，1683 年正式确立了英格兰的长子继承制。第一届殖民地议会的决议称："从此以后，这个省授予新地产应当按照奴隶或个人的地产来评估或计量，但是地产的继

---

① P. W. Bidwell and John I. Falconer, *History of Agriculture in the Northern United States*, Washington: Carnegie Institute, 1925, pp. 62-63.
② P. W. Bidwell and John I. Falconer, *History of Agriculture in the Northern United State*, Washington: Carnegie Institute, 1925, p. 64.
③ P. W. Bidwell and John I. Falconer, *History of Agriculture in the Northern United States*, Washington: Carnegie Institute, 1925, pp. 65-66.

承要根据英格兰国王的规定来实行。"

总之，中部殖民地土地法的原则不同于新英格兰。前者基于城镇授予土地的原则，而后者基于领主授予土地的原则。在新英格兰，土地分配给社区；在中部殖民地，土地分配给个人。在中部殖民地，所有授予的土地都统一要交纳封建免役税。但是，这种税负在新英格兰根本不为人所知。在中部殖民地，特别是在纽约州，土地保有权的主要特点是一样的，但是继承的法律和习惯非常有利于大地产的发展。在宾夕法尼亚州、纽约州、马萨诸塞州和康涅狄格州，耕作是在土地所有者的小块土地上进行的，彼此间差别不大。其背景在于，新英格兰和中部殖民地都有共同的特点，那里有丰富的廉价的土地，有利于大地产的形成，而在土地廉价和土地供给充裕的地方根本没有必要实行租佃制，农民不用去租种土地而可以直接买得土地。①

在独立战争时期，美国的土地制度发生了重大变化，那些来源于欧洲的封建制度被废除了。英国国王的土地被各个州接管，或者根据邦联政府调解，由各州任意处理。一些亲英分子的大地产被没收后，划分为小块分给农民。在纽约州，罗杰·莫里斯的大地产被分成250个单独的农场，更多的人取得土地所有者的地位。向英王和领主交纳的免役税、长子继承权和限定继承权制度都被取消了。② 独立战争以后，美国农业有较大发展。烟草的生产向新的地区扩展，肯塔基州和田纳西州也开始种植烟草。以往不受重视的棉花生产发展起来，成为一种主要作物。特别是在佐治亚州的皮德蒙特、南卡罗来纳州和弗吉

---

① P. W. Bidwell and John I. Falconer, *History of Agriculture in the Northern United States*, Washington: Carnegie Institute, 1925, p.66.
② 〔美〕吉尔伯特·C. 菲特、〔美〕吉姆·E. 里斯：《美国经济史》，司徒淳、方秉铸译，辽宁人民出版社1981年版，第154页。

尼亚州。此外，所有南部各州更加重视农业和增加小麦和玉米的产量。弗吉尼亚和马里兰的沿海地区从生产烟草转到生产小麦。①

免役税制度首先在新英格兰瓦解。新英格兰议会在早期颁发的所有的让渡证书包括给普利茅斯的第一份证书中保留了免役税制度，以后在所有马萨诸塞湾土地转让中保留了这一权利，议会将它写在证书中。但是在普利茅斯和马萨诸塞州，免役税制度没有能保持下去。在这两个州，公共舆论反对免役税。在1650年，"自由团体"通过禁止一切封建的随附义务——实际上禁止在马萨诸塞州实施免役税制度——而实行自由保有权土地制度。在新英格兰州的其他地方，争取废除免役税的斗争也开始了。②

从17世纪80年代起，在马萨诸塞湾和普利茅斯殖民地展开了争取自由买卖土地和反对免役税的运动。新英格兰殖民地的免役税制度最终被取消。随后，在纽约、东泽西和宾夕法尼亚展开了激进的反对实施免役税的斗争。1729年以后，在纽约、弗吉尼亚、南卡罗来纳、北卡罗来纳、佐治亚、泽西和马里兰，已经很难征收免役税了。1744年，在东泽西，大地主强烈地要求保证他们的权利。政府则颁布了一系列压制他们要求的法令，但却无法压服他们。地主发动了暴动，他们被投入狱中。但人民很快就把被囚禁的地主解救出来。在马里兰州，议会重申对免役税的控制。在1716—1733年间，土地业主已经被免除了免役税，代替它的是每大桶烟草交纳2先令的出口税。当这个协议到期时，下院试图重征。马里兰的免役税微不足道，1756年每

---

① 〔美〕吉尔伯特·C.菲特、〔美〕吉姆·E.里斯：《美国经济史》，司徒淳、方秉铸译，辽宁人民出版社1981年版，第155页。
② Beverley W. Bond, Jr., "The Quit-Rent System in the American Colonies", in Kermit L. Hall, ed., *Land Law and Real Property in American History*, A Garland Series, 1987, p.498.

个纳税的居民要交纳 4 先令 75 便士。① 整个反对交纳免役税的运动表现了民众从英国殖民统治下争取解放的要求。在宾夕法尼亚州，免役税在 1701—1778 年仍然保留着，应当征收的免役税总额为 82248 英镑，但是实际征收到的为 63677 英镑。在纽约，免役税的征收也是十分困难，1698 年应收免役税 3000 英镑，但只收到 200 英镑至 300 英镑。1787 年纽约州只收到免役税 1807 英镑，欠税 18888 英镑。而在西泽西，根本没有认真地征收免役税。在马里兰州，1690 年应收免役税 5000 英镑，但只征收到 2/3。南、北卡罗来纳州实际征收到的免役税都很少。② 殖民地产生了这样的认识：对他们的征税应当上交给政府，而不是交到英国王室。例如 1701 年宾夕法尼亚议会就表示，地税的征收应当满足政府的需要。③ 在当时英国王室的北美殖民地，由于免役税的收入经常主要用于地方开支，州议会主张自身有权征收免役税。但是英国当局只允许在王室批准的情况下才能使用免役税的收入。

在北美殖民地，免役税作为一种普遍的土地保有权形式并不完全成功。失败的根源在于，免役税在英格兰和北美性质不同。在英格兰，免役税是对烦琐的封建税的一种减轻的方法，因此无异议地被接受，后来就被当作一种习惯义务。在北美，除马里兰州以外，在所有的殖民地议会和总督之间围绕着免役税发生了持续的斗争。尽管免役

---

① Beverley W. Bond, Jr., "The Quit-Rent System in the American Colonies", in Kermit L. Hall, ed., *Land Law and Real Property in American History*, A Garland Series, 1987, pp. 142-143.
② Beverley W. Bond, Jr., "The Quit-Rent System in the American Colonies", in Kermit L. Hall, ed., *Land Law and Real Property in American History*, A Garland Series, 1987, p. 463.
③ Beverley W. Bond, Jr., "The Quit-Rent System in the American Colonies", in Kermit L. Hall, ed., *Land Law and Real Property in American History*, A Garland Series, 1987, p. 47.

税数额并不巨大，带来的负担也不是很重，但免役税非常重要的方面是它构成了帝国对北美殖民地控制手段的一部分，因而遭到殖民地人民的反对。

第二节　个人财产权的确立

到了18世纪60年代至70年代，个人拥有财产权已经成为北美争取独立的人士的共识。美国的每个爱国者都觉得，独立的个人享有三种天赋权利，即生存、自由和获得财产的权利，这三种权利已经包含在几个世纪以来英国的普通法中。1765年，北美小册子作者詹姆斯·奥蒂斯在抗议伦敦议会强行征税时宣称，"在自然状态下，如果没有我的同意，谁都不能夺走我的财产"，"在未经准许就夺走别人财产的地方，自己还能是什么"？在1774年第一次大陆会议发布的宣言中，写进了"我们的人民……生来具有生存、自由和拥有财产的权利"的准则。但是，按照严格的法律，英属北美殖民地实行的是封建所有制。殖民地当局发出的许可证通常使用的措辞是，国王准许产权人以"自由、永久的租佃"形式利用土地，因此国王有占有土地的合法权利。各殖民地开始反抗这种封建土地所有权。1776年弗吉尼亚坚决主张，它的公民理应拥有"获得和占有地产的手段"，那是他们固有的权利。[①]

在18世纪末托马斯·杰斐逊担任驻法国公使期间，他看到法国王室和贵族拥有大量闲置的土地，而贫民没有土地作为谋生手段，只

[①]　〔英〕安德罗·林克雷特：《世界土地所有制变迁史》，启蒙编辑所译，上海社会科学院出版社2016年版，第179、180页。

能靠打零工来维持自己和家庭成员的生计。他对私有财产权的态度由怀疑转向了敌对。他在给麦迪逊的信中写道:"这种极大的不平等的后果就是造成了绝大多数人类的大量苦难,立法者不管发明多少手段去细分地产都不算太多。"为了拆分继承所得的大规模地产,他提议制定法律,宣布限定继承制和长子继承制不合法,因为这些措施会导致土地集中到少数人手中。他呼吁政府"在地产价格上涨时以几何级数相应地提高对地产征税的份额"。他揭露,有的地方私有的土地没有耕种,而穷人却得不到可以耕种的土地。他认为,在自然权利和产权发生冲突时,使人们获得幸福的自然权利应当优先于财产权。[①]

杰斐逊在从巴黎返回美国之前,向麦迪逊提出了一个更为激进的计划,这个计划的基础是"土地根据用益权占有,仅限于有生之年"的原则。即土地的使用者在有生之年可以自然地宣称拥有那些土地,但是任何进一步的权利,例如把土地传给指定的继承人,都必须得到"由社会意志产生"的法律的认可。人们认为他的关于土地用益权的建议是一种脱离常规的偏见。但是,这种美国公民应当仅以租赁的形式而不是完全以地产的形式拥有国家的领土的提议,并非毫无道理。

1783年的《巴黎条约》结束了美国与英国的战争,阿巴拉契亚山脉与密西西比河之间的土地全部交给了美国。政府可以选择用任何的方式将其合法地分配。英国土地租借的期限通常是19年,由于政府保留了所有权,政府会从土地新的增值中得益。杰斐逊回国后,不再坚持根据用益权占有土地的提议,但他始终认为,个人拥有土地的权利不过是社会产生的一种法律概念。他坚决主张,为了使地产的状况

[①] 〔英〕安德罗·林克雷特:《世界土地所有制变迁史》,启蒙编辑所译,上海社会科学院出版社2016年版,第201页。

符合公共利益，需要确保土地产权尽可能分散，以此保护公民的独立性。为此，政府应当通过增税的干预手段限制产权并重新分配财富。[1]

英国在 1783 年签订了《巴黎协定》，把加拿大以南、密西西比河以东和佛罗里达以北的所有土地都划归美国。当时，这一地区只有东部的三分之一由欧洲殖民者及其后裔占据。1800 年殖民潮开始后，东部人，然后是大批外来移民越过阿巴拉契亚山脉进入这一地区。1810 年时，这个地区居住着不到 4% 的美国人口。到 1860 年中西部人口已占全国人口的四分之一。在堪萨斯州新殖民者超过 10 万人。西海岸人口迅速逼近 50 万。

早在 1784 年，由杰斐逊担任主席的 3 个国会委员会提出了处置位于阿巴拉契亚山脉与密西西比河之间的以前属于英国的领土的建议。他们主张把那些土地作为美国的领土和资产。由国家从原住民手中购买土地。联邦政府在处置这些土地之前，应当测量这些土地。想要购买土地的人可以核查这些土地的面积。在拟定这些建议的时候，杰斐逊构想，所有的美国人都应该拥有"一小块土地"。1782 年杰斐逊在《弗吉尼亚笔记》中写道："在土地上劳动的那些人是上帝的选民，倘若上帝确实有选民的话，上帝在他们的身上储备了可观的、真正的美德。"但是他们拥有的土地的面积必须不大，太大的土地面积会导致不平等和贫穷。[2] 他认为，这些农民会成为共和国牢固的基础。杰斐逊的一些提议得到了采纳，成为法律，这包括国家获得领土，将其作为私有财产进行测量和出售。

---

[1] 〔英〕安德罗·林克雷特：《世界土地所有制变迁史》，启蒙编辑所译，上海社会科学院出版社 2016 年版，第 202 页。

[2] 〔英〕安德罗·林克雷特：《世界土地所有制变迁史》，启蒙编辑所译，上海社会科学院出版社 2016 年版，第 203 页。

杰斐逊是路易斯安那购地案的提出者。路易斯安那的购买使得美国的版图几乎扩大了一倍，使美国西部的边疆得到拓展。到1850年，联邦政府掌握了12亿英亩的土地。到1880年，即《宅地法》实行20年之后，联邦政府还掌握着9亿英亩的土地。[1]

1785年美国颁布了《土地令》，规定土地在出售或殖民之前要经测量，测量时要相对于东西方向的基准线和南北方向的主子午线建立一个矩形的棋盘式地域，并将该地域分成若干个6英里见方的镇区，拿到公开的拍卖会上去出售，以保证国库得到土地完全的市场价值。每英亩土地的最低价格为1美元。

1785年9月托马斯·哈钦斯在俄亥俄州的东利物浦镇开始测绘7个区域地理坐标。他们把整个区域划分成36个地块，每块的面积为1平方英里。1787年9月，哈钦斯小组测量的土地在纽约市公开出售。但是在俄亥俄以西最早测量的7个镇的小块土地的出售情况不好，销售只获得不到2万美元。于是，公共土地的测量工作被搁置了。美国国会转而选择了私有化的方式，将800万英亩未测量的土地卖给了土地公司。1796年，由国家来从事公共土地的测量工作。从那以后，在长达两个多世纪的过程中，10亿英亩土地经过测量后作为私有财产出售，其余的土地作为联邦和州政府的土地保留下来。

1787年颁布了《西北令》，规定新殖民的地区有投票权的男性人口达到5000人以前，该地区由国会任命的负责人管理。一个地区人口超过6000人就可以升格为州。《西北令》规定要在俄亥俄州以北和

---

[1] 〔美〕杰里米·阿塔克、〔美〕彼得·帕塞尔：《新美国经济史》上，罗涛等译，中国社会科学出版社2000年版，第249—250页。

密西西比以东建立3—5个新的州,并规定这些地区禁止奴隶制。[①]

1800年以后的20年间,随着人口的增长,政府在俄亥俄州以1.25—2.25美元的单价售出了将近900万英亩的联邦土地。财政部赚了1700万美元以上。从那以后,未耕种的土地价格涨到每英亩5美元,开垦过的土地的售价为每英亩将近12美元。农业发展带动了工业和商业财富的增长。1819年的调查表明,俄亥俄州已拥有至少27家银行、6座钢铁熔炉、20家羊毛和棉花作坊、3家大型工厂。

大批移民到西部来购买土地。他们中有的来自欧洲,有的是已在东部定居的居民,其中不乏土地投机者。拓荒者普利亚姆家族的首领约翰·普利亚姆占据了弗吉尼亚和肯塔基的农场。1796年他跳跃式地前进,到达密西西比河。1823年,他的儿子罗伯特·普利亚姆在位于芝加哥以南180英里的伊利诺伊的糖溪经营农场。他把一片大草原作为自己的私有财产。农场主小菲利蒙·斯托利1846年从父亲那里继承了350英亩的土地,到1881年,他在桑加蒙县拥有2300英亩的土地。他不是采取雇佣劳工为他干活,而是把四分之一的地块出租给佃农,再将利润投资于土地。他雇佣的帮工和佃户大多数来自移民家庭,他们由于1837年及以后的经济萧条失去了土地。[②]1836年,来自佛蒙特的凯莱布·布洛杰特在罗克河畔耕种了100英亩的土地,他和他的助手随后擅自占用了周边大约7000英亩土地。第二年春天,来自新罕布什尔的霍勒斯·怀特来到那里,为新英格兰的移民社团用2500美元买下了共2000英亩土地。这年夏天,公共土地测量地图上记载了布洛杰特的

[①] 〔美〕杰里米·阿塔克、〔美〕彼得·帕塞尔:《新美国经济史》上,罗涛等译,中国社会科学出版社2000年版,第258页。
[②] 〔英〕安德罗·林克雷特:《世界土地所有制变迁史》,启蒙编辑所译,上海社会科学院出版社2016年版,第210、211页。

定居点，移民派出一名代表向国有土地管理总局支付了购买土地的款项，政府授予他们土地专有权，这片土地便成为移民正式的资产。[1]

肯塔基州没有实行严格的土地测量。1820 年时肯塔基州的没有明确所有权的土地十分便宜，价格为每英亩 12.5 美分。由于在肯塔基州没有确定的土地所有权，土地虽然廉价但所有权没有保证，所以肯塔基州很难留住移民。[2]

从 1800 年 5 月到 1820 年 6 月，美国售出了 1360 万英亩以上的公共土地，每英亩土地平均价格不低于 1.70 美元。土地市场的形成，促使地价上涨，未耕种的土地的价格也上涨了 5 倍以上。[3]

美国通过政府收购和出售未开发的土地，在这些土地上实行了土地私人占有制度。在这一过程中，政府获得了很大的收益。此外美国政府还把相当一批土地留作联邦和州的土地。

美国建国初期的历史上，路易斯安那购地案是一桩大事。当时法属路易斯安那的版图与今日的路易斯安那州不吻合，因为当时所谓的路易斯安那比今日的路易斯安那州面积大很多，两者完全不可同日而语。法属路易斯安那的地界，包括现今路易斯安那州的大部分，以及阿肯色州、密苏里州、艾奥瓦州、明尼苏达州一部分、南达科他州、北达科他州大部、蒙大拿州大部、内布拉斯加州、堪萨斯州、俄克拉何马州、得克萨斯州北部、新墨西哥州东北角、科罗拉多州落基山脉以东、怀俄明州大部及现今加拿大南部边境部分地区。

---

[1] 〔英〕安德罗·林克雷特：《世界土地所有制变迁史》，启蒙编辑所译，上海社会科学院出版社 2016 年版，第 215—216 页。
[2] 〔英〕安德罗·林克雷特：《世界土地所有制变迁史》，启蒙编辑所译，上海社会科学院出版社 2016 年版，第 217 页。
[3] 〔英〕安德罗·林克雷特：《世界土地所有制变迁史》，启蒙编辑所译，上海社会科学院出版社 2016 年版，第 212 页。

1801—1802 年，杰斐逊派遣利文斯顿、门罗等人前往巴黎，授权他们最高可以 1000 万美元的价格买下新奥尔良及周边地区，当他们得知拿破仑愿以 1500 万美元的价格将整个法属路易斯安那地区卖给美国的消息时，决定不等国内的回音，立刻拍板签订条约。4 月 30 日美法双方签订了购买条约（一说条约日期为 4 月 30 日，签字在 5 月 2 日）。7 月 4 日独立日当天，杰斐逊向国人宣布了条约签订的消息；10 月 20 日参议院以 24 比 7 的票数批准了条约；12 月 20 日法国将新奥尔良移交美国管理；1804 年 3 月 10 日在圣路易斯举行了正式的仪式，庆祝路易斯安那地区成为美国的一部分。美国购买了法属路易斯安那后，将国土从大西洋沿岸西扩到落基山脉，从墨西哥湾北扩到加拿大。整个购地面积约为现在美国领土的近四分之一。

　　从 1775 年到 1800 年，移民到美国的西部去主要有两条道路。一条道路是沿着弗吉尼亚河谷朝着西南的方向前进，直到今天弗吉尼亚州西南部的角落。这条道路又分叉为两支。一些移民沿着布恩小道，经过库伯兰山口进到肯塔基的布鲁格拉斯地区，而另一批开发者则继续沿着阿巴拉契亚河谷朝着西南方向直到诺克斯维尔。在这里一些人驻足于北卡罗来纳狭窄的河谷和东田纳西州，而另一些移民翻过大山进入田纳西州中部的平原乡村。另一条道路是经过旧日军人走过的小路进到匹兹堡，然后乘独木舟或平底舟沿俄亥俄河前进，他们中的先驱者在肯塔基布鲁格拉斯地区定居，但绝大多数移民沿着俄亥俄河进入现在的俄亥俄州、印第安纳州和肯塔基州。[1]

　　到 1800 年，西进运动在多个方向推进，以扇形展开。它的前锋

---

[1] Willard W. Cochrane, *The Development of American Agriculture: A Historical Analysis*, University of Minnesota Press, 1979, pp. 47-48.

从西北方向的马萨诸塞州和新罕布什尔州到缅因州、佛蒙特州。新英格兰的移民在奥尔巴尼跨越哈德逊河，沿着莫霍克河向西挺进，队伍经过尤蒂卡、奥本、杰尼瓦、布法罗，到达伊利湖附近。一些人用船渡到俄亥俄岸边，其他人则步行走完全程，到达匹兹堡。1800年以后，西进的先锋从卡罗来纳和佐治亚到阿巴拉契亚山南端，然后进入亚拉巴马和密西西比。1812年以后，南部的种植园主从弗吉尼亚沿海平原、卡罗来纳和佐治亚，进入亚拉巴马州和密西西比州。这样，农业人口在南部各地散布开来。①

路易斯安那的购买和西进运动，使得四分之三的美国人获得了土地，他们靠这些土地维生，许多人因此致富。1830年前后，公共土地的总销售量每年很少超过几百万英亩。但是在1830—1837年间，土地的销售量超过了5700万英亩。②

1800年以后的将近六十年间，美国通过购买、协议和斗争将它的版图从密西西比河到东海岸之间的86.4万平方公里扩大到从大西洋到太平洋的约300万平方公里，并对这些土地拥有充分的产权。③

1730—1770年，土地价格每年上涨1.6%。在1600年，包括建国之初的十三州的领土从金融角度来说本来没有什么价值，可是到了1800年，包括房屋在内的这些土地价值约达6亿美元，其中大约有

---

① Willard W. Cochrane, *The Development of American Agriculture: A Historical Analysis*, University of Minnesota Press, 1979, pp.49-50.
② 〔英〕安德罗·林克雷特：《世界土地所有制变迁史》，启蒙编辑所译，上海社会科学院出版社2016年版，第220页。
③ 〔美〕杰里米·阿塔克、〔美〕弗雷德·贝特曼、〔美〕威廉·N.帕克：《北部农业和西进运动》，载〔美〕斯坦利·恩格尔曼、〔美〕罗伯特·E.高尔曼（主编）：《剑桥美国经济史》第一卷，巫云仙、邱竞主译，中国人民大学出版社2008年版，第209页。

三分之二的价值是在1720年以后增加的。①

第三节 开发土地的政策和西进运动

美国制订了《邦联法》后,许多州放弃了阿巴拉契亚山脉以西的几千万英亩的土地,将它们让给联邦政府。亚历山大·汉密尔顿提出这些土地应该通过公开拍卖零星出售,价格要高于最低的保留价格。国会在1785年5月20日通过了《土地令》,规定土地出售之前要进行测量,土地按每块1平方英里出售。

1787年,国会通过《西北令》,确立了新殖民土地并入现有政治体系的原则。每英亩土地最低地价为1美元,最小售地面积为640英亩。其中三分之一付现金,余额3个月内付清。此后,又颁布了1796年、1800年、1804年、1820年、1830年、1832年、1842年、1854年《土地法》。

1862年颁布《宅地法》,规定售地面积为160英亩,购地人只要交10美元登记费,就可以获得160英亩土地,而在这块土地上住满5年,就可以拥有土地的全部所有权,6个月后可以以每英亩1.25美元的价格交易。②

---

① 〔英〕安德罗·林克雷特:《世界土地所有制变迁史》,启蒙编辑所译,上海社会科学院出版社2016年版,第180页。
② 〔美〕杰里米·阿塔克、〔美〕弗雷德·贝特曼、〔美〕威廉·N.帕克:《农场、农场主与市场》,载〔美〕斯坦利·恩格尔曼、〔美〕罗伯特·E.高尔曼(主编):《剑桥美国经济史》第二卷,王珏、李淑清主译,中国人民大学出版社2008年版,第214页表7.1。《宅地法》是使公有土地上实际移殖者获得宅地的法令。它称:"凡身为家长者,或年满二十一岁并为合众国居民者,或决定一招合众国入籍法的规定填写志愿入籍声明书,同时从没有持枪械反抗过合众国政府,支持或教唆合

在这些土地法的实施过程中,土地销售的重点从高价大块土地向低价甚至免费的小块土地的转变,使得土地销售量上升了。上千万英亩的土地从公有转为私有。大量的土地和未开垦的荒地都转变为农场。在 1850 年代,农业土地增加了 1 亿多英亩,其中一半是可耕种的土地。在边疆地区新增加的农用地尤其多,伊利诺伊州的农业用地增加了 900 万英亩,艾奥瓦州的农业用地增加了 700 多万英亩。①

随着西部开发和向西部移民,西部各州人口迅速增长。在西纽约州,1790 年人口增加了 1074 人,增长了 149.8%。1800 年人口增加了 17006 人,1810 年增加了 75618 人,1820 年增加了 265325 人,1830 年增加了 406858 人,1840 年人口增加了 548308 人。

在西宾夕法尼亚州,1790 年人口增加了 108934 人,1800 年人口增加了 197417 人,1810 年增加了 205115 人,1820 年增加了 390593 人,1830 年增加了 528831 人,1840 年人口增加了 729086 人。

在俄亥俄州,1800 年人口增加了 45365 人,1810 年增加了 230760 人。1820 年增加了 581295 人,1830 年增加了 937903 人,1840 年人

(接上页)众国政府的敌人者,应从 1863 年 1 月 1 日起有权登记四分之一平方英里或以下的尚未分配给私人的公有土地;上述之人可提出一优先购买的申请,申请之时即可以每英亩一美元二十五美分或更低的价格优先购买土地;或应在测量以后,按照公有土地法定的再分割办法登记坐落在一块八十英亩以下的此种尚未分配给私人占有的公有土地,那是每英亩二美元五十美分。应规定,凡占有土地或居住地者,根据本法案的规定,可另行登记临近于原有土地的土地,连同原来所有土地即占有土地在内,总数不得超过一百六十英亩。"(法学编辑部《外国法制史》编写组:《外国法制史资料选编》下册,北京大学出版社 1982 年版,第 483 页。)

① 〔美〕杰里米·阿塔克、〔美〕弗雷德·贝特曼、〔美〕威廉·N.帕克:《农场、农场主与市场》,载〔美〕斯坦利·恩格尔曼、〔美〕罗伯特·E.高尔曼(主编):《剑桥美国经济史》第二卷,王珏、李淑清主译,中国人民大学出版社 2008 年版,第 218—220 页。

口增加了 1519407 人。

在印第安纳州，1810 年人口增加了 24520 人，1820 年增加了 147118 人，1830 年增加了 343031 人，1840 年人口增加了 685866 人。

在伊利诺伊州，1810 年人口增加了 12282 人，1820 年增加了 55162 人，1830 年增长了 157445 人，1840 年人口增加了 476183 人。

在密歇根州，1810 年人口增加了 4762 人，1820 年增加了 8765 人，1830 年增加了 31639 人，1840 年人口增加了 212267 人。

在密苏里州，1810 年人口增加了 20845 人，1820 年增加了 66557 人，1830 年增加了 140455 人，1840 年人口增加了 383702 人。①

第四节 南北战争前的农业

在南北战争以前，美国的农业经济是沿着两条路线发展的。在北部是自耕农制度，农业经济组织主要由家庭农场构成。这些家庭农场为满足自身需求和当地的消费生产各种作物。此后，它们与其他地区和国际的贸易也发展起来。

在美国北部和加拿大农耕与欧洲农耕的重大差别在于，如果他们能够填补农业人口的需求，就可以得到土地和信贷资金。小生产在农业和市场整合中起了特殊的作用。小生产者倾向于生活在靠近河流、湖泊和森林的地段。森林产品提供给他们附带的食物、物资资源和收入来源。

---

① Percy Wells Bidwell and John I. Falconer, *History of Agriculture in the Northern United States 1620-1860*, Washington: Carnegie Institute, 1925, p.152, Table 22 Increase of Population West of the Alleghenies, 1790-1840; Table 23 Percentage of Increase of Population West of the Alleghenies, 1790-1840.

在家庭生产中，父亲和长子主要的是在农场劳作，和从事建筑工作。主妇和幼子则在家中劳作，种植菜园和果园，饲养家畜，向家庭提供基本的食品，收获森林产品，并在收获时节做助手。他们把剩余时间用于农场建设和为市场生产。家庭生产在市场体制中处于边际地位。家庭生产使得农民家庭满足他们基本的消费和生产要求，同时逐渐地积累财富。乡村非农业部类职业者则帮助和推进农场主与外部世界的商业联系。如磨坊主帮助将小麦磨成粉，做成餐食和酒，农场主将它们运到遥远的市场上去获利。①

在北部和西部建立家庭农场需要很大的投资。通常农场主一家每年开垦 5 英亩或 10 英亩的土地，在其上种植作物，建立一个完整的农场要花 5 到 10 年时间。在这期间，农场主将花去自己的积蓄作为投资。根据阿塔克和贝特曼的研究，1860 年在东北部建立规模为 40 英亩的自有土地农场，自有农场主的全部花费为 1920 美元。建立规模为 80 英亩的自有土地农场，自有农场主的全部花费为 3138 美元。建立规模为 160 英亩的自有土地农场，自有农场主的全部花费为 4743 美元。1860 年在中西部建立规模为 40 英亩的自有土地农场，自有农场主的全部花费为 981 美元。建立规模为 80 英亩的自有土地农场，自有农场主的全部花费为 1715 美元。建立规模为 160 英亩的自有土地农场，自有农场主的全部花费为 3002 美元。②

在俄亥俄州、印第安纳州和伊利诺伊州，第一批殖民者在俄亥俄

---

① David F. Weiman, Families, "Farms, and Rural Society in Preindustrial America", in George Grantham and Carol S. Leonard, eds., *Agrarian Organization in the Century of Industrialization: Europe, Russia, and America*, JAI Press, 1989, pp.257-259.
② 〔美〕杰里米·阿塔克、〔美〕彼得·帕塞尔：《新美国经济史》下册，罗涛等译，中国社会科学出版社 2000 年版，第 80 页，表 10.2 1860 年按地区和农场大小划分的租地农场主和自由农场主的资本花费比较。

州河谷、密西西比河谷以及两河谷的支流定居和耕种。他们种植谷物（主要是玉米和小麦），饲养肉禽，为自己消费。有这样的说法："人们在土地上只种玉米，玉米没有市场，所以人们就把玉米做成威士忌酒。威士忌市场供过于求并且价格低，所以人们便喝威士忌。"随着耕地面积扩大，生产的剩余量是越来越多，超出了当地消费的需要，人们便把这些剩余粮食运往新奥尔良。在新奥尔良，这些粮食又被转运往国内其他市场和国外市场。农场主成了积极的市场活动的参加者。到19世纪中叶，71%的北部农场主拥有可供出售的剩余粮食。而那些距交通线近的农场主生产的粮食比其他农场主要多得多。单个农场主的销售活动汇聚成了宏大的地区间农产品的贸易流。[①]

到了19世纪初，由于汽船在河流和五大湖上航行以及运河的建设，运费下降，农产品的产地价格与市场价格之间的差距显著缩小。中西部的谷物和牲畜开始进入东部市场，中西部剩余的资源和生产能力使得农产品商品供应很有弹性，而东北部土地生产力下降并且价格很高。随着西部的谷物和牲畜进入东部市场，东北部的农场主发现自己在竞争中处于不利的境地，他们向西部迁移或离开农业到工业部门中去寻找工作，或是在当地从事资本更为密集的亩产更高的农业生产。在1820—1850年间，东部农业的劳动生产率上升了大约15%。[②]

1859—1860年在中西部地区，伊利诺伊州租地农场主农场人均收入为82美元，所有者农场人均收入为165美元。印第安纳州租地农场主农场人均收入为58美元，所有者农场人均收入为113美元。

---

① 〔美〕杰里米·阿塔克、〔美〕彼得·帕塞尔：《新美国经济史》下册，罗涛等译，中国社会科学出版社2000年版，第291页。
② 〔美〕杰里米·阿塔克、〔美〕彼得·帕塞尔：《新美国经济史》下册，罗涛等译，中国社会科学出版社2000年版，第292—293页。

艾奥瓦州租地农场主农场人均收入为60美元，所有者农场人均收入为104美元。堪萨斯州租地农场主农场人均收入为52美元，所有者农场人均收入为120美元。密歇根州租地农场主农场人均收入为78美元，所有者农场人均收入为85美元。明尼苏达州租地农场主农场人均收入为61美元，所有者农场人均收入为94美元。密苏里州租地农场主农场人均收入为21美元，所有者农场人均收入为68美元。俄亥俄州租地农场主农场人均收入为99美元，所有者农场人均收入为146美元。在威斯康星州，租地农场主农场人均收入为73美元，所有者农场人均收入为96美元。在中西部各州，租地农场主农场人均收入为61美元，所有者农场人均收入为113美元。

在东北部地区，康涅狄格州租地农场主农场人均收入为68美元，所有者农场人均收入为170美元。马里兰州租地农场主农场人均收入为19美元，所有者农场人均收入为88美元。新罕布什尔州租地农场主农场人均收入为71美元，所有者农场人均收入为113美元。新泽西州租地农场主农场人均收入为100美元，所有者农场人均收入为153美元。纽约州租地农场主农场人均收入为133美元，所有者农场人均收入为221美元。宾夕法尼亚州租地农场主农场人均收入为76美元，所有者农场人均收入为128美元。佛蒙特州租地农场主农场人均收入为125美元，所有者农场人均收入为177美元。在东北部各州，租地农场主农场人均收入为78美元，所有者农场人均收入为174美元。在整个北方，租地农场主农场人均收入为67美元，所有者农场人均收入为135美元。[①] 在1859—1860年，东北部农场的收益

---

① 〔美〕杰里米·阿塔克、〔美〕彼得·帕塞尔：《新美国经济史》下册，罗涛等译，中国社会科学出版社2000年版，第295页，表10.5 1859—1860年按州和租地与否划分的农场人均收入估计值（美元）。

比中西部农场的收益要高。

1. 租佃制

国内对美国史有一种传统的认识，即美国农业中实行的是拥有土地所有权的使用雇佣劳动力的资本主义大农场制。[①] 情况并非如此。在美国开发的过程中，土地价格不断上涨。1850—1915年间美国地价以每年2.5%的增速上升，在此期间地价增长了将近4倍。一些无法承受过高地价的农民，只能购买面积较小的土地或者租种土地。这样，租佃农场制发展起来了。19世纪后期，租佃农场制在美国的农业组织中占有相当大比例。在19世纪后期到20世纪初，美国农业生产组织不只是有使用雇佣劳动的资本主义大农场一种方式，而是存在着自由农场和租佃农场两种农业经营模式。自由农场的面积也有不同，其中有100英亩或小于100英亩的家庭农场，也有面积更大的资本主义农场。

美国19世纪的农业经济形态实际上包括了6种范畴，即农场劳动者；分成租佃制；货币租佃制；小农场所有者经营；种植园主/在外地主/商人经营；股份公司经营。这些范畴之间彼此会发生重叠。这六种范畴包括了美国当时存在的绝大多数农业经济组织。

农业劳动者是最简单的范畴。他们是在农场所有者直接监督下的工资劳动者。如果农场较大，劳工会被组织成劳动组，种植园所有者通常会雇佣一些工人来监视这些劳动组。农场劳工处于农业社会结构的最底层，因为他们控制不了土地，也控制不了他们的劳动。

---

① 〔美〕杰里米·阿塔克、〔美〕弗雷德·贝特曼、〔美〕威廉·N.帕克：《北部农业和西进运动》，《剑桥美国经济史》第二卷，王珏、李淑清主译，中国人民大学出版社2008年版，第316页。

分成制佃农在种植园的一块土地上劳作。他们通常持有的土地面积为20—30英亩。对他们的安排通常是地主提供土地、住房、燃料、工具、生产资料、种子、一半的肥料（化肥），以及生产资本的税费。合伙制佃农提供劳动力和一半肥料（化肥）。地主在收获时拿走四分之一或三分之一的收获物，合伙制佃农取得收获物的余下部分。如果生产的是棉花和玉米，那么地主得到三分之一的棉花和四分之一的玉米。合伙制佃农是一种租户，地主无权监督他们日常的活动。合伙制佃农比分成制佃农或工资劳动者的身份地位要高一些。

地主对货币地租佃户的安排类似于合伙制佃农。不同之处是，地主只是供给土地、房屋和燃料，而佃户负责劳动力、生产资本、生产资本的税费、种子和全部肥料。在这种情况下，地主取得现金支付的地租或皮棉，而佃户取得余下的收获物。这种佃户具有最大的独立性和生产的积极性，因为他们拥有除了地租以外所有的收获物。

小农场所有者与种植园所有者不是一类，因为他们的地位不同。小农场主通常拥有20—200英亩土地，他们靠自己的家庭成员或两个工资劳动者为其劳作。这种农场主通常是白人。在内战前，他们主要的社会来源是维生的农民。内战以后，由于棉价高和商人的作物留置权，许多农场主认识到还是种棉花好。这些小农场主被称为约曼农。[①]

早在1866年，南卡罗来纳州的农场主已经取得了对农业劳动者实行分成制的经验。到1868年，在佐治亚州，老的种植园制度实际上已经被放弃，分成制和其他形式的租佃制在农业经济组织中已经取

---

① Neil Fligstein, "The Underdevelopment of the South: State and Agriculture, 1865-1900", in A. Eugene Havens, with Gregory Hooks, Patrick H. Mooney, and Max J. Pfeffer, eds., *Studies in the Transformation of U. S. Agriculture*, Westview Press, 1986, p. 80.

得支配地位。随着老的种植园制度的衰落,农场数量增加。大种植园分成小块向白人和黑人农场主出售,当然绝大多数买主是白人。在美国内战前,只有17%致力于棉花生产的农场主是白人。而到1876年,有40%的农场主是白人。白人纷纷从事棉花种植业。

在种植园制度处于衰落的背景下,1868—1874年的一场关于农业劳动组织的革命在美国发生。对黑人来说,关键问题是要自己控制他们自己的劳动。在旧南部,黑人首先触及这个问题。种植园主当时先后提出了几个吸引移民到棉田工作的计划,但是都失败了。种植园主出租土地、出售土地或者让土地休耕,这三种方式都试行了,唯有租佃制最终流行起来。当时试行了三种租佃制,即分成制、合租制和货币地租制度。分成租佃制是向农民提供土地,实行监督,给予工具、种子、家畜和生活用品,到收获时,土地所有者和佃户平分收获物。合伙租佃制接近于货币租佃制,地主提供房屋和土地,佃户分得一部分谷物。有三个因素使得这种安排得到普及。第一,某些种植园主希望移居城市,于是出租他们的土地。第二,某些种植园主有过剩的土地,倾向于将其出租,而不是休耕。第三,也是最重要的因素,黑人希望自己的生产不要受到监督,而这种制度最适合他们。货币地租已经存在,租地者单独就使用土地支付固定的货币地租。[1]

在内战以后,南方出现了将可耕地分成小块出租的现象。土地的分割是由两个原因造成的。第一,发生了一些重新分配土地的现象。随着种植园体制的衰落,土地价值骤然下跌。对小农场主来说,获得

---

[1] Neil Fligstein, "The Underdevelopment of the South: State and Agriculture, 1865-1900", in A. Eugene Havens, with Gregory Hooks, Patrick H. Mooney, and Max J. Pfeffer, eds., *Studies in the Transformation of U. S. Agriculture*, Westview Press, 1986, p.64..

小块条地耕作较为适宜。第二，是分成制和租佃制的兴起。内战后美国广泛地采纳了租佃农场制。由于当时劳动力来源不稳定，种植园所有者为了从自己的土地上获利，不得不给予租户较多的自由，不得不不那么监视他们的自由。从 1860 年到 1900 年，美国南部各州的农场的数量迅速增长，农场平均面积则在下降[①]。

在亚拉巴马州，1860 年有 55128 个农场，农场平均面积为 349 英亩。1870 年有 67435 个农场，农场平均面积为 272 英亩。1880 年有 135864 个农场，农场平均面积为 139 英亩。1890 年有 157772 个农场，农场平均面积为 126 英亩。1900 年有 323200 个农场，农场平均面积为 93 英亩。

在阿肯色州，1860 年有 39004 个农场，农场平均面积为 491 英亩。1870 年有 49333 个农场，农场平均面积为 301 英亩。1880 年有 94433 个农场，农场平均面积为 128 英亩。1890 年有 124760 个农场，农场平均面积为 119 英亩。1900 年有 178694 个农场，农场平均面积为 93 英亩。

在佐治亚州，1860 年有 62003 个农场，农场平均面积为 430 英亩。1870 年有 69964 个农场，农场平均面积为 338 英亩。1880 年有 138626 个农场，农场平均面积为 188 英亩。1890 年有 171071 个农场，农场平均面积为 147 英亩。1900 年有 224091 个农场，农场平均面积为 117 英亩。

在路易斯安那州，1860 年有 17328 个农场，农场平均面积为 537

---

① Neil Fligstein, "The Underdevelopment of the South: State and Agriculture, 1865-1900", in A. Eugene Havens, with Gregory Hooks, Patrick H. Mooney, and Max J. Pfeffer, eds., *Studies in the Transformation of U. S. Agriculture*, Westview Press, 1986, p. 81.

英亩。1870年有28444个农场,农场平均面积为247英亩。1880年有48290个农场,农场平均面积为171英亩。1890年有69294个农场,农场平均面积为138英亩。1900年有115969个农场,农场平均面积为95英亩。

在密西西比州,1860年有42840个农场,农场平均面积为370英亩。1870年有67985个农场,农场平均面积为193英亩。1880年有101772个农场,农场平均面积为156英亩。1890年有144318个农场,农场平均面积为122英亩。1900年有220803个农场,农场平均面积为83英亩。

在北卡罗来纳州,1860年有75203个农场,农场平均面积为316英亩。1870年有93565个农场,农场平均面积为212英亩。1880年有157609个农场,农场平均面积为142英亩。1890年有178359个农场,农场平均面积为127英亩。1900年有224637个农场,农场平均面积为146英亩。

在南卡罗来纳州,1860年有33171个农场,农场平均面积为488英亩。1870年有52383个农场,农场平均面积为233英亩。1880年有93864个农场,农场平均面积为143英亩。1890年有115008个农场,农场平均面积为115英亩。1900年有155355个农场,农场平均面积为90英亩。

在得克萨斯州,1860年有42891个农场,农场平均面积为591英亩。1870年有61125个农场,农场平均面积为301英亩。1880年有174184个农场,农场平均面积为208英亩。1890年有228126个农场,农场平均面积为225英亩。1900年有352190个农场,农场平均面积为257英亩。

在俄克拉何马州,1860年有8826个农场,农场平均面积为182

英亩。1900 年有 62495 个农场，农场平均面积为 368 英亩。①

美国早期租佃制的资料不完整。美国北方的租佃农场常常被人忽视。因为那里"有大量的空闲土地，而已耕种的土地租金低廉，而且租佃形式并不普及"。但是，1880 年第一份官方的租佃统计数据表明，20 多年间，在老的西北部地区，超过 20% 的农场主是租佃农场主，在太平洋沿岸地区这个比例大约是 17%。②

在独立战争前夕纽约州有大约 6000—7000 个租佃农场。有的学者认为，1785 年的《土地令》和随后一些法律取消了对个人和团体获得土地数量的限制，销售不受限制的政策使得投机者的土地垄断出现了。这导致了便宜的空闲的土地迅速消失，随之出现了租佃制。根据詹姆斯·莱蒙的估计，殖民地时代晚期的宾夕法尼亚州的切斯特县，大约有 30% 的已婚纳税人不占有土地。独立战争时期的租佃率与一个世纪以后的租佃率相当。在 19 世纪上半叶，租佃比率比之前和之后都要低很多。艾伦·伯格对 1860 年艾奥瓦州三个镇区做了研究，认为租地率在 6.6%—11.2% 之间。小塞迪·科格斯韦尔德研究认为，艾奥瓦州东部的租佃率从 1850 年的 17.6% 上升到 1880 年的 28.3%。杰里米·阿塔克估计 1860 年整个中西部地区的租佃率大约为 17%。密歇根州的比率较低，为 7%。而边疆地区的比率较高，为

---

① Neil Fligstein, "The Underdevelopment of the South: State and Agriculture, 1865-1900", in A. Eugene Havens, with Gregory Hooks, Patrick H. Mooney, and Max J. Pfeffer, eds., *Studies in the Transformation of U. S. Agriculture*, Westview Press, 1986, p.82, Table 1 The Number of Farms and Average Farm Size in Acres in Selected Southern States, 1860-1900.
② 〔美〕杰里米·阿塔克、〔美〕弗雷德·贝特曼、〔美〕威廉·N.帕克：《北部农业和西进运动》，载《剑桥美国经济史》第二卷，王珏、李淑清主译，中国人民大学出版社 2008 年版，第 230 页。

30%以上。[1]

自1880年至1920年美国的租佃农场在全部农场中的比率增长和农业土地地价的增长直接相关。1880年美国每英亩农地价值为19.02美元,租佃农场占农场总数的百分比为25.5%;1890年美国每英亩农地价值为21.31美元,租佃农场占农场总数的百分比为28.4%;1900年美国每英亩农地价值为19.81美元,租佃农场占农场总数的百分比为35.3%;1910年美国每英亩农地价值为39.60美元,租佃农场占农场总数的百分比为37%;1920年美国每英亩农地价值为69.38美元,租佃农场占农场总数的百分比为38.1%。

以后,佃农的百分比继续增长,1925年为38.6%,1935年竟达42.1%。半自耕农的人数,占农场经营者的10.1%。把半自耕农所租种的和佃农经营的土地合并计算,美国全部农业土地有44.79%是租种地。在1930年,艾奥瓦州平均每个农场的价值已达2万美元。没有达到2万美元价值的佃农,便没法转变成自耕农。[2]

租佃制的分布与各地地价的高低直接相关。新英格兰诸州的地价较中西部各州要低,所以这些州佃农较少。根据B.H.希巴德的调查,各县佃农占总农户数的百分比,恰恰与地价的高低成正比。地价最贵的县佃农的比例为29%,地价中等的县佃农的比例为21%,地价最低的县佃农的比例为16%。例如,亚拉巴马州的达拉斯县每英亩地价为2.24美元,佃农占农户总数的89.2%;温森县每英亩地价为4.24美元,佃农占农户总数的23.7%。伊利诺伊州福德县每英亩地价为

---

[1] 〔美〕杰里米·阿塔克、〔美〕弗雷德·贝特曼、〔美〕威廉·N.帕克:《北部农业和西进运动》,载《剑桥美国经济史》第二卷,王珏、李淑清主译,中国人民大学出版社2008年版,第231—232页。

[2] 刘晓然:《土地经济学》,河南大学出版社2012年版,第285页。

148.97 美元，佃农占全部农户的比例为 66.9%；爱德华兹县每英亩地价为 47.46 美元，佃农占全部农户的比例为 20.1%。艾奥瓦州格伦第县每英亩地价为 117.36 美元，佃户占全部农户的比例为 56.7%；阿拉马基县每英亩地价为 8.25 美元，佃户占全部农户的比例为 15.8%。密西西比州莱夫莱尔县每英亩地价为 43.67 美元，佃户占全部农户的比例为 95.4%；吉里县每英亩地价为 8.19 美元，佃户占全部农户的比例为 3.5%。俄克拉何马州阿萨奇县每英亩地价为 13.21 美元，佃户占全部农户的比例为 89.2%。[1]

  1880 年的美国政府的统计数据表明，租佃制在美国各地普遍存在，但租佃制在各州农场中所占的比例不同。在开发较早的老的西北地区，超过 20% 的农场是租佃农场。在太平洋沿岸地区这一比例大约是 17%。但是在新英格兰，优质农田稀缺，价格昂贵，因此租佃农场的比率很低。具体来说，1880 年时租佃农场占的比率，华盛顿州为 7.2%，俄勒冈州为 14.1%，爱达荷州为 4.7%，蒙大拿州为 5.3%，怀俄明州为 2.8%，加利福尼亚州为 19.8%，内华达州为 9.7%，犹他州为 4.6%，亚利桑那州为 13.2%，科罗拉多州为 13.0%，新墨西哥州为 8.1%，得克萨斯州为 37.6%，俄克拉何马州为 44.9%，堪萨斯州为 16.3%，内布拉斯加州为 18.0%，南达科他州为 4.45%，北达科他州为 2.1%，路易斯安那州为 35.2%，阿肯色州为 30.9%，密苏里州为 27.3%，艾奥瓦州为 23.8%，明尼苏达州为 9.1%，伊利诺伊州为 31.4%，威斯康星州为 9.1%，密歇根州为 10%，印第安纳州为 23.7%，俄亥俄州为 19.3%，肯塔基州为 26.5%，田纳西州为 34.5%，密西西比州为 43.8%，亚拉巴马州为 46.8%，佛罗里达州为

---

[1] 转引自刘晓然：《土地经济学》，河南大学出版社 2012 年版，第 285—286 页。

30.9%，佐治亚州为 44.9%，南卡罗来纳州为 50.3%，北卡罗来纳州为 33.5%，弗吉尼亚州为 29.5%，西弗吉尼亚州为 19.15%，宾夕法尼亚州为 21.2%，纽约州为 16.5%，缅因州为 4.3%，新罕布什尔州为 8.1%，佛蒙特州为 13.4%，马萨诸塞州为 8.2%，康涅狄格州为 10.2%。在美国东南部 11 个州，租佃农场在全部农场中的比例都在 30% 以上。①

19 世纪晚期，由于所有的空闲土地都已经被开垦耕种，使得许多希望从事农业的农场主不得不去租佃土地。1920 年与 1880 年对比，除了东北部地区 12 个州和内华达州外，其余所有各州，租佃农场的比例都上升了。②1835 年关于租佃制的总统委员会报告说："我们对农业取得的统计资料表明，在过去五十五年中，所有者耕作的土地持续地明显下降，租佃农场在农场总数中占的比例 1880 年是 25%，1935 年上升到 42%。"③

在亚拉巴马州，1860 年农场总数为 55128 个，它们都是所有者经营的农场。1890 年农场总数为 157772 个，其中所有者经营的农场为 81141 个，租佃农场为 76631 个。1900 年农场总数为 223220 个，其中所有者经营的农场为 94346 个，租佃农场为 128874 个。

在阿肯色州，1860 年农场总数为 39004 个，全部都是所有者经

---

① 〔美〕斯坦利·L. 恩格尔曼、〔美〕罗伯特·E. 高尔曼（主编）：《剑桥美国经济史》第二卷，王珏、李淑清主译，中国人民大学出版社 2008 年版，第 231 页，图 7.13 1880 年各州的租佃比例。
② 〔美〕斯坦利·L. 恩格尔曼、〔美〕罗伯特·E. 高尔曼（主编）：《剑桥美国经济史》第二卷，王珏、李淑清主译，中国人民大学出版社 2008 年版，第 231 页，图 7.13 1880 年各州的租佃比例。
③ John D. Black and R. H. Allen, "The Growth of Farm Tenancy in the United States", in *Quarterly Journal of Economics*, Vol. 51, No. 3 (May, 1937), p.393.

营的农场。1880年农场总数为94433个，其中所有者经营的农场占69%，租佃农场占31%。1890年农场总数为124760个，其中所有者经营的农场占68%，租佃农场占32%。1900年农场总数为198694个，其中所有者经营的农场占54%，租佃农场占农场总数的46%。

在佐治亚州，1860年农场总数为62003个，全部都是所有者经营的农场。1880年农场总数为138626个，其中所有者经营的农场占55%，租佃农场占农场总数的45%。1890年农场总数为171071个，其中所有者经营的农场占46%，租佃农场占54%。1900年农场总数为224691个，其中所有者经营的农场占40%，租佃农场占60%。

在路易斯安那州，1860年有17328个农场，它们都是所有者经营的农场。1880年共有农场48292个，其中所有者经营的农场占65%，租佃农场占农场总数的35.2%。1890年农场总数为69294个，其中所有者经营的农场占56%，租佃农场占44%。

在密西西比州，1860年共有农场42840个，都是所有者农场。1880年有农场101772个，比1860年增加58932个，其中所有者经营的农场占56%，租佃农场占44%。1890年有农场144318个，比1880年增加了42546个，其中所有者经营的农场占47%，租佃农场占总数的53%。1900年有农场220803个，农场比1890年增加了76485个，所有者经营的农场占37%，租佃农场占农场总数的63%。

在北卡罗来纳州，1860年有农场75203个，全都是所有者农场。1880年有农场157609个，比1860年增加了82406个，其中所有者经营的农场占67%，租佃农场占农场总数的33%。1890年有农场178359个，比1880年增加了20750个，其中所有者经营的农场占66%，租佃农场占34%。1900年有农场224627个，比1890年增加了46278个，所有者经营的农场占58%，租佃农场占42%。

在南卡罗来纳州，1860年有农场33171个，全部是所有者农场。1880年有农场93864个，比1860年增加了60693个，其中所有者农场和租佃农场各占50%。1890年有农场115008个，比1880年增加了21144个，其中所有者经营的农场占45%，租佃农场占55%。1900年共有农场155355个，比1890年增加了40347个，其中所有者经营的农场占38%，租佃农场占62%。

在得克萨斯州，1860年有农场42891个，全部都是所有者农场。1880年有农场174184个，其中所有者经营的农场占62%，租佃农场占农场总数的38%。1890年该州有农场228126个，其中所有者经营的农场占58%，租佃农场占42%。1900年有352190个农场，其中所有者经营的农场和租佃农场各占农场总数的50%。[1]

在上述南部8个州中，租佃农场在全部农场中占的比例从1880年、1890年到1900年呈明显上升趋势。租佃农场在全部农场中占的比例越来越大。

1890年美国共有农场4564641个，其中农场主拥有全部所有权、部分所有权或是由经理管理的农场为3269728个，租佃农场为1294913个。在美国南部共有农场1836372个，其中农场主拥有全部所有权、部分所有权或是由经理管理的农场为1130029个，租佃农场为706343个。

---

[1] Neil Fligstein, "The Underdevelopment of the South: State and Agriculture, 1865-1900", in A. Eugene Havens, with Gregory Hooks, Patrick H. Mooney, and Max J. Pfeffer, eds., *Studies in the Transformation of U. S. Agriculture*, Westview Press, 1986, p. 82, Table 2 A Comparison of the Number of Farms Rented and Owned by State, 1880, 1890 and 1900; pp. 84-85, Table 3 An Attempt to Assess the Change in Number of Farms and the Component of the Change Due to the Increase in Farm Owners and Tenant Farmers in the Southern States from 1860-1900.

1900年美国共有农场5737373个，其中农场主拥有全部所有权的农场为3201947个，农场主拥有部分所有权的农场为451376个，由经理管理的农场为59086个，租佃农场为2024964个。在美国南部共有农场2620391个，其中农场主拥有全部所有权的农场为1237114个，农场主拥有部分所有权的农场为133368个，由经理管理的农场为18765个，租佃农场为1231144个。

1910年美国共有农场6361502个，其中农场主拥有全部所有权的农场为3354897个，农场主拥有部分所有权的农场为593825个，由经理管理的农场为58104个，租佃农场为2354676个。在美国南部共有农场3097547个，其中农场主拥有全部所有权的农场为1329390个，农场主拥有部分所有权的农场为215121个，由经理管理的农场为16284个，租佃农场为1536752个。

1920年美国共有农场6448343个，其中农场主拥有全部所有权的农场为3366510个，农场主拥有部分所有权的农场为558580个，由经理管理的农场为68449个，租佃农场为2454804个。在美国南部共有农场3206664个，其中农场主拥有全部所有权的农场为1405762个，农场主拥有部分所有权的农场为191463个，由经理管理的农场为18318个，租佃农场为1591121个，以收成一部分作为佃租的农场有561091个。

1930年美国共有农场6288648个，其中农场主拥有全部所有权的农场为2911644个，农场主拥有部分所有权的农场为656750个，由经理管理的农场为55889个，租佃农场为2664365个。在美国南部共有农场3223816个，其中农场主拥有全部所有权的农场为1190683个，农场主拥有部分所有权的农场为224992个，由经理管理的农场为17358个，租佃农场为1790783个，以收成一部分作为佃租的农场有776278个。

1940年美国共有农场6096799个,其中农场主拥有全部所有权的农场为3084138个,农场主拥有部分所有权的农场为615039个,由经理管理的农场为36351个,租佃农场为2361271个。在美国南部共有农场3007170个,其中农场主拥有全部所有权的农场为1327690个,农场主拥有部分所有权的农场为216607个,由经理管理的农场为13580个,租佃农场为1449293个,以收成一部分作为佃租的农场有541291个。

1945年美国共有农场5859169个,其中农场主拥有全部所有权的农场为3301361个,农场主拥有部分所有权的农场为660502个,由经理管理的农场为38885个,租佃农场为1858421个。在美国南部共有农场2281135个,其中农场主拥有全部所有权的农场为1509056个,农场主拥有部分所有权的农场为193607个,由经理管理的农场为13193个,租佃农场为1165279个,以收成一部分作为佃租的农场有446556个。

1950年美国共有农场5382162个,其中农场主拥有全部所有权的农场为3089583个,农场主拥有部分所有权的农场为824923个,由经理管理的农场为23527个,租佃农场为1444129个。在美国南部共有农场2652423个,其中农场主拥有全部所有权的农场为1411123个,农场主拥有部分所有权的农场为325999个,由经理管理的农场为9979个,租佃农场为905322个,以收成一部分作为佃租的农场有346765个。

1954年美国共有农场4783021个,其中农场主拥有全部所有权的农场为2744708个,农场主拥有部分所有权的农场为868180个,由经理管理的农场为20894个,租佃农场为1149239个。在美国南部共有农场2317296个，其中农场主拥有全部所有权的农场为1275226个，农场主拥有部分所有权的农场为351016个，由经理管理的农场为9571个，租佃农场为681483个，以收成一部分作为佃租的农场有267662个。①

1867年12月，安德鲁·约翰逊总统任命的负责调查南部诸州农业的政府官员奥列弗·凯利组织了秘密的农场主兄弟会，它被称为"美国农业保护者协会"，简称"格兰其"。格兰其的成员到1875年增至85万人，它尤其在中西部发展很快。1874年在艾奥瓦州平均每75户农民家庭就有一个"格兰其"组织，在堪萨斯州平均每66户农民家庭就有一个"格兰其"组织。其他抗议组织"绿背党"和联盟会很快也出现了。到90年代这一抗议运动顶峰时，出现了平民党运动。它试图就农场主的恶劣的经济状况找出解决办法。②

1859—1860年对于各州所有者农场和租地农场的人均收入估计值如下：在伊利诺伊州，租地农场主农场人均收入为82美元，所有者农场人均收入为165美元。在印第安纳州，租地农场主农场人均收入为58美元，所有者农场人均收入为113美元。在艾奥瓦州，租地农场主农场人均收入为60美元，所有者农场人均收入为104美元。在堪萨斯州，租地农场主农场人均收入为52美元，所有者农场人均收入为120美元。在密歇根州租地农场主农场人均收入为78美元，

---

① Bureau of the Census with the Cooperation of the Social with the Cooperation of the Social Science Research Council, *A Statistical Abstract Supplement: Historical Statistics of the United States Colonial Times to 1957*, U. S. Department of Commerce, 1965, p.278, Series K 8-52 Farms, by Color and Tenure of Operator, and Acreage and Value, by Tenure of Operator: 1880-1954.

② 〔美〕杰里米·阿塔克、〔美〕彼得·帕塞尔：《新美国经济史》下册，罗涛等译，中国社会科学出版社2000年版，第419、416—417页。

所有者农场人均收入为 85 美元。在明尼苏达州，租地农场主农场人均收入为 61 美元，所有者农场人均收入为 94 美元。在密苏里州，租地农场主农场人均收入为 21 美元，所有者农场人均收入为 68 美元。在俄亥俄州，租地农场主农场人均收入为 99 美元，所有者农场人均收入为 146 美元。在威斯康星州，租地农场主农场人均收入为 73 美元，所有者农场人均收入为 96 美元。在中西部各州，租地农场主农场人均收入为 61 美元，所有者农场人均收入为 113 美元。在康涅狄格州，租地农场主农场人均收入为 68 美元，所有者农场人均收入为 170 美元。在马里兰州，租地农场主农场人均收入为 19 美元，所有者农场人均收入为 88 美元。在新罕布什尔州，租地农场主农场人均收入为 71 美元，所有者农场人均收入为 113 美元。在新泽西州，租地农场主农场人均收入为 100 美元，所有者农场人均收入为 153 美元。在纽约州，租地农场主农场人均收入为 133 美元，所有者农场人均收入为 221 美元。在宾夕法尼亚州，租地农场主农场人均收入为 76 美元，所有者农场人均收入为 128 美元。在佛蒙特州，租地农场主农场人均收入为 125 美元，所有者农场人均收入为 177 美元。在东北部，租地农场主农场人均收入为 78 美元，所有者农场人均收入为 174 美元。在整个北方，租地农场主农场人均收入为 67 美元，所有者农场人均收入为 135 美元。[1]

1880 年，第一次对佃农的调查统计表明，全国有四分之一的农场主耕种的土地没有所有权，租佃制在南部非常普遍。在中部和西部，租佃率 1880 年到 1900 年间上升了 50%，美国其他地方同期的租

---

[1] 〔美〕杰里米·阿塔克、〔美〕彼得·帕塞尔：《新美国经济史》下册，罗涛等译，中国社会科学出版社 2000 年版，第 295 页，表 10.5 1859—1860 年按州和租地与否划分的农场人均收入估计值（美元）。

佃率上升了大约30%。土地价格高昂是促使租佃制发展的一个原因。[①]对产品需求增长缓慢和铁路资本家的剥削，使得许多农场主产生不满。农场主的抗议运动随即展开了。

从美国农业史看来，采用共有所有权的方式经营农场和采用租佃制的方式经营农场，与资本主义经济和生产力发展水平没有必然的联系，租佃制的形成看来倒是和未开发的土地几近消失、可耕地地价的上涨和土地的稀缺有着直接的联系，并非随着资本主义生产关系的发展，租佃制就衰落了。

19世纪后期，农业发展状况令农场主不满意。当时商品价格下降，农场占有成本增加，租佃率上升，农场取回抵押品权利取消。此外，另一半球农业丰收引起市场供给不确定，农业对大西洋东岸的市场产生依赖。在西部边远地区，由于铁路公司之间竞争较小，出现了对地方托运者的价格歧视。铁路资本家从农场主身上获得了巨大的垄断利润。

2. 大农场和小农场

1880年美国共有农场4009000个。面积在10英亩以下的为139000个，其中面积不到3英亩的为4000个，面积在3—9英亩的为135000个；面积在10—49英亩的农场为1936000个；面积在50—99英亩的农场为1033000个；面积在100—259英亩的农场为1696000个；面积在500—999英亩的农场为76000个；面积在1000英亩以上的农场为29000个。

[①] 〔美〕杰里米·阿塔克、〔美〕彼得·帕塞尔：《新美国经济史》下册，罗涛等译，中国社会科学出版社2000年版，第406页。

1900年美国共有农场5737000个。面积在10英亩以下的为267000个,其中面积在3英亩以下的为41000个,面积在3—9英亩的为226000个;面积在10—49英亩的农场为1664000个;面积在50—99英亩的农场为1368000个;面积在100—259英亩的农场为1912000个;面积在260—499英亩的农场为378000个;面积在500—999英亩的农场为103000个;面积在1000英亩以上的农场为47000个。

1910年美国共有农场6362000个。面积在10英亩以下的为335000个,其中面积在3英亩以下的为18000个,面积在3—9英亩的为317000个;面积在10—49英亩的农场为1919000个;面积在50—99英亩的农场为1438000个;面积在100—259英亩的农场为2051000个;面积在260—499英亩的农场为444000个;面积在500—999英亩的农场为125000个;面积在1000英亩以上的农场为50000个。

1920年美国共有农场6448000个。面积在10英亩以下的为289000个,其中面积在3英亩以下的为20000个,面积在3—9英亩的为269000个;面积在10—49英亩的农场为2011000个;面积在50—99英亩的农场为1475000个;面积在100—259英亩的农场为1980000个;面积在260—499英亩的农场为476000个;面积在500—999英亩的农场为150000个;面积在1000英亩以上的农场为67000个。

1925年美国共有农场6372000个。面积在10英亩以下的为378000个,其中面积在3英亩以下的为15000个,面积在3—9英亩的为363000个;面积在10—49英亩的农场为2039000个;面积在50—99英亩的农场为1421000个;面积在100—259英亩的农场为 1887000 个；面积在 260—499 英亩的农场为 440000 个；面积在 500—999 英亩的农场为 144000 个；面积在 1000 英亩以上的农场为 63000 个。

1930 年美国共有农场 6289000 个。面积在 10 英亩以下的为 358000 个，其中面积在 3 英亩以下的为 43000 个，面积在 3—9 英亩的为 15000 个；面积在 10—49 英亩的农场为 2000000 个；面积在 50—99 英亩的农场为 1375000 个；面积在 100—259 英亩的农场为 1864000 个；面积在 260—499 英亩的农场为 451000 个；面积在 500—999 英亩的农场为 144000 个；面积在 1000 英亩以上的农场为 31000 个。

1935 年美国共有农场 6812000 个。面积在 10 英亩以下的为 571000 个，其中面积在 3 英亩以下的为 36000 个，面积在 3—9 英亩的为 535000 个；面积在 10—29 英亩的农场为 1241000 个；面积在 30—49 英亩的农场为 882000 个；面积在 50—99 英亩的农场为 1444000 个；面积在 100—179 英亩的农场为 1438000 个；面积在 180—259 英亩的农场为 507000 个；面积在 260—499 英亩的农场为 473000 个；面积在 500—999 英亩的农场为 167000 个；面积在 1000 英亩以上的农场为 89000 个。

1940 年美国共有农场 6097000 个。面积在 10 英亩以下的为 506000 个，其中面积在 3 英亩以下的为 36000 个，面积在 3—9 英亩的为 470000 个；面积在 10—29 英亩的农场为 1013000 个；面积在 30—49 英亩的农场为 767000 个；面积在 50—99 英亩的农场为 1291000 个；面积在 100—179 英亩的农场为 1310000 个；面积在 180—259 英亩的农场为 486000 个；面积在 260—499 英亩的农场为 459000 个；面积在 500—999 英亩的农场为 164000 个；面积在 1000

英亩以上的农场为 101000 个。

1945 年美国共有农场 5859000 个。面积在 10 英亩以下的为 594000 个，其中面积在 3 英亩以下的为 99000 个，面积在 3—9 英亩的为 495000 个；面积在 10—29 英亩的农场为 946000 个；面积在 30—49 英亩的农场为 709000 个；面积在 50—99 英亩的农场为 1157000 个；面积在 100—179 英亩的农场为 1200000 个；面积在 180—259 英亩的农场为 493000 个；面积在 260—499 英亩的农场为 473000 个；面积在 500—999 英亩的农场为 174000 个；面积在 1000 英亩以上的农场为 113000 个。

1950 年美国共有农场 5382000 个。面积在 10 英亩以下的为 485000 个，其中面积在 3 英亩以下的为 77000 个，面积在 3—9 英亩的为 408000 个；面积在 10—29 英亩的农场为 854000 个；面积在 30—49 英亩的农场为 624000 个；面积在 50—99 英亩的农场为 1048000 个；面积在 100—179 英亩的农场为 1103000 个；面积在 180—259 英亩的农场为 487000 个；面积在 260—499 英亩的农场为 478000 个；面积在 500—999 英亩的农场为 182000 个；面积在 1000 英亩以上的农场为 121000 个。

1954 年美国共有农场 4782000 个。面积在 10 英亩以下的为 484000 个，其中面积在 3 英亩以下的为 100000 个，面积在 3—9 英亩的为 384000 个；面积在 10—29 英亩的农场为 713000 个；面积在 30—49 英亩的农场有 499000 个；面积在 50—99 英亩的农场为 864000 个；面积在 100—179 英亩的农场为 953000 个；面积在 180—259 英亩的农场为 464000 个；面积在 260—499 英亩的农场为 482000 个；面积在 500—999 英亩的农场为 192000 个；面积在 1000

英亩以上的农场为 131000 个。①

美国面积在 260—499 英亩的农场占耕地总面积的比例，1900 年为 15.5%，1920 年为 17.2%，1930 年为 15.9%，1940 年为 15%，1950 年为 14.4%，1954 年为 14.5%。面积在 500—999 英亩的农场占耕地总面积的比例，1900 年为 8.1%，1910 年为 9.5%，1920 年为 10.6%，1930 年为 11%，1940 年为 10.6%，1950 年为 10.9%，1954 年为 11.4%。面积在 1000 英亩以上的农场占耕地总面积的比例，1900 年为 23.6%，1910 年为 19%，1920 年为 23.1%，1930 年为 28%，1940 年为 34.3%，1950 年为 42.6%，1954 年为 45.9%。②

1969 年美国土地持有面积中，面积在 2—5 公顷的地产占地产总面积的 0.1%，面积在 5—10 公顷的地产占地产总面积的 0.3%，面积在 10—20 公顷的地产占地产总面积的 0.9%，面积在 20—50 公顷的地产占地产总面积的 4.9%，面积在 50—100 公顷的地产占地产总面积的 10.4%，面积在 100—200 公顷的地产占地产总面积的 15%，面积在 200—500 公顷的地产占地产总面积的 17.5%，面积在 500—1000 公顷的地产占地产总面积的 11%，面积在 1000 公顷以上的地产占地产总面积的 39.9%。③

---

① Bureau of the Census with the Cooperation of the Social Science Research Council, *A Statistical Abstract Supplement: Historical Statistics of the United States Colonial Times to 1957*, U. S. Department of Commerce, 1965, p.280, Series K 61-72 Farms and Land in Farms, by Size of Farm: 1880-1954.
② Bureau of the Census with the Cooperation of the Social Science Research Council, *A Statistical Abstract Supplement: Historical Statistics of the United States Colonial Times to 1957*, U. S. Department of Commerce, 1965, p.280, Series K 61-72 Farms and Land in Farms, by Size of Farm: 1880-1954.
③ Food and Agriculture Organization of the United Nations, *1970 World Census of Agriculture: Analysis and International Comparison of the Results*, Rome, 1981, p.55, Table 3.3 Percent Distribution of Area of Holdings by Size of Total Area.

美国是一个以大农场为主要农业经济组织的国家，这个特点和美国开发的历史过程的特点直接相关。美国西部和南部在殖民时期人口稀少，随着西进运动，外来的移民和东部居民前去开发西部和南部的处女地，那里地价便宜，他们很容易便在西部和南部建立了大农场。

3. 农业中使用的家庭劳动力和雇佣劳动力

1910年美国全部农场的劳动力有13555000人，其中家庭劳动力为10174000人，雇佣劳动力为3381000人。1911年美国全部农场的劳动力有13539000人，其中家庭劳动力为10169000人，雇佣劳动力为3370000人。1912年美国全部农场的劳动力有13559000人，其中家庭劳动力为10162000人，雇佣劳动力为3397000人。1913年美国全部农场的劳动力有13572000人，其中家庭劳动力为10158000人，雇佣劳动力为3414000人。1914年美国全部农场的劳动力有13580000人，其中家庭劳动力为10147000人，雇佣劳动力为3433000人。1915年美国全部农场的劳动力有13592000人，其中家庭劳动力为10140000人，雇佣劳动力为3452000人。1916年美国全部农场的劳动力有13632000人，其中家庭劳动力为10144000人，雇佣劳动力为3488000人。1917年美国全部农场的劳动力有13568000人，其中家庭劳动力为10121000人，雇佣劳动力为3447000人。1918年美国全部农场的劳动力有13391000人，其中家庭劳动力为10053000人，雇佣劳动力为3338000人。1919年美国全部农场的劳动力有13243000人，其中家庭劳动力为9968000人，雇佣劳动力为3275000人。1920年美国全部农场的劳动力有13432000人，其中家庭劳动力为10041000人，雇佣劳动力为3391000人。1921年美国全部农场的劳动力有13398000人，其中家庭劳动力为10001000人，雇佣劳动力为3397000人。1922年美国全部农场的劳动力有 13337000 人，其中家庭劳动力为 9936000 人，雇佣劳动力为 3401000 人。1923 年美国全部农场的劳动力有 13162000 人，其中家庭劳动力为 9798000 人，雇佣劳动力为 3364000 人。1924 年美国全部农场的劳动力有 13031000 人，其中家庭劳动力为 9705000 人，雇佣劳动力为 3326000 人。1925 年美国全部农场的劳动力有 13036000 人，其中家庭劳动力为 9715000 人，雇佣劳动力为 3321000 人。1926 年美国全部农场的劳动力有 12976000 人，其中家庭劳动力为 9526000 人，雇佣劳动力为 3450000 人。1927 年美国全部农场的劳动力有 12642000 人，其中家庭劳动力为 9278000 人，雇佣劳动力为 3364000 人。1928 年美国全部农场的劳动力有 12691000 人，其中家庭劳动力为 9340000 人，雇佣劳动力为 3351000 人。1929 年美国全部农场的劳动力有 12763000 人，其中家庭劳动力为 9360000 人，雇佣劳动力为 3403000 人。1930 年美国全部农场的劳动力有 12497000 人，其中家庭劳动力为 9307000 人，雇佣劳动力为 3190000 人。1931 年美国全部农场的劳动力有 12745000 人，其中家庭劳动力为 9642000 人，雇佣劳动力为 3103000 人。1932 年美国全部农场的劳动力有 12816000 人，其中家庭劳动力为 9922000 人，雇佣劳动力为 2894000 人。1933 年美国全部农场的劳动力有 12739000 人，其中家庭劳动力为 9874000 人，雇佣劳动力为 2865000 人。1934 年美国全部农场的劳动力有 12627000 人，其中家庭劳动力为 9765000 人，雇佣劳动力为 2862000 人。1935 年美国全部农场的劳动力有 12733000 人，其中家庭劳动力为 9855000 人，雇佣劳动力为 2878000 人。1936 年美国全部农场的劳动力有 12331000 人，其中家庭劳动力为 9350000 人，雇佣劳动力为 2981000 人。1937 年美国全部农场的劳动力有 11978000 人，其中家庭劳动力为 9054000 人，雇佣劳动力为 2924000 人。1938

年美国全部农场的劳动力有 11622000 人，其中家庭劳动力为 8815000 人，雇佣劳动力为 2807000 人。1939 年美国全部农场的劳动力有 11338000 人，其中家庭劳动力为 8611000 人，雇佣劳动力为 2727000 人。1940 年美国全部农场的劳动力有 10979000 人，其中家庭劳动力为 8300000 人，雇佣劳动力为 2679000 人。1941 年美国全部农场的劳动力有 10669000 人，其中家庭劳动力为 8017000 人，雇佣劳动力为 2652000 人。1942 年美国全部农场的劳动力有 10504000 人，其中家庭劳动力为 7949000 人，雇佣劳动力为 2555000 人。1943 年美国全部农场的劳动力有 10446000 人，其中家庭劳动力为 8010000 人，雇佣劳动力为 2436000 人。1944 年美国全部农场的劳动力有 10219000 人，其中家庭劳动力为 7988000 人，雇佣劳动力为 2231000 人。1945 年美国全部农场的劳动力有 10000000 人，其中家庭劳动力为 7881000 人，雇佣劳动力为 2119000 人。1946 年美国全部农场的劳动力有 10295000 人，其中家庭劳动力为 8106000 人，雇佣劳动力为 2189000 人。1947 年美国全部农场的劳动力有 10382000 人，其中家庭劳动力为 8115000 人，雇佣劳动力为 2267000 人。1948 年美国全部农场的劳动力有 10363000 人，其中家庭劳动力为 8026000 人，雇佣劳动力为 2337000 人。1949 年美国全部农场的劳动力有 9964000 人，其中家庭劳动力为 7712000 人，雇佣劳动力为 2252000 人。1950 年美国全部农场的劳动力有 9926000 人，其中家庭劳动力为 7597000 人，雇佣劳动力为 2329000 人。1951 年美国全部农场的劳动力有 9546000 人，其中家庭劳动力为 7310000 人，雇佣劳动力为 2236000 人。1952 年美国全部农场的劳动力有 9149000 人，其中家庭劳动力为 7005000 人，雇佣劳动力为 2144000 人。1953 年美国全部农场的劳动力有 8864000 人，其中家庭劳动力为 6775000 人，雇佣劳动力为 2089000 人。1954 年美国全部农场的劳动力有8639000人，其中家庭劳动力为6579000人，雇佣劳动力为2060000人。1955年美国全部农场的劳动力有8364000人，其中家庭劳动力为6347000人，雇佣劳动力为2017000人。1956年美国全部农场的劳动力有7820000人，其中家庭劳动力为5899000人，雇佣劳动力为1921000人。1957年美国全部农场的劳动力有7577000人，其中家庭劳动力为5682000人，雇佣劳动力为1895000人。①

从1910年到1957年，在美国全部农场劳动力中，家庭劳动力始终占大多数。粗略地估算，雇佣劳动力只有家庭劳动力人数的三分之一左右。这表明，即便在美国这样的农业资本主义充分发展的国家中，雇佣劳动也只占经济组织的一小部分，家庭生产方式和租佃制仍然是农业经济活动的重要形式。美国成熟的农业资本主义一方面表现在农业雇佣劳动制占相当大的部分，另一方面表现在存在着众多的使用农业机械的、面积很大、生产效率很高的商业化农场。

在19和20世纪相交时的美国南部，形成了三个主要的农业阶级。这就是（1）地主，他们有佃户或分成租佃制农民在他们的土地上为他们劳作；（2）独立的自耕农，他们拥有土地，绝大多数农活由他们自己在不付工资的家庭劳动力帮助下完成；（3）分成制佃农和一般佃农，他们须和地主签订协定，以获得生产资料和维生的条件。这三个阶级构成了三角形的农村社会结构的三个顶端。我们所说的从佃户到独立的农场主的等级的阶梯，是在每两个点之间，都存在一个农民等级的链条或阶梯，佃户租种的土地的所有者提供生产资料并能控

---

① Bureau of the Census with the Cooperation of the Social Science Research Council, *A Statistical Abstract Supplement: Historical Statistics of the United States Colonial Times to 1957*, U. S. Department of Commerce, 1965, p.280, Series K 73-82 Farm Employment, Wages and Men Hours Used for Farmwork: 1866-1957.

制生产资料。支付货币地租的佃户，支付数额固定的地租，提供除土地以外所有生产资料，决定生产过程的方方面面，包括作物的调配。相反分成制佃农既不拥有生产股本，也不拥有生产工具。他们必须从放贷人（通常是地主）那里租借一切生产要素。分成制佃农因为付出了劳动，得到一份生产出来的谷物产品，但他们必须支付所有他们的债务，以及在粮食生产过程中为他们提供的食物、衣物。[1]

表 4-1 美国农场工资率指数（1910—1914 年指数为 100）[2]

年份	比率	年份	比率
1910	97	1926	179
1911	98	1930	167
1915	103	1931	130
1916	113	1935	103
1920	242	1936	111
1921	155	1940	126
1925	176	1941	154

在 20 世纪上半叶，美国的农场工资率在缓慢地增长。赫迪根据农业统计和美国普查的资料，对美国农业总收入中土地、劳动、资本和管理所占的份额做了一个粗略的估算：

---

[1] David R. James, "Local State Structure and the Transformation of Southern Agriculture", in A. Eugene Havens, with Gregory Hooks, Patrick H. Mooney, and Max J. Pfeffer, eds., *Studies in the Transformation of U. S. Agriculture*, Boulder and London: Westview Press, 1986, p.152.
[2] 转引自张培刚：《农业与工业化》，中国人民大学出版社 2014 年版，第 203 页。

表 4-2 美国农业总收入中划归劳动、土地、资本及管理的相对份额估计（单位：%）[①]

时期	劳动	土地	资本及管理	总额
1910—1914年	53.4	30.3	16.4	100.0
1924—1928年	47.4	30.2	22.4	100.0
1936—1940年	41.8	26.9	31.3	100.0

美国农业中，劳动所得的收入比例较高，在41%到53%之间。而土地在收入中所占的份额只有30%或稍少。农业劳动者在农场总收入中所占比例最大。

M. J. 斯皮尔曼在1918年研究过美国中西部与草原地带农场所有者的历史。他调查的农场共有2112处。他的研究结论是，没有土地的人上升为农场主，要经过家庭工人、雇工、佃农、农场主几个阶段，但并非所有的农场主成长都要经过这些阶段。全部农场主中仅有20%经过所有这些阶段，13%的农场主未经过佃农阶段，32%的农场主未经过雇工阶段，另有34%未经过雇工与佃农两个阶段，直接从其父亲的农场工人升为农场主。因为经过的阶段不同，所以开始做农场主时的年龄也发生了差别。从家庭工人经过雇工及佃农两个阶段，然后做到农场主的，其平均年龄为36岁。省去雇工阶段从家庭工人经佃农升为农场主的，平均为33岁。从家庭工人直接升为农场主的，平均年龄为26.5岁。在所调查的2112个农场中，经过所有的阶段成为农场主的有435人，占20%。经过三个阶段成为农场主的有268人，占13%；经过两个阶段成为农场主的有679人，占33%；经过一个阶段上升为农场主的为730人，占34%。其中从家庭工人直接

---

① 转引自张培刚：《农业与工业化》，中国人民大学出版社2014年版，第204页。

上升为农场主的人，有不少是直接继承家内农场，或继承金钱，而从近亲或他人手中买得农场。

另外，根据1920年的调查，美国的自耕农有四分之一是从佃农出身的，另有五分之一的自耕农的成长经过雇工和佃农两个阶段。那些从雇工升为佃农，再从佃农升为农场主的自耕农，平均在雇工阶段要工作5.8年，在佃户阶段要工作8.9年，合计大约共需要15年。

美国的佃农随着年龄的增长，多数成为自耕农或农场主。随着年龄增大，佃农在农民中的百分比愈来愈少。在1890年、1900年、1910年、1920年4个年份，在35—44岁的年龄档次，佃农所占的百分比分别为36%、35.5%、37.3%和39.3%。在上述4个年份，55岁以上农民中佃农所占的百分比则分别下降到17.8%、18.6%、18.9%和19.2%，即奋斗到55岁上下，大部分佃农都上升成了农场主。但是佃农也有相反的走向。根据1920年的清查，有11%的佃农曾经一度拥有过土地，在有些州，这个比例高达三分之一。自1930年以来，佃农数量大量增加。有相当一批农场主失掉了土地，沦为佃农。[①]

第五节　南部种植园制度

种植园奴隶制不只是在美国南部存在，它也在中美洲、西印度群岛和南美洲出现过。这种制度产生于英国、法国、西班牙、荷兰和葡萄牙殖民的过程中。它反映了古典殖民地的一种本质特征。种植园殖民地和农业殖民地分布的地理位置有差别。农业殖民地一般在温带地区发展，而种植园殖民地则通常在热带地区发展。它生产

---

① 转引自刘晓然：《土地经济学》，河南大学出版社2012年版，第288—290页。

的是满足殖民地母国需要的奢侈品，是数量不多的特别需要的产品。由于炎热的气候不利于欧洲种族劳动者，在这里流行使用热带种族的劳动者。① 殖民地种植园实行大地产经营。男性劳动力在种植园生产中占有重要的地位，而妇女劳动力使用得很少。作为一种农业经济单位，种植园的规模不大，殖民地自身供给它劳动力。在种植园中，相当数量非自由劳动者在统一的指导和控制下进行大宗作物生产。这种制度在美国南部只存在于内战前。在内战后，劳动者都是自由的了。种植园制度的发展是引入黑人奴隶的结果，它是殖民地资本主义发展的一个阶段。

到了 17 世纪，英国和法国已经进入了经济发达的阶段。这两个国家有大的自由资本团体寻求在外国投资，商人阶级的力量已经发展起来。英国殖民地的活动在很大程度上是私人寻求有利可图的投资活动。殖民化的公司刺激着人们投资的热情。在 16 世纪末到 17 世纪，英国共建立了 34 个贸易公司。北美种植园作为一种经济组织，早期起源于殖民地合股公司。后来，种植园制度从公司运作向私人创立和运作转变。

在美国南部殖民地存在着三种土地制度，即庄园制度、城镇和村庄土地制度以及大致可以称为商业性的土地制度。前两种制度是古旧的制度，他们的观念在历史上可以找到渊源。第三种制度则是较晚近适应现实的需要出现的。

1850 年在美国全国，农场平均面积为 202.59 英亩；在西南部，农场平均面积为 273.57 英亩；而在南部，农场平均面积为 399.09 英

---

① L. C. Gray, *History of Agriculture in the Southern United States to 1860*, vol. 1, Washington: Carnegie Institution, 1933, p. 302.

亩。南部农场的平均面积远远大于北部和西南部。美国全国农场的平均价值为2256.85美元，南部为2131.14美元，西南部为1712.54美元。南部和西南部农场的平均价值低于美国其他地区的农场。①

大种植园主有四种经营方式。第一种，所有者住在种植园，依靠工资劳动者耕作部分土地，种植园其余的土地休耕，或由分成制佃农、合伙制佃农或交纳货币地租的佃农来耕作。种植园主使用混合的经营方式，甚至让黑人和白人在同一个种植园工作，但后一种情况并不常见。第二种，种植园主居住在城市或外地，用合伙制或货币地租出租土地。种植园主与佃户签订契约，后者不受监督，可以离开。第三种，商人来到他们自己的土地上，如果种植园所有者数年不向商人支付报酬，商人有时就控制种植园土地。商人会对外出租土地，对在土地上劳作的人提供食品、衣物和必需品，对其上种植的庄稼持有作物留置权。由于商人对土地有所有权，他们完全可以密切监督佃户。第四种，银行或公司对土地拥有所有权。银行可以向公司出售土地，后者则可将土地分成小块出租。

奴隶制在美国持续了250年左右。在美国独立战争前后，奴隶制是合法的，在各州都存在奴隶制。在美国北方，奴隶在人口中所占的比例通常不到5%，在乡村地区比例更小。城市人口中奴隶的比例要大些。在美国南方各州，奴隶在经济上起更重要的作用。在殖民时期最初75至150年，奴隶人口占的比例显著增长。在18世纪后期

---

① L. C. Gray, *History of Agriculture in the Southern United States to 1860*, vol. 1, Washington: Carnegie Institution, 1933, p. 530, Table 9 Average Acreage Per Farm, Average Improved Acreage Per Farm, and Average Value Per Farm, 1850.

奴隶人口大约占南方总人口的 40%，占美国国内人口的 20%。[①] 在轧棉机发明之前，到 1790 年南方还没有种植棉花，奴隶劳动力在切萨皮克地区从事烟草生产，在南卡罗来纳州和佐治亚州从事水稻和靛青生产。在 19 世纪前后，种植不同作物的奴隶种植园规模不相同。水稻种植园的规模要大于棉花种植园，而烟草种植园的规模则小些。

1725 年之后，人口的自然增长是奴隶供应的主要来源，而来自非洲和加勒比地区的奴隶进口是次要的来源。18 世纪末契约劳工供给的枯竭，使得购买奴隶在南方变得更加必需。19 世纪上半叶轧棉机发明以后，棉花生产大规模地在美国南方展开。奴隶制开始向南部和西部迁移。将近 100 万的奴隶跟随那些准备移居的奴隶主或者原先南方奴隶主的家庭成员离开南方老的地区，到新开发的地区去生活。

到 1850 年南方人口中近 37% 是奴隶，而北方的奴隶人口已经少到可以忽略不计。1793 年伊莱·惠特尼发明轧棉机之后，南方种植园主扩张到亚拉巴马州、路易斯安那州、阿肯色州、密西西比州和东得克萨斯州。棉花成为实行奴隶制的南部一种有利可图的经济作物。棉纺织业在英格兰最先发展起来之后，扩张到新英格兰和欧洲大陆。几十年来棉纺织业对棉花的需求不断上升，导致原棉生产规模大幅度扩大，奴隶成为必需的劳动力。[②] 那些希望在规模上超过家庭农场的农场主可以通过购买奴隶获得立即可用的劳动力。农业需要人力从事挖掘、拉拽、推动、剪切、砍削和运送等重体力劳动，而奴隶的劳动

---

① 〔美〕斯坦利·L. 恩格尔曼：《19 世纪的奴隶制及其对南部的影响》，载〔美〕斯坦利·L. 恩格尔曼、〔美〕罗伯特·E. 高尔曼（主编）：《剑桥美国经济史》第二卷，王珏、李淑清主译，中国人民大学出版社 2008 年版，第 245—246 页。
② 〔美〕乔伊斯·休斯、〔美〕路易斯·P. 凯恩：《美国经济史》，邸晓燕等译，北京大学出版社 2011 年版，第 177 页。

正满足了这种需求。截至1860年,南方所有的农场中,约有不到三分之一拥有奴隶,这一比例比早年要大。

福格尔和恩格曼认为,棉花、糖、水稻和烟草生产靠奴隶劳动产生了规模经济。据估计,使用集体劳动体系的奴隶种植园比自由农场的生产率高39%。因为种植园主利用群体作业体系来加快生产速度。对这一论点,史学家尚有争议。但无论如何,南方农场的规模明显比北方农场要大。棉花种植园需要高额的固定资本。为了弥补高额的固定资本,必须耕种足够多的土地。耕种土地越多收益越高。南方有四分之一的棉花种植场和农场,它的农场规模比北方的任何农场都要大得多。在中西部各州,很少有农场规模超过500英亩。然而在南方棉花种植区,这样的农场占总数的近40%。在山麓地区,36%的土地属于1000英亩以上的农场。除了明尼苏达和威斯康星以外,大多数中西部农场的规模在100—499英亩之间。[①] 南方腹地有4.7%的农场面积大于500英亩,而东北部各州这种农场的比例仅占0.1%。

随着奴隶人口的迁移,南方的白人(种植园主、自耕农以及其他白人)也开始移居。棉花种植园中的奴隶占南方奴隶的半数以上。使用奴隶的棉花种植园规模也扩大了。一个棉花种植园最适宜的规模是拥有16至30个奴隶。在19世纪20年代到50年代前后,棉花产量大约占南方所有产出的五分之一。在南卡罗来纳州和佐治亚州的水稻种植园中,大约有5%的奴隶在劳作。在路易斯安那州的甘蔗种植园

---

① 〔美〕乔伊斯·休斯、〔美〕路易斯·P.凯恩:《美国经济史》,邸晓燕等译,北京大学出版社2011年版,第182—183页。

中大约使用了 6% 的奴隶。① 到 1850 年,大约有三分之一的南方白人拥有奴隶,有 10% 的奴隶主每人拥有 20 个或更多的奴隶,而许多奴隶主只拥有一两个奴隶。②

　　内战以前美国南部的经济主要是农业。内战摧毁了南部经济组织,民不聊生。农场主和种植园主缺少资金用于种植作物和支付劳动力工资,要找到大批愿意工作的劳动者非常困难。战后建立新的劳动制度需要时间,不仅在白人和黑人之间,而且在白人和白人之间都需要建立新的劳动关系。要找到资本来源也是南部的严重问题。战后许多银行破产,银行的可靠性成为问题。农场主自己提供不了什么资本。内战后地价骤然跌落。内战前售价为 10 万—15 万美元的种植园,在战后只能卖到 1 万美元。确保稳定的劳动力也很困难。内战前,作为种植园劳动力的奴隶在监视、威胁甚至暴力压迫下劳作,劳动力是有保证的,奴隶所在的种植园生产了大宗产品。战后,获得解放的奴隶中许多人离开了种植园,不愿意再为先前的主人去从事农业劳作。1850 年到 1860 年,南方所有农业财富中约有 90%—95% 为奴隶主所有。③ 1850 年时美国种植园总数为 101335 个。④

　　南北战争期间,林肯总统于 1862 年 9 月 22 日发布《解放黑奴

---

① 〔美〕斯坦利·L. 恩格尔曼:《19 世纪的奴隶制及其对南部的影响》,载〔美〕斯坦利·L. 恩格尔曼、〔美〕罗伯特·E. 高尔曼(主编):《剑桥美国经济史》第二卷,王珏、李淑清主译,中国人民大学出版社 2008 年版,第 250 页。
② 〔美〕斯坦利·L. 恩格尔曼:《19 世纪的奴隶制及其对南部的影响》,载〔美〕斯坦利·L. 恩格尔曼、〔美〕罗伯特·E. 高尔曼(主编):《剑桥美国经济史》第二卷,王珏、李淑清主译,中国人民大学出版社 2008 年版,第 251 页。
③ 〔美〕乔伊斯·休斯、〔美〕路易斯·P. 凯恩:《美国经济史》,邸晓燕等译,北京大学出版社 2011 年版,第 188 页。
④ L. C. Gray, *History of Agriculture in the Southern United States to 1860*, Vol. 1, Washington: Carnegie Institution, 1933, p. 529.

宣言》，宣言称："1863年1月1日起，凡在当地人民尚在反抗合众国的任何一州之内，或一州的指明地区之内，为人占有而做奴隶的人们都应在那时及以后永远获得自由；合众国政府的行政部门，包括海陆军当局，将承认并保障这些人的自由，当他们或他们之中任何人为自己的自由而作任何努力时，不作任何压制他们的行为。"[1] 1865年1月，美国国会签署《美国宪法第13条修正案》，规定奴隶制或强迫奴役制不得在合众国境内和管辖范围内存在。1865年12月18日此修正案正式生效。至此，奴隶制在美国废除。

内战以后，棉花价格的高涨给恢复种植园经济以推动力。随后投入农业的资本也有了，这个时期农作物置留权制度建立，商人阶级出现了。战后棉花种植业需要的资本来自作为中间商的捐客。捐客从在纽约和欧洲从事棉花贸易的商人那里取得现金，然后再出借给棉花生产者或支付担保人。战后在1867年通过了第一个作物留置权法，它允许种植园主通过抵押他们成长中的作物以取得贷款，通过从捐客和其他人处预支资金，在收获时归还贷款。但稳定的劳动力一直得不到保证，它致使种植园转变为实行分成制的租佃农场。[2]

美国的种植园制度到1868年时已经失败。批量地使用农业劳动者的立法无法在国会通过。自由人无法像黑奴一样作为批量劳动者在农业中使用。黑人自由迁移的权利得到联邦政府的保护。种植园低工资制度和强迫劳动制度在与西部移民自由租种土地和使用分成制的农

---

[1] 法学教材编辑部《外国法制史》编写组：《外国法制史资料选编》下册，北京大学出版社1982年版，第485页。

[2] Neil Fligstein, "The Underdevelopment of the South: State and Agriculture, 1865-1900", in A. Eugene Havens, with Gregory Hooks, Patrick H. Mooney, and Max J. Pfeffer, eds., *Studies in the Transformation of U. S. Agriculture*, Westview Press, 1986, p.63.

业制度作比较时相形见绌。当遇到坏年景和棉价下跌时，越来越多的种植园主发现，他们付不起留置作物的费用。种植园主和捎客群体开始衰落。在这种背景下，一种新的农耕制度开始出现。① 向以自由劳动力为基础的较小规模的农业经济组织转变，是当时美国农业经济组织变化的一种趋势。

美国南方的农业富于生气，其原因是多种多样的。内战以后棉花价格很高，这就刺激人们去种植棉花。美国的佃户和小农场主都试图将自己获得的利益最大化，而生产粮食的农场主无法获得最大的利润。只有生产商品作物才能达到这个目的。所以，内战以后许多约曼农场主都从维生为目的的农业生产转向棉花生产，希望以此确保自己有高收入。他们种植尽可能多的棉花，并利用作物置留权取得预付金来购买和饲养家畜。他们要求官员和地主为他们购买粮食和其他物资。随着棉花价格在1870年和1880年代跌落，佃户和农场主都欠下债务，他们当然不愿意停止棉花生产。南方的农场主依赖于棉花生产致富，但大量棉花的生产却导致了棉花价格的下跌。农场主直到1922年仍然在非常努力地生产棉花。但随着棉价的下跌，只有地方商人和向佃户出租土地的地主能从棉花生产中获利。②

从统计资料中我们看到，一是美国南部的农场数量从1860年代到20世纪初年迅速增长，1900年农场的数量是1860年的数倍。二

---

① Neil Fligstein, "The Underdevelopment of the South: State and Agriculture, 1865-1900", in A. Eugene Havens, with Gregory Hooks, Patrick H. Mooney, and Max J. Pfeffer, eds., *Studies in the Transformation of U. S. Agriculture*, Westview Press, 1986, p. 64.

② Neil Fligstein, "The Underdevelopment of the South: State and Agriculture, 1865-1900", in A. Eugene Havens, with Gregory Hooks, Patrick H. Mooney, and Max J. Pfeffer, eds., *Studies in the Transformation of U. S. Agriculture*, Westview Press, 1986, pp. 88-89.

是与持续地开发西部和南部无主土地有关系，农场单位土地面积减少。三是土地保有权关系发生了变化。1860年时，美国南部许多州几乎没有租佃农场，全是所有者农场。但随着时间向1900年推移，所有者农场的比例迅速减少。到1900年，大多数南方州所有者农场的比例下降到50%以下，只有阿肯色州和北卡罗来纳州中所有者农场的比例超过50%，得克萨斯州1900年所有者农场仍占50%。四是这个时期在绝大多数州新增加的农场都是租佃农场。

在美国的白人和黑人中，1900年时他们的土地保有权关系有明显的差别。亚拉巴马州的白人农场主中，所有者农场主占61%，租佃农场主占39%；在黑人农场主中，所有者农场主占15%，租佃农场主为85%。阿肯色州的白人农场主中，所有者农场主占64%，租佃农场主占36%；在黑人农场主中，所有者农场主占25%，租佃农场主占75%。佐治亚州的白人农场主中，所有者农场主占54%，租佃农场主占46%；在黑人农场主中，所有者农场主占13%，租佃农场主占87%。路易斯安那州的白人农场主中，所有者农场主占67%，租佃农场主占33%；在黑人农场主中，所有者农场主占16%，租佃农场主占84%。密西西比州的白人农场主中，所有者农场主占66%，租佃农场主占34%；在黑人农场主中，所有者农场主占16%，租佃农场主占84%。北卡罗来纳州的白人农场主中，所有者农场主占64%，租佃农场主占36%；在黑人农场主中，所有者农场主占32%，租佃农场主占68%。南卡罗来纳州的白人农场主中，所有者农场主占58%，租佃农场主占42%；在黑人农场主中，所有者农场主占22%，租佃农场主占78%。得克萨斯州的白人农场主中，所有者农场主占54%，租佃农场主占46%；在黑人农场主中，所有者农场主占30%，租佃农场主占70%。俄克拉何马州的白人农场主中，所有者农场主占

53%，租佃农场主占 47%；在黑人农场主中，所有者农场主占 77%，租佃农场主占 23%。①

上述数据表明，南方各州在白人中所有者农场主较多，租佃农场主较少；而黑人中，所有者农场主较少，租佃农场主较多。即种族特征在所有权关系上表现出来，白人在生产中的地位优越，而黑人农场主中只有少数拥有所有权，黑人农场主大多数是租地农场主。

在南方各州种植棉花的劳动者中，黑人和白人所占的比例随着时间推移发生着变化。1860 年在棉花地里劳作的劳动者只有六分之一是白种人，六分之五是黑人。由于棉花价格高昂，实行奴隶制的种植园主就把白人劳动者吸收进来从事棉花生产。1876 年在得克萨斯州和阿肯色州的棉花生产中，白人的数量已比黑人多。除路易斯安那州外，所有各州中大量的白人加入到棉花种植业中来。到 1900 年，从事棉花种植业的白人和黑人的人数相当。在最大的棉花种植州得克萨斯州，白人劳动者是黑人劳动者数量的 4 倍。

绝大多数新的农场精英都是白人。进入植棉农场的白人通常过去是佃农。据统计，1900 年时，44% 的农场主是白人佃户，6% 的农场主是白种人所有者，23% 的农场主是黑人佃户。在南卡罗来纳州、佐治亚州、得克萨斯州和俄克拉何马州存在着大量的白人佃户。在美国南部，白人租佃农场主的人数超过了黑人租佃农场主的数量。②

---

① Neil Fligstein, "The Underdevelopment of the South: State and Agriculture, 1865-1900", in A. Eugene Havens, with Gregory Hooks, Patrick H. Mooney, and Max J. Pfeffer, eds., *Studies in the Transformation of U. S. Agriculture*, Westview Press, 1986, p. 88, Table 7 Owners and Tenants in the Southern States by Race in 1900.

② Neil Fligstein, "The Underdevelopment of the South: State and Agriculture, 1865-1900", in A. Eugene Havens, with Gregory Hooks, Patrick H. Mooney, and Max J. Pfeffer, eds., *Studies in the Transformation of U. S. Agriculture*, Westview Press, 1986, p. 83.

总的趋势是白人在棉花种植业起的作用在增大，而黑人起的作用在下降。在亚拉巴马州，1860年黑人种植了83%的棉花，白人种植了17%的棉花；1876年黑人种植了59%的棉花，白人种植了41%的棉花；1900年黑人种植了43%的棉花，白人种植了57%的棉花。在阿肯色州，1860年黑人种植了83%的棉花，白人种植了17%的棉花；1876年黑人种植了40%的棉花，白人种植了60%的棉花。在佐治亚州，1860年黑人种植了83%的棉花，白人种植了17%的棉花；1876年黑人种植了66%的棉花，白人种植了34%的棉花；1900年黑人种植了36%的棉花，白人种植了64%的棉花。在路易斯安那州，1860年黑人种植了83%的棉花，白人种植了17%的棉花；1876年黑人种植了77%的棉花，白人种植23%的棉花；1900年黑人种植了51%的棉花，白人种植49%的棉花。在密西西比州，1860年黑人种植了83%的棉花，白人种植了17%的棉花；1876年黑人种植了68%的棉花，白人种植了32%的棉花；1900年黑人种植了59%的棉花，白人种植了41%的棉花。在北卡罗来纳州，1860年黑人种植了83%的棉花，白人种植了17%的棉花；1876年黑人种植了65%的棉花，白人种植了35%的棉花。在南卡罗来纳州，1860年黑人种植了83%的棉花，白人种植了17%的棉花；1876年黑人种植了68%的棉花，白人种植了32%的棉花；1900年黑人种植了55%的棉花，白人种植了45%的棉花。在得克萨斯州，1860年黑人种植了83%的棉花，白人种植了17%的棉花；1876年黑人种植了38%的棉花，白人种植了62%的棉花；1900年黑人种植了19%的棉花，白人种植了81%的棉花。[1]

---

[1] U. S. Bureau of the Census. From Neil Fligstein, "The Underdevelopment of the South: State and Agriculture, 1865-1900", Table 6 Proportion of Blacks and Cultivating Cotton by State, in A. Eugene Havens, Gregory Hooks, Patrick H. Mooney and Max J. Pfeffer, eds., *Studies in the Transformation of U. S. Agriculture*, Westview Press, 1986, p.87.

美国的棉花生产还受到国外的竞争。1915年在世界棉花总产1800万包中，外国共生产了700万包。1925年在世界棉花总产2700万包中，外国共生产了1600万包。1938年在世界棉花总产3830万包中，外国共生产了2000万包。1939年在世界棉花总产2740万包中，外国共生产了1600万包。1880年美国生产了世界棉花的五分之四。而美国棉花的五分之四来自密西西比河以东的州。1938—1939年美国共生产了全球棉花的五分之二，其中55%的棉花产自密西西比河以西的各州。随着美国棉花种植业的衰落，棉花种植农场主也日益衰落。研究棉花种植园的沃尔福特在1936年发现，棉花种植农场主的平均债务超过了包括土地、建筑、家畜和机械在内的种植园价值的40%，有一半开支靠短期贷款维持。美国政府贷款的利率达到10%，银行现金贷款的利率达到15%，商人贷款的利率达到16%。农场佃户的生产没有效率，所以对农场来说，使用佃户是一件非常昂贵的事情。[①]

第六节　大萧条和"新政"时期农业的调整

20世纪20年代美国农业的状况不好。农场净收入的指数如果以1920年为100，那么1919年为116.5，1921年为43.2，1922年为55.7，1923年为65，1924年为62.3，1925年为86.4，1926年为76.2，1927年为73.1，1928年为76.8，1929年为78.9，1930年为54.6。农场产出占国内生产总值的百分比1920年为18.1%，1921年为12.5%，1923年为13.3%，1925年为14.5%，1928年为13.3%，

[①] Arthur F. Raper and Ire De A. Reid, *Sharecroppers*, University of Carolina Press, 1941, pp. 31, 32, 34, 37.

1929年为12.4%，1930年为11.3%。[①] 通常认为，农业部门不景气是导致30年代经济大衰退的一个重要的原因。

1933年农业收入暴跌，抵押品赎回权的丧失非常普遍，使得银行和包税商陷入困境。罗斯福进入白宫后实行"新政"，采取一系列信贷措施，更重要的是限制农业产量。1933年5月12日签署了《农业调整法案》（AAA）。这成为罗斯福农业救济政策的法律基础。政府首先对7项基本商品作物——小麦、棉花、大米、饲料玉米、公猪、马铃薯和奶制品——实行限产。1935年限产的作物又增加8种。[②] 当时它被最高法院否决了，但是在1938年起草的第二部《农业调整法案》中，包括食品加工免税在内的规定被保留下来。[③]

1933年成立了商品信贷公司。这样，农民可以从一个类似于政府的代理机构中获得储备粮食贷款。1934年根据《农业信贷法案》成立了农业信贷管理局，以给农民发放贷款。农民可以用不动产间接抵押。农业信贷管理局后来成为国家最大的贷款机构。[④] 当时政府采取了直接购买粮食以减少市场上的粮食供给的办法，政府还付钱给农民，让他们不要种粮食，让土地休耕，以保护和帮助农民家庭。[⑤]

尽管农产品价格在1929—1933年间实际下降了50%以上，但是

[①] 〔美〕乔纳森·休斯、〔美〕路易斯·P.凯恩：《美国经济史》，邸晓燕等译，北京大学出版社2011年版，第476页，表23.3农场经济。
[②] 〔美〕斯坦利·L.恩格尔曼、〔美〕罗伯特·E.高尔曼：《剑桥美国经济史》第三卷，蔡挺等译，中国人民大学出版社2008年版，第523页。
[③] 〔美〕乔纳森·休斯、〔美〕路易斯·P.凯恩：《美国经济史》，邸晓燕等译，北京大学出版社2011年版，第519页。
[④] 〔美〕乔纳森·休斯、〔美〕路易斯·P.凯恩：《美国经济史》，邸晓燕等译，北京大学出版社2011年版，第519页。
[⑤] 〔美〕乔纳森·休斯、〔美〕路易斯·P.凯恩：《美国经济史》，邸晓燕等译，北京大学出版社2011年版，第519页。

由于人均农业收入减少了，人们还是由于缺钱购买食物而挨饿。这时国会采取允许大量减少供给的办法，来提高农产品的收入。这时把农产品恢复到平价水平，使美国的农场主的收入处于较佳的状态。

20世纪30年代由于干旱和市场贫困造成了农业的困境。国会通过了《土壤保护和家庭分配法案》，允许农业部以保护名义给农民报酬以限制种粮。同时，在田纳西流域的马萨尔—首尔斯堤坝建设中设立的田纳西流域管理局也做了保护和开垦土地的工作。1938年第二部《农业调整法案》通过，其中有种粮控制和收入支持的规定。①

到20世纪初年农民起来为自己的利益而斗争，他们关注农业向商业的转型中自己的利益。1902年由中西部农民组织的美国公正协会提出了农业商业化的纲领，其中包括：

"为实现所有农产品（包括谷物、水果、蔬菜、原料和其他类似的产品）有利润的价格。""确保在运输、仓库储藏等方面获得相同的费率。""确保有关农业利益、新市场的开发和旧市场拓宽的立法。""设立对农民及其子女进行教育并推动农业进步的机构。""保护新种子、谷物、水果、蔬菜等。"②

从20世纪初开始，联邦政府对农业实行了75年的干预和管制，创立了许多机构来解决农业问题，但农业仍处于困难中。虽然农业产量和生产率继续提高，但大多数农民的家庭收入落在其他部门生产者后面。剩余农业产品在政府的储存库中堆积如山。

---

① 〔美〕乔纳森·休斯、〔美〕路易斯·P.凯恩：《美国经济史》，邸晓燕等译，北京大学出版社2011年版，第520页。
② 〔美〕杰里米·阿塔克、〔美〕弗雷德·贝特曼、〔美〕威廉·N.帕克：《农场、农场主与市场》，载〔美〕斯坦利·L.恩格尔曼、〔美〕罗伯特·E.高尔曼（主编）：《剑桥美国经济史》第二卷，王珏、李淑清主译，中国人民大学出版社2008年版，第204、185—186页。

20世纪初，生活在农村的美国人有4580万。到了1991年，这个数字下降到460万人，为美国人口的1.8%，但农业产量极大地提高了。到了20世纪70年代末，美国每小时农业产量是1930年的4倍。每个农业工人供养的人数从1.5人增加到52人。2004年美国农民是世界上主要农产品最大的出口商，超过40%的大豆和棉花出口、世界小麦出口都是来自美国。美国农场平均面积增大了。美国农场的平均面积1920年为147英亩；1997年为434英亩，面积在500英亩及以上的农场占全部农场数量的18.4%，但它们占了全部农地的79.2%。面积为160英亩的农场已经不能满足现代农业经营的需要。[①]

第七节 19世纪到20世纪农业生产力的发展

谷物在北美的产量1700年仅有500万蒲式耳，1750年产量增至2000万蒲式耳，1790年产量为1.2亿蒲式耳，1800年产量为1.6亿蒲式耳。1820年产量增至3.43亿蒲式耳，1840年产量为6.16亿蒲式耳，1850年产量为8.67亿蒲式耳；1860年产量为12.4亿蒲式耳，其中有2000万蒲式耳出口；1870年产量为16.29亿蒲式耳，其中有6000万蒲式耳出口；1880年产量为27.18亿蒲式耳，其中2.93亿蒲式耳出口。1889年产量为34.54亿蒲式耳。美国各种粮食作物人均占有量在1800年为30蒲式耳，1840年为36蒲式耳，1860年为40蒲式耳，1889年为53蒲式耳。到19世纪末，美国谷物产量占世界谷物总产量的33%。[②]

---

① 〔美〕乔纳森·休斯、〔美〕路易斯·P.凯恩：《美国经济史》，邸晓燕等译，北京大学出版社2011年版，第628—629页。
② Michael G. Mulhall, ed., *The Dictionary of Statistics*, Thoemmes Press, 2000, p.41.

美国的烟草产量 1800 年为 1.07 亿磅，1810 年为 1.17 亿磅，1820 年为 1.27 亿磅，1830 年为 1.42 亿磅，1840 年为 2.19 亿磅，1850 年为 2.5 亿磅，1860 年为 3.03 亿磅，1870 年为 4.26 亿磅，1880 年为 4.6 亿磅，1888 年为 5.66 亿磅。烟草产值从 1800 年的 130 万英镑、1830 年的 260 万英镑、1850 年的 530 万英镑，增至 1888 年的 910 万英镑。[1]

美国糖产量 1840 年为 1.55 亿磅，1850 年为 2.48 亿磅，1860 年为 2.69 亿磅，1870 年为 1.66 亿磅，1880 年为 2.46 亿磅，1888 年为 2.4 亿磅。黄油的产量 1850 年为 3.13 亿磅，1860 年为 4.6 亿磅，1870 年为 5.14 亿磅，1880 年为 7.77 亿磅，1888 年为 9.6 亿磅。马铃薯的产量 1840 年为 1.08 亿蒲式耳，1850 年为 1.04 亿蒲式耳，1860 年为 1.11 亿蒲式耳，1870 年为 1.43 亿蒲式耳，1880 年为 1.69 亿蒲式耳，1888 年为 1.68 亿蒲式耳。[2]

美国肉类产量 1840 年为 212 万吨，1850 年为 246 万吨，1860 年为 297 万吨，1870 年为 254 万吨，1880 年为 424 万吨，1886 年为 475 万吨。

美国农产品总产值 1840 年为 1.29 亿英镑，1850 年为 2.08 亿英镑，1860 年为 3.98 亿英镑，1870 年为 4.35 亿英镑，1880 年为 4.61 亿英镑，1886 年为 7.76 亿英镑。[3]

美国主要作物的耕作面积增长很快。主要作物的耕作面积 1850 年为 5434 万英亩，1860 年为 8159 万英亩，1870 年为 1.0198 亿英亩，1880 年为 1.6559 亿英亩，1889 年增至 2.1152 亿英亩。[4] 美国的农业

---

[1] Michael G. Mulhall, ed., *The Dictionary of Statistics*, Thoemmes Press, 2000, p.42.
[2] Michael G. Mulhall, ed., *The Dictionary of Statistics*, Thoemmes Press, 2000, p.43.
[3] Michael G. Mulhall, ed., *The Dictionary of Statistics*, Thoemmes Press, 2000, p.45.
[4] Michael G. Mulhall, ed., *The Dictionary of Statistics*, Thoemmes Press, 2000, p.43.

劳动力 1840 年为 255 万人，1850 年为 331.1 万人，1860 年为 434.2 万人，1870 年为 592.3 万人，1880 年为 767.1 万人，1886 年为 900 万人。[1] 美国农业产值在 19 世纪增长迅速。1840 年为 1.84 亿英镑，1850 年为 2.5 亿英镑，1860 年为 4.29 亿英镑，1870 年为 5.02 亿英镑，1880 年为 7.03 亿英镑，1886 年为 7.76 亿英镑。但是，美国的成年男子的农业劳动生产效率在 19 世纪中叶以后提高不快，农业人均产值 1840 年为 95 英镑，1850 年为 99 英镑，1860 年为 133 英镑，1870 年为 111 英镑，1880 年为 119 英镑，1886 年为 113 英镑。[2] 美国农业是在农业劳动力迅速增加和耕作面积扩大的条件下得到较快发展的。

1850—1950 年是美国农业现代化迅速发展的时期。美国农业化肥的使用量 1850 年为 5300 吨，1860 年为 164000 吨，1870 年为 321000 吨，1880 年为 753000 吨，1890 年为 1390000 吨，1900 年为 2730000 吨，1910 年为 5547000 吨，1920 年为 7176000 吨，1930 年为 8171000 吨，1940 年为 8336000 吨，1950 年为 10316000 吨。

美国使用的拖拉机 1910 年只有 1 台，1920 年为 246 台，1930 年为 920 台，1940 年为 1545 台，1950 年为 3394 台。美国使用的康拜因 1910 年为 1 台，1920 年为 4 台，1930 年为 61 台，1940 年为 190 台，1950 年为 714 台。美国使用的挤奶机 1910 年为 12 台，1920 年为 55 台，1930 年为 100 台，1940 年为 175 台，1950 年为 636 台。[3] 美国农

---

[1] Michael G. Mulhall, ed., *The Dictionary of Statistics*, Thoemmes Press, 2000, p.43.
[2] Michael G. Mulhall, ed., *The Dictionary of Statistics*, Thoemmes Press, 2000, p.43.
[3] A. Eugene Havens, "Capitalist Development in the United States: State, Accumulation, and Agricultural Production System", in A. Eugene Havens, with Gregory Hooke, Patrick H. Money, and Max J. Pfeffer, eds., *Studies in the Transformation of U. S. Agriculture*, Westview Press, 1986, p.40, Table 3 The Use of Commercial Fertilizer and Farm Machinery, 1850-1950.

业的发展和收入的提高，使得家庭用于食品的开支在1967年下降到家庭开支的19%，同年欧共体的农户用于食品的开支占到家庭开支的31.5%，日本的农户用于食品的开支占到家庭开支的37.8%。①

1967年农业使用的劳动力占全部劳动力的比例，美国为5.2%，在西方世界中低于日本、加拿大、爱尔兰、瑞典、意大利、法国、西德、荷兰、丹麦、西班牙、土耳其，仅比英国（为3.1%）稍高。每1000公顷农田使用的劳动力美国为2.2人，在西方世界中低于日本、英国、爱尔兰、瑞典、意大利、法国、西德、荷兰、丹麦、西班牙、土耳其，仅比加拿大（为1.5人）稍高。1967年每个农业劳动者创造的价值在美国为6350美元，为西方各国中最高。每个农业劳动者创造的价值在加拿大为4450美元，在爱尔兰为3430美元，在英国为3180美元，在瑞典为2020美元，在意大利为1600美元，在法国为2220美元，在西德为1830美元，在荷兰为4010美元，在丹麦为2780美元，在西班牙为990美元，在日本为930美元，在土耳其为330美元。

每公顷农地创造的价值美国为140美元，仅比加拿大（为80美元）和土耳其（120美元）稍高，而低于日本（1850美元）、爱尔兰（400美元）、英国（360美元）、瑞典（680美元）、意大利（480美元）、法国（370美元）、西德（620美元）、荷兰（1590美元）、丹麦

---

① A. Eugene Havens, "Capitalist Development in the United States: State, Accumulation, and Agricultural Production System", in A. Eugene Havens, with Gregory Hooke, Patrick H. Money, and Max J. Pfeffer, eds., *Studies in the Transformation of U. S. Agriculture*, Westview Press, 1986, p.40, Table 4 Average Amount of Net Family Income Spent as Food and Other Items, 1967.

(380美元)、西班牙(170美元)。① 这表明,美国农业单位面积的产出在西方世界并不占优势,它是靠广袤的可耕地而取得农业优势的。

1969年在美国农业农场中,个人农场和家庭农场的数量占85.4%;合伙制农场的数量占12.8%;公司的数量占1.2%,其中10个或10个股东以下的公司的数量占1.1%,10个股东以上的公司的数量占0.1%;其他农场形式的数量占0.6%。②

随着农业生产的发展和投资的增加,美国农场土地单位面积的价值(包括土地和土地上的建筑物)逐步增长。每英亩土地价值1850年为11.14美元,1860年为16.32美元,1870年为18.26美元,1880年为19.02美元,1890年为21.31美元,1900年为19.81美元,1910年为39.59美元,1920年为69.37美元,1930年为48.52美元,1940年为37.71美元,1945年为47.20美元,1950年为64.96美元,1955年为85.29美元,1957年为94.52美元。③

但是,农业在国民经济中的比重持续下降。

美国的地租平均仅占总收获物的十分之一。美国的货币地租普遍

---

① A. Eugene Havens, "Capitalist Development in the United States: State, Accumulation, and Agricultural Production System", in A. Eugene Havens, with Gregory Hooke, Patrick H. Money, and Max J. Pfeffer, eds., *Studies in the Transformation of U. S. Agriculture*, Westview Press, 1986, p.40, Table 5 Employment and Value Added in Agriculture, Selected Countries, 1967.
② U. S. Census of Agriculture, 1969, in A. Eugene Havens, with Gregory Hooke, Patrick H. Money, and Max J. Pfeffer, eds., *Studies in the Transformation of U. S. Agriculture*, Westview Press, 1986, p.43.
③ Bureau of the Census with the Cooperation of the Social with the Cooperation of the Social Science Research Council, *A Statistical Abstract Supplement: Historical Statistics of the United States Colonial Times to 1957*, U. S. Department of Commerce, 1965, p.278, Series K 1-7 Farms, Land in Farms, and Value of Farm Property and Real Estate: 1850-1957.

仅占地价的 1%—2%。而美国的地价特别低，所以多数雇农在工作数年之后，即可自己购买农场。而且，他们购买的农场面积很大，普遍为 160 英亩，成为自耕农甚至地主。地租对地价的比例越低，购买土地的人便越多，而地主集中土地的力量就很小。当然，美国这种农业结构，在世界上属于偶然，并不具有普遍性。①

美国全国农场的财产总额（包括土地、建筑物、农具及机器、牲畜）1900 年为 20.4 亿美元，1910 年为 40.9 亿美元，1920 年为 77.9 亿美元，1925 年为 57 亿美元，1930 年为 57.2 亿美元。②

到了 19 世纪后期，为了发展美国工业，需要城市市场的刺激，并保护本国市场避免外国商品的渗透，同时还需要把农业产生的盈余转移到工业上去。这样，美国的农业生产得到一种刺激，有较大的发展。在此同时，农业发展也受到向边疆扩张和土地授产制的刺激。③

在美国，由于人口总量和密度不大，加上农场主家庭生产他们自己需要的粮食，所以国内市场无法吸收国内生产出来的全部农产品。1870 年美国全部人口的 70% 是农村人口。到 1900 年，美国乡村人口仍占全部人口的 60%。紧接着内战结束，很快在南部发展起来的分成制成为农业生产主要的地租形式。黑人农民生产了自己所需的大部分粮食。随着农业生产的增长，必须找到农产品生产中获利的方式。

具有市场倾向的商业化农场促使政府帮助农场主将其农产品打入

---

① 刘晓然：《土地经济学》，河南大学出版社 2012 年版，第 295、293 页。
② 转引自刘晓然：《土地经济学》，河南大学出版社 2012 年版，第 311 页，附表。
③ A. Eugene Havens, "Capitalist Development in the United States, State, Accumulation and Agricultural Production System", in A. Eugene Havens, with Gregory Hooks, Patrick H. Mooney, and Max J. Pfeffer, eds., *Studies in the Transformation of U. S. Agriculture*, Boulder and London: Westview Press, 1986, p.17.

国外市场。大力从事非棉花生产的农场主在西部的华盛顿州、俄勒冈州、加利福尼亚州、怀俄明州、科罗拉多州,在西弗吉尼亚州、俄亥俄州,在西南部和中西部地区都出现了。这些地区的农场主从一开始就是大商业企业家,而且他们常常和英国资本结合在一起。①

这些大的生产单位通过各种控制机制和力量联合起来。他们利用先进技术接近水源,并占用公共土地达到私人目的。许多农业工人被引导到他们的宅地上,然后转让给雇主。宅地法一方面是家庭农场发展的动力,另一方面被用来控制广阔的西部领土。1850年的《沼泽地土地法》和1877年的《荒芜土地法令》成为切割大土地持有的手段。在很长一段时间里,美国比拉丁美洲更需要土地改革法。例如,1870年哈金和特拉维斯通过雇佣几十名流浪者,对640英亩土地提出了要求,之后把这块土地归为自己所有。在其他人进入加利福尼亚之前,获得了那里150平方英里的土地。②

从1873年到1900年,随着1873—1878年、1882—1885年、1893—1897年的经济波谷出现,资本主义经济波动甚大。除了1882—1885年这个阶段外,美国农产品出口恢复了。这不仅对农场主,而且对国民经济都具有决定性的意义。出口未经加工的粮食产品的利润,从1861年的7900万美元,增至1876年的9400万美元、1877

---

① A. Eugene Havens, "Capitalist Development in the United States, State, Accumulation and Agricultural Production System", in A. Eugene Havens, with Gregory Hooks, Patrick H. Mooney, and Max J. Pfeffer, eds., *Studies in the Transformation of U. S. Agriculture*, Boulder and London: Westview Press, 1986, p.27.

② A. Eugene Havens, "Capitalist Development in the United States, State, Accumulation and Agricultural Production System", in A. Eugene Havens, with Gregory Hooks, Patrick H. Mooney, and Max J. Pfeffer, eds., *Studies in the Transformation of U. S. Agriculture*, Boulder and London: Westview Press, 1986, p.28.

年的 15500 万美元、1880 年的 22600 万美元,到 1881 年利润增至 24200 万美元。①

在 1930 年以前,美国农业有相当一部分已经逐渐采用新技术,特别是加强了机械化和土壤保持管理。在 20 世纪 30 年代实行了猪的杂交和玉米的杂交,大量的谷物生产出来。农业部门的机械化从农业生产中解放出了大批劳动力去参战、参加工业化和发展服务业。②

美国的土地政策创造了大批小生产单位,使得家庭农场成为主要的农业生产组织形式。但是,在美国农业中始终存在着集中化的趋势。固然有一部分农产品确实是由相当小的生产单位生产出来的,但是到了 1970 年,100% 的用于制糖的甘蔗和甜菜、95% 的加工蔬菜、85% 的柑橘、70% 的马铃薯、54% 的火鸡、40% 的鸡蛋都是由一体化的单位或通过契约方式生产出来的。③ 美国出口农产品绝大部分是由与工业资本密切结合的大的农业生产单位生产出来的。

美国从南北战争以后到第一次世界大战,随着制造业的迅速发展,在农业部门中私人生产总值的增长率远远落后于工业部门。

---

① A. Eugene Havens, "Capitalist Development in the United States, State, Accumulation and Agricultural Production System", in A. Eugene Havens, with Gregory Hooks, Patrick H. Mooney, and Max J. Pfeffer, eds., *Studies in the Transformation of U. S. Agriculture*, Boulder and London: Westview Press, 1986, p. 29.

② A. Eugene Havens, "Capitalist Development in the United States, State, Accumulation and Agricultural Production System", in A. Eugene Havens, with Gregory Hooks, Patrick H. Mooney, and Max J. Pfeffer, eds., *Studies in the Transformation of U. S. Agriculture*, Boulder and London: Westview Press, 1986, p. 39.

③ A. Eugene Havens, "Capitalist Development in the United States, State, Accumulation and Agricultural Production System", in A. Eugene Havens, with Gregory Hooks, Patrick H. Mooney, and Max J. Pfeffer, eds., *Studies in the Transformation of U. S. Agriculture*, Boulder and London: Westview Press, 1986, p. 40.

表 4-3 美国私人生产总值增长率（单位：%）[①]

时期	农业	非农业
1860—1878年	4.1	6.8
1879—1888年	5.8	14.4
1889—1893年	6.6	19.7
1892—1896年	6.8	21.7
1897—1901年	8.4	27.4
1902—1906年	8.9	36.3
1907—1911年	9.2	43.7
1912—1916年	10.1	49.8

表 4-4 1790—1950 年美国的城市和农村人口（单位：人）[②]

年份	城市地区	农村地区
1790	201655	3727559
1800	322371	4986112
1810	525459	6714422
1820	693255	8945198
1830	1227247	11738773
1840	1845055	15224308
1850	3543716	19648160
1860	6216518	25226803

---

① 〔美〕道格拉斯·诺斯：《美国的工业化》，载〔美〕H. J. 哈巴库克、〔美〕M. M. 波斯坦（主编）：《剑桥欧洲经济史》第六卷，王春法等译，经济科学出版社 2002 年版，第 657 页，表 68。
② 〔美〕道格拉斯·诺斯：《美国的工业化》，载〔美〕H. J. 哈巴库克、〔美〕M. M. 波斯坦（主编）：《剑桥欧洲经济史》第六卷，王春法等译，经济科学出版社 2002 年版，第 658 页，表 69。

续表

年份	城市地区	农村地区
1870	9902361	28636000
1880	14129735	36026048
1890	22106265	40841449
1900	30159921	45834654
1910	41998932	49973334
1920	54157973	51552647
1930	68954823	53820223
1940	74423702	57245573
1950	96467686	54229675

第八节　20世纪的土地保有权和农业经济组织

20世纪美国农用土地的开垦已经完成，可耕地面积保持了大致不变。1910年农业生产使用的土地为3.25亿英亩，技术和经济变革在很大程度上造成了农场作物种植的变化。燕麦的播种面积从1910年的3700万英亩下降到1992年的400万英亩。裸麦的种植面积从230万英亩减少到30万英亩。亚麻的种植面积从220万英亩减少到20万英亩。荞麦的种植面积从84万英亩下降到6.5万英亩。然而，大豆的种植面积在1918年不大，到1992年增至5800万英亩，这个数字相当于伊利诺伊州和印第安纳州面积的总和。玉米的种植面积也发生了类似的变化。1919年时玉米的种植面积不大，到1990年代增至1000万英亩。新的作物，如黑小麦、耶路撒冷洋蓟、阿拉伯高粱在19世纪引入到南方种植。最成功的是杂交玉米的种植。艾奥瓦州在1930年大萧条时期，农场主很少种植杂交玉米。而到1940年该州种植的杂交玉米占玉米种植面积的90%。其他州纷纷步艾奥瓦州的后尘，到1960年代，杂交玉米在美国被普遍种植。[1]

随着技术改进，美国土地生产力大大提高。从1940年到1970年，美国小麦产量从8亿蒲式耳增至14亿蒲式耳。大豆产量从1亿蒲式耳增加到11亿蒲式耳。每蒲式耳小麦价格从1940年的0.7美元增至1970年的1.3美元。每蒲式耳大豆的价格，从1940年的0.9美元增至1970年的2.8美元。这样，按照1970年的价格，全美国小麦的产值就从1940年的10.4亿美元增至18.2亿美元；大豆产值从1940年的2.8亿美元增至30.8亿美元。[2]

美国农场的数量在20世纪发生了变化。根据农业统计资料，美国在20世纪开始时有570万个农场。1920年农场数增至650万个。1920年有3140万居民居住在农场上，他们占全国人口的30%。但是到了1997年，农场居民只占全国人口的2%不到。[3]农场数量的大量减少开始于1930年代后期，1950年以后加速。在1950—1970年的20年间，美国农场的数量减少了一半。1970年以后美国农场数量的下降速度减缓。但是从1970年到1990年，农场数量继续减少，农场平均面积从1990年时的460英亩，减少到2000年时的434英亩。[4]

尽管美国农场数量大大减少，但用于农业的土地在过去100年间在增加。2000年农场土地比1900年增加了13%。但农场土地面积比处于顶点时的1950年（当时超过12亿英亩）减少了25%。[5]

---

[1] Bruce L. Gardner, *American Agriculture in the Twentieth Century*, Harvard U. P., 2002, p.19.

[2] Bruce L. Gardner, *American Agriculture in the Twentieth Century*, Harvard U. P., 2002, pp.30-31.

[3] Bruce L. Gardner, *American Agriculture in the Twentieth Century*, Harvard U. P., 2002, p.50.

[4] Bruce L. Gardner, *American Agriculture in the Twentieth Century*, Harvard U. P., 2002, p.51.

[5] Bruce L. Gardner, *American Agriculture in the Twentieth Century*, Harvard U. P., 2002, pp.52-53.

美国许多农场主并不是非常富裕,为了取得足够的土地去种植作物,他们采取了租佃经营的方法。美国的租佃制有两种方式,货币地租和分成制地租。谷物分成制各地情况不同,最普遍的安排是50%对50%。货币地租对佃户有风险,如果收成不好或是谷物价格下跌,他们会遭到很大的损失。但是佃户通常比地主更能承担这种风险。而分成制对农户没有太大的压力。

1900年美国有35%的农场由佃户经营。其中13%实行货币地租制,22%实行分成制地租。在20世纪最初三分之一的时间里,由佃户耕作的土地在持续增长。根据1937年关于租佃制的总统委员会的报告,"成千上万的租佃农场主除了紧缩的年份,始终无法积累足够的金钱为购置自己的农场交纳首付款"。1940年以后,租佃农场的数量持续减少,从1940年占美国农场土地的29%,美国农场总数的39%,下降到1997年占农场总数的10%,占农场土地总面积的12%。租佃农场的性质也发生了变化。1940年租佃农场面积比美国农场平均面积要小。而到1997年,租佃农场的平均面积比美国农场的平均面积要大。美国租佃农场所占农地面积以后变化不大,从1940年占全部农地的44%下降到1997年占全部农地的41%。绝大多数租佃农场主拥有部分土地的所有权,他们又租入一些土地,以达到较大的经营规模。大多数农场主是土地的全权所有者,但拥有完全所有权的农场主只占有美国农地的三分之一。[1] 许多贫穷的农场主和年轻的农场主只有很少的资本和土地,他们将劳动力投入土地,通过分成制取得部分收成。有一些农场主是被大公司、非营利性的机构和政府雇佣。

---

[1] Bruce L. Gardner, *American Agriculture in the Twentieth Century*, Harvard U. P., 2002, pp. 55-56.

在这些农场中，农场经理和所有工人都是被雇佣的挣工资的劳动者。

美国农业持续的结构变化的趋势是，农场规模随时间推移不断扩大。1994年，单个农场的销售额在5万美元以下的农场有148.3万个，每个农场面积平均为187英亩；产出在5万—10万美元的农场有21.1万个，每个农场平均面积719英亩；产出在10万—25万美元的农场为22.1万个，每个农场平均面积为1186英亩。产出在25万美元以上的农场有12.05万个，每个农场平均面积为183.4英亩。第一类农场每年平均每个农场的收入为11991美元，其中来自农业的净收入为1644美元。第二类农场每年平均每个农场的收入为73619美元，来自农业的净收入为15052美元。第三类农场平均每个农场的收入为148848美元，其中来自农业的净收入为19399美元。第四类农场平均每年每个农场的收入为619739美元，其中来自农业的净收入为113606美元。第一类农场来自农业以外的收入为41603美元，第二类农场来自农业以外的收入为31625美元，第三类农场来自农业以外的收入为26000美元，第四类农场来自农业以外的收入为27725美元。[①]

在1900年，美国农业生产没有那么专门化。有98%的农场养鸡，有82%的农场种植作为粮食的玉米，有430万个农场养猪。绝大多数农场从事多种经营。但到20世纪后期，农场经营日益专门化。根据1990年的统计资料，在190万个农场中有4%的农场养鸡、23%的农场种玉米、8%的农场饲养奶牛、10%的农场养猪。[②]

在1923年到1940年这段时间，每年平均有2%的农场倒闭，其

[①] Bruce L. Gardner, *American Agriculture in the Twentieth Century*, Harvard U. P., 2002, p.59, Table 3.2 Farm Characteristics by Sales Class, 1994.

[②] Bruce L. Gardner, *American Agriculture in the Twentieth Century*, Harvard U. P., 2002, p.61, Table 3.3 Number of Farms Producing Each Commodity (thousands of farms).

中 1935 年有 4% 的农场倒闭。这样，在 15 年中有将近 30% 的美国农场被迫倒闭。1960 年代到 1970 年代，每年被迫倒闭或取消的农场占农场总数的 1% 稍多。据统计，在 1981 年 2 月每英亩谷物产出平均价值为 1572 美元，1986 年 2 月平均产出价值只有 794 美元。地价也下降了 50%。1980 年有 70 万个商业农场主和 150 万个小规模的农场几乎完全依靠农场以外的收入在经济上支持他们。农场的平均债务达到 31.6 万美元。美国审计总署估计，在 1985—1996 年间，每年有 2100 个农场经营失败。1950 年以后，美国大农场和小农场在销售和规模上的效益存在很大的差别。但由于小农场能有农场以外的收入来源，这使得它们接近美国收入的平均水平，大小农场收入的差别不是越来越大。[1]

在 1940—1987 年间，北方农场的数目减少了 200 万个。由于农用地基本不变，因此农民的人均耕地从 210 英亩增长到 541 英亩。在北方，年产值在 10 万美元以上的农场占的比重增加了 6 倍，在农产品销售总额中占的比重增加了近 2 倍。1982 年，北方这样的农场有 222000 家，占销售总额的 72%；加上 259000 家产值在 40000 到 99999 美元的农场的销售额，共占总销售额的 90%。中等规模的农场在总数中所占的比重上升了，但其市场份额下降了三分之一以上。美国农业呈现两极分化，一端是向大型商业化农场集中，而另一端是大量农村居民和业余农场仍然存在。几十年来，大多数小型农场在经济上经营不善，20 世纪 80 年代它们实际上处于亏损状态。根据现代标准，只有销售额达到 10 万美元才是比较合适的规模。[2]

---

[1] Bruce L. Gardner, *American Agriculture in the Twentieth Century*, Harvard U. P., 2002, pp. 85, 86, 87.
[2] 〔美〕斯坦利·L. 恩格尔曼、〔美〕罗伯特·E. 高尔曼：《剑桥美国经济史》第三卷，蔡挺等译，中国人民大学出版社 2008 年版，第 517 页。

美国是一个土地资源丰富的国家。据 1969 年的统计，农业使用的土地占全部土地的 46%。固定的牧场和草地占 36.6%，林地占 10.5%。①

1900 年美国 7600 万居民中有 4600 万是乡村居民。而在这 4600 万乡村居民中有 1000 万生活在农场上，居住在农村的居民人数众多。就人口分布而论，当时美国属于农业社会。但是美国城市人口增长很快，到 1920 年城市居民人口超过了乡村居民。到 1990 年统计时，农场人口只占全国人口的 2% 和乡村人口的 7%。②

20 世纪美国农业人口最重要的变化是非白种人农场经营者数量的下降。1920 年美国有 95 万非白人农场主，其中 92 万分布在美国南部，他们占美国农场主的 15%。到 1950 年共有 56 万非白种人农场主。1950 年以后非白种人农场主人数下降的速度更快。1997 年美国农业统计表明，当时有 1.9 万非洲裔美国农场主，他们的人数不到美国全部农场主人数的 1%。1920 年有四分之三以上的非白种人农场主对他们耕作的土地没有所有权，是租佃农场主。1992 年只有 11% 的非洲裔美国农场主是佃户。③

1920 年代到 1930 年代，在美国南部，白人租佃农场主的人数比非白人租佃农场主的人数要多。1930 年白人租佃农场主在 100 万人以

---

① Food and Agriculture Organization of the United Nations, *1970 World Census of Agriculture: Analysis and International Comparison of the Results*, Rome, 1981, p.76, Area of Holdings of Percentages of Total Area of Country and Percentage Distribution of Area in Holding by Area of Land.

② Bruce L. Gardner, *American Agriculture in the Twentieth Century*, Harvard U. P., 2002, pp.92-93.

③ Bruce L. Gardner, *American Agriculture in the Twentieth Century*, Harvard U. P., 2002, pp.95-96.

上,而非白人租佃农场主只有 70 万名。[①] 1992 年美国南部白人租佃农场主人数下降到 7 万人,非白人租佃农场主人数下降的幅度更大。有学者认为,黑人农场主在 1930 年代以后在农业技术改进中处境不利,此外,他们缺少信贷,又缺少刑事警察的保护。在 20 世纪,女性在农场经营中发挥了越来越大的作用。1992 年的农业统计资料显示,有 14.5 万名女性农场经营者,占美国农场经营者的七分之一。女性农场经营者的年龄偏大,她们倾向于管理较小的、分散化的农场。[②]

美国农场主总人数 1900 年为 2987.5 万人,1910 年为 3207.7 万人,1920 年为 3197.4 万人,1930 年为 3052.9 万人,1940 年为 3064.7 万人。此后农场主人数急剧下降,1950 年为 2304.8 万人,1960 年为 1563.5 万人,1970 年为 971.2 万人,1980 年为 605.1 万人,1990 年为 459.1 万人。美国的农场总数在 20 世纪也逐渐下降。1900 年有 574 万个农场,1910 年为 636.6 万个,1920 年为 645.4 万个,1930 年为 629.5 万个,1940 年为 610.2 万个,1950 年为 538.8 万个,1960 年为 396.2 万个,1970 年为 294.9 万个,1980 年为 244 万个,1990 年下降到 214.6 万个。在 20 世纪农场平均人口也在减少。每个农场平均人口在 1900 年为 5.2 人,1910 年为 5.0 人,1930 年为 4.8 人,1940 年为 5.0 人,1950 年为 4.3 人,1960 年为 3.9 人,1970 年为 3.3 人,1980 年为 2.5 人,1990 年为 2.1 人。[③]

[①] Bruce L. Gardner, *American Agriculture in the Twentieth Century*, Harvard U. P., 2002, p.96.
[②] Bruce L. Gardner, *American Agriculture in the Twentieth Century*, Harvard U. P., 2002, pp.96-97.
[③] Bruce L. Gardner, *American Agriculture in the Twentieth Century*, Harvard U. P., 2002, p.98, Table 4.2 Farm Population, Number of Farms, and Persons Per Farm.

1960年美国农民持有土地的面积中，持有土地在1—2公顷的有49626人，持有土地在2—5公顷的有183825人，持有土地在5—10公顷的有299438人，持有土地在10—20公顷的有445876人，持有土地在20—50公顷的有919495人，持有土地在50—100公顷的有833492人，持有土地在100—200公顷的有513533人，持有土地在200—500公顷的有232439人，持有土地在500—1000公顷的有60234人，持有土地在1000公顷以上的有43766人。①

1969年美国持有土地的881121人中，持有土地在2—5公顷的有40365人，持有土地在10—20公顷的有94025人，持有土地在20—50公顷的有258799人，持有土地在50—100公顷的有249793人，持有土地在100—200公顷的有143805人，持有土地在200—500公顷的有59625人，持有土地在500—1000公顷的有22033人，持有土地在1000公顷以上的有12676人。②

2002年美国有土地持有者2128982人，他们共持有土地面积379712151公顷。其中持有土地面积在0.4—4公顷的有179346人，他们共持有土地343015公顷。持有土地面积在4—20.2公顷的有563772人，他们共持有土地5953965公顷。持有土地面积在20.2—56.6公顷的有517075人，他们共持有土地18094457公顷。持有土地面积在56.6—105.2公顷的有304734人，他们共持有土地

---

① Food and Agriculture Organization of the United Nations, *Report on the 1960 World Census of Agriculture*, Volume V, Analysis and International Comparison of Census Results, Rome, 1971, p.26, Table 1.4 Number of Holdings 1 Hectare and Over by Size.
② Food and Agriculture Organization of the United Nations, *1970 World Census of Agriculture: Analysis and International Comparison of the Results*, Rome, 1981, p.96, Table 5.3 Number Holdings Owned by Holder or Held in Ownerlike Possession, by Size of Holding.

23235893 公顷。持有土地面积在 105.2—202.3 公顷的有 225513 人，他们共持有土地 32626275 公顷。持有土地面积在 202.3—404.7 公顷的有 161552 人，他们共持有土地 45505023 公顷。持有土地面积在 404.7—809.4 公顷的有 99020 人，他们共持有土地 54906585 公顷。持有土地面积在 809.4 公顷以上的有 77970 人，他们共持有土地 199046938 公顷。在 2002 年全部农林业土地中，所有者持有地的总面积为 236728929 公顷土地，占土地的 62.3%。租佃持有地的总面积为 142983223 公顷，占土地的 37.7%。即 2002 年在美国，实行租佃经营的土地占全部土地的三分之一稍多。被雇佣劳动者共有 3036470 人，他们持有 554434 份土地。[①]

关于美国土地价格的上涨，有多种因素，包括对土地的改良、土地需求的增加、区位优势的变化，以及土地供给的减少。

美国经济史学家保罗·W. 盖茨推翻了自由或便宜的土地促进土地所有权的传统观点。他认为："1785 年的《土地令》及后来的法律取消了对个人或团体所能得到的土地的任何限制……无限制销售和无限制的土地所有权转让的政策使投机商垄断土地成为可能，他们在某一地区获得大部分可选土地……这导致了便宜或自由土地很早消失和租佃制的出现。"

更高的土地价格意味着农场主被迫花费更多的收入购买土地，因为土地需要无弹性，那些无能力支付高价格和无处借贷的农场主只能耕种小块土地或当佃农。

1880 年第一次对佃农进行统计，它表明全国四分之一的农场主

---

① Food and Agriculture Organization of the United Nations, *2000 World Census of Agriculture: Main Results and Metadata by Country (1996-2005)*, Rome, 2010, p.217.

所耕种的土地没有所有权。虽然其他地区租佃制很普遍,但最为普遍的是南部,中西部的租佃率比东部沿海还高。在中西部的西部,租佃率1880年至1900年间上升了50%。美国其他地方的租佃率上升了约30%。1880年艾奥瓦州有四分之一的农场主是佃农。1900年,艾奥瓦州的农场主的三分之一以上是佃农。1930年艾奥瓦州的租佃农场主接近二分之一。在威斯康星州,拥有土地的农场主较多,但即使在那里也有相同的趋势。威斯康星州的租佃率1880年为9%,1900年为13.5%,1930年上升到18.2%。[1] 盖茨认为佃农只是落入困境、沿着农业阶梯降至无地工资劳动者的自耕农。有一些人是由于经济灾难而沦为自耕农。在始于1921年经济萧条并且直到第二次世界大战才结束的农场危机中,每年平均有9.6万家农场倒闭。在经济危机高峰的1933年,有20万农场主失去了农场,他们或是被迫离开土地,或是沦为佃农。[2]

---

[1] 〔美〕杰里米·阿塔克、〔美〕彼得·帕塞尔:《新美国经济史》下册,罗涛等译,中国社会科学出版社2000年版,第406页。
[2] 〔美〕杰里米·阿塔克、〔美〕彼得·帕塞尔:《新美国经济史》下册,罗涛等译,中国社会科学出版社2000年版,第406—407页。

第五章 印度

第一节 英国殖民统治之前的土地保有权

印度教徒的种姓是按照人的出身划分的社会等级。种姓或种姓以下的分支，通常都是实行内婚制。种姓的划分与职业有很大关系。在早期，村庄的种姓社团通常对村有土地享有世传的大小不等的权利，后来，这些权利被掌权的土地经理人和村庄管理人的种姓集团瓜分掉了。

种姓等级的正式划分是根据信仰是洁净还是污秽来确定的。关于种姓的规章的编纂、归档备案以及因地制宜地修改，都是婆罗门的工作。婆罗门是最高种姓的宗教专家，他们起源于印度北部的一些吠陀王国。不同地区的种姓制有共同的基本特点。印度有几种地区性的种姓制。

种姓的数目、种姓的法律和种姓的等级，都定期地按照王国对村社管理、土地所有制或贸易管理政策进行轮次修改。在南印度的各个印度教王国中，宗教法律和世俗法律没有什么区别。在穆斯林的统治地区，尽管国家法律和印度教的宗教法律的关系比较复杂，但是婆罗门和其他高级种姓长老所颁布的地区性种姓规章都受到最高政权的支持，种姓法庭的判决必须由当地穆斯林总督批准。① 印度各种姓并没有建立一个全印度范围的组织。英国殖民者在他们所建立的机构中并不是始终利用种姓制度的。相反，他们破坏了种姓现有的法律依据，听任各种姓在新条件下自谋出路。种姓的法律依据在印度独立时期完全取消了。但在某些生活方式变化不大的地区，种姓制仍然或多或少地按传统方式继续生效。②

以坦焦尔为例，这里的印度教种姓分作三大类：婆罗门、非婆罗门和"贱民"阿迪·德拉维达。婆罗门是一个单独的种姓，但它的每个宗系也都称为一个种姓。非婆罗门分作三大类。第一类是充当传统的村务管理人的贵族种姓，他们在个别的非婆罗门村子里居于统治地位。第二类非婆罗门种姓是佃农和村庄专业劳动者，这些人是为婆罗门望族和非婆罗门贵族种姓服务的。第三类非婆罗门种姓是城镇的工匠和商人，如木刻匠、石刻匠、金匠、银匠和黄铜神像匠人种姓。阿迪·德拉维达则包括该县三个最低等的种姓。③

在土地所有权方面，印度中世纪在马拉巴沿岸各小王国有过封建制。在那里，国王把土地赏赐给世袭的部落首领，部落首领把土地赏赐给村庄头人，村庄头人把土地赏赐给纳亚尔侍从，换取奉贡

---

① 〔英〕凯思林·高夫：《坦焦尔县孔巴村的种姓制》，载中国社会科学院世界历史研究所主编：《南印度农村社会三百年——坦焦尔典型调查》，黄思骏、刘欣如译，陈洪进编校，中国社会科学出版社1981年版，第45—47页。

② 〔英〕凯思林·高夫：《坦焦尔县孔巴村的种姓制》，载中国社会科学院世界历史研究所主编：《南印度农村社会三百年——坦焦尔典型调查》，黄思骏、刘欣如译，陈洪进编校，中国社会科学出版社1981年版，第47—48页。

③ 〔英〕凯思林·高夫：《坦焦尔县孔巴村的种姓制》，载中国社会科学院世界历史研究所主编：《南印度农村社会三百年——坦焦尔典型调查》，黄思骏、刘欣如译，陈洪进编校，中国社会科学出版社1981年版，第52—55页。

和军役。但是，在坦焦尔王国自11世纪以来没有这种封建制。政府的经费来自田赋，田赋则由有薪俸的省督征收。在婆罗门村庄里全部土地归婆罗门社团共同管理，不得分割也不得出售。婆罗门的土地管理权是交纳田赋取得的，他们在每季收获后用粮食向政府交纳两次田赋。①

莫卧儿帝国时期，农业是印度的主要产业和莫卧儿帝国收入的主要来源。阿克巴统治时期，人工灌溉相对缺乏，农业奴隶存在。农民在满足政府和其他人的要求之后剩余的可以自己支配的产品平均量比现在要少很多。根据《阿克巴律例》所述，土地税在阿克巴统治时期为36.3亿"大姆"，到沙贾汉统治时期上升为88亿"大姆"。农民生产积极性的削弱加上地方官员的日益暴虐和敲诈，导致许多地区的农民放弃耕作。沙贾汉的官僚机构的挥霍习惯和他们负债的日益增长使得他们向农村人口征收各种地方赋税、捐税和同行税。他们往往公然蔑视皇帝的命令而征收这些税款，使农民没有了赖以为生的条件，从而失去了耕种土地的积极性。②

在英国建立统治之前，印度是否有私人财产的存在，这个问题始终没有明确的答案。当时，私人财产是一种特权。这种特权最初是被全体人民拥有，然后被特别的部落拥有，最后被一些团体和特别的个人拥有。在这个最后的阶段，土地是作为一种对彼此都便利的东西而不是无条件的财产在现存团体的个人中分配的。它长期作为一种从属

---

① 〔英〕凯思林·高夫：《坦焦尔县孔巴村的种姓制》，载中国社会科学院世界历史研究所主编：《南印度农村社会三百年——坦焦尔典型调查》，黄思骏、刘欣如译，陈洪进编校，中国社会科学出版社1981年版，第61—62页。
② 〔印度〕斯蒂芬·麦勒迪斯·爱德华兹、〔印度〕赫伯特·利奥纳德·奥富雷·加勒特：《莫卧儿帝国》，尚劝余译，青海人民出版社2009年版，第205—206页。

于某种条件和团体的可继承的利益。这阻碍了它不受控制地转让。同时，附着在土地上的有某些公共权利和公共负担。①

16和17世纪访问印度的欧洲旅行者一致认为，国王是印度土地的所有者。这一概念传递给了英国东印度公司的官员。英国东印度公司强调他们从它之前的统治者那里继承了关于土地所有权的普遍权利。但是当詹姆士·穆勒强调这一原则时，威尔逊却批评詹姆士·穆勒的论点，指出在古代印度法律中，并没有批准这一原则的条文。科瓦列夫斯基指出，在穆斯林法中也没有这样的规定。莫卧儿帝国的任何官方文件也都没有提到这种权利。只是到了18世纪，人们才看到国王对土地拥有所有权的陈述。1739—1740年的一部论及了土地法的辞典提到："诉讼与国王有关，因为他有土地所有权。"在1745年一个穆斯林法学家写的理论小册子称，在旧日印度农民确实真的相信，他们的 rajas 是"整个土地的所有者"，但是，根据法律，被耕作的、纳税的土地不能被认为是统治者的财产。他承认，在他那个时代，农民把柴明达尔视为财产所有者。这个观点为农民承认柴明达尔有权将他们从土地上驱逐的事实所增强。②

在印度，地租由国家或者由直接受托人和国家的代表去征收。但是，在当时团体的记事中，占领或管理土地的人有一种特权或财产权。它们构成了一种强有力的财产权形式。从根据持有土地的权利而支付习惯地租来说，可以认为，私人土地财产权从尚未有记载的时候

---

① George Campbell, "The Tenure of Land in India", in The Cobden Club, ed., *System of Land Tenure in Various Countries*, Second edition, London: Macmillan and Co., 1870, pp. 151, 153.

② Irfan Habib, *The Agrarian System of Mughal India 1556-1707*, Oxford U. P., 1999, pp. 123-124.

起，在印度的许多地方就已经存在了。

英国东印度公司在其统治早期，曾通过严酷的手段来勒索田赋。土地赋税是东印度公司行政经费的主要来源，也是英国东印度公司董事们每年报酬的来源。这种需求导致了对农民的过度剥削。当时在殖民地印度没有土地立法，没有确定究竟是向什么人索取田赋。如果向村舍索取田赋，就要保持村社制。如果向地主征收田赋，当时地主所有制还没有普遍确立。1799—1855年间英国殖民当局确定了抛弃村社制、建立地主制的土地政策。

印度独立前的土地租佃制度分为三种类型：柴明达尔制、玛哈尔瓦尔制和莱特瓦尔制。柴明达尔租佃制是1793年英国人为了稳定农业实行的土地转授制度。在孟加拉及附近地区实行了"永久转授租佃制"。这种租佃制提高了收税人的地位，使他们转变为私人地主。这一制度使得土地赋税永久固定下来，它被称为"柴明达尔制"。"柴明达尔"原意是收税人。柴明达尔需要向政府交付提高后的土地税。后来英国人将转税制度扩大到其他省区，并在当地培植柴明达尔。以后将这种制度改为"暂时转授租佃制"。康华里勋爵1793年在孟加拉采用了柴明达尔制。土地由个人持有或大多数人联合持有，要交付土地税。东印度公司采用这个制度，是为了培养一个有特权的阶级，通过他们从土地上获得超额利润。这种制度设立了柴明达尔、贾吉达尔、印南达尔等征税人。收税人最初在他们管辖的区域征收土地税，后来他们就演变为土地所有者，对土地拥有永久性的权利。土地税赋依不同省区每隔25至40年重新评估一次。

柴明达尔整理有永久性的整理和暂时性的整理。永久性整理土地税长期固定不变。这种制度盛行于孟加拉、马德拉斯北部和贝腊勒斯。暂时性整理的土地税以20至40年为一个确定的时期，土地税经常调整。暂时整治实施的时间相当长，主要的目的是向东印度公司负责及时地交付土地税。东印度公司认为，柴明达尔代表了农村人口中最开明的部分，授予他们租佃权能使土地改良和更好地发展农业。但是，通过实施柴明达尔制，在国家和实际耕作者之间造成了一个中间人阶级。这个阶级的出现只是扩大了对超额租金的榨取。他们从耕作者那里榨取的钱财不是用来形成资本，而是扩大他们的奢侈消费。柴明达尔制把农村居民分成两大农业阶级，即在外地主和无土地所有权的耕种者。在外地主剥削实际耕作者，而国家对其缺乏干预。在这种制度下，地主的剥削和压迫是残暴的，印度农业倒退到自给自足的经济。在这种制度下，地主和柴明达尔包税人同时存在。[①] 通过实施柴明达尔制，英国人在印度造就了一个地主阶级。过度的人口压力引起了对土地的高度需求，这促使柴明达尔地主向佃户勒索过高的地租和其他苛捐杂税，而使印度农业成为仅能维生的产业。政府征收高额赋税时很苛刻，迫使农民只得将土地卖给在外地主或放债人，这样就抑制了农业和农民的发展。[②]

以后，又在孟买和马德拉斯的大部分地区推行"莱特瓦尔制"，并将这种土地制度的实施扩大到印度东北部和西北部。这种制度承认每个拥有土地的农民都是地主，他负责每年直接向政府交纳土地税。根据莱特瓦尔租佃制，土地可以独立占有，个体所有者直接向国家交纳土地税。莱特瓦尔租佃制最初是1792年在马德拉斯开始实施。这种制度是印度传统的产物，盛行于孟买、贝拉尔和印度中部。

[①] 〔印度〕鲁达尔·达特、〔印度〕K. P. M. 桑达拉姆：《印度经济》下册，雷启怀译，四川大学出版社1994年版，第52—53页。

[②] 〔印度〕鲁达尔·达特、〔印度〕K. P. M. 桑达拉姆：《印度经济》上册，雷启怀译，四川大学出版社1994年版，第35—36页。

莱特自由转租他的土地，只要租户交纳评定的土地税，他就享有永久的租佃权。

第三种土地制度是玛哈尔瓦尔租佃制。在玛哈尔瓦尔租佃制下，村社土地为公社成员联合占有，村舍成员共同负责交纳土地税。这个制度首先在亚格拉和奥乌德实行，随后在旁遮普实施。根据这个制度，村社公地或夏姆勒特全部是农村公社的财富，荒地也属于农村公社。在村社自由出租土地和分配租金，或者不经政府允许便分片进行耕种。这个制度在旁遮普是穆斯林传统的产物。这个制度规定要对整个村庄评定土地税，以共同分担土地税为集体责任。村长负责收税，他领取 5% 的佣金。[1]

莱特瓦尔、玛哈尔瓦尔和柴明达尔制度经过 150 年的实践已发生了潜在的巨大变化。莱特瓦尔、玛哈尔瓦尔和柴明达尔这三种制度相互混合，有倾向于柴明达尔制的趋势。在一些邦，如中央邦和北方邦，玛哈尔瓦尔制具有柴明达尔制的特征，那里的政府强调村社联合负责评定土地税；同时，它也具有旁遮普莱特瓦尔地区在外地主的特征，在那里强调各自负责缴纳土地税。在一些地区，以往土地税的征收没有记录，大地主可以任意摄取农民财富。这些情况使得废除中间人的任务实施起来很困难。在 19 世纪上半叶，英国殖民统治者对印度的土地保有权实行了改造，将种姓等级占有制逐渐改造为近代土地所有制，将土地改变为私有财产，为地主、差役和雇农制订了法律规则。

印度各个地区的土地保有权制度大致情况如下：

---

[1] 〔印度〕鲁达尔·达特、〔印度〕K. P. M. 桑达拉姆：《印度经济》上册，雷启怀译，四川大学出版社 1994 年版，第 53—54 页。

（1）孟加拉的土地制度。孟加拉是英国殖民者统治下最重要的省份。晚期北方的部落散布在它的乡村。当时村庄制度已不再支持乡村民众独立处理自己事务的民主组织。至于东印度公司的官员，他们没有处理民政事务的经验。几乎是世袭的中间人的柴明达尔这时已经出现，外国殖民者只有通过他们才能尝试新的统治方法。但是柴明达尔并不是地产的所有人，他们也没有统治的继承权。① 以后，英国关于地主权利的观念以及对经济活动不加干涉的观念在孟加拉越来越流行。②

在孟加拉如同在爱尔兰一样，开垦的土地从法律和有效的行政机构方面得到的保护还不及从习惯和公共舆论方面得到的保护多。在孟加拉，地主不从事土地的耕种，他们只是把土地出租给农民去耕种。在孟加拉，留给柴明达尔的利润不多，孟加拉的地主也不是很活跃，他们通常只是获取根据习惯法应当获得的利润份额。在柴明达尔，产业的永久所有权是可以转让的。

对于遗产继承，印度的法律和习惯规定，遗产在所有的儿子或其他男性亲属中平均分配，体弱的儿子和寡妇只能享有有限的保有权。在孟加拉，在没有男性后代的情况下，女儿和其他女性亲属可以排在寡妇之后享有继承权。而伊斯兰教的继承法对于地产规定了极端复杂的继承份额原则。印度关于寡妇的保有权规定得非常特别，她们没有权利管理使用权，这使她们在除了留下自己维生的土地外，都加以出租。但是，根据婆罗门教的法律，她们能够用地产去做许多有利于婆

---

① George Campbell, "The Tenure of Land in India", in The Cobden Club, ed., *System of Land Tenure in Various Countries*, Second edition, London: Macmillan and Co., 1870, p. 180.

② George Campbell, "The Tenure of Land in India", in The Cobden Club, ed., *System of Land Tenure in Various Countries*, Second edition, London: Macmillan and Co., 1870, p. 176.

罗门教和迷信之事。①

（2）西北各邦的土地制度。1822年条例第七项规定是北印度各地区解决土地问题的原则。在这项条例中，关于土地为不得转让的产业与岁入的规定被取消。如同在孟加拉一样，私人的土地财产仍然为世人所公认。土地持有者事实上有长期租佃权，并有权在租期结束前重新评估地租、更新租约。法律允许他们转移自己的权利。法律还规定不得随意调查任何阶级的这种权利。当时的一项条款规定，如果有两方或三方声称拥有对同一块土地的权利时，授权政府官员直接与地位较高的一方商讨处理办法，并在高级的和低级的两方持有者之间作出按比例解决的决定。农民被划分为两类，一类是老的定居农民，他们只要支付公正的地租，就有权无限地占有土地；另一类农民则没有这种权利，要通过检查确定他们的这种权利。他们支付的地租要时时加以确定，而不是根据要求一次精确地确定下来。每个村庄的规则和习惯都要有记录，以留作供将来参考。②

在西北各邦，形成了多阶层的土地持有者。许多大的柴明达尔保持有大地产。在某些农村，组成乡村村社。在西北邦的绝大部分地区，居民主要由小的土地持有者和现存业主构成。乡村的领袖人物中，自称刹帝利后裔的拉其普特人一度占据统治地位。乡村居民中绝大部分是出生于最初的拉其普特乡村团体或其他团体。他们的

---

① George Campbell, "The Tenure of Land in India", in The Cobden Club, ed., *System of Land Tenure in Various Countries*, Second edition, London: Macmillan and Co., 1870, pp. 171, 180.

② George Campbell, "The Tenure of Land in India", in The Cobden Club, ed., *System of Land Tenure in Various Countries*, Second edition, London: Macmillan and Co., 1870, pp. 185-186.

数量已经下降了。他们在村庄中从事农耕，但仍然保持着比普通农民优越的地位。他们耕种自己拥有的土地，同时收取作为共同收入的其他农民交纳的地租。这些共同收入用来支付国家税收。超过了税收开支数量的收入，按比例在农民中分配。许多村庄既没有大的柴明达尔，也没有显赫的老的地主家族，就需要选出一些有能力的农民来充当首领。①

总的来说，西北各邦实行了一种温和的财产制度。许多农民可以在支付地租的条件下占有土地。农民的土地保有权较为稳定。原因在于，这里的农村居民努力发展农业，地产获得了很高的收益，农村较为富足。②

（3）旁遮普邦的土地制度。旁遮普邦是严格按照与西北诸邦同样的原则来安置它的居民的。按照1822年第七条的规定，旁遮普邦的土地保有权在各地有很大的差别。但在大多数地区，与前述各邦一样，存在着乡村公社，公社的财产权是完全公开的。每个村庄承担要交纳的税赋，由一个长者组成的委员会来实施征收赋税的工作。由他们按照各个成员开垦的土地面积来分配税赋并征收税赋。实际上，这里存在一种自由人的公共财产权。这些居民构成了一个共同体。政府与联合的共同体打交道，而不直接分别与每个农民个人打交道。③

绝大多数旁遮普农民劳作非常勤勉。旁遮普农民比拉其普特及其

---

① George Campbell, "The Tenure of Land in India", in The Cobden Club, ed., *System of Land Tenure in Various Countries*, Second edition, London: Macmillan and Co., 1870, pp. 191-192.

② George Campbell, "The Tenure of Land in India", in The Cobden Club, ed., *System of Land Tenure in Various Countries*, Second edition, London: Macmillan and Co., 1870, p. 192.

③ George Campbell, "The Tenure of Land in India", in The Cobden Club, ed., *System of Land Tenure in Various Countries*, Second edition, London: Macmillan and Co., 1870, p. 195.

他相似的部落更加精明。在这个地区拒交税赋之事闻所未闻，税赋能准时上交。旁遮普邦与西北各邦极重要的差别在于，在这里不允许民事法庭不受限制地干涉农民的事务。在旁遮普邦，没有独立的司法法官，行政官被授予了司法权。①

（4）马德拉斯的莱特瓦尔制。莱特瓦尔制是一种处理没有合股责任的单个农民的土地制度。在马德拉斯，一部分土地由柴明达尔占有，而在靠近西海岸的另一部分领土上，存在着几乎有完全的财产权的特别的土地保有权莱特瓦尔制。

马德拉斯在采取的孟加拉制度经法律允许松弛后，马德拉斯当局退回到了他们自己的管理制度。他们认为柴明达尔制算不上能让农民获得自由的制度。马德拉斯当局没有直接干预农民的经济生活，否认旧的村庄合股责任制。②

（5）中央邦的土地制度。在中央邦的一些地区保留了西北部村庄财产权制度的痕迹和更多的南方制度的形式。这种制度没有财产权的概念。但是，对于村庄以外的农场，土地持有者被允许用半世袭方式传递下去，好的农夫可以更新他们的租约。对于有争议的财产，民事法庭不得干预。私人转让财产有时会得到批准。但是，如果一个人出事了，使用权便不得出售，政府会选择某些有德行的人去占据他的位置。重分农场利益如果危及岁入的安全或是违背负责管理的官员的意见，将不被承认。

---

① George Campbell, "The Tenure of Land in India", in The Cobden Club, ed., *System of Land Tenure in Various Countries*, Second edition, London: Macmillan and Co., 1870, p. 196.

② George Campbell, "The Tenure of Land in India", in The Cobden Club, ed., *System of Land Tenure in Various Countries*, Second edition, London: Macmillan and Co., 1870, pp. 199-200.

农夫交纳的地租由政府官员调整。虽然农夫在租佃期内由于扩大开垦，会增加土地收益，但农场主没有权利提高地租率或中断它。[①] 这种制度有其优点，农民得到充分的保护。西北部的政府奉行一种观念，即必须建立充分的财产权，同时也需要实行农民乐见的妥协。这里奉行的规则有下列一些：不论在什么地方，此后被称为农场主的人必须显示其物权，他们将被承认是财产的主人；某些时候，老的世袭农民仍然保持他们原先的地位，被视为一种近似于业主的持有土地的人；他们承交的地租率高于税率，这在承租期间不能改变。

当时在印度全国都有过量的未开垦的土地。自由的荒地指定给予每个村庄，这样在耕作中也为扩大开垦留下了余地，对农民放牧、灌溉和获取林木的要求作出妥协。此外，其余的土地留做政府的财产。森林被保护起来让其生长和提供木材。[②]

直到19世纪，印度有些人迹罕至或土质恶劣的地方，还存在着以低价授予荒芜土地无条件继承不动产权的措施。印度存在一种自由清理租借地的制度，历史上留下了纷杂的出售清理的土地给经营者的证据。到了19世纪后期，取得土地的土地经营者无须支付任何费用，后来他们也只要支付很低的费用。到了国家岁入得到保障的时期，发展到取得清理的土地按一般地价支付费用。在印度的一些地区，如在喜马拉雅山未开垦和未估价的土地，在茶叶种植区阿萨姆、卡恰尔，常以极低的价格授予来定居的欧洲人以土地的无条件继承不动产权。

---

① George Campbell, "The Tenure of Land in India", in The Cobden Club, ed., *System of Land Tenure in Various Countries*, Second edition, London: Macmillan and Co., 1870. pp. 226-227.

② George Campbell, "The Tenure of Land in India", in The Cobden Club, ed., *System of Land Tenure in Various Countries*, Second edition, London: Macmillan and Co., 1870, p. 228.

在中印度的一些地区，会以低价出售土地。价格在绝大多数地方是 2 先令 1 英亩土地，在中印度一些地区是 6 便士 1 英亩土地。①

印度自 1793 年起建立各省的土地岁入部。从 1793 年到 1833 年印度只有规章，从 1834 年起才有法令。19 世纪后期研究印度土地制度史的学者 B. H. 巴登-鲍威尔在《英属印度土地制度史》中指出："印度的土地保有权的历史存在多处空白，远不能提供公正的记忆和达到现代的记忆水平。"②

1822—1823 年印度政府通过指令管理村庄的种姓，由各户分别交纳他们当年的田赋。在 1855—1892 年间清查了土地，确立了地主的地权。③ 1865 年政府按各户对存有土地真正的占有份额，颁发给各户地契，村一级会议把田亩最后分配妥当。管理村庄的种姓的家族变成了地主。政府对各种各样的人都给予地主身份，其中有农民出身的经理人，有原先管理村庄的婆罗门学者，还有大寺庙、修道院、王室、贵族、大臣、享有赋税份额的官员。这样，印度把以等级制为特征的种姓制逐渐改造成为近代阶级制，造就了一个地主阶级。④ 英国人造就一个印度的地主阶级，目的是把土地税的责任固定下来。在此同时，英国人让地租定额的确定受自由市场机制支配。放债人

---

① George Campbell, "The Tenure of Land in India", in The Cobden Club, ed., *System of Land Tenure in Various Countries*, Second edition, London: Macmillan and Co., 1870, pp. 229-230.
② B. H. Baden Powell, *The Land-Systems of British India*, vol. I, Clarendon, 1892, pp. 3-4.
③ 中国社会科学院世界历史研究所主编：《南印度农村社会三百年——坦焦尔典型调查》，黄思骏、刘欣如译，陈洪进编校，中国社会科学出版社 1981 年版，序言，第 1 页。
④ 〔英〕凯思林·高夫：《坦焦尔县孔巴村的种姓制》，载中国社会科学院世界历史研究所主编：《南印度农村社会三百年——坦焦尔典型调查》，黄思骏、刘欣如译，陈洪进编校，中国社会科学出版社 1981 年版，第 129—130 页。

阶层渴望获得土地，土地价格的提高增加了土地作为抵押物的价值。农民以土地作抵押即可借贷。而自然灾害给农民带来的恶劣处境，使农民不可能偿还所欠的债务。放债人对农民的剥削加剧了农民贫困化的过程。①

在英国殖民统治时期，印度在法律和经济上都发生了变化。英国人建立了新的官僚政治制度，在这种制度下，替英国人供职完全不受种姓身份的限制，由这种新的政治制度建立起来的教育制度也产生了种种新的不受种姓限制的职业。占有土地的种姓纷纷谋求新的职业，而新的职业引起了财富的多样化。1860年以后种姓制度在印度并没有消失，在一些地区出现新的种姓。但种姓在经济中的作用已发生了变化，种姓社团在职业上和财富上已经不是整齐划一的组织了。现在在职业选择上，种姓只是一个有限制作用的因素，而不是起决定作用的因素。②

第二节　殖民地时期的农业生产

殖民地时期印度的农业生产在产出率和生产力方面的资料是缺乏的。20世纪初年印度农业中人均产出特别是粮食产出处于下降状态，农业对国民生产总值的贡献也在下降。③ 1765—1858年期间，即东印

---

① 〔印度〕鲁达尔·达特、〔印度〕K. P. M. 桑达拉姆：《印度经济》上册，雷启怀译，四川大学出版社1994年版，第39页。

② 〔英〕凯思林·高夫：《坦焦尔县孔巴村的种姓制》，载中国社会科学院世界历史研究所主编：《南印度农村社会三百年——坦焦尔典型调查》，黄思骏、刘欣如译，陈洪进编校，中国社会科学出版社1981年版，第71—72、75页。

③ B. R. Tomlinson, ed., *The New Cambridge History of India*, Vol. III, The Economy of Modern India, 1860-1970, Cambridge U. P., 1993, pp. 6-7.

度公司统治时期,共发生过 12 次饥馑和 4 次较大的萧条。在印度的统治权交给英国王室后,饥荒的爆发更加频繁。从 1860 年到 1908 年的 49 年间爆发了 20 次饥荒。1943 年孟加拉发生的饥荒则是一次规模空前的悲剧。据饥荒调查委员会的估计,那次灾难死于饥荒和疾病的人数高达 150 万。根据非官方的估计,饥荒造成的死亡人数达到了 350 万人。①

19 世纪到 20 世纪初,印度的农业发展不充分。1860—1940 年,农业使用了全国四分之三的劳动力,但产出只占国民收入的二分之一。这成为印度经济发展的焦点问题。1911—1951 年间,农业使用的劳动力有少许增长,但这个时期农业部类的收入下降了 9%。这表明农业人均生产力在下降。在殖民地时期,印度农业特别是粮食生产几乎停滞了,只是在人口增长较为缓慢的时期,粮食供应才得到满足。对于农业的投资在各个地区是不平衡的。20 世纪上半叶,在农业发达的旁遮普邦,由于有了新的投资和改进了技术,虽然作为贫民的主要食粮的绿豆的产出增长率下降了,但小麦、棉花和甘蔗的产出增加了。1907—1947 年间,该地区平均粮食增长率不到 1%,低于同期人口增长率。②

印度的小麦产量 1831—1840 年为 9.06 亿蒲式耳,1851—1861 年为 11.98 亿蒲式耳,1871—1880 年为 28.2 亿蒲式耳,1881—1887 年为 3.75 亿蒲式耳。③ 1888 年为 2.5 亿蒲式耳。④

---

① 〔印度〕鲁达尔·达特、〔印度〕K. P. M. 桑达拉姆:《印度经济》上册,雷启怀译,四川大学出版社 1994 年版,第 37 页。
② B. R. Tomlinson, ed., *The New Cambridge History of India*, Vol. Ⅲ, The Economy of Modern India, 1860-1970, Cambridge U. P., 1993, pp. 31-32.
③ Michael G. Mulhull, *The Dictionary of Statistics*, Thoemmes Press, 2000, p. 8.
④ Michael G. Mulhull, *The Dictionary of Statistics*, Thoemmes Press, 2000, p. 9.

19世纪60年代以后,印度的农业经济受海外贸易扩展的制约。直到20世纪20年代,这种趋势变化不大。印度的出口得到国内贸易和运输网络发展的推动,特别是从1850年以后铁路网的建设中获益。印度的铁路长度1890年为1.6万英里,1946年增至4万英里。铁路的货运量从1871年的360万吨增至1901年的4260万吨,1945—1946年达到14360万吨。铁路为农产品的流通提供了快速和廉价的运输手段。到1900年,印度的农产品已经和国际市场密切地联系在一起。但是,20世纪30年代国外对农产品的需求急剧下降,给印度农业造成很大的打击。在20年代后期,印度有20%的棉花产品、45%的亚麻、20%的花生供给海外市场。1900年到1920年,出口商品的价格节节攀升,而在1920—1930年间价格下跌后,以后10年价格又出现了上升。总之,1890—1929年间农产品的出口给印度带来很大的收益。①

20世纪20和30年代,西方国家发生了严重的经济危机和萧条,出现了全球性的生产过剩和消费不足。这严重地影响到印度农业的进出口。如果把1927—1928年印度的出口价格指数定为100,1920—1930年则为90.2,1936—1937年下降到57.2。印度进口商品价格指数在1930—1931年为80,1933—1934年为63.5,1936—1937年下降到62.8。②

在印度国内市场上,农产品价格1929年到1931年下降了44%。

---

① B. R. Tomlinson, ed., *The New Cambridge History of India*, Vol. III, The Economy of Modern India, 1860-1970, Cambridge U. P., 1993, pp. 55, 59, 62.

② B. R. Tomlinson, ed., *The New Cambridge History of India*, Vol. III, The Economy of Modern India, 1860-1970, Cambridge U. P., 1993, p. 69, Table 2.3 Export and Import Price in India, 1927-1936.

在20世纪20年代大多数年份，印度农产品价格只达到原先的一半。萧条造成了印度农业经济中资金短缺和流动性资金减少。30年代印度最引人注目的经济变化是印度私人拥有的黄金大量流向国外，使印度几十年间成为黄金的净出口国。1931年以后，黄金成为印度唯一重要的出口商品。在1931/1932年到1934/1935年，印度出口的黄金货值占到出口额的大约30%。之后则下降到占全部商品出口额的8%—19%。① 1939年以后，印度农业经济萧条被通货膨胀造成的扩张取代。它一直持续到第二次世界大战和战后。

1943年发生了孟加拉大饥馑，有100多万人死于这场大饥馑，另有200万人在此后的3年间死于贫病。高利贷、商人、放贷者在农村的活动非常猖獗。政府在1930年制定了反对银钱出借者的立法。在孟加拉这个时期农业利润率很低，地价也很低，人们对于重新占有土地没有什么动力。在第二次世界大战期间和战后一段时间，农业的土地种植面积增长很少，谷物种植面积和产量的增长率都低于人口增长率。1900—1939年人口增长了36%，而农作物耕作面积只增长了13.7%，从21400万亩增至22400万亩。这些增长主要是由于新的灌溉工程建设而带来的。可灌溉农田面积从占总耕作面积的13.6%增至22%。乡村储蓄和投资处于衰退中。1914年到1946年，农业中全部净资本形成总额为195800亿卢比，而用于机械装备的资金不到净资本形成的四分之一，占农业总收入的1.7%。1951年一个乡村家庭的平均投资只有117卢比。②

---

① B. R. Tomlinson, ed., *The New Cambridge History of India*, Vol. III, The Economy of Modern India, 1860-1970, Cambridge U. P., 1993, p. 69.
② B. R. Tomlinson, ed., *The New Cambridge History of India*, Vol. III, The Economy of Modern India, 1860-1970, Cambridge U. P., 1993, pp. 71, 72, 73, 75.

第三节 独立后的农业经济

1. 政府的土地改革

到了 20 世纪上半叶,印度政府实行了一系列土地改革措施。

第一项措施是废除中间人。1935 年国大党在决议中提出土地改革的意见:"改善乡村生活的基本方法之一……即采取一种耕者有其田的农民有所有权的土地制度,在没有柴明达尔或塔卢克达尔的干预下,农民直接向政府交纳税收。"①

马德拉斯从 1948 年就开始颁布废除中间人的法令。后来,在所有的邦都通过了法令。授予权利的结果,使得全国大约有 300 万户佃户和分成农共获得 620 万英亩耕地的所有权。土地改革的目标是废除"耕种者和国家"之间的中间人。

印度土地改革中,废除中间人不是无偿的。独立后掌握政权的国大党承担了向地主发放补偿金的任务。最初宪法制定者没有明确提出"公正与合理补偿"的任务,以后最高法院对这一原则予以肯定,规定补偿是合理的要求。地主得到了公平的、有时还是超额的补偿金。

补偿金在各邦比率不一,补偿金按地主征收地租是按净收入的倍数来定。低收入者给予较高的补偿金,对高收入者则减少补偿金的偿付。有的邦的补偿金是地税的数倍。补偿金以现金或债券的方式偿付。各邦债券偿还的时间不同,10 至 30 年不等。对大地主支付债

---

① 〔印度〕鲁达尔·达特、〔印度〕K. P. M. 桑达拉姆:《印度经济》下册,雷启怀译,四川大学出版社 1994 年版,第 51 页。

券,对小地主支付现金。中间人得到的补偿金总额达到67亿卢比。[①]

第二项措施是租佃制改革。历史上印度的租佃制长期普遍存在。在柴明达尔和莱特瓦尔制之下,印度实行的是租佃制度。从事租佃耕作的有小地主,他们觉得自己没有足够的土地,需要租地耕种;但更多的租地耕作者是无地劳动者。有时候,佃户从中间人处转租土地进行耕作。

印度的佃户分作三类。第一类有占有权,称作永佃农。第二类是可随时责令其退佃的租赁者或临时佃户。第三类是转租佃户。

有占有权的佃户的租期是持久的并且可以继承。他们对土地可以改良,也可以从地主那里接受补偿金。他们对土地的占有权得到保障。有占有权的佃户需要向地主交纳租金,而农民所有者要向国家交纳土地税。就实效而论,有占有权的佃户应当作为土地所有者看待。

随时可以责令退租的佃户处境恶劣,地主随时可以增加他们的租金,或以各种借口收回租佃权或要求他们服劳役。由于印度人口增长、余地缺乏,上述剥削方式对佃户的威胁很大。印度还存在巴塔伊(Batai)或分成农。当时一般地租率是收成的50%,而分成农必须以产品的三分之二作为租金。[②]

从20世纪40年代后期到50年代,印度废除了耕作者和国家之间的中间人,把土地所有权授予农民。全国大约有300万户佃户和分成制农民共获得了620万英亩耕地的土地所有权。这项措施有利于调动农民从事农业生产的积极性。在此同时,政府也对地主中间人予以

---

① 〔印度〕鲁达尔·达特、〔印度〕K. P. M. 桑达拉姆:《印度经济》下册,雷启怀译,四川大学出版社1994年版,第55—56页。

② 〔印度〕鲁达尔·达特、〔印度〕K. P. M. 桑达拉姆:《印度经济》下册,雷启怀译,四川大学出版社1994年版,第56页。

补偿。①

　　1953—1954年的全国抽样调查表明，印度各地出租土地的比例为11%—26%。全国土地总面积约20%由佃户持有。根据1961年的调查，耕种土地的农户总数的77%属于所有权占有，8%是纯粹的租佃占有，15%是所有权持有和租佃持有兼而有之。在租佃制中，除了公开租佃外，还有相当数量的土地是以口头许诺为基础出租或隐蔽租佃，这批土地占总耕种面积的35%—40%。

　　非正式的或口头的租佃反映了传统农业社会的特点。虽然对租期、重新分配土地和合理的租金作出保证，但没有签署任何协议并受法律的保证。盛行非正式的租佃制的根本意图在于榨取佃户的高额地租。当时印度地主已经认识到，通过种植高产品种，土地将成为一种很有价值的资产。此外，非正式的租佃制使地主可以在需要的时候大规模地驱逐佃户，收回土地和肆意提高地租，以获取更大的利润。

　　印度的第二个五年计划对于地主收回出租土地作出了规定。第一，对佃户的租期予以充分地保证，不给所有者自耕的权利，以防止大规模驱逐佃户；在地主以自耕名义收回土地时，规定留给佃户土地的最低面积。在北方邦、西孟加拉和德里实行这一条款。

　　第二，在给佃户保留最低面积的条件下，给予土地所有者收回有限的土地的权利。在古吉拉特、喀拉拉、中央邦、马哈拉施特拉、奥里萨、拉贾斯坦、喜马偕尔、阿萨姆和旁遮普实行这一条款。

　　第三，对土地所有者收回土地的范围加以限制，无论在什么条件下，佃户都不能交出所持有的最低面积的土地。在查谟和克什米尔、

---

① 〔印度〕鲁达尔·达特、〔印度〕K. P. M. 桑达拉姆：《印度经济》下册，雷启怀译，四川大学出版社1994年版，第2页。

曼尼普尔、特里普拉和西孟加拉实行这一条款。

第四，认为有必要制定限定租金的法律。当时流行的租金比率是收成的一半或更多，这种租金标准超过了社会公正的标准。因此，第一和第二个五年计划提出，租金不能超过总收成的五分之一到四分之一。各邦都制订了固定租金的有效法令。古吉拉特、马哈拉施特拉河拉贾斯坦规定最高租金为总收成的六分之一。阿萨姆、卡纳塔克、曼尼普尔和特里普拉规定最高租金为总收成的五分之一到四分之一。旁遮普邦的最高租金为收成的三分之一。安得拉邦在灌溉地区为总收成的四分之一，在其他地区为收成的五分之一。①

第五，保障租期和佃户租种土地的面积。由于佃户在短期租佃期间很少关心整治土地和资本投资，确定了通过立法规定和充分保障佃户的租期。给予土地所有者收回有限土地面积的权利，但是其条件是给佃户保留最低的租地面积。为了避免农户自愿交出租地带来的弊病，"三五"计划建议：佃农自愿交出的土地，除非是在税收机构中作了正式登记的，否则不应视为有效交出。在自愿退出的土地中，土地所有者有权从事耕种的土地只限于根据法律新收回的土地，以此限制地主收回租地的行为。②

第三项措施是使佃户获得土地使用权。土地改革的另一项内容是使佃户获得土地所有权。在"二五"计划期间，佃户购买土地的权利是非强制性的，这种权利常常无法得到保证。为使佃户真正取得土地所有权，"三五"计划建议取消告知条款，要求佃农购买土地。为达到

---

① 〔印度〕鲁达尔·达特、〔印度〕K. P. M. 桑达拉姆：《印度经济》下册，雷启怀译，四川大学出版社1994年版，第58页。
② 〔印度〕鲁达尔·达特、〔印度〕K. P. M. 桑达拉姆：《印度经济》下册，雷启怀译，四川大学出版社1994年版，第60页。

这一目的，各邦分别颁布了法律。在西孟加拉邦，佃户和转租户被授予充分的土地所有权。在古吉拉特、喀拉拉、中央邦、马哈拉施特拉、卡塔纳克、奥里萨、拉贾斯坦、北方邦、西孟加拉和联邦直辖区都颁布了相应的法律。但也有一些邦对佃户购买土地没有作出有效的规定。由于不能重新分配土地所有权，所以法律努力给佃户提供租期保证。法令的目标在于对少数能支付固定地租额的佃户提供保障，而不去考虑农民中较贫穷的分成制佃农。据美国学者拉登金斯基的研究，在坦焦尔县，大约20%是口头出租佃户，他们的土地占有权利被剥夺。[①]

第四项措施是对土地持有面积规定最高限额。印度在土地改革中试图对土地持有的最高限额作出规定。1972年提出建议，一年两熟的灌溉地的持有限额为5.05—7.28公顷，一年一熟的灌溉地的持有限额为10.93公顷，旱地的持有限额为21.85公顷。最高限额法的目的是把土地分配给实际耕种者即无地劳动者、分成农或小土地所有者。由于这项政策的实施会对大地主拥有的土地实行限制，最高限额法遭到了地主阶级的反对。此外，它在实施中还遇到了许多技术难题。虽然各邦都正式接受了最高限额纲要，但他们实际上拒绝执行这一纲要。[②] 土地最高限额政策的实施最终没有结果。[③]

土地改革计划执行的根本目的是打破既得利益集团的束缚和法院在财产神圣不可侵犯的名义下给予既得利益集团的支持。但是，管理机构没有能打破地主、高利贷者和商人的神圣的私有财产权。根据专

---

① 〔印度〕鲁达尔·达特、〔印度〕K. P. M. 桑达拉姆：《印度经济》下册，雷启怀译，四川大学出版社1994年版，第60页。
② 〔印度〕鲁达尔·达特、〔印度〕K. P. M. 桑达拉姆：《印度经济》下册，雷启怀译，四川大学出版社1994年版，第68—69页。
③ 〔印度〕鲁达尔·达特、〔印度〕K. P. M. 桑达拉姆：《印度经济》下册，雷启怀译，四川大学出版社1994年版，第69页。

门工作小组的报告，政府采取措施以堵塞现行租佃法中的漏洞，保障租佃法，授予耕种佃户和分成农的土地所有权。

根据最高限额法的全国指导方针，各邦修订和颁布了最高限额法。修改后的最高限额法大部分列入了宪法的第9表。但是，修订后的最高限额法在古吉拉特、哈里亚纳和旁遮普邦拖延执行。旁遮普和哈里亚纳最高法院还取消了旁遮普最高限额法的某些条款。

1980—1985年的"六五"计划加紧推动土地改革。它草拟了时限计划，规定没有授予所有佃户所有权的法律条款的各邦，限在1年之内必须提出；限额剩余土地的占有和分配计划应当在两年时间里（即在1982—1983年度）完成；各邦应该开展巩固持有权的计划。[①]

2. 独立后的农业经济

1947年独立以后，印度经济处于持续的增长过程中。印度农民除了维生外还有一定的积余。这就导致了资本投资、技术变革核心的经济组织形式的发展。20世纪70—80年代，新技术的成功应用和农业投资的增长，导致了粮食生产的自给自足。小麦和稻米的价格下降，乡村居民从中获益。在这个时期，一些地区农业以外的就业机会多起来，特别是在城市建设、信息服务行业，实际工资在增长。

官方统计资料表明，1961年人口普查时印度从事农业劳动的人口占总人口的69.7%。到1985年，印度从事农业劳动的人口为68.7%。

1950—1951年度印度农业贡献了国民收入的57%，而到1989—

---

① 〔印度〕鲁达尔·达特、〔印度〕K. P. M. 桑达拉姆：《印度经济》下册，雷启怀译，四川大学出版社1994年版，第69、70—72页。

1990年则贡献了大约34%。① 茶、糖、烟草、香料等农产品占印度出口的50%，以农产品为原料的制造业（如黄麻、棉和糖加工业等）的出口量占出口总额的20%。②

1951年全国委员会指出，印度农业的问题比通常估计的要严重得多。公共投资达到前所未有的规模，法律对耕作者有安全保证，但始终没有大量的谷物生产出来。大量农业生产者生活在边缘状态，无力投资土地。③

印度国内农作物种植的实际增长在50年代为3.6%，60年代为4.0%，70年代为2.9%，80年代为5.6%，1991—1992年至1996—1997年为5.7%，1997—1998至2002—2003年为5.2%，2003—2004年至2006—2007年为8.7%，2007—2008年为8.7%。④

70年代以后印度农业的发展明显减速，在80年代则有明显的恢复，此后则是缓慢地增长。印度农业50年代的增长率为2.7%，60年代的增长率为2.5%，70年代的增长率为1.3%，80年代的增长率为4.4%，1990—1991年的增长率为4%，1991—1992年至1996—1997年的增长率为3.7%，1998—1999年至2002—2003年的增长率为0.9%，2003—2004年至2006—2007年的增长率为4.9%，2007—

---

① 〔印度〕鲁达尔·达特、〔印度〕K. P. M. 桑达拉姆：《印度经济》下册，雷启怀译，四川大学出版社1994年版，第2页。
② 〔印度〕鲁达尔·达特、〔印度〕K. P. M. 桑达拉姆：《印度经济》下册，雷启怀译，四川大学出版社1994年版，第3页。
③ B. R. Tomlinson, ed., *The New Cambridge History of India*, Vol. III, The Economy of Modern India, 1860-1970, Cambridge U. P., 1993, p.189.
④ Uma Kapila, ed., *India's Economic Development Since 1947*, New Delhi, Academic Foundation, 2009, p.167, Table 5.1 Macroeconomic Indicators at a Glance.

2008年的增长率为2.6%。① 人均粮食产量的增长，使得印度民众每天可以从食物中获得2000卡以上的热量。②

促使印度经济发展的一个重要原因是政府投资的增长。政府投资50年代增长率为12.45%，60年代增长率为5.6%，70年代增长率为20.8%，80年代增长率为19.4%，1990—1991年增长率为18.2%，1991—1992年至1996—1997年增长率为31.5%，1997—1998年至2002—2003年增长率为22.0%，2003/2004年至2006—2007年增长率为10.2%，2007—2008年增长率为26.7%。③

3. 建立合作社的努力

1951年，印度在"社会主义"旗帜下开始实施第一个五年计划，其重点是发展农业生产。试图通过扩大农业经营规模来使农业经济更有效率，以刺激耕作者和劳动者增加产出。计划提出了近期的两项战略，推行5—10英亩的持有地计划，为一般家庭提供合理的"经济持有地"的标准，使耕种者能够保持完全就业和合理的生活水平。同时允许私人所有的土地存在。计划否决了激进的建立集体农庄的主张，认为小土地所有者应当得到鼓励，通过说服教育，在村庄创立以经济持有地为基础的合作经营制度。政府应当给予这种合作组织以优厚的待遇。第一个五年计划并没有最终解决农业问题，但提出了一个

---

① Uma Kapila, ed., *India's Economic Development Since 1947*, New Delhi, Academic Foundation, 2009, p.167, Table 5.1 Macroeconomic Indicators at a Glance.
② B. R. Tomlinson, ed., *The New Cambridge History of India*, Vol. III, The Economy of Modern India, 1860-1970, Cambridge U. P., 1993, p.215.
③ Uma Kapila, ed., *India's Economic Development Since 1947*, New Delhi, Academic Foundation, 2009, p.167, Table 5.1 Macroeconomic Indicators at a Glance.

内容广泛的解决办法,其核心是关心乡村劳动者和资金不足的土地持有者,推行在合作制村庄中采用合股农场的组织方式。①

1952 年印度制定了第二个五年计划。第二个五年计划从第一个五年计划关于农业合作经营的主张向后倒退了。它提出,在共同拥有的所有村庄土地上实行合作农耕,作为解决无地劳动者生计的办法。计划希望按照经济持有地的办法来分配尽可能多的土地。1961 年制定的第三个五年计划提出,要通过集体公共耕作来发展农业经济。50 年代和 60 年代,印度农业经济发展的主要措施是组织合作社。参加合作社的人数在 1951—1952 年为 440 万人,在 1960—1961 年为 1700 万人。由合作社和其他政府代理机构提供农业信贷的人口比例,从 1951 年的 6% 上升到 60 年代的 20%。

从 1961 年 4 月起印度政府开始实施第三个五年计划。第三个五年计划旨在增加农业生产的同时着重发展工业。1961 年从美国进口粮食 350 万吨,1965 年增至 750 万吨。由于季风和干旱,从 1964—1965 年至 1965—1966 年,印度粮食减产 7%,致使粮价高涨。1964—1965 年至 1967—1968 年粮价上涨了 30%。② 1971 年合作社和其他代理机构提供了四分之一的农民信贷,但官员们对这种信贷制度的管理不那么有效率。③

印度土地改革的一个重要的方面是提高持有规模和合并土地持

---

① B. R. Tomlinson, ed., *The New Cambridge History of India*, Vol. Ⅲ, The Economy of Modern India, 1860-1970, Cambridge U. P., 1993, p.190.
② B. R. Tomlinson, ed., *The New Cambridge History of India*, Vol. Ⅲ, The Economy of Modern India, 1860-1970, Cambridge U. P., 1993, p.205.
③ 〔印度〕南丹・尼勒卡尼:《与世界同步:印度的困顿与崛起》,徐效礼、王祥钢译,中信出版社 2011 年版,第 34—35 页。

有。人们认识到合并持有地是真正解决土地分散的办法。首先是将一个村庄经营的小块土地合并在一起，然后将整块土地在该村全体农民中进行分配。合并运动在许多邦特别是旁遮普邦取得了相当大的进展。到1956年1月31日，只合并了450万公顷，但到1972年有3300万公顷的土地合并了。"六五"计划说，有大约4500万公顷土地已进行了合并。在旁遮普、哈里亚纳和北方邦西部完成了合并工作。

合并土地的过程中遇到很多困难。农民都珍视祖先留下的土地，不愿意放弃它。一些持有优质土地的人不愿意联合，担心合并后可能得到劣质土地。政府官员执行计划缓慢，常常被收买，这一运动没有得到贫苦农民的合作。

根据印度政府的意图，解决小块土地和土地分散的办法是在印度建立合作农场和合作的农村经济。合作计划委员会把合作农业的形式分作四类。第一种是合作佃农农业。即由若干农民组成一种社会制度，拥有的土地分成较小的持有地，每个社员对他持有的土地支付规定的租金，但他持有的土地的产品归他所有，完全由他来支配。第二种是合作集体农业。他们的土地、牲畜、其他设备是共同使用的，通过选出的委员会来进行管理。根据这种农业制度，除工资外，每个人分得一份农场的产品。集体农场是一种高度机械化的大型农场。第三种是高级合作农业。在这个合作社里，所有农民为了改良农业技术而联合在一起。他们在所有的农业活动（如耕地、除草和收割等）中联合起来。在这类农业社中，每个农民是充分自由的，能够按照他们的意志使用土地而不丧失土地所有权。第四种是合作联合农业。即小耕作者的合伙经营。每个农民保持其土地所有权，而耕种是联合的。[①]

---

① 〔印度〕鲁达尔·达特、〔印度〕K.P.M.桑达拉姆：《印度经济》下册，雷启怀译，四川大学出版社1994年版，第92—93页。

建立农业合作社的计划遭到许多批评,尤其是遭到印度官僚的反对。建立农业合作社的计划没有取得大的成就。到 1970 年 6 月 30 日,印度建立的农业合作社总数只有 8819 个,参加的社员仅有 24.1 万人。参加合作社的耕作者不足 2%,他们耕种的土地为 47.2 万公顷,约为总耕种面积的 0.4%。①

1947—1973 年,印度的谷物生产的增长快于人口增长。但在 1954—1955 年、1955—1956 年,谷物产量出现了下降,在这些年份粮食依赖进口。第三个五年计划期间,印度乡村储蓄率较低,只占到 1951—1960 年乡村收入的 2.3%。从 1965—1966 年至 1968—1969 年,印度的五年计划中止了三年。在这期间,农业的开支占到国家全部开支的 25%。用于灌溉的开支在 1965—1966 年至 1968—1969 年间平均每年为 33.2 亿卢比。而第三个五年计划期间平均每年仅投入 20.5 亿卢比。政府对农户发放了补助金,以支持他们小规模的灌溉计划。

到 1972 年,有三分之一的支付给农业设备的资金用于灌溉设备。政府对农业的投入收到了明显的效果。到 70 年代初,有灌溉的土地实现了高产出。在 1960—1961 年至 1990—1991 年,有一半增产的谷物归因于增施肥料,有四分之一的增产归因于灌溉。②

4. 农业信贷和农村的债务

农业信贷是农业发展计划中最重要的部分。印度农民的财力需求可以分为三类。第一类是农民为了耕种的目的或家庭需要的 15 个月

---

① 〔印度〕鲁达尔·达特、〔印度〕K. P. M. 桑达拉姆:《印度经济》下册,雷启怀译,四川大学出版社 1994 年版,第 95 页。
② B. R. Tomlinson, ed., *The New Cambridge History of India*, Vol. III, The Economy of Modern India, 1860-1970, Cambridge U. P., 1993, p. 209.

以内的短期资金；第二类是农民为了改良部分土地，购买耕牛、农业机具等需要，在 15 个月到 5 年的财政资金；第三类是农民为了新购土地，进行永久性的土地改良，偿还旧债和购买昂贵的农业机器需要的资金，这类贷款是 5 年以上的长期贷款。印度农民对短期和中期的资金需求是通过高利贷者、信贷合作社和政府得到满足的。对于长期资金需求，农民依赖高利贷者。

非组织的资金来源在 1951—1952 年度占信贷总需求的 93%。有组织的资金来源包括政府该年度的贷款，只占总需求的 7%。1961—1968 年度高利贷者和非组织借贷者对农民的贷款下降到 81%，有组织的资金来源所占的份额增加到 19%。1981 年全印债务和投资调查表明，非组织来源资金所占的份额进一步下降到 37%，高利贷占 6%，组织信贷所占的资金份额上升到 63%（其中合作社占 30%，商业银行大约占 29%）。[①]

作为非组织来源的高利贷者有两类，一是农业高利贷者，二是乡村店主。高利贷者常常有不法行为，他们以欺骗的手段从债务人那里获得债券和期票，他们收入的数额比实际贷出的大得多。他们收取的高额利息率经常是 24% 甚至更高。他们还采取其他流氓活动。他们主要关心的是为了自己的利益剥削农民和攫夺他们的土地。商人和代理商大多在作物成熟前对农民供应资金，他们强迫农民出售他们的产品，并收取很重的佣金。可以把商人、代理商和高利贷者都划为一类。农民还从地主那里满足自己的财政需要。地主除了收取利率，经常骗取小农的土地。农民从地主处获得的贷款从 1951—

---

① 〔印度〕鲁达尔·达特、〔印度〕K. P. M. 桑达拉姆：《印度经济》下册，雷启怀译，四川大学出版社 1994 年版，第 96—98 页。

1952年度的3.3%上升到1991—1992年度的14.5%，但1981年下降到8.8%。

合作财政是农村信贷最好的最廉价的来源，合作社向农民提供的信贷利率较低。提供短期合作信贷的组织有初级农业信贷社、中心合作银行、邦合作银行。自1951年以来，合作信贷在较大程度上帮助了农民。1989—1990年度大约有88000个初级合作社向农民提供短期和中期贷款479亿。[1] 合作信贷的缺点是最需要贷款的佃农、分成农、无地农业工人和农村手工业劳动者每年只得到合作信贷贷款额的3%—5%，没有满足他们生产的实际需要。[2]

向农民提供长期信贷的机构是土地开发银行和中央土地开发银行。长期土地开发银行和它的分支机构的数量从1950—1951年度的286个增加到1985年的1830个，而同期地区土地开发银行从5个增加到10个。1989—1990年土地开发银行总贷款额达到83亿卢比，未偿还的贷款为340亿卢比。1969年后期商业银行开始向农村发放贷款。占地2公顷以下的农民得不到银行贷款，只有大土地所有者能够得到适度的银行贷款。1989—1990年度，银行向全国445个县的每个村发放信贷，在各县建立县级营业所。1982年7月建立的国民银行对各种地区银行提供短期、中期和长期信贷。[3]

印度政府从1985年大春作物季节开始在全国实行了全面作物保

---

[1] 〔印度〕鲁达尔·达特、〔印度〕K. P. M. 桑达拉姆：《印度经济》下册，雷启怀译，四川大学出版社1994年版，第101页。

[2] 〔印度〕鲁达尔·达特、〔印度〕K. P. M. 桑达拉姆：《印度经济》下册，雷启怀译，四川大学出版社1994年版，第113页。

[3] 〔印度〕鲁达尔·达特、〔印度〕K. P. M. 桑达拉姆：《印度经济》下册，雷启怀译，四川大学出版社1994年版，第134—135页。

险计划，包括了主要谷物、油料和豆类。1988年大春参加这种保险的农民有300万人，保险面积为520万公顷，保险额为54.8亿卢比，保险费为8800万卢比。1988—1989年度小春参加这种保险的农民有90万人，保险面积为100万公顷，保险额为16.4亿卢比，保险费为3100万卢比。1989年大春参加这种保险的农民有420万人，保险面积为660万公顷，保险额为87.4亿卢比，保险费为14500万卢比。1989—1990年小春参加这种保险的农民有70万人，保险面积为100万公顷，保险额为15.2亿卢比，保险费为2800万卢比。[①]

由于农村贫穷，许多家庭欠下了大量债务未能偿还。农村耕种者欠下的债务1961年为167亿卢比，1971年为337.4亿卢比，1981年为573.7亿卢比，1971年的债务比1961年的债务增长1022%，1981年的债务比1971年的债务增长了71%。农村非耕种者欠下的债务1961年为28.4亿卢比，1971年为47.4亿卢比，1981年为45.6亿卢比，1971年的债务比1961年的债务增加了66%，1981年的债务比1971年债务减少了13%。农村家庭全部债务1961年为195.4亿卢比，1971年为384.8亿卢比，1981年为619.3亿卢比，1971年的债务比1961年的债务增长了97%，1981年的债务比1971年的债务增长了60%。[②]

印度乡村农民债务的增长，使得无地劳动者和佃农人数大大增长，代替了农村独立的农民。印度农民的不满和反抗日益高涨。

[①]〔印度〕鲁达尔·达特、〔印度〕K. P. M.桑达拉姆：《印度经济》下册，雷启怀译，四川大学出版社1994年版，第139页。

[②]〔印度〕鲁达尔·达特、〔印度〕K. P. M.桑达拉姆：《印度经济》下册，雷启怀译，四川大学出版社1994年版，第140页，表6主要家庭未偿农村债务总额。

5. 绿色革命

印度是一个农业国。尽管在20世纪上半叶印度政府注重工业化，但农业在印度国民经济中仍然占有重要的地位。根据印度国家收入委员会和中央统计组织提供的数据，农业在1950—1951年度提供了国民收入的57%。到1990—1991年度，农业仍然提供了国民收入的大约34%。所以，农业仍然是国民经济最主要的组成部分。在印度独立以前，从1901年到1946年印度人口增加了13%，粮食作物产量只增加了1%，人口的增长超过了粮食生产的增长。

印度独立以后农业的发展可以分为两个时期，即绿色革命前的时期（1950—1965年）和绿色革命后的时期（1968—1991年）。

从20世纪60年代以来，在印度，传统农业技术逐渐被现代技术所取代。1960—1961年度新技术在7个县进行小规模的试验，推行农业精耕县计划。随后，高产品种计划也加入农业精耕县计划。以后这一战略扩大到整个国家。这一战略被称为绿色革命，又称种子—化肥—水技术。

印度降水不均匀，有些地区水量充足，一年中分布均匀。但有的地区，如德干高原、旁遮普和拉贾斯坦，则属于雨量稀少的地区，没有灌溉就无法耕作。有的地区一年中大部分时间干旱，以至于耕作无法进行。灌溉成为印度农业发展的重要条件。

印度政府自1950—1951年度以来，对于水渠灌溉非常重视，40%的灌溉由水渠提供。此后，管井灌溉也有相当的发展，1983—1984年度它的灌溉面积达到约1100万公顷。印度政府在各个五年计划中都注意到灌溉问题，安排了大量资金用于灌溉支出。见下表：

表 5-1　各个五年计划用于灌溉的支出和创造的灌溉潜力[①]

计划期	支出费用（亿卢比）	累计灌溉潜力（万公顷）
"一五"	45.0	2600
"二五"	52.0	2900
"三五"	91.0	3400
"四五"	175.0	4400
"五五"（1974—1978年）	307.0	5200
"六五"	932.0	6800
"七五"	1436.0	8100

在印度政府的努力下，灌溉潜力和覆盖面积不断增长。

表 5-2　1950—1990 年印度灌溉潜力的发展（累计覆盖面积，单位：万公顷）

时期	大中型灌溉工程	小型灌溉工程	总计
1950—1951年	1000	1300	2300
1980—1981年	2700	3100	5800
1990—1991年	3400	4900	8300
最大潜力	5900	5500	11400

印度总灌溉面积和净灌溉面积有很大的增长。1950—1951 年度净灌溉面积为 2085 万公顷，总灌溉面积为 2256 万公顷，多次灌溉面积为 171 万公顷。1960—1961 年度净灌溉面积为 2466 万公顷，总灌溉面积为 2798 万公顷，多次灌溉面积为 332 万公顷。1970—1971 年

[①] 〔印度〕鲁达尔·达特、〔印度〕K. P. M. 桑达拉姆：《印度经济》下册，雷启怀译，四川大学出版社 1994 年版，第 28 页，表 4。

底净灌溉面积为 3110 万公顷，总灌溉面积为 3819 万公顷，多次灌溉面积为 709 万公顷。1980—1981 年度净灌溉面积为 3872 万公顷，总灌溉面积为 4978 万公顷，多次灌溉面积为 1106 万公顷。1986—1987 年度净灌溉面积为 4305 万公顷，总灌溉面积为 5564 万公顷，多次灌溉面积为 1259 万公顷。①

在绿色革命过程中，实行这一农业新战略使得改良品种的种植面积从 1970—1971 年度大约 1500 万公顷上升到 1989—1990 年度 6400 万公顷。在许多有灌溉条件的地方，以 2 熟甚至 3 熟取代原先 1 熟种植。在小麦种植中，引入了墨西哥新品种如勒马、罗乔、索纳拉—64、卡利安和 V.P 18。在水稻生产中，引入了 IR—8。绿色革命改造了印度的农业结构。谷物产量以每年 3%—4% 的比率提高，谷物在粮食产量中的比率逐步增加。1950/1951 年谷物在粮食产量中占 84%，1979—1980 年占 89%。

在 1951—1961 年间，耕地面积、灌溉面积、复种面积的增加，加上柴明达尔制田庄的解体并把它们的土地分配给永佃户，这些因素使得坦焦尔的稻谷总产量增加了约 68%。由于 60 年代末"绿色革命"投资加强，1961—1976 年间稻谷总产量又增加了 45%。稻谷产量的顶峰是在 1973—1974 年间，达到 214.5 万吨。坦焦尔所在的泰米纳德邦在 1951—1971 年平均每人的粮食产量增加 7.6%，并在 70 年代初成为一个粮食净输出邦。②

---

① 〔印度〕鲁达尔·达特、〔印度〕K. P. M. 桑达拉姆：《印度经济》下册，雷启怀译，四川大学出版社 1994 年版，第 25—27 页。
② 〔美〕费朗辛·弗兰克尔：《坦焦尔县的"绿色革命"》，载中国社会科学院世界历史研究所主编：《南印度农村社会三百年——坦焦尔典型调查》，黄思骏、刘欣如译，陈洪进编校，中国社会科学出版社 1981 年版，第 151—152 页。

在 60 到 70 年代印度的绿色革命中，印度北部的小麦产量大大提高。绿色革命把印度部分农村人口从饥饿和赤贫的边缘解放出来，使曾经荒芜的土地变得富饶。政府对稻米和小麦的价格作出了担保，使得小麦和水稻在各地开始广泛种植。但是，种植过程浪费了大量的水资源。印度有三分之一的农作物要靠引水灌溉，其余的作物主要靠地下水资源。由于过度抽取地下水，许多地方地下水的水位大大下降。[①]

在绿色革命时期，印度的农业耕作面积呈现出扩大的趋势。1949—1950 年全部粮食作物的耕种面积为 9900 万公顷，1964—1965 年耕种面积增至 11800 万公顷，1990—1991 年耕种面积增至 12800 万公顷。1949—1950 年至 1990—1991 年水稻种植面积从 3000 万公顷增至 4300 万公顷，小麦种植面积从 1000 万公顷增至 2400 万公顷。经济作物的种植面积从 1949—1950 年的 2300 万公顷增加到 1990—1991 年的 3900 万公顷。全部农作物的耕种面积从 1949—1950 年的 12200 万公顷增加到 1964—1965 年的 19100 万公顷。耕作面积年增长率平均为 1.6%。[②]

印度粮食作物每公顷单产 1949—1959 年为 5.5 公担，1964—1965 年增至每公顷 7.6 公担，1990—1991 年增至每公顷 13.8 公担。绿色革命前粮食单产年均增长率为 1.4%，绿色革命后粮食年均增长

[①] 〔印度〕南丹·尼勒卡尼:《与世界同步:印度的困顿与崛起》，徐效礼、王祥钢译，中信出版社 2011 年版，第 382 页。
[②] 〔印度〕鲁达尔·达特、〔印度〕K. P. M. 桑达拉姆:《印度经济》下册，雷启怀译，四川大学出版社 1994 年版，第 7 页，表 1 自独立以来主要作物耕作面积的增长情况。

率达到 2.1%，比起前一个时期年均增长率要高出 50%。[①] 在绿色革命时期水稻的增产率尤其突出，从 1949—1950 年的每公顷 7 公担增至 1964—1965 年每公顷接近 11 公担。而小麦单产增长较慢，产量由 1949—1959 年度的每公顷 6.6 公担增至 1964—1965 年度的 9.1 公担。

印度粮食总产量在 1949—1950 年度为 5500 万吨，1964—1965 年度增至 8900 万吨，年均增长率为 3.2%。到 1990—1991 年度，粮食总产量为 17600 万吨。1967—1968 年到 1990—1991 年，粮食产量的年增长率为 2.9%。粮食产量的增长解决了印度居民的基本粮食需求。

但是，绿色革命加速了印度农村的贫富分化。能够充分利用现代技术潜力获取农业利益的是那些占有 10 英亩或 10 英亩以上土地的农户。这些农户大多数是土地所有者，或者是附带租进少量土地的土地所有者。唯有他们能够通过增加投资和改进生产方法获得利益。拥有较多的土地也是获利的重要条件。因为使用现代方法而得到增产的大部分是产量超出消费量的净剩余，即在市场出售的产量。随着近几年粮价的上涨，甚至只要产量稍稍提高，就使得每英亩的现金收入大大增加，而大农场收益增加的总额是相当可观的。那些占有土地在 30 英亩或 30 英亩以上的最大的土地所有者中，只要建造了水井或管井的人，都能实现稳产高产，产量比过去增长 50%—200%，每英亩现金收入至少是以前的 3 倍，可以取得很大的收益。而农村中人数最多的无地雇农阶层没有从绿色革命中得到任何好处，依然贫穷。无地雇工状况恶劣的原因

[①] 〔印度〕鲁达尔·达特、〔印度〕K. P. M. 桑达拉姆：《印度经济》下册，雷启怀译，四川大学出版社 1994 年版，第 8 页，表 2 独立以来主要作物单产的增长。

在于，农村中能提供的新的就业机会很少，大多数农场劳动者每年有 3 到 6 个月找不到工作。而地主在农忙时节从外地招募来的劳动者的竞争使得当地农业工人的工资下降。在物价高涨的情况下，收割季节的工资没有增加。地主用现金支付工资，而物价上涨，致使劳动者生活费用提高，所以农业工人的购买力不断下降。[1]

1969—1970 年的一项调查表明，坦焦耳 73 万"贱民"中的 48.5% 和其他居民的 24% 生活在联合国规定的最低生活标准的一半或一半以下。在 10 个村子里，各类劳动者在 1960—1970 年间增加的收入，没有一类达到农村物价指数上涨的 90%。1974 年底到 1975 年初，南印度发生了百年不遇的大旱灾，使得"农业革命"在生产率方面的提高一扫而光。1975 年底到 1976 年初当地的气候和收成好转，农民的苦难才稍有减轻。[2]

印度和其他不发达国家一样，农业部门的收入在国民收入中所占的份额小于农业就业人口在全国总人口中的份额。从职业结构来看，印度 70% 的劳动者从事农业，而农业只提供了国民收入的 32%。因此，印度经济是一种初级生产经济。农业由于人均生产力非常低下，成了萧条的产业。

印度出生率高而死亡率低。人口增长率在 1941—1950 年间每年平均约为 1.3%，到 1981—1989 年期间上升到 2.11%，引起短期间

---

[1] 〔美〕费朗辛·弗兰克尔：《坦焦尔县的"绿色革命"》，载中国社会科学院世界历史研究所主编：《南印度农村社会三百年——坦焦尔典型调查》，黄思骏、刘欣如译，陈洪进编校，中国社会科学出版社 1981 年版，第 248、253—254 页。

[2] 〔美〕费朗辛·弗兰克尔：《坦焦尔县的"绿色革命"》，载中国社会科学院世界历史研究所主编：《南印度农村社会三百年——坦焦尔典型调查》，黄思骏、刘欣如译，陈洪进编校，中国社会科学出版社 1981 年版，第 153—154 页。

人口迅速增长的主要原因,是死亡率从 1911—1920 年期间的 49‰ 降低到 1990 年的 29.9‰。[①]

在印度的农业部门中,从事生产的劳动力的数量比实际需要的数量多得多。在农业中存在着隐蔽的失业。即使多余的人口被吸收到其他部门,农业产出也不会降低,因为此时那些过去在工作中未能完全发挥其能力的人现在开始得到最大限度地使用。[②]

印度农村家庭的资产分配中,少于 1000 卢比的农户占总户数的 20%,他们仅占有资产总值的 0.7%。51% 的农户拥有的资产少于 5000 卢比,他们仅占有资产总值的 8%。有 60% 的农户财力非常薄弱,他们仅占有经营土地的 9.3%、耕牛总数的 14% 和木制犁的 10%。印度人均生活水平低,1988 年印度人平均摄入的热量只有 2.14 千卡,只比维持生命所需最低摄入量 1.8 千卡略高。[③]

1967—1968 年度印度有 40% 的乡村人口处于贫困线以下,该年度穷人有 2.16 亿人,占总人口的 41%。全国抽样调查估计,大约有 49% 的乡村人口营养不足,他们每天无法摄取到达到合理营养水准的 2700 卡热量。[④]

---

① 〔印度〕鲁达尔·达特、〔印度〕K. P. M. 桑达拉姆:《印度经济》上册,四川大学出版社 1994 年版,第 10 页。
② 〔印度〕鲁达尔·达特、〔印度〕K. P. M. 桑达拉姆:《印度经济》上册,四川大学出版社 1994 年版,第 11 页。
③ 〔印度〕鲁达尔·达特、〔印度〕K. P. M. 桑达拉姆:《印度经济》上册,四川大学出版社 1994 年版,第 13—15 页,表 7 印度农村家庭的资产分配(1971—1972 年度)。
④ 〔印度〕鲁达尔·达特、〔印度〕K. P. M. 桑达拉姆:《印度经济》上册,四川大学出版社 1994 年版,第 19 页。

表 5-3 按生产要素成本计算的国内净产值的增长率（按 1970—1971 年度价格计算，单位：%）[1]

类别	1950—1951 至1960—1961年度	1960—1961 至1976—1977年度	1970—1971 至1984—1985年度
A.第一产业部门	3.0	1.6	1.8
1.农业	2.9	1.5	2.9
2.林业	2.3	4.6	4.0
3.渔业	5.5	4.4	5.7
4.矿业与采石业	5.8	4.8	1.8
B.第二产业部门	5.4	5.0	4.2
5.制造业	5.7	4.8	4.5
6.建筑业	4.3	4.5	2.2
7.电力、供气、供水	10.9	10.1	7.6
C.第三产业部门	5.9	4.6	4.8
8.运输、通讯、贸易	5.4	4.9	5.1
9.公共管理和防务	4.9	7.2	9.2
10.其他服务行业	3.2	1.9	6.8
总计：国内净产值	3.8	3.2	3.7

从 20 世纪 50 年代到 80 年代，印度农业增长的速度落后于第一产业其他部门，也落后于第二产业和第三产业各部门。农业是一个落后的经济部类。

在 1951—1988 年间，农业产出的平均年增长率只有 2.5%，"四五"和"五五"计划制定的粮食增产目标均未实现。"六五"计划规定的农业年增长 3.8% 的目标则超额完成，年均增长率达到 4.3%。

---

[1] 〔印度〕鲁达尔·达特、〔印度〕K. P. M. 桑达拉姆：《印度经济》上册，四川大学出版社 1994 年版，第 72 页。

总的来说，印度独立以来农业部类的生产已有相当大的增长。1950—1951年度到1990—1991年度，谷物产量从5400万吨增加到1.76亿吨。1960—1961年度至1990—1991年度，小麦产量从1100万吨增长到5400万吨。但印度农业产量变化无常，因为农业收成仍然要受夏季季风期左右。农业产量的减少引起农业就业人口的减少，反过来农民的购买力的下降又降低了印度经济生活的总需求。①

印度1971—1972年租种土地的佃户共有2838000户，租地在1公顷以下的佃户有1704000户，租地在1—2公顷的佃户有570000户，租地在2—5公顷的佃户有418000户，租地在5—10公顷的佃户有107000户，租地在10—20公顷的佃户有32000户，租地在20—50公顷的佃户有6000户，租地在50—100公顷的佃户有1000户。②

印度1970—1971年持有土地的农户共有70493000户，持有土地1公顷以下的有35682000户，占农户总数的50.6%。他们持有的土地占土地总面积的8.9%。其中持有土地在0.5—1公顷的农户有12504000户，持有土地在0.5公顷以下的农户有23178000户。③

1977年土地持有者共有81569000户，其中持有土地在1公顷以下的有44523000户，持有土地在1—2公顷的有14728000户，持有土地在2—5公顷的有14497000户，持有土地在5—10公顷的有

---

① 〔印度〕鲁达尔·达特、〔印度〕K. P. M. 桑达拉姆：《印度经济》上册，四川大学出版社1994年版，第21页。
② Food and Agriculture Organization of United Nations, *1970 World Census of Agriculture, Analysis and International Comparison of the Results*, Rome, 1981, p.98, Table 5.4 Number of Holdings Rented from Others by Size of Holding.
③ Food and Agriculture Organization of United Nations, *1970 World Census of Agriculture, Analysis and International Comparison of the Results*, Rome, 1981, p.59, Table 3.4 Number and Area of Holdings and Percent Distribution of Holdings under 1 Hectare.

5381000户，持有土地在10—20公顷的有1943000户，持有土地在20—50公顷的有450000户，持有土地在50—100公顷的有47000户。1977年共有可耕地163343000公顷，其中持有土地在1公顷以下土地面积共有17509000公顷，持有土地在1—2公顷的共有20905000公顷，持有土地在2—5公顷的共有44989000公顷，持有土地在5—10公顷的共有37067000公顷，持有土地在10—20公顷的共有26035000公顷，持有土地在20—50公顷的共有12310000公顷，持有土地在50—100公顷的共有4528000公顷。

1991年土地持有者共有106637000户，其中持有土地在1公顷以下的63388000户，持有土地在1—2公顷的有20092000户，持有土地在2—5公顷的有16817000户，持有土地在5—10公顷的有4686000户，持有土地在10—20公顷的有1654000户。1991年共有可耕地165507000公顷，其中持有土地在1公顷以下的土地面积共有24894000公顷，持有土地在1—2公顷的共有28827000公顷，持有土地在2—5公顷的共有51223000公顷，持有土地在5—10公顷的共有31903000公顷，持有土地在10—20公顷的共有28660000公顷。

1971年到1991年3个年份土地持有者分布的变化趋势是，全国土地持有者总数增加了3600万户，增长率为51.3%。尤其是持有土地在5公顷以下的农户增长比率特别大。其中持有土地在1公顷以下的农户增长了77.6%，持有土地在1—2公顷的农户数增长了49.5%。持有土地在1公顷以下的农户增长率超过了农户总增长率。[1]

---

[1] Food and Agriculture Organization of United Nations, *Supplement to the Report on the 1990 World Census of Agriculture: International Comparison and Primary Results by Country (1986-1995)*, Rome, 2001, p.71, Table 4.2 Number and Area (in hectares) of Holdings Classifies by Size: 1990, 1980, 1970 Rounds of Census (including only countries providing this information for the 1990 round of censuses).

印度 2000—2001 年农业统计资料表明，持有土地面积在 0.5 公顷以下的有 51243000 户，他们持有土地总面积为 12329000 公顷。持有土地面积在 0.5—1 公顷的有 24147000 户，他们持有土地总面积为 17477000 公顷。持有土地面积在 1—2 公顷的有 22687000 户，他们持有土地总面积为 32129000 公顷。持有土地面积在 2—3 公顷的有 9545000 户，他们持有土地总面积为 22854000 公顷。持有土地面积在 3—4 公顷的有 4469000 户，他们持有土地总面积为 15320000 公顷。持有土地面积在 4—5 公顷的有 2625000 户，他们持有土地总面积为 11614000 公顷。这样，持有土地在 5 公顷以下的小农户共有 114716000 户。持有土地面积在 5—7.5 公顷的有 2827000 户，他们持有土地总面积为 17039000 公顷。持有土地面积在 7.5—10 公顷的有 121000 户，他们持有土地总面积为 9540000 公顷。持有土地面积在 10—20 公顷的有 1004000 户，他们持有土地总面积为 13220000 公顷。持有土地面积在 20 公顷以上的有 226000 户，他们持有土地总面积为 7872000 公顷。即持有土地在 5 公顷以上的农户有 5178000 户，他们共持有土地 47671000 公顷。持有土地在 5 公顷以下的小农户占农户总数的 95.7%，他们占有土地总面积的 70.1%；持有土地在 5 公顷以上的小农户占农户总数的 4.3%，他们占有土地总面积的 29.9%。[1]

印度可耕地面积只有 1.86 亿公顷，净播种面积大约在 1.42 亿—1.43 亿公顷，还有相当大比例的可耕地没有灌溉保证。由于 60 年代政府对农民购买化肥采取了补贴政策，印度每公顷土地化肥使用量自

---

[1] Food and Agriculture Organization of United Nations, *2000 World Census of Agriculture: Main Results and Metadata by Country (1996-2005)*, Rome, 2010, p.85, INDIA—Agricultural Census 2000/01 & Livestock Census 2003—Main Results.

1950—1951 年以来已有很大的提高，但到 1990—1991 年也只有 76 公斤，而同期韩国达到 405 公斤、荷兰为 315 公斤、日本为 380 公斤、比利时为 275 公斤。①

印度的粮食单产较低，每公顷稻米年产量 1951—1956 年为 8 公担，1961—1965 年为 10 公担，1987—1988 年为 17 公担。美国每公顷稻米产量 1951—1956 年为 19 公担，1961—1965 年为 29 公担，1987—1988 年为 41 公担。②印度稻米单产远远低于美国，小麦产量也是如此。

6. 当代农业结构的两个特点

印度农业结构中存在着两个突出的特点，即土地持有规模小和存在着大量贫困人口。

印度农民土地持有规模小是由多方面原因造成的。第一是农村人口的增长使得人均耕地占有面积缩小。由于人口迅速增长，土地就在大量人口中进行分割和再分割，结果是土地持有规模继续缩小。自 1901 年以来依靠农业维生的人口占总人口的百分比没有变化，始终保持在 70% 左右。但农业人口的绝对数字大大增长，农业人口在 19 世纪末到 20 世纪初只有 1.63 亿，而到 1981 年增长到大约 4.8 亿。人口过剩给土地造成的压力导致人均土地占有面积不断缩小。每个耕种者耕种土地的面积从 1901 年的 0.43 公顷下降到 1981 年的 0.23 公顷。尽管 1901—1981 年期间耕地面积有所扩大，但与大幅度增长

---

① 〔印度〕鲁达尔·达特、〔印度〕K. P. M. 桑达拉姆：《印度经济》下册，雷启怀译，四川大学出版社 1994 年版，第 37 页。
② 〔印度〕鲁达尔·达特、〔印度〕K. P. M. 桑达拉姆：《印度经济》下册，雷启怀译，四川大学出版社 1994 年版，第 9 页。

的农村人口相比无济于事。① 而西方诸国土地持有规模都比印度要大得多。澳大利亚 1970 年人均土地持有规模为 1993 公顷，美国 1969 年人均土地持有规模为 158 公顷，比利时 1970 年人均土地持有规模为 8.4 公顷，南斯拉夫 1970 年人均土地持有规模为 5 公顷，而印度 1970 年人均土地持有规模为 2.3 公顷。印度人均土地持有规模略高于日本 1970 年的人均土地持有规模 1 公顷。②

第二是继承法也造成了印度持有土地的碎化。根据印度教和伊斯兰教的继承法，所有的子女都有权平等地享有祖先的一份财产。这样造成了土地资源代代人均分割，最终形成了土地小规模持有。

第三是联合家庭制的解体。在联合家庭制存在的时期，众多的家庭成员生活在一起，土地共同持有，农业活动共同管理。但是在西方文化的影响下，联合家庭被打破，导致了土地持有的不断分割。

第四是在大机器生产的竞争下，乡村手工业衰退，手工业者被迫离开其祖先传给他们的职业而依靠农业为生，这加剧了对土地的再分割。③

印度政府 1970—1971 年、1976—1977 年和 1980—1981 年进行了 3 次土地经营占有权的调查。调查结果表明，土地持有者从 1970—1971 年度的 7100 万人增加到 1985—1986 年度的 9800 万人，大约增长了 38%；而土地经营面积仅仅从 1.62 亿公顷增加到 1.64 亿公顷。

持有土地在 1 公顷以下的小农在 1970—1971 年度有 3600 万，

---

① 〔印度〕鲁达尔·达特、〔印度〕K. P. M. 桑达拉姆：《印度经济》下册，雷启怀译，四川大学出版社 1994 年版，第 13 页。
② 〔印度〕鲁达尔·达特、〔印度〕K. P. M. 桑达拉姆：《印度经济》下册，雷启怀译，四川大学出版社 1994 年版，第 83 页。
③ 〔印度〕鲁达尔·达特、〔印度〕K. P. M. 桑达拉姆：《印度经济》下册，雷启怀译，四川大学出版社 1994 年版，第 89 页。

占全部持有者的 51%。他们持有土地总面积为 1500 万公顷，占总面积的 9%。这类小农到 1985/1986 年度增加到 5700 万，他们经营的土地面积增至 2200 万公顷，占总面积的 13%。

持有土地在 1—4 公顷的小土地持有者在 1970—1971 年度有 2400 万人，他们占有土地 1900 万公顷，即占经营土地总量的 30%。1985—1986 年度，这类小土地经营者的数量增加到 3100 万，即占总持有者的 32%，他们共占有土地 6200 万公顷，即占经营土地总面积的 38%。

持有土地在 4—10 公顷的中等占有者，1970—1971 年时数量小于 800 万，占全部持有者的 11%。这类占有者占有了 4800 万公顷的土地，即全部持有者的 30%。1985—1986 年中等占有者增至 800 万以上，占总土地占有者数量的 8%，占有 4700 万公顷的土地，相当于总经营面积的 29%。他们平均经营规模是 6 公顷。

持有土地在 10 公顷以上的土地占有者为大土地经营者。1970—1971 年他们有 280 万人，占总经营者的 4%；他们持有的土地为 5000 万公顷，大约占总经营面积的 31%。1985—1986 年大土地占有者数量下降到 200 万，这类土地占有者平均占有的土地面积为 18 公顷上下。[1]

在土地改革前后，最小的和小土地持有者的人数和持有的土地都在增长，而大土地所有者持有的土地在减少。[2]

印度存在着大量的小农，他们经营的土地规模通常非常小。根据联合国粮农组织公布的 1950 年统计资料，这年持有土地在 1—2 公

---

[1] 〔印度〕鲁达尔·达特、〔印度〕K. P. M. 桑达拉姆：《印度经济》下册，雷启怀译，四川大学出版社 1994 年版，第 77—78 页。
[2] 〔印度〕鲁达尔·达特、〔印度〕K. P. M. 桑达拉姆：《印度经济》下册，雷启怀译，四川大学出版社 1994 年版，第 80 页。

顷的有10879000户，持有土地在2—5公顷的有11547000户。总计持有土地在1—5公顷以下的小农为22426000户。在小农以上，持有土地在5—10公顷的有4245000户，持有土地在10—20公顷的有1791000户，持有土地在20—50公顷的有471000户，持有土地在50—100公顷的有52000户。① 印度农业经营的土地平均规模很小，低于5英亩。农业土地单位不仅规模小，而且很分散。某些小块土地甚至连犁都无法使用，这造成了劳力和畜力的浪费。

印度农业灌溉设施不足。印度气候炎热干旱少雨，政府为解决农业灌溉问题投入了巨额资金，但仍未能解决灌溉问题。印度独立以后的第一个时期（1950—1985年）粮食产量增长较快，主要谷物水稻的增长率为3.4%，小麦的增长率为4%。这个时期粮食产量以3.2%的年增长率增长。非粮食作物的增长率也较好，达到每年3.5%；只是粗粮和豆类产量的增长率较低。1962年以后，政府引进生化技术，期望以此提高农业生产率。但是新技术没有给农业生产带来突破性的增长，除了小麦达到5.3%的年增长率，马铃薯达到6.7%的年增长率，粗粮和豆类的年增长率几乎等于零甚至负增长。在由现代设施的灌溉保证的土地上粮食作物产量有所增长，但劣等土地上的油料、粗粮和豆类的单产和总产量都没有大的增长。②

贫困是印度至今未解决的严重社会经济问题。印度始终存在着比例很大的贫穷人口。根据世界银行在1989年发表的调查报告，

---

① Food and Agriculture Organization of United Nations, *Report on the 1960 World Census of Agriculture, Volume V, Analysis and International Comparison of Census Result*, p.27, Table 14 Number of Holding 1 Hectare and Over by Size.

② 〔印度〕鲁达尔·达特、〔印度〕K. P. M. 桑达拉姆：《印度经济》下册，雷启怀译，四川大学出版社1994年版，第12页。

1970年全印度处于贫困线以下的人口为2.873亿，其中农村贫困人口为2.368亿，贫困人口的比例为53%。1973年全印度处于贫困线以下的人口为3.117亿，其中农村贫穷人口为2.521亿，贫困人口的比例为44.9%。1988年全印度处于贫困线以下的人口为3.223亿，其中农村贫困人口为2.522亿，贫困人口的比例为41.7%。1970年全印度处于极度贫困线以下的人口为1.63亿，其中农村极度贫穷人口为1.346亿，极度贫困人口的比例为30.1%。1988年全印度处于极度贫困线以下的人口为1.565亿，其中农村处于极度贫困线以下的人口为1.236亿，极度贫困人口的比例为20.4%。[1] 1983年印度农村贫困线以下的人口占人口50%以上的邦，有安得拉、卡纳塔克、喀拉拉、泰米尔纳杜、南部、比哈尔、奥里萨、西孟加拉、东部邦、中央邦。[2]

印度的"六五"和"七五"计划对于减少贫困人口起了一定的作用。1977—1978年度印度农村有贫困人口2.531亿，1985—1986年度农村贫困人口为2.221亿，1989—1990年度农村贫困人口减少到1.686亿。[3]

---

[1] 〔印度〕鲁达尔·达特、〔印度〕K. P. M. 桑达拉姆：《印度经济》上册，雷启怀译，四川大学出版社1994年版，第615页，表2 印度贫困人口的数量所占的比例。
[2] 〔印度〕鲁达尔·达特、〔印度〕K. P. M. 桑达拉姆：《印度经济》上册，雷启怀译，四川大学出版社1994年版，第618页，表3.A.。
[3] 〔印度〕鲁达尔·达特、〔印度〕K. P. M. 桑达拉姆：《印度经济》上册，雷启怀译，四川大学出版社1994年版，第641页，表12 "六五"计划和"七五"计划对贫困的作用。

第四节　20世纪下半叶农业生产的发展

从1950年到20世纪末，印度粮食的单产在缓慢地增长。1950/1951年度稻米每公顷单产为668公斤，小麦的每公顷单产为663公斤，粗谷物类产品每公顷单产为408公斤，谷物类产品每公顷单产为542公斤。1951—1952年度稻米每公顷单产为714公斤，小麦的每公顷单产为653公斤，粗谷物类产品每公顷单产为414公斤，谷物类产品每公顷单产为557公斤。1952—1953年度稻米每公顷单产为764公斤，小麦的每公顷单产为763公斤，粗谷物类产品每公顷单产为462公斤，谷物类产品每公顷单产为608公斤。1953—1954年度稻米每公顷单产为902公斤，小麦的每公顷单产为750公斤，粗谷物类产品每公顷单产为506公斤，谷物类产品每公顷单产为678公斤。1954—1955年度稻米每公顷单产为820公斤，小麦的每公顷单产为803公斤，粗谷物类产品每公顷单产为520公斤，谷物类产品每公顷单产为664公斤。1955—1956年度稻米每公顷单产为874公斤，小麦的每公顷单产为708公斤，粗谷物类产品每公顷单产为449公斤，谷物类产品每公顷单产为639公斤。1956—1957年度稻米每公顷单产为900公斤，小麦的每公顷单产为695公斤，粗谷物类产品每公顷单产为473公斤，谷物类产品每公顷单产为664公斤。1957—1958年度稻米每公顷单产为790公斤，小麦的每公顷单产为682公斤，粗谷物类产品每公顷单产为495公斤，谷物类产品每公顷单产为630公斤。1958—1959年度稻米每公顷单产为930公斤，小麦的每公顷单产为789公斤，粗谷物类产品每公顷单产为519公斤，谷物类产品每公顷单产为707公斤。1959—1960年度稻米每公顷单产为 937 公斤，小麦的每公顷单产为 772 公斤，粗谷物类产品每公顷单产为 522 公斤，谷物类产品每公顷单产为 713 公斤。1960—1961 年度稻米每公顷单产为 1013 公斤，小麦的每公顷单产为 851 公斤，粗谷物类产品每公顷单产为 528 公斤，谷物类产品每公顷单产为 753 公斤。1961—1962 年度稻米每公顷单产为 1028 公斤，小麦的每公顷单产为 890 公斤，粗谷物类产品每公顷单产为 519 公斤，谷物类产品每公顷单产为 763 公斤。1962—1963 年度稻米每公顷单产为 931 公斤，小麦的每公顷单产为 793 公斤，粗谷物类产品每公顷单产为 556 公斤，谷物类产品每公顷单产为 733 公斤。1963—1964 年度稻米每公顷单产为 1033 公斤，小麦的每公顷单产为 730 公斤，粗谷物类产品每公顷单产为 540 公斤，谷物类产品每公顷单产为 757 公斤。1964—1965 年度稻米每公顷单产为 1078 公斤，小麦的每公顷单产为 913 公斤，粗谷物类产品每公顷单产为 514 公斤，谷物类产品每公顷单产为 817 公斤。1965—1966 年度稻米每公顷单产为 862 公斤，小麦的每公顷单产为 827 公斤，粗谷物类产品每公顷单产为 483 公斤，谷物类产品每公顷单产为 676 公斤。1966—1967 年度稻米每公顷单产为 863 公斤，小麦的每公顷单产为 887 公斤，粗谷物类产品每公顷单产为 533 公斤，谷物类产品每公顷单产为 707 公斤。1967—1968 年度稻米每公顷单产为 1032 公斤，小麦的每公顷单产为 1103 公斤，粗谷物类产品每公顷单产为 608 公斤，谷物类产品每公顷单产为 840 公斤。1968—1969 年度稻米每公顷单产为 1076 公斤，小麦的每公顷单产为 1169 公斤，粗谷物类产品每公顷单产为 545 公斤，谷物类产品每公顷单产为 843 公斤。1969—1970 年度稻米每公顷单产为 1073 公斤，小麦的每公顷单产为 1208 公斤，粗谷物类产品每公顷单产为 578 公斤，谷物类产品每公顷单产为 865 公斤。1970—1971 年度稻米每公顷单产为 1123 公斤，小麦的每公顷单产为 1307 公斤，粗谷物类产品每公顷单产为 665 公斤，谷物类产品每公顷单产为 949 公斤。1971—1972 年度稻米每公顷单产为 1141 公斤，小麦的每公顷单产为 1380 公斤，粗谷物类产品每公顷单产为 564 公斤，谷物类产品每公顷单产为 939 公斤。1972—1973 年度稻米每公顷单产为 1070 公斤，小麦的每公顷单产为 1271 公斤，粗谷物类产品每公顷单产为 548 公斤，谷物类产品每公顷单产为 886 公斤。1973—1974 年度稻米每公顷单产为 1151 公斤，小麦的每公顷单产为 1172 公斤，粗谷物类产品每公顷单产为 623 公斤，谷物类产品每公顷单产为 918 公斤。1974—1975 年度稻米每公顷单产为 1045 公斤，小麦的每公顷单产为 1338 公斤，粗谷物类产品每公顷单产为 606 公斤，谷物类产品每公顷单产为 907 公斤。1975—1976 年度稻米每公顷单产为 1235 公斤，小麦的每公顷单产为 1410 公斤，粗谷物类产品每公顷单产为 694 公斤，谷物类产品每公顷单产为 1041 公斤。1976—1977 年度稻米每公顷单产为 1089 公斤，小麦的每公顷单产为 1387 公斤，粗谷物类产品每公顷单产为 689 公斤，谷物类产品每公顷单产为 985 公斤。1977—1978 年度稻米每公顷单产为 1308 公斤，小麦的每公顷单产为 1480 公斤，粗谷物类产品每公顷单产为 710 公斤，谷物类产品每公顷单产为 1100 公斤。1978—1979 年度稻米每公顷单产为 1328 公斤，小麦的每公顷单产为 1568 公斤，粗谷物类产品每公顷单产为 721 公斤，谷物类产品每公顷单产为 1136 公斤。1979—1980 年度稻米每公顷单产为 1074 公斤，小麦的每公顷单产为 1436 公斤，粗谷物类产品每公顷单产为 652 公斤，谷物类产品每公顷单产为 982 公斤。1980—1981 年度稻米每公顷单产为 1336 公斤，小麦的每公顷单产为 1630 公斤，粗谷物类产品每公顷单产为 695 公斤，谷物类产品每公顷单产为 1142

公斤。1981—1982年度稻米每公顷单产为1308公斤，小麦的每公顷单产为1691公斤，粗谷物类产品每公顷单产为733公斤，谷物类产品每公顷单产为1157公斤。1982—1983年度稻米每公顷单产为1231公斤，小麦的每公顷单产为1816公斤，粗谷物类产品每公顷单产为685公斤，谷物类产品每公顷单产为1151公斤。1983—1984年度稻米每公顷单产为1457公斤，小麦的每公顷单产为1843公斤，粗谷物类产品每公顷单产为813公斤，谷物类产品每公顷单产为1296公斤。1984—1985年度稻米每公顷单产为1417公斤，小麦的每公顷单产为1870公斤，粗谷物类产品每公顷单产为795公斤，谷物类产品每公顷单产为1285公斤。1985—1986年度稻米每公顷单产为1552公斤，小麦的每公顷单产为2046公斤，粗谷物类产品每公顷单产为664公斤，谷物类产品每公顷单产为1323公斤。1986—1987年度稻米每公顷单产为1471公斤，小麦的每公顷单产为1916公斤，粗谷物类产品每公顷单产为675公斤，谷物类产品每公顷单产为1266公斤。1987—1988年度稻米每公顷单产为1465公斤，小麦的每公顷单产为2002公斤，粗谷物类产品每公顷单产为721公斤，谷物类产品每公顷单产为1315公斤。1988—1989年度稻米每公顷单产为1689公斤，小麦的每公顷单产为2244公斤，粗谷物类产品每公顷单产为814公斤，谷物类产品每公顷单产为1493公斤。1989—1990年度稻米每公顷单产为1745公斤，小麦的每公顷单产为2121公斤，粗谷物类产品每公顷单产为922公斤，谷物类产品每公顷单产为1530公斤。1990—1991年度稻米每公顷单产为1740公斤，小麦的每公顷单产为2281公斤，粗谷物类产品每公顷单产为900公斤，谷物类产品每公顷单产为1571公斤。1991—1992年度稻米每公顷单产为1751公斤，小麦的每公顷单产为2394公斤，粗谷物类产品每公顷单产为

778公斤，谷物类产品每公顷单产为1574公斤。1992—1993年度稻米每公顷单产为1744公斤，小麦的每公顷单产为2327公斤，粗谷物类产品每公顷单产为1063公斤，谷物类产品每公顷单产为1654公斤。1993—1994年度稻米每公顷单产为1888公斤，小麦的每公顷单产为2380公斤，粗谷物类产品每公顷单产为939公斤，谷物类产品每公顷单产为1701公斤。1994—1995年度稻米每公顷单产为1911公斤，小麦的每公顷单产为2559公斤，粗谷物类产品每公顷单产为929公斤，谷物类产品每公顷单产为1760公斤。1995—1996年度稻米每公顷单产为1797公斤，小麦的每公顷单产为2483公斤，粗谷物类产品每公顷单产为940公斤，谷物类产品每公顷单产为1703公斤。1996—1997年度稻米每公顷单产为1882公斤，小麦的每公顷单产为2679公斤，粗谷物类产品每公顷单产为1072公斤，谷物类产品每公顷单产为1831公斤。1997—1998年度稻米每公顷单产为1900公斤，小麦的每公顷单产为2485公斤，粗谷物类产品每公顷单产为986公斤，谷物类产品每公顷单产为1776公斤。1998—1999年度稻米每公顷单产为1921公斤，小麦的每公顷单产为2590公斤，粗谷物类产品每公顷单产为1068公斤，谷物类产品每公顷单产为1856公斤。1999—2000年度稻米每公顷单产为1986公斤，小麦的每公顷单产为2778公斤，粗谷物类产品每公顷单产为1034公斤，谷物类产品每公顷单产为1926公斤。2000—2001年度稻米每公顷单产为1901公斤，小麦的每公顷单产为2708公斤，粗谷物类产品每公顷单产为1027公斤，谷物类产品每公顷单产为1844公斤。2001—2002年度稻米每公顷单产为2079公斤，小麦的每公顷单产为2762公斤，粗谷物类产品每公顷单产为1131公斤，谷物类产品每公顷单产为1980公斤。2002—2003年度稻米每公顷单产为1804公斤，小麦的每公顷单产为 2619 公斤，粗谷物类每公顷单产为 962 公斤，谷物类产品每公顷单产为 1790 公斤。2003—2004 年度稻米每公顷单产为 2051 公斤，小麦的每公顷单产为 2707 公斤，粗谷物类每公顷单产为 1228 公斤，谷物类产品每公顷单产为 1989 公斤。①

1960/1961 年谷物每公顷单产与 1950—1951 年的谷物每公顷单产相比，提高了 38.9%。1970—1971 年谷物单产与 1960—1961 年的谷物单产相比，提高了 25.6%。1980—1981 年谷物单产与 1970—1971 年的谷物单产相比，提高了 20.3%。1990—1991 年谷物单产与 1980—1981 年的谷物单产相比，提高了 37.6%。2000—2001 年谷物单产量与 1990—1991 年的谷物单产相比，提高了 17.4%。2000—2001 年谷物单产与 1950—1951 年的谷物单产相比，提高了 240.2%。印度在半个多世纪里谷物单产有了较大的增长。

在粮食单产提高和耕作面积不断扩大的背景下，印度粮食作物的总产量也不断增长。1950—1951 年度稻米的产量为 2058 万吨，小麦的产量为 646 万吨，粗谷物类产品产量为 1538 万吨，谷物类产品产量为 4242 万吨。1951—1952 年度稻米的产量为 2130 万吨，小麦的产量为 618 万吨，粗谷物类产品产量为 1609 万吨，谷物类产品产量为 4357 万吨。1952—1953 年度稻米的产量为 2290 万吨，小麦的产量为 750 万吨，粗谷物类产品产量为 1961 万吨，谷物类产品产量为 5101 万吨。1953—1954 年度稻米的产量为 2821 万吨，小麦的产量为 802 万吨，粗谷物类产品产量为 2297 万吨，谷物类产品产量为 5920 万吨。1954—1955 年度稻米的产量为 2522 万吨，小麦

---

① C. S. Prasad, ed., *Sixty Years of Indian Agriculture 1947-2007*, New Delhi, New Century Publications, 2006, pp.335-336, Table 3 Trends in the Per Hectare Yield of Foodgrains in India: 1950-1951 to 2004-2005 (Kg./Hectare).

的产量为 904 万吨，粗谷物类产品产量为 2282 万吨，谷物类产品产量为 5708 万吨。1955—1956 年度稻米的产量为 2756 万吨，小麦的产量为 876 万吨，粗谷物类产品产量为 1949 万吨，谷物类产品产量为 5581 万吨。1956—1957 年度稻米的产量为 2904 万吨，小麦的产量为 940 万吨，粗谷物类产品产量为 1987 万吨，谷物类产品产量为 5831 万吨。1957—1958 年度稻米的产量为 2553 万吨，小麦的产量为 799 万吨，粗谷物类产品产量为 2123 万吨，谷物类产品产量为 5475 万吨。1958—1959 年度稻米的产量为 3085 万吨，小麦的产量为 996 万吨，粗谷物类产品产量为 2318 万吨，谷物类产品产量为 6399 万吨。1959—1960 年度稻米的产量为 3168 万吨，小麦的产量为 1032 万吨，粗谷物类产品产量为 2287 万吨，谷物类产品产量为 6487 万吨。1960—1961 年度稻米的产量为 3458 万吨，小麦的产量为 1100 万吨，粗谷物类产品产量为 2374 万吨，谷物类产品产量为 6932 万吨。1961—1962 年度稻米的产量为 3566 万吨，小麦的产量为 1207 万吨，粗谷物类产品产量为 2322 万吨，谷物类产品产量为 7095 万吨。1962—1963 年度稻米的产量为 3321 万吨，小麦的产量为 1078 万吨，粗谷物类产品产量为 2463 万吨，谷物类产品产量为 6862 万吨。1963—1964 年度稻米的产量为 3700 万吨，小麦的产量为 985 万吨，粗谷物类产品产量为 2372 万吨，谷物类产品产量为 7057 万吨。1964—1965 年度稻米的产量为 3931 万吨，小麦的产量为 1226 万吨，粗谷物类产品产量为 2537 万吨，谷物类产品产量为 7694 万吨。1965—1966 年度稻米的产量为 3059 万吨，小麦的产量为 1040 万吨，粗谷物类产品产量为 2142 万吨，谷物类产品产量为 6241 万吨。1966—1967 年度稻米的产量为 3044 万吨，小麦的产量为 1139 万吨，粗谷物类产品产量为 2405 万吨，谷物类产品产量为 6588 万吨。1967—1968 年度稻米的产量为 3761 万吨，小麦的产量为 1654 万吨，粗谷物类产品产量为 2880 万吨，谷物类产品产量为 8295 万吨。1968—1969 年度稻米的产量为 3976 万吨，小麦的产量为 1865 万吨，粗谷物类产品产量为 2518 万吨，谷物类产品产量为 8359 万吨。1969—1970 年度稻米的产量为 4043 万吨，小麦的产量为 2209 万吨，粗谷物类产品产量为 2729 万吨，谷物类产品产量为 8781 万吨。1970—1971 年度稻米的产量为 4222 万吨，小麦的产量为 2383 万吨，粗谷物类产品产量为 3055 万吨，谷物类产品产量为 9660 万吨。1971—1972 年度稻米的产量为 4307 万吨，小麦的产量为 2641 万吨，粗谷物类产品产量为 2460 万吨，谷物类产品产量为 9407 万吨。1972—1973 年度稻米的产量为 3924 万吨，小麦的产量为 2474 万吨，粗谷物类产品产量为 2314 万吨，谷物类产品产量为 8712 万吨。1973—1974 年度稻米的产量为 4405 万吨，小麦的产量为 2178 万吨，粗谷物类产品产量为 2883 万吨，谷物类产品产量为 9466 万吨。1974—1975 年度稻米的产量为 3958 万吨，小麦的产量为 2410 万吨，粗谷物类产品产量为 2613 万吨，谷物类产品产量为 8981 万吨。1975—1976 年度稻米的产量为 4874 万吨，小麦的产量为 2884 万吨，粗谷物类产品产量为 3041 万吨，谷物类产品产量为 10800 万吨。1976—1977 年度稻米的产量为 4192 万吨，小麦的产量为 2901 万吨，粗谷物类产品产量为 2888 万吨，谷物类产品产量为 9981 万吨。1977—1978 年度稻米的产量为 5267 万吨，小麦的产量为 3175 万吨，粗谷物类产品产量为 3002 万吨，谷物类产品产量为 11443 万吨。1978—1979 年度稻米的产量为 5377 万吨，小麦的产量为 3551 万吨，粗谷物类产品产量为 3044 万吨，谷物类产品产量为 11972 万吨。1979—1980 年度稻米的产量为 4233 万吨，小麦的产量为 3183 万吨，粗谷物类产品产量为 2697 万吨，谷物类产品产量为 10113 万吨。1980—1981 年稻米的产量为 5363 万吨，小麦的产量为 3631 万吨，粗谷物类产品产量为 2902 万吨，谷物类产品产量为 11896 万吨。1981—1982 年稻米的产量为 5325 万吨，小麦的产量为 3745 万吨，粗谷物类产品产量为 3109 万吨，谷物类产品产量为 12179 万吨。1982—1983 年稻米的产量为 4712 万吨，小麦的产量为 4279 万吨，粗谷物类产品产量为 2775 万吨，谷物类产品产量为 11766 万吨。1983—1984 年稻米的产量为 6010 万吨，小麦的产量为 4548 万吨，粗谷物类产品产量为 3390 万吨，谷物类产品产量为 13949 万吨。1984—1985 年稻米的产量为 5834 万吨，小麦的产量为 4407 万吨，粗谷物类产品产量为 3117 万吨，谷物类产品产量为 13358 万吨。1985—1986 年稻米的产量为 6383 万吨，小麦的产量为 4705 万吨，粗谷物类产品产量为 2620 万吨，谷物类产品产量为 13708 万吨。1986—1987 年稻米的产量为 6056 万吨，小麦的产量为 4432 万吨，粗谷物类产品产量为 2683 万吨，谷物类产品产量为 13171 万吨。1987—1988 年稻米的产量为 5686 万吨，小麦的产量为 4617 万吨，粗谷物类产品产量为 2636 万吨，谷物类产品产量为 12939 万吨。1988—1989 年稻米的产量为 7049 万吨，小麦的产量为 5411 万吨，粗谷物类产品产量为 3147 万吨，谷物类产品产量为 15607 万吨。1989—1990 年稻米的产量为 7357 万吨，小麦的产量为 4985 万吨，粗谷物类产品产量为 3476 万吨，谷物类产品产量为 15818 万吨。1990—1991 年稻米的产量为 7429 万吨，小麦的产量为 5514 万吨，粗谷物类产品产量为 3270 万吨，谷物类产品产量为 16213 万吨。1991—1992 年稻米的产量为 7468 万吨，小麦的产量为 5569 万吨，粗谷物类产品产量为 2599 万吨，谷物类产品产量为15636万吨。1992—1993年稻米的产量为7286万吨，小麦的产量为5721万吨，粗谷物类产品产量为3959万吨，谷物类产品产量为16666万吨。1993—1994年稻米的产量为8030万吨，小麦的产量为5984万吨，粗谷物类产品产量为3082万吨，谷物类产品产量为17095万吨。1994—1995年稻米的产量为8181万吨，小麦的产量为6577万吨，粗谷物类产品产量为2988万吨，谷物类产品产量为17746万吨。1995—1996年稻米的产量为7698万吨，小麦的产量为6210万吨，粗谷物类产品产量为2903万吨，谷物类产品产量为16811万吨。1996—1997年稻米的产量为8174万吨，小麦的产量为6935万吨，粗谷物类产品产量为3410万吨，谷物类产品产量为18519万吨。1997—1998年稻米的产量为8253万吨，小麦的产量为6635万吨，粗谷物类产品产量为3040万吨，谷物类产品产量为17929万吨。1998—1999年稻米的产量为8608万吨，小麦的产量为7129万吨，粗谷物类产品产量为3134万吨，谷物类产品产量为18870万吨。1999—2000年稻米的产量为8968万吨，小麦的产量为7637万吨，粗谷物类产品产量为3033万吨，谷物类产品产量为19639万吨。2000—2001年稻米的产量为8498万吨，小麦的产量为6968万吨，粗谷物类产品产量为3108万吨，谷物类产品产量为18574万吨。2001—2002年稻米的产量为9334万吨，小麦的产量为7277万吨，粗谷物类产品产量为3337万吨，谷物类产品产量为19948万吨。2002—2003年稻米的产量为7182万吨，小麦的产量为6576万吨，粗谷物类产品产量为2607万吨，谷物类产品产量为16365万吨。2003—2004年稻米的产量为8828万吨，小麦的产量为7211万吨，粗谷物类产品产量为3812万吨，谷物类产品产量为19851万吨。2004—2005年稻米的产量为8531万吨，小麦的产量为 7200 万吨，粗谷物类产品产量为 3392 万吨，谷物类产品产量为 19123 万吨。①

1960—1961 年谷物总产量与 1950—1951 年的谷物总产量相比，增加了 63.4%。1970—1971 年谷物总产量与 1960—1961 年的谷物总产量相比，增加了 39%。1980—1981 年谷物总产量与 1970—1971 年的谷物总产量相比，增加了 22.7%。1990—1991 年谷物总产量与 1980—1981 年的谷物总产量相比，增加了 36.5%。2000—2001 年谷物总产量与 1990—1991 年的谷物总产量相比，增加了 14.6%。2000—2001 年谷物总产量与 1950—1951 年的谷物总产量相比，增加了 337.9%。

---

① C. S. Prasad, ed., *Sixty Years of Indian Agriculture 1947-2007*, New Delhi, New Century Publications, 2006, p. 331, Table 1 Trends in the Production of Foodgrains in India: 1950-1951 to 2004-2005.

下篇　农业经济组织的系谱

第六章 农业经济本体论和自然规定性

第一节 农业经济本体论

农业经济在前资本主义社会是社会的主要经济部类,到了资本主义工业革命以后,则成为社会经济形态中一个附属性的部类或部门经济。这个经济部门和资本主义经济形态在特征上是有共同之处也有不同之处。它有自身的运作方式和发展规律。马克思曾注意到农业经济的自然规定性。他写道:"在土地所有制居于支配地位的一切社会形式中,自然联系还占优势。"①"出发点当然是自然规定性"②这种自然规定性,恰恰就是理解农业经济形态特质的钥匙。

亚当·斯密看到农业生产与工业生产的差别。他写道:"在农业中,自然也和人一起劳动;自然的劳动,虽无须代价,它的生产物却和最昂贵的工人生产物一样,有它的价值。""农业的最重要的任务,与其说是增加自然的产出力,毋宁说是指引自然的产出力。""减除了一切人的劳作之后,所余的便是自然的劳作。它在全生产物中,很少

---

① 〔德〕马克思:《〈政治经济学批判〉导言》,载《马克思恩格斯选集》第一卷,人民出版社1972年版,第110页。
② 〔德〕马克思:《〈政治经济学批判〉导言》,载《马克思恩格斯选集》第一卷,人民出版社1972年版,第112页。

占四分之一以下，通常占三分之一以上。用在制造业上的任何同量的生产性劳动，都不能引出这样大的再生产。在制造业上，自然没做什么，人作了一切。"[①] 斯密只是论及了农业经济的一些表征，没有能够从本质上揭示农业生产方式和工业资本主义生产方式的区别。

要说明农业生产方式和工业资本主义生产方式的根本区别，必须运用马克思主义的政治经济学方法，把农业经济的本体分析作为研究的出发点。

马克思主义政治经济学认为，生产关系包括生产资料、劳动对象。资本主义的工业经济，它加工的对象大都是非自然物，是由人生产出来的东西。如冶炼出来的铜、铁等金属，或是合成的产品。工业的生产，体现在人复杂的生产活动中，是人对通过人制造出来的生产原料进行加工的过程。而农业生产活动是劳动者对自然存在的土壤进行耕作，通过播种等方式，利用作物的生物学的自然生长的本性和期待自然条件的配合进行生产。在农业经济中，人的劳动不能取代农作物的生长过程，无法人为地造成一种生长过程，造成农业果实或产品。现代科学和农业生产技术的高度发展，可以促进生产过程，提高产量，但还是无法用人的活动替代农作物的生产过程。所以我们说，农业生产直至今日，在很大程度上仍然无法完全摆脱自然经济的生产过程。而这种自然经济的生产过程，是农业经济与工业资本主义经济的本质差别。这种差别，是经济部类之间不可逾越的差异。

农业经济具有两重性。一是维生经济，农民的劳作生产首先是维持农民家庭成员的生存。二是在农产品有剩余的基础上，向市场提供

---

① 〔英〕亚当·斯密：《国民财富的性质和原因的研究》上卷，郭大力、王亚南译，商务印书馆1972年版，第333—334页。

产品，即具有商业化的倾向。这两种功能具体地体现在不同类型的农业经济组织活动中。纯粹的小规模的农民家庭生产，其主要目的是为了满足农民及其家庭成员的维生，生产的小规模使他们无须雇佣劳动者，他们和市场甚至没有什么联系。小农维生经济的结构，是从古代社会、中世纪社会沿袭下来的。这一类农民家庭经济完全不具有资本主义性质。而大的所有权农场和大的租地农场，它们的生产目的主要是为市场提供产品。

农业经济运作和发展的规律不同于工业经济。农业经济始终无法完全摆脱自然经济的属性。这意味着，第一，农业经济只有在特定的自然条件下才可能进行；第二，农业经济的生产和发展不可能完全由人来操控运作，只有在它顺乎自然规律的条件下，才可能有较快的发展。

第二节 农业的自然规定性

农业经济的自然规定性本质上是对农业经济自由发展的可能性的一种限定。从本质上说，这是农业经济作为一种传统经济自身具有的无法摆脱的被束缚性。到了技术革命和科技现代化时代，它也难以完全摆脱这种束缚。因此，农业经济活动采用的生产组织形式常常是历史的。农业的生产始终不可能不顾时间和地点地与不顾自然条件而随人的意志自由发展的工业经济和商业经济相媲美，它们内在发展的规律也截然不同。农业经济组织的共时性在很大程度上反映了过去时代的特征。这是人类社会必须面对的事实。

这种农业的自然规定性，反映了农业到了资本主义时代也尚未最后摆脱原来意义上的自然经济的属性。这里所说的原来意义上的自然经济，讲的不是农业尚处于自给自足的与市场没有联系的非商品经济形态，而是农业生产在生产组织层面完全无法按照人的主观意志来进行生产。例如，农业生产不可能像工业生产那样保持常年或多年的连续性生产过程，而必然为春夏秋冬季节的轮换所中断，而到第二年春季需要重新从头来组织生产。从这个意义上说，农业经济完全不具有现代性的、像工业生产那样连续性生产的特点，农业也无法完全采取集约化的生产组织形式。

1. 土地的属性

农业经济是一种不同于工业经济和商业经济的经济部类。从农业经济部类的配置来说，它的一个关键的生产要素——土地——具有不可创造性、不可复制性和地理上不可移动性。农作物的生长期是由物种的生物属性决定的，它对生长条件的要求也属于自然规定性。农业部类从其产生的历史时间来说，是一个传统的经济部类，它起源于商品经济和资本主义关系形成以前。它最初是个体农民利用有限的技术条件展开的，个体劳动是农业最初的形式，维生是农业生产的目的。随后农业生产关系中出现了强加的人身依附关系。再以后人身依附关系最终解体消失。随着人口的增长，生产的商品化，农业生产的规模扩大了，农业中的生产关系开始具有多样性。但这个经济部类仍未完全摆脱它最初的粗陋的自然经济的痕迹。在发达国家的某一隅，在不发达的第三世界国家的一些地区，农业仍然保持着传统的维生经济的特点，这是农业的自然经济性质和它的生产方式决定的。人力和科学技术的发展永远不可能征服全部农业生产领域。农业将长期保持集约生产方式和个体经营方式并存、自然经济和现代科学嫁接于其上的并存状况。当然，在农业发展过程中各种要素的比例会发生改变。

第六章 农业经济本体论和自然规定性

为什么资本主义在农业中的发展采取了一种与工业发展不同的模式？首要的原因在于，土地不是严格意义上的资本。

考茨基分析了在资本主义条件下，土地形态与资本在形式上和运作上的本质性差别。他写道："土地无论怎样拿它比拟资本，它都是完全受另一种规律的支配。土地本身不是劳动创造的价值，并不放在流通过程以内。从物质方面说，土地与采取资本形态的生产工具完全不同。生产工具被消磨，土地却不能毁灭。生产工具，由于新的发明，往往变成废物，土地则一成不变地仍然为一切生产的自然基础。资本间的竞争随着资本的积累而增长，也就是随着工业和人口的发展而增长，土地则因这种发达而更加带有垄断的性质。"① 考茨基在这里从一个方面揭示了所说的资本主义时代，土地经济形式与资本主义经济形式的本质性差别。这样，他为人们进一步分析农业经济的发展不同于资本主义工业经济发展的规律，提供了一个理论基点。

考茨基还指出："在地产内也能够有以满足奢侈为目的的各种设备，这在大地产内尤为常见。和生产没有丝毫关系的这些设备，当然会增加地产的价格，但不是增加地租。那些奢侈的设备其价格愈高，则'土地资本'的利息必愈低。"② "这一切办法都没有使土地所有者变为资本家。""买和卖只使土地所有成为投资的场所，但不是使它成为资本。""土地所有者可以出卖他的土地并因而成为资本家，但是当他成为资本家的时候，他已不是土地所有者了。反之，用自己的全部资本购买地产的资本家，在他成为土地所有者的那个时候起，他已不是资本家了。"③ 这样，他揭示了土地与资本有本质差别。

---

① 〔德〕考茨基：《土地问题》上卷，岑纪译，商务印书馆1936年版，第293—294页。
② 〔德〕考茨基：《土地问题》上卷，岑纪译，商务印书馆1936年版，第116页。
③ 〔德〕考茨基：《土地问题》上卷，岑纪译，商务印书馆1936年版，第117页。

农业生产的基本形式在于，土地是粮食、蔬菜和商品性作物的直接生产者，人是农业的间接生产者。农业的基本生产规律是利用作物的自然生长属性，取得人们所需要的作为产品的作物的果实或枝干。由于人只是农业中处于第二位的生产者，人只有依顺了土地和作物成长和繁殖的内在规律，根据作物的特性提供必要的或改进生产过程的条件来进行生产，也就是说，农业生产中人是被动的，是受自然规律制约的。

农业经济的基本特点是以土地为生产条件，以植物生长的内在规律为基本路径展开的生产活动，因此农业经济属于自然经济。它不是在人所创造的条件和规律下进行生产的，相反，农业生产必须在尊重自然条件和生物生活的规律的前提下发挥人的积极性和创造性，来创造物质财富。及至当代，随着科学技术的发展，人在农业生产中开始逐渐具有一些主动性，但可以说，农业基本属于自然经济，在这种经济部类中，生产受到自然条件和自然规律的极大地制约。农业经济作为自然经济的基本特征是毋庸置疑的。

而工业生产就其最简单的形式来说，都是由人所制造的工具——机器生产和制造的结果。它是人所发明和制造的加工工具对所发现或制造的原材料加工的结果。它不受季节、气候、水、土壤、肥力、日照等自然条件的限制。可以说，工业完全是人活动的结果。所以，农业生产和工业生产有完全不同的内在规律，这种差别就是部类的生产有极大的自然规定性和没有受到多少自然规定性限定的差别。

农业和工业是历史上先后出现的两种经济发展阶段的产物。它们的差异是历史性的差别，是自然经济和人为经济的差别。否认了上述差异，便无法理解农业经济形态的基本特征。

农业经济是一个单位利润率较低的部类，经营面积不大的地产，农产品利润率较低。小农户的收入主要用于维持生计。农产品的货币转换率一般较低。而对于农地的投资活力的前景不明朗。此外，面对工农业产品价格差别较大、城市高利率部类和高生活水平的诱惑，农民没有将收入投入农业的长期打算，这是农业发展的不利因素。

土地无法作为一般资本来运作。资本的一般属性是可以增殖，可以用于投资，因此，资本必须是可以流动的。但是，土地作为一种资产，它无法流动，甚至无法移动。它自身无法增殖和扩大。"土地的具有经济意义的主要自然特性是不动性。""不动产的重要特点是它的不动性或位置的永恒性。"土地只能被人使用而无法作为投资扩大生产。所以，土地在政治经济学分析中属于死资本，它不可移动，不可增长。这就在根本上决定了土地经济发展的局限性。这就使得农业无法像资本主义工业那样自由地无限制地发展。

2. 自然环境对农业的制约

农业生产有着不同于其他生产的特点。农业所生产的是有机物质资料，这些有机物质资料最原始的材料，来自太阳的能量。但是人们不能直接利用太阳有形的能（动能），只有通过农业生产过程，经过绿色植物的生长过程把太阳有形的能变成为农作物隐蔽的能（势能），才能供人们使用。农业生产所从事的植物栽培，不只是要有农业生产最原始的材料——太阳光能，同时要有植物生长、发育所需要的其他生活因素或生活条件。[①] 总的说来，农业生产同其他生产有很大的不同，最突出的不同在于，植物生长发育所必需的生活因素或栽培植物需要绝对必需的条件，它们包括：日光、热量、水分、空气

---

① 朱剑农：《土壤经济原理》，农业出版社1981年版，第3—4页。

和植物养料。① 没有来自于宇宙空间的光和热,没有来自土地里面的养、水、气、热,就不具备绿色机器(植物)去工作的动力(热);没有来自土地里面的养、水、气、热,就不具备绿色机器(植物)吃、喝、住的条件。② 马克思写道:"在农业中,自然力的协助——通过运用和开发自动发生作用的自然力来提高人的劳动力,从一开始就具有广大的规模。"③ "在农业中,……问题不只是劳动的社会生产率,而且还有由劳动的自然条件决定的劳动的自然生产率。"④ 农业对自然和对土地有特殊的依赖性。⑤

农业生产的性质是完全按照作物生长期来定,而不是按照生产的劳动时间来定。⑥ 农作物绝大多数是一年生或一季生作物,只有少数是多年生作物。

气候是制约农业生产的重要因素。有三个重要的因素影响植物的生长,即温度、降水量和光照强度。范·巴斯教授举出小麦生长的例子。在小麦生长的八个阶段中,对天气要素都有不同的要求。在9月末,小麦生长要求适度潮湿;在10月、11月到12月20日,要求适度干燥、温暖程度不要太高;12月21日到2月底,要求适度干燥,小雪、温度不要超过10摄氏度,没有大风;3月,当小麦开始生长后

---

① 朱剑农:《土壤经济原理》,农业出版社1981年版,第4页。
② 朱剑农:《土壤经济原理》,农业出版社1981年版,第5页。
③ 〔德〕马克思:《剩余价值理论》第2卷,《马克思恩格斯全集》第26卷第1册,人民出版社2004年版,第22—23页。
④ 〔德〕马克思:《资本论》第三卷,《马克思恩格斯全集》第25卷,人民出版社2004年版,第864页。
⑤ 朱剑农:《土壤经济原理》,农业出版社1981年版,第5页。
⑥ David Goodman and Michael Redclift, *From Peasant to Proletarian: Capitalist Development and Agrarian Transition*, N.Y.: St. Martin Press, 1982, p.12.

不要有霜；4月，要求日照充分，定期下小雨；5月到6月15日，要求温暖、没有热浪、有少量雨水；6月16日到7月10日，要求阴凉、多云、当进入花期后没有降水；7月末、8月到9月初，要求干燥、温暖、阳光充足、没有热浪。作为多年生的作物，葡萄对气候条件的要求比谷物的要求复杂得多。葡萄树要获得好的收成，必须具备下列天气条件：前一年夏天必须温暖，这样才会长出许多新芽；秋季足够温和，以确保新芽能够长成；在冬春两季霜冻不严重；夏季和早秋气候温暖，使果实能够成熟，葡萄酒质量高低与光照强度有直接关系。聚集的热量适合酿酒，而多雨的夏季会降低葡萄酒的产量和质量。①

在一定温度条件下种植谷物，产量对降水量变化的反应比对温度变化的反应要敏感得多。J.蒂托对英格兰温彻斯特主教的四十多个采邑的历史考查表明，在1211—1350年间，如果夏季和秋季非常干燥，接下来的冬季寒冷或正常，第二年夏季又是较为干燥的年份，通常都是丰年。潮湿的或者非常潮湿的秋季和潮湿的冬季往往带来糟糕的收成。严冬过后，一般也有好收成，除非在这以前的冬季过于潮湿。18世纪的统计数据表明，在经过类似于1784—1785年和1785—1786年的严冬以及随后而来的干燥炎热的夏季后，农业会获得大丰收。②

在欧洲不同的地区，农业生产对于气候有不同的要求。在北欧，

---

① 〔英〕范·巴斯：《生命革命中的农业》，载〔英〕E. E. 里奇、〔英〕C. H. 威尔逊（主编）：《剑桥欧洲经济史》第五卷，高德步等译，经济科学出版社2002年版，第55—56页。

② 〔英〕范·巴斯：《生命革命中的农业》，载〔英〕E. E. 里奇、〔英〕C. H. 威尔逊（主编）：《剑桥欧洲经济史》第五卷，高德步等译，经济科学出版社2002年版，第57页。

这里温度条件对作物的生长尤其重要，这里更适合种植春季作物，因为冬季作物需要非常早的播种准备期。在地中海沿岸地区，这里的作物生长完全依赖降水，由于这里春季降水极少，不能进行春播，因此主要种植冬季作物。俄罗斯干草原地区也是一个降水量对作物生长至关重要的地区。西欧气候温和的地区，这里的降水量和温度对植物的生长极为重要，降水过多、日照不足会引起秋季温度过低，从而对作物的收成产生不良的影响。西欧谷物产量更加依赖于降水而不是温度。谷物的产出便表现出明显的地域差异性。[①]

农业的自然限定性还表现在农作物种植生产过程中存在着风险。粮食作物按照种植风险的大小可以分为以下几个等级：(1) 高风险：包括用作牛饲料的甜菜、亚麻籽，用作马饲料的豆类和豌豆；(2) 中度风险：包括油菜、冬春小麦、冬大麦和亚麻须根；(3) 低风险：包括早茬马铃薯、夏大麦、苜蓿和燕麦；(4) 无风险：包括干草、马铃薯和裸麦。[②]

3. 地力和肥力的制约

科学技术的迅速发展使得农作物产量的增长显示出很大的潜力。从 20 世纪后期的农业发展来看，西欧国家粮食作物的单位面积产出有很大增长，增长幅度超过了之前的半个世纪。英国小麦的单位面积

---

① 〔英〕范·巴斯：《生命革命中的农业》，载〔英〕E. E. 里奇、〔英〕C. H. 威尔逊（主编）：《剑桥欧洲经济史》第五卷，高德步等译，经济科学出版社 2002 年版，第 58 页。
② 〔英〕范·巴斯：《生命革命中的农业》，载〔英〕E. E. 里奇、〔英〕C. H. 威尔逊（主编）：《剑桥欧洲经济史》第五卷，高德步等译，经济科学出版社 2002 年版，第 56 页。

产量从 1950—1954 年的每公顷 2.8 吨，提高到 1965—1969 年的每公顷 3.9 吨，1985 年的每公顷 6.3 吨。大麦的单位面积产量从 1950—1954 年的每公顷 2.6 吨，提高到 1965—1969 年的每公顷 3.6 吨，1985 年的每公顷 4.9 吨。燕麦的单位面积产量从 1950—1954 年的每公顷 2.4 吨，提高到 1965—1969 年的每公顷 3.2 吨，1985 年的每公顷 5.3 吨。马铃薯的单位面积产量从 1950—1954 年的每公顷 19.9 吨，提高到 1965—1969 年的每公顷 24.9 吨，1985 年的每公顷 35.8 吨。① 在德国威斯特伐利亚，裸麦的单位面积产量从 1830 年代的每公顷 883 公斤，提高到 1880 年的每公顷 1060 公斤，1900 年的每公顷 1594 公斤，1910 年的每公顷 1962 公斤，1939 年的每公顷 2130 公斤，1949 年的每公顷 2360 公斤，1970 年的每公顷 3410 公斤，2000 年的每公顷 6416 公斤。小麦的单位面积产量从 1830 年代的每公顷 665 公斤，提高到 1880 年的每公顷 1218 公斤，1900 年的每公顷 1816 公斤，1910 年的每公顷 2083 公斤，1939 年的每公顷 2410 公斤，1949 年的每公顷 2740 公斤，1970 年的每公顷 3990 公斤，2000 年的每公顷 8186 公斤。大麦的单位面积产量从 1830 年代的每公顷 1085 公斤，提高到 1880 年的每公顷 1096 公斤，1900 年的每公顷 1438 公斤，1910 年的每公顷 1717 公斤，1939 年的每公顷 2270 公斤，1949 年的每公顷 2640 公斤，1970 年的每公顷 4100 公斤，2000 年的每公顷 6549 公斤。燕麦的单位面积产量从 1830 年代的每公顷 684 公斤，提高到 1880 年的每公顷 1090 公斤，1900 年的每公顷 1622 公斤，1910 年的每公顷 1838 公斤，1939 年的每公顷 2100 公斤，1949 年的每公顷 2430 公斤，1970 年的每公顷 3180 公斤，2000 年的每公顷 5066 公

---

① Eric Thorn and Tim Soens, eds., *Rural Economy and Society in North-western Europe, 500-2000*, Brepols, 2015, p.136, Table 4.24 Yields in the UK 1950-1985.

斤。① 但是一般而论，土壤的地力和肥力不可能无限地提高，对农作物产量还是有限制的。

4. 自然条件对农业机械化的影响

从18世纪后期开始，在农业生产中逐渐开始使用机械和蒸汽动力。荷兰在18世纪第一次使用了扬谷机、选种机等，并在荷兰出现了用马力带动的锥形脱粒滚筒。18世纪在英国，现代脱粒机的发明已基本完成。在18世纪，播种机也制造出来。这三种农业机械随后在欧洲各国得到推广。

在比利时，脱粒机在1880年有6900台，1910年有23000台，1930年有26500台。收割机在1880年有1500台，1910年有19000台，1930年有73100台。播种机在1880年有1800台，1910年有12000台，1930年有23500台。

在法国，脱粒机在1852年有60000台，1862年有101000台，1882年有211000台，1892年有234000台，1929年有204000台。收割机在1862年有18000台，1882年有35000台，1892年有62000台，1929年有1809000台。播种机在1862年有11000台，1882年有29000台，1892年有52000台，1929年有322000台。

在德国，脱粒机在1882年有374000台，1895年有856000台，1907年有1436000台，1925年有1055000台。收割机在1882年有20000台，1895年有35000台，1907年有301000台，1925年有1023000台。播种机在1882年有64000台，1895年有169000台，

---

① Michael Kopsidis, "Northwest Germany, 1750-2000", in Eric Thorn and Tim Soens, eds., *Rural Economy and Society in North-western Europe, 500-2000*, Brepols, 2015, p. 343, Table 10.1 Westphalian Grain Yields, 1830-2000.

1907 年有 290000 台，1925 年有 589000 台。

在荷兰，收割机在 1875 年有 1300 台，1890 年有 12100 台，1900 年有 31500 台，1907 年有 49200 台，1917 年有 87900 台，1929 年有 97700 台。播种机在 1890 年有 2350 台，1900 年有 5600 台，1907 年有 7000 台，1917 年有 19650 台，1929 年有 27000 台。①

上述资料表明，法国和德国两国农业机械化在第一阶段规模大致相当，但到了 19 世纪最后 20 年，德国的农业机械居于绝对领先地位。

英国在 1860 年以前几乎没有任何收割机械。在 1880 年以后，自动割捆机才开始在英国推广。奥地利在 1902 年有 329000 个土地所有者使用脱粒机，有 13000 个土地所有者使用收割机，有 75000 个土地所有者使用播种机。东欧和南欧到了 1930 年以后才开始大量使用先进农具。在匈牙利，1935 年有 100 多万个农场，它使用了 10 万多台播种机。而收割机和脱粒机只有几千台，而且大多数是由马力驱动。西班牙在 1932 年有 400 万个农场和好几百万公顷土地播种谷物，但该国只有 70000 台收割机、27000 台播种机、5000 台脱粒机。意大利 1930 年有几百万个农场，但是只有 125000 台各种收割机械。

联合收割机主要是美国人开发出来的，但到了 1920 年代中叶，收割机总量还是非常少。1950 年前后，欧洲大部分国家只有几百台这种机器，一些机械化程度较高的国家则有几千台收割机。②

蒸汽机在农业中发挥的作用并没有像一些乐观主义者预期的那样

---

① 〔英〕H. J. 哈巴库克、〔英〕M. M. 波斯坦（主编）：《剑桥欧洲经济史》第六卷，王春法、张伟、赵海波译，经济科学出版社 2002 年版，第 606—607 页。
② 〔英〕H. J. 哈巴库克、〔英〕M. M. 波斯坦（主编）：《剑桥欧洲经济史》第六卷，王春法、张伟、赵海波译，经济科学出版社 2002 年版，第 607—608 页。

成功。曾经有过制造蒸汽拖拉机的尝试，并在北美大草原试用过，但因它太不灵活而被放弃了。随后发明了蒸汽犁，但是蒸汽犁在欧洲未能广泛推广。原因是这种机器成本高，价格昂贵，需要很高的初始投资，欧洲大多数个体农业劳动者买不起它。而且这种犁适合在大规模的农场上使用，使用时还需要添煤、添水，这样就需要把煤和水运到田里，就需要很宽和很好的道路。这些因素使得蒸汽犁的应用变得很困难。

在欧洲，使用蒸汽犁的两个主要国家是英国和德国。19世纪末，在英国有相当数量的蒸汽犁在使用。但到了1910年前后，它的使用没有进一步的发展。在德国，农场使用的蒸汽犁的数量1882年是836台，1895年是1696台，1907年是2995台。1925年和1933年的调查表明，使用蒸汽犁的农场变少了。1949年西德的全国农业调查没有提到有蒸汽犁在使用，但仍有一部分蒸汽拖拉机在使用。法国在19世纪只有几百台蒸汽犁在使用。奥地利1902年的调查表明，有383个农场在使用蒸汽犁。1930年代捷克斯洛伐克、奥地利和匈牙利三国的调查表明，每个国家各有几百台蒸汽犁在使用。1924年在英国的调查表明，在农业中使用的蒸汽机数量已不多，而且大部分用于脱粒，此外再没有其他用途。[①]

拖拉机在第一次世界大战后才在世界范围内推广。而它在欧洲的使用比在北美晚得多。因为欧洲的农场面积都比较小或者仅有中等规模，此外，农村人口的密度也比较大，这些都影响了拖拉机的使用。1930年前后，虽然拖拉机的数量较之蒸汽犁要多，但是它的数

---

① 〔英〕H. J. 哈巴库克、〔英〕M. M. 波斯坦（主编）：《剑桥欧洲经济史》第六卷，王春法、张伟、赵海波译，经济科学出版社2002年版，第611—612页。

量还是很有限。英国、法国、德国、意大利各国分别有近 20000 台拖拉机。许多小国仅有几千台或几百台拖拉机。20 世纪 30 年代，由于采取了一些推广拖拉机的措施，英国和德国的拖拉机的数量增加了 3 倍。但是在这 10 年间，意大利的拖拉机数量只增加了两倍，法国增加的数量更少。到第二次世界大战前夕，欧洲的拖拉机总数大约是 20 万台。1950 年前后，英国拖拉机的数量超过了 33 万台，德国和法国的数量达到了 10 万台，瑞典和意大利的拖拉机数量在几年后也达到了这一规模。[1] 而到 20 世纪初年，欧洲大多数国家使用的马匹数仍在缓慢地增长。[2]

根据对世界上 19 个国家的调查结果看，在 14191 处地产上，使用机器动力耕作的土地为 659 处，占地产数的 4.6%；混合使用畜力和机器动力的地产有 2520 处，占地产数的 17.8%。

在北美洲和中美洲 1782 处地产上，使用机械动力的为 88 处，占地产数的 4.9%；混合使用畜力和机器力的地产有 89 处，占地产数的 5%。其中在哥斯达黎加，使用机械动力的地产占地产数的 3.6%；混合使用畜力和机器力的地产占地产数的 6.1%。在多米尼加共和国，使用机械动力的地产占地产数的 3.9%。在圣萨尔瓦多，使用机械动力的地产占地产数的 1.1%；混合使用畜力和机器力的地产占地产数的 4.8%。在墨西哥，使用机械动力的地产占地产数的 6.2%；混合使用畜力和机器力的地产占地产数的 5.7%。在巴拿马，使用机械动

---

[1] 〔英〕H. J. 哈巴库克、〔英〕M. M. 波斯坦（主编）：《剑桥欧洲经济史》第六卷，王春法、张伟、赵海波译，经济科学出版社 2002 年版，第 612—613 页。
[2] 〔英〕H. J. 哈巴库克、〔英〕M. M. 波斯坦（主编）：《剑桥欧洲经济史》第六卷，王春法、张伟、赵海波译，经济科学出版社 2002 年版，第 614 页，表 56 欧洲各国马匹拥有量。

力的地产占地产数的6.7%；混合使用畜力和机器力的地产占地产数的1%。在南美的秘鲁，使用机械动力的地产占地产数的2.7%；混合使用畜力和机器力的地产占地产数的5.1%。在巴西，使用机械动力的地产占地产数的2.1%；混合使用畜力和机器力的地产占地产数的3.9%。[1]

在亚洲调查的238处地产上，使用机械动力的地产占地产数的24%；混合使用畜力和机器力的地产占地产数的28.1%。在巴林，使用机械动力的地产占地产数的89.1%。在伊拉克，使用机械动力的地产占地产数的44.1%；混合使用畜力和机器力的地产占地产数的17.5%。在约旦，使用机械动力的地产占地产数的32.1%；混合使用畜力和机器力的地产占地产数的33.9%。在沙特阿拉伯，使用机械动力的地产占地产数的21%；混合使用畜力和机器力的地产占地产数的26.5%。[2]

在欧洲调查的4个国家的5068处地产中，仅使用机械动力的地产为372处，占地产总数的7.3%；混合使用畜力和机器力的地产有2115处，占地产数的41.7%。1970年在比利时，仅使用机械动力的地产占地产数的34.2%；混合使用畜力和机器力的地产占地产数的8.7%。1970年在捷克斯洛伐克，使用机械动力的地产占地产数的5.6%；混合使用畜力和机器力的地产占地产数的60%。1968年在葡萄牙，使用机械动力的地产占地产数的8.2%；混合使用畜力和机器力的地产占地

---

[1] Food and Agriculture Organization of United Nations, *1970 World Census of Agriculture, Analysis and International Comparison of the Results*, Rome, 1981, p.238, Table 11.1 Number and Percentage of Holdings Reporting Use of Power, by Source of Power.

[2] Food and Agriculture Organization of United Nations, *1970 World Census of Agriculture, Analysis and International Comparison of the Results*, Rome, 1981, p.238, Table 11.1 Number and Percentage of Holdings Reporting Use of Power, by Source of Power.

产数的 36.1%。1969 年在南斯拉夫，仅使用机械动力的地产占地产数的 6.2%；混合使用畜力和机器力的地产占地产数的 35.5%。①

在大洋洲的美属萨摩拉，使用机械动力的地产占地产数的 4.3%；混合使用畜力和机器力的地产占地产数的 0.6%。在关岛，使用机械动力的地产占地产数的 8.5%；混合使用畜力和机器力的地产占地产数的 6.8%。在太平洋群岛，使用机械动力的地产占地产数的 3.2%；混合使用畜力和机器力的地产占地产数的 5.4%。②

机械化的发展中表现出的困难，一方面是受到技术运用是否具有可实施性影响的结果，另一方面反映了农业生产受自然规定性所限制，如人口密度、农场土地面积、农村道路和地貌等条件。应当说，农业的自然规定性在更大程度上制约了农业生产的高度现代化。生产方式在很大程度上必须符合自然条件，这是农业经济形态不同于工业经济形态的一个重大的规定性，这也是农业生产无法最终摆脱传统的自然经济的特点的一个根本原因③。

5. 农业和工业劳动对象不同，决定了生产是否受自然条件的限制

农业经济部类和工业经济部类运作的根本不同之处在于，农业经

---

① Food and Agriculture Organization of United Nations, *1970 World Census of Agriculture, Analysis and International Comparison of the Results*, Rome, 1981, p.238, Table 11.1 Number and Percentage of Holdings Reporting Use of Power, by Source of Power.
② Food and Agriculture Organization of United Nations, *1970 World Census of Agriculture, Analysis and International Comparison of the Results*, Rome, 1981, p.238, Table 11.1 Number and Percentage of Holdings Reporting Use of Power, by Source of Power.
③ 诚然，随着温室和大棚技术的推广，反季节的生产蔬菜等作物栽培已经发明。但是，粮食作物的大规模生产由于普遍推广的经济成本和技术难度，恐怕无法进行反季节生产。

济是以自然创造出来的物为生产对象，而工业经济完全是以通过技术制造出来的物为生产或加工对象。这种生产对象和生产过程的特性决定了工业生产不存在自然制约性，它受的限制来自需求之多少。而农业生产受自然生长的劳动对象和生产的自然条件严格制约，随着科技的发展，人的力量已经可以部分地改变自然对农业的规定性，但是自然规定性的特点并没有完全被打破。由于劳动（生产）对象不同，资本投入在两种经济部类中所起的作用截然不同。在农业中资本投入所起的作用是有限的，而在工业经济中，资本投入所起的作用是无限的。可以在没有合适的自然条件的地方建设工厂，创造生产条件。所以，这两个经济部类发展的规律差别很大。

马克思在论及生产、生产资料和生产关系时，洞察到了在不同的历史条件下，自然规定性对经济所起的重要作用。他写道：**"出发点当然是自然规定性"**；"在土地所有制居于支配地位的一切社会形式中，自然联系还占优势。在资本居于支配地位的社会形式中，社会、历史所创造的因素占优势。"[①]

---

① 〔德〕马克思：《〈政治经济学批判〉导言》，载《马克思恩格斯选集》第二卷，人民出版社 1972 年版，第 112、110 页。

第七章　土地所有权

第一节　土地所有权

所有权理论目前还有很多问题需要研究。基于罗马民法的西方所有权概念只是把拥有所有权和没有所有权定为两个类属。在它们之间划出了不可逾越的界限。这样似乎就把所有权问题简单化了。实际上在人类的经济生活中，在有还是没有所有权之间存在着多种的持有形式，它们构成了一个系谱。

英国的自由持有地产和租地保有地产也有类似的特点，这些保有权都包含了土地持有者对君主承担义务的规定。至于层次低得多的公簿持有保有权，则要承担更多的封建义务和封建税负，但这种佃户仍享有特权，而且这些特权是受大法官法庭保护的。这几种土地保有权较之全权的保有权拥有者，权益要低得多。这样，在它们之间构成了一个系谱。在中世纪的西欧，这种土地持有制度是和一定的农民身份规定性相联系的，土地也具有法律规定的与个人的身份规定性并列的封建身份规定性。

租佃地持有者表面上看他们没有土地所有权，但是他们按租赁条件租种土地的租佃权是受各类契约或习惯法保护的。所以他们对租地实际上拥有部分的所有权。到了近代时期，租佃制继续存在，租佃权得到更多的保护。19世纪后期到20世纪，政府往往采取赎买的政策，让佃户交出一笔赎金，换取土地的完全所有权，如英国的公簿持有农、租地持有农、俄国和东欧的农奴，都是通过这种方式取得他们持有的（耕种的）土地的所有权的。到了此时，在一些国家残存的有的已经十分薄弱的身份制度最终被取消了。

现代经济学认为，财产权有三种范畴。第一种财产权是使用一种资产的权利，即使用者的权利。第二种财产权是从一种资产上挣得收入和按一定条件与其他人订立契约的权利。第三种财产权是永久地把资产的所有权的任何部分转让给别人的权利，即让渡或出售资产。① 经济学家认为，到了现代，土地所有权的权利减弱了，使用权变得比所有权更为重要。张五常说，有了使用权（或决定使用权）、自由转让权、不受干预的收入享受权，有没有所有权都无所谓了。②

因此，可以这样说，财产权是可以分割的。在上述三种权利中拥有一种或两种权利，即便他们没有拥有全部的所有权，都属于部分拥有财产权。从财产权是可以分割的这一前提出发，在有全权财产权和没有财产权之间，就出现一个部分拥有财产权的业主系谱。租佃者占据了这个系谱的主要幅域。这是农村所有权分布的一个真实的系谱图像。

土地所有权涉及土地资源控制的权利和形式。在农业居于支配地位的时期和地区，土地所有制决定了社会和政治状况，也决定了大部分人口的经济力量。土地所有制是相当复杂的。到现在为止还没

---

① Thrainn Eggertsson, *Economic Behavior and Institutions*, Cambridge U. P., 1990, pp. 34-35.

② 张五常：《佃农理论》，易宪容译，朱泱校，商务印书馆2002年版，第33页。

有给出一个有关土地所有制的一般性的适当的分类。① 法国历史学家圣·雅各布指出:"几个世纪以来,由于土地和人的地位的形式多种多样,土地法更加复杂了。"按照他的观点,土地的使用和占有比土地所有权更为重要。"人们通过不同的方式获得财产,整套形式又汇成一点,即对财产的拥有。"② 但是,在封建主义向资本主义过渡时期以及当代的非发达资本主义国家,所有权仍然构成了对农民束缚的一条纽带,在研究中不能加以忽视。

农业经济史包括生产力和生产关系两个方面。关于土地所有权的理论则是农业经济史研究中对生产关系以及生产力研究的一个重要的理论视角。历史上各国土地所有权具有多样性,对土地所有权的研究,是理解农业生产关系的一个重要的出发点。然而,过去相当一段时间里,我国学者在农业史研究中对生产力较为重视,而对农业生产关系的关注不是很多。

道格拉斯·诺斯和罗伯特·托马斯强调绝对产权的确立对资本主义发展的推动作用。他们认为:"英国经济成功地摆脱了十七世纪的危机,这可以直接追溯到已经形成的私人所有权制度。""国会的出现,造成了英国所有权的性质与大陆模式大相径庭。转让所有权的权利愈益落到了这样一个集团,私有权和取消王室垄断可以更好地为它自身的利益服务。如果不发生这样的转移,英国经济史或许会大不一

---

① 〔美〕约翰·梅尔:《农业发展经济学》,何宝玉、张进选、王华译,农村读物出版社1988年版,第235页。
② 〔英〕M. M. 波斯坦、〔英〕D. C. 柯尔曼、〔英〕彼得·马赛厄斯(主编):《生命革命中的农业》,载《剑桥欧洲经济史》第五卷,王春法等译,经济科学出版社2002年版,第103页。

样。"① "在新古典理论看来,规定和实施完善的所有权及愈益有效和扩大的市场将把资源导入新的渠道。"② 所有权结构在尼德兰和英格兰的发展,"为持续的经济增长提供了必要的刺激,它们包括鼓励创新和随后工业化所需要的种种诱因"。他们"把成功的经济增长看作是由有效的所有权的发展决定的"③。

夸大土地绝对产权对资本主义农业经济发展的作用,是一些经济学家根据其理念提出的教条。它一度在中国学界产生过很大的影响。诺斯和托马斯把绝对的农业土地所有权视为资本主义时代农业经济的基本特征。他们在这里把绝对产权制度看作是经济发展的主要动力。他们把绝对财产所有权视为一个不可分割的整体抽象物。他们没有看到在这个时期的经济生活中,存在着多种复杂的所有—占有制度。④一些经济理论研究者正是忽略了农业经济中所有权的复杂性,从而把诺斯和托马斯的绝对产权理论加以崇奉。这种概括并不符合世界农业经济组织的基本特点。

在成熟的资本主义社会,土地占有仍然是等级制式的分等级占有。有少数绝对地拥有土地所有权的地主和小农,也有更多的是以交纳租税为条件持有土地的农场主。不完全的土地所有权大量存在。

---

① 〔美〕道格拉斯·诺斯:《经济史上的结构和变革》,厉以平译,商务印书馆1992年版,第152、154页。
② 〔美〕道格拉斯·诺斯:《经济史上的结构和变革》,厉以平译,商务印书馆1992年版,第163页。
③ 〔美〕道格拉斯·诺斯、〔美〕罗伯特·托马斯:《西方世界的兴起》,厉以平、蔡磊译,华夏出版社1989年版,第171页。
④ 〔英〕E. P. 汤普森在研究英国乡村社会、批评斯大林教条主义的同时,充分洞察到土地所有权的复杂性。他诘问道:"离开了复杂的所有权,你说什么是基础,什么是上层建筑?"

G. 博尔教授指出，近代早期的农业中存在着"不完全的财产权"，而并非绝对财产权。实际的农业土地占有关系并不简单。在土地领域，保有权的分布，从拥有绝对所有权的地主到部分拥有保有权的佃户，到农业雇佣劳动者，构成了一个复杂的系谱。

当代的世界农业史表明，土地绝对拥有者在乡村人口中只是很小部分人。到了资本主义时代，西方土地保有权仍然非常复杂，许多人持有土地但不掌握所有权，个体农场主或许与个人所有权相联系，或是与某种形式的共有权相联系。集体农耕可以和个人所有权相联系，也可以和集体所有权相联系，或者与社会所有权相联系。这些在保有权安排中是有很大区别的，它取决于地主和佃户各自精确的权利和义务。在自由契约制度条件下，各自的权利和义务由地主和佃户来决定，法律体系的作用在于强制地对契约规定的义务表示服从。[1] 土地保有权在近代相当长的时间里对于农业经营和农民的地位起过重要作用。在第三世界国家中，土地保有权在20世纪土地经济中仍然是一个重要的问题。

一个社会在法理上确认私有财产权的至上性，并不代表对土地拥有权利要求的人都拥有绝对的土地所有权。虽然资本主义社会确实在法理上宣布了私有财产权的至上性。确认私有财产的绝对性，这似乎要把资本主义社会的财产关系单一化。但是，这与经济生活中一个人是否完全拥有绝对的土地的私有权不是一件事，与拥有私有财产权的人是否获得土地的全部收益也不是一回事，他可能让一些属下分等级地享有部分土地所有权。

英文"保有权（tenure）"与"所有权（ownership）"在概念上不

---

[1] J. M. Currie, *Economic Theory of Agricultural Land Tenure*, Cambridge U. P., 1981, p. 1.

能等同。保有权从理论上说，既包括绝对的所有权（在英国从来没有这类东西），也包括通过向君主承担一定的义务而获得的土地权，还包括在根本没有拥有所有权的条件下，只是通过租赁土地而得到的受法律或习惯保护的土地使用权，即有条件租佃权。这些包含有不同的公开的或潜在的前提条件的租佃权本身，也就构成了一个等级的阶梯。自己没有土地和土地权，而只有使用公地的权利的农村平民，则处于这个社会阶梯的几乎最下层。这样就构成了乡村的所有权的等级阶梯。持有土地的多少当然也是乡村社会一个重要的等级差别。

拥有一些有所有权土地又租种一些土地来经营的农民，在这个系谱中的位置处于土地所有者和土地租佃者之间。那些租种大块土地收入颇丰的佃户和只对极小块土地拥有所有权的小农，在农村土地所有制的系谱中的位置的安置则成了一个需要处理的问题。

绝对土地财产权的确认，对于土地所有者来说当然是一件令其愉悦之事，而对没有土地权的佃户和雇农来说，这种确认只是确认了他们的贫穷地位，无变不成有，不具有任何积极意义。

农业经济形态的类型不是用非此即彼的封建主义与资本主义经济形态的两分法可以简单划分的。在典型的封建主义农奴制经济与资本主义工业雇佣劳动的大农场制之间，还存在着一个长长的经济组织的系列，其中有半封建半资本主义的、非封建也非资本主义的各种各样的农业经济组织形式。

一种经济形态有反映其性质的微观结构，可以称为"经济关系集束"或"核心结构"，这种结构是单色调的即性质明晰的。它明晰地反映出那种典型的生产关系或社会关系。但这不是这个时期经济形态的全部内在构成,在此同时,在典型性的"集束"周围,还存在着大量非典型性的经济结构。

对于土地所有权在农业中的重要性,不同的学者有不同的见解。诺贝尔经济学奖得主道格拉斯·诺斯和托马斯强调绝对土地产权对农业发展的作用。

到了20世纪,在发达资本主义国家中,封建领主制完全消失后,土地所有权不再有随附的特权,如领主权、封侯的资格、军事权等。土地所有权只是一种财产权,它只是和从土地上获利相联系。因此,由于不拥有土地所有权也能从土地上获利,所以土地所有权的重要性或者说它在土地经营者的心目中的地位下降了。在土地绝对所有权与租佃持有权之间不再存在一条绝对不可逾越的天壤之别的界限。

在资本主义社会不完全的财产权广泛存在。一方面表现在公地在各国广泛存在。农民在公地上享有与共有放牧权等使用权,但是这些权利不是农民排他的拥有的权利,而是共享的权利。另一方面表现在广泛存在的租佃制度上。以不同的租佃条件(或许还附有一些义务)承租土地的佃户,对土地并没有所有权,但是他们拥有使用权,这种持有权或使用权为租契或习惯所保护。这使得租户在一个时期内在租地上有使用权,可以进行农业生产和获得收获物。租户凭借不完全的土地所有权在从事土地经营、生产,以此维生。资本主义社会在法律上确定了土地私有权的原则,但是这并不意味着每个乡村劳动者都持有具有绝对所有权的土地。资本主义社会并没有保证农民都拥有土地财产。各国农民在是否拥有土地财产上存在着很大的差别,他们持有的土地的性质也呈现出质和量的差别。这样,在农村就出现了土地的等级持有制度。租地持有可以简单地被视为较之完全土地所有权较低等级的所有权,它和真正的所有权有质的不同。①

当然,这种等级制与中世纪的身份等级制性质不同,它是一种财产等级制。土地持有者持有的土地存在着质和量的差别。在资本主义时期的乡村中,根据统计资料,享有不完全土地财产权的人口在人口中占有相当大的比例。

到20世纪60年代后期,对于土地保有权的形式是否值得关注,对于土地私有制和私有财产权和资本主义发展的关系,各种学者产生了新的看法。与古典经济学家相比,新古典经济学家很少把注意力放在土地保有权问题上。晚近西方学者对于土地所有权在评估农业经济和农民地位时的重要性不那么重视了,直到晚近才有很多的论著广泛关注分成租佃制问题。而农业土地保有权对许多发展中国家来说仍然是极其重要的问题。②

一种看法认为,所有权占有和固定的租地保有权占有被认为是等值的,无论哪种安排都会导致对资源有效的使用:每一种要素的边际生产效率都可以替换成它的价格。另一种看法则认为,分成制租地保有权"没有效率"。即在一种安排下佃户支付给地主的部分产品恐怕会起一种阻碍作用,即佃户恐怕只能是达到这样的结果——他分享的边际产品价值与它的价格相当。埃里克·克里奇认为:"到了早期近代,可以公正地说,保有权本身只有第二位的意义,土地所有者和农场耕作全部事务不再依靠保有权,而是依靠不动产和土地中代表的意义。"③ 范·巴

---

① "不完全的财产权"的概念,参见 Gérard Béaur, Phillipp R. Schofield, Jean-Michel Chevet, Maria Teresa Perez Picazo, eds., *Property Rights, Land Markets and Economic Growth in the European Countryside (Thirteenth-Twentieth Centuries)*, Brepols, 2013, pp. 69-194, I. "Imperfect Property Rights" and Economic Change。
② J. M. Currie, *Economic Theory of Agricultural Land Tenure*, Cambridge U. P., 1981, Preface.
③ Eric Kerridge, *Agrarian Problems Sixteenth Century ane After*, London, 1969, p. 45.

斯则指出，到了近代后期，保有权已经不像以往那样重要。①

但是，相反的见解仍然存在。土地保有权无关紧要，分成租佃制是一种"无效的安排"的观念遭到了 J. E. 斯提格里兹（J. E. Stiglitz）等学者的批评。② W. B. 摩根认为，土地保有权在许多方面来看都是一个重要的问题，特别在讨论农民时更是这样。在第三世界，土地保有权的存在有不同的形式。一些保有权形式始终被看作是农业变革和发展的障碍。政府政策频繁地利用土地保有权作为推动农业变革和经济发展的关键纲领。在第三世界国家，地产比发达国家在全部财富中占有更高的比例。土地改革从来就不仅是财产和生产效率的问题，同时也是关系社会正义的问题。因此，许多国家的土地改革纲领主要关注的是社会和政治问题，它们也可能导致创建不那么有效率的生产体系。特别是在前殖民地的热带非洲，一些国家的政府始终在建立私人土地权。在此同时，政府采取的社会主义纲领把土地改革看作创立农村公社或集体经营形式。在拉丁美洲，土地改革时常意味着处置大庄园和在外地主的地产。在埃及和印度，土地改革的目标在于限制地主的权利，把土地给予租佃农场主，并限制持有地的大小。③

格奥尔格·费尔蒂希批评说："农业中有一种陈旧的观点，即引入充分的土地财产权，对于使工业革命可能发生的农业生产力的发展是一个先决条件。"他指出："农民在欧洲土地上生活了数个世纪，

---

① 张五常不那么强调土地所有权的作用。他在1969年提出了私有产权包括三种权利：使用权、自由转让权、不受干预的收入享受权。有了这三种权利，有没有所有权就无所谓了。参见张五常：《佃农理论》，商务印书馆2002年版，第33页。
② J. M. Currie, *The Economic Theory of Agricultural Land Tenure*, Cambridge U. P., 1981, p.31.
③ W. B. Morgan, *Agriculture in the Third World: A Spatial Analysis*, Westview Press, 1978, p.138.

但是直到19世纪初期他们才发现农业是一种实业。其结果，许多文学作品把农业现代化归结为所有占有制而不是农民。"土地市场把一个人基本的利益置于农业上，对于把财产权与其他的安排相联系起了主要的作用。"①

斯里彻·范·巴斯认为："无论是从国外市场还是从本国市场出发的理论，均不能完全解释土地私有制的发展。从16到18世纪，许多国家的私人领地在很大程度上只是为了满足土地所有者及其仆人自身的需要而进行生产。"匈牙利历史学家派克认为，在土地私有制扩张的过程中，越来越多的人沦为农奴。农民日益贫困的结果是国内市场的萧条，但同时大土地所有者变得日益富足。货币经济被自然经济所代替，这一进程导致了经济、技术和文化的萧条。当时经济状态的一般趋势是萧条。在这一背景下，少数大土地所有者必然会寻求一切机会来获取最大限度的利润，甚至牺牲公共利益。那些土地私有制兴盛的国家，通常都是种植谷物的地方，几乎所有的大土地所有者都雇用了相当数量的农奴来种植谷物，要么满足市场的需要，要么满足自身消费的需要。在农业占优势的所有的东欧和中欧国家中，谷物收成的水平很低，裸麦收成量没有超过播种量的3.7倍。是战争的影响和强迫劳动造成了低生产率。②

---

① Georg Fertig, "A Peasant Way to Economic Growth, the Land Market, Family Transfer, and Life Cycle in Nineteenth-century Westfarlia", in Gérard Béaur, Phillipp R. Schofield, Jean-Michel Chevet, Maria Teresa Perez Picazo, eds., *Property Rights, Land Markets and Economic Growth in the European Countryside (Thirteenth-Twentieth Centuries)*, Brepols, 2013, p.369.
② 〔英〕斯里彻·范·巴斯：《生命革命中的农业》，载〔英〕E. E. 里奇、〔英〕C. H. 威尔逊（主编）：《剑桥欧洲经济史》第五卷，王春法等译，经济科学出版社2002年版，第114页。

法国学者圣雅各布认为:"几个世纪以来,由于土地和人的地位的形式多种多样,土地法更加复杂了。"按照他的观点,土地的使用和占有比土地所有权更为重要。"人们通过不同的方式获得财产,整套形式又都汇成一点,即对财产的拥有。"①

到了20世纪,世界农业经济体系中土地保有权仍然表现出极大的复杂性,一共存在着6种土地保有权类型。

第一种,南亚和北美的地产存在着地主和佃户的关系,其中存在着不同的租佃制种类,主要形式是分成制。在这种关系中,土地所有权为少数有权势的精英拥有。农场的生产率很低,绝大多数租佃农场主在维生的产品和地主占有的产品外,仅能生产很少的可提供市场的剩余产品。在这种农场生产中,劳动密集度很高,而资本密集度很低。

第二种,拉丁美洲的地产关系既有地主与佃户的关系,也有所有者、经理与劳工的关系,此外还有这两种关系的混合制。土地所有权限于少数精英。尽管维生仍然是农业的特点,但是生产主要是为了商业目的。此外,劳动和资本的强度都很低。

第三种,在一些地方,土地主要为特别的社会群体的家族持有。他们的成员分享土地的使用权,耕作主要用于维生。这种情况主要发生在热带非洲和东南亚。在这些地区,劳动密集度在各地相差很大,但资本密集度很低。当地实行平均主义,常常不鼓励发明。他们阻止商业发展和三圃制发展,实行个人保有权体制。这是一种土地短缺条件下的集体经营制度。在许多拉丁美洲国家,使用权制度的重要性还没有被人们认识。在人口密度较低的情况下,自由使用土地的制度仍

---

① 〔英〕斯里彻·范·巴斯:《生命革命中的农业》,载〔英〕E. E. 里奇、〔英〕C. H. 威尔逊(主编):《剑桥欧洲经济史》第五卷,王春法等译,经济科学出版社2002年版,第103页。

然残存，常常主要是维生作物的传统的耕作生产。土地被农民所有，他们还从未被其他人剥削，农民属于公地上的居住者。①

第四种，种植园和大农场类型。它们通常为外国人所有，有时为国家所有，使用被剥削的工资劳动者。产品主要提供给出口市场。这些农业组织常常是劳动密集型的，能够取得很高的生产效率。国家所有的种植园、农场或牧场在新创立的采取私人所有权的土地建立。它们常常以试图解决某种特别的商品短缺的问题，设计出代替劳动力的机器，或采用规模经济。在另一些地区实行混合制农业。政府代理人和私人农民共同承担农业发展任务。例如在伊朗，1950年代农业改革期间，把王室土地和大地产分配给小土地持有者，建立村庄合作社或大规模合作社，有的地方有外国资本参加，从事满足国外市场需要的产品龙须菜，或是为满足国内市场需要的大米、茶和棉花的生产，创建规模非常大的家畜生产基地，以增加羊和奶的生产。②

第五种，社会主义保有权形式。在一些国家，土地属于国家，实行集体农庄或农业公社经营。这种制度存在于老的社会主义国家，在南亚也建立了这种组织。社会主义国家的政府常常创立国有农场和规模非常大的国家控制的生产单位，用现代机械化方式从事生产，产出大量的粮食产品，以解决粮食的短缺。在斯里兰卡，政府重新划分20万公顷没有充分利用的土地，分配给合作经营的农场。而在资本主义体制中发展合作农场，绝非要建立社会主义社会，而是为了解决小农场面临的问题。许多存在的合作社，是作为一种比小农场更好的

---

① W. B. Morgan, *Agriculture in the Third World: A Spatial Analysis*, Westview Press, 1978, pp.139-140.

② W. B. Morgan, *Agriculture in the Third World: A Spatial Analysis*, Westview Press, 1978, p.140.

农业经济组织，来进行大宗买卖。建立合作社不涉及土地所有权的改变。在某些国家的土地改革中，特别是在埃及，合作社被视为在克服改变地主对土地控制的过程中产生的腐败的有效措施。①

第六种，与商业化或市场化农业相联系的私人所有权。这种保有权是土地为私人所有，能自由买卖。私人占有的土地的规模相差甚大。私人土地所有制可以从事高水平的密集生产，更有效地使用技术，增加产量。伴随着无地劳动者的增加和乡村贫民向城市移民，政府常常鼓励扩展土地私有权。私人土地所有权的发展一方面增加了农业生产的效益，另一方面造成了社会不平等。一些拉丁美洲国家曾经或者一直存在土地高度集中在少数私人所有者手中的现象。根据1974年世界银行的报告，1970年阿根廷土地集中化指数为0.873，1960年巴西土地集中化的指数为0.845，1960年哥伦比亚土地集中化指数为0.865，1961年秘鲁土地集中化指数为0.947，1966年乌拉圭土地集中化指数为0.838，1961年委内瑞拉土地集中化指数为0.936。亚洲国家土地集中化指数比拉丁美洲略低，1960年印度土地集中化指数为0.607，1960年伊朗土地集中化指数为0.624，1960年日本土地集中化指数为0.473，1960年巴基斯坦土地集中化指数为0.607，1960年菲律宾土地集中化指数为0.580。②

根据联合国粮农组织1970年的统计资料，在全世界46个国家中调查了土地持有者共120310000人，其中根据所有权持有土地的占

---

① W. B. Morgan, *Agriculture in the Third World: A Spatial Analysis*, Westview Press, 1978, p.141.
② W. B. Morgan, *Agriculture in the Third World: A Spatial Analysis*, Westview Press, 1978, p.142, Table 3 Concentration of Land Ownership, Average Holding Size, Employment Per Hectare and Landlessness in Latin America and South and Southeast Asia.

79.2%，租佃经营的占 7.1%，以其他保有权形式经营土地的为 3.7%，以多种保有权形式经营土地的为 9.9%。其中，在 14 个发达国家中，按照所有权持有土地的占 66.7%，租佃经营的占 9.9%，以多种保有权形式经营土地的占 23.4%。在 32 个发展中国家中，根据所有权持有土地的占 81%，租佃经营的占 6.7%，以其他保有权形式经营土地的为 4.2%，以多种保有权形式经营土地的占 8.1%。在发展中国家中，4 个所调查的非洲国家，根据所有权持有土地的比例很低，只达到 5.2%，租佃经营者持有的土地占 1.6%，以其他任何一种保有权经营土地的占 86.2%，以多种保有权经营土地的占 6.9%。而在近东、远东和其他发展中国家，以所有权形式持有土地的比例很高，达到了 80% 以上，在拉丁美洲，根据所有权形式持有土地的比例达到了 80%。①

在 14 个发达国家中，以所有权持有土地的农户的比例低于 32 个发展中国家。看来，是否实行绝对的土地所有权，与国家是否发达、资本主义发展总体水平是否较高并无直接因果关系，有时二者恰恰呈现出相反的状态。统计资料促使我们重新考虑土地绝对产权与经济发展水平的关系。

学者在研究土地保有权的形式时，通常青睐于农业业主成为自己使用的土地的所有者，认为这种"所有者—使用者"制度优于租佃制度。然而，在"所有者—使用者"制度占统治地位的地方，往往是耕地质量较为贫瘠的地方。在人口稠密、土地肥沃的地方，土地一般都由佃户来耕作，而这样的地方要比那些实行所有者—使用者制度的贫穷地区繁荣得多。在小土地所有者和佃农之中，土地所有者的

---

① Food and Agriculture Organization of United Nations, *1970 World Census of Agriculture, Analysis and International Comparison of the Results*, Rome, 1981, p. 87, Table 17 Heldings by Tenures of Holdings, and by Economic Groups of Countries.

比例比在大农场主中更高。土地所有权与富裕程度之间远远不是相伴而生的。有很多所有者——使用者因为每年要支付比佃户的租金还要高的利息，而背上沉重的债务负担。①

总的来说，在封建主义消灭后，在土地所有权问题上，等级占有制始终没有结束。尽管农民的身份制度已经废除，但是无地农民、佃户和租地农场主仍然存在，这就表明了土地等级持有制的持续存在。在已经承认存在着土地财产的绝对所有权的法律前提之下，在土地的实际占有制度中，仍然存在着占有权的多级的阶梯。从拥有所有权到持有租佃权，到没有实际的土地所有权而只是在公有土地上拥有些许使用权的占有形式，构成了一个所有权的等级的阶梯。这种等级制固然已不再是欧洲中世纪的超经济的身份等级制，它是一种纯粹的经济等级制②。

第二节 从封建主义向资本主义过渡时期身份制度的残存

1. 近代初期一些地区人身奴役制度一度强化

本书所说的资本主义时代，在历史时间段上包含了从封建主义向资本主义过渡时期和资本主义时期两个阶段。在这个大的时期中，世界各地区的经济发展是不平衡的。当西欧社会已经在向资本主义过渡之时，易北河以东的东中欧地区出现了农奴制的再现。历史学家将这

---

① 〔英〕斯里彻·范·巴斯：《生命革命中的农业》，载《剑桥欧洲经济史》第五卷，王春法等译，经济科学出版社 2002 年版，第 104 页。
② 在当代运用"经济等级制"的概念来分析经济结构的一个范例，见〔美〕戈登·塔洛克：《经济等级制、组织和生产的结构》，柏克、郑景胜译，商务印书馆 2015 年版。

种现象称为"再版农奴制"或"第二次农奴制"。这样,农奴制就成为本书考察时期存在的一种农业经济形态。而在美洲,这个时期还存在着奴隶制。在亚洲、非洲和拉丁美洲,存在着各种前资本主义的农业经济组织形式。

16 到 17 世纪欧洲的农奴制在中欧、东欧大规模重建。农奴制在各地发展到了顶峰的时期,在条顿骑士的土地上是 1526 年前后;在俄罗斯是在 16 世纪下半叶沙皇伊凡四世统治时期,以及 1750—1780 年之间;在匈牙利和瓦拉几亚是在 16 世纪末;在波西米亚是在 1620 年白山战役以后;在摩尔达维亚是在 1621 年以后;在摩拉维亚是在 1628 年以后;在德意志东部诸邦国是在三十年战争期间以及战争以后;在波兰是在 1655—1660 年对瑞典的战争以后;在爱沙尼亚是在 17 世纪一系列战争以后。东普鲁士在 18 世纪初的黑死病以后,农奴的处境再一次恶化。而俄罗斯农奴的处境在 1762 年尤其是 1775 年以后更加恶化。[①] 一直到 18 世纪末开始的资产阶级革命时代,欧洲各国的农奴制才最后废除。

但是,这种"再版的农奴制"不是旧的历史制度的简单重现,也不是突如其来的历史倒退。易北河以东地区强化农民的劳役义务的背景是为了向市场提供商品粮,这是在市场压力下的行为,所以,与旧农奴制比较而论,再版农奴制已经不是原来意义上的农奴制了。德国历史学者哈根将它描述为一种再封建主义的剥削。严格地说,它在一些国家在结构上是农奴制和商业化农业的混杂。

在 18 世纪后期,欧洲的领主集团对于解放农奴以发展农业生产的必要性根本不予关注。他们认为,解放农奴并把土地让给农奴、放

---

① Jerome Blum, *The End of Old Order in Rural Europe*, Princeton U. P., 1978, p.361.

弃领主权，是对领主自身的财产权的侵犯。贵族集团中赞成废除农奴制的只是少数人。当王公贵族看到废除农奴制不可避免这一现实后，才放弃了自己的反对态度，转而支持解放农奴。1789年8月3日法国大约有100名温和的国民议会的议员聚集在布雷顿俱乐部讨论废除领主制问题。他们中拥有的财富仅次于国王的德·艾吉永宣布说，他愿意提议放弃领主权，以换得农民对自己的适当的保障。听到德·艾吉永这一表态的德·诺瓦耶子爵，8月4日夜抢先在国民议会上作出提议，结束领主在纳税上的特权，允许农民用货币赎买所有的领主权益，无偿地取消领主的永久管业权和其他人身劳役义务。①

中东欧1780年代和1790年代乡村农民的反抗和骚动造成的革命压力，迫使统治阶级解放农奴。这种惧怕革命威胁的情绪在玛利亚·特雷萨女王写给在巴黎的驻法国大使梅西·阿尔让托伯爵的信中明确表述出来。她写道："不仅在波希米亚农民如此令人害怕，在摩拉维亚、施蒂里亚和奥地利也是这样。在我这里的住所门前，他们敢于采取极端的蛮横的行动，他们和其他胡闹的人的这些行为使人害怕。"18世纪90年代萨克森和西里西亚爆发的严重的起义再次对已被法国革命震惊的领主和官员造成威慑。1799年4月23日，普鲁士总理亨利希·冯·戈德在写给西里西亚省大臣卡尔·霍伊姆的信中写道："许多西里西亚和其他王室所属省份的地主经过深思熟虑后表示，最好是自愿地放弃某些东西，以免被迫牺牲所有的东西。"② 在萨伏伊，1790年的农民暴动迫使政府加速了20年前就已经开始的解放农奴的过程。1807年法国政府取消了萨伏伊的农奴制，汉诺威随即

---

① 即今天的《布拉迪斯拉法》。
② Jerome Blum, *The End of Old Order in Rural Europe*, Princeton U. P., 1978, pp. 379-380.

也取消了农奴制。1844 年西里西亚的织工起义对于 1848 年奥地利君主国取消农奴制起了很大的作用。1848 年 9 月 7 日奥地利皇帝签署了解放农奴的法令。1848 年 3 月匈牙利议会在普雷斯堡[①] 开会，面临着 40000 名起义的武装农民的压力，在第二天即宣布取消农奴制。在克里米亚战争爆发后，俄国农奴起义风起云涌，迫使沙皇亚历山大二世在 1861 年 2 月 19 日宣布废除农奴制。

在丹麦，1788 年 6 月 22 日颁布的敕令宣布废除农奴制。1786 年 10 月 30 日颁布的法令，给予农民免服兵役的自由。1787 年 6 月 28 日的法令使农民免遭地主的剥削。在石勒苏益格-霍尔斯坦因，实行了一系列较小的改革，然后在 1804 年解放了农奴。在巴伐利亚，1807 年颁布的敕令规定了农奴劳役义务的定额，限制领主在农民进行土地转手时勒索费用，并且确定了农民与领主之间通过协商来赎买劳役的原则。9 个月以后，巴伐利亚颁布的新宪法宣布解放农奴。在瑞士的巴塞尔州，1790 年 7 月 20 日利斯塔尔城向巴塞尔州的大委员会提出了关于授予个人自由的请愿书。在经过一段时间的犹豫后，1790 年 12 月 20 日大委员会一致表决通过在巴塞尔州取消农奴制。在沙夫豪森州，1798 年 1 月 11 日的敕令取消了农奴制。几个月之后，新建立的海尔维第共和国下令结束一切奴役性的义务。[②] 在波兰，1861 年 5 月 16 日沙皇的圣旨规定，农民可以交纳货币以折偿劳役义务。到 1863 年，96.1% 的农民折偿了劳役义务。1862 年 6 月 5 日的敕令下令改进某些农民群体的租地契约，并下令由地主和地方官员组成的委员会来决定地租。在多瑙河公国，在 1864 年解放农奴时解放

[①] Jerome Blum, *The End of Old Order in Rural Europe*, Princeton U. P., 1978, pp. 382-383.
[②] Jerome Blum, *The End of Old Order in Rural Europe*, Princeton U. P., 1978, pp. 384-385.

了吉卜赛人奴隶。在摩拉维亚，国家、修道院和主教的奴隶在1844年无须补偿就获得了解放。在1848年革命期间，摩拉维亚省的政府下令禁止奴隶制。但是敕令尚未执行，政府就被革命推翻了。1851年瓦拉几亚的统治者巴布·斯特贝宣布禁止除国家外的任何人出售奴隶。随后国家解放了被出售的奴隶。1855年颁布敕令，使所有属于私人的奴隶都获得了解放，而由国家对奴隶所有者进行经济补偿。在信奉天主教的巴伐利亚，马克西米利安一世·约瑟夫即位时，教会拥有29807户农民土地中的56%。1803年，马克西米利安一世·约瑟夫开始土地世俗化过程，将这部分土地收归国有，加上原先政府的13.6%的农民宅地，这就使得政府持有大量可供自己处置的农民地产。1803年6月27日的敕令准许农民在交付赎金后成为已经世俗化的土地的业主。罗马尼亚绝大多数农民已经加入了东正教。估计瓦拉几亚有四分之一的地产，摩拉维亚有三分之一的土地属于修道院。罗马尼亚教会成为基督教世界中最富有的教会，教会用巨额资金来资助教育、医疗和其他慈善事业。教士过着奢侈的生活，并把相当多的钱财捐给位于耶路撒冷和其他地方的东正教圣地。1863年12月29日罗马尼亚颁布敕令，将所有省份的土地世俗化，没收教会财产收归国家。瑞士王国在1806年7月4日颁布特许状，宣布解放瑞士所属波美拉尼亚的农民，取消农奴制，但法令要求农民直到1810年继续向领主服劳役和交纳其他税费。在罗马尼亚，1862年采纳的由波雅尔占统治地位的联合王公国议会的改革计划没有给农民带来任何利益。[①]

普鲁士从1818年到1849年先后制定了33项法令，直到1850年3月2日敕令的颁布，才完成了解放农奴的过程。法国资产阶级革命

---

① Jerome Blum, *The End of Old Order in Rural Europe,* Princeton U. P., 1978, pp. 385-386.

时期，从1789年8月到1793年7月颁布的废除封建制度的法令长达180页。萨克森王国1832年3月17日的敕令有317项条款，共81页。俄国1861年2月19日废除农奴制的法令授予农奴人身自由。1804年12月19日丹麦王国颁布的法令说："从1805年1月1日起，我国的石勒苏益格和霍尔斯坦因公国上的维兰制毫无例外地完全地和永远地取消。"1807年10月19日的《普鲁士法》宣布："从1810年圣马丁节起，在我们全国终止所有的维兰制，在1810年圣马丁节以后只存在自由民。"俄国1861年2月19日的《总章程》中写道："永远取消居住在领主地产上和家内的农奴"，并命令说，从今以后他们是"自由的乡村居民"。法国国民议会1789年8月11日的法令宣布："国民议会完全废除封建制度。"奥地利1848年9月7日敕令在一开始就申明，农民的屈从状态和一切对他们加以规定的法律都被取消。1864年8月14日罗马尼亚的土地改革法宣布取消农民的奴役性义务，并授予农民对自己土地的充分的所有权，但敕令并未强调农民成了自由民。废除农奴制的立法过程在欧洲各国持续了几十年才最后完成。

废除农奴制的法令当时在一些国家并没有给予农民完全的人身自由。丹麦1788年6月20日的法令只是对14岁以下、36岁以上的农民给予充分的人身自由。而那些年龄在14岁到36岁的人应当先服兵役，他们的农奴身份保留到36岁或者到1800年1月1日为止。在麦克伦堡，领主担心解放农奴会导致劳力短缺。所以1820年1月18日的农奴解放敕令规定，在今后4年中，领主每年秋季直接解放四分之一的农奴，同时不准予农民自由迁徙。拿破仑时期的立法授予华沙大公国的农民以自由民的身份，但是，如果这些农民要迁离的话，他们必须取得所在村庄村长的许可。1815年以后，通常是领主或领主的代理人担任村长。在北海沿岸省份，村民须得取得领主写下的允许他们不再为他工作和到其他地方去工作的许可证明才能迁离。在俄国，解放的农奴除非得到户主和乡村村社的同意，否则不得推迟离开的时间。[1]

废除农奴制的法令给予农民或多或少的经济活动的自由，但有的国家仍对农民在经济上自由活动的权利加以一定的限制。在丹麦，1796年的法律禁止未婚男性农场仆役当雇佣日工或做其他工作以谋求生计，他们得继续做主人的仆役。领主如果认为必要，可以在肉体上惩罚他们。这就严重地限制了丹麦农民在以后50年中的劳动自由权。而在这50年以后，这一禁令也没有完全取消。一系列德国的州颁布了特别立法，对农场佣工的自由加以限制，使其难以离开他们的主人。其中一些限制一直持续到1918年德意志帝国崩溃。波兰1821年的敕令规定，农场佣工要为主人再工作1年，雇主可以用刑法惩治违纪的佣工，并可以在任何时候解雇他们。而仆役不得在每年年底前离去，除非主人非常残酷地对待他们。在奥地利君主国，法律限制主人的仆役在订立的契约未满期时自由离去。

普鲁士是德意志第一个取消农奴制的邦国。在它著名的1807年10月7日的法令中，保留了农民仍须向领主交纳税赋和为领主服劳役的内容，并且这一法令没有触及领主的特权和垄断权。事实上人们并不清楚这项法令真正废除了什么。几个月后它才在多数省中公布，但从未在勃兰登堡省公布。法国拿破仑的占领一时中断了上述法令的执行。1816年5月29日新颁布的法令对1811年的法律作了修改，使农民更难获得自由。直到1850年，普鲁士农民尽管不再是农奴，但他们仍旧处于被奴役的状况。直到1850年3月2日法令颁布，也仍然未把农民

---

[1] Jerome Blum, *The End of Old Order in Rural Europe*, Princeton U. P., 1978, pp. 390-391.

从奴役性的土地保有权和奴役性的义务下解放出来。1801年5月1日巴伐利亚国王颁布法令，宣布"迄今仍存在的农奴制被取消"。1808年8月31日的法令对取消农奴制做了具体的指导。但是巴伐利亚农民仍然承担着奴役性的义务，领主仍然保持着特权。直到1848年6月4日，王室敕令才授予农民充分的所有权和充分的公民权。在罗马尼亚，对农民收取的税费比实物地租和劳役义务要少些，但农民还得因占有领主的土地而需支付费用。废除农奴制改革后，摩尔达维亚和瓦拉几亚的农民对领主仍然要交纳一定的抵付义务的费用。俄国废除农奴制的改革不要求农民为自己的人身解放支付费用，但是要求农民赎买自己的份地。在俄国肥沃的黑土省份，份地的价格高出了土地市场价格34%。在不那么肥沃的非黑土省，赎买份地的费用比市场土地价格高出了90%。而在西部省份，份地的价格与土地的市场价格相同。[①]

2. 领主制和农民身份制度的残余

从西方资本主义兴起到20世纪后期的农业史可以分为两个阶段。第一个阶段是从封建主义向资本主义过渡时期，这个时期农业土地关系中存在着一定的封建残余，封建残余的存在在东欧、西欧又存在较大的差别。欧洲封建残余的最后消灭大抵要到20世纪初。第二个阶段是20世纪，这时的农业中存在的是比较纯粹的经济关系，几乎已经没有人身依附关系的残余。这两个阶段的农业经济形态在经济组织和社会关系方面有较大的差别。

以贵族为特权集团之首的社会等级制度和领主制是欧洲封建社

---

① 即便在当代发达资本主义体中的工业部类，也都或多或少地保留了一定数量的手工工场和个体劳动作坊。

会关系中的两个方面。它们的共同之处是对人的身份束缚关系作出规定；不同之处在于，社会等级制度确立了政治隶属和特权关系，规定一些人享有特权，而另一些人没有特权，为各个社会集团之间划定了不可逾越的鸿沟。而领主制是以土地关系为中心的封建土地占有制，以及伴随着经济关系发生的奴役、依附和义务关系，它集中地反映了地主与农民之间的经济关系，也含有某种政治社会隶属关系。欧洲的封建制度包含着人的身份制度和对土地的等级占有制度。君主实行的封土制造成了对于国家的政治权利及土地的分层占有制。封建等级制的原则表现在人的隶属关系中，同时也表现在土地占有制度中。

西欧封建制度在社会经济内容上，表现出二元性。西欧封建制度下的社会等级制的身份规定奴役制度比种姓制和奴隶制要宽松得多，但它的身份规定和人的隶属性仍然渗透在社会经济关系中。在一些国家，除了人有身份规定性外，各种类型的地产也有类似于人的身份规定性的对土地占有条件的等级规定性，即两种等级制在这种土地所有制的链条中并行不悖，土地租佃者并没有成为严格意义上的自由农民。在农业中商品经济和市场关系发展的同时，继续保持着这种身份制度的残余。其结果是限制了政治上的自由流动和农民的自由经营。

欧洲中世纪社会和政治等级制的性质，今天对人们来说已十分清晰。而西方资本主义社会建立的新的经济不平等的等级制度，西方自由主义学者始终在回避，他们自诩说资本主义是一种自由平等的经济制度。其实，从资本主义经济体系来说，资本主义在本质上是等级制的。如果说在发达资本主义国家一国范围内，尚不容易察觉经济结构的等级制的性质。那么，从世界体系的视野来观察资本主义经济体，特别是世界农业经济的状况，各国农业经济之间的等级差别立即清晰地暴露出来。①

从整体的结构分析来看，随着资本主义的发展，农业中采用部分资本主义经营方式是历史发展的必然和趋势；而农业中保留一定的非资本主义结构（在某些发展中国家甚至保留的非资本主义结构占据了农业经济结构的主要部分）则是农业经济的一种常态，因为农业从来就属于传统的较为老旧的带有自然经济色彩的经济部类。②

在农业经济形态中，人的奴役关系和物的奴役关系是双重存在。农奴制包含了人身奴役关系，而土地雇佣劳动制度的表现为纯粹的物的奴役性。租佃制度则主要表现为物的奴役关系，在有些情况下尚带有人的奴役关系的残余。

资本主义近现代农业制度是在废除了封建社会的等级制的条件之下建立起来的。这个制度的参与者在身份上基本属于资本主义时代的自由人或契约人。但是在资本主义条件下，在近代农村，农民或者称农业劳动者根据其对土地所有权拥有的多少，在生产关系中也有不同的地位。他们从完全拥有土地保有权的地主，到毫无土地所有权的农业劳工和雇农，各种土地持有者根据他们对土地拥有的权利及规模的大小，构成了对土地的等级占有。这种等级制的土地占有，已不是由身份等级关系确立的，而是由他们拥有的保有权和财产权大小决定的。其中每个层次的土地所有权在土地所有权范畴都有通过法律或习

---

① 〔英〕斯里彻·范·巴斯：《生命中的农业》，载〔英〕M. M. 波斯坦、〔英〕彼特·马赛厄斯（主编）：《剑桥欧洲经济史》第五卷，高德步等译，经济科学出版社 2002 年版，第 104 页。

② 参见〔美〕道格拉斯·C. 诺斯、〔美〕罗伯特·托马斯：《西方世界的兴起》，厉以平、蔡磊译，华夏出版社 1989 年版；〔美〕道格拉斯·诺斯：《经济史上的结构和变革》，厉以平译，商务印书馆 1992 年版。

惯确定的规定性。他们在地租的交纳和租种土地时，有些时候还要承担随附的义务。他们交纳的地租和地租的形式也有区别。这样，在财产权和所有权维度上，近现代各种土地持有者同样构成了一个多等级的系谱。

人们今天论及土地所有权时，概念均是以现代的、含义相当明确的所有制概念为起点的。但是，如范·巴斯所说："1800年以前的所有制形式要比现在复杂得多。谁拥有那种只有在转移和继承时才需要进行支付的土地的所有权？又是谁拥有那种只需要少量纳贡的物品？这里存在着极为复杂的内在联系。例如，当佃农将他们承租来的土地再转租出去以后，他自己也成了土地的主人。"① 今天的经济学家和历史学家在谈论农村的保有权选择时，通常会表现出支持农民作为土地的所有者的倾向。这种"所有者—使用者"制度通常被认为优于佃农制度。② 然而，在所有者—使用者制度占统治地位的地方，往往是耕地质量较为贫瘠的地方。在人口稠密、土地肥沃的地方，土地一般都由佃户来耕作。小土地所有者和佃农的比例要比大农场主和大土地所有者在农业从业者中的比例高。土地所有权与富裕程度远远不是相伴而生的。范·巴斯曾举例说明，所有者—使用者每年支付的利息往往比佃农的租金还要高，他们往往因此背上沉重的债务负担。③

---

① 〔英〕斯里彻·范·巴斯：《生命中的农业》，载〔英〕M. M. 波斯坦、〔英〕彼特·马赛厄斯（主编）：《剑桥欧洲经济史》第五卷，经济科学出版社2002年版，第104页。
② 〔匈牙利〕卡尔·波兰尼：《巨变：当代政治与经济的起源》，黄树民译，社会科学文献出版社2013年版，第490页。
③ Jerome Blum, *The End of Old Order in Rural Europe*, Princeton U. P., 1978, pp. 98-99.

3. 欧洲拥有各种保有权的农民

从中世纪后期到 19 世纪，在很多国家和地区，农民根据不同的土地保有权持有土地，在第三世界尤其是这样。卡尔·波兰尼指出，在非洲，"各种形式的土地保有权成为人们注意的焦点，因此，社会组织大多直接以此为基础"[①]。对土地的不同保有权和持有土地数量不同的农民，构成了一个等级的阶梯。

第一类是居于农民等级阶梯顶层的，是自由持有农。他们接近于拥有充分的财产权或拥有自己的土地权的农民，尽管所有权在过去很少是排他的（有自主产权的自由持有地在中世纪的斯堪的纳维亚以及一些时候在其他地区出现过）。学者认为，自由持有保有权和自由持有农通过三种方式创立。第一种，领主寻求吸引佃户来开垦未曾开垦的土地或改进土地，这样就可能把完全的土地所有权授予第一代殖民者。这种自由持有农尤其在低地国家和德意志的某些地区非常重要。在这些地区他们最初被授予自有特权以鼓励他们开发泥炭地（如在11—12 世纪的荷兰）和排干沼泽。随着时间推移，自由持有农也在发生变化。他们不再自己持有土地所有权和耕作权，而是向资产者出售土地，或捐赠给修道院房产。拥有充分的财产权的自由持有农成为不在地主。他们把土地转租给佃户，收取地租。第二种，习惯佃户可以转变为自由持有农。第三种，近代欧洲存在着财产权逐渐消失的趋势。绝对的土地所有权转给占有者，这是 18 世纪法国事实上的做法。这种做法在 1789 年的法律中得到承认。当时土地可以出售给投资者，

---

① Jerome Blum, *The End of Old Order in Rural Europe*, Princeton U. P., 1978, p. 99.

后者成为佃户并交纳地租。这样创立了一种新的土地保有权,[①] 他们拥有对土地的所有权。这些人只占农民的一小部分,他们可以世袭地占有土地。在法国北部大约一半的土地上,农民拥有这种土地保有权。在德国易北河西部,在约瑟夫改革后的奥地利君主国,在波兰和德国东部、下西里西亚和勃兰登堡都存在着这种农民。[②]

第二类是拥有世袭保有权的农民。他们终身有权使用自己的土地,并可以遗赠、转让和抵押他们的土地。世袭所有权时常被认为与拥有所有权没有区别。但是,世袭保有权只是拥有土地的使用权,以及对森林、牧场、草地和荒地的使用权。这些土地的直接所有权属于领主,领主有权限制土地占有者的行为自由。不管土地如何转手,拥有世袭保有权的土地持有者必须向领主交纳费用。

在波兰、德国和奥地利君主国的斯拉夫王室土地上的农民,在领主同意的情况下,允许他们买下他们持有地的世袭保有权,以及伴随这种保有权的处置持有地的权利。在奥地利玛利亚·特雷萨统治时期,政府鼓励这种做法。在 1772 年波兰第一次被瓜分后,允许新兼并的波兰土地上的农民这样做。政府这样做是因为他们明了,这可以刺激农民劳作积极性,改进农耕,推动国家的经济发展。但是,绝大多数农民缺乏资金去买下更高级的土地保有权。约瑟夫二世在 1785 年和 1789 年颁布敕令,将按领主意愿租种土地的佃户转为世袭地持有土地的佃户。在 18 世纪后期萨克森东北部的上卢萨蒂亚,贵族自

[①] Bas van Bavel and Richard Hoyle, "Introduction: Social Relations, Property and Power in the North Sea Area, 500-2000", in Bas van Bavel and Richard Hoyle, eds., *Social Relations: Property and Power. Rural Economy and Society in North-western Europe, 500-2000*, Brepols, 2010, p. 14.

[②] Jerome Blum, *The End of Old Order in Rural Europe*, Princeton U. P., 1978, p. 100.

愿地将他们的按领主意愿持有土地的佃户转为世袭地持有土地的佃户。他们这样做是因为他们意识到，在不安全的保有权条件下，农民不会认真地去经营他们的持有地并将资金投入土地。[①]

第三类农民是租地农。租地农在欧洲西部和欧洲东部地区广泛存在。地主时常希望规定和限制佃户的权利，并且时常通过规定固定期限的契约来出租土地。理想的出租土地的期限因时而异，但需要租地有足够长的期限以鼓励佃户向地主的地产投资。然而租期又不能过长，租期过长了会妨碍地主通过提高地租以获取更大的利益。到出租结束时，租佃双方彼此间的相互义务不再继续。地主可以选择新的佃户，佃户也可以选择离去。但是订立新的租佃契约必须进行谈判，有时谈判是在旧的租期结束之前。订立契约时允许地主提高地租，但也要确保佃户延续租佃的条件。因而允许在租期间谈判新的条件。因为当时存在着佃户市场，在佃户不能接受地主的条件时，地主可以去找新的愿意承租的佃户；而佃户在不接受地主的租佃条件时，可以到其他地方去找开出较好条件的主人。但还是有这样的倾向，地主通过市场出租租期较短的租地，这种制度使地主可以频繁地重新就地租率与佃户展开再谈判，而佃户则往往在萧条时期要求更长的租佃期，以保护自己不因地主改变租佃条件而遭到盘剥。

一些佃户按照习惯租佃制的安排持有土地，这些佃户宣称他们有权买卖和继承租佃权。实际上这些佃户是终身佃户。有些例子表明，习惯佃户被允许（或宣称有这种权利）转包自己的租佃权。尽管在更换佃户时得交纳入地费，但通常在这种租佃制下地租是固定的。习惯是与佃户休戚相关的制度，它在某种程度上反映了乡村共同体力量的

---

① C. M. Gray, *Copyhold, Equity and the Common Law*, Harvard U. P., 1963, pp.6-7.

影响。佃户也期盼着知道地主如何对待他们。因此，习惯具有"向后看"的特点。它主张佃户占有权的地位高于领主的所有权。这种类型的保有权倾向于发展成为向领主支付固定地租的自由持有保有权。[①]

许多租地农是终身佃户。尽管他们租佃的土地在他们死后可以由领主任意地租给任何人，但通常情况下土地交由死者的继承人租种。有时候佃户家族持续的几代人拥有这块土地的保有权，直至佃户自己的有生之年、未亡寡妇和他的儿子的有生之年结束。这种牢靠的土地保有权接近世袭土地保有权。在有的国家，这种保有权逐渐变异为土地世袭保有权。根据发生在丹麦的情况，大部分这种转换发生在终身佃户中。对丹麦18世纪时70个庄园档案的分析，有45%的佃户将持有地保持到去世。在佃户死后，他的未亡人有权继续持有土地。但即便保有权确认这一点，平均持续持有土地的时间不会超过20年。许多人是自愿地放弃他们的保有地。在丹麦的西兰岛，有25%—30%的佃户因为没有支付地租而被驱逐出租地，沦为无地劳动者。

最常见的租地农是定期租地农，即佃户按照固定地租一个时期内租种土地。租地保有权在各地区之间差别很大。在德国除了在莱茵省的莱茵河两岸外，这种租地制度推行得不广。在这个地区，有三分之一的土地为定期租地。这种租地制度在法国一些地区广泛采用。特别是在佛兰德尔，在那里定期租地制是农民可采用的唯一的土地保有权制度。在法国其他地区，这种制度相对来说实行得不那么普遍。[②]

---

① Bas van Bavel and Richard Hoyle, "Introduction: Social Relations, Property and Power in the North Sea Area, 500-2000", in Bas van Bavel and Richard Hoyle, eds., *Social Relations: Property and Power. Rural Economy and Society in North-western Europe, 500-2000*, Brepols, 2010, pp. 14-15.

② Jerome Blum, *The End of Old Order in Rural Europe*, Princeton U. P., 1978, p. 102.

农业经济的自然规定性和农民身份制度残余的存在，造成了农民的惰性。布罗代尔写道："一般说来，农业生产是个惰性领域。""领主社会虽然不断经受动摇、打击和破坏，却能在几个世纪里维持下来和重新组合，阻挡乡村中一切异己力量的生长。""领主制扎根于农民生活中，并与农民生活相结合，领主既是农民的压迫者，又是农民的保护人。这种双重关系的遗迹今天在西欧各国还依稀可见。""工业革命以前的经济经常出现故障，各经济部门不能相互协调，在任何情况下都不能同步前进。一个部门动了起来，其他部门不一定受它带动。"[①]农业这种自然经济部类，只能在初始的、不十分发达的封建社会形态中居于主导作用。而到资本主义时代，农业部类只能是一个处于附属地位和不居主导地位的经济部类。

---

① 〔法〕费尔南·布罗代尔：《15至18世纪的物质文明、经济和资本主义》第二卷，顾良、施康强译，生活·读书·新知三联书店1993年版，第177、271、266、178页。

第八章 租佃制、农场制和农业经济组织的系谱

第一节 地租和租佃制

1. 地租

亚当·斯密论及地租时写道,地租是"使用土地的代价"。"在决定租约条件时,地主都设法使租地人所得的土地生产物份额,仅足以补偿他用以提供种子、支付工资、购置和维持耕畜与其他农具的农业资本,并提供当地农业资本的普通利润。""生产物中分给租地人的那一部分,要是多于这一数额","地主自然要设法把超过额留为己有,作为地租。因此,地租显然是租地人按照土地实际情况所能缴纳的最高额"。有时,地主接受比这一数额略低的地租;有时也由于无知,"租地人缴纳比这一数额略高的地租"。[1] 斯密还指出地租和工资的不同。"地租成为商品价格构成部分的方式是和工资与利润不同的。工资和利润的高低,是价格高低的原因,而地租的高低,却是价格高低的结果。"[2] "一切社会状况的改良,都有一种倾向,直接或间接使

---

[1] 〔英〕亚当·斯密:《国民财富的性质和原因的研究》上卷,郭大力、王亚南译,商务印书馆1983年版,第136—137页。
[2] 〔英〕亚当·斯密:《国民财富的性质和原因的研究》上卷,郭大力、王亚南译,商务印书馆1983年版,第138页。

土地的真实地租上升，使地主的真实财富增大。"① 斯密注意到地租剥削和工资剥削在形态上的不同。

马克思写道，各类地租有一个"共同点——地租是土地所有权在经济上的实现，即不同的人借以独占一部分土地的法律虚构在经济上的实现"②。

租佃制是农业经济中最普遍的制度形式和生产关系。租佃制至今在世界各国的农业经济组织中仍然广泛存在。生产者不拥有所有权的以家庭生产方式为基本单位的生产形式，是租佃制简单的模式。它在某种程度上继续了前工业化时期土地等级持有的特点。它是在西方中世纪以来和中国封建社会到20世纪上半叶长期存在的农业经济组织。从理论上说，租佃制是凭借土地所有权，以有条件的使用权的让渡来获利的制度。它不是通过投资、交换或多劳动的掠夺来获利的形式。租佃制是一种共时性的经济制度，它在资本主义社会和前资本主义社会都存在过，不能将它确定为资本主义剥削形式。

恰亚诺夫批评了李嘉图为代表的古典政治经济学及他们以后的学者讨论地租问题的理论倾向，他评论说："就理论而言，从李嘉图到今天，关于国民经济的种种研究一直以作资本主义企业主、在雇佣劳动基础上从事经营的经济人的动机与经济预测为依据进行推论。然而事实表明，这种古典经济学的经济人并非都是资本主义企业主。"③

---

① 〔英〕亚当·斯密：《国民财富的性质和原因的研究》上卷，郭大力、王亚南译，商务印书馆1983年版，第239页。
② 〔德〕马克思：《资本论》第三卷第47章，载《马克思恩格斯全集》第23卷，人民出版社2004年版，第890—891页。
③ 〔苏联〕A.恰亚诺夫：《农民经济组织》，萧正洪、于东林译，中央编译出版社1996年版，第221—222页。

租佃制是从绝对的封建土地所有制的分化中发展起来的。蒲鲁东和杜尔哥都肯定租佃制的历史进步性。蒲鲁东在《贫困的哲学》中对土地租佃制评价道:"它的地位甚至改变了,因为它——也许从封建时代以来第一次——转了手,并且被大规模地分割了。""在该制度的影响下发生了无数次转手,开始了土地所有权的分割……土地所有权第一次摆托了封建制度长期以来使它所处的僵化状态。对农业来说,这是真正的苏醒……它(土地)从死手制度转入了流通制度。"①杜尔哥在《关于财富的形成与分配的考察》一书中对租佃制作了非常积极的评价。他说:"土地的出租……(以现代租佃制为基础的大农业)是一切方式中最有利的方式,但是采用这种方式应以已经富庶的地区为前提。"

萨伊指出了租地农场主对于地主在土地保有权中的次级地位。他写道:"土地所有者对租地农场主实行某种垄断。对他们的商品即土地的需求可能不断增长;但是他们的商品数量只能扩展到某一点……土地所有者和租地农场主之间所达成的交易,总是对前者尽可能有利……除了天然的好处以外,他还从自己的地位、较大的财产、信誉、声望中得到好处;但是,仅仅前一种好处就足以使他能够独享他的土地的一切有利条件。运河或道路的修建,当地人口和福利的增长,都会提高地租……诚然,租地农场主本人也可能自己花钱来改良土壤;但是他只能在租期内从这笔投资中得到好处;租期一满,全部利益就转归土地所有者了;从这时起,土地所有者虽然没有预付分文,却取得利息,因为地租相应地增加了。"②

---

① 〔德〕马克思:《政治经济学批判》第二部分《剩余价值理论》,载《马克思恩格斯全集》第 33 卷,人民出版社 2004 年版,第 39 页。
② 〔德〕马克思:《1844 年哲学经济学手稿》,人民出版社 1985 年版,第 35 页。

西斯蒙第揭露了在租佃关系中隐藏的不平等和压迫。他指出："地主通过租契形式把从未耕作过的土地租让给农民，永远向农民征收固定的租赁费；佃户则要负责经营或亲自承担田地里的各种工作，提供耕畜、农具和农业资本，自己出卖收获的劳动果实和交纳税款。佃户本人负责对一切农事方面操心和获取利润。他把这些是看作一项投机买卖，他按照自己所投入的资本期待着相应的收益。"地主用很多限制性的条款来限制佃户（租地农场主）的活动，"把租契限制到最少的年限，使他们永远处于受自己支配的地位。佃户的状况一般都是如此"。以后，"所规定的强制性的条款逐渐从租契中取消了，或者在执行过程中被忽略了，这确是事实，佃户可以更自由地支配他们半个世纪以前一直没种过的土地，于是，他们得到了更长的租期"。① 农场主（佃户）和他们的仆人像是构成了一个农民阶级。农场主（佃户）的状况比不上小地主，但他们比对分制佃农要强一些。他们还有不少忧虑，他们必须在规定的期限交纳地租和赋税，他们有遭到严重的困难和损失的危险，可是他们也有更大的希望。他们的职业不受限制，可以发财致富，可以向上爬，可以转变为地主。他们懂得知识的价值，他们发展自己的智力和科技知识。当然，佃农在不同国家的地位不大一样。在法国，佃户是公民，而对分制佃农相当于奴隶。

对于租佃制的复杂性，恩格斯从两个角度做了分析，一方面考察了租佃者在农业生产中的地位，他认为租佃经营者不是土地所有者，他们要受地主的剥削。"无疑，这个制度总的说来使得租佃者较之无产者所得到的政治性，比他们在英国所享有的更为广泛。"另一

---

① 〔瑞士〕西斯蒙第：《政治经济学新原理》，何钦译，商务印书馆1997年版，第139—140页。

方面，恩格斯分析了规模不同的租佃农的属性有所不同。他指出，租佃农有两种类型或两种地位不同的群体。"凡是有大地产的地方，租佃者按其和工人的关系来说是资本家"，而在"地块不大的地方，租佃者虽然名义上也是小资本家或小私有者（如像法国和德国部分地区那样），但是实际上，他们通常也落到象无产者一样贫困的地步"。[①]

苏珊·阿彻·曼认为，单纯的地租剥削的性质不是资本主义的。资本主义生产关系和剥削不是单纯地由私人所有权的占有引起的，这方面的例子可以举出奴隶制和封建剥削。资本主义是基于市场活动和大生产的剥削关系。资本家剥削产生的利润不是用于个人的消费，而是很大程度上将剥削获得的利润投入再生产去获利。资本主义的谋利行为是将资本和劳动力投入生产运作的结果。[②]

2. 租佃制

土地所有者需要佃户耕种土地有各种各样的原因。地主常常拥有比他们自己能够耕种的要多得多的土地。他们可能缺少资本，也可能缺少专门的技能以有效地耕种自己的土地。佃户耕种是一种代替地主冒险地自我耕作的途径。地主通常要求佃户用现金或劳役来支付地租。劳役地租在法国北部和低地国家很早就消失了。1450年在英格兰劳役地租就几乎完全消失。较新的资料表明，在东欧、石勒苏益格和瑞典，劳役制残存到很晚的时期，甚至到19世纪。在17世纪的苏格兰、18世纪的德国和斯堪的纳维亚国家，地主实行产品实物地租，

---

① 〔德〕恩格斯："致卡洛·卡菲埃罗"（1871年7月1—3日），载《马克思恩格斯全集》第33卷，人民出版社2004年版，第244页。
② Susan Archer Mann, *Agrarian Capitalism in Theory and Practice*, Chapel Hill and London: University of California Press, 1990, p.2.

将收入的农产品向市场出售。在通货膨胀时期,这对地主很有利。这个时期分成制在一些地区也存在。但除了在法国西部,分成制在北海地区不重要。在北海地区地主宁愿选择固定数额的货币地租,而不是不确定的产品分成制地租。因为如果采取分成制实物地租,地主还得将谷物销售到市场。

地主需要佃户有一些社会原因。在前近代社会常备军未建立的情况下,战争期间需要可以指挥的人力去征战。但是,地主和佃户不可避免地处于紧张关系中。而到了晚近,土地所有者享有家长制度下佃户对他的尊重,他也用博爱精神对待佃户。

租佃制是人类历史上一种特定的农业生产关系,它在封建社会和资本主义社会都出现过。但在这两个社会中它又各有随附的要素和特定的配置。例如到了资本主义社会,大的租佃农场会使用雇佣劳动力。但是,把租佃农场直接等同于纯粹的资本主义农场,在所有权理论上是无法成立的。与其说租佃农场与资本主义经济制度相联系,还不如说它与一种特定的经济部类即农业部类有着历史联系。

土地租佃制是中世纪以后农业经济制度基本的内在结构。这种经济组织形式是从中世纪延续下来的。租地农场是 1400 年到 1750 年西欧土地制度中到处可见的组织结构。它反映了所有权的胜利和重建基于有限期契约的一条保有权服从的链条。这种契约起源于中世纪庄园自营地的出租。在公簿持有保有权下租佃制是一种带束缚性的剥削。地主通过给佃户使用权,将其束缚在土地上。土地租佃制中的契约关系,并非两个法人之间地位平等的契约关系。佃户有潜在的对土地的依附性和某种经济上的不自由。

到 1600 年,英格兰有三分之二的土地已属于自由持有地。他们中大部分属于靠地租过活的人。到 1750 年,绝大部分英格兰的土地出租给几乎没有固定资产的人耕种，以收取地租。地主与这些农场主之间是一种契约关系，地租被视为租用固定资本的回报。租用有固定的期限。通过协商来更新契约，而租期长度可变。①

在中世纪的欧洲，租佃制是和封建领主制紧密相连的。它的特征是，不仅有包含在地租关系中的经济从属关系，还有领主对农奴和作为它以后的变种的部分农民的人身束缚关系。中世纪的领主—农民关系持续了许多世纪。它的残余在许多地方甚至一直持续存在到近代后期。及至近代，领主和农民制度不仅持续存在着，而且在适当的条件下，它还能使自己得以休养生息。②希克斯指出，在这种制度下，"土地、农民和领主这三者仍然被束缚在一起。甚至当农民已经与市场建立了某种关系时，农民仍继续被束缚在土地上（如旧法律大全所说）；而同样重要的是，农民也束缚了土地。直到现在，还没有土地所有权。领主对土地拥有权利，农民对土地也拥有权利，不过如此而已。他们深表关心的是这些权利究竟是什么"？"权利是根据习俗确定的，每当权利受到挑战时，申诉都是向习俗提出的。"③到了近代，领主制残余与商业化农业混杂并存。

对于地租形态，有学者指出："前资本主义社会中的地租形态，似乎可以有三种不同的基本形态，那就是在古代东方作为'自由农民'而付给'国君'、'官吏'的地租，作为奴隶而付给奴隶主的地

---

① B. A. Holderness, *Pre-industrial England Economy and Society: 1550-1700*, London, 1976, pp. 76-77.
② 〔英〕约翰·希克斯：《经济史理论》，厉以平译，商务印书馆1987年版，第92—94页。
③ 〔英〕约翰·希克斯：《经济史理论》，厉以平译，商务印书馆1987年版，第97页。

租，以及作为农奴付给封建领主（农奴主）的地租。"① 但是，如马克思所指出，不管哪种特殊的地租形态，它总有一个共同点，那就是它总是"土地所有权的经济上的实现"②，即地租是土地所有者凭借土地所有权，凭借"强制的支配权"③对农民的强行占有。到了资本主义社会，地租仍然没有摆脱这种性质。简单地说资本主义社会的地租就是资本主义地租，认为近代地租和中世纪地租有本质差别，并没有充分的说服力。

应当把租佃制作为一种独立的经济形态看待。有的人不赞成。在他们看来，中世纪租佃制与农奴制相联系，属于封建经济；而近代租佃制与资本主义农场相联系，则属资本主义经济。其实，地主与农民之间的土地租佃关系，即使是最纯粹的租佃关系，也从来就不是典型的资本主义关系。租佃关系在中西方历史上都曾广泛存在过。中世纪的奴隶和农奴随附于地租的人身奴役和部分人身依附关系，是统治者通过政治强力加之于农业劳动者的剥削和压迫。就地租形式而论，劳役地租、实物分成制地租和货币地租也只是地租的形式不同，没有本质的差别。正像在中世纪社会中存在着货币地租和实物地租那样，在近代资本主义社会中同样也存在这两种地租形式。

马克思指出："封建的土地占有已经包含土地作为异己力量对人们的统治。""私有财产的统治一般是从土地占有开始的；土地占有是私有财产的基础。但是，在封建的土地占有制下，领主至少在表面上看来是领地的君主，同时，在封建领地上，领主和土地之间还存在着

---

① 吴大琨：《论前资本主义社会地租的三种基本形态》，载《吴大琨自选集》，中国人民大学出版社 2007 年版，第 93 页。
② 〔德〕马克思：《资本论》第三卷，人民出版社 1975 年版，第 532 页。
③ 〔德〕马克思：《剩余价值学说史》第三卷，人民出版社 1978 年版，第 446 页。

比单纯物质财富的关系更为密切的关系的假象。地块随着它的主人一起个性化,有它的爵位,即男爵或伯爵的封号;有它的特权、它的审判权、它的政治地位等等。""地产的统治在这里并不直接表现为单纯的资本的统治。""封建地产也给它的领主以称号。……这一切都使他的地产个性化,使地产名正言顺地变成他的家世,使地产人格化。同样,那些耕种他的土地的人并不处于短工的地位,而是一部分像农奴一样本身就是他的财产,另一部分对他保持着尊敬、忠顺和纳贡的关系。因此,领主对他们的态度是直接政治的,同时又有某种感情的一面。"①

那么,在 19 世纪英国的大地产中的社会关系究竟如何呢?马克思曾有敏锐的察觉。他写道:"在那里,土地所有者的封建主义是同租地农场主的牟利和勤勉结合在一起的。"② 马克思根据李嘉图的理论指出:"土地所有者同租地农场主即社会的相当大一部分人的利益是敌对的。"③ 马克思这种关于近代大地产仍带有残余的封建性的见解,对于我们认识两种土地经营形式的性质,有很大的意义。

从 16 世纪开始,英国农业中出现了三层式的体系,它们由富裕的以地租为生的地主、大租地农场主和无地劳动者构成。④ 英国形成了以土地租佃制为核心的分层土地占有制度。

到了 19 世纪后期,英国农业经济组织仍表现为二元结构,即所有者持有的地产和租地农场。租佃制农场的广泛存在是英国农业的一大特点。考茨基写道:"在欧洲大陆上尤其在阿尔卑斯山迤北,近代

---

① 〔德〕马克思:《1844 年经济学哲学手稿》,人民出版社 1985 年版,第 41—42 页。
② 〔德〕马克思:《1844 年经济学哲学手稿》,人民出版社 1985 年版,第 43 页。
③ 〔德〕马克思:《1844 年经济学哲学手稿》,人民出版社 1985 年版,第 38 页。
④ L. A. and J. C. F. Stone, *An Open Elite? England 1540-1880*, Oxford U. P., 1986, p.282.

资本主义的租佃制都不同于英国那样的发展。"① 如果说使用雇佣劳动的所有者农场属于资本主义农场，那么租佃制农场则是一种历史的、中世纪遗留下来的经济组织形式。② 租佃制农场和租佃农在英国近代时期长期存在。这些财力不雄厚、经营规模较小的农业经营者在18到19世纪漫长的历史时期中没有取得土地所有权。

到了19世纪末和20世纪初，在英格兰、苏格兰和威尔士，广泛地实行着农业土地租佃制，大部分农场都是租佃农场。到了1914年，英格兰和威尔士从事租地经营或以租地经营为主的农业业主为385920户，所有者农业业主为49204户。③ 就英格兰和威尔士两种土地经营的面积来看，租地经营的土地面积比所有者经营的土地面积要多。1914年英格兰和威尔士租地经营的土地面积为24152000英亩，所有者经营的土地面积为2962000英亩。④ 在苏格兰，1914年土地租佃者或主要是租佃土地的土地持有者为71259户，拥有土地所有权或

---

① 〔德〕考茨基：《土地问题》上卷，商务印书馆1936年版，第117—118页。
② 笔者对租佃农场主的看法与马克思的看法不同。对于租佃农场主，马克思如是分析说："作为在一个特殊生产部门的投资来经营的资本家即租地农场主，为了得到在这个特殊生产场所使用自己资本的许可，要在一定期限内（例如每年）按契约规定支付给土地所有者即他所使用土地的所有者一个货币额（和货币资本的借入者要支付一定利息完全一样）。"（〔德〕马克思：《资本论》第三卷下，人民出版社1975年版，第698页。）很明显，马克思在这里是把租佃制作为资本主义关系下的一种制度来看待的，因此不适用于前资本主义时期的租佃制。
③ Fisheries and Food Department of Agriculture and Fisheries for Scotland, *A Century of Agricultural Statistics, Great Britain 1866-1966*, London, 1968, Table 10 Number of Holdings by Tenure–England and Wales, in Ministry of Agriculture.
④ Fisheries and Food Department of Agriculture and Fisheries for Scotland, *A Century of Agricultural Statistics, Great Britain 1866-1966*, London, 1968, p.25, Table 11 Acreage of Holdings by Tenure–England and Wales. A Century of Agricultural Statistics, Great Britain, 1866-1966.

部分拥有土地所有权的土地持有者为 5891 户。[①]1896 年苏格兰租地经营的土地面积为 4292000 英亩，拥有所有权进行经营的土地面积为 605000 英亩。[②] 1919 年到 1933 年间，所有者经营的土地面积上升为三分之一。[③]

1870 年由 J. M. 威尔逊编撰的《英格兰和威尔士帝国地名词典》中，经常使用"财产权为以他的名字命名的地产所有人所有"，或地产"在少数几个人中分割"，"再分割"，"多次再分割"之类的用语。[④] 这种描述反映了在 19 世纪，英国土地持有为多次或多层分割占有。根据埃维里特对肯特郡地产资料的研究，在那里有 188 个教区的地产为少数人所有（平均每个教区为 1811 英亩），有 54 个教区的地产（平均每个教区为 3514 英亩）实行了再分割租佃持有，另有 98 个教区的地产（平均每个教区为 4253 英亩）实行了多次再分割租佃持有。[⑤] 即教区面积越大，多次再分割、分层租佃持有的特征愈明显。在莱斯特郡，有 8% 的教区土地集中在一个地主手中，有 44% 的教区土地为几个人掌握，有 24% 的教区地产实行了再分割租佃，另有

[①] Fisheries and Food Department of Agriculture and Fisheries for Scotland, *A Century of Agricultural Statistics, Great Britain 1866-1966*, London, 1968, p.29, Table 12 Number of Holdings by Tenure–Scotland. A Century of Agricultural Statistics, Great Britain, 1866-1966.

[②] Fisheries and Food Department of Agriculture and Fisheries for Scotland, *A Century of Agricultural Statistics, Great Britain 1866-1966*, London, 1968, p.30, Table 13 Acreage of Holdings by Tenure–Scotland. A Century of Agricultural Statistics, Great Britain, 1866-1966.

[③] Ministry of Agriculture, Fisheries and Food Department of Agriculture and Fisheries for Scotland, *A Century of Agricultural Statistics, Great Britain, 1866-1966*, London, 1968, p.28.

[④] D. R. Mills, *Lords and Peasants in Nineteenth Century Britain*, London, p.88.

[⑤] D. R. Mills, *Lords and Peasants in Nineteenth Century Britain*, London, p.89.

24%的教区地产实行了多次再分割租佃。在北安普顿郡，有10%的教区地产为一个地主所有，有57%的教区地产为几个人所有，有20%的教区地产实行了再分割租佃，有13%的教区地产实行了多次再分割租佃。[①] 剑桥郡墨尔本教区有着复杂的保有权结构。1839年时墨尔本教区有土地所有者163人，佃户264人。佃户中有199人属于租有土地者，他们基本上属于没有土地的佃户。土地所有者中有42人是在外地主。这些人在村庄中有双重职业。例如，一个人拥有一家铁匠铺，同时又租种可耕地或农场，以耕种土地和饲养马匹为主要维生手段。绝大部分土地为十多户大农场占有，一些佃户、约曼持有的土地在100英亩到400英亩之间。在这里存在着四种土地占有方式，即拥有所有权的占有者、地主、租用地佃户和真正的佃户。一个村民往往以多种土地占有方式持有土地。这四种土地占有方式的结合与搭配，形成了不下于11种土地持有方式，形成了所有权占有和租佃占有方式之间复杂交错的梯级多层占有制系统。诚然，其中一些大土地持有者势必会或多或少地雇用雇工，各个层次的持有者的使用权通过契约和习惯法也都得到一定程度的保证。但这些保有方式中的任何一种都绝非绝对的所有权。这种土地保有权网络的核心线索是租佃制。[②] 墨尔本教区村民的土地持有结构从一个角度反映了工业革命完成时期英格兰乡村土地保有权的复杂构成。这种网络的核心仍是地主——佃户关系这一传统的社会经济关系。

近代英国非庄园制条件下的租佃农场制已不带有旧的封建领主关

---

① D. R. Mills, *Lords and Peasants in Nineteenth Century Britain*, London, p. 87, Table 4.11.
② D. R. Mills, *Lords and Peasants in Nineteenth Century Britain*, London, pp. 70-71, Table 4.3 Tenurial Functions in Melbourn, 1839-1841.

系，但是它与纯粹的资本主义关系尚有不同。在租地农场主身上，反映了多重经济关系。首先，租地农场主没有土地所有权，他们通过支付租金取得土地有条件的使用权，而并非经济上拥有全部产权的资产者。他们通过支付租金取得土地的有期限的使用权，契约观念的确立和法律规定则保证了他们的这种使用权的相对可靠性。另一方面，租地农场的规模各不相同。有的农场为上千英亩的大租地农场，也有面积在十几英亩到几十英亩的家庭小农场。在租佃制的一端，大租地农场主对土地进行资本投入，使用众多的雇佣劳动力，他们的农产品提供给市场，介入资本主义市场关系。它们的性质属于资本主义农场。至于说处于租佃制另一端的小租佃农场和小佃户，他们依靠租种地主的土地为生，他们的农场属于家庭农场。他们要承担地租。他们生产的农产品相当一部分供自己家庭维生所用，也有一部分提供给市场。他们对土地的投入，以及他们购置的农具将他们束缚在土地上，甚至他们一些人会拥有一点土地。他们有自己的农具，并在土地上有投资，他们无法像雇佣工人那样随时可以离开租地。租地对他们有一种自然束缚性。

租佃制在美国土地持有方式中也占相当的比例。美国1950年所有者持有的土地为26044.3万公顷，占土地总面积的55.4%，租佃者持有的土地为16614万公顷，占土地总面积的35.4%，以其他方式持有的土地为4342万公顷，占土地总面积的9.2%。1960年所有者持有的土地为24930.9万公顷，占土地总面积的54.8%，租佃者持有的土地为16083.5万公顷，占土地总面积的35.4%，以其他方式持有土地为4451.7万公顷，占土地总面积的9.8%。1970年所有者持有的土地为26970.4万公顷，占土地总面积的62.4%，租佃者持有的土地为

16061.7万公顷，占土地总面积的37.3%。①

希克斯对现代领主制残余和领主租佃制作了描述。他指出，有一种"在习俗经济和指令经济边缘"进行经营活动的经济形态。②"我们需要有一种比'封建制度'更普遍、更明确的农业概念。""我们需要的概念不仅要使人想到那种特殊形式，而且在需要时可以很容易延伸为俄国的波雅尔和日本的大名。""有一种长期存在的农业制度，我认为我们应称之为领主和农民制度。"③希克斯敏锐地指出，"领主和农民制度""持续了许多世纪，在许多地方几乎一直延续到现代，已无需作进一步说明"。④希克斯指出，这样一来，"地主（我们现在可以这样称它）对制裁的需要和农民对安全的需要两者都可以得到满足，但只有通过某种折衷办法才能得到满足。典型的折衷办法是租借地，几年为期，实行佃耕。永佃制在佃户看来不失为一种有吸引力的办法。因为只有在佃户不交租时地主才有权让佃户退田；但地主对此不感兴趣，结果在劳动力充裕的条件下（我们仍然是在假定），农民大概不会有取得永佃权的谈判力量。地主如果不提供某种安全就不能收租，但他所需要提供的安全仅以绝对必需的为限。"⑤

希克斯进一步讨论了在这种租佃制度下地主与佃户的关系。他写

---

① Food and Agriculture Organization of United Nations, *1970 World Census of Agriculture Analysis and International Comparison of the Results*, Rome, 1981, p.290, Table 9.1; p.289, Table 15.12 Area in Holdings by Tenure, 1970, 1960, 1950.
② 〔英〕约翰·希克斯：《经济史理论》，厉以平译，商务印书馆1987年版，第32页。
③ 〔英〕约翰·希克斯：《经济史理论》，厉以平译，商务印书馆1987年版，第92页，注1。
④ 〔英〕约翰·希克斯：《经济史理论》，厉以平译，商务印书馆1987年版，第94页。
⑤ 〔英〕约翰·希克斯：《经济史理论》，厉以平译，商务印书馆1987年版，第99—100页。

道:"因为土地一直掌握在地主手里,而且租期届满时,土地就归地主自由处置,从而使他进行长期土地改良更有保证。他必须像以往那样把钱进行投资(或者说他自己必须能够使它有所增加);同时,通过长期投资从技术上增进生产力的机会当然必须开放。如果上述条件都能得到满足(像在英国典型的地主和佃户制度中这些条件一般都能得到满足),地主便得到一种新的职能,与其佃户结成一种新的伙伴关系。"① 希克斯还提出了在租佃关系中又存在次级的差别形式。"甚至在一切变革当中,在可说成是独立耕作制与依附耕作制的两种耕作制之间是存在着一道界线的。"②

3. 地租类型

关于地租形式是需要讨论的另一个问题。在地租形式上,以往的政治经济学一般认为,地租的几种形式,如由劳役地租、实物及分成制地租、货币地租构成的系列,是一种历史的系列,也是一种先进性逐渐体现的经济制度系列。货币地租的兴起,与后来农业中雇佣关系兴起有一定的联系。到了资本主义时代,农业租佃制中一般采用货币地租。③ 然而,在对各国农业制度统计资料的概览中,我们发现,到

---

① 〔英〕约翰·希克斯:《经济史理论》,厉以平译,商务印书馆1987年版,第108页。
② 〔英〕约翰·希克斯:《经济史理论》,厉以平译,商务印书馆1987年版,第105页。
③ 苏联版《政治经济学教科书》写道:"在封建制度下,有三种地租形式:劳役地租、实物地租和货币地租。在这几种地租形式中,地租对农民的剥削都表现得很露骨。"(苏联科学院经济研究所编:《政治经济学教科书(普及版)》上册,人民出版社1959年版,第32页。)"在进一步发展中,劳役地租逐渐为实物地租即实物代役租所替代。""在封建社会晚期,交换有了比较广泛的发展,于是货币地租日益流行。它表现为货币代役租形式。货币地租是封建主义瓦解和资本主义关系产生时期的特征。"(苏联科学院经济研究所编:《政治经济学教科书(普及版)》上册,人民出版社1959年版,第33页。)

了当代，地租形态并非如以往所概括的那样简单，都采取了通常认为是先进的货币地租的形式。

从分成租佃制到更可靠的租地制或完全的所有者经营制的变化，是与技术变化和投入增加直接相联系的。① 货币租佃制一般来说比起实物分成租佃制要进步。但是货币地租和实物地租只是形式有差别，在性质即反映的生产关系上并没有本质区别。无法证明实物分成制地租性质是封建主义的，而货币地租的性质是资本主义的。在农业的实际经营中，不乏地主或佃户常常选择实物分成制地租。到了20世纪发达资本主义时期，实物分成制地租仍然在不止一个国家存在。甚至在某些发达资本主义国家，在实施的地租形式中实物分成制地租还占相当大的比例。其中的原因正如当代农业经济学家速水佑次郎和弗农·拉坦的书中所说："在较小经营规模的情况下，分成制佃农常能取得比所有者自耕农更高的产量。即使在大规模的分组中，所有者自耕通常也并不显示与其他形式的组有显著不同的生产率。"② 分成制经营显示出的优越性，是与分成制佃农密集性的劳动力的投入直接相联系的。他们是以劳动力和管理的密集性投入来换取较高的产出。所以，农业经济组织表现出历史时间表上的多样性和复杂性。

分成制农业经营中，领主提供资本，农民仅提供劳力，领主和农民之间各得收获物的一部分。分成租佃制在历史上的某个时期在世界许多地区的乡村经济中，尤其是在那些资本主义还没有得到发展的或者资本主义因素非常稀疏的地区常见。一些学者认为，分成制并非是

---

① 〔日〕速水佑次郎、〔美〕弗农·拉坦：《农业发展：国际前景》，吴伟东等译，商务印书馆2014年版，第323页。
② 〔日〕速水佑次郎、〔美〕弗农·拉坦：《农业发展：国际前景》，吴伟东等译，商务印书馆2014年版，第320页。

已经被放弃的制度，当然它会被更适合现代农业要求的关系所取代。绝大多数对分成制的研究都是从新古典主义经济学角度来看问题的。分成制在时间和空间上被证明是连续存在的。在西欧，对领主权的挑战和封建地产的分裂在13世纪以前就开始了。这个过程到1500年接近完成，从束缚人的法律纽带下解放出大批人口，促使在农业中出现了其他的剥削形式。其中首要的是对负债佃户采取以分成地租为基础的土地出租形式。有证据表明，这种出租的租金常常只是比土地所有者与生产者的劳动契约规定的数量稍多。

在美国南部资本主义发展过程中，分成制地租形式继续存在。随着种植园制度被摧毁，劳动力供给和财政被破坏，美国南部分成制被取消，农民变得贫困，农业退化，"棉花王国"死亡了。近代时期，分成制在苏格兰高原和革命前的法国极为普遍。由于地主实行租佃制的条件变得恶劣，佃农趋于崩溃，所以上、下意大利等地重新采取了分成制。直到20世纪60年代，西班牙南部许多地区仍广泛采用分成契约制。其主要原因是，在低水平上使用工资劳动者来组织生产，导致了廉价劳动力的短缺。随着劳动密集型作物的生产，分成租佃制普遍被使用。在巴西部分地区，由于类似的原因，分成租佃制变得普遍，它提高了劳动生产率。它出现在早期资本主义时代，那时人口增长对产量提出了新的需求。它作为一种生产关系，是一种转变期的现象。以后，分成制农民逐渐让位于工资劳动者，同时出现了资本主义农场。至于分成制在当代的出现，在理论上不那么符合上述潮流。在亚洲和非洲农业中分成制持续存在，这常常归因于在这些地区资本主义未能渗透到农业生产中。

在印度，分成制农民部分拥有自己的土地。在那里，佃户的地位和契约劳动者有些不同。在孟加拉，有50%的农户采用分成制租种一些土地,许多人只是部分土地的占有者和部分分成租佃农。在马来西亚的吉兰丹省也有类似情况,分成租佃制十分流行。

分成制在西非地区分布更多。随着商品作物特别是可可生产的发展,可可农场主面临着动员足够的劳动力来照看作物的任务,许多年轻的家庭成员不愿意从事农场劳动,导致了分成制农民的增加。[1]

德国学者威廉·罗雪儿认为,分成制的方法不利于经济发展。[2]马歇尔评论说:"当耕作者每次投入的资本和劳动所获得的收益必须有一半要交给地主时,如果总收益少于他的报酬的两倍,他就不会投入资本和劳动。于是,如果他可以随意自由耕作,他耕作的集约程度就会低于英国定额租约条件下的集约程度。佃农投入的资本与劳动以能给他两倍多的报酬为限;所以他的地主在该报酬中所获得的份额,比在定额租约下要少。"[3] 马歇尔认为:"假如佃农没有固定的佃权,地主便可以深思熟虑地和自由地安排由佃农提供的资本和劳动的数量,以及由它自己所提供的资本量,以便适应每一种特殊情况的需要。"[4] 马歇尔的观点是,分成佃农"实际上拥有固定的佃权"。希格斯在这点上和马歇尔观点相仿。[5]

约翰逊在马歇尔分析的基础上得出这样的结论:"在谷物分成租佃制下,如果地主的谷物分成份额为一半,那么佃户将会把其资源投入到生产中,直到谷物产出的边际成本等于边际产出价值的一半为

---

[1] R. Pearce, "Sharecropping: Toward a Marxist View", in T. J. Byres, ed., *Sharecropping and Sharecroppers*, London: Frank Cass, 1983, pp.42-47.
[2] 〔德〕威廉·罗雪儿:《历史方法的国民经济学讲义大纲》,朱绍文译,商务印书馆1997年版,第62、63页。
[3] Marshall, *Principles of Economics*, London: Macmillan, 1956, pp.535-536.
[4] Marshall, *Principles of Economics*, London: Macmillan, 1956, p.536.
[5] 张五常:《佃农理论》,商务印书馆2002年版,第63页。

止。不过，同一个佃农将会饲养牲畜，因为在通常情况下，饲养牲畜的主要成本由地主承担，地主不能分享收益。地主不会对其土地进行投资，除非边际产出的价值是边际成本的两倍。"约翰逊写道："我对艾奥瓦州1925到1946年期间的谷物分成租佃制农场的净地租进行了估算。从1925到1934年，分成租佃农场的净地租，或许每英亩平均比现金租约农场少1美元。从1935到1939年，净地租大致相同。从1940到1946年，分成租佃农场的净地租，每英亩至少比现金租约农场多4美元。"[1]

在对分成租佃制的评价上，学者存在着两种截然不同的看法。传统的观点认为，分成制地租会导致资源配置无效率。资产阶级古典经济学家亚当·斯密在《国民财富的性质和原因的研究》中说道："不过，在分成租佃制的条件下，土地仍然得不到改良。地主可以不花一点成本而分享土地产出的一半，这样留给佃农自己分享的自然不多。在这一部分所能节省的更是有限。对佃农来说，他绝不会愿意用这有限的节余来改良土地。教会的什一税，不过抽出了产品的1/10，已是土地改革的极大障碍。因此，抽出产品的一半，一定会不利于土地改良。"[2] 英国农业专家扬几乎每次论及分成佃农，都要加以谴责。譬如，他写道："我说不出一句赞扬分成租佃制的话，而反对这种制度的理由则成千上万……这是出租土地的所有方式中最差的一种。在这种方式下，被欺骗的地主获得一点点可怜的地租；农民处于最贫穷的状况；土地耕作极端无效率；国家与合约当事人一样遭受严重损害。""这种租佃制在哪里流行，那里的人民就理所当然地限于贫困无

---

[1] 转引自张五常：《佃农理论》，商务印书馆2002年版，第71页，脚注2。
[2] 转引自张五常：《佃农理论》，商务印书馆2002年版，第42页。

依的悲惨境地。"① 美国学者阿瑟·雷珀和艾拉·里德将分成制农民划入自己没有农场的工人一类，认为"分成制工人"的真实含义是低工资、地位不牢靠、缺少自我指导和在公共团体的事务中负责的机会。他们举出一个例子，黑人分成制农民 A. D. 和他的家庭生产了 7 包棉花，挣了 338.74 美元。他按比例获得 169.37 美元的收益。但是，地主的账簿表明，他欠地主 184.12 美元，因此，A. D. 这年欠债 14.75 美元。② 约翰·穆勒认为："分成佃农的劳动积极性要低于自耕农，因为他只获得其劳动成果的一半，而不是全部。我猜想这一半产出足以充分维持他的生计。"③

但是，西斯蒙第赞成分成租佃制，他本人就是一个分成租佃制地主。他写道："分成租佃制……比其他任何制度都更有助于使较底层的阶级得到幸福，有助于提高土地的耕作水平，有助于在土地上积累大量的财富。……在这种制度下，农民如同关心自己的土地那样关心他所耕作的土地。……由此而在土地上积累了大量的资本，发明了许多先进的轮作方法，许多巧妙的耕作方式。……在一块面积不大的、贫瘠的土地上聚集了大量的人口，这一切都非常清楚地表明，这种耕作方式既有利于土地本身，又有利于农民。"西斯蒙第认为对分制有历史进步性："对分制的经营方式或平分收获的经营方式，可以说是中世纪最卓越的发明：这是使低层阶级得到的幸福、使土地经营达到最高阶段和积累更多财富的最有效的方式。这是一种最自然、最便利而且最有利的过渡形式，它把奴隶提高到自由人的地位，并使

---

① 张五常：《佃农理论》，商务印书馆 2002 年版，第 46 页。
② Arthur F. Raper and Ira De A. Reid, *Sharecroppers*, University of North Carolina Press, 1941, pp.vi, 63.
③ John Mill, *Principles of Political Economy*, Longman, Green, and Co., 1921, pp. 365-366.

他们的智慧得到培养、使他们懂得节约和节制所获得的一分土地的地利。"对分制佃农没有其他国家下层阶级人民那种受种种虐待的顾虑。他不必交纳直接税；这种税完全由他的主人来承担。他对于主人也不必支付金钱地租。所以，他只须为自己的家庭经济而进行买卖。他受不到佃户所受的那种纳税或交纳地租的期限的催逼，绝不致被迫在秋收前低价地出售自己的劳动报酬——收成。"①

巴克根据对中国 11 个地方 641 户农民的调查（1921—1925 年）写道："作为地租，如果佃农租种的是麦田和水田，就要交给地主一半的谷物和稻草；如果佃户耕种的是水田，就要交给地主 2/5 谷物与稻草；如果佃户租种的土地较为贫瘠，就要交给地主 3/10 的谷物与稻草。"他在贵州观察时说："地主的分成率取决于土地的肥力。粗略地说，上等土地的地租分成率一般为 60%；中等土地的地租分成率为 50%；劣等土地的地租分成率为 40%。"②巴克不赞成通常认为的佃农对土地的耕作不如自耕农好的观点。他写道："根据不同类型土地占有制的产出进行的意向分类点差表明，在大多数地区，产出并没有多大差别，在少数有差别的地区，调查结果对佃户或半自耕农的有利程度，同自耕农是一样的。"③

租地农民以各种形式来支付地租。有些人用现金，有些人用现金和农产品混合支付。在匈牙利的佩斯郡、在布列塔尼、在多瑙河公国，租户兼用现金、产品和劳役支付地租。在有些地区，如法国北部的埃诺和康布雷西斯，租户用产品和劳役支付地租。租期通常是 3 年

---

① 〔瑞士〕西斯蒙第：《政治经济学新原理》，何钦译，商务印书馆 1997 年版，第 123—124 页。
② 转引自张五常：《佃农理论》，商务印书馆 2002 年版，第 82 页。
③ Buck, *Chinese Farm Economy*, The University of Chicago Press, 1930, pp. 156-157.

或是 3 年的倍数，有的时候租期长达 18 年或 24 年。但绝大多数地区租期为 3 年或 6 年，在法国某些地区是 9 年。波兰农民通常租期为 1 年，以后每年续租，保持长期的租佃关系。在一些地方，租佃条件通常用文字记下来，用精确的语言写下租户须遵守的条件，包括农民应当使租地上的建筑物在修缮后保持良好状态；业主规定轮种的方式，通常是传统的三圃轮作制；租户支付对持有租地的赋税；他们得把自己的谷物送到领主的磨坊去加工；等等。当租户转租土地时，与他的承租人订立契约，确定转租的条件。在法国北部，农民承租人宣称，古代的权利授予他们永久的租佃权；他们否认业主有权把这块土地租给其他人而驱逐他们，甚至把土地卖给某些他们不赞成的人士。如果地主拒绝接受这些不成文法，农民会把新的租户作为诽谤和使用暴力的对象，迫使他们放弃土地。① 农民租期结束时，他们不能再要求续租，尽管他们的劳作和对土地的改进使租地升值了。租期期满给了地主一个提高地租的机会。在 18 世纪后期特别是在 1770 年以后，出现了地租上涨的现象，地主对每个续租人都提高了租金。在图卢兹，从 19 世纪 40 年代到 80 年代货币地租额涨了一倍以上，出租者还额外索要实物地租作为补充。②

分成制通常被认为是较低级的农民土地保有权形式。分成制在法国西部、中部和南部非常广泛地实行。估计在这些地区的全部租地中，有三分之二实行分成制。而在卢瓦尔河以北，除了洛林外分成制很少见。分成制地租在普鲁士的莱茵省、萨伏伊和瑞士的少数地区很流行。有的农民持有地太小，不足以维持家庭的生计，他们

---

① Jerome Blum, *The End of Old Order in Rural Europe*, Princeton U. P., 1978, p. 102.
② Jerome Blum, *The End of Old Order in Rural Europe*, Princeton U. P., 1978, p. 102.

便附带地再以分成制租种一些土地。总之,许多分成制农民非常贫穷,他们的状况比乡村无产阶级好不了多少。他们缺少耕种土地的农具和家畜,他们别无选择,只有接受地主的条件进行生产。地主通常提供包括家畜、种子在内的一半的或更多的生产资本,租地农民相应地把收成的一部分交给地主。分成的比例由地主和农民协商决定,一般说来,双方实行对分制。有的时候,仅对生产出的谷物实行分成,有的时候则对土地、菜园、果园、牧场等所有土地的产出分成。在法国的布列塔尼,对土地业主应得的份额折合成现金支付。通常农民支付的不只是商定的份额,还要加上运输和劳役,要支付部分赋税、下一年的种子费用、补偿地主提供耕作用家畜的费用。[1] 在18世纪的进程中,领主对农民的索取越来越多。农民急需资本,以摆脱对地主的依附状态,将自己的承租方式从分成制转化为现金租佃制。对法国普瓦图省加蒂纳地区的调查表明,1700年乡村佃户中80%是分成制佃农,20%是交纳现金地租的佃户。以后,分成制佃农的比例从17世纪40年代起逐渐下降。到1790年只有38%的佃户按照分成制租佃土地,有62%的租户为交纳现金的定期租户。[2] 分成制尽管有缺点,但它仍然是欧洲易北河以东流行的租佃方式。由于分成制是通过农民与地主的协议确定的,这就使得农民在持有土地时有某种安全感。

张五常认为,分成制并不一定意味着农业经济的不发达。分成租佃制是一种较为古旧但在当代并非罕见的土地租佃形式,佃户和地主订立的契约规定了每一时期内佃户按照他产出的多少交纳一定

---

[1] Jerome Blum, *The End of Old Order in Rural Europe*, Princeton U. P., 1978, p.104.
[2] C. M. Gray, *Copyhold, Equity and the Common Law*, Harvard U. P., 1963, p.5.

比例的地租。在一般情况下，土地所有者提供土地，佃农提供劳动力。其他投入可由当事人任意一方提供。所以，分成租佃制是一种合约行为。①

近代后期和20世纪初期，欧美各国仍然存在着相当比例的分成制佃农。在法国北部，分成制土地租户1852年有352307户，占土地经营者户数的11.3%；1892年有349338户，占土地经营者户数的6.2%；1929年有147600户，占土地经营者户数的5.9%；2000年有25046户，占土地经营者户数的3.7%。② 美国在租佃制中采用分成制的比例更大。美国1969年共有租地51235623公顷，其中实行固定数额货币地租的土地为17923168公顷，占35%；实行固定数额货币地租和实物地租的土地为7760565公顷，占15.2%；实行分成制实物地租的土地为16137216公顷，占31.5%；实行其他形式地租的土地为9414674公顷，占18.4%。③

在南美洲的3个国家中，租地经营的土地面积共有27938472公顷。在这些租地中，地租混杂了货币和实物两种地租形式的为20497589公顷，实行产品实物分成制地租的为6387340公顷，采取其他形式地租的为1053543公顷。④

---

① 张五常：《佃农理论》，商务印书馆2002年版，第1页。
② Jean-Pierre Jessenne and Nadine Vivier, "Northern France, 1750-2000", in Bas J. P. van Bavel and Richard W. Hoyle, eds., *Rural Economy and Society in North-western Europe, 500-2000. Social Relations: Property and Power*, Brepols, 2010, p.144, Table 6.2 Numbers of Farmers, Tenants and Sharecroppers in France, Various Dates, 1852-2000.
③ Food and Agriculture Organization of United Nations, *1970 World Census of Agriculture Analysis and International Comparison of the Results*, Rome, 1981, p.99, Table 5.5 Number and Area of Rented Holdings by Forms of Renting.
④ Food and Agriculture Organization of United Nations, *1970 World Census of Agriculture Analysis and International Comparison of the Results*, Rome, 1981, p.104, Table 5.10 Area Rented by Form of Renting.

在亚洲 2 个国家中，租地经营的土地面积共有 9177793 公顷。在这些租地中，采取固定货币地租的为 1974 公顷，地租为固定数额实物的有 59 公顷，地租混杂了货币和实物两种形式的为 1353615 公顷，地租实行产品实物分成制的为 7654608 公顷，地租采用劳役抵付的为 97 公顷，地租采取其他形式的为 167440 公顷。①

在欧洲 4 个国家中，租地经营的土地面积共有 17019866 公顷。在这些租地中，采取固定货币地租的为 1485105 公顷，地租实行产品实物分成制的为 941282 公顷，地租采用劳役抵付的为 6979 公顷，地租采取其他形式的为 14583500 公顷。②

根据联合国粮农组织 1970 年的统计资料，在调查的 17 个国家中，租地经营的户数为 1781933 户，租地面积为 65625070 公顷。从地租形式来看，实行固定数额的货币地租的有 134107 户，租地面积为 18091019 公顷。实行固定数额的实物地租的租户有 98078 户，租地面积为 188134 公顷。实行货币地租与实物地租混合征收的佃户有 174517 户，租地面积为 11922703 公顷。实行实物分成制的佃户有 822107 户，租地面积为 23662120 公顷。实行劳役地租的租户有 52287 户，租地面积为 194520 公顷。实行其他地租形式的佃户有 500774 户，租地面积为 11496574 公顷。③

---

① Food and Agriculture Organization of United Nations, *1970 World Census of Agriculture, Analysis and International Comparison of the Results*, Rome, 1981, p.104, Table 5.10 Area Rented by Form of Renting.

② Food and Agriculture Organization of United Nations, *1970 World Census of Agriculture, Analysis and International Comparison of the Results*, Rome, 1981, p.104, Table 5.10 Area Rented by Form of Renting.

③ Food and Agriculture Organization of United Nations, *1970 World Census of Agriculture, Analysis and International Comparison of the Results*, Rome, 1981, p.99, Table 5.5.

在北美洲和中美洲 5 个国家（哥斯达黎加、多米尼克共和国、圣萨尔瓦多、瓜德罗普岛和美国）中，租地经营的户数为 386550 户，租地面积为 51384218 公顷。其中，实行固定数额的货币地租的有 103888 户，租地面积为 18022952 公顷。实行固定数额的实物地租的租户有 36890 户，租地面积为 19688 公顷。实行货币地租与实物地租混合征收的佃户有 41871 户，租地面积为 7763173 公顷。实行实物分成制的佃户有 116693 户，租地面积为 16147723 公顷。征收劳役地租的租户有 2248 户，租地面积 1546 公顷。实行其他地租形式的佃户有 84960 户，租地面积为 9429136 公顷。①

在南美洲 3 个国家（哥伦比亚、秘鲁和乌拉圭）中，租地经营的户数为 277826 户，租地面积为 5834618 公顷。其中，实行货币地租与实物地租混合征收的佃户有 15086 户，租地面积为 2933699 公顷。实行实物分成制的佃户有 100426 户，租地面积为 951930 公顷。征收劳役地租的租户有 49994 户，租地面积 192786 公顷。实行其他地租形式的佃户有 112320 户，租地面积为 1756203 公顷。②

在亚洲 5 个国家（巴林、约旦、科威特、巴基斯坦和菲律宾）中，租地经营的户数为 690580 户，租地面积为 7664571 公顷。其中，实行固定数额的货币地租的有 7341 户，租地面积为 39953 公顷。实行固定数额实物地租的有 54953 户，租地面积为 163338 公顷。实行固定数额货币地租与实物地租混合征收的佃户有 429 户，租地面积为 715262 公顷。实行实物分成制的佃户有 570838 户，租地面积为

---

① Food and Agriculture Organization of United Nations, *1970 World Census of Agriculture, Analysis and International Comparison of the Results*, Rome, 1981, p.99, Table 5.5.
② Food and Agriculture Organization of United Nations, *1970 World Census of Agriculture, Analysis and International Comparison of the Results*, Rome, 1981, p.99, Table 5.5.

6474192 公顷。征收劳役地租的租户有 45 户，租地面积 188 公顷。实行其他地租形式的佃户有 56974 户，租地面积为 271638 公顷。①

在欧洲的 3 个国家（法国、马耳他和葡萄牙）中，租地经营的户数为 378736 户，租地面积为 702061 公顷。其中，实行固定数额的货币地租的有 7875 户，租地面积为 10793 公顷。实行固定数额的货币地租与实物地租混合征收的佃户有 115808 户，租地面积为 578907 公顷。实行实物分成制的佃户有 34213 户，租地面积为 88275 公顷。实行其他地租形式的佃户有 220840 户，租地面积为 24086 公顷。②

在非洲喀麦隆，租地经营的户数为 48241 户，租地面积为 39602 公顷。其中，实行固定数额的货币地租的有 15003 户，租地面积为 17321 公顷。实行固定数额实物地租的佃户有 6235 户，租地面积为 5108 公顷。实行货币地租与实物地租混合征收的佃户有 1323 户，租地面积为 1662 公顷。实行其他地租形式的佃户有 25680 户，租地面积为 15511 公顷。③

在北美洲和中美洲 7 个国家（加拿大、哥斯达黎加、多米尼加共和国、巴拿马、波多黎各、美国和维京群岛），1950 年共有佃户 1504872 户，1960 年有佃户 926860 户，1970 年有佃户 413887 户。

在南美洲的 6 个国家（巴西、哥伦比亚、秘鲁、苏里南、乌拉圭和委内瑞拉），1950 年有佃户 216569 户，1960 年有佃户 1069493 户，

---

① Food and Agriculture Organization of United Nations, *1970 World Census of Agriculture, Analysis and International Comparison of the Results*, Rome, 1981, p.99, Table 5.5.

② Food and Agriculture Organization of United Nations, *1970 World Census of Agriculture, Analysis and International Comparison of the Results*, Rome, 1981, p.99, Table 5.5.

③ Food and Agriculture Organization of United Nations, *1970 World Census of Agriculture, Analysis and International Comparison of the Results*, Rome, 1981, p.99, Table 5.5.

1970年有佃户1308283户。

在亚洲的5个国家（印度、印度尼西亚、韩国、巴基斯坦、菲律宾），1950年共有佃户611971户，1960年有佃户6428053户，1970年有佃户5501806户。

在欧洲10国（比利时、法国、联邦德国、意大利、马耳他、荷兰、挪威、波兰、瑞典、英国），1950年共有佃户485363户，1960年有佃户1486409户，1970年有佃户955536户。1970年佃户数量是1950年的两倍。①

在五大洲18个国家中，租地经营的土地面积共有58444714公顷。在这些租地中，采取固定货币地租的为4902814公顷，地租为固定数额实物的有78124公顷，地租混杂了货币和实物两种形式的为21869919公顷，地租实行产品实物分成制的为15630897公顷，地租采用劳役抵付的为22710公顷，采取其他形式地租的为15940220公顷。②

在非洲3个国家中，租地经营的土地面积共有144383公顷。在这些租地中，采取固定货币地租的为66925公顷，地租为固定数额实物的有12162公顷，地租混杂了货币和实物两种形式的为4546公顷，地租采取其他形式的为60750公顷。③

---

① Food and Agriculture Organization of United Nations, *1970 World Census of Agriculture, Analysis and International Comparison of the Results*, Rome, 1981, Table 15.6 Number of Holding by Tenure, 1970, 1960, 1950.

② Food and Agriculture Organization of United Nations, *1970 World Census of Agriculture Analysis and International Comparison of the Results*, Rome, 1981, p.104, Table 5.10 Area Rented by Form of Renting.

③ Food and Agriculture Organization of United Nations, *1970 World Census of Agriculture, Analysis and International Comparison of the Results*, Rome, 1981, p.104, Table 5.10 Area Rented by Form of Renting.

在北美洲和中美洲 6 个国家中，租地经营的土地面积共有 4164200 公顷。在这些租地中，采取固定货币地租的为 3345810 公顷，地租为固定数额实物的有 65903 公顷，地租混杂了货币和实物两种形式的为 14169 公顷，地租实行产品实物分成制的为 647667 公顷，地租采用劳役抵付的为 15664 公顷，地租采取其他形式的为 74987 公顷。[1]

实行分成制的农场在全部租佃农场中的比例在亚洲最高，达到 84.5%，在拉丁美洲为 16.1%，在欧洲为 12.5%，在北美为 31.5%，在全球占 36.1%。在发达资本主义地区，分成租佃制在北美的比例比在欧洲的比例高出一倍以上。[2]

第二节 农民、家庭农场和大地产

1. 农民

农民可以定义为"主要从农业中获得生活资料、在农业生产中主要利用家庭劳动的农户"[3]。农民并非简单的同质的构成。"农民可以部分地用他们始终变化但从不全面的市场参与程度（其含义是农民保持不同程度地从市场退出和维持生存的能力）、部分地用他们参与的市

---

[1] Food and Agriculture Organization of United Nations, *1970 World Census of Agriculture Analysis and International Comparison of the Results*, Rome, 1981, p.104, Table 5.10 Area Rented by Form of Renting.

[2] Yujiro Hayami and Keijiro Otsuka, *The Economics of Contract Choice: An Agrarian Perspective*, Oxford: Clarendon Press, 1993, p.8, Table 1.1.

[3] 〔英〕弗兰克·艾利思：《农民经济学：农民家庭农业和农业发展》，胡景北译，上海人民出版社 2006 年版，第 14 页。

场的不完全性来定义。"① 即需要将从事维生农业的农民与充分发展的产品和要素市场经营的家庭农业劳动者区分开来。埃里克·沃尔夫指出:"我们把农民称为乡村的开垦者,即是说他们在乡村生产谷物和家畜。""在此同时,他们不是如我们所知的美国那样的农场主或是农业企业家。""无论如何,农民不在经济意义上运作企业,他经营一个家庭,而不是为了商业目的。"②

在传统经济中,小农农场的规模很小,此外,也没有广泛的机构为它们提供服务,因为它们倾向于自给自足。结果他们的经营建立在低水平的资源生产率上。当小农农场从各方面接受大规模的富裕机构的服务时,它能够取得高效率。这些服务机构可以是私人企业,它们之间存在着竞争,也可以是国家机构。一般来讲,国有部门提供科研和教育;农产品的销售与投入物的供应既可以由国有部门提供,也可以由私人部门提供。③

关于小农的政治社会属性,马克思写道:"小农人数众多,他们的生活条件相同,但是彼此间并没有发生多种多样的关系。他们的生活方式不是使他们互相交往,而是使他们互相隔离。这种隔离状态由于法国的交通不便和农民的贫困而更为加强了。他们进行生产的地盘,即小块土地,不容许在耕作时进行任何分工、应用任何科学,因而也就没有任何多种多样的发展,没有任何不同的才能,没有任何丰富的社会关系。每一个农户差不多都是自给自足的,都是直接生产自

---

① 〔英〕弗兰克·艾利思:《农民经济学:农民家庭农业和农业发展》,胡景北译,上海人民出版社 2006 年版,第 11 页。
② *Eric R. Wolf, Peasant*, New Jersey: Prentice-Hall, INC., 1966, p.2.
③ 〔美〕约翰·梅尔:《农业经济发展学》,何宝玉、张进选、王华译,农业读物出版社 1988 年版,第 356 页。

己的大部分消费品，因而他们取得生活资料多半是与自然进行交换，而不是靠与社会交往。一小块土地，一个农民和一个家庭；旁边是另一块土地，另一个农民和另一个家庭。一批这样的单位就形成了一个村子；一批这样的村子就形成了一个省。这样，法国国民的广大群众，便是由一些同名数相加形成的，好像一袋马铃薯是由袋中的一个个马铃薯所集成的那样。既然数百万家庭的经济条件使他们的生活方式、利益和教育程度与其他阶级的生活方式、利益和教育程度各不相同并且互相敌对，所以他们就形成一个阶级。由于各个小农彼此间只存在有地域的联系，由于他们利益的同一性并不使他们彼此间形成任何的共同关系，形成任何的全国性的联系，形成任何一种政治组织，所以他们就没有形成一个阶级。因此，他们不能以自己的名义来保护自己的阶级利益，无论是通过议会或通过国民公会。他们不能代表自己，一定要别人来代表他们。"[1]

恩格斯写道："我们这里所说的小农，是指小块土地的所有者或租佃者——尤其是所有者，这块土地通常既不大于他以自己全家的力量所能耕种的限度，也不小于养活他的家口的限度。因此，这个小农，也如小工业者一样，是在握有自己的劳动资料这点上不同于现代无产者的一种工人；所以，这是一种属于过去的生产方式的残余。"[2] 恩格斯在《法德农民问题》中写道："资本主义生产形式的发展，割断了农业小生产的命脉；这种小生产正在不可抑制地灭亡和衰

---

[1] 〔德〕马克思：《路易·波拿巴的雾月十八日》，载《马克思恩格斯选集》第一卷，人民出版社1972年版，第693页。
[2] 〔德〕恩格斯：《法德农民问题》，载《马克思恩格斯选集》第四卷，人民出版社1972年版，第298页。

落。""大土地占有者和小农都同样面临着灭亡。"①

马克思提出了近代时期英国小农已经灭亡的观点。他写道:"为资本主义生产方式奠定基础的变革的序幕,是在十五世纪最后三十年和十六世纪最初几十年间演出的。""通过把农民从土地(农民对土地享有和封建主义一样的权利)上赶走,夺去了他们共有地的办法,造成了人数更多得无比的无产阶级。""资本主义制度却正是要求人民群众处于奴隶地位,使他们本身转化为雇工,使他们的劳动资料转化为资本。""在十七世纪最后几十年,自耕农即独立的农民还比租地农民阶级的人数多,他们曾经是克伦威尔的主要力量。""大约在 1750 年,自耕农消灭了,而在十八世纪最后几十年,农民公有地的最后痕迹也消灭了。""对国有土地的掠夺,特别是对公有地的不断的盗窃,促使在十八世纪叫做资本租地农场或商人租地农场的大租地农场增长,并且促使农村居民变成无产阶级,把他们'游离'出来投向工业。""对农民土地的最后一次大规模剥夺过程,是所谓的 Clearing of Estates(清扫领地,实际上是把人从领地上清扫出去)。"②

列宁在《俄国资本主义的发展》一书中认为,小农作为一种独立的生产方式,必然在资本主义生产关系的压力下逐渐消灭。小农消亡的过程是社会分化的过程。列宁预见小农将在这个过程中逐渐分化成资本主义农场主和雇佣农业工人两个社会阶级。

关于小农的阶级地位和政治特征,列宁写道:"所谓'劳动'农民实际上是小业主或小资产者,他们差不多总是或者被雇去替别人做

---

① 〔德〕恩格斯:《法德农民问题》,载《马克思恩格斯选集》第四卷,人民出版社 1972 年版,第 296 页。
② 〔德〕马克思:《资本论》第一卷下,人民出版社 1975 年版,第 786、788、790、791、793、797 页。

工,或者自己雇工人做工。'劳动'农民是小业主,他们在政治上也是动摇于业主和工人、资产阶级和无产阶级之间的。""大多数农民贫困、破产而变为无产者,而少数农民则向资本家看齐,支持农村居民群众对资本家的依赖。"①"小资产者所处的经济地位及其生活条件使它不能不欺骗自己,并且必然不自觉地时而倾向资产阶级,时而倾向无产阶级,他们在经济上是不可能有独立的'路线'的。"②

考茨基对马克思提出的小农和小地产在19世纪已被完全消灭的结论表述了不同的看法。考茨基指出:"在近代社会中,大地产要消灭小地产或全部排除小地产是谈不到的。我们已经看到在土地所有权集中进行得很远的地方,就有土地碎分的趋势,国家和大地主本身都帮助这个碎分的趋势,如果这种趋势遇到很大障碍的话。"③"大的家庭经济无论怎样优于小的,小的家庭经济无论怎样浪费劳动力,我们却从没有见着有倾向于集中的痕迹,也没有见着许多小的家庭经济为少数大的家庭经济所代替。"④

当代的统计资料表明,小农甚至到了20世纪也还没有最后消灭。到了20世纪,对小农前途的见解有新的发展。一些学者认为,小农分化和消失在资本主义社会中不是必然的。他们认为,以小农为主体的家庭生产方式具有抵抗资本主义生产方式的内在逻辑,所以小农经济能够无限期地自我再生产。这种结论的主要论据有下面一些:农民

---

① 〔苏联〕列宁:《农民和工人阶级》,载《列宁全集》第19卷,人民出版社2017年版,第197—199页。
② 〔苏联〕列宁:《论立宪幻想》,载《列宁全集》第25卷,人民出版社2017年版,第190页。
③ 〔德〕考茨基:《土地问题》上卷,商务印书馆1936年版,第223页。
④ 〔德〕考茨基:《土地问题》上卷,商务印书馆1936年版,第235页。

对作为生产资料的土地的支配是他们能维持自身简单再生产的能力；农民共同体的社会规范是互惠而不是单个农民利润最大化；农民家庭的生命周期和代际传递能阻止土地集中到少数农民手中；农民能通过增加自己投入的劳动来抵制市场的压力；家庭生产在耕作方式、劳动收入、从农业和非农业中获得收入等方面具有灵活性；小农的动机是简单再生产而非利益最大化。①

小农的存在开始于人类社会初始时期。以后延续到封建社会、资本主义社会和当代。小农（自由小农和小佃户）在历史上的独立存在在不同时期占有不同比例，但在更多时候，小农无可抵抗地被卷入其他的社会关系系谱中，成为一种被侵蚀的社会结构组分。到了资本主义时代，在工业领域和农业领域，小生产被扩张的资本主义不断地吞噬，处于衰落中。但是，在农业中，小农并没有消失，在第三世界国家，农民比在发达资本主义国家中占有更大的比例，"两极分化"理论不适合于描述农民经济组织的实际存在。

从1200年到1750年，各种农业活动为社会提供了物质基础。几乎全部亚洲地区、北非和欧洲的农耕区，以及部分地广人稀的撒哈拉以南非洲地区和美洲地区都属于农业文明区。在这些农业社会里，绝大多数人是在土地上耕作的小农。到1750年，他们养活了全世界约7.7亿人口。②

农民经济基本采取了家庭经济和家庭农场的形式。农场主（farmer）的概念和农民（peasant）的概念不同。农民的目标是自给

---

① 〔美〕弗兰克·艾利思：《农民经济学：农民家庭农业和农业发展》，胡景北译，上海人民出版社2006年版，第57页。
② 〔英〕亨利·伯恩斯坦：《农政变迁的阶级动力》，汪淳玉译，叶敬忠译校，社会科学文献出版社2011年版，第2页。

自足并有很少一点剩余产品提供给市场,而农场主有强烈的把商品提供给市场的倾向。这里并不是要否认"农民"一词也有一种非常松散的指谓乡村居民的含义。①

人们在描述农民时使用了不同的术语,如"小农(peasant)"、"小规模农民(small-farmer 或 small-scae farmer)"以及"家庭农民(family farmer)"。"家庭农场"指的是家庭所拥有的农场,通常是由家庭劳动力耕作的农场。②

小规模农场或小农的经营规模也是学者讨论的问题,不同的学者有自己的划定标准。有的学者将"小规模农场"定义为耕种面积小于2公顷的农场。在拉丁美洲的很多地区,面积为10公顷的农场低于全国的水平,这些农场大部分依靠家庭劳动力经营,所生产出的产品主要是为了生存。而在印度西孟加拉邦的灌溉区,同样大小的农场已经大大超过了该地区的平均水平,很可能雇用了大量的劳动力,并有丰富的剩余农产品用于出售。③

在欧洲许多地区,根据习惯、立法,有时还根据人们的认可,建立了一种因袭的土地持有单位。这种单位有房舍、房舍的宅地、菜园、耕地和被奴役性的使用权构成。这种传统的土地单位在各国有不同的名称。在德语国家叫 Hufe(面积为 7—15 公顷),在斯堪的纳维亚国家叫 bol.,在波兰叫 wtoka 或 Ian,在爱沙尼亚和拉脱维亚叫

---

① Bas van Bavel and Richard W. Hoyle, ed., *Social Relations: Property and Power*, Brepols, 2010, in xvii. "Preface".
② 〔英〕亨利·伯恩斯坦:《农政变迁的阶级动力》,汪淳玉译,叶敬忠译校,社会科学文献出版社 2011 年版,第 7 页。
③ Peter Hazell, C. Poulton, S. Wiggins and A. Dorward, *The Future of Small Farms for Poverty Reductions Growth*, Washington: IFPRI, 2007. p.1, 2020 Discussion Paper 42.

adramaa，在白俄罗斯和立陶宛叫 voloka，在里窝尼亚叫 Haken，在匈牙利叫 session，在法国叫 mansus 或 meix，在英国叫海德（Hide）。在早期，这种长期使用的土地单位可能是支持一个家庭生存的必需的土地单位，它使得几代人构成的家庭能够生活在一起。但到了旧制度时期，农民家庭支付到期的债务、提供赋税，是和他持有的因袭的土地单位成比例的。土地持有者持有的土地与他的义务直接联系着。[1]

达尼尔·索恩指出："从范畴而论，我们可以说，在农民经济中，农民的家庭成员不是奴隶。但是我们不会试图去加以详细说明，农民是否是农奴、半自由的或自由的……在农民经济中，农民作为一个群体是受支配的和被他人剥削的，农民完全可能一周一天或数日为男爵和庄园领主干活。他们也可能有义务向地主、官员、贵族和其他重要人物纳贡、送礼，同时，从生产上说，农民家庭拥有明确的权利，可以说是'独立的'。由于他们的地位的双重性，这些农民不可避免地站立在自由的和非自由的连线上。从某种意义上说，在经济学上农民既是受支配者，同时又是主人。"[2]"在一个特别的国家的一个特别的时期，许多自由和不自由的变体或混合物可以共存。"[3]"从我们的观点来看，中世纪盛期欧洲的封建主义可以被看作包括在这样一种特别形式的农民经济中。"[4] J. S. 索尔和 R. 伍兹在论及非洲农民时说："我们在这里强调的是明显的和突出的双重的经济特征。第一，我们关心农民的结构地位，提出他必须被视为在某种广泛的增殖和经

---

[1] Jerome Blum, *The End of Old Order in Rural Europe*, Princeton U. P., 1978, p.95.
[2] Daniel Thorne, "Peasant Economy As a Category in History", in T. Shanan, ed., *Peasant and Peasant Society*, Penguin, 1988, p.64.
[3] T. Shanan, ed., *Peasant and Peasant Society*, Penguin, 1988, p.65.
[4] T. Shanan, ed., *Peasant and Peasant Society*, Penguin, 1988, p.67.

济制度中的一个确凿的阶层。第二,是集中在农民家庭经济中的重要性。"① 研究者看到了农民家庭经济的两个方面,一方面农民有着身份规定性,另一方面,农民家庭经济具有特殊的经济特征。

在欧洲绝对主义后期,绝大多数村民中只有一小部分人拥有充分的持有地,完全无地的农民和只持有零星少量土地的农民的人数大大增加了。领主通过剥夺农民的土地来扩大庄园自营地。当时人口的增长也带来了土地再划分和再分配的压力。领主们看到,如果他们对这种压力让步会有危险性。如果把土地划分得太小,领有土地的农民就没有足够的收入来支付对领主承担的义务。农民也知道,重复地再分割他们取得的土地,会导致贫困和贫民化。随着小土地持有者的增加和无地农民人数的膨胀,领主的义务和国家对整个村庄征收的赋税就会落到那些仍然持有土地的农民头上。而王公出于自身的利益,则希望农民能够承担得起赋税和对他们要求的民事和军事义务。这样,领主、农民和王公都极力阻止土地的再分割。出于维护家族产业使其不至于衰落的封建主义传统,也出于上述原因,各地都坚持继承的土地需要不加分割地授予单一的继承人。② 不分割继承的规则在丹麦、德国五分之四的地区、瑞士的中部、奥地利君主国的德意志王室的土地上、法国的中部和北部、被称为"小波兰"的波兰的南部和西南部十分流行。在波兰许多地方,在波希米亚和摩拉维亚,限制将土地分割到持有地的四分之一以下。在确定单一继承人规则的地方,有的地方将继承人确定为幼子,有些地方确定为长子,也有的地方不作规定。一些地方由领主来指定继承人,在某些地方,习惯和法律要求继承人

---

① T. Shanan, ed., *Peasant and Peasant Society*, Penguin, 1988, p. 81.
② Jerome Blum, *The End of Old Order in Rural Europe*, Princeton U. P., 1978, pp. 96-97.

支付一定的现金给他的兄弟姐妹,并把死者的财产分给他们。而在继承人中分割土地的做法,则在法国南部、瑞士西部、德国的西南部和西北部的部分地区比较流行。①

许多农村贫穷人口并非严格意义上的"农民",他们缺少土地或其他生产资料,靠自己力量无法进行耕作,他们中有的只是从事"边缘性的"农耕活动。边缘农业无法提供足够的劳动量和收入,不足以成为维持家庭生计的主要途径。例如在印度,"边缘农业"指的是土地面积小于1公顷的农业生产单位。在印度拥有土地的全部居民中,有62%属于这类情况,但是他们一共只占有全国耕地面积的17%。②

弗兰克·艾利思对农民的定义是:"农民是主要从农业中获得生产资料、在农业生产中主要利用家庭劳动的农户。农民部分地参与常常是不完全或不全面地投入和产出市场。"③

他认为,欧洲小农和第三世界的小农之间有很大的差别,欧洲"商业化的农场""完全融入了全速运作的市场之中",而第三世界的"小农只是部分地处于不完全的市场之中"。④ 扬·杜威·范德普勒格认为,对于融入市场的问题,不仅第三世界的小农大多只是部分融入市场,即便欧洲农民也是这样。当我们对商品化程度加以仔细考察和认真对比后,就会发现,第三世界的小农甚至很可能比欧洲的农民更"充分地融入"了市场。或许"欧洲的农民要比第三世界的很多农民

---

① Jerome Blum, *The End of Old Order in Rural Europe*, Princeton U. P., 1978, p.97.
② Peter Hazell, C. Poulton, S. Wiggins and A. Dorward, *The Future of Small Farms for Poverty Reductions Growth*, Washington: IFPRI, 2007, p.1, 2020 Discussion Paper 42.
③ 〔英〕弗兰克·艾利思:《农民经济学:农民家庭农业和农业发展》,胡景北译,上海人民出版社2006年版,第14页。
④ Frank Ellia, *Peasant Economics: Farm Households and Agrarian Development*, Cambridge U. P., 1993, p.4.

更具小农特性",这或许是欧洲小农的生活略微富足的原因。①

扬·杜威·范德普勒格制作了一份1983年荷兰、意大利和秘鲁的市场依赖程度比较表,表中的数据说明,秘鲁沿海地区的合作社农业在劳动力、土地、短期贷款、中长期贷款、机械服务、遗传材料、主要投入方面对市场的依赖程度的百分数都在50%以上,秘鲁山区的小农土豆生产在前述指标对市场依赖程度在21%—60%之间;而荷兰的乳制品对市场依赖程度在21%以下,意大利坎帕尼亚的混合农业在上述各项指标对市场的依赖程度均在27%以下。②与中心国家的农业系统相比,边陲国家的农业系统总体上更加处于依附地位,商品化程度更高,更是建立在"彻底的商品流通"之上。③

农业小生产是与家内、户内、家庭经济密切联系的。这是农业小生产与工业大生产的重大差异。小农在和大农业经营竞争中没有别的优势,他唯一能凭借的是自己的低需求和加大劳作时间。他们还把家庭的全部人力都用在农业上。"小农不仅催促自己去工作,而且也催促自己的家庭去工作。""小土地所有制把这种强制劳动加在自己的劳动者身上,使他们变为驮重的牲畜,它的全部生活,除睡觉吃饭的时

---

① 〔荷〕扬·杜威·范德普勒格:《新小农阶级:帝国和全球化时代为了自主性和可持续性的斗争》,潘璐、叶敬忠等译,社会科学文献出版社2008年版,第47—48页。
② 〔荷〕扬·杜威·范德普勒格:《新小农阶级:帝国和全球化时代为了自主性和可持续性的斗争》,潘璐、叶敬忠等译,社会科学文献出版社2008年版,第48页,表2-1 荷兰、意大利和秘鲁的市场依赖程度(1983年)。
③ 〔荷〕扬·杜威·范德普勒格:《新小农阶级:帝国和全球化时代为了自主性和可持续性的斗争》,潘璐、叶敬忠等译,社会科学文献出版社2008年版,第48页,表2-1 荷兰、意大利和秘鲁的市场依赖程度(1983年)。

间外，都在劳动。"① 小经营除了有儿童帮助，还"常常看到在经营内有七十岁以上的劳动者，他们能够代替完全的劳动力，并且在较高限度内帮助了经营的成功。"② 此外，由于小农经营的土地面积不足，他们通常还要去寻求其他的副业收入作为家庭维生的补充来源。

黄宗智的农业"过密化""内卷化"理论将小农农业描述为不计成本的自我剥削、自我消耗，不增加很多产出的烦琐密集的生产方式。他认为，中国农民人均土地面积很小，地主占有的土地面积也不大，所以农业蕴含的利润弹性空间非常有限，中国的地主和农民都比欧洲的要穷。农村过剩的劳动力没有出路，所以土地集中化过程进展缓慢，难以形成农业资本主义。

2. 国家土地所有制下和封建领主制下的农民

由于本书的主要内容是资本主义时代的土地关系和经济组织，因此不去讨论到前资本主义条件下的生产关系和前资本主义条件下的所有制，即具有不同土地的关系的国家中农民的地位和受剥削的形式的问题。而当我们把农民作为一历史范畴来讨论时，是不能不提到这个问题的。

资本主义社会以前农村的社会经济形态，在类型上可以分为国家拥有土地所有权的亚细亚生产方式和领主制农业。梅洛蒂分析说，"亚细亚生产方式同封建生产方式的区别在于，它并不是以人身依附的关系为基础的。存在于亚洲的奴隶制和人身依附关系只是很有限

---

① 〔德〕考茨基：《土地问题》，梁琳译，生活·读书·新知三联书店 1955 年版，第 134 页。
② 〔德〕考茨基：《土地问题》，梁琳译，生活·读书·新知三联书店 1955 年版，第 138、139 页。

的","它们从来没有成为基本的生产关系。"①"在生产资料所有制方面,在亚细亚社会里,当时最重要的生产资料——土地,是国家所有的。而在欧洲那种封建制度下,根据'土地无不属于领主'这一条封建制度的基本格言,土地属于贵族所有并由长子继承。因此,在亚细亚生产方式里,只有国家享有向生产者征收赋税而索取剩余产品的直接权利,在这种情况下,这种赋税同地租是一回事。主要剥削阶级的成员们只需通过国家而取得他们的一份。"②

梅洛蒂写道:"在东方专制制度下,特权阶级并不占有土地或人,而是掌握一种公共职能,即作为国家——唯一的土地所有者——的代表而索取地租。"③马克思指出:"(在亚洲)国家既作为土地所有者,同时又作为主权者而同直接生产者相对立,那末,地租和赋税就会合为一体,或者不如说,不会再有什么同这个地租形式不同的赋税。在这种情况下,依附关系在政治方面和经济方面,除了所有臣民对这个国家都有的臣属关系以外,不需要更严酷的形式。"④

农民的被奴役关系在不同地区有根本不同的特征。在没有经历过欧洲封建领主制的一些亚非拉社会,在资本主义前夜,农民受地主或直接受国家的地租—赋税剥削压迫,他们没有奴役性的身份标记。在有过封建化前史的欧洲乡村,在封建主义向资本主义过渡时期或称

---

① 〔意〕梅洛蒂:《马克思与第三世界》,高铦、徐壮飞、涂光楠译,商务印书馆1981年版,第75页。
② 〔意〕梅洛蒂:《马克思与第三世界》,高铦、徐壮飞、涂光楠译,商务印书馆1981年版,第78页。
③ 〔意〕梅洛蒂:《马克思与第三世界》,高铦、徐壮飞、涂光楠译,商务印书馆1981年版,第74页。
④ 转引自〔意〕梅洛蒂:《马克思与第三世界》,高铦、徐壮飞、涂光楠译,商务印书馆1981年版,第74页。

旧制度时期，领主制继续存在。[①] 农民常常带有奴役性身份的标签。农民按照他们的身份、对土地的占有权和财富多寡，构成了不同的等级。在许多地方，乡村等级的划分按照农民持有土地的大小。欧洲处于封建领主制剥削下的农民，他们要交纳贡赋、地租和承担义务。而亚洲一些国有土地所有制下的农民，他们只交贡赋，不交地租。这两类农民中，谁的剥削更深重，无疑是一个重要问题，它需要有一批学者进一步做专门的计量研究来解决。

3. 小农的数量

欧洲从中世纪以来各国就有小农存在。在德意志中部和东部地区，早在13世纪就存在小土地所有者。15世纪末以后出现的人口增长，导致了小土地所有者迅速增长。17世纪和18世纪许多地区出现了佃农。例如，在马利斯特地区1374年农民占人口的88.6%，小农占11.4%；1777年农民占30.5%，小农占14.5%，佃农占54.9%。在霍耶斯维达地区，1568年农民占人口的78.4%，小农占12.7%，佃农占8.9%；1620年农民占61.4%，小农占15.7%，佃农占22.9%；1777年农民占55.7%，小农占14.1%，佃农占30.2%。在科尼斯布克地区，1560年小农占人口的18.7%；1670年小农占35.1%，佃农占5.9%；1750年小农占27%，佃农占15%；1777年小农占21.4%，佃农占31.2%；1807年小农占12.3%，佃农占32.8%。在瑞典所属波美拉尼亚的52个小村庄，

[①] 参见〔法〕J. 谢诺：《亚细亚生产方式研究前景》，载《外国学者论亚细亚生产方式》下册，中国社会科学出版社1981年版，第116—146页。本书中心是讨论资本主义时期的农业经济关系和农业经济组织，由于研究的重点和篇幅所限，在此不讨论"亚细亚生产方式"问题。但我们也注意到欧洲社会和被一些学者称为"亚细亚生产方式"的东方社会在农民地位和乡村剥削关系上存在的范式差别。

1700 年小农占人口的 13.2%，佃农占 20.7%；1760 年小农占 1.5%，佃农占 70.1%。① 在荷兰东部的上艾瑟尔省，根据 1602 年的税务登记，拥有 2 匹马或更多的马、农场规模大于 6 英亩的农民为 3718 人，拥有 1 匹马或没有马、农场规模小于 6 英亩的佃农为 2336 人。根据上艾瑟尔省 1795 年的人口统计资料，在加上仆人占有量后，拥有 4 头或以上的牲畜、一些仆从的农民为 4614 户；拥有少于 4 头牲畜、没有仆役的佃农为 3429 户。②

在法国郎基多克的莱斯匹南，1492 年面积为 12—24 英亩的农场为 59 个，1607 年为 44 个；小于 12 英亩的农场 1492 年为 39 个，1607 年为 115 个。在蒙彼利埃西北部贫瘠的阿格利尔斯，一个农民家庭要满足维生的需求，需要 54 英亩的耕地。但是在这里，拥有 10 英亩耕地小农场的农户在 1531 年为 3 户，1664 年增至 34 户。这些都是持有土地极少、靠土地收入难以维生的贫穷小农。③

拥有充分的持有地的农民是较为富裕的农民。在德意志的萨克森，拥有全份持有地的农民在 1550 年占全部人口的 49.5%。到 1750 年，他们的数量增长了 3%，从 214800 人增至 221500 人。但他们在全部人口中所占的比例，则下降了 25%，到 1843 年只占全部人口的

---

① 〔英〕范·巴斯：《生命革命中的农业》，载〔英〕E. E. 里奇、〔英〕C. H. 威尔逊（主编）：《剑桥欧洲经济史》第五卷，王春法主译，经济科学出版社 2002 年版，第 123 页，表 17 德意志中部和东部地区乡村社会的阶层（1374—1807 年）。
② 〔英〕范·巴斯：《生命革命中的农业》，载〔英〕E. E. 里奇、〔英〕C. H. 威尔逊（主编）：《剑桥欧洲经济史》第五卷，王春法主译，经济科学出版社 2002 年版，第 123 页。
③ 〔英〕范·巴斯：《生命革命中的农业》，载〔英〕E. E. 里奇、〔英〕C. H. 威尔逊（主编）：《剑桥欧洲经济史》第五卷，王春法主译，经济科学出版社 2002 年版，第 122 页，及表 16 朗格多克的莱斯匹南的土地所有状况。

14%。而茅舍农和无地农民在总人口中占的比例则从 1550 年的 18% 上升到 1750 年的 38%，1843 年的 52%。在德国其他地方比例与此差不多。在勃兰登堡的库尔马克地区，有一半以上农民属于小土地持有者或茅舍农。在远波美拉尼亚，18 世纪中叶绝大多数农民属于中等大小的土地所有者。而到 1805 年，小土地持有者和茅舍农在持有土地的农民中占到多数。在普鲁士东部各省，成千上万的无地农民靠当农业工人维生。1770—1880 年在库尔马克，栖居在农民家中的无地农民增长到 44%。① 与其雇主一同生活的男性和女性农场仆役的人数分别增长到 29% 和 16%。18 世纪末在库尔马克无地农民的人数是有土地农民人数的 3 倍。早在 1700 年的东普鲁士，无地农民有 72611 人，持有土地的农民有 69231 人。从 1750 年到 1802 年，农场劳工家庭数从 18000 户增至 48000 户，即增加了 2.5 倍；而持有土地的农民的人数只增加了约 40%。德国中西部无地农民和几乎无地的农民人数在持续增长。例如，1780 年在德国东南部巴登的霍赫伯格区，2897 户农民中，有 45% 的农民持有的土地少于 1.8 英亩或没有土地，39% 的农户持有地在 1.8—7.2 英亩，11% 的农民持有地在 7.2—14.4 英亩，有 5% 的农民持有地在 18 英亩以上。在丹麦，1688—1800 年西兰地区茅舍农的人数增加了 6—7 倍。在菲因州茅舍农增加了 4 倍。在日德兰等地茅舍农增加了两倍。在奥地利的下奥地利省、施蒂尼亚、摩拉维亚省，有 285897 名农民（即 58%）持有土地不到充分持有地标准的四分之一，此外当地还有大量无地农民。1848 年在波希米亚，一半以上的村民持有土地不足或是无地农民。在波兰，18 世纪后半叶有 16% 的农民没有土地，33% 的农民持有土地不到 10 英亩，30% 的农民持

---

① Jerome Blum, *The End of Old Order in Rural Europe*, Princeton U. P., 1978, p.105.

有土地在10—20英亩，大约21%的农民持有的土地在20英亩以上。[1]

到了20世纪，在巴西，经过无地农民运动，城镇人口向农业的涌入形成了再小农化；在巴基斯坦、孟加拉国和印度，随着新的小型农业生产单位的创生，悄悄地出现了再小农化。[2]

学界直至晚近仍对当代小农存在的规模估计不足。扬·杜威·范德普勒格指出，当今世界约有12亿小农。"拥有小型农场的农户始终占世界人口的五分之二。"其中，有上百万欧洲农民仍然保持着浓郁的小农的特色，其小农性要比我们大多数人所估计的程度高。[3]

在非洲，博茨瓦纳在1993年土地持有者为101434人，全部耕地面积为322200公顷，平均土地持有面积为3.2公顷。布基纳法索在1993年土地持有者为886638人，全部耕地面积为3472480公顷，平均土地持有面积为3.9公顷。佛得角在1988年土地持有者为32193人，全部耕地面积为41383公顷，平均土地持有面积为1.3公顷。刚果共和国在1990年土地持有者为4479600人，全部耕地面积为2387700公顷，平均土地持有面积为0.5公顷。埃及在1990年土地持有者为3475502人，全部耕地面积为3297281公顷，平均土地持有面积为0.9公顷。埃塞俄比亚在1989—1992年土地持有者为6091840人，全部耕地面积为4871020公顷，平均土地持有面积为0.8公顷。几内亚在1995年土地持有者为442168人，全部耕地面积

---

[1] Jerome Blum, *The End of Old Order in Rural Europe*, Princeton U. P., 1978, pp. 106-107.

[2] 〔荷〕扬·杜威·范德普勒格：《新小农阶级：帝国和全球化时代为了自主性和可持续性的斗争》，潘璐、叶敬忠等译校，社会科学文献出版社2013年版，第11页。

[3] T. Weis, *Global Food Economy: The Battle for the Future of Farming*, London: Zed Books, 2007, p. 25.〔荷〕扬·杜威·范德普勒格：《新小农阶级：帝国和全球化时代为了自主性和可持续性的斗争》，潘璐、叶敬忠等译校，社会科学文献出版社2013年版，第2—3页。

为895620公顷，平均土地持有面积为2公顷。几内亚比绍在1988年土地持有者为84221人，全部耕地面积为96375公顷，平均土地持有面积为1.1公顷。莱索托在1989—1990年土地持有者为229300人，全部耕地面积为331000公顷，平均土地持有面积为1.4公顷。利比亚在1987年土地持有者为175528人，全部耕地面积为2495906公顷，平均土地持有面积为14.2公顷。马拉维在1993年土地持有者为1561416人，全部耕地面积为1167240公顷，平均土地持有面积为0.7公顷。纳米比亚在1995年土地持有者为113616人，全部耕地面积为300146公顷，平均土地持有面积为2.6公顷。留尼旺在1989年土地持有者为15198人，全部耕地面积为67154公顷，平均土地持有面积为4.4公顷。圣多美和普林西比在1990年土地持有者为13822人，全部耕地面积为76214公顷，平均土地持有面积为5.5公顷。坦桑尼亚在1994—1995年土地持有者为3872323人，全部耕地面积为10764000公顷，平均土地持有面积为2.8公顷。乌干达在1991年土地持有者为1704721人，全部耕地面积为3683288公顷，平均土地持有面积为2.2公顷。

在北美洲和中美洲，巴哈马1994年土地持有者为1760人，全部耕地面积为20336公顷，平均土地持有面积为11.6公顷。巴巴多斯在1989年土地持有者为17178人，全部耕地面积为21560公顷，平均土地持有面积为1.3公顷。加拿大在1991年土地持有者为280043人，全部耕地面积为67753700公顷，平均土地持有面积为241.9公顷。多米尼加在1995年土地持有者为9026人，全部耕地面积为21146公顷，平均土地持有面积为2.3公顷。格林纳达在1995年土地持有者为18277人，全部耕地面积为14164公顷，平均土地持有面积为0.8公顷。瓜德罗普在1989年土地持有者为16530人，全部耕地面积为53559公顷，平均土地持有面积为3.2公顷。洪都拉斯在1993年土地持有者为325750人，全部耕地面积为3637469公顷，平均土地持有面积为11.2公顷。马提尼克在1989年土地持有者为16038人，全部耕地面积为50192公顷，平均土地持有面积为3.1公顷。墨西哥在1991年土地持有者为4437863人，全部耕地面积为183838578公顷，平均土地持有面积为41.4公顷。巴拿马在1990年土地持有者为213895人，全部耕地面积为2941583公顷，平均土地持有面积为13.8公顷。波多黎各在1987年土地持有者为20245人，全部耕地面积为348530公顷，平均土地持有面积为17.2公顷。圣露西亚在1986年土地持有者为11551人，全部耕地面积为23478公顷，平均土地持有面积为2.0公顷。美国在1987年土地持有者为2087759人，全部耕地面积为390311617公顷，平均土地持有面积为187公顷。维京群岛在1987年土地持有者为267人，全部耕地面积为7197公顷，平均土地持有面积为27公顷。

在南美洲，阿根廷1988年土地持有者为378357人，全部耕地面积为177437398公顷，平均土地持有面积为469公顷。巴西在1985年土地持有者为5834779人，全部耕地面积为376286577公顷，平均土地持有面积为64.5公顷。哥伦比亚在1988年土地持有者为1547846人，全部耕地面积为36033713公顷，平均土地持有面积为23.3公顷。法属圭亚那在1989年土地持有者为4491人，全部耕地面积为41553公顷，平均土地持有面积为9.3公顷。巴拉圭在1991年土地持有者为307221人，全部耕地面积为23817737公顷，平均土地持有面积为77.5公顷。秘鲁在1994年土地持有者为1756141人，全部耕地面积为35381809公顷，平均土地持有面积为20.1公顷。乌拉圭在1990年土地持有者为54819人，全部耕地面积为15681804公顷，平均土地持有面积为286.1公顷。

在亚洲,土地持有者人均土地持有面积很小,这意味着当地存在着大量的小农。塞浦路斯1994年土地持有者为52089人,全部耕地面积为177760公顷,平均土地持有面积为3.4公顷。印度在1991年土地持有者为106637000人,全部耕地面积为165507000公顷,平均土地持有面积为1.6公顷。印度尼西亚在1993年土地持有者为19713806人,全部耕地面积为17145036公顷,平均土地持有面积为0.9公顷。伊朗在1993年土地持有者为3602950人,全部耕地面积为15458910公顷,平均土地持有面积为4.3公顷。以色列在1995年土地持有者为25448人,全部耕地面积为361080公顷,平均土地持有面积为14.2公顷。日本在1995年土地持有者为3453550人,全部耕地面积为4282000公顷,平均土地持有面积为1.2公顷。韩国在1990年土地持有者为1768501人,全部耕地面积为1857491公顷,平均土地持有面积为1.1公顷。巴基斯坦在1990年土地持有者为5071112人,全部耕地面积为19252672公顷,平均土地持有面积为3.8公顷。菲律宾在1991年土地持有者为4610041人,全部耕地面积为9974871公顷,平均土地持有面积为2.2公顷。泰国在1993年土地持有者为5647490人,全部耕地面积为19002071公顷,平均土地持有面积为3.4公顷。土耳其在1991年土地持有者为4068432人,全部耕地面积为23451099公顷,平均土地持有面积为5.8公顷。越南1994年土地持有者为9528896人,全部耕地面积为4948302公顷,平均土地持有面积为0.5公顷。

在大洋洲,美属萨摩拉1990年土地持有者为384人,全部耕地面积为2349公顷,平均土地持有面积为6.1公顷。澳大利亚1990年土地持有者为129540人,全部耕地面积为466561000公顷,平均土地持有面积为 3601.7 公顷。柯克群岛在 1988 年土地持有者为 2188 人，全部耕地面积为 2604 公顷，平均土地持有面积为 1.2 公顷。斐济 1991 年土地持有者为 95400 人，全部耕地面积为 591407 公顷，平均土地持有面积为 6.2 公顷。法属波利尼西亚 1995 年土地持有者为 6223 人，全部耕地面积为 30484 公顷，平均土地持有面积为 4.9 公顷。关岛在 1987 年土地持有者为 351 人，全部耕地面积为 5315 公顷，平均土地持有面积为 15.1 公顷。新喀里多尼亚在 1991 年土地持有者为 10302 人，全部耕地面积为 313769 公顷，平均土地持有面积为 30.5 公顷。新西兰在 1990 年土地持有者为 80904 人，全部耕地面积为 17489398 公顷，平均土地持有面积为 216.2 公顷。萨摩拉在 1989 年土地持有者为 11099 人，全部耕地面积为 67375 公顷，平均土地持有面积为 6.1 公顷。帕劳在 1989 年土地持有者为 300 人，全部耕地面积为 158 公顷，平均土地持有面积为 0.5 公顷。

在欧洲，奥地利 1990 年土地持有者为 273210 人，全部耕地面积为 7217498 公顷，平均土地持有面积为 26.4 公顷。比利时在 1990 年土地持有者为 87180 人，全部耕地面积为 1400364 公顷，平均土地持有面积为 16.1 公顷。原捷克斯洛伐克在 1990 年土地持有者为 1245889 人，全部耕地面积为 12790007 公顷，平均土地持有面积为 10.3 公顷。丹麦在 1989 年土地持有者为 81267 人，全部耕地面积为 3069430 公顷，平均土地持有面积为 37.8 公顷。芬兰在 1990 年土地持有者为 199385 人，全部耕地面积 12338439 公顷，平均土地持有面积为 61.9 公顷。法国在 1988 年土地持有者为 1016755 人，全部耕地面积为 31985606 公顷，平均土地持有面积为 31.5 公顷。德国在 1995 年土地持有者为 566900 人，全部耕地面积为 18617900 公顷，平均土地持有面积为 32.8 公顷。希腊在 1991 年土地持有者为 802400 人，全部耕地面积为3609000公顷，平均土地持有面积为4.5公顷。爱尔兰在1991年土地持有者为170578人，全部耕地面积为4441755公顷，平均土地持有面积为26公顷。意大利在1990年土地持有者为3023344人，全部耕地面积为22702356公顷，平均土地持有面积为7.5公顷。卢森堡在1990年土地持有者为3803人，全部耕地面积为137653公顷，平均土地持有面积为36.2公顷。荷兰在1990年土地持有者为127367人，全部耕地面积为2163472公顷，平均土地持有面积为17公顷。挪威在1989年土地持有者为99382人，全部耕地面积为991077公顷，平均土地持有面积为10公顷。波兰在1990年土地持有者为3783000人，全部耕地面积为31268300公顷，平均土地持有面积为8.3公顷。葡萄牙在1989年土地持有者为598742人，全部耕地面积为5316161公顷，平均土地持有面积为8.9公顷。斯洛文尼亚在1991年土地持有者为156549人，全部耕地面积为912013公顷，平均土地持有面积为5.8公顷。西班牙在1989年土地持有者为2284944人，全部耕地面积为42939208公顷，平均土地持有面积为18.8公顷。瑞士在1990年土地持有者为108296人，全部耕地面积为1283240公顷，平均土地持有面积为11.8公顷。英国在1993年土地持有者为244205人，全部耕地面积为17301000公顷，平均土地持有面积为70.8公顷。[1]

根据联合国粮农组织对1970年世界各国持有土地在1公顷以下的农民的调查数据，在调查的33个国家中，全部农户共有111058031

---

[1] Food and Agriculture Organization of United Nations, *Supplement to the Report on the 1990 World Census of Agriculture: International Comparison and Primary Results by Country (1986-1995)*, Rome, 2001, pp.41-42, Table 3.1 Number and Area of Holdings and Fragmentation.

户。其中持有土地在 0.5 公顷以下的为 37011757 户，持有土地在 0.5—1 公顷的有 21778364 户。两项相加，持有土地在 1 公顷以下的共有 58790121 户。而在这 33 个国家中，持有土地在 1 公顷以下的农户占农户总数的 52.9%。在上述国家中，持有土地在 1 公顷以下的农户共持有土地 6340959 公顷。其中持有土地在 0.5 公顷以下的农户共持有土地 2147007 公顷，持有土地在 0.5—1 公顷的农户共持有土地 4193952 公顷。持有土地在 1 公顷以下的农户持有地面积占持有地总面积的 2.3%。① 这表明，持有地在 1 公顷以下的小农户户数占到全部农户的一半以上，但他们持有土地总额占全部持有地的份额则非常少。

在所调查的非洲 13 个国家中，持有土地在 1 公顷以下的农户共有 4200937 户。其中持有土地在 0.5 公顷以下的为 1872119 户，持有土地在 0.5—1 公顷的有 2328818 户。在这 13 个国家中，持有土地在 1 公顷以下的农户占农户总数的 41.9%。其中持有土地在 0.5 公顷以下的农户占 18.7%，持有土地在 0.5—1 公顷的农户占农户总数的 23.2%。在这 13 国中，持有土地在 1 公顷以下的农户的土地面积占持有地总面积的 12.7%。②

在所调查的北美洲和中美洲的 4 国中，持有土地在 1 公顷以下的农户共有 264889 户。其中持有土地在 0.5 公顷以下的为 132019 户，持有土地在 0.5—1 公顷的有 132870 户。在这 4 个国家中，持有土地

---

① Food and Agriculture Organization of United Nations, *1970 World Census of Agriculture, Analysis and International Comparison of the Results*, Rome, 1981, pp.58-59, Table 3.4 Number and Area of Holding and Percent Distribution of Holdings under 1 Hectare.

② Food and Agriculture Organization of United Nations, *1970 World Census of Agriculture, Analysis and International Comparison of the Results*, Rome, 1981, p.58, Table 3.4 Number and Area of Holding and Percent Distribution of Holdings under 1 Hectare.

在1公顷以下的农户占农户总数的34.3%。其中持有土地在0.5公顷以下的农户共持有土地122884公顷，持有土地在0.5—1公顷的农户占农户总数的17.1%。持有土地在0.5公顷以下的农户占农户总数的17.2%。在这4国中，持有土地在1公顷以下的农户的土地面积占持有地总面积的1.3%。[①]

在所调查的南美洲的2个国家中，持有土地在1公顷以下的农户共有463245户。其中持有土地在0.5公顷以下的为314523户，持有土地在0.5—1公顷的有148722户。在这2个国家中，持有土地在1公顷以下的农户持有的土地占全部农户的32.9%。其中持有土地在1公顷以下的农户共持有土地178703公顷，其中持有土地在0.5—1公顷的农户持有土地103294公顷，持有土地在0.5公顷以下的农户共持有土地75409公顷。在这2国中，持有土地在1公顷以下的农户持有的土地面积占持有地总面积的0.8%。[②]

在所调查的亚洲的7个国家中，持有土地在1公顷以下的农户共有51172093户。其中持有土地在0.5公顷以下的为32619415户，持有土地在0.5—1公顷的有18552678户。在这7个国家中，持有土地在1公顷以下的农户占全部农户的55%。其中持有土地在1公顷以下的农户共持有土地2618403公顷，持有土地在0.5—1公顷的农户持有土地1814707公顷，持有土地在0.5公顷以下的农户共持有土地

---

① Food and Agriculture Organization of United Nations, *1970 World Census of Agriculture, Analysis and International Comparison of the Results*, Rome, 1981, pp.56-57, Table 3.4 Number and Area of Holding and Percent Distribution of Holdings under 1 Hectare.

② Food and Agriculture Organization of United Nations, *1970 World Census of Agriculture, Analysis and International Comparison of the Results*, Rome, 1981, p.59, Table 3.4 Number and Area of Holding and Percent Distribution of Holdings under 1 Hectare.

803699公顷。在这7国中，持有土地在1公顷以下的农户持有的土地面积占持有地总面积的1.5%。[1]

在所调查的欧洲的7个国家中，持有土地在1公顷以下的农户共有2688957户。其中持有土地在0.5公顷以下的为2073681户，持有土地在0.5—1公顷的有615276户。在这7个国家中，持有土地在1公顷以下的农户占全部农户的45.5%。持有土地在1公顷以下的农户共持有土地1134151公顷，其中持有土地在0.5—1公顷的农户持有土地435477公顷，持有土地在0.5公顷以下的农户共持有土地698674公顷。在这7国中，持有土地在1公顷以下的农户持有的土地面积占持有地总面积的2.1%。[2]

关于持有和经营土地的面积的分布情况，有30个国家的32811个家庭的统计资料。这些家庭共持有土地764776公顷。其中，持有土地面积在1公顷以下的为16726户，总面积为5703公顷。持有土地面积在1—2公顷的为5689户，总面积为5423公顷。持有土地面积在2—5公顷的为4478户，总面积为11530公顷。持有土地面积在5—10公顷的为1705户，总面积为11602公顷。持有土地面积在10—20公顷的为1302户，总面积为17080公顷。持有土地面积在20—50公顷的为1050户，总面积为34793公顷。持有土地面积在50—100公顷的为712户，总面积为44507公顷。持有土地面积

---

[1] Food and Agriculture Organization of United Nations, *1970 World Census of Agriculture, Analysis and International Comparison of the Results*, Rome, 1981, p.59, Table 3.4 Number and Area of Holding and Percent Distribution of Holdings under 1 Hectare.

[2] Food and Agriculture Organization of United Nations, *1970 World Census of Agriculture, Analysis and International Comparison of the Results*, Rome, 1981, p.59, Table 3.4 Number and Area of Holding and Percent Distribution of Holdings under 1 Hectare.

在100—200公顷的为476户,总面积为63793公顷。持有土地面积在200—500公顷的为421户,总面积为81871公顷。持有土地面积在500—1000公顷的为209户,总面积为199448公顷。持有土地面积在1000公顷以上的有43户,总面积为289026公顷。①

在其中非洲2个国家(利比里亚和扎伊尔)中,2626个家庭共持有307公顷的土地。其中持有土地在1公顷以下的有1109个家庭,他们共持有31公顷的土地。持有土地在1—2公顷的有990个家庭,他们共持有42公顷的土地。持有土地在2—5公顷的有491个家庭,他们共持有85公顷的土地。持有土地在5—10公顷的有26个家庭。持有土地在10—20公顷的有9个家庭,他们共持有101公顷的土地。持有土地在50—100公顷的有1个家庭,他持有土地48公顷。②

在北美洲和中美洲5个国家(加拿大、哥斯达黎加、洪都拉斯、牙买加和美国)中,2505个家庭共持有340705公顷的土地。其中持有土地在1公顷以下的有75个家庭,他们共持有32公顷的土地。持有土地在1—2公顷的有207个家庭,他们共持有166公顷的土地。持有土地在2—5公顷的有122个家庭,他们共持有327公顷的土地。持有土地在5—10公顷的有95个家庭,他们共持有672公顷的土地。持有土地在10—20公顷的有147个家庭,他们共持有1589公顷的土地。持有土地在20—50公顷的有432个家庭,他们共持有16320公

---

① Food and Agriculture Organization of United Nations, *1970 World Census of Agriculture, Analysis and International Comparison of the Results*, Rome, 1981, p.110, Table 5.13 Number and Area of Holdings Operated by Civil Person by Size of Holding.

② Food and Agriculture Organization of United Nations, *1970 World Census of Agriculture, Analysis and International Comparison of the Results*, Rome, 1981, p.110, Table 5.13 Number and Area of Holdings Operated by Civil Person by Size of Holding.

顷的土地。持有土地在 50—100 公顷的有 536 个家庭，他们共持有 33403 公顷的土地。持有土地在 100—200 公顷的有 378 个家庭，他们共持有 51603 公顷的土地。持有土地在 200—500 公顷的有 348 个家庭，他们共持有 59934 公顷的土地。持有土地在 500—1000 公顷的有 165 个家庭，他们共持有 176145 公顷的土地。[①]

在南美洲 4 个国家（秘鲁、苏里南、乌拉圭和委内瑞拉）中，1760 个家庭共持有 36705 公顷的土地。其中持有土地在 1 公顷以下的有 503 个家庭，他们共持有 193 公顷的土地。持有土地在 1—2 公顷的有 297 个家庭，他们共持有 392 公顷的土地。持有土地在 2—5 公顷的有 431 个家庭，他们共持有 1260 公顷的土地。持有土地在 5—10 公顷的有 215 个家庭，他们共持有 1334 公顷的土地。持有土地在 10—20 公顷的有 132 个家庭，他们共持有 1538 公顷的土地。持有土地在 20—50 公顷的有 91 个家庭，他们共持有 2245 公顷的土地。持有土地在 50—100 公顷的有 35 个家庭，持有土地在 100—200 公顷的有 21 个家庭，持有土地在 200—500 公顷的有 17 个家庭，持有土地在 500—1000 公顷的有 8 个家庭，持有土地在 1000 公顷以上的有 10 个家庭。[②]

在亚洲 6 个国家（巴林、印度尼西亚、伊拉克、韩国、科威特和沙特阿拉伯王国）中，17559 个家庭共持有 20988 公顷的土地。其

[①] Food and Agriculture Organization of United Nations, *1970 World Census of Agriculture, Analysis and International Comparison of the Results*, Rome, 1981, p.110, Table 5.13 Number and Area of Holdings Operated by Civil Person by Size of Holding.

[②] Food and Agriculture Organization of United Nations, *1970 World Census of Agriculture, Analysis and International Comparison of the Results*, Rome, 1981, p.110, Table 5.13 Number and Area of Holdings Operated by Civil Person by Size of Holding.

中持有土地在 1 公顷以下的有 11917 个家庭，他们共持有 4168 公顷的土地。持有土地在 1—2 公顷的有 3364 个家庭，他们共持有 3587 公顷的土地。持有土地在 2—5 公顷的有 1631 个家庭，他们共持有 4136 公顷的土地。持有土地在 5—10 公顷的有 368 个家庭，他们共持有 2435 公顷的土地。持有土地在 10—20 公顷的有 205 个家庭，他们共持有 3030 公顷的土地。持有土地在 20—50 公顷的有 60 个家庭，他们共持有 1680 公顷的土地。持有土地在 50—100 公顷的有 8 个家庭，他们共持有 503 公顷的土地。持有土地在 100—200 公顷的有 4 个家庭，他们共持有 677 公顷的土地。持有土地在 200—500 公顷的有 1 个家庭持有 301 公顷的土地，还有 1 个家庭持有 471 公顷的土地。[①]

在欧洲 11 个国家（奥地利、比利时、捷克斯洛伐克、联邦德国、匈牙利、荷兰、挪威、葡萄牙、瑞典、英国、南斯拉夫）中，8081 个家庭共持有 60331 公顷的土地。其中持有土地在 1 公顷以下的有 3120 个家庭，他们共持有 1278 公顷的土地。持有土地在 1—2 公顷的有 828 个家庭，他们共持有 1232 公顷的土地。持有土地在 2—5 公顷的有 1787 个家庭，他们共持有 5680 公顷的土地。持有土地在 5—10 公顷的有 986 个家庭，他们共持有 7065 公顷的土地。持有土地在 10—20 公顷的有 792 个家庭，他们共持有 10602 公顷的土地。持有土地在 20—50 公顷的有 430 个家庭，他们共持有 13548 公顷的土地。持有土地在 50—100 公顷的有 90 个家庭，他们共持有 6527 公顷的土地。持有土地在 100—200 公顷的有 33 个家庭，他们共持有 5013

[①] Food and Agriculture Organization of United Nations, *1970 World Census of Agriculture, Analysis and International Comparison of the Results*, Rome, 1981, p.110, Table 5.13 Number and Area of Holdings Operated by Civil Person by Size of Holding.

公顷的土地。持有土地在 200—500 公顷的有 11 个家庭，他们共持有 4014 公顷的土地。持有土地在 500—1000 公顷的有 2 个家庭，他们共持有 1504 公顷的土地。持有 1000 公顷以上土地的有 2 个家庭，他们共持有 3868 公顷土地。①

在大洋洲 2 个国家（澳大利亚和新西兰）中，280 个家庭共持有 305740 公顷的土地。其中持有土地在 1 公顷以下的有 2 个家庭，他们共持有 1 公顷土地。持有土地在 1—2 公顷的有 3 个家庭，他们共持有 4 公顷的土地。持有土地在 2—5 公顷的有 16 个家庭，他们共持有 42 公顷的土地。持有土地在 5—10 公顷的有 15 个家庭，他们共持有 96 公顷的土地。持有土地在 10—20 公顷的有 17 个家庭，他们共持有 220 公顷的土地。持有土地在 20—50 公顷的有 37 个家庭，他们共持有 1000 公顷的土地。持有土地在 50—100 公顷的有 42 个家庭，他们共持有 2298 公顷的土地。持有土地在 100—200 公顷的有 49 个家庭，他们共持有 4621 公顷的土地。持有土地在 200—500 公顷的有 44 个家庭，他们共持有 14337 公顷的土地。持有土地在 500—1000 公顷的有 33 个家庭，他们共持有 18042 公顷的土地。持有 1000 公顷以上土地的有 31 个家庭，他们共持有 265079 公顷土地。②

在全球所调查的 84 个国家中，共有土地持有者 150130472 户，其中无地农民为 608925 户，持有土地在 1 公顷以下者为 67647904

---

① Food and Agriculture Organization of United Nations, *1970 World Census of Agriculture, Analysis and International Comparison of the Results*, Rome, 1981, p.111, Table 5.13 Number and Area of Holdings Operated by Civil Person by Size of Holding.

② Food and Agriculture Organization of United Nations, *1970 World Census of Agriculture, Analysis and International Comparison of the Results*, Rome, 1981, p.111, Table 5.13 Number and Area of Holdings Operated by Civil Person by Size of Holding.

户，持有土地在1—2公顷者有27595454户，持有土地在2—5公顷者有27876966户，持有土地在5—10公顷者有12260191户，持有土地在10至20公顷者有6497211户，持有土地在20—50公顷者有3983514户，持有土地在50—100公顷者有1648487户，持有土地在100—200公顷者有1003169户，持有土地在200—500公顷者有657057户，持有土地在500—1000公顷者有185162户，持有土地在1000公顷以上者有166432户。

在所调查的非洲20个国家中，共有土地持有者13110850户，其中无地农民为206457户，持有土地在1公顷以下者为5221506户，持有土地在1—2公顷者有3643406户，持有土地在2—5公顷者有2952512户，持有土地在5—10公顷者有718071户，持有土地在10—20公顷者有216498户，持有土地在20—50公顷者有133636户，持有土地在50—100公顷者有11270户，持有土地在100—200公顷者有3448户，持有土地在200—500公顷者有1933户，持有土地在500—1000公顷者有705户，持有土地在1000公顷以上者有1408户。

在所调查的北美洲和中美洲14个国家中，共有土地持有者6008005户，其中无地农民为154256户，持有土地在1公顷以下者为1116204户，持有土地在1—2公顷者有529810户，持有土地在2—5公顷者有597457户，持有土地在5—10公顷者有405950户，持有土地在10—20公顷者有449707户，持有土地在20—50公顷者有841346户，持有土地在50—100公顷者有786540户，持有土地在100—200公顷者有585074户，持有土地在200—500公顷者有387474户，持有土地在500—1000公顷者有85081户，持有土地在1000公顷以上者有69106户。

在所调查的南美洲7个国家中，共有土地持有者8373601户，其中无地农民为14509户,持有土地在1公顷以下者为1300829户,持有土地在1—2公顷者有1050642户,持有土地在2—5公顷者有1715560户,持有土地在5—10公顷者有1150198户,持有土地在10—20公顷者有1060633户,持有土地在20—50公顷者有1059027户,持有土地在50—100公顷者有447100户,持有土地在100—200公顷者有269641户,持有土地在200—500公顷者有190657户,持有土地在500—1000公顷者有62792户,持有土地在1000公顷以上者有52013户。①

在所调查的亚洲16个国家中,共有土地持有者103619780户,其中无地农民为153503户,持有土地在1公顷以下者为54655512户,持有土地在1—2公顷者有19809667户,持有土地在2—5公顷者有18373270户,持有土地在5—10公顷者有6886667户,持有土地在10—20公顷者有2817543户,持有土地在20—50公顷者有799046户,持有土地在50—100公顷者有112177户,持有土地在100—200公顷者有6846户,持有土地在200—500公顷者有3138户,持有土地在500—1000公顷者有578户,持有土地在1000公顷以上者有1833户。

在所调查的欧洲21个国家中,共有土地持有者18655540户,其中无地农民为80200户,持有土地在1公顷以下者为5341974户,持有土地在1—2公顷者有2553246户,持有土地在2—5公顷者有4211424户,持有土地在5—10公顷者有3074692户,持有土地在10—20公顷者有1929813户,持有土地在20—50公顷者有1107527

---

① Food and Agriculture Organization of United Nations, *1970 World Census of Agriculture, Analysis and International Comparison of the Results*, Rome, 1981, p.33, Table 2.2 Number of Holding by Size of Total Area.

户，持有土地在 50—100 公顷者有 244884 户，持有土地在 100—200 公顷者有 92746 户，持有土地在 200—500 公顷者有 17494 户，持有土地在 500—1000 公顷者有 5715 户，持有土地在 1000 公顷以上者有 5825 户。①

在所调查的大洋洲 6 个国家中，共有土地持有者 352696 户，其中持有土地在 1 公顷以下者为 11879 户，持有土地在 1—2 公顷者有 8683 户，持有土地在 2—5 公顷者有 26743 户，持有土地在 5—10 公顷者有 24613 户，持有土地在 10—20 公顷者有 23017 户，持有土地在 20—50 公顷者有 42932 户，持有土地在 50—100 公顷者有 46516 户，持有土地在 100—200 公顷者有 45414 户，持有土地在 200—500 公顷者有 56361 户，持有土地在 500—1000 公顷者有 30291 户，持有土地在 1000 公顷以上者有 36247 户。②

在全球所调查的 84 个国家中，其中无地农民占农户总数的 0.4%，持有土地在 1 公顷以下者占农户总数的 45%，持有土地在 1—2 公顷者占农户总数的 18.4%，持有土地在 2—5 公顷者占农户总数的 18.6%，持有土地在 5—10 公顷者占农户总数的 8.2%，持有土地在 10—20 公顷者占农户总数的 4.3%，持有土地在 20—50 公顷者占农户总数的 2.7%，持有土地在 50—100 公顷者占农户总数的 1.1%，持有土地在 100—200 公顷者占农户总数的 0.7%，持有土地在 200—500 公顷者占农户总数的 0.4%，持有土地在 500—1000 公顷者占农

---

① Food and Agriculture Organization of United Nations, *1970 World Census of Agriculture, Analysis and International Comparison of the Results*, Rome, 1981, p.34, Table 2.2 Number of Holding by Size of Total Area.

② Food and Agriculture Organization of United Nations, *1970 World Census of Agriculture, Analysis and International Comparison of the Results*, Rome, 1981, p.35, Table 2.3 Percent Distribution of Holding by Size of Total Area.

户总数的 0.1%，持有土地在 1000 公顷以上者占农户总数的 0.1%。①

在所调查的非洲 20 个国家中，无地农民占农户总数的 1.6%，持有土地在 1 公顷以下者占农户总数的 39.8%，持有土地在 1—2 公顷者占农户总数的 27.7%，持有土地在 2—5 公顷者占农户总数的 22.5%，持有土地在 5—10 公顷者占农户总数的 5.5%，持有土地在 10—20 公顷者占农户总数的 1.7%，持有土地在 20—50 公顷者占农户总数的 1%，持有土地在 50—100 公顷者占农户总数的 0.1%。

在所调查的北美洲和中美洲 14 个国家中，无地农民占农户总数的 2.6%，持有土地在 1 公顷以下者占农户总数的 18.6%，持有土地在 1—2 公顷者占农户总数的 8.8%，持有土地在 2—5 公顷者占农户总数的 9.9%，持有土地在 5—10 公顷者占农户总数的 6.8%，持有土地在 10—20 公顷者占农户总数的 7.5%，持有土地在 20—50 公顷者占农户总数的 14%，持有土地在 50—100 公顷者占农户总数的 13.1%，持有土地在 100—200 公顷者占农户总数的 9.8%，持有土地在 200—500 公顷者占农户总数的 6.4%，持有土地在 500—1000 公顷者占农户总数的 1.4%，持有土地在 1000 公顷以上者占农户总数的 1.1%。②

在所调查的南美洲 7 个国家中，无地农民占农户总数的 0.5%，持有土地在 1 公顷以下者占农户总数的 15.2%，持有土地在 1—2 公顷者占农户总数的 12.5%，持有土地在 2—5 公顷者占农户总数

---

① Food and Agriculture Organization of United Nations, *1970 World Census of Agriculture, Analysis and International Comparison of the Results*, Rome, 1981, p.36, Table 2.3 Percent Distribution of Holding by Size of Total Area.

② Food and Agriculture Organization of United Nations, *1970 World Census of Agriculture, Analysis and International Comparison of the Results*, Rome, 1981, p.36, Table 2.3 Percent Distribution of Holding by Size of Total Area.

的 20.5%，持有土地在 5—10 公顷者占农户总数的 13.7%，持有土地在 10—20 公顷者占农户总数的 12.7%，持有土地在 20—50 公顷者占农户总数的 12.6%，持有土地在 50—100 公顷者占农户总数的 5.3%，持有土地在 100—200 公顷者占农户总数的 3.2%，持有土地在 200—500 公顷者占农户总数的 2.3%，持有土地在 500—1000 公顷者占农户总数的 0.8%，持有土地在 1000 公顷以上者占农户总数的 0.6%。

在所调查的亚洲 16 个国家中，无地农民占农户总数的 0.1%，持有土地在 1 公顷以下者占农户总数的 52.3%，持有土地在 1—2 公顷者占农户总数的 19.3%，持有土地在 2—5 公顷者占农户总数的 17.9%，持有土地在 5—10 公顷者占农户总数的 6.7%，持有土地在 10—20 公顷者占农户总数的 2.8%，持有土地在 20—50 公顷者占农户总数的 0.8%，持有土地在 50—100 公顷者占农户总数的 0.1%。

在所调查的欧洲 21 个国家中，无地农民占农户总数的 0.4%，持有土地在 1 公顷以下者占农户总数的 29%，持有土地在 1—2 公顷者占农户总数的 13.8%，持有土地在 2—5 公顷者占农户总数的 22.7%，持有土地在 5—10 公顷者占农户总数的 16.4%，持有土地在 10—20 公顷者占农户总数的 10.1%，持有土地在 20—50 公顷者占农户总数的 5.7%，持有土地在 50—100 公顷者占农户总数的 1.2%，持有土地在 100—200 公顷者占农户总数的 0.5%，持有土地在 200—500 公顷者占农户总数的 0.1%。[1]

在所调查的大洋洲 6 个国家中，持有土地在 1 公顷以下者占农

---

[1] Food and Agriculture Organization of United Nations, *1970 World Census of Agriculture, Analysis and International Comparison of the Results*, Rome, 1981, pp. 37-38, Table 2.3 Percent Distribution of Holding by Size of Total Area.

户总数的 3.1%，持有土地在 1—2 公顷者占农户总数的 2.6%，持有土地在 2—5 公顷者占农户总数的 7.4%，持有土地在 5—10 公顷者占农户总数的 7.1%，持有土地在 10—20 公顷者占农户总数的 6.8%，持有土地在 20—50 公顷者占农户总数的 12.5%，持有土地在 50—100 公顷者占农户总数的 13.1%，持有土地在 100—200 公顷者占农户总数的 12.8%，持有土地在 200—500 公顷者占农户总数的 15.9%，持有土地在 500—1000 公顷者占农户总数的 8.5%，持有土地在 1000 公顷以上者占农户总数的 10.2%。[1]

根据 1970 年的统计数据，持有土地在 2 公顷（即中国的 30 亩）以下（含无地人口）的小农在各国农村土地持有者中所占的比例：

1970 年在北美洲和中美洲 11 个国家持有土地在 2 公顷以下的农户占总农户的 20.9%。其中加拿大为 1.9%，哥斯达黎加为 26.9%，多米尼加共和国为 52.1%，萨尔瓦多为 60.4%，洪都拉斯为 37.5%，牙买加为 76%，墨西哥为 36.1%，巴拿马为 30.4%，波多黎各为 21.2%。

1970 年在亚洲，日本持有土地在 2 公顷以下的农户占总农户的 92%，在韩国为 92.5%，在巴基斯坦为 28.1%，在菲律宾为 41%，在斯里兰卡为 87.5%。

在欧洲 18 个国家 1970 年持有土地在 2 公顷以下的农户占总农户的 42.1%，奥地利 1970 年这一比例为 21%，比利时 1970 年这一比例为 34.8%，捷克斯洛伐克 1970 年这一比例为 94.4%，丹麦 1970 年这一比例为 2.8%，芬兰 1969 年这一比例为 11.1%，法国 1970 年这一比例为 17.8%，联邦德国 1971 年这一比例为 17.7%，希腊 1971

---

[1] Food and Agriculture Organization of United Nations, *1970 World Census of Agriculture, Analysis and International Comparison of the Results*, Rome, 1981, p. 38, Table 2.3 Percent Distribution of Holding by Size of Total Area.

年这一比例为43.9%，匈牙利1972年这一比例为91.9%，意大利1970年这一比例为50.8%，卢森堡1970年这一比例为12.5%，马耳他1968—1969年这一比例为72.7%，荷兰1969—1970年这一比例为17.3%，挪威1969年这一比例为21.2%，波兰1970年这一比例为33.4%，瑞典1971年这一比例为6.8%，英国1970年这一比例为9.8%，南斯拉夫1969年这一比例为39.3%。

1970年在大洋洲4个国家，持有土地在2公顷以下的农户占总农户的比例为2.6%。其中美属萨摩拉为100%，澳大利亚为1.6%，新西兰为1.6%，关岛为70%。[①]

在非洲，小农大量存在。这个群体在土地持有者中占很高的比例。

中非共和国1973—1974年持有土地的农户共有283450户，持有土地在1公顷以下的为91298户，占农户总数的32.2%。其中持有土地在0.5—1公顷的农户有58734户，持有土地在0.5公顷以下的农户为32564户。[②]

喀麦隆1972—1973年持有土地的农户共有925895户，持有土地在1公顷以下的为395141户，占农户总数的42.7%，他们持有的土地占土地总面积的13.8%。其中持有土地在0.5—1公顷的农户有210110户，持有土地在0.5公顷以下的农户为185031户。[③]

[①] Food and Agriculture Organization of United Nations, *1970 World Census of Agriculture, Analysis and International Comparison of the Results*, Rome, 1981, pp. 270-273, Table 15.2 Percent Distribution of Holding by Size of Total Area, 1970, 1960, 1950.

[②] Food and Agriculture Organization of United Nations, *1970 World Census of Agriculture, Analysis and International Comparison of the Results*, Rome, 1981, p. 58, Table 3.4 Number and Area of Holdings and Percent Distribution of Holdings under 1 Hectare.

[③] Food and Agriculture Organization of United Nations, *1970 World Census of Agriculture, Analysis and International Comparison of the Results*, Rome, 1981, p. 58, Table 3.4 Number and Area of Holdings and Percent Distribution of Holdings under 1 Hectare.

赞比亚1970—1971年持有土地的农户共有766900户，持有土地在1公顷以下的为369800户，占农户总数的48.2%，他们持有的土地占土地总面积的13.3%。其中持有土地在0.5—1公顷的农户有149100户，持有土地在0.5公顷以下的农户为220700户。①

乍得1972—1973年持有土地的农户共有366475户，持有土地在1公顷以下的为72377户，占农户总数的19.8%，他们持有的土地占土地总面积的4.3%。其中持有土地在0.5—1公顷的农户有44900户，持有土地在0.5公顷以下的农户为27477户。②

加蓬1974—1975年持有土地的农户共有71070户，持有土地在1公顷以下的为48288户，占农户总数的67.9%，他们持有的土地占土地总面积的31.6%。其中持有土地在0.5—1公顷的农户有19585户，持有土地在0.5公顷以下的农户为28703户。③

象牙海岸1974—1975年持有土地的农户共有549708户，持有土地在1公顷以下的为52421户，占农户总数的9.5%，他们持有的土地占土地总面积的1.1%。其中持有土地在0.5—1公顷的农户有33002户，持有土地在0.5公顷以下的农户为19419户。④

---

① Food and Agriculture Organization of United Nations, *1970 World Census of Agriculture, Analysis and International Comparison of the Results*, Rome, 1981, p.58, Table 3.4 Number and Area of Holdings and Percent Distribution of Holdings under 1 Hectare.
② Food and Agriculture Organization of United Nations, *1970 World Census of Agriculture, Analysis and International Comparison of the Results*, Rome, 1981, p.58, Table 3.4 Number and Area of Holdings and Percent Distribution of Holdings under 1 Hectare.
③ Food and Agriculture Organization of United Nations, *1970 World Census of Agriculture, Analysis and International Comparison of the Results*, Rome, 1981, p.58, Table 3.4 Number and Area of Holdings and Percent Distribution of Holdings under 1 Hectare.
④ Food and Agriculture Organization of United Nations, *1970 World Census of Agriculture, Analysis and International Comparison of the Results*, Rome, 1981, p.58, Table 3.4 Number and Area of Holdings and Percent Distribution of Holdings under 1 Hectare.

肯尼亚1974年持有土地的农户共有1483422户,持有土地在1公顷以下的为472173户,占农户总数的31.8%,他们持有的土地占土地总面积的7.9%。其中持有土地在0.5—1公顷的农户有265829户,持有土地在0.5公顷以下的农户为206344户。[1]

莱索托1970年持有土地的农户共有187421户。持有土地在1公顷以下的为92481户,占农户总数的49.3%,其中持有土地在0.5—1公顷的农户有55689户,持有土地在0.5公顷以下的农户为36792户。[2]

多哥1970年持有土地的农户共有232657户,持有土地在1公顷以下的为64919户,占农户总数的27.9%。其中持有土地在0.5—1公顷的农户有36182户,持有土地在0.5公顷以下的农户为28737户。[3]

扎伊尔1970年持有土地的农户共有2536616户,持有土地在1公顷以下的为1052684户,占农户总数的41.5%,他们持有的土地占土地总面积的17.9%。其中持有土地在0.5—1公顷的农户有774237户,持有土地在0.5公顷以下的农户为278447户。[4]

留尼旺1972—1973年持有土地的农户共有39111户,持有土地

---

[1] Food and Agriculture Organization of United Nations, *1970 World Census of Agriculture, Analysis and International Comparison of the Results*, Rome, 1981, p.58, Table 3.4 Number and Area of Holdings and Percent Distribution of Holdings under 1 Hectare.

[2] Food and Agriculture Organization of United Nations, *1970 World Census of Agriculture, Analysis and International Comparison of the Results*, Rome, 1981, p.58, Table 3.4 Number and Area of Holdings and Percent Distribution of Holdings under 1 Hectare.

[3] Food and Agriculture Organization of United Nations, *1970 World Census of Agriculture, Analysis and International Comparison of the Results*, Rome, 1981, p.58, Table 3.4 Number and Area of Holdings and Percent Distribution of Holdings under 1 Hectare.

[4] Food and Agriculture Organization of United Nations, *1970 World Census of Agriculture, Analysis and International Comparison of the Results*, Rome, 1981, p.58, Table 3.4 Number and Area of Holdings and Percent Distribution of Holdings under 1 Hectare.

在 1 公顷以下的为 20995 户，占农户总数的 53.7%，他们持有的土地占土地总面积的 15%。其中持有土地在 0.5—1 公顷的农户有 3870 户，持有土地在 0.5 公顷以下的农户为 17125 户。①

坦桑尼亚 1971—1972 年持有土地的农户共有 2434425 户，持有土地在 1 公顷以下的为 1414790 户，占农户总数的 58.1%，他们持有的土地占土地总面积的 22%。其中持有土地在 0.5—1 公顷的农户有 635700 户，持有土地在 0.5 公顷以下的农户为 779090 户。②

在各国小农中，有一部分持有土地面积在 1 公顷以下的极小农。这类极小农，在所调查的 33 个国家全部 111058031 户农户中共有 58790121 户。其中持有土地在 0.5—1 公顷的为 21778364 户，持有土地在 0.5 公顷以下的为 37011757 户。在非洲共有 4200937 户，其中持有土地在 0.5—1 公顷的为 2328818 户，持有土地在 0.5 公顷以下的为 1872119 户。在北美洲和中美洲的 4 个国家，共有 264889 户，其中持有土地在 0.5—1 公顷的为 132870 户，持有土地在 0.5 公顷以下的为 132019 户。在亚洲的 7 个国家，共有 51172093 户，其中持有土地在 0.5—1 公顷的为 18552678 户，持有土地在 0.5 公顷以下的为 32619415 户。在欧洲的 7 个国家，共有 2685957 户，其中持有土地在 0.5—1 公顷的为 615276 户，持有土地在 0.5 公顷以下的为 2073681 户。③

---

① Food and Agriculture Organization of United Nations, *1970 World Census of Agriculture, Analysis and International Comparison of the Results*, Rome, 1981, p. 58, Table 3.4 Number and Area of Holdings and Percent Distribution of Holdings under 1 Hectare.

② Food and Agriculture Organization of United Nations, *1970 World Census of Agriculture, Analysis and International Comparison of the Results*, Rome, 1981, p. 58, Table 3.4 Number and Area of Holdings and Percent Distribution of Holdings under 1 Hectare.

③ Food and Agriculture Organization of United Nations, *1970 World Census of Agriculture, Analysis and International Comparison of the Results*, Rome, 1981, p. 59, Table 3.4 Number and Area of Holding and Percent Distribution of Holding under 1 Hectare.

在非洲，布基纳法索1993年土地持有者为886638人，持有土地在1公顷以下的为114377人；全部持有地为3472480公顷，面积在1公顷以下的持有地总面积为62504公顷。刚果共和国1990年土地持有者为4479600人，持有土地在1公顷以下的为3882900人；全部持有地为2387700公顷，面积在1公顷以下的持有地总面积为1500400公顷。埃及1990年土地持有者为3475502人，持有土地在1公顷以下的为2579426人；全部持有地为3297281公顷，面积在1公顷以下的持有地总面积为810298公顷。埃塞俄比亚1989—1992年土地持有者为6091840人，持有土地在1公顷以下的为4392500人；全部持有地为4871020公顷，面积在1公顷以下的持有地总面积为1796780公顷。几内亚1990年土地持有者为442168人，持有土地在1公顷以下的为150950人；全部持有地为895620公顷，面积在1公顷以下的持有地总面积为87884公顷。几内亚比绍1988年土地持有者为84221人，持有土地在1公顷以下的为59120人。莱索托1988—1990年全部持有地为229300人，土地在1公顷以下的为107400人。利比亚1987年全部土地持有者为175528人，面积在1公顷以下的持有者为25213人。马拉维1993年全部可耕地持有者为1561416人，持有土地在1公顷以下的为1212967人。纳米比亚1995年土地持有者为113616人，持有土地在1公顷以下的为24752人；全部持有地为300145公顷，面积在1公顷以下的持有地总面积为8742公顷。留尼旺1989年土地持有者为13755人，持有土地在1公顷以下的为3970人；全部持有地为50363公顷，面积在1公顷以下的持有地总面积为1713公顷。乌干达1991年土地持有者为1704721人，持有土地在1公顷以下的为839369人；全部持有地为3683288公顷，面积在1公顷以下的持有地总面积为404609公顷。

在北美洲和中美洲，巴哈马 1994 年土地持有者为 1760 人，持有土地在 1 公顷以下的为 639 人；全部持有地为 20336 公顷，面积在 1 公顷以下的持有地总面积为 290 公顷。巴巴多斯 1989 年土地持有者为 17178 人，持有土地在 1 公顷以下的为 16315 人；全部持有地为 21560 公顷，面积在 1 公顷以下的持有地总面积为 2140 公顷。多米尼加 1995 年土地持有者为 9028 人，持有土地在 1 公顷以下的为 4800 人；全部持有地为 21146 公顷，面积在 1 公顷以下的持有地总面积为 1783 公顷。格林纳达 1995 年土地持有者为 18277 人，持有土地在 1 公顷以下的为 15534 人；全部持有地为 14164 公顷，面积在 1 公顷以下的持有地总面积为 2583 公顷。瓜德罗普 1989 年土地持有者为 16272 人，持有土地在 1 公顷以下的为 5043 人；全部持有地为 46740 公顷，面积在 1 公顷以下的持有地总面积为 2409 公顷。马提尼克 1989 年土地持有者为 15460 人，持有土地在 1 公顷以下的为 9830 人；全部持有地为 37173 公顷，面积在 1 公顷以下的持有地总面积为 3181 公顷。巴拿马 1990 年土地持有者为 213895 人，持有土地在 1 公顷以下的为 99905 人；全部持有地为 2941583 公顷，面积在 1 公顷以下的持有地总面积为 15162 公顷。圣卢西亚 1986 年土地持有者为 11551 人，持有土地在 1 公顷以下的为 9835 人；全部持有地为 23478 公顷，面积在 1 公顷以下的持有地总面积为 5388 公顷。美国 1987 年土地持有者为 2087759 人，持有土地在 5 公顷以下的为 222077 人；全部持有地为 390311617 公顷，面积在 5 公顷以下的持有地总面积为 424401 公顷。

在南美洲，阿根廷 1988 年土地持有者为 378357 人，持有土地在 5 公顷以下的为 57057 人；全部持有地为 177437398 公顷，面积在 1 公顷以下的持有地总面积为 148000 公顷。巴西 1985 年土地持有者为

5820988 人，持有土地在 1 公顷以下的为 645624 人；全部持有地为 376286577 公顷，面积在 1 公顷以下的持有地总面积为 366408 公顷。哥伦比亚 1988 年土地持有者为 1547848 人，持有土地在 1 公顷以下的为 297681 人；全部持有地为 36033713 公顷，面积在 1 公顷以下的持有地总面积为 93041 公顷。法属圭亚那 1989 年土地持有者为 4480 人，持有土地在 1 公顷以下的为 729 人；全部持有地为 20642 公顷，面积在 1 公顷以下的持有地总面积为 392 公顷。巴拉圭 1991 年土地持有者为 307221 人，持有土地在 1 公顷以下的为 29939 人；全部持有地为 23817737 公顷，面积在 1 公顷以下的持有地总面积为 8499 公顷。秘鲁 1994 年土地持有者为 1756141 人，持有土地在 5 公顷以下的为 1222935 人；全部持有地为 35381809 公顷，面积在 5 公顷以下的持有地总面积为 1927545 公顷。

在亚洲，塞浦路斯 1994 年土地持有者为 52089 人，持有土地在 2 公顷以下的为 31308 人；全部持有地为 177760 公顷，面积在 2 公顷以下的持有地总面积为 23333 公顷。印度 1991 年土地持有者为 106637000 人，持有土地在 1 公顷以下的为 63388000 人，持有土地在 1—2 公顷的有 20092000 人；全部持有地为 165507000 公顷，面积在 1 公顷以下的持有地总面积为 24894000 公顷，面积在 1—2 公顷的持有地总面积为 28827000 公顷。印度尼西亚 1993 年土地持有者为 19713806 人，持有土地在 1 公顷以下的为 13955905 人；全部持有地为 17145036 公顷，面积在 1 公顷以下的持有地总面积为 5105398 公顷。伊朗 1993 年土地持有者为 3602950 人，持有土地在 1 公顷以下的为 1662040 人；全部持有地为 15458910 公顷，面积在 1 公顷以下的持有地总面积为 310720 公顷。日本 1995 年土地持有者为 3444000 人，持有土地在 1 公顷以下的为 2359000 人；全部持有地为 4120000 公顷，面积在 1 公顷以下的持有地总面积为 1037000 公顷。缅甸 1993 年土地持有者为 2924898 人，持有土地在 1 公顷以下的为 952126 人；全部持有地为 6886956 公顷，面积在 1 公顷以下的持有地总面积为 388665 公顷。巴基斯坦 1990 年土地持有者为 5077963 人，持有土地在 1 公顷以下的为 1367771 人；全部持有地为 19149637 公顷，面积在 1 公顷以下的持有地总面积为 703523 公顷。菲律宾 1991 年土地持有者为 4610041 人，持有土地在 1 公顷以下的为 1685380 人；全部持有地为 9974871 公顷，面积在 1 公顷以下的持有地总面积为 728112 公顷。泰国 1993 年土地持有者为 56474900 人，持有土地在 1 公顷以下的为 1114035 人；全部持有地为 19002071 公顷，面积在 1 公顷以下的持有地总面积为 574967 公顷，面积在 1—2 公顷的持有地总面积为 1721244 公顷。土耳其 1991 年土地持有者为 4068432 人，持有土地在 1 公顷以下的为 734583 人；全部持有地为 23451099 公顷，面积在 1 公顷以下的持有地总面积为 317815 公顷，面积在 1—2 公顷的持有地总面积为 1004250 公顷。越南 1994 年土地持有者为 9528896 人，持有土地在 1 公顷以下的为 8412626 人，持有土地在 1 公顷以上的土地持有者人数较少。

在欧洲国家，到 20 世纪后期，小土地持有者人数已很少，小农人数比例稍大的国家有阿尔巴尼亚、法国、意大利、葡萄牙、西班牙诸国。[1]

20 世纪的经济统计资料表明，从世界范围来看，资本主义发展

---

[1] Food and Agriculture Organization of United Nations, *Supplement to the Report on the 1990 World Census of Agriculture: International Comparison and Primary Results by Country (1986-1995)*, Rome, 2001, pp. 66-68, Table 4.1 Number and Area (in hectares) of Holdings Classified by Size.

使小农消失这一理论结论不符合当代农业经济发展的总体情况。

联合国粮农组织的统计资料使我们能够对1970年到1990年前后各国小农的人数的变化的趋势有所了解。

在非洲，1970—1990年刚果共和国属于可耕地面积减少、土地持有者人数增加、5公顷持有地户数增加的国家。刚果的可耕地面积从3821916公顷减少到2387700公顷；但土地持有者从2536616户增至4479609户，说明土地持有出现碎化现象。埃塞俄比亚从1977年至1989/1992年土地持有者从4797300户增至6091840户。巴拿马的可耕地面积从1971年的2098062公顷增至1990年的2941583公顷；但土地持有者从1971年的115364户增至213895户，持有土地在1公顷以下的户数从30124户增至99905户。该国土地持有者户数的增长比率超过了可耕地增长的比率，最小农户的增长率超过可耕地面积的增长率，引人注目。巴西1970—1985年，可耕地面积从294145466公顷增至376288577公顷，土地持有者户数从4905642户增至5820988户，占地在1公顷以下的户数从396846户增至645624户。巴拉圭从1981—1991年，耕地面积从21940531公顷增至23817737公顷，土地持有者从248930户增至307221户，占地在1公顷以下的户数从1781户增至29938户。土地持有者的户数和最小的土地持有者户数的增长率均超过了土地面积增长率。

在亚洲，印度从1971—1991年可耕地面积增长不多，从16212400公顷增至16550700公顷，但土地持有户数从70493000户增至106637000户。其中占地在1公顷以下的土地持有者从35682000户增至63388000户，占地1—2公顷的土地持有者从13432000户增至20092000户。印度是一个小农数量急剧增长的国家。巴基斯坦从1971—1973年至1989年，可耕地面积变化不大，从19913000公顷增至19149637公顷，土地持有者从3761940户增至5070963户，其中持有土地在1公顷以下者从520617户增至1367771户，持有土地在1—2公顷的农户从538421户增至1038288户。菲律宾1971—1991年可耕地面积从8494000公顷增至9974871公顷，土地增加数量不多；而土地持有者户数从2354489户增至4610041户，其中占地1公顷以下的土地持有者从319363户增至1685380户。这表明，在该国土地持有碎化明显，土地持有者户数和小土地持有者户数增加很多。泰国1978—1993年可耕地面积和土地持有者户数都在增长，其中占地在1公顷以下者从638664户增至1114038户，小农户数增长较大。土耳其1980—1991年，可耕地面积从22764029公顷增至23451099公顷，增长不大。但占地在1公顷以下的土地持有者从575188户增至734583户，小农户数增长较快。以上抽样和概览表明，在亚洲和非洲国家，在1970—1990年间，不少国家土地出现碎化，土地持有者户数的增长率超过土地耕作面积的增长率，其中持有土地在1公顷以下的土地持有者户数在增长。即便其他小农户数没有绝对增加的亚洲和非洲国家，也都没有出现土地集中化而造成小农消失的现象。[①]

  亚、非、拉国家小农数量有增无减的原因在于，在这些国家中工业经济的统治地位还没有确立，或者说农村还容纳了大批人口。农村土地持有者只拥有很少的资本，他们要依靠持有的小块土地维生。农村人口密度较大，人均土地面积小，加之人口增长，是这些国家农民

---

① Food and Agriculture Organization of United Nations, *Supplement to the Report on the 1990 World Census of Agriculture: International Comparison and Primary Results by Country (1986-1995)*, Rome, 2001, pp.69-72, Table 4.2 Number and Area (in Hectares) of Holdings Classified by Size: 1990, 1980 and 1970 Rounds of Censuses (including only countries providing this information for the 1990 round of censuses).

人均持有土地较小的客观原因。

　　欧洲国家如德国、希腊、爱尔兰、意大利、荷兰、挪威、葡萄牙和英国，在1970—1990年间，出现了可耕地面积有所减少但土地持有者户数有较大下降的现象。在这些国家，小土地持有者的户数下降是普遍现象，小土地所有者持有土地的面积也在下降。比利时的土地持有者1970年为184005户，1979年为19227户，1990年为87180户；占地在1公顷以下的农户1970年为53608户，1979年为25424户，1990年为12698户。丹麦占地在10公顷以下的农户1970年为44138户，1979年为38248户，1989年为14728户。芬兰占地在10公顷以下的农户1970年为108796户，1990年为69015户。法国占地在2公顷以下的农户1971年为282592户，1980年为207601户，1989年为161568户。德国占地在2公顷以下的农户1971年为195198户，1979年为145075户，1995年为90600户。爱尔兰占地在2公顷以下的农户1970年为23295户，1979年为22469户，1991年为4460户。意大利占地在2公顷以下的农户1970年为1847358户，1980年为1691320户，1989年为1588195户。荷兰占地在2公顷以下的农户1970年为34377户，1979年为28098户，1989年为23224户。挪威占地在2公顷以下的农户1969年为33314户，1979年为24554户，1989年为13604户。葡萄牙占地在2公顷以下的农户1968年为483816户，1979年为520370户，1989年为346410户。英国占地在2公顷以下的农户1970年为31781户，1979年为19240户，1993年为13777户。[①]

---

① Food and Agriculture Organization of United Nations, *Supplement to the Report on the 1990 World Census of Agriculture: International Comparison and Primary Results by Country (1986-1995)*, Rome, 2001, pp.72-74, Number and Area (in Hectares) of Holdings Classified by Size: 1990, 1980 and 1970 Rounds of Censuses (including only countries providing this information for the 1990 round of censuses).

在发达资本主义工业国，20世纪后期小农数量和持有地总面积的急剧下降是一个明显的事实。因为在这个时期，农业和小农在发达资本主义国家中的经济地位已是无足轻重。同时因为，农村劳动力可以流向城市去寻找一份工作，没有必要寻求在面积不大、收益不多的小土地上谋求生计。发达资本主义国家小农的存在和变动的规律，完全不同于第三世界国家。

在全球调查的66个国家中，持有土地在5公顷以下的农户以及他们持有土地面积在全部土地持有者户数和土地面积中占的比例，已有详细的调查资料。5公顷以下的土地持有者占土地持有者总户数的37.2%，占全部持有地面积的6.6%。

在非洲，5公顷以下的土地持有者占土地持有者总户数的50.6%，占全部持有地的40.3%。其中，阿尔及利亚5公顷以下的土地持有者占土地持有者总户数的32%，占全部持有地面积的12.7%。喀麦隆5公顷以下的土地持有者占土地持有者总户数的53.8%，占全部持有地的70.5%。中非共和国5公顷以下的土地持有者占土地持有者总户数的65.4%，占全部持有地的79.6%。乍得5公顷以下的土地持有者占土地持有者总户数的69.4%，占全部持有地的67.8%。刚果5公顷以下的土地持有者占土地持有者总户数的62.9%，占全部持有地的79.7%。加蓬5公顷以下的土地持有者占土地持有者总户数的32.4%，占全部持有地的68.4%。加纳5公顷以下的土地持有者占土地持有者总户数的48.2%，占全部持有地的37.2%。象牙海岸5公顷以下的土地持有者占土地持有者总户数的54.4%，占全部持有地的30.4%。肯尼亚5公顷以下的土地持有者占土地持有者总户数的58%，占全部持有地的33.9%。莱索托5公顷以下的土地持有者占土地持有者总户数的66.3%，占全部持有地的75.5%。利比亚5公顷以下的土地持有者占土地持有者总户数的 40.2%，占全部持有地的 27.9%。马拉维 5 公顷以下的土地持有者占土地持有者总户数的 60.8%，占全部持有地的 85%。塞拉利昂 5 公顷以下的土地持有者占土地持有者总户数的 56.6%，占全部持有地的 71.2%。斯威士兰 5 公顷以下的土地持有者占土地持有者总户数的 59%，占全部持有地的 7.4%。坦桑尼亚 5 公顷以下的土地持有者占土地持有者总户数的 36.7%，占全部持有地的 57.2%。扎伊尔 5 公顷以下的土地持有者占土地持有者总户数的 57.2%，占全部持有地的 48.6%。赞比亚 5 公顷以下的土地持有者占土地持有者总户数的 43.8%，占全部持有地的 27.1%。

北美洲和中美洲的 12 个国家，5 公顷以下的土地持有者占土地持有者总户数的 18.7%，占全部持有地的 0.4%。加拿大 5 公顷以下的土地持有者占土地持有者总户数的 3.8%，占全部持有地的 0.05%。哥斯达黎加 5 公顷以下的土地持有者占土地持有者总户数的 25.6%，占全部持有地的 1.7%。多米尼加共和国 5 公顷以下的土地持有者占土地持有者总户数的 44.9%，占全部持有地的 11.4%。萨尔瓦多 5 公顷以下的土地持有者占土地持有者总户数的 32.1%，占全部持有地的 14.7%。瓜德罗普 5 公顷以下的土地持有者占土地持有者总户数的 52%，占全部持有地的 40.3%。海地 5 公顷以下的土地持有者占土地持有者总户数的 37.4%，占全部持有地的 56.1%。洪都拉斯 5 公顷以下的土地持有者占土地持有者总户数的 46.7%，占全部持有地的 8.3%。牙买加 5 公顷以下的土地持有者占土地持有者总户数的 35.2%，占全部持有地的 22.7%。墨西哥 5 公顷以下的土地持有者占土地持有者总户数的 26.2%，占全部持有地的 0.5%。巴拿马 5 公顷以下的土地持有者占土地持有者总户数的 30.4%，占全部持有地的 3.4%。波多黎各 5 公顷以下的土地持有者占土地持有者总户数的 51.5%，占全部持有地的 7.6%。美国 5 公顷以下的土地持有者占土地持有者总户数的 4.8%，占全部持有地的 0.09%。

在南美洲的 7 个国家，5 公顷以下的土地持有者占土地持有者总户数的 33%，占全部持有地的 1.7%。巴西 5 公顷以下的土地持有者占土地持有者总户数的 28.5%，占全部持有地的 1.2%。哥伦比亚 5 公顷以下的土地持有者占土地持有者总户数的 36.7%，占全部持有地的 3.3%。厄瓜多尔 5 公顷以下的土地持有者占土地持有者总户数的 38.7%，占全部持有地的 6%。秘鲁 5 公顷以下的土地持有者占土地持有者总户数的 43.2%，占全部持有地的 5.9%。苏里南 5 公顷以下的土地持有者占土地持有者总户数的 62.5%，占全部持有地的 25.6%。乌拉圭 5 公顷以下的土地持有者占土地持有者总户数的 14.3%，占全部持有地的 0.18%。委内瑞拉 5 公顷以下的土地持有者占土地持有者总户数的 37.9%，占全部持有地的 1%。

在亚洲 13 个国家中，5 公顷以下的土地持有者占土地持有者总户数的 36.9%，占全部持有地的 36.8%。印度 5 公顷以下的土地持有者占土地持有者总户数的 38%，占全部持有地的 37.8%。印度尼西亚 5 公顷以下的土地持有者占土地持有者总户数的 27.5%，占全部持有地的 43.7%。伊朗 5 公顷以下的土地持有者占土地持有者总户数的 29.3%，占全部持有地的 7.2%。以色列 5 公顷以下的土地持有者占土地持有者总户数的 50%，占全部持有地的 10.8%。日本 5 公顷以下的土地持有者占土地持有者总户数的 30.5%，占全部持有地的 50.9%。韩国 5 公顷以下的土地持有者占土地持有者总户数的 33.1%，占全部持有地的 61.6%。黎巴嫩 5 公顷以下的土地持有者占土地持有者总户数的 34.3%，占全部持有地的 18.3%。尼泊尔 5 公顷以下的土地持有者占土地持有者总户数的 19.5%，占全部持有地的 44.9%。巴基斯坦

5公顷以下的土地持有者占土地持有者总户数的54.2%，占全部持有地的28.9%。菲律宾5公顷以下的土地持有者占土地持有者总户数的71.2%，占全部持有地的45.9%。沙特阿拉伯5公顷以下的土地持有者占土地持有者总户数的39.8%，占全部持有地的12.4%。斯里兰卡5公顷以下的土地持有者占土地持有者总户数的26.8%，占全部持有地的52.4%。叙利亚5公顷以下的土地持有者占土地持有者总户数的36.8%，占全部持有地的10%。

在欧洲15个国家中，5公顷以下的土地持有者占土地持有者总户数的38%，占全部持有地的18.5%。奥地利5公顷以下的土地持有者占土地持有者总户数的31.2%，占全部持有地的4.1%。比利时5公顷以下的土地持有者占土地持有者总户数的23.9%，占全部持有地的8%。捷克斯洛伐克5公顷以下的土地持有者占土地持有者总户数的6.5%，占全部持有地的2.3%。联邦德国5公顷以下的土地持有者占土地持有者总户数的33.7%，占全部持有地的7.8%。希腊5公顷以下的土地持有者占土地持有者总户数的56.7%，占全部持有地的63%。匈牙利5公顷以下的土地持有者占土地持有者总户数的8.5%，占全部持有地的1.7%。爱尔兰5公顷以下的土地持有者占土地持有者总户数的17.6%，占全部持有地的2.9%。意大利5公顷以下的土地持有者占土地持有者总户数的43.5%，占全部持有地的15.8%。马耳他5公顷以下的土地持有者占土地持有者总户数的45.5%，占全部持有地的62.5%。荷兰5公顷以下的土地持有者占土地持有者总户数的22.7%，占全部持有地的5.3%。波兰5公顷以下的土地持有者占土地持有者总户数的42.4%，占全部持有地的24.1%。葡萄牙5公顷以下的土地持有者占土地持有者总户数的42.8%，占全部持有地的15%。瑞士5公顷以下的土地持有者占土地持有者总户数的23.5%，占全部持有地的 7.8%。英国 5 公顷以下的土地持有者占土地持有者总户数的 17.7%，占全部持有地的 0.9%。南斯拉夫 5 公顷以下的土地持有者占土地持有者总户数的 62.8%，占全部持有地的 30.8%。

大洋洲的澳大利亚 5 公顷以下的土地持有者占土地持有者总户数的 7.2%。斐济 5 公顷以下的土地持有者占土地持有者总户数的 35.3%，占全部持有地的 11.8%。[1]

在农业经营发生集中化的同时，第三世界一些地区出现了再小农化的现象。再小农化也增加了小农的数量。巴西发生的无地农民运动造成了城镇人口向农业涌去，形成了小农化。在巴基斯坦、孟加拉国和印度，随着小型农业生产单位的创生，悄然出现了再小农化。[2] 秘鲁北部皮乌拉河浅谷区的卡斯考斯的圣胡安包蒂斯塔农民社区，出现了再小农化过程。在这里，将以前的农庄改造成合作社过程中，将土地划分为个体小农所有。无地农民，主要是流动劳动力，占有和分配了大量的土地和水资源。此外，原属于城市的贫民区进行了重新分配，它们不再属于城市，从事农业活动成为这些新的贫民区的居民生活的主要特征。此外，20 世纪 90 年代以后，小农阶级不再具有与市场高度融合的特征，这强化了农村经济的小农性质。这样三个过程带来了小农数量的大幅增长。例如，卡斯考斯地区小农数量 1972 年为 4396 人，1995 年为 13030 人，1995 年小农人数是 1972 年的 296%。

---

[1] Food and Agriculture Organization of United Nations, *1970 World Census of Agriculture, Analysis and International Comparison of the Results*, Rome, 1981, pp.60-63, Table 3.5 Number and Area of Holdings and Percent Distributions with Land from 1 to 5 Hectares by Size of Holding.

[2] 〔荷〕扬·杜威·范德普勒格：《新小农阶级：帝国和全球化时代为了自在自主性和可持续性的斗争》，潘璐、叶敬忠等译校，社会科学文献出版社 2013 年版，第 11 页。

丘卢卡纳斯小农数量1972年为3308人，1995年为7065人，1995年小农人数是1972年的214%。莫罗蓬小农数量1972年为527人，1995年为1271人，1995年小农人数是1972年的241%。布宜诺斯艾利斯的小农数量1972年为480人，1995年为1532人，1995年小农人数是1972年的319%。在其他地区，小农数量1972年为11772人，1995年为19132人，1995年小农人数是1972年的163%。[①]

当代各国农场耕作面积的大小与小土地持有制的兴衰并非完全由一个国家资本主义发达程度所决定，影响它的还有别的因素。这一点我们可以举出第三世界农业耕作面积的一组统计资料。

1960年农场平均耕作面积日本为1公顷，西巴基斯坦为2.6公顷，印度为2.5公顷，巴西为8.6公顷，哥伦比亚为4.2公顷，墨西哥为9.4公顷，肯尼亚为1.9公顷，塞内加尔为3.6公顷。许多不发达国家的农民人均持有的农地面积超过了日本。占地最多的占总数百分之一的农场所占的农地在全部农地中所占的比例，发达国家并不居前列。日本占11.6%；西巴基斯坦占25%；印度占11.4%，其中旁遮普邦占6.2%，喀拉拉邦占26.3%；巴西占34.6%；哥伦比亚占46%；墨西哥占74.4%；肯尼亚占51.4%；塞内加尔占5.7%。[②]

农场平均耕作面积差别与这些国家的人口密度和人均土地面积、历史上殖民地时期土地制度的规模结构等都有联系，而和这些国家的

---

① 〔荷〕扬·杜威·范德普勒格：《新小农阶级：帝国和全球化时代为了自在自主性和可持续性的斗争》，潘璐、叶敬忠等译校，社会科学文献出版社2013年版，第69页，并见表3-1再小农化的程度。

② Bruce F. Johnston and Peter Kilby, *Agriculture and Structural Transformation: Economic Strategies in Late-developing Countries*, New York: Oxford University Press, 1975, p.14, Table 1.3 Farm Size in Nine Countries.

资本主义经济发展程度几乎没有正比关系。在上述地区中资本主义发展程度最高的日本，农场平均面积却恰恰最小。

4. 农民家庭农场及农民家庭经济学

20世纪后期在绝大多数发展中国家中，农业对绝大多数人口来说仍然是主要的收入来源和外汇获得手段，也是政府决策考虑的中心点。农业区绝大多数家庭的生产活动部分是为了出售，部分是为了自己家庭的消费。他们通过家庭的资源提供生产的某些要素，如劳动力。他们也购买一定的农业投入物如肥料。

农业家庭方式是发展中国家农业经济的主要形式。在低收入的发展中国家，1980年大约有70%的劳动力用于农业经济部类。即便在中等收入的发展中国家，也有45%的劳动力用于农业。1980年时，低收入国家包括孟加拉国、海地、中国、印度、塞拉利昂、马拉维，其中海地有74%的劳动力，马拉维有86%的劳动力，孟加拉国有74%的劳动力，中国有69%的劳动力，塞拉利昂有65%劳动力用于农业。

从统计资料可以看出，中国、巴西、印度这些国家的农业中没有形成大农和大农场制度，应当说和人均耕地面积有直接关系。这些国家农村人口密度大，人均耕地面积很小。我本人曾在江苏南部高淳县顾陇乡一个丘陵小村庄务农6年半，那个村子人均耕地面积只有1亩，而且土地已经开发完毕，没有更多的土地可利用。那里的农民靠精耕细作以求获得略高一些的收成。例如夏日水田耘稻，在30多度或更高的气温下，农民要双膝跪在水里去除杂草。此外，上述这些国家的工业起步较迟，规模不大，无法吸收大量农业剩余劳动力。这使得农村中不具备形成家庭大农场的客观条件。这些国家农业生产力水平较低,这就造成了这些国家较长时期人均粮食可消费水平很低,存在着潜在的缺粮威胁。

表 8-1　中国人均土地面积同世界主要国家的比较

国别	土地总面积（千平方公里）	人均土地（亩）	人均耕地（亩）	人均林地（亩）	人均牧地（亩）
世界	135837	45.20	4.52	13.62	10.37
中国	9600	14.39	1.48	1.80	3.36
印度	2975	6.56	3.64	1.49	0.26
美国	9363	60.32	12.16	18.33	15.30
加拿大	9957	603.71	23.84	197.74	14.46
巴西	8512	107.24	6.74	72.44	20.03
苏联	22042	125.01	12.67	51.34	20.85
法国	551	15.32	4.79	4.05	3.53
澳大利亚	7682	772.04	44.45	107.53	454.14

资料来源:《世界知识》,1985 年第 7 期,第 4 页。

中等收入的国家用于农业的劳动力平均为44%,其中印度尼西亚投入农业的劳动力为 55%,尼日利亚为 54%,埃及为 50%,马来西亚为 5%,多米尼加共和国为 49%,菲律宾为 46%,韩国为 34%。[①]

当今学界在对农业经济组织作分析时,有一种把资本主义生产关系泛化的倾向,认为资本主义社会中一切经济关系都是资本主义的,进而认为家庭农民经济的性质也是资本主义的。例如奈格里教授认

---

① Inderjit Singh, Lyn Squire, John Strauss, eds., *Agricultural Household Models: Extensions, Applications and Policy*, Johns Hopskins U. P., 1986, p.4, Table 1. Labour Force in Agriculture, 1980. Selected Developing Economies.

为："妇女在家庭里工作，也是一种被雇佣的关系。今天的劳动不只是发生在工厂里，而是发生在所有的场所。""今天是社会的再生产、生命的再生产，资本的逻辑控制了一切。"① 这种论点便是将资本主义关系泛化的例子，它在社会和经济理论上显然难以成立。

在家庭生产中，父亲和长子首要的是在农场从事以维生为主要目标的劳作。主妇和幼子则旨在满足家庭消费需要，在家中劳作，种植菜园和果园，饲养家畜，向家庭提供基本的食品，收获森林产品，并在收获时节做助手。他们把剩余时间用于农场建设和为市场生产。家庭生产在市场体制中处于边际地位。家庭生产使得农民家庭满足他们基本的消费和生产要求，同时逐渐地积累财富。乡村非农业部类职业者则帮助和推进农场主和外部世界的商业联系。如磨坊主帮助将小麦磨成粉，做成餐食和酒，农场主将它们运到遥远的市场上去获利。② 在农民家庭中，全家共同拥有土地，共同拥有不多的流动资金。在核心家庭的成员之间不存在产权分配。家庭劳动力成员的工作分配，不是按照对生产资料的占有来分配的。每年家庭从生产中获得的收获物，也不是在所有成员中按照其贡献来分配。家庭是一个生活单位，家庭成员共享产品和生活资料。因此，不能用资本主义政治经济学的概念和方法解释农民家庭经济。适合于农民家庭生活方式分析的手段，应当是基于人类学和道德经济学的原则。

一般地说，农业史学家把农民定义为乡村农业家庭的成员。他们或是作为佃户或是作为小土地持有者控制着他们劳作的土地，他们在

---

① 格奈里教授 2017 年 6 月 3—4 日在南京大学的访谈录，见澎湃网。
② David F. Weiman, Families, "Farms, and Rural Society in Preindustrial America", in George Grantham and Carol S. Leonard, eds., *Agrarian Organization in the Century of Industrialization: Europe, Russia, and America*, JAI Press, 1989, pp. 257-259.

满足他们的维生需求（生产、交换、信贷、保护）的家庭固定联系和乡村共同体中组织起来，他们有不同的收入形式。①

农民家庭的研究的中心问题是家庭的构成和它的成员的经济行为。研究者关注的第一点是家庭构成和家庭周期。第二点是家庭及其成员在家庭内部的关系。这包括家庭劳动是如何组织的，家庭中老人和年轻人、男人和女人的关系如何，这些关系对单个家庭成员之间资源的分配的影响和继承的实践（即财产的传递）。第三点是家庭及其收入，旨在发现如何保证目前、不远的未来和长时期家庭有适当的收入，外部的压迫和约束如何影响收入体系、劳动力市场、交换和信贷关系。最后研究者还关注家庭、地方团体以及国家之间的关系，这涉及乡村社会和制度、教会和国家。②

在绝大多数发展中国家，农业仍然是大多数人口的主要收入来源，也是换取外汇的重要资源。农业家庭持有制是发展中国家经济组织的主要形式。1980年在低收入发展中国家有70%左右的劳动力被农业部类使用，包括马拉维（86%）、海地（74%）、孟加拉国（74%）、印度（69%）和斯里兰卡（65%）。在中等收入的发展中国家大约有45%的劳动力被农业部类使用，印度尼西亚（55%）、尼日利亚（54%）、埃及（50%）、马来西亚（50%）、多米尼加共和国

---

① Isabelle Devos, Thijs Lambrecht and Eric Vanhaute, "Introduction: Family, Labour and Income in the North Sea Area, 500-2000", in Eric Vanhaute, Isabelle Devos and Thijs Lambrecht, eds., *Making a Living: Family, Labour and Income*, Brepols, 2011, p. 2.

② Isabelle Devos, Thijs Lambrecht and Eric Vanhaute, "Introduction: Family, Labour and Income in the North Sea Area, 500-2000", in Eric Vanhaute, Isabelle Devos and Thijs Lambrecht, eds., *Making a Living: Family, Labour and Income*, Brepols, 2011, pp. 1, 3.

(49%)、菲律宾（46%）、韩国（34%）。①

自 1975 年以来，斯坦福大学粮食研究所和世界银行的研究工作者一直在发展一种将生产、消费和劳动力供给决策集合在一起的持续性的理论化的微观经济学模式。在真实的维生的家庭持有制中，这些决策是同时发生的。如果一个家庭不接触贸易，它就只能消费完全依靠自己的劳动生产出来的产品。而大部分的农业是由半商业化农场进行的，一些投资用来购买，一些产品用于出售。②

在欧洲庄园制度衰亡后，绝大多数乡村居民拥有或租种一小块土地。在西欧农村早期发展阶段，乡村社团已经组织起来，他们负责诉讼、贫民救济、对公地的管理、赋税的征收、确保公共秩序等。除了在非常边缘的地区，村庄社团的权力落在少数富有的土地所有者或控制乡村资源的代表人物之手，权力的实施与财产所有权和土地持有相联系。在 1500 年以后，特别在 1800 年以后，在更为商业化的地区村庄生活处于压力之下，越来越多的家庭希望在传统的农业部类之外寻找收入来源。③农民家庭谋生的方式不再是单一的了，而是变得多样化。领主制经济和商品化的市场要素侵入了原本"纯粹的"农民家庭经济。

---

① Isabelle Devos, Thijs Lambrecht and Eric Vanhaute, "Introduction: Family, Labour and Income in the North Sea Area, 500-2000", in Eric Vanhaute, Isabelle Devos and Thijs Lambrecht, eds., *Making a Living: Family, Labour and Income*, Brepols, 2011, p.4.
② Isabelle Devos, Thijs Lambrecht and Eric Vanhaute, "Introduction: Family, Labour and Income in the North Sea Area, 500-2000", in Eric Vanhaute, Isabelle Devos and Thijs Lambrecht, eds., *Making a Living: Family, Labour and Income*, Brepols, 2011, p.6.
③ Thijs Lambercht, Eric Vanhaute, Isabeiie Devos, Gerard Beaur, and others, "Conclusion: Making a Livingin Rural Societies in the North Sea Area, 500-2000", in Eric Vanhaute, Isabelle Devos and Thijs Lambrecht, eds., *Making a Living: Family, Labour and Income*, Brepols, 2011, pp.323-324.

艾利思认为："在许多农民社会内，家庭对于土地有着复杂的传统权利。这些权利高于并且限制了土地的自由市场。""农民农业的'家庭劳动'基础，便把农民与资本主义企业区分开来。"① 农民向家庭以外转让土地非常罕见。农民农业是以家庭劳动而不是个人劳动为基础。这一点是农民家庭生产和资本主义企业的根本区别。

家庭农业是个体农民经济的具体表现形式。"以生存为目的的农民家庭经济活动的特点在于：与资本主义企业不同，农民家庭不仅是个生产单位，而且是个消费单位。根据家庭的规模，它从一开始就或多或少地有某种不可缩减的生存消费的需要；为了作为一个单位存在下去，它就必须满足这一需要。以稳定可靠的方式满足最低限度的人的需要，是农民综合考虑种子、技术、耕作时间、轮作制等项选择的主要标准。"②

大多数农民家庭受制于气候的变幻莫测和别人的盘剥，生活处于接近生存线的边缘，生存遇到经济困难的威胁。农民力图避免可能毁灭自己的歉收，不想通过冒险获得大的成功和发横财。波拉尼认为，避免个人受挨饿威胁的考虑在农民中是相当普遍的，农村社会解决这一问题的措施和道德考虑压倒了经济考虑，这是传统社会区别于市场经济社会的标志之一。③ 沃尔夫认为："只有当耕作者屈从于其社会阶层以外的权力拥有者所提出的命令与惩罚的时候，我们才可以说他们属于小农阶级。"④ 斯科特指出："在大多数前资本主义的农业社会中，

---

① 〔英〕弗兰克·艾利思：《农民经济学：农民家庭和农业发展》，胡景北译，上海人民出版社2006年版，第8—9页。
② 〔美〕詹姆斯·G. 斯科特：《农民的道义经济学：东南亚的反叛与生存》，程立显、刘建等译，译林出版社2001年版，第16页。
③ Karl Polanyi, *Great Transformation*, Boston, 1957, pp.163-164.
④ Eric Wolf, *Peasants*, New Jersey: Englewood Cliffs, Prentice-Hall, p.11.

对食物短缺的恐惧,产生了'生存伦理'。""农民家庭的问题,说白了,就是要生产足够的大米以养家糊口,要买一些盐、布等必需品,还要满足外部人的不可减少的索取。""生存伦理植根于农民社会的经济实践和社会交易之中。"①

农民的家庭经济具有维生经济和少量商品经济的两重性。农民家庭经济存在于经济发展水平不同的地区。家庭经济受到资本主义不同程度的侵蚀,它不同程度地介入了资本主义农业的运行。

E. P. 汤普森认为,在农民经济即家庭经济中,起主导作用的理念,不是资产阶级古典政治经济学,而是道德经济学和人类学。在家庭中,男性户主具有一种责任感,并对家庭成员包括夫妻、父母、子女之间等个人生活的各个层面具有情感,他们分担生产和家务,关心彼此的健康、共同的财产和地位,相互间真诚相处,拒绝无理和蛮横粗鲁。家庭经济的目的除了共同维生和致富外,还有重要的养育子女、繁衍后代、为子女提供发展条件的人类学的职责。家庭成员之间不仅仅存在经济关系,还存在温情脉脉的道德联系。在资本主义时代,家庭经济在外部不可避免地卷入市场经济中,但非经济的不计功利的道德关系是家庭经济关系的另一个纽带,即人类学的纽带。构成家内劳动的许多任务并没有被资本主义企业取代。② 女权主义者指出,现代家庭事实上不那么现代,而是相当传统的或者说具有"前工业的"的特点。它缺少直接的工资支付,把家庭主妇或妇女置于在家庭以外劳动的家庭成员的依附地位。妇女大约提供了 70% 的家内劳动。

---

① 〔美〕詹姆斯·G. 斯科特:《农民的道义经济学:东南亚的反叛与生存》,程立显、刘建等译,译林出版社 2001 年版,第 3、8 页。
② 〔英〕爱德华·汤普森:《18 世纪英国民众的道德经济学》,载〔英〕爱德华·汤普森:《共有的习惯》,沈汉、王加丰译,上海人民出版社 2002 年版,第 196—277 页。

在许多家庭内存在着性别和年龄的分工。此外，主妇的生产市场是为直接使用而不是为了交换。资本主义没有重视家庭和家内劳动者的经济作用。

这样，就出现了一个突出的现象，即资本主义以非资本主义的形式持续地生产它最主要的商品（即人）。非资本主义生产形式即农业，在资本主义国家中占有比例不相称的份额。[①] 所以，甚至在高度工业化的现代国家的农业中，仍然继续具有工资形式和非工资形式的生产共存的特点。这种发展加剧了早已存在的社会中严重的不平衡，抑制了全球范围内资本主义生产关系的普遍化。

20世纪后期，在英国小规模的家庭农场，家庭主妇承担了相当的家内劳作，而在大农场这个比例要小得多。在小家庭农场从事饲养牛和羊的占主妇的58%，而在大农场占32%。在小家庭农场养鸡、收蛋的占主妇的44%，而在大农场占29%。在小家庭农场上搜寻迷途家畜的占主妇的33%，而在大农场占24%。在小家庭农场上饲养奶牛的占主妇的27%，而在大农场占3%。在小家庭农场开拖拉机的占主妇的19%，在大农场占4%。[②]

农民家庭内部的许多经济行为无法用市场价格来解释。与女性相比，男性享有的经济自由要大得多，男性在支配家庭现金收入时的自由度也大得多。男性倾向于把现金花在自己身上，而不是花在安装机械以节约女性的劳动时间上。家庭任务分工由诸种社会因素造成，无

---

① Sussan Archer Mann, *Agrarian Capitalism in Theory and Practice*, North Carolina U. P., 1990, pp. 134-135.

② Ruth Gasson, "Family Farming in Britain", in Boguslaw Galeski and Eugene Wilkening, eds., *Family Farming in Europe and America*, London: Westview Press/Boulder, 1987, p. 18, Table 2.4.

论市场相对价格或劳动相对收益如何，男女之间在许多劳动与工作上是不能完全相互替代的。女性和男性在同一块地上劳动，但他们之间存在着季节性或任务性的劳动分工。例如，男性负责耕田、参与收割、销售产品；女性负责播种、喷洒农药、参与收割，但是不过问农产品销售。因此，女性的劳动绝大部分是没有报酬的。

从权利和经济学角度来看，农民家庭经济中已经可以看到不平等的因素。女性和男性在生产性资源使用权上的差别，特别是农地使用权的差别，以及他们在家内和农业劳动时间的配置上，在购买农用生产资料决策上的权利有很大不同。女性偏爱种植粮食作物而非经济作物，即使粮食作物的收益按市场价格衡量比后者低。粮食生产中采用高产技术，增加了女性的劳作时间，而增加了男性的闲暇时间。女性缺乏经济独立性，她们劳动时间非常长，其结果是改善了家庭男性家长的物质福利，而不是她们自己或孩子的福利。农家女性对整个家务劳动负有全部责任，她们从事性别专有的田间劳动，负责家庭的主要食物生产，并由此负责养活整个家庭。但她们得不到剩余粮食销售的现金。[①] 但是，这种户主和家庭女性的不平等，是父权制和性别的不平等带来的，不属于资本主义的阶级关系，是前资本主义的社会家庭关系的历史遗留物。农民家庭经济关系属于维生经济的范畴。维系农民家庭关系的是温情脉脉的人类学纽带。

在当代资本主义条件下，农民鉴于农业收入不足，他们往往兼而从事其他的工作。20世纪90年代，有70%—75%的荷兰农民家庭从事兼业活动，丈夫或妻子（有时是两人同时）在农场外为家庭挣取一

---

① 〔英〕弗兰克·艾利思：《农民经济学：农民家庭和农业发展》，胡景北译，上海人民出版社2006年版，第205—207、209页。

份可观的收入。在专业的奶业农场的收入中,约有30%来自兼业活动。在种植作物的农场,这个比例超过了50%。①

家庭农场的构成也很复杂,具有多样性。到了当代,家庭农场和家庭商业农场以及企业化的农场同时存在。

在劳动力使用上,农业企业完全使用工资雇佣劳动者,家庭商业农场混合使用劳动力,有固定领取工资的雇员出现在家庭商业化农场中。而家庭农场则使用家庭支配的劳动力,不使用领工资的雇员。在资本方面,农业企业的资本由股东提供,家庭商业农场的资本来自家庭或家庭交往者,家庭农场的资本来自家庭。在管理方面,农业企业由专门的技术人员管理,家庭商业农场由家庭和技术人员双方管理,而家庭农场是用家庭特有的方式管理。企业化农场没有家内消费,家庭商业农场有少量家内消费的残余,家庭农场则有部分的或全部家内消费。在法律身份上,农业企业与其他公司形式只有有限的责任,家庭商业农场有连带形式,家庭农场是非正式的农场主身份。家庭农场的土地或是农民家庭的财产,或是正式的租赁财产或非正式的租赁财产。总的来说,家庭农场有排他的土地财产权,它在管理中完全缺少企业形式。②

将小农与大规模农业经营相比较,使用机械的大农场生产可以节省农业劳动力,加快收割、播种的时间,赶上季节农时。但是,就单位面积产量而论,由于小块土地耕作是精耕细作,投入更多的工时,农民更为勤勉,单位面积产量比粗放的集约生产自然要高。从人文地

---

① 〔荷〕扬·杜威·范德普勒格:《新小农阶级:帝国和全球化时代为了自主性和可持续性的斗争》,潘璐、叶敬忠等译校,社会科学文献出版社2013年版,第39页。
② Bruno Losch, "Family Farming: At the Core of the Worlds Agricultural History", in Jean-Michel Sourisseau, ed., *Family Farming and the World to Come*, Springer, 2015, pp. 39-44.

理来说，集约化的农业生产比较适合于劳力少土地多的农业地区。从自然地理来说，集约化农业生产适合于平原地区，而不适合于山区和丘陵地区。对于小土地经营和大农场经营还取决于在农业劳动力过剩的情况下，多余劳动力能否找到出路，农民对土地依恋的习惯心理在家庭农场的选择上也起一定作用。

印度学者对于本国农业土地持有规模较小找出了五个原因。第一个原因是国家人口的增长。由于人口增长，土地就在大量的人口中进行分割和再分割，结果是相应的持有规模不断缩小。第二个原因是继承法的作用。人口增长本身不需要小型农场，而是继承制度造成了持有地的分割。根据印度教和伊斯兰教的继承法，所有的儿子和女儿都有权享有祖先的一份财产。结果大量农业资产被分割，并且代代分割。这样，人口的增长和继承法实施的结果，造成国家土地的小规模持有。第三个原因是联合家庭制的解体。印度过去长期存在联合家庭制的习惯，家庭成员生活在一起，土地共同持有，全部农业活动共同管理。但是在城市化发展和西方文化传播影响下，联合家庭制被打破，导致了土地持有不断被分割。第四个原因是手工业和乡村工业的衰退。手工业曾经吸收了乡村劳动力，为他们提供就业和生活来源，但由于大机器产品的竞争，手工业遭到破坏，手工业者不得不离开祖先的手工业职业而转向务农。这进一步增强了土地的再分割和破碎。第五个原因是农村农民的债务和高利贷者的活动。高利贷者在向农民放贷时索要高额借贷利息，农民取得高利贷的唯一方式是以农村土地做抵押。最终农民因还不起高利贷利息，而把他们的土地交给高利贷者，代替偿还债务。[①]

[①] 〔印度〕鲁达尔·达特、〔印度〕K. P. M. 桑达拉姆：《印度经济》下册，雷启怀译，四川大学出版社1994年版，第89页。

过去 20 年，经济学家对农场规模、生产率和效益之间的关系进行了讨论。经济学家断言，在实行集约化耕种的条件下，小农场比大土地经营具有更大的生产力。人们一般认为，农场的规模和生产率之间呈反比关系，小农场每英亩的生产率较高，随着农场规模的扩大而生产率下降。印度学者森认为，在家庭劳动力剩余的印度，家庭劳动力的机会成本低。小农场使用充足的家庭劳动，能精耕细作到一定程度，对于大农场，使用雇佣劳动力的比例较高。就小农场而言，每英亩产量较高。迪帕克·马祖姆认为："小农场每英亩产量较高，确实发挥了每英亩较高劳动投入的作用。"小农场和大农场相比具有较大的耕种强度。小农场较大劳动强度的投入，不仅可以每年在同一小块土地上生产一种作物，而且还生产两种或更多的作物。这就解释了小农场为什么具有较高的生产率。此外，农场越小，耕种密度就越大，灌溉土地的比重就越高。农场规模和生产率之间的反比关系是印度农业呈现的客观事实。① 家庭农场在土地使用上可以精耕细作，在这点上胜过大农场。由于家庭农场不惜工本，单位面积投入的劳动力要比大农场多，所以家庭农场的单面积产量高于大农场。②

不同的农场生产能力也不同。小农场的生产效益比大农场低得多，家庭农场的效益比小农场要高。1685 年在不伦瑞克，一个正常的家庭农场拥有 47 英亩可耕地，这意味着每个成年劳动力耕种 20 多英亩土地。而在一些小农场上，一个劳动力只能耕作 7 英亩。18 世纪的不伦瑞克，在阿可莱尤特的农场上，一个成年劳动力耕作 14—

---

① 〔印度〕鲁达尔·达特、〔印度〕K. P. M. 桑达拉姆：《印度经济》下册，雷启怀译，四川大学出版社 1994 年版，第 84—85 页。
② Ruth Gasson, "Family Farming in Britain", in Boguslaw Galeski and Eugene Wilkening, eds., *Family Farming in Europe and America*, London: Westview Press/Boulder, 1987, p.27.

23英亩，而在海布斯派纳的小农场上，一个劳动力只能耕作10—16英亩土地。在小佃户农场，每个劳动力只能耕作5—8英亩。由此看来，小农场上使用的劳动力是正常家庭农场的3—5倍。它们对单个劳动力没有充分利用。小型农场不仅在人力资源的使用方面存在着浪费，在畜力使用上也是如此。①

农业是经营规模较小的产业。美国在1920年大约有650万个农场。差不多每个农场都是农民和他的家属自己经营的产业单位。只有比1%稍多的农场才是"资本主义式的"，或者是在"工厂式"的基础上由雇来的经理来经营的。那些雇佣劳动力的人所花的钱，每人每年的平均数为469美元。在美国一个农场的平均价值在12000美元左右。在南方某些州，花4500美元就可以买一个带有设备和家畜的普通农场。当然也有大农场。在艾奥瓦州，一个普通农场的财产价值几乎达到4万美元，拥有这种农场的农民已经是一个资本家了。

根据对81个国家农业经济组织分类面积在全部土地面积中占有的比例的计算，面积在1公顷以下的农业单位占土地面积的9%，面积在1—2公顷的农业单位占土地面积的5%，面积在2—5公顷的农业单位占土地面积的8%。② 家庭农场占有土地总面积不大。

小农经济模式、农业企业以及公司农业，哪一种经济组织形式在经营中具有优势，也是学者关心的问题，舒尔茨在《改造传统农业》（1964年）一书中提出，小农农业代表了深深植根于历史之中的

---

① 〔英〕范·巴斯：《生命革命中的农业》，载《剑桥欧洲经济史》第五卷，王春法主译，经济科学出版社2002年版，第44—45页。
② Bruno Losch, "Family Farming: At the Core of the Worlds Agricultural History", in Jean-Michel Sourisseau, ed., *Family Farming and the World to Come*, Springer, 2015, p. 53, Fig. 3.3 Distribution of Agricultural Surface Areas by Size Class (81 countries).

一个停滞阶段。小农不可能跨越他们在使用资源中所隐含的"技术上限"。舒尔茨的理论在几十年之后遭到了学者的反对。2009年荷兰学者扬·杜威·范德普勒格指出，舒尔茨的理论无论在一般层次上还是在应用层面上都存在错误。小农农业模式在附加值的创造与社会财富的创造上都作出了很大的贡献，在欧洲和第三世界都是如此。范德普勒格举出了对1971年、1979年和1990年意大利帕尔马省奶牛养殖业的数据，指出小农农业比企业农业创造了更多的就业岗位。以1000公顷为标准，以小农模式耕作的产出远远高于企业的水平。1971年，小农模式创造的生产总值比企业模式高出了15%；1979年小农农场创造的生产总值比企业农业高出了36%；1999年小农农场创造的生产总值比企业农业高出了56%。小农农业创造了较高的总附加值。1971年企业农场中每个劳动力的收入水平相当于250万里拉，小农农场中的收入水平是380万里拉。1979年企业农场和小农农场的单位劳动力收入水平分别是1500万里拉和1800万里拉。到了1999年这个数据分别为6200万里拉和7200万里拉。小农生产模式为农业劳动者提供了高于企业农业劳动者的收入。

费格罗阿和汉隆在研究了不同的第三世界国家个案后认为，小农农业模式的优越性在发展中国家中可能会表现得更为明显。与其他模式相比，小农农业在增加生产性就业、提高收入和增加产量方面更具优势。[①] 1967—1968年度在肯尼亚，平均面积在3公顷、面积在4公顷以下的农场，平均每公顷产量为1587K. SH。平均面积在5.5公顷、面积在4—7.9公顷的农场，平均每公顷产量为390K.

[①] 〔荷〕扬·杜威·范德普勒格：《新小农阶级：帝国和全球化时代为了自主性和可持续性的斗争》，潘璐、叶敬忠等译，社会科学文献出版社2008年版，第146、148、149页。

SH。平均面积在 14 公顷、面积在 12—15.9 公顷的农场，平均每公顷产量为 403K. SH。平均面积在 18 公顷、面积在 16—19.9 公顷的农场，平均每公顷产量为 383K. SH。平均面积在 21 公顷、面积在 20—23.9 公顷的农场，平均每公顷产量为 245K. SH。平均面积在 26 公顷、面积在 24—31.9 公顷的农场，平均每公顷产量为 245K. SH。平均面积在 50.5 公顷、面积在 32 公顷以上的农场，平均每公顷产量为 278K. SH。[1] 从肯尼亚的资料来看，农场面积越小，单位面积产量越高。

根据 1960 年的农业统计资料，农场平均耕作面积在日本为 1 公顷，在西巴基斯坦为 2.6 公顷，在印度为 2.5 公顷，在巴西为 8.6 公顷，在哥伦比亚为 4.2 公顷，在墨西哥为 9.4 公顷，在肯尼亚为 1.9 公顷，在塞内加尔为 3.6 公顷。许多不发达国家的农民人均持有的农地面积超过了日本。在占有农地最多的 1% 的农场所占的农地在全部农地中所占的比例，发达国家也不居前列。日本占 11.6%；西巴基斯坦占 25%；印度占 11.4%，其中旁遮普邦占 6.2%，喀拉拉邦占 26.3%；巴西占 34.6%；哥伦比亚占 46%；墨西哥占 74.4%；肯尼亚占 51.4%；塞内加尔占 5.7%。[2] 这种差别与这些国家的人口密度和人均土地面积、历史上殖民地时期的土地制度和规模结构等都有联系，而和这些国家的资本主义经济发展程度几乎没有正比关系。在上述地

---

[1] John Levi and Michael Havinden, *Economics of African Agriculture*, Longman, 1982, p. 80, Table 5.1 Farm Size, Output and Labour Perhectare on Settlement Schemes, Kenya 1967/68.

[2] Bruce F. Johnston and Peter Kilby, *Agriculture and Structural Transformation: Economic Strategies in Late-developing Countries*, New York: Oxford University Press, 1975, p. 14, Table 1.3 Farm Size in Nine Countries.

区中资本主义发展程度最高的日本，农场平均面积却恰恰最小。

除了人均持有土地面积以外，小农户的存在与土地的地貌对土地经营也有影响。丘陵和不平的土地无法实行机械化的耕作，农民在山地区的居住和分布往往是分散的。此外，农民在难以维系的情况下坚持维持和耕作自己所有的小块土地，不愿意迁居外地转而从事被雇佣的工作，这在很大程度上为农民的小农习惯思想所致，他们要拼死维护自己的小块土地，将它看作是安身立命之所。小农经济的存在，还与农民是否乐于维持习惯生活方式的惰性文化心理有关。

5. 合作社

单纯小农经济在当代常常需要另外的经济制度和活动来支撑。20世纪90年代在西北欧的许多地方，几乎同时出现了具有独创性的地区合作社。在70和80年代就提出了建立这种合作社的要求。地区合作社成为支持再小农化的有效机制。这些合作社采取了新的自我调节形式，在克服农业危机中发挥了重要的作用。地区合作社将农业活动和农业人口与农村发展和农业制度变革的过程连接在一起。这在政治上尤其重要。

秘鲁卡斯考斯的圣胡安包蒂斯塔农民社区坐落在秘鲁北部皮乌拉河谷浅谷区，20世纪70年代约有5万平民，其中约2000人属于长工，长期受雇于一个资本主义企业性质的大型棉花种植园。当时这个占有10000公顷灌溉土地和大量荒地的企业已被逐渐改造为国有合作社。除了这2000名较为稳定的劳动力外，还有4000名小农场主，他们拥有小块社区土地。此外，还有数以千计的无地农民参加棉花采摘、水稻栽插和收割，他们频繁地从一个劳动地点迁移到另一个劳动地点。① 以后的30年间，卡斯考斯展开了再小农化过程。1969年军政府宣布在全国范围开展激进的土地改革。具体的做法包括，将以前的农庄改造成合作社，从而将土地划分为个体小农所有；无地农民占有和分配了大量的土地和水资源。1972年卡斯考斯社区建立了第一批16个生产合作社，到1974年，生产合作社的数量已经增长到38个，有650人在1215公顷的土地上劳作。两年后，生产合作社的数量增加到65个，成员增至1320人，耕种的土地面积达到2306公顷。其中一个圣巴勃罗苏尔合作社在1974年有60名劳动成员，两年后劳动成员增加到200名。到80年代末，该合作社成员有4500名，耕种土地面积为6750公顷。②

在这一过程中，合作社这种社区组织形式的发展发挥了主要作用；小块土地拥有者的数量激增，这主要与社区周围原有的农业用地退化为条件恶劣的半沙漠地区有关。上述的过程使得小农数量大幅度增加。在这种情况下，再小农化导致了曾受雇于大种植园以及后来的合作社的计薪工人几乎完全消失。卡斯考斯社区再小农化的一个突出特征使它在小农阶级内部实现了相对平均的土地分配。卡斯考斯社区在1995年时，绝大多数小农人均拥有0.5—5公顷的土地。③

布宜诺斯艾利斯地区和卡斯考斯地区一样，是20世纪70年代小

---

① 〔荷〕扬·杜威·范德普勒格：《新小农阶级：帝国和全球化时代为了自主性和可持续性的斗争》，潘璐、叶敬忠等译校，社会科学文献出版社2013年版，第65页。
② 〔荷〕扬·杜威·范德普勒格：《新小农阶级：帝国和全球化时代为了自主性和可持续性的斗争》，潘璐、叶敬忠等译校，社会科学文献出版社2013年版，第74—75页。
③ 〔荷〕扬·杜威·范德普勒格：《新小农阶级：帝国和全球化时代为了自主性和可持续性的斗争》，潘璐、叶敬忠等译校，社会科学文献出版社2013年版，第67—69页。

农斗争的主要地区。1973年罗斯皮廖西家族种植园的长工和零工占领了种植园，建立了"一月二日战斗者合作社"。这个合作社主要是为了扩大生产性的就业，他们为此进行了长期艰苦的斗争，最终实现了相对较高程度的再小农化。①

但是，卡斯考斯以及整个秘鲁小农的状况表现出关键的两个特征，即贫困和极为不利的市场环境。小农无力从市场上购买昂贵的工业化产品如化肥、农药和相关的技术，同时农产品（棉花、玉米、大米等）的市场价格波动剧烈。面对这样的现实，这里的小农采取了一些新的回应方式。他们再次采纳了家庭自用为导向的生产方式，由种植棉花改为种植豆类和玉米；作为生产活动的农业耕作，现在正在以货币成本最小化的方式运作，降低农业外部投入。这些措施，使得农业在艰难、困苦和备受排挤的境地中得到发展。②

北弗里西亚林区合作社属于层次较高的农业合作社。它位于荷兰北部弗里斯兰省的东北部，是荷兰地区农业合作社的杰出例子。它有900个社员，绝大多数是拥有一些土地的农场主和农村居民，也有一些非农民成员。该合作社覆盖的面积约5万公顷，其中有大片空间是自然保护区。整个区域约有80%的农场主隶属于北弗里西亚林区合作社。③

---

① 〔荷〕扬·杜威·范德普勒格：《新小农阶级：帝国和全球化时代为了自主性和可持续性的斗争》，潘璐、叶敬忠等译校，社会科学文献出版社2013年版，第69页。
② 〔荷〕扬·杜威·范德普勒格：《新小农阶级：帝国和全球化时代为了自主性和可持续性的斗争》，潘璐、叶敬忠等译校，社会科学文献出版社2013年版，第83—84页。
③ 〔荷〕扬·杜威·范德普勒格：《新小农阶级：帝国和全球化时代为了自主性和可持续性的斗争》，潘璐、叶敬忠等译校，社会科学文献出版社2013年版，第215—216页。

19世纪80年代的农业危机在某种程度上是由农业活动与市场之间关系的恶化所引发的，它表现在牛奶掺水、产品造假、高利贷和市场力量失灵。农业危机引发了农业合作组织的第一次高潮。新建立的合作社的目标主要是改善农业活动与市场之间的联结，它们有三个重要的举措。第一个举措是寻求和建立地域合作，将保护环境、自然和景观为目的的活动整合到农业生产实践中。第二个举措是建立新的乡村治理形式。20世纪90年代初，合作社采取了多种形式，以责任、问责、透明、代表性和可及性为重要标志，使得"农民主导的合作社与荷兰的制度和民主传统相一致"。地区合作社作为一种乡村治理形式，把对景观、自然和环境的保护作为总体目标。第三个举措是地区合作社代表了从专家系统向关注小农创新能力的转移。它就在本地寻找解决环境问题的办法。合作社采取的这三种举措，联结成了一项新的制度。通过这种相互联系或网络，新的服务、新的产品和额外的行动空间得以形成。[①] 为了使自然资源免受酸雨的侵蚀，当地的农民成立了六个协会。2002年这六个协会组织成了北弗里西亚林区合作社。合作社展开了赤杨带大型维护工程，并以可持续性为目标建设一条新的小农发展道路。为了有效地改善环境，所有农民参加到营养循环管理系统中，大量减少化肥的使用，同时将粪肥重新改造成为"优质肥料"。合作社还展开维护和改善自然景观的活动。北弗里西亚林区合作社所在的地区有80%的土地纳入自然和景观管理中。北弗里西亚林区合作社的工作计划包含了30个具体项目，它们涵盖了区域经济

---

① 〔荷〕扬·杜威·范德普勒格：《新小农阶级：帝国和全球化时代为了自主性和可持续性的斗争》，潘璐、叶敬忠等译校，社会科学文献出版社2013年版，第215、217—220页。

和持续发展的多个方面。①

6. 大地产经营

在 19 世纪后半叶和 20 世纪前半叶，大农业的发展是一种趋势。长途贸易和工业化促使了大规模农业的发展。这个时期的大农场有四种形式。

第一种形式是大的种植园，如在印度、斯里兰卡、印度尼西亚、马来西亚和越南等南亚和东南亚国家都出现了大农场。它们出现在 19 和 20 世纪之交，伴随着殖民化过程产生。它们从接触到印度和中国有组织的合作劳动制度获益。

第二种形式是国家农场。它是在 20 世纪在社会主义的旗帜下在不同的大洲形成的。在有的国家它们是靠强力构架起来的，而不顾及这些国家的农业史。

第三种形式是在拉丁美洲的大庄园形式。在南非殖民化过程中也建立了这类大农场。它们常常是由来自欧洲的寡头通过暴力建立的。

第四种形式是集体农庄，它们各以不同的方式结合了市场整合和土地使用权。在墨西哥和印度都有这种农业共同体的例子。②

20 世纪后期的大农场不是出现在西欧，而是出现在美国和一些第三世界的国家。巴西便是这样的国家。根据 1985 年巴西的统计

---

① 〔荷〕扬·杜威·范德普勒格：《新小农阶级：帝国和全球化时代为了自主性和可持续性的斗争》，潘璐、叶敬忠等译校，社会科学文献出版社 2013 年版，第 223—227 页。

② Jacques Marzin, Benoit Dsaviron, and Sylvain Rafflegean, "Family Farming and Other Forms of Agriculture", in Jean-Michel Sourisseau, ed., *Family Farming and the Worlds to Come*, Springer, 2015, pp. 72-73.

资料，在巴西，面积在 100—200 公顷的农场有 283004 个，面积在 200—500 公顷的农场有 174758 个，面积在 500—1000 公顷的大农场有 59669 个，面积在 1000 公顷以上的农场有 50411 个。这样，面积在 100 公顷以上的农场有 567842 个，占农场总数的 9.8%。它们共占持有地 295373129 公顷，占全部持有地面积的 78.78%。巴西的农地绝大多数是由 100 公顷以上的大农场来经营的。[1]

在美国，1969 年面积为 100—200 公顷的农场有 461304 个，面积在 200—500 公顷的农场有 250876 个，面积在 500—1000 公顷的农场有 69958 个，面积在 1000 公顷以上的农场有 45771 个。面积在 100 公顷以上的农场共有 827909 个，占农场总数的 30.32%。它们共占持有地 358632000 公顷，占全部持有地的 83.34%。美国 1987 年面积为 100—200 公顷的农场有 308593 个，200—500 公顷的农场有 243667 个，面积在 500 公顷以上的农场有 129643 个。面积在 100 公顷以上的农场共有 681903 个，占农场总数的 32.66%。它们共占持有地 344139470 公顷，占全部持有地的 88.17%。[2]

在墨西哥，革命前绝大多数土地都被大地产占有，这些地产依靠在住的劳工和分成制农业工人来耕作。1910 年墨西哥 1% 的人口拥有 97% 的土地。全国 70000 个村庄中的 55000 个实际上位于大地

---

[1] Food and Agriculture Organization of United Nations, *Supplement to the Report on the 1990 World Census of Agriculture: International Comparison and Primary Results by Country (1986-1995)*, Rome, 2001, p.85, Brazel-Agricultural Census 1985-Primary Results.

[2] Food and Agriculture Organization of United Nations, *Supplement to the Report on the 1990 World Census of Agriculture: International Comparison and Primary Results by Country (1986-1995)*, Rome, 2001, p.85, Brazel-Agricultural Census 1985-Primary Results.

产上。① 根据1970年国际粮农组织的统计资料，墨西哥全部土地持有者有1020000户，他们共持土地139868000公顷。其中持有地在1000—2500公顷的有9727户，他们共持土地14380000公顷。持有地在2500公顷以上的有12752户，他们共持土地92047000公顷。持有地在1000公顷以上的共有22479处，它们的面积共有106427000公顷，占全部持有地的76.09%。②

第三节 雇佣劳动制度

现在对当代农业中使用的雇佣劳动力的数量已经有了详细的统计资料。国际组织1970年的统计显示，在调查的51个国家中共有农业劳动力128821472人。其中土地持有者和不付工资的劳动者的人数为105322097人，占农业劳动者的81.8%。固定的付给工资的劳动者为9666237人，短期的或以其他方式付工资的劳动者为13833138人，工资劳动者占农业劳动力的18.2%，即雇佣劳动力在农业劳动者不到五分之一。

在非洲农业中使用的雇佣劳动者比例较小。非洲共有农业劳动力24709766人。其中土地持有者和不付工资的人数为23723219人，固定的付给工资的劳动者为441519人，短期的或以其他方式付工资

---

① International Labour Office, *The Landless Farmer in Latin America: Conditions of Tenants, Share-Farmers and Similar Categories of Semi-Independent and Independent Agricultural Workers in Latin America*, Geneva, 1957, p.35.

② Food and Agriculture Organization of United Nations, *1970 World Census of Agriculture. Analysis and International Comparison of the Results*, Rome, 1981, p.64, Table 3.6 Number and Area of Holdings with 1000 Hectares and Over by Size of Holding.

的劳动者为545028人。在阿尔及利亚，1973年底共有农业劳动力2010119人。其中土地持有者和不付工资的人数为2002895人，固定的付给工资的劳动者为7224人。在博兹瓦纳，1968—1969年共有农业劳动力242942人。其中土地持有者和不付工资的人数为194028人，固定的付给工资的劳动者为24885人，短期的或以其他方式付工资的劳动者为24029人。在喀麦隆、加蓬、象牙海岸、莱索托、马拉维和多哥，农业中没有使用雇佣劳动力。在加纳，1969—1970年共有农业劳动力3508500人。其中土地持有者和不付工资的人数为3007400人，固定的付给工资的劳动者为216600人，短期的或以其他方式付工资的劳动者为284500人。在斯瓦斯兰，1971—1972年共有农业劳动力149037人。其中土地持有者和不付工资的人数为146398人，固定的付给工资的劳动者为2639人。在赞比亚，1970—1971年共有农业劳动力2324686人。其中土地持有者和不付工资的人数为2185216人，固固定的付给工资的劳动者为139470人。[①]

在北美洲和中美洲共有农业劳动力15251009人。其中土地持有者和不付工资的人数为6478139人，固定的付给工资的劳动者为1486213人，短期的或以其他方式付工资的劳动者为7286657人。在多米尼加共和国，1971年9月共有农业劳动力723395人，土地持有者和不付工资的人数为534046人，固定的付给工资的劳动者为189349人。在圣萨尔瓦多，1970—1971年共有农业劳动力494023人，土地持有者和不付工资的人数为406990人，固定的付给工资的劳动者为87033人。在巴拿马，1971年5月共有农业劳动力277320

---

① Food and Agriculture Organization of United Nations, *1970 World Census of Agriculture, Analysis and International Comparison of the Results*, Rome, 1981, p.218, Table Number of Person Employed in Agricultural Work on the Holdings, by sex.

人，土地持有者和不付工资的人数为 180425 人，固定的付给工资的劳动者为 96895 人。在波多黎各，1969 年共有农业劳动力 79347 人，固定的付给工资的劳动者为 19446 人，短期的或以其他方式付工资的劳动者为 59901 人。在圣卢西亚，1973 年共有农业劳动力 33014 人。其中土地持有者和不付工资的人数为 27612 人，固定的付给工资的劳动者为 5420 人。在美国，1969 年共有农业劳动力 5779974 人，固定的付给工资的劳动者为 654370 人，短期的或以其他方式付工资的劳动者为 5125604 人。①

在所调查的南美洲 3 国中，共有农业劳动力 17800946 人。其中土地持有者和不付工资的人数为 14271791 人，固定的付给工资的劳动者为 1208548 人，短期的或以其他方式付工资的劳动者为 2320607 人。其中在巴西，1970 年 12 月共有农业劳动力 17582089 人。其中土地持有者和不付工资的人数为 14106190 人，固定的付给工资的劳动者为 1155292 人，短期的或以其他方式付工资的劳动者为 2320607 人。在乌拉圭，1970 年 6 月共有农业劳动力 181606 人。其中土地持有者和不付工资的人数为 132207 人，固定的付给工资的劳动者为 48999 人。在苏里南，1969 年 11 月共有农业劳动力 37651 人。其中土地持有者和不付工资的人数为 33394 人，固定的付给工资的劳动者为 4257 人。②

---

① Food and Agriculture Organization of United Nations, *1970 World Census of Agriculture, Analysis and International Comparison of the Results*, Rome, 1981, p.218, Table Number of Person Employed in Agricultural Work on the Holdings, by sex.

② Food and Agriculture Organization of United Nations, *1970 World Census of Agriculture, Analysis and International Comparison of the Results*, Rome, 1981, p.218, Table Number of Person Employed in Agricultural Work on the Holdings, by sex.

在所调查的亚洲10国中，共有农业劳动力51341401人。其中土地持有者和不付工资的人数为45198814人，固定的付给工资的劳动者为5878192人，短期的或以其他方式付工资的劳动者为264395人。在伊拉克，1971年10月共有农业劳动力2110565人。其中土地持有者和不付工资的人数为1834433人，固定的付给工资的劳动者为64613人，短期的或以其他方式付工资的劳动者为211519人。在以色列、日本，农业没有使用付工资的劳动者。在约旦，1975年共有农业劳动力203782人。其中土地持有者和不付工资的人数为78740人，固定的付给工资的劳动者为73263人，短期的或以其他方式付工资的劳动者为51779人。[①] 在巴基斯坦，1971—1973年共有农业劳动力13366481人。其中土地持有者和不付工资的人数为12845274人，固定的付给工资的劳动者为512207人。韩国、沙特阿拉伯农业中没有使用付工资的劳动力。在菲律宾，1971年共有农业劳动力11954175人。其中土地持有者和不付工资的人数为6728728人，固定的付给工资的劳动者为5225447人。在科威特，1969—1970年共有农业劳动力2315人。其中土地持有者和不付工资的人数为302人，固定的付给工资的劳动者为1677人。[②]

在所调查的欧洲13国中，共有农业劳动力1904499人。其中土地持有者和不付工资的人数为15064750人，固定的付给工资的劳动

---

① Food and Agriculture Organization of United Nations, *1970 World Census of Agriculture, Analysis and International Comparison of the Results*, Rome, 1981, p.218, Table Number of Person Employed in Agricultural Work on the Holdings, by sex.

② Food and Agriculture Organization of United Nations, *1970 World Census of Agriculture, Analysis and International Comparison of the Results*, Rome, 1981, p.219, Table Number of Person Employed in Agricultural Work on the Holdings, by sex.

者为615946人，短期的或以其他方式付工资的劳动者为3364303人。在奥地利，1969—1970年共有农业劳动力798593人。其中土地持有者和不付工资的人数为696931人，固定的付给工资的劳动者为43876人，短期的或以其他方式付工资的劳动者为57786人。在比利时，1970年共有农业劳动力291193人。其中土地持有者和不付工资的人数为266142人，固定的付给工资的劳动者为15799人，短期的或以其他方式付工资的劳动者为9252人。在芬兰，1968—1969年共有农业劳动力596939人。其中土地持有者和不付工资的人数为544533人，固定的付给工资的劳动者为52406人。在捷克斯洛伐克，1970年共有农业劳动力1933606人。其中土地持有者和不付工资的人数为1132353人，短期的或以其他方式付工资的劳动者为801253人。在法国，1969年共有农业劳动力74003713人。其中土地持有者和不付工资的人数为3511756人，固定的付给工资的劳动者为233513人，短期的或以其他方式付工资的劳动者为258444人。在联邦德国，1971年共有农业劳动力2734588人。其中土地持有者和不付工资的人数为2605314人，固定的付给工资的劳动者为106907人，短期的或其他方式付工资的劳动者为22367人。在爱尔兰，1970年共有农业劳动力274047人。其中土地持有者和不付工资的人数为229842人，固定的付给工资的劳动者为25140人，短期的或以其他方式付工资的劳动者为19065人。马耳他和南斯拉夫农业没有使用雇佣劳动力。在葡萄牙，共有农业劳动力2017823人。其中土地持有者和不付工资的人数为1918321人，固定的付给工资的劳动者为99502人。在瑞士，共有农业劳动力445240人。其中土地持有者和不付工资的人数为384319人，固定的付给工资的劳动者为38000人，短期的或以其他方式付工资的劳动者为 22921 人。① 在英国和美国，绝大多数社会经济组织仍然是十分传统的。大多数农场的社会组织仍然是十分传统的。绝大多数农场并非使用成百上千工资劳动者的"乡村工厂"，而不过是家庭农场，它们中有许多根本不雇佣工资劳动者。因为在那里工业并没有与家庭相分离，并且没有高度专门化的劳动分工。②

大洋洲 3 国中共有农业劳动力 673351 人。其中土地持有者和不付工资的人数为 585384 人，固定的付给工资的劳动者为 35819 人，短期的或以其他方式付工资的劳动者为 52148 人。其中在新西兰共有农业劳动力 129412 人。其中土地持有者和不付工资的人数为 85540 人，固定的付给工资的劳动者为 33501 人，短期的或以其他方式付工资的劳动者为 10371 人。③

第四节　农业经济组织的系谱

1. 农业经济组织的三维系谱

任何一种大的社会经济形态内部都是多元的构成。而农业经济形态尤其不是以非此即彼的封建主义和资本主义经济形态的两分法构建的。在典型的封建主义或农奴制的人身奴役关系存在的农业经济体系

---

① Food and Agriculture Organization of United Nations, *1970 World Census of Agriculture, Analysis and International Comparison of the Results*, Rome, 1981, p.219, Table Number of Person Employed in Agricultural Work on the Holdings, by sex.
② 考茨基：《土地问题》上卷，梁琳译，生活·读书·新知三联书店 1955 年版，第 223 页。
③ Food and Agriculture Organization of United Nations, *1970 World Census of Agriculture, Analysis and International Comparison of the Results*, Rome, 1981, p.219, Table Number of Person Employed in Agricultural Work on the Holdings, by sex.

和典型的资本主义的大农场使用雇佣劳动的经济关系之间,还存在着各种生产经济组织构成的一个长系列。在这个系列中,我们可以看到封建关系递减的经济组织序列,也可以看到生产关系既非封建主义又非资本主义的自由农民经济,还可以看到半资本主义的租地农场主。这个系列中的各个农业经济组织构成了一个系谱,无法用封建主义和资本主义两分法来区分它们。

历史的农业经济组织的系谱,是以不止一个参数为基础的多维构成。农业经济组织的系谱是由多维参数构成的一个系统,这些参数包括,土地持有者的身份规定、多层次的土地保有权、有附加条件的和没有附加条件的租地制度、土地持有面积大小等。

表 8-2 农业经济组织的三维系谱

生产条件的自然规定性 【共时性】	生产组织 【共时性】	保有权和身份关系 【历时性】
土地:死资本(只是资产不可流动性) 肥力:有限性 生长期:单年生(少数多年生) 地理条件:地貌(制约生产方式和经营方式) 生产力:产量有限性、机械化、化肥使用	个体农业 家庭农业 公地 土地出租(租佃制) 地租形态:实物地租、分成制、货币地租 大农场制(雇劳动制)	奴隶制 领主制 市场联系:地方和国内市场、世界市场

从中世纪到现代资本主义时期,在实行过领主制的地区,农业经济组织的系谱往往是三维的构成。第一,土地和农民的身份规定性:即奴隶制、农奴制、领主制下农业生产者被奴役的身份或自由的身份,自由的半自由的或不自由的依附的人身关系。在中世纪实行过领主制的地区,到了发生了资产阶级革命或废除封建农奴制和封建制度的残余后,农业经济形态便发生了变化,农民的身份规定性逐渐消失

了，但在有些资产阶级革命已经发生的国家，有身份规定性的地产仍然存在。

第二，土地保有权：农业生产者拥有土地所有权还是无土地所有权，或者以何种形式拥有租地使用权或公地使用权；在持有土地使用权时是否需要承担地租以外的服役的义务。

第三，农业生产者持有土地的规模。在每个维度的考察中，我们又可以发现构成一个系列的多种规定性。而在没有实行过领主制而是实行土地国有制的地区，农业经济组织中不存在第一种维度。

三重维度的叠加，构成了一个农业经济组织的等级制序列。它像搭建在封建主义和资本主义两座大山之间的悬桥，也可以比作光谱中的一个过渡带。总之，农业经济组织的系列是一个独立的经济部类的系列，无法将它简单地归入封建主义或是资本主义。但到了近代，尤其是到了现代时期，资本主义关系和世界市场已经不可避免地程度不同地影响于农业经济组织，一部分农业经济组织直接采用了资本主义经营方式。

特纳等学者论及 19 世纪末英国农业地租制度时论及了农业经济组织所发生的时代变化。他们在书中写道："某些术语已经消失，我们已经不再有终身租地农、三代人的租地、习惯保有权或公簿持有农，而转变为依据双方的协议，定期向地主支付货币地租的基本关系。这已持续了几个世纪。"[①]

此外，封建主义向资本主义过渡时期和资本主义时期，世界农业经济组织的结构在各地差异很大。农业持有地规模、凭借所有权经营

---

① M. E. Turner, J. V. Beckett, and B. Afton, *Agricultural Rent in England 1690-1914*, Cambridge U. P., 1997, p.1.

与租佃经营的比例以及地租形式都千差万别。

各种农业经济组织构成了一个相对独立的部类系统。这个系统一般地说，它不属于封建主义关系，也不属于资本主义关系。诚然，在不同的历史时期，这个系统中的一些组织被封建主义关系或资本主义方式侵蚀了。但它的运作规律基本不同于两者中的任何一个。这不是一个可以通过资本投资任意扩大生产和产出的经济部类。

土地的占有者在土地经营中拥有出租权、领主权、管理权和统治权。这些权利常常是相互重叠的。排他的所有权是一种近代才有的概念，在中世纪的欧洲不为人所知。在欧洲一些国家，圈地使得土地的共有权失去效力，但是它没有改变现行的土地保有权关系。在法国，通过革命时期的立法使财产权简单化。在德国和斯堪的纳维亚的绝大多数地方，把国家的土地出售给农场主并且取消强制性的劳役，是18世纪后期到19世纪初期努力的目标。这条解放的路线随着18世纪后期在丹麦和19世纪中期在德国农奴获得解放得以完成。[1]

租地制是在相互同意的基础上通过自愿订立租佃契约而把制度固定下来的。租地制在限制和缩小佃户权利的同时，也对地主有一定的限制力。在农业萧条时期，能够减少拖欠未付的租金，而地主不得不妥协，甚至勾销租金。当实行短期租佃期时，地主甚至有失去佃户的风险。所以，在固定条件的地租存在时，所有的契约中都保留了在条件变化的情况下某种程度的灵活性。与此相应，对佃户确定了限制性

---

[1] Bas van Bavel and Richard Hoyle, "Introduction: Social Relations, Property and Power in the North Sea Area, 500-2000", in Bas van Bavel and Richard Hoyle, eds., *Social Relations: Property and Power: Rural Economy and Society in North-western Europe, 500-2000*, Brepols, 2010, p. 12.

条件，在租佃继承时并不排除租佃超过期限的可能。①

某些租佃制包含着深刻的不平等关系。例如，按照意愿的租佃制是一种地主不与佃户订立任何契约的租佃制度。在低地国家、法国和德国，这种租佃制很少见。但是在英格兰，这种租佃制常见，特别是在19世纪仍广泛存在。这种租佃制的内容包含了佃户长期持有土地的条件。如果佃户订立了为期1年的租种条款，他们可能无须每年更换。但是，按照地主意愿租种土地的佃户除了在被逐出租地以前的一个时期地主会向他们发出警告外，他们没有任何权利。当然，许多乡村共同体会向失去租地的佃户提供短期出借的土地和在公地上季节性的放牧权。②

欧洲存在的某些类型的土地保有权在很大程度上对农民改进农业起着阻碍作用。那些以分成制或短期租佃制条件租种土地的租户，在这种租佃制中看不到改进会给他们带来任何利益，对于改进农业生产没有多大的兴趣。租地的租期阻碍租户引入新的耕作制或者引入新的作物，同时阻碍租户进行发明改进的积极性。

2. 所有者经营和租佃经营在当代农业经济组织中的比例

所有权经营和租佃经营在当代都是普遍存在的土地保有权形式。

---

① Bas van Bavel and Richard Hoyle, "Introduction: Social Relations, Property and Power in the North Sea Area, 500-2000", in Bas van Bavel and Richard Hoyle, eds., *Social Relations: Property and Power: Rural Economy and Society in North-western Europe, 500-2000*, Brepols, 2010, p.15.

② Bas van Bavel and Richard Hoyle, "Introduction: Social Relations, Property and Power in the North Sea Area, 500-2000", in Bas van Bavel and Richard Hoyle, eds., *Social Relations: Property and Power: Rural Economy and Society in North-western Europe, 500-2000*, Brepols, 2010, pp.15-16.

从全球来看，1950年在14个国家的13125000户农户中，以所有权形式持有土地的占57.9%，以租佃形式持有土地的占21.5%，以多种形式持有土地的占17.7%，以其他形式持有土地的为2.9%。1960年在30个国家的94095000户农户中，以所有权形式持有土地的占87%，以租佃形式持有土地的占10.5%，以多种形式持有土地的占21.2%，以其他形式持有土地的为1.3%。1970年在30个国家的114853000户农户中，以所有权持有土地的占81.8%，以租佃形式持有土地的占7.1%，以多种形式持有土地的占8.9%，以其他形式持有土地的为1.2%。

从发达国家来看，1950年在6个国家中共有农户9152000户，其中以所有权方式持有土地的占54.2%，以租佃形式持有土地的占21.6%，以多种形式持有土地的占23%，以其他形式持有土地的为1.2%。1960年在12个国家的17150000户农户中，以所有权方式持有土地的占62.8%，以租佃形式持有土地的占13.3%，以多种形式持有土地的占22.2%，以其他形式持有土地的为1.6%。1970年在12个国家的13753000户农户中，以所有权方式持有土地的占66.7%，以租佃形式持有土地的占9.7%，以多种形式持有土地的占23.6%。

从发展中国家来看，1950年在8个国家中共有农户3973000户，其中以所有权方式持有土地的占66.4%，以租佃形式持有土地的占21.2%，以多种形式持有土地的占5.5%，以其他形式持有土地的为6.9%。1960年在18个国家的76945000户农户中，以所有权形式持有土地的占67.9%，以租佃形式持有土地的占9.9%，以多种形式持有土地的占21%，以其他形式持有土地的为1.2%。1970年在18个国家的1011000户农户中，以所有权形式持有土地的占83.8%，以租佃形式持有土地的占6.8%，以多种形式持有土地的占8.1%，以其他形式持有土地的为 1.3%。①

根据国际粮农组织对各国的调查资料，1970 年前后在世界 46 个国家中，持有土地的农户为 120417388 户，他们共持有土地 202381846 公顷。其中拥有所有权的持有者为 95374578 户，他们共持有土地 734981575 公顷。租地持有者 8539096 户，他们持有土地 107964356 公顷。②

租地持有面积最大的部分分布在北美洲和中美洲。在北美洲和中美洲，单位租地面积平均为 111 公顷，而在南美洲单位租地面积平均为 18.6 公顷。在欧洲租地面积较小，平均只有 10.3 公顷。租地面积比例最大的国家是马耳他，租地占耕地面积的 88%。在比利时租地占耕地面积的 71%。在巴林租地占耕地面积的 62%。在新西兰租地占耕地面积的 50%。在荷兰和法国，租地占耕地面积的 48%。在伊拉克和英国，租地占耕地面积的 41%。在美国租地占耕地面积的 37%。在调查的 31 个国家中，出租土地最多的是占有土地在 200 公顷以上的土地持有者。在调查的 18 个国家的 5800 万公顷租地中，46% 收取固定货币地租，27% 征收实物分成地租，只有很少一部分租地收取劳役地租。

所有者持有的土地面积最大的部分是在北美洲和中美洲，平均面积为 76 公顷，而在南美洲平均面积为 67.5 公顷。所有者持有的土地

---

① Food and Agriculture Organization of United Nations, *1970 World Census of Agriculture, Analysis and International Comparison of the Results*, Rome, 1981, p.262, Table 29 Percentage Distribution of Holdings by Tenure of Holdings.

② Food and Agriculture Organization of United Nations, *1970 World Census of Agriculture, Analysis and International Comparison of the Results*, Rome, 1981, p.93, Table 5.1 Number and Aera of Holding by Tenure of Holdings.

面积在欧洲平均为6.7公顷,在亚洲国家为2.2公顷。①

在北美洲和中美洲,共有持有土地的农户4167828户,持有土地508911361公顷。其中拥有所有权的持有者为2494079户,他们共持有土地189615259公顷。租地持有者有540519户,他们持有土地59944537公顷。②拥有土地所有权的户数占59.8%,土地面积占37.2%。租佃经营的农户占户数的13%,租地占全部耕作土地的11.8%。③

在南美洲,共有持有土地的农户7564629户,持有土地391690498公顷。其中拥有所有权的持有者为4678793户,他们共持有土地315817434公顷。租地持有者有1308283户,他们持有土地24353409公顷。④拥有土地所有权的户数占61.8%,土地面积占80.6%。租佃经营的农户占户数的17.3%,租地占全部耕作土地的6.2%。⑤

在亚洲10个国家中,共有持有土地的农户93286414户,持有土地209621599公顷。其中拥有所有权的持有者为80005802户,他们共持有土地176035974公顷。租地持有者有5532353户,他们持有土地

---

① Food and Agriculture Organization of United Nations, *1970 World Census of Agriculture, Analysis and International Comparison of the Results*, Rome, 1981, pp.88-90.

② Food and Agriculture Organization of United Nations, *1970 World Census of Agriculture, Analysis and International Comparison of the Results*, Rome, 1981, p.93, Table 5.1 Number and Aera of Holding by Tenure of Holdings.

③ Food and Agriculture Organization of United Nations, *1970 World Census of Agriculture, Analysis and International Comparison of the Results*, Rome, 1981. p.94, Table 5.2 Percent Distribution on Number and Area of Holdings by Tenure.

④ Food and Agriculture Organization of United Nations, *1970 World Census of Agriculture, Analysis and International Comparison of the Results*, Rome, 1981, p.93, Table 5.1 Number and Aera of Holding by Tenure of Holdings.

⑤ Food and Agriculture Organization of United Nations, *1970 World Census of Agriculture, Analysis and International Comparison of the Results*, Rome, 1981, p.94, Table 5.2 Percent Distribution on Number and Area of Holdings by Tenure.

12281891公顷。① 拥有土地所有权的户数占85.8%，土地面积占83.9%。租佃经营的农户占户数的5.9%，租地占全部耕作土地的5.9%。②

在欧洲12个国家中，持有土地的农户共有11850300户，持有土地90461479公顷。其中拥有所有权的持有者为8006806户，他们共持有土地53315932公顷。租地持有者有1100517户，他们持有土地11330206公顷。③ 拥有土地所有权的户数占67.6%，土地面积占58.9%。租佃经营的农户占户数的9.3%，租地占全部耕作土地的12.5%。④

在大洋洲3个国家中，持有土地的农户共有6901户，持有土地54445公顷。其中拥有所有权的持有者为6010户，他们共持有土地45469公顷。租地持有者有367户，他们持有土地4202公顷。⑤ 拥有土地所有权的户数占87.1%，土地面积占83.5%。租佃经营的农户占户数的5.3%，租地占全部耕作土地的7.7%。占有公地者为总户数的

---

① Food and Agriculture Organization of United Nations, *1970 World Census of Agriculture, Analysis and International Comparison of the Results*, Rome, 1981, p.93, Table 5.1 Number and Aera of Holding by Tenure of Holdings.
② Food and Agriculture Organization of United Nations, *1970 World Census of Agriculture, Analysis and International Comparison of the Results*, Rome, 1981, p.94, Table 5.2 Percent Distribution on Number and Area of Holdings by Tenure.
③ Food and Agriculture Organization of United Nations, *1970 World Census of Agriculture, Analysis and International Comparison of the Results*, Rome, 1981, p.93, Table 5.1 Number and Aera of Holding by Tenure of Holdings.
④ Food and Agriculture Organization of United Nations, *1970 World Census of Agriculture, Analysis and International Comparison of the Results*, Rome, 1981, p.95, Table 5.2 Percent Distribution on Number and Area of Holdings by Tenure.
⑤ Food and Agriculture Organization of United Nations, *1970 World Census of Agriculture, Analysis and International Comparison of the Results*, Rome, 1981, p.93, Table 5.1 Number and Aera of Holding by Tenure of Holdings.

0.6%，他们持有土地的 0.4%。①

在非洲，持有土地的农户共有 3541316 户，他们共持有土地 1642464 公顷。其中拥有所有权的持有者为 183088 户，他们共持有土地 151516 公顷。租地经营者有 57057 户，他们共占有土地 50111 公顷。拥有土地所有权的户数占 5.2%，土地面积占 9.2%。租佃经营的农户占户数的 1.6%，租地占全部耕作土地的 3%。②

到了 20 世纪 70 年代，租佃制仍然是世界农业经济中一种较为普遍的保有权制度。对 49 个国家考察的结果，在全部 1734714739 公顷土地中，所有者持有的土地为 1315687462 公顷，占全部土地面积的 75.8%。租地持有的土地为 286313566 公顷，占全部土地面积的 16.5%。公地上的耕作者共持有土地 33975837 公顷，占全部土地面积的 0.2%。部落或公共保有权土地为 72016764 公顷，占全部土地面积的 4.2%。属于其他持有形式的土地为 26721110 公顷，占全部土地面积的 1.5%。③

在欧洲，1950 年所有者持有的土地为 3706.1 万公顷，占土地的 69.9%，租佃者持有的土地为 1589.1 万公顷，占土地的 30%，以其他方式持有的土地为 5.5 万公顷，占土地的 0.1%。1960 年所有者

---

① Food and Agriculture Organization of United Nations, *1970 World Census of Agriculture, Analysis and International Comparison of the Results*, Rome, 1981, p.95, Table 5.2 Percent Distribution on Number and Area of Holdings by Tenure.

② Food and Agriculture Organization of United Nations, *1970 World Census of Agriculture, Analysis and International Comparison of the Results*, Rome, 1981, p.94, Table 5.2 Percent Distribution on Number and Area of Holdings by Tenure.

③ Food and Agriculture Organization of United Nations, *1970 World Census of Agriculture, Analysis and International Comparison of the Results*, Rome, 1981, p.100, Table 5.6 Area in Holdings by Tenure.

持有的土地为8957.9万公顷，占土地的72.9%，租佃者持有的土地为2820.7万公顷，占土地的23%，以其他方式持有的土地为506.1万公顷，占土地的4.1%。1970年所有者持有的土地为9629.4万公顷，占土地的72.6%，租佃者持有的土地为3540.6万公顷，占土地的27.3%，以其他方式持有的土地为14.2万公顷，占土地的0.1%。①

1970年在南美洲的巴西，实行租佃制的土地面积为7.1%。在哥伦比亚，实行租佃制的土地面积为6.5%。在秘鲁，实行租佃制的土地面积为6%。在苏里南，实行租佃制的土地面积为31.4%。在乌拉圭，实行租佃制的土地面积为30.8%。在委内瑞拉，实行租佃制的土地面积为2.5%。②

在亚洲的巴林，实行租佃制的土地面积为6.2%。在伊拉克，实行租佃制的土地面积为40.9%。在以色列，实行租佃制的土地面积为4.1%。在日本，实行租佃制的土地面积为5.6%。在韩国，实行租佃制的土地面积为17.2%。在巴基斯坦，实行租佃制的土地面积为46.1%。在沙特阿拉伯，实行租佃制的土地面积为16.2%。在斯里兰卡，实行租佃制的土地面积为22.4%。③

在欧洲的奥地利，实行租佃制的土地面积为5.5%。在比利时，

---

① Food and Agriculture Organization of United Nations, *1970 World Census of Agriculture, Analysis and International Comparison of the Results*, Rome, 1981, p.290, Table 9.1. p.289, Table 15.12 Area in Holdings by Tenure, 1970, 1960, 1950.

② Food and Agriculture Organization of United Nations, *1970 World Census of Agriculture, Analysis and International Comparison of the Results*, Rome, 1981, p.101, Table 5.7 Percent Distribution of Area in Holdings by Tenure.

③ Food and Agriculture Organization of United Nations, *1970 World Census of Agriculture Analysis and International Comparison of the Results*, Rome, 1981, p.101, Table 5.7 Percent Distribution of Area in Holdings by Tenure.

实行租佃制的土地面积为71.4%。在芬兰，实行租佃制的土地面积为6.6%。在法国，实行租佃制的土地面积为48.2%。在联邦德国，实行租佃制的土地面积为28.7%。在意大利，实行租佃制的土地面积为15.4%。在卢森堡，实行租佃制的土地面积为39.5%。在马耳他，实行租佃制的土地面积为88.4%。在荷兰，实行租佃制的土地面积为48.1%。在挪威，实行租佃制的土地面积为14.7%。在波兰，实行租佃制的土地面积为7.5%。在葡萄牙，实行租佃制的土地面积为29%。在瑞典，实行租佃制的土地面积为36.5%。在英国，实行租佃制的土地面积为41.5%。在南斯拉夫，实行租佃制的土地面积为2.2%。[1]

在大洋洲的澳大利亚，实行租佃制的土地面积为2.5%。在新西兰，实行租佃制的土地面积为49.6%。[2]

一个国家是采用所有权经营，还是采用租佃经营，与经济是否发达并非一致。并非资本主义发达国家基本采取所有权持有土地的经营形式，而资本主义不那么发达的国家基本采取租佃制经营土地的形式。

3. 农业经济组织的地域分布以及与经济发展水平的复杂关系

20世纪欧洲农场的面积与美国和第三世界国家巴西和墨西哥相比明显偏小。1955—1961年联邦德国的农场的平均面积为9公顷。比利时的农场的平均面积为8.2公顷。法国的农场的平均面积为15.2公

---

[1] Food and Agriculture Organization of United Nations, *1970 World Census of Agriculture, Analysis and International Comparison of the Results*, Rome, 1981, p.101, Table 5.7 Percent Distribution of Area in Holdings by Tenure.

[2] Food and Agriculture Organization of United Nations, *1970 World Census of Agriculture. Analysis and International Comparison of the Results*, Rome, 1981, p.101, Table 5.7 Percent Distribution of Area in Holdings by Tenure.

顷。卢森堡的农场的平均面积为 13.4 公顷。荷兰的农场的平均面积为 9.9 公顷。英国的农场的平均面积为 40 公顷。1980 年联邦德国的农场的平均面积为 15.3 公顷。比利时的农场的平均面积为 12.3 公顷。法国的农场的平均面积为 23.7 公顷。卢森堡的农场的平均面积为 25.1 公顷。荷兰的农场的平均面积为 13.7 公顷。英国的农场的平均面积为 62.5 公顷。1989 年联邦德国的农场的平均面积为 17.7 公顷。比利时的农场的平均面积为 15.3 公顷。法国的农场的平均面积为 28.6 公顷。卢森堡的农场的平均面积为 31.8 公顷。荷兰的农场的平均面积为 17.2 公顷。英国的农场的平均面积为 64.4 公顷。1980 年面积小于 5 公顷的农场在各国农场中所占的比例，德国占 35%，比利时占 42%，法国占 6%，卢森堡占 27%，荷兰占 33%，英国占 17%。1980 年面积大于 100 公顷的农场在农场总数中的比例，德国为 0.5%，比利时为 0.5%，法国为 2.8%，卢森堡为 0.8%，荷兰为 0.2%，英国为 13.9%。①

根据 1970 年国际粮农组织对 17 个国家抽样的农业统计资料，亚洲农场数为 9330 万个，非洲农场数为 350 万个，拉丁美洲农场数为 860 万个，欧洲农场数为 1190 万个，北美农场数为 310 万个，全球共有农场 12040 万个。一个农场平均耕作面积，亚洲为 2.3 公顷，非洲为 0.5 公顷，欧洲为 1.9 公顷，北美为 3.1 公顷，拉丁美洲为 46.5 公顷。

拉丁美洲国家农场平均面积比亚洲国家要大得多。阿根廷 1970 年为 270.1 公顷。巴西 1960 年为 79.25 公顷。哥伦比亚 1960 年为

---

① Geoff A. Wilson and Olivia J. Wilson, *German Agriculture in Transition: Society, Policies and Environment in a Change Europe*, Palgrave, 2001, p.31, Tabl 2.2 Comparison of European Farm Structures (average farm size in hectares, selected countries and years).

20.60公顷。秘鲁1961年为20.37公顷。乌拉圭1966年为208.8公顷。委内瑞拉1961年为81.24公顷。而在亚洲，印度为6.52公顷。伊朗1960年为6.05公顷。日本1960年为1.18公顷。巴基斯坦为2.35公顷。菲律宾为3.59公顷。①

拉丁美洲国家每个农场工人的平均产出超过了世界的一般水平。而在阿根廷和乌拉圭这两个牧业国家，每公顷农产品产出通常非常低。在墨西哥，土地所有权制度明显地与殖民地时期相似。尽管那里提出要建立中小农场，但目前墨西哥农村有劳动力的人中有50%是无地者。在阿根廷这一比例是51%。在乌拉圭这一比例是55%。在智利这一比例是66%。②

关于亚洲的土地保有权情况，根据抽样的4国，1950年所有者持有的土地为972.4万公顷，占土地的75.7%；租佃者持有的土地为270.4万公顷，占土地的21.1%；其他占有方式占有的土地为41.3万公顷，占土地的3.2%。1960年所有者持有的土地为2260.8万公顷，占土地的64.6%；租佃者持有的土地为1144.8万公顷，占土地的32.7%；其他占有方式占有的土地为92.6万公顷，占土地的2.6%。1970年所有者持有的土地为1901.7万公顷，占土地的60.9%；租佃者持有的土地为1183.1万公顷，占土地的37.9%；其他占有方式占有的土地为39.2万公顷，占土地的1.3%。③

---

① W. B. Morgan, *Agriculture in the Third World: A Spatial Analysis*, Westview Pres, 1978, p. 142, Table 3.

② W. B. Morgan, *Agriculture in the Third World: A Spatial Analysis*, Westview Press, 1878, p. 143.

③ Food and Agriculture Organization of United Nations, *1970 World Census of Agriculture, Analysis and International Comparison of the Results*, Rome, 1981, p. 290, Table 9.1; p. 289, Table 15.12 Area in Holdings by Tenure, 1970, 1960, 1950.

在绝大多数南亚国家，相当大比例的土地采用租佃制。但泰国实行租佃制的比例要小些，在靠近中央平原的水稻产区，租佃制非常普遍，在中央平原以外的地区实行租佃制的地区微不足道，因为政府把国有土地交给小土地持有者耕种。在巴基斯坦，土地改革给原大地产主 200 公顷土地和一些现金作为补偿。他们中一些人投资机械，并且采取了更加精耕细作的农业技术，使他们能在减少持有地的情况下增加收入。①

根据国际粮农组织的调查报告，新西兰 1950 年所有者持有的土地为 857.2 万公顷，占土地的 49.1%；租佃者持有的土地为 889.3 万公顷，占土地的 50.9%。1960 年所有者持有的土地为 903.9 万公顷，占土地的 50.7%；租佃者持有的土地为 877.5 万公顷，占土地的 49.3%。1970 年所有者持有的土地为 922.2 万公顷，占土地的 48.5%；租佃者持有的土地为 944.5 万公顷，占土地的 49.6%；以其他占有方式占有的土地为 6.3 万公顷，占土地的 1.9%。②

在中东和北非，乡村贫困和土地保有权密切相关。在热带非洲，尽管乡村贫困和土地资源的压力一般来说没有东南亚那样大，但土地保有权对农民的生计是非常重要的问题。肯尼亚在巩固租佃关系和创立新的改革的土地持有制上取得突出的进步。1954 年"茅茅"运动结束后，殖民地政府实行土地改革，引入商业化作物，实行密集型的计划持有地制度。1963 年独立后，把非洲人农场主重新安置在先前

---

① W. B. Morgan, *Agriculture in the Third World: A Spatial Analysis*, Westview Press, 1978, pp. 144-145.
② Food and Agriculture Organization of United Nations, *1970 World Census of Agriculture, Analysis and International Comparison of the Results*, Rome, 1981, p. 290, Table 9.1; p. 289, Table 15.12 Area in Holdings by Tenure, 1970, 1960, 1950.

欧洲人拥有的大农场上。先前由欧洲人拥有的 40 万公顷土地分成小土地经营，有 280 万公顷土地加以处理。但是在此同时，占全国人口 16% 的乡村人口大量地移居内罗毕。到 1973 年，估计有 25% 的农民只占有 1 公顷以下的土地，有 50% 的农民持有的土地少于 2 公顷。他们只占有全部可耕地的 4%。在一些国家中，土地改革导致了高度密集的农村人口，土壤恶化和被腐蚀。①

资本主义发展的作用固然是造成土地兼并、形成大土地经营的一个原因，但是，当代各国农场耕作单位面积的大小并不是由一个国家经济是发达资本主义经济还是欠发达的发展中经济的区别这一社会政治原因所决定的。人口密度即人均占有土地面积在很大程度上决定了农业经营方式和经营规模。根据 1970 年国际粮农组织农业统计资料对 17 个国家的抽样，印度、日本和中国，农村人口密度较大，人均农田面积很小。印度 1970 年人均土地面积为 2.3 公顷。日本 1970 年人均土地面积为 1 公顷。农村难以将土地集中起来，建立大农场，而只能走小农经济的道路。农场平均面积亚洲为 2.3 公顷，非洲为 0.5 公顷，拉丁美洲为 46.5 公顷，欧洲为 1.9 公顷，北美为 3.1 公顷。②

第五节　农业经济形态史和马克思主义社会形态理论的再思考

对农业经济形态历史的观察引起了我们对马克思主义社会形态理

---

①　W. B. Morgan, *Agriculture in the Third World: A Spatial Analysis*, Westview Press, 1978, p.146.
② 　Yujiro Hayami and Keijiro Otsuka, *The Economics of Contract Choice: An Agrarian Perspective*, Oxford: Clarendon Press, 1993, p.8, Table 1.1.

论的若干再思考。

马克思主义社会形态理论的经典表述见马克思的《〈政治经济学批判〉导言》。马克思写道:"大体说来,亚细亚的、古代的、封建的和现代资产阶级的生产方式可以看作是社会经济形态演进的几个时代。"① 以后,对马克思主义社会形态理论权威性的诠释,见诸苏联在斯大林时期的论述。斯大林说:"历史上有五种基本类型的生产关系:原始公社制的、奴隶占有制的、封建制的、资本主义的、社会主义的。"② 到了 20 世纪,斯大林把社会形态发展简单地概括为五阶段单线发展说。《联共(布)党史简明教程》,对五种社会形态理论阐述道:"欧洲在三千年内已经换过三种不同的社会制度:原始公社制度、奴隶占有制度、封建制度;而在欧洲东部,即在苏联,甚至更换了四种社会制度。"③ 加上当时苏联的社会制度,"历史上有五种基本类型的生产关系:原始公社制的、奴隶占有制的、封建制的、资本主义的、社会主义的"。"在资本主义制度下,生产关系的基础是生产资料的资本主义所有制,同时这里已经没有了私自占有生产工作者的情形,这时的生产工作者,即雇佣工人,是资本家既不能屠杀,也不能出卖的,因为雇佣工人摆脱了人身依附,但是他们没有生产资料,所以为了不致饿死,他们不得不出卖自己的劳动力给资本家,套上剥削的枷锁。除生产资料的资本主义所有制以外,还存在着摆脱了农奴制依附关系的农民和手工业者以本身劳动为基础的、生产资料的私有

---

① 《马克思恩格斯选集》第 2 卷,人民出版社 1972 年版,第 83 页。
② 〔苏联〕斯大林:《论辩证唯物主义和历史唯物主义》(1938 年),载《斯大林文选》,人民出版社 1962 年版,第 199 页。
③ 〔苏联〕联共(布)特设委员会编:《联共(布)党史简明教程》,中共中央马列编译局译,人民出版社 1978 年版,第 132、139 页。

制,而且这种私有制在初期是很流行的。手工业作坊和工场手工业企业被用机器装备起来的大工厂所代替。用农民简陋的生产工具耕作的贵族庄园,被根据农艺学经营的、使用农业机器的资本主义大农场所代替。"①

上述社会形态理论的表述存在两个方面的问题。第一个问题是这种"五段式"和"单线说"能否概括世界上不同地区历史发展的全部道路。第二个问题是马克思主义社会经济形态理论是否应当包含一种社会形态下的经济形态的结构分析的内容。

在对马克思主义社会形态理论第一个问题的讨论中,埃里克·霍布斯鲍姆曾评论道:"目前马克思主义者在这个领域中的讨论是不能令人满意的。这在很大程度上要归因于二十世纪五十年代中期之前约三十年间国际马克思主义运动发展的历史状况。这一时期的马克思主义运动的发展无疑对马克思主义者在这方面的讨论——也像其它方面的讨论一样——起了消极作用。马克思对历史进化问题的原来的观点在某些方面已经被简单化和修改。""马克思最初的社会—经济形态序列已经被改变,但是人们还没有提出令人满意的代替序列。在马克思和恩格斯的卓越的、但是不完整的和试验性的讨论中,有些空白已被发现和填补,但他们分析中某些最有关的部分也被任其从视野中消失。"②霍布斯鲍姆察觉到了封建主义经济形态的理论以及从封建主义向资本主义过渡的理论并没有得到完善地阐述。他写道:"如1845—1846年期间,没有对专门的封建制农业劳动方式作出论述,

---

① 〔苏联〕联共(布)特设委员会编:《联共(布)党史简明教程》,中共中央马列编译局译,人民出版社1978年版,第132、139页。
② 郝镇华编:《外国学者论亚细亚生产方式》上册,中国社会科学出版社1984年版,第34—35页。

没有论述封建城市与农村之间的特殊关系，或者说没有阐明为什么其中的一个会从另一个当中产生。另一方面，这里意味着欧洲封建主义是唯一的这一概念。因为，封建制度的其它形式没有产生过中世纪城市，而这种城市对马克思的资本主义发展理论至关重要。就封建主义是欧洲地区以外（也许是日本，对它，马克思在任何地方都没有详细论述过）一般的生产方式这点而言，马克思著作中没有任何地方允许我们去寻求能说明封建主义向资本主义演进的某种'一般规律'。"①

第二个问题是，在迄今为止国内学者对马克思主义社会形态理论的研究中，始终把注意力放在人类社会发展是"单线说"还是"多线说"，"三段式"（存在着三种社会形态）还是"五段式"（存在着五种社会形态）这样一些宏观的问题上。而对于一种社会经济形态内部的结构究竟是单一的经济构成的还是有多种经济构成始终没有提出来讨论。

马克思曾注意过这个问题。他写道："资产阶级社会是历史上最发达的和最复杂的生产组织。因此，那些表现它的各种关系的范畴以及对于它的结构的理解，同时也能使我们透视一切已经覆灭的社会形势的结构和生产关系。资产阶级社会借这些社会形式的残片和因素建立起来，其中一部分是还未克服的遗物，继续在这里存留着，一部分原先只是征兆的东西，发展到充分意义。"②

波朗查斯对社会形态提出了很好的结构分析。他写道："生产方式构成一个抽象形式的事物，严格讲来在现实中是不存在的。"社会

---

① 郝镇华编：《外国学者论亚细亚生产方式》上册，中国社会科学出版社1984年版，第19页。
② 〔德〕马克思：《〈政治经济学批判〉导言》，载《马克思恩格斯选集》第一卷，人民出版社1972年版，第110页。

形态"是若干'纯粹'生产方式的特殊叠合"。"社会形态本身构成一个复杂的统一体,其中各种生产方式里面有一种占居统治地位。"[①] 即这种处于统治地位的生产方式的性质成为整个社会形态的性质。

对社会形态做结构分析的价值不仅在于描述了社会形态的结构模式,这种分析还有助于解释从一种社会形态向另一种社会形态的过渡。因为革命可以在政治上终结一个时代,开启另一个时代。但经济形态的转变则不然,两个社会形态下的经济是密切联系的,无法中断。前一个社会经济形态有生气和活力的经济结构会被下一个社会所继承和发展,一些腐朽的死亡的经济因子将被抛弃,新的生产关系的发展则会创造出新的经济结构。这就是新的社会经济形态的发生学。但是,在社会形态的转型或革命的转变中,多样性的经济结构中,有一些经济结构被承继下来。在中世纪向近代社会的过渡中,在生产关系上,通过废除农奴制和废除人身奴役和人身依附的残余,发生了一个大的制度性的变化。但是,另一方面,农业经济部类的生产方式和生产力会在一个较长时间内没有重大的变化,例如维生的小生产会继续存在下去。在近代国民经济中,传统的惰性的农业和未来发生革命的工业将重新进行配置。

在分析近现代社会经济关系时,对资本主义关系做过高的估计,把一种社会经济形态下的结构看作是同质的单一的构成,而忽略了它总是多元构成的做法,这在一定程度上和马克斯·维贝尔派的资本主义理论的影响分不开。维贝尔的阶级理论强调阶级与市场、分配和消费的关系。他根据人在市场中的地位来定义阶级。他注重考察个人在

---

① 〔希腊〕尼科斯·波朗查斯:《政治权力与社会阶级》,叶林等译,中国社会科学出版社1982年版,第6页。

信贷、商业和劳动市场中的机会。他称:"只有在下列条件下我们才能谈论阶级:(1)一定数量的人们共同具有其生活境遇的某一特定组成部分,在此限度内,(2)这一组成部分是由财产占有和收入机会中的经济利益而单独表现出来的,而且(3)是在商业和劳动力市场条件下表现出来的。"① 由此而来,把卷入世界市场的一切经济活动都不加分析地视为资本主义。这种思维方式也影响到富于批判精神的依附论学派。阿明和沃勒斯坦认为,现代世界所有生产方式(工资劳动、非工资劳动等)由于参与了世界资本主义体系统治下的市场,因此都是资本主义的了。这种市场倾向的阶级分析方法实际上主要来源于马克斯·维贝尔的思想遗产,而不是来源于马克思主义。②

如果把一种社会经济形态视为单一的经济结构,就会忽略一种社会形态下的经济常常是多元的构成。例如,封建社会的经济形态不仅有作为封建经济关系的本质部分,半人身依附关系和地主剥削农民的经济关系,还存在着商品经济、市场关系和少量工资关系,封建社会经济固然有地区封闭性的方面,但在此同时,也出现并日渐发展起来了一个国家内部的和跨越国界和大洋的世界性的商业贸易关系和积累。那么,对于从一种社会形态向另一种社会形态过渡,就无法作出有说服力的解释。

一些学者在阐释社会形态理论时,没有区别社会形态和经济形态这两个不同的概念,将社会形态理论等同于社会经济形态理论。没有注意到近现代资本主义社会形态与中世纪封建主义社会形态的

---

① Reinhard Bendix and S. M. Lipset, eds., *Class, Status, and Power: Social Stratification Comparative Perspective*, New York: Free Press, 1966, p.41.

② Susan Archer Mann, *Agrarian Capitalism in Theory and Practice*, The University of North Carolina Press, 1990, p.17.

范式差异，没有注意到人的身份关系与经济关系在封建主义社会形态中同时存在。列菲弗尔认为，在马克思的《资本论》中，有一种不同于政治经济学的东西存在，有一种历史，有一种关于社会学的指示。特别是其中的"'社会经济形态'这个概念，绝不排斥研究社会关系（或社会关系的某些方面）的科学社会学，而是要唤出它，要求它"。然而，现在，"'社会经济形态'这个概念已经为了'经济基础—政治上层建筑'之类简单化的公式的方便而几乎在马克思主义文献中消失了"。[①] 列菲弗尔提出在社会经济形态研究中，除了要注意经济要素外，还需要注意研究社会关系的内容。在概念上把社会形态等同于经济形态，是造成对资本主义社会和前资本主义社会的社会范式差异不被重视的一个原因。而在经济关系中忽视强加的政治权力如超经济的强制的作用，是造成这两种社会范式差异的再一个原因。

在资本主义时代，发达资本主义国家使得农业经济与发展中国家的农业经济以各自特有的方式与工业关系耦合和彼此不一致。从微观经济的视野来看，资本主义时代农业经济组织的相当大的部分是非资本主义性质和半资本主义性质的，这部分是以一种异质的或依附的成分参加到资本主义国民经济体系中来的。在资本主义开始阶段，农业经济是以一种松散的链接方式与资本主义经济耦合的。

恩格斯提出，要注意经济关系的复杂性和在各个国家和地区经济关系的差别，在试图作概括时，尤其要注意到各地发展的特殊性和差别性。他说过，"政治经济学不可能对一切国家和一切历史时代都是

[①] 〔法〕列菲弗尔：《日常生活批判》，转引自徐崇温：《"西方马克思主义"》，天津人民出版社 1982 年版，第 402 页。

一样的"。在研究国民经济中不同经济部类发展的内在规律时,要注意到这种"不一样"。他们在历史和经济史分析中,常强调居于主导地位的关系和结构,而不去考虑异质历史结构的存在。在对经济形态的研究中,对于近代以来上升到重要地位的资本主义生产关系,常常过高地估计了它存在的普遍性和决定性作用。即便到了20世纪后期,资本主义经济关系也只是世界经济形态中的一个结构组成部分。在发达资本主义国家、欠发达的资本主义国家,尤其第三世界国家,都存在着一定的、相当的,甚至占据了经济主导地位的非资本主义的经济结构。①

第三个问题是,我们常常忽略资本主义时代和前资本主义时代社会经济形态的范式差异问题。当代经济学者强调要注意到不同历史时期社会经济的范式差异。约翰·希克斯指出,历史理论"它必须适用于按那种方法表述出来的历史。这种历史决不是整个历史"②。波兰马克思主义历史学家库拉则说,"每个时代有其特别的经济法则","为了研究一种不同的现实,有必要使用不同的研究工具"。③ 约翰·希克斯和库拉提出了在经济史研究中,应当把握那个时代特别的范式和经济法则的方法论原则。

中世纪和资本主义时代农业经济形态存在着范式差异。马克思在《1844年经济学和哲学手稿》中已注意到这一点。马克思当时写

---

① 〔苏联〕罗莎·卢森堡:《资本积累——一个反批判》,载〔苏联〕罗莎·卢森堡、〔苏联〕尼·布哈林:《帝国主义与资本积累》,黑龙江人民出版社1952年版,第66—67页。
② 〔英〕约翰·希克斯:《经济史理论》,厉以平译,商务印书馆1999年版,第8页。
③ Witold Kula, *An Economic Theory of Feudal System: Toward A Model of Polish Economy 1500-1800*, London: NLB, 1976, p.28.

道:"封建的土地占有已经包含土地作为某种异己力量对人们的统治。""在封建领地上,领主和土地之间还存在着比单纯物质财富的关系更为密切的关系的假象。地块随它的主人一起个性化,有它的爵位,及男爵或伯爵的封号,有它的特权、它的审判权、它的政治地位等等。""地产的统治在这里并不直接表现为单纯的资本的统治。"①马克思指出,封建社会在地产的所有权中包含了一种领主和农民之间的人格关系。而到了资本主义时代,"地产这个私有财产的根源必然完全卷入私有财产的运动而成为商品;所有者的统治必然要失去一切政治色彩,而表现为私有财产、资本的单纯统治;所有者和劳动者之间的关系必然归结为剥削者和被剥削者的经济关系;所有者和他的财产之间的一切人格关系必然终止,而这个财产必然成为纯实物的、物质的财富;与土地的荣誉联姻必然被基于利害关系的联姻代替,而土地也像人一样必然降到买卖价值的水平"②。"正如在英国那样,大地产就它力求搞到尽可能多的货币而言,已经失去自己的封建性质。"③这种差别在于,中世纪的土地关系不仅包含着有土地的人对没有土地的人的经济剥削,还存在着人身份上的不平等,即在领主与农民之间存在部分身份奴役关系,即这种不平等关系是二元的。只是到了资本主义社会,在乡村才出现纯粹的经济关系。

从前资本主义社会形态向资本主义社会形态的过渡本质上是一种重大的社会形态范式的转变。前资本主义社会形态与资本主义社会形态在范式上、在政治和经济的结构关系上是不同的。经济地位决定人的政治和社会地位和经济联系成为社会主要的联系纽带的关系特征直

---

① 〔德〕马克思:《1844年经济学哲学手稿》,人民出版社1985年版,第41页。
② 〔德〕马克思:《1844年经济学哲学手稿》,人民出版社1985年版,第42页。
③ 〔德〕马克思:《1844年经济学哲学手稿》,人民出版社1985年版,第44页。

到资本主义时期才出现。前资本主义社会经济社会领域的维度构成是二维的，非经济的身份规定性在前资本主义社会普遍存在，在社会形态中作用常常压倒了经济规定性，具有特权的身份保证了贵族对财富的占有，而社会财富的积累增加不能保证非贵族人士上升到较高的社会等级。只是到了资本主义社会，经济维度才成为社会形态中占主导地位的维度，社会才成为经济社会。从结构意义上说，资本主义社会形态和前资本主义社会形态在政治与经济的关系上，往往是"头足倒置"的关系。

第六节 农业经济组织的共时性和历时性：非资本主义、半资本主义和资本主义结构在当代农业中共存

共时性和历时性是索绪尔在语言学中提出的一对术语，指对系统观察研究的两个不同的方向。[①] 历时性是一个系统发展的历史性变化情况；而共时性是在某一个特殊的时刻该系统内部各因素之间的关系，这些因素可能是经过不同的历史演变而形成的，甚至属于不同的历史发展阶段。但是，它们既然共存于一个系统之中，它们的历史演变情况就暂居于背景地位，显现的是各因素共时并存的系统关系。"共时性"与"历时性"分析，是分别从静态与动态、横向与纵向的维度考察社会结构及其形态的视角。前者侧重于分析特定社会经济运动的系统以及系统中要素间相互关系；后者侧重于分析社会经济运动的过程以及过程中的矛盾。农业经济组织的诸形式中，既有共时性的

[①] 〔瑞士〕费尔迪南·德·索绪尔：《普通语言学概论》，高名凯译，岑麟祥、叶蜚声校注，商务印书馆2015年版。

组织，也有历时性的组织。

农村土地保有权内部表现为等级系列。这种系列由三个维度决定，即身份规定性、从绝对所有权到部分所有权和没有所有权的保有权规定，以及从有土地的农业耕作者到没有土地的农人之间占有土地的多寡。它的维度随着历史时期有所不同。总的特点是维度从身份制向自由持有的过渡。

现有的经济理论过于强调农业经济组织的历时性，而很少注意到它们的共时性。这样就把经济组织的历史延续性割裂开来了，无法认识历史上的经济组织的历史连续性和历史共存的两重走向。

到了20世纪，在发达资本主义国家，土地持有者根据拥有所有权的程度和占有土地的面积大小分成了不同的层次，构成了一个等级的梯级。当然，在发达资本主义国家，已经不存在身份奴役制度。而在第三世界国家，则仍然存在身份奴役制度的残余，等级占有的梯级在构成的方式上与发达资本主义国家不同。一些在发达资本主义国家已经消灭的土地组织在发展中国家继续存在，甚至占有相当的比例。从地域上说，在发达资本主义国家和尚带有殖民地和半殖民地痕迹的国家，也构成了一个具有差别的系列。

但是，农业经济组织的形式在历史上构成了一个系统。这是一个在受到限制的条件下较早就形成的部类，这个部类采取的经济活动主要是传统的生产方式，它的运作主要依靠自然规律进行。因此，它的生产方式和经济组织形式也是历史的。这个系统中的经济组织无法用封建主义和资本主义的两分法来截然划开。毋宁说它们是横亘在自然经济、市场经济和资本主义经济形式之间的连续性系列。

B. H. 尼基福罗夫曾写道："'土地所有制'这个术语难以用其他什么术语来代替，这不仅因为它是所有社会形态中的占有关系的共同定义，而且显然也是显示着在中世纪，特别是在古代实际存在的、不能确定为占有的那种关系。例如在封建制时代的欧洲，除了有条件所有制以外，还有农民和大地产所有者的充分的土地所有制（其充分和无条件的程度已发展到在前资本主义关系占统治情况下一般可能有的情况）。"[①]他在这里初涉了农业经济组织兼有共时性和历时性两方面的特点。

当代世界农业经济组织的系谱是非资本主义、半资本主义和资本主义经济组织同时共存。

农业中的维生的自由小农、小租佃农及其家庭农场主、只是在农忙时雇用零工的农民，属于非资本主义农业经济。雇用少量劳工的自营农场主和租佃农场主属于半资本主义经营，他们中有拥有土地所有权的农场主和完全租地经营的农场主之区别。使用雇佣劳动力的大农场属于资本主义农业。还有一些拥有土地面积较大，产量较大，单靠农场主使用机器自耕经营的农场主，他们的大量农产品提供给国内市场世界市场，也应当属于资本主义或半资本主义农场主。即使到了20世纪，农业经济的多样化的复杂构成继续存在。

农业经营的方式和经营的规模与一个国家的历史以及自然状况有一定的关系。而农业经营的规模和一个国家历史上的经济制度、人口的密度、农民维生经济的方式等都有不同的相关性。例如，由于历史的原因，墨西哥独立前存在的大种植园占有制使得独立后墨西哥仍然保持了相当一部分大土地经营。而在巴西，由于居民稀疏，土地广袤，这些因素使得巴西农业中大土地经营的比例也很大。而在东亚和

---

① 〔苏联〕B. H. 尼基福罗夫：《现代争论的逻辑》，载郝镇华编：《外国学者论亚细亚生产方式》上册，中国社会科学出版社1981年版，第339页。

南亚次大陆,由于人口密度大,人均土地面积很小,农村只能实行小土地所有制。就整体的比例来看,在第三世界国家,非资本主义经营的土地面积远远超过了资本主义经营的土地面积。

附录：农业史学说拾零

农业和土地史是一个传统研究领域，几百年来研究农业史的著作可谓汗牛充栋。这里对相关的理论做一简要的梳理。

第一节　马克思以前的农业经济学说

关于农业经济的经济学说产生于亚当·斯密和大卫·李嘉图之前。资产阶级古典政治经济学派主要的研究对象是工业资本主义酝酿阶段和成熟时期的经济关系，而对农业经济理论没有很多的理论论述。前古典主义的各经济学派则对农业经济做了简略的基础性的研究。

弗朗斯瓦·魁奈（1694—1774）是法国重农学派的创始人和代表人物，又是资产阶级古典政治经济学的奠基人之一。他的主要著作有《经济表》《关于人口、农业与商业饶有兴趣的提问》《租地农场主论》《谷物论》《农业国经济统治的一般准则》。

魁奈把从事农业的人看作是生产者，认为只有农业能够生产出"纯产品"，即新生产出来的产物的价值超过了生产费用的余额。魁奈指出，"君主和人民绝不能忘记土地是财富的唯一源泉，只有农业能够增加财富"①。他把国民划分为三个阶级,耕种土地而能生产出"纯产品"的生产阶级,即租地农场主阶级;出租土地而以地租形式把"纯产品"作为自己收入的土地所有者阶级;从事工商业的不生产阶级。

魁奈认为:"租税应该对土地的纯产品征课,为了避免使征课税费增加,妨碍商业,和不致于使每年有一部分财富被破坏,租税就不应对人们的工资和生活用品征课,同时也不应对租地农场主的财富征收"。当然这一观点是不正确的。魁奈重视谷物输出的自由,他说:"我国谷物对外贩运的自由,是复兴王国农业的重要而不可缺的手段"②。他提出:"任何人都有为了取得最大限度的收获,根据对自己的利益、自己的能力和对土地的性质最合宜的产品,在田地里耕种的自由。对于耕种土地的垄断,因为要伤害国民的一般收入,绝对不应该助长它。"

魁奈重视土地所有权问题,他写道:"只有保证永久的所有权,才能导致劳动和财富使用在土地的改良和耕种上。"③

他强调租佃制的重要性。他写道:"租地农场主是在农村中租借土地,经营生产,因而获得维持国家所必要的最重要的财富和资源,所以租地农场主的任务在王国中是非常重要的,值得政府当局给予极大的关心。"④"租税不应过重到破坏的程度,应当和国民收入的数额

---

① 〔法〕魁奈:《农业国经济统治的一般准则》,载《魁奈经济著作选集》,吴斐丹、张草纫选译,商务印书馆 1997 年版,第 333 页。
② 《魁奈经济著作选集》,吴斐丹、张草纫选译,商务印书馆 1997 年版,第 16 页。
③ 〔法〕魁奈:《农业国经济统治的一般准则》,载《魁奈经济著作选集》,吴斐丹、张草纫选译,商务印书馆 1997 年版,第 333 页。
④ 〔法〕魁奈:《租地农场主论》,载《魁奈经济著作选集》,吴斐丹、张草纫选译,商务印书馆 1997 年版,第 3 页。

保持均衡，必须随收入的增加而增加。"① 魁奈把地租看成剩余价值的唯一形式，成为土地所有者的收入，他在理论上只是把剩余价值转换形态的地租看成收入。他认为，振兴法国农业的主要措施是实行大农经营。

魁奈的著作《经济表》是为国民收入和分配制定计划的第一次尝试。它以统计数字说明财富唯一来源在于农业；农业的全部产量，是农民消费与生产之间差额产生的剩余，是全部其他经济活动规模大小的决定因素。

随后，法国重农学派学者杜尔哥在1768年的一篇论文中提出一种土地生产力的理论。他认为，作为财富唯一源泉的土地，必须投入耕作劳动，才能获得生产物。但当投入的劳动达到一定的界限时，土地生产物就要不断地下降，甚至使土地肥力枯竭。他在《对于贝拉维克先生论文的意见》（1768年）中认定，在一定的限度内，土地生产力的发挥和"净产品"的生产，虽然必须以耕作劳动和费用的投入为其实现的条件，投入的劳动和费用愈多，产量也愈多，但过多地投入劳动或费用，非但不能按比例取得生产物，而且会使生产物的比例逐渐下降。"土地生产物的增加，是随着费用的增加一同增加，但若越过了这个最大限界，就会发生相反的现象，不绝地减少下去，终至于出现土壤肥力涸竭的现象；那时候，尽管增加更多的费用，也不能在技术上促使土地生产的谷物的产量有丝毫增加。"②

托马斯·马尔萨斯（1766—1834）写了《论地租的性质与发展及其规律》《论谷物法的影响》二书。他在前一本书中提出："地租就

---

① 〔法〕魁奈：《农业国经济统治的一般准则》，载《魁奈经济著作选集》，吴斐丹、张草纫选译，商务印书馆1997年版，第333页。
② 转引自朱剑农：《土壤经济原理》，农业出版社1980年版，第79页。

是总产值扣除耕种土地的各种开支后，留归地主的一部分。这些开支包括投入的资本根据当时的一般农业资本利润率计算所应获得的利润。"① 他认为，随着社会的发展，地租不可避免地要增长。社会进步以后，农业改良了，生产成本跟着下降，农产品价格和生产成本之间的差距就扩大了。随着对粮食、农产原料的需要增加，农业投资的增加，农产品价格也就要不断上升，这些都会使得地租不断上升。在《论谷物法的影响》中，他强调实行谷物自由贸易的弊害和实行保护关税政策的益处。

瑞士小资产阶级经济学者西斯蒙第（1773—1842）著有《政治经济学新原理或论财富和人口的关系》（1819年）一书。西斯蒙第的思想有重农色彩，他认为"土地生产的财富，应该首先得到经济学家和立法者的重视。这种财富是所有财富中具有头等重要意义的，因为全人类的生活资料都是来自土地的"②。西斯蒙第对于土地所有权持一种小资产阶级幻想。他希望通过国家制定法律，保证社会公正地占有土地。

西斯蒙第认为，采取小农或大农经营取决于气候条件、土壤的性质，以及所积累的资本。农民经营面积在50—60英亩的农庄叫作小农经营，经营面积达到五六百英亩甚至达到五六千英亩的叫大农经营。

在大农场中工作的担任全部农活的短工，完全处在受农场主支配的地位，他们的地位不如对分制佃农，甚至还不如交纳人头税的农奴

---

① 〔英〕马尔萨斯：《论谷物法的影响 地租的性质与发展》，何宁译，商务印书馆1962年版，第27页。
② 〔瑞士〕西斯蒙第：《政治经济学新原理》，何钦译，商务印书馆1997年版，第100页。

或劳役制下的农奴。劳役农奴和交纳人头税的农奴,虽然受压迫,但他们至少还有一点财产,可供子女继承。而短工没有任何财产,他们无法为子女留下任何财产,他们受农场主的摆布,常常面临着破产和失业的危险。诚然,有的短工在小农经营中可以用自己微薄的积蓄租一小块对分制的土地,以后再扩大自己的经营规模,甚至买下一座庄园。农场主对短工实行垄断权。这个农场主可以把农场短工工资压到最低限度。大农场主常常收回出租给小农场主家庭的土地,用短工取代自己大农场上的小租地农场主家庭。由于短工较为贫困,生活水平较低,所以对他们就可以支付较低的酬金。这样,大农场主就可以得到两种租地劳动者之间的差额。农场主还可以解雇短工,改为在农忙时雇用临时性的季节雇工。大农场主通过这种办法在农场经营中谋取更多的利润。

德国农业理论家阿尔布雷希特·特尔(1752—1828)著有《合理的农业原理》(4卷),他首先提出农业经营的目的是获得最大利润,使德国的农业理论从官房学的一个组成部分发展成为一门独立科学。特尔是杜能的老师,他对于杜能的农业史研究产生过很大的影响。

德国资产阶级经济学家约翰·冯·杜能(1783—1850)从区位经济学来分析孤立国的农业生产布局。他设想有一个巨大的城市坐落在平原的中央,这个平原土地肥力完全均等,各地都适合耕作,而这个平原外部是荒地,完全与外界隔绝,他把这块土地称为孤立国。在城市周围将出现一些农业耕作圈,离城市由近到远分布。第一圈境适合于辟为园圃,生产菜蔬和果品,鲜奶的生产也必须在第一圈境中进行。因为菜蔬和果品中有一些经不起长途运输,只能肩挑进城,而鲜奶时间放久则会变质,需要叫快递运往城市。第二圈境适合发展林业，生产以向城市限售为目的的木材、柴薪和木炭。第三圈境适合实行轮载作物制，交替种植有茎有叶的作物。第四圈境应当实行轮作休耕制。第五圈境应当实行三区农作制较为有利。这个地区向城市提供黑麦，而黑麦的价格不可能太低。第六圈境适合发展畜牧业。因为这个地区离城较远，所以生产价值较大，而运费较小的产品较为适宜，而黄油在远地生产有利可图。他指出，一个市场的运输费用，可能是土地地租和土地利用产生差别的根源。杜能被认为是第一个认识到与农产品市场有关的位置对于土地利用的意义的学者。在地租理论上，杜能考察了土地离城市远近不等的条件下由于最远的土地的耕种，而在较近的土地上产生了级差地租。杜能认为存在着绝对地租，提出土地所有者凭借土地所有权垄断地取得地租，在这个问题上他超过了李嘉图的理论。

德国学者施韦尔兹著有《适用耕作法入门》（3卷，1832年）。他认为，任何一块耕地都必须使用一定的资本和劳动。在国民经济学上，耕作制度的区别是根据资本和劳动的使用量的多少来决定的。他认为耕作制度有下列几种。分圃农法是将农地分成两部分，将住宅附近的土地用作耕地，其他土地则作为永久牧地来使用。耕地通常分作三部分。第一部分种冬季谷，第二部分种夏季谷，其余部分休耕。使用区域交替耕作法，任何土地都不作为永久的牧地，而是轮流进行耕作，耕作的农地几年后就作为牧场，实行休耕制，在这期间利用粪肥和腐草的绿肥使土地恢复地力。更集约的耕作法可以从土地获得更多的收获，但需要投入更多的资本、劳动量、技术和自由。

德国学者威廉·罗雪尔（1817—1894）著有《国民经济学体系》（5卷，1854年）。他还写了《历史方法的国民经济学探讨》。他认为，历史的方法决不轻率地赞赏或非难某一特定的制度，政治经济学的目的在于记述事物本身发展的过程。罗雪尔的地租理论认为，一国人口和消费的增加会提高地租。在国家繁荣时期地租上升，大都市近郊区的地租也特别高。在国民财富衰退时期，地租会下降。农业生产的一般改良，将增加工资和利息，但地租将暂时下降，这种下降要持续到人口的增长与上述生产改良相适应的时候为止。①

詹姆士·爱德温·索罗尔德·罗杰斯（1825—1890）用了42年时间写成了7卷本的《英国农业和价格史》，该书"完全是根据当时的原始记录写成的"。该书涉及的时期开始于1259年，结束于1793年，跨度为五个半世纪。罗杰斯认为，有必要研究古代各种价值并确定劳动价格与食品之间的关系。他从老的学院中找到古旧的簿记资料，大量古旧资料的发现使他把研究起始时间从原先计划的16世纪提前到13世纪。他通过对大量的经济资料的研究，努力寻找"政治经济学的准则"、"经济归纳的根据"和价值法则，他写道："在我这部书里，这些中世纪记录可能比在近代价格趋势中看到的更清楚些。"他还从购买力的角度来说明价格。罗杰斯是重要的研究英国农业和价格史的学者。

资产阶级古典经济学理论是在农业和商业社会转变成为成熟的资本主义工业社会的过程中形成的。它是与重商主义理论不同的经济学的新阶段。它以工业关系和成熟的资本主义经济体系为建立理论体系的参照。它以逐渐成熟的劳动价值论为其理论核心。它所注意和描述的，是已经脱离了各种人身束缚的纯粹的资本主义经济关系。但是，资产阶级古典经济学家在其论著中没有把农业生产方式与资本主义生

---

① 〔德〕威廉·罗雪儿：《历史方法的国民经济学讲义大纲》，朱绍文译，商务印书馆1997年版，第31页。

产方式等同起来。他们注意到农业生产方式独特的特点。

亚当·斯密注意到农业生产与工业生产的差别。他写道:"在农业中,自然也和人一起劳动;自然的劳动,虽无须代价,它的生产物却和最昂贵的工人生产物一样,有它的价值。""农业的最重要的任务,与其说是增加自然的产出力,毋宁说是指引自然的产出力"。"减除了一切人的劳作之后,所余的便是自然的劳作。它在全生产物中,很少占四分之一以下,通常占三分之一以上。用在制造业上的任何同量的生产性劳动,都不能引出这样大的再生产。在制造业上,自然没做什么,人作了一切"。[1]

亚当·斯密研究了地主和佃农的关系。他写道:"佃耕者依赖大领主,无异于他的婢仆。他们即使不是贱奴,也是可随意退租的佃农。"[2]"大领主对于其佃农和家奴,必然有一种驾驭的权威。"[3]"可随意退耕的佃户,耕作土地,给付十足的代价,他并非完全隶属于地主。"[4]

大卫·李嘉图对地租下定义说:"地租是为使用土地原有的和不可摧毁的土壤生产力而付给地主的部分土地产品。"[5]"至于地主的地租,我们最好将其视为在一定的农场中使用一定的资本所获取产品

---

[1] 〔英〕亚当·斯密:《国民财富的性质和原因的研究》上卷,郭大力、王亚南译,商务印书馆1972年版,第333—334页。
[2] 〔英〕亚当·斯密:《国民财富的性质和原因的研究》上卷,郭大力、王亚南译,商务印书馆1972年版,第372页。
[3] 〔英〕亚当·斯密:《国民财富的性质和原因的研究》上卷,郭大力、王亚南译,商务印书馆1972年版,第373页。
[4] 〔英〕亚当·斯密:《国民财富的性质和原因的研究》上卷,郭大力、王亚南译,商务印书馆1972年版,第377页。
[5] 〔英〕大卫·李嘉图:《政治经济学及赋税原理》,周洁译,华夏出版社2013年版,第43页。

的一个比例，而不考虑其交换价值。"[1] 李嘉图认为地租和利润存在着"极其重要区别"[2]。

土地报酬递减律又称土地肥力递减率，其基本论点是：土地作为种植农作物的基本生产资料，其肥力日益减退，在同一块土地上追加投资的收益也会依次递减。法国重农学派经济学家杜尔哥（1727—1781）在 1765 年写的《圣柏拉威回忆录书后》中，提出了土地收入递减法则，即在一定的土地面积上，继续使用劳动力和资本，土地收益的增加无法与劳力和资本使用量成正比，到一定限度后，收益增加的比例会逐渐减低。这一法则严格说来，应当叫作土地收益增加递减法则。这是土地利用中的特殊法则。

他写道："我们不能设想，加倍的垫款一定会产出加倍的收益……垫款陆续增加，一直增加到毫无收益之点，则每次垫款所得的收益将逐渐减少。在这种场合，土地的生产力，正如我们用许多相等的重量继续加重，压之使曲的弹簧一样。如果重量很轻，而弹簧的弹性又不大，则第一次所加重量之效力，几等于零。当重量加至足以克服第一次的抵抗力时，则弹簧必随之屈服而显著地屈伸起来。但当其屈伸至某一点时，对于以后所加的重量，就要发生更大的抵抗力，在当初可以使其屈曲一寸的重量，此时很难使其屈伸半寸了，以后所加重量之效力，陆续降低。这个比喻，不见得十分恰当，不过由此可以看出，当土地的收益能力已经达到边际的时候，纵然耗去极大的费用，收益的增加也是极小的。"

---

[1] 〔英〕大卫·李嘉图：《政治经济学及赋税原理》，周洁译，华夏出版社 2013 年版，第 54 页。
[2] 〔英〕大卫·李嘉图：《政治经济学及赋税原理》，周洁译，华夏出版社 2013 年版，第 44 页。

"种子撒在土质肥沃,但全未开垦的土地上,或许成为一种全部损失的投资。若将其耕种,则收益必可大增,再加以一次二次的耕种,则收益不仅二三倍,或许增至四倍至十倍,其增加的比例,较投资增加者为大。但到某一点时,则收益与投资之增加相等。超过此点以后,若投资仍继续增加,受益固亦继续增加,但其增加之比例,则愈降愈低,一直降低到土地生产力耗尽为止。至此以后,任何人为方法均归无效。即令投资增加,也不能产出任何东西。"[1]

马尔萨斯作了类似的阐述。他写道:"当一亩一亩的土地继续开发,直至所有土地尽被占有时,则每年食物之增加,只有依靠改良已经占有的土地。从一切土地的性质来看。这是一种逐渐减少而非逐渐增加的基金。"

大卫·李嘉图,J.密尔、J.S.密尔和A.马歇尔,洛桑学派和奥地利学派,以及现代马尔萨斯主义者和凯恩斯主义者都不同程度地接受了土地肥力递减律。19世纪中叶德国J.李比希(1803—1873)受到这种理论的影响,提出"土壤养分不能按植物摄取量比例归还论"。他强调无机肥料的作用,而不了解有机质肥料也是重要肥源之一,不了解有机质肥料对培养土壤肥力有重要作用,更不了解植物虽由土壤肥力滋养,但只需有合理措施,土壤就不会因种植而贫瘠,其生物物质循环过程的变化和来自宇宙因素中其他物质元素的自然赐予,都会使它更加肥沃化。何况,农作物收获后遗留在土壤里残体的有机质,也有恢复和提高肥力的作用。土地收获量倘比过去有所增长,相应地也包括肥力的提高。所以,农作物的高产、增收,不只是土壤肥沃化的结果,也是土壤肥沃化某方面的成因和创造者。这是农业生产实践中的

---

[1] 转引自刘潇然:《土地经济学》,河南大学出版社2012年版,第467—468页。

自然规律，它有力地否定了所谓"肥力日益不能归还"的片面之见。

英国学者威斯特认为："在农业上连续地投入同量的劳动，其收益必然不绝地减少。""在肥沃的土地上投入十个劳动力，比较在贫瘠的百亩土地上投入十个劳动力，固然会有较多的收益，但若在此肥沃的百亩土地上，增加十个、二十个、三十个、一百个劳动力，也能按劳动的增加成比例地增加收益，那就不会有人再去耕种贫瘠的土地了。""劣等土地之所以必须日渐耕种就在于有土地收益递减规律之故。"①

土地肥力递减律是以技术不变和生产力不变作为前提而形成的一种理论。诚然，农业技术不改进，农业生产力不发展，在同一土地上连续追加投资，增产的可能性是有限的。但事实上，科学技术是不断发展的，追加投资通常是同采用新技术、改良土壤和使用各种更有效的生产资料等联系在一起的。列宁说："'追加的（或连续投入的）劳动和资本'这个概念本身，就是以生产方式的改变和技术的革新为前提的。要大规模地增加投入土地的资本量，就必须发明新的机器、新的耕作制度、新的牲畜饲养方法和产品运输方法等等。"②只要在追加投资的同时，相应地改进技术，则增产的比例就可以保持不变甚至递增。马克思说："只要处理得当，土地就会不断改良。"③恩格斯说："人类所支配的生产力是无穷无尽的。应用资本，劳动和科学就可以使土地的收获量无限地提高。"④当代对某些农作物种子的改良，已成

---

① 〔英〕威斯特：《论资本用于土地，对谷物进口严加限制的政策》，伦敦1815年第1版，第7—10页。转引自朱剑农：《土壤经济原理》，农业出版社1981年版，第86页。
② 《列宁全集》第5卷，人民出版社1990年版，第87页。
③ 《马克思恩格斯全集》第25卷，人民出版社1973年版，第880页。
④ 《马克思恩格斯全集》第1卷，人民出版社1973年版，第616页。

功地培育了高产的杂交品种,而生物技术、遗传工程之类措施广泛应用于农业生产,也正在为土地生产力的提高带来广阔前景。绝对的"土地肥力递减律"已被人类社会经济和科学技术发展的实践证明是无法成立的。

第二节　用资本主义经济学研究农业的马克思

马克思在研究各种农业经济组织时,在绝大多数场合是将它作为资本主义经济范畴来对待的,有时也注意到它在前资本主义时期的性质。马克思在陈述自己研究农业的视野时明确地谈到了这一点。

但马克思偶尔也论及欧洲封建制下的农业生产。他论述说:"在欧洲的一切国家中,封建生产的特点是土地分给尽可能多的臣属。同一切君主的权力一样,封建主的权力不是由他的地租的多少,而是由他的臣民的人数决定的,后者又取决于自耕农的人数。"[①]

他认为资本主义农业关系开始于 15 世纪后期到 16 世纪初期。他写道:"为资本主义生产方式奠定基础的变革的序幕,是在十五世纪最后三十年和十六世纪最初几十年演出的。""通过把农民从土地(农民对土地享有和封建主一样的封建权利)上赶走,夺去他们的公有地的办法,造成了人数更多得无比的无产阶级。在英国,特别是弗兰德毛纺织工厂手工业的繁荣,以及由此引起的羊毛价格的上涨对这件事起了直接的推动作用。"老的编年史作者"准确地描绘了生产关系的革命给当时的人们造成的印象。把大法官福特斯居的著作与大法官托马斯·莫尔的著作比较一下,我们就会清楚地看见十五世纪和十六世

---

① 〔德〕马克思:《资本论》第一卷下,人民出版社 1975 年版,第 785 页。

纪之间的鸿沟"①。"在十六世纪，宗教改革和随之而来的对教会地产的大规模的盗窃，使暴力剥夺人民群众的过程得到新的惊人的推动。"当时，土地"非常便宜地卖给了投机的租地农场主和市民，这些人把旧的世袭佃户大批地赶走，把他们耕种的土地合并过来"②。

马克思和恩格斯认为，英国近代是资本主义发展的典型国家，英国近代农业是典型化的资本主义农业。英国农业中圈地运动的发展造成了小农的分化和消失。③"从亨利七世以来，资本主义生产者在世界任何地方都不曾这样无情地处置过传统的农业关系，都没有创造出如此适合自己的条件，并使这些条件如此服从自己的支配，在这一方面，英国是世界上最革命的国家。"④

马克思对小土地所有制的产生、性质及其在历史上所起的作用论述说："在这里，农民同时就是他的土地的自由所有者，土地则是他的主要生产工具，是他的劳动和他的资本的不可缺少的活动场所。""自耕农的这种自由小块土地所有制形式"，"一方面，在古典古代的极盛时期，形成社会的经济基础，另一方面，在现代各国，我们又发现它是封建土地所有制解体所产生的各种形式之一"。"在这里，土地的所有权是个人独立发展的基础。它也是农业本身发展的一个必要的过渡阶段。这种土地所有权灭亡的原因表明了它的限度。"马克思认为，小农对于商品经济的作用很小。他写道："实际上，农

---

① 〔德〕马克思：《资本论》第一卷下，人民出版社 1975 年版，第 786—787 页。
② 〔德〕马克思：《资本论》第一卷下，人民出版社 1975 年版，第 789 页。
③ 恩格斯在《共产党宣言》1888 年英文版的注中写道："一般说来，这里是把英国当作资产阶级经济发展的典型国家。"
④ 〔德〕马克思：《剩余价值理论》，《马克思恩格斯全集》第 26 卷第 2 册，人民出版社 1973 年版，第 263 页。

产品的绝大部分,在这里必须作为直接的生活资料,由他的生产者即农民本人消费,并且只有除此以外的余额,才作为商品进入同城市的贸易。"①

马克思无论是在小农对农业生产力的发展还是小农的命运问题上,都持消极的态度。

马克思认为:"小块土地所有制按其性质来说就排斥社会劳动生产力的发展、劳动的社会形式、资本的社会积累、大规模的畜牧和科学的不断扩大的应用。"②

恩格斯对"小农"概念解释说:"我们这里所说的小农,是指小块土地的所有者或租佃者——尤其是所有者,这块土地通常既不大于他以自己全家的力量所能耕种的限度,也不小于足以养活他的家口的限度。"③ 他在另一处著作中又指出,"还有一个广大的小农业业主阶级,农民阶级。这个阶级加上属于他的农业工人,占全国人口的大多数。但这个阶级本身又分为不同的部分",即富裕的农民、小自由农和封建佃农。④ 他还在另一处著作中把小农分成"封建的农民"、佃农和在自己的小块土地上进行经营的人三大类。⑤

马克思和恩格斯强调资本主义生产集中化的趋势,大生产在发展过程中不断吞噬小生产,这样造成了社会结构两极分化。《共产党宣

---

① 〔德〕马克思:《资本论》第三卷下,人民出版社1975年版,第907、909页。
② 〔德〕马克思:《资本论》第三卷下,人民出版社1975年版,第910页。
③ 〔德〕恩格斯:《法德农民问题》,载《马克思恩格斯选集》第4卷,人民出版社1972年版,第298页。
④ 〔德〕恩格斯:《论拉萨尔派工人联合会的解散》,载《马克思恩格斯全集》第16卷,人民出版社1973年版,第379页。
⑤ 〔德〕恩格斯:《〈德国农民战争〉第二版序言》,载《马克思恩格斯全集》第16卷,人民出版社1973年版,第453页。

言》中如是说:"我们的时代,资产阶级时代,却有一个共同的特点,它使阶级对立简单化了。整个社会日益分裂成为两大对立的阵营,分裂为两大直接对立的阶级:资产阶级和无产阶级。"① 在 19 世纪中叶及以后,小农的命运和"小农消失"的问题引起了史学家的长期的关注和争论。恩格斯和马克思一样,过高地估计了资本主义发展造成乡村社会分化的程度。他认为,小土地所有者"这个阶级在英国已经消失了;社会革命剥夺了它,结果就产生了一种特殊的情况:当法国的大地产被暴力分割时,英国的小块土地却被大地产侵占和吞没。和自耕农同时存在的还有小租佃者,他们通常除种地外还从事织布;这些人在现代的英国同样找不到了"②。

马克思研究农业经济的范畴时,基本是将它们视为资本主义经济的一个部分。他认为农业经济运作的规律就是资本运作的规律。但有的时候他也论及农业在资本主义以前的情况。

一个例子是他对英国租地农场主的分析。他认为租地农场主的性质是资本主义的。"真正的租地农场主,他靠使用雇佣工人来增殖自己的资本,并把剩余产品的一部分以货币或实物的形式作为地租交给地主。"③

在《资本论》中,他写道:"这个作为租地农场主的资本家,为了得到在这个特殊生产场所使用自己资本的许可,要在一定期限内(例如每年)按契约规定支付给土地所有者即他所使用土地的所有者一个货币额(和货币资本的借入者要支付一定利息完全一样)。这个

---

① 《马克思恩格斯选集》第一卷,人民出版社 1972 年版,第 251 页。
② 〔德〕恩格斯:《英国状况》,载《马克思恩格斯全集》第 1 卷,人民出版社 1972 年版,第 665—667 页。
③ 〔德〕马克思:《资本论》第一卷下,人民出版社 1975 年版,第 811 页。

货币额,不管是为耕地、建筑地段、矿山、渔场、森林等等支付,统称为地租。这个货币额,在土地所有者按契约把土地租借给租地农场主的整个时期内,都要支付给土地所有者。因此,在这里地租是土地所有权在经济上借以实现即增殖价值的形式。"[1] 马克思论述说:"如果说资本主义生产方式是以工人的劳动条件被剥夺为前提,那么在农业中,它是以农业劳动者的土地被剥夺,以及农业劳动者从属于一个为利润而经营农业的资本家为前提。"[2] 他认为,19世纪英国的大租佃农场性质就是资本主义农场。"对国有土地的掠夺,特别是对共有地的不断的盗窃,促使在十八世纪叫做资本租地农场或商人租地农场的大租地农场增长,并且促使农村居民变成无产阶级,把他们'游离'出来投向工业。"[3]

马克思论及了租地农场主所处的经济地位。从政治经济学来看,租地农场主并没有土地所有权,他们从事租地经营的必要条件是首先要向土地所有者支付一笔地租。因此,他们并不是拥有所有权的纯粹的资本家。马克思在这里高估了租地农场主的资本主义性质。

马克思也具体地论及租地农场主的历史形成过程。他写道:"在英国,最初形式的租地农场主本身也是农奴的管事。""在十四世纪下半叶,管事被由地主供给种籽、牲畜和农具的租地农民所代替。这些租地农民的地位同农民没有多大的区别,不过他剥削更多雇佣劳动。他不久就成为分成农、半租地农场主。他筹集农业资本的一部分,而其余部分则由地主提供。双方按合同规定的比例分配总产品。这种形

---

[1] 〔德〕马克思:《资本论》第三卷下,人民出版社1975年版,第698页。
[2] 〔德〕马克思:《资本论》第三卷下,人民出版社1975年版,第694页。
[3] 〔德〕马克思:《资本论》第一卷下,人民出版社1975年版,第793页。

式在英国很快就消失了。"① 马克思认为:"这里所用的'工业'是和'农业'相对而言。就'范畴'的意义来说,租地农场主和工厂主一样,也是工业资本家。"②

马克思在其著作中研究土地所有制的篇幅甚少,原因何在?这和马克思研究经济制度的整体计划有关。他在《政治经济学批判》序言中对此陈述说:"我考察资产阶级经济制度是按照以下的次序:资本,土地所有制,雇佣劳动;国家,对外贸易,世界市场。"而《资本论》只完成了马克思研究资本主义经济制度六项任务中的第一项,即对"资本"的研究③,对其余各项任务,马克思似乎打算留待以后再做系统研究。所以,马克思说:"对土地所有权的各种历史形式的分析,不属于本书的范围。我们只是在资本所产生的剩余价值的一部分归土地所有者所有的范围内,研究土地所有权的问题。因此,我们假定,农业和工业完全一样受资本主义生产方式的统治,也就是说,农业是由资本家经营;这种资本家和其他资本家的区别,首先只在于他们的资本和政治资本推动的雇佣劳动所投入的部门不同。"④ 在这里,马克思没有谈英国租地农场主与纯粹的大资产阶级的区别。如果把上述马克思对英国租地农场主阶级的论述作为一种全面描述和研究租地农场主的结论,它显然忽略了英国土地制度的复杂性和作为一种土地经济形态的租地农场制的经济学特征,具有理论缺陷。马克思在这里出现理论偏差的根本原因在于,他没有认识到农业经济形态和工业资本主

---

① 〔德〕马克思:《资本论》第一卷下,人民出版社 1975 年版,第 811 页。
② 〔德〕马克思:《资本论》第一卷下,人民出版社 1975 年版,第 818 页,注 238。
③ 参见〔德〕马克思:《〈政治经济学批判〉序言》,《马克思恩格斯选集》第 2 卷,人民出版社 1972 年版,第 81 页。
④ 〔德〕马克思:《资本论》第三卷下,人民出版社 1975 年版,第 693 页。

义经济形态之间存在着差别。

马克思注意到农业和土地关系在资本主义社会和前资本主义社会存在根本性差别。他写道:"在土地所有制处于支配地位的一切社会形式中,自然联系还占优势。在资本处于支配地位的社会形式中,社会、历史所创造的因素占优势。"① 但是对这点马克思没有充分展开论述。马克思更多地是把地租等农业经济的范畴作为资本主义经济范畴来看待。这表现在他写道:"不懂资本便不能懂地租。不懂地租却完全可移动资本。资本是资产阶级社会的支配一切的经济权力。它必须成为起点又成为终点,必须放在土地所有制之前来说明。"② 这里谈的是资本主义条件下的土地关系。

那么,马克思所处的时代,英国的大地产中的社会关系究竟如何呢?马克思写道:"更不用说现代英国的地产形式了,在那里,土地所有者的封建主义是同租地农场主的牟利和勤勉结合在一起的。"③ 马克思根据李嘉图的理论指出:"土地所有者同租地农场主即社会的相当大一部分人的利益是敌对的。"④ 马克思这种关于近代大地产仍带有残余的封建性的见解,对于我们认识两种土地经营形式的性质,有很大的意义。

马克思的地租理论是资本主义时代的地租理论,它不适合于一般经济史和前资本主义阶段。

---

① 〔德〕马克思:《〈政治经济学批判〉导言》,载《马克思恩格斯选集》第1卷,人民出版社1972年版,第110页。
② 〔德〕马克思:《1857—1858年经济学手稿 笔记本M》,载《马克思恩格斯全集》第30卷,人民出版社1995年版,第49页。
③ 〔德〕马克思:《1844年经济学哲学手稿》,人民出版社1985年版,第43页。
④ 〔德〕马克思:《1844年经济学哲学手稿》,人民出版社1985年版,第38页。

第三节　考茨基和列宁的农业经济思想

马克思去世以后，德国和欧洲的社会主义运动有了很大的发展，如1889年建立了第二国际。面对着争取革命同盟军这一社会主义运动的现实任务，面对着资本主义发展出现的各种新情况，各国社会民主党人在制定本国的活动策略时，不约而同地注意到农民和土地问题。正是在这种背景下，考茨基于1899年写了《土地问题》一书。

考茨基（1854—1938），1877年加入德国社会民主党，出版《社会科学和社会政治年鉴》。1881年以后转变为马克思主义者，任德国社会民主党的理论刊物《新时代》主编。19世纪80到90年代发表著作，对马克思的《资本论》等马克思主义著作做了通俗性的解释。1905—1910年编辑出版《剩余价值学说史》，成为第二国际领导人之一。

考茨基作为德国社会民主党的领导人之一和重要的马克思主义理论家，对马克思和恩格斯的土地理论作了阐释和研究，其间也提出了尖锐的批评性的评论。他在该书中首先充分肯定了马克思的理论。他写道，到目前为止，"没有看见一种能够超越马克思学说的新真理"[1]。但是，考茨基在书中指出，马克思和恩格斯并没有完成对农业经济的系统认识。他写道："我们在恩格斯的著作中虽然可以找到关于农业问题的许多有价值的意见，但大都为一些偶尔的笔记及短篇论文。《资本论》中第三篇中地租篇可以说是例外，但是它仍然是未完成的。马克思还没有完成他的著作就死了。""即使马克思完成了他的全部著作，他还是没有解决在现时使我们发生兴趣的一切问题。照他的工作

---

[1]〔德〕考茨基：《土地问题》上卷，岑纪译，商务印书馆1936年版，著者序，第5页。

计划，他只是研究资本主义的农村经济；现时我们主要是注意资本主义社会内资本主义前期及非资本主义的农村经济形态之作用。"①

接着，考茨基尖锐地提出了关于农史研究的一个重要的思路："要以马克思理论之精神来研究农业问题，只是回答小生产在农业中是否有前途的问题是不够的；最重要的是要研究农村经济在资本主义生产方法下所起的一切变化。我们必须研究资本是否把握住农村经济，假如把握住，那么是怎样把握；资本在农村是否产生过一种变革，是否捣坏旧的生产形态，是否引出新的生产形态"②。这是考茨基一个很有锋芒的意见，一方面是因为小农的分化和被消灭的论点是马克思和恩格斯的农业理论甚至资本主义发展理论中的一个核心论点。这个论点到19世纪末为马克思主义者与法国及德国小资产阶级分子和社会民主党内的右倾机会主义者在农民政策问题的论战中坚持。另一方面，这个新观点的提出在农业史研究理论和思想上具有极大的重要性，这个观点涉及了一个更广阔的问题，即农业的结构及资本主义经济形态在农业领域的部类特点这个涉及社会形态的一般性问题。

工业经济和农业经济与资本主义发展的关系不同。考茨基就这一点写道："资本主义的生产方式往往（某些殖民地除外）首先在城市内，首先在工业内发展起来。农民经济大部分仍然为非资本主义的生产，可是农民经济的生产在工业的影响下已带有别的性质。"

考茨基注意到资本主义时代工业和农业经济的差别。他分析说："工业和农业经济间一个最重要的差异就在于在农业经济内往往私有的生产和家庭经济间存在着紧密的联系，构成不可分割的一个整体。

---

① 〔德〕考茨基：《土地问题》上卷，岑纪译，商务印书馆1936年版，著者序，第3页。
② 〔德〕考茨基：《土地问题》上卷，岑纪译，商务印书馆1936年版，第5页。

而在工业内，除了某种残余以外，它们彼此是完全不相依靠的。没有一个农业企业可以没有和它相联系的家庭经济。反过来说，在农村中没有一个独立的家庭经济不在同时从事农业的。"① 在谈到地主与资本家的时候，考茨基讨论了土地是不是资本的问题。他指出："无论怎样称土地为资本，可是土地所有者并不因此成为资本家。"考茨基很好地揭示了土地与资本的本质差别。考茨基《土地问题》隐含着两个重要的问题。第一个问题是，为什么资本主义在农业中的发展采取了一种与工业发展不同的形式；第二个问题是，占据统治地位的资本主义生产形式能与前资本主义生产形式共存，这种共存对社会形态来说有什么重要作用？考茨基在书中分析了在资本主义条件下，土地形态与资本在形式上和运作上的本质性差别。

考茨基注意到了土地租佃制问题，尤其提到租佃农场制的广泛存在是英国农业的一大特点。他指出："英国地主比大陆上的地主更早地对他的农奴取消了封建的义务，而且不得不更早过渡到资本主义的经营。不过他们的企图仍然只是一种尝试，因为当时信用事业还没有发展。他们不得不（在十五世纪时已经就是如此）将自己的土地分为大块小块的土地而把这些土地租给农业经营者，这些农业经营者手里有耕种土地必需的活的及死的农具。土地租给资本主义的租佃者——这就开辟了他们把必需的资本投入到农业经济方面去的一条道路。"② 关于租佃制的性质，他论述道："在租佃制占统治的地方，农业企业家可以把自己的资本完全使用在经营上；在这种制度之下农村经济更可以充分发展其资本主义的性质，③ 这种农业企业家的经营就是资

---

① 〔德〕考茨基：《土地问题》上卷，岑纪译，商务印书馆1936年版，第117页。
② 〔德〕考茨基：《土地问题》上卷，岑纪译，商务印书馆1936年版，第117—118页。
③ 原中译文未细加修饰，此处断句之标点为本书作者所加。

本主义农业经济的典型形式。"① 在这里,考茨基注意到了租佃制的不足,他是从经济运动中看出租佃农场制的不足的。他写道:"但是,租佃制也有它的黑暗面。这里的农业企业家所最关切的是为了要使土地能够提供较高的收入,他就去创造最优良的条件;可是他并不关心这种收入的长久。他的租约为期愈短,则他愈不关心。""租佃制是不能促进经济的进步"。② 在讨论农业租佃制所遇到的困难时,他认为"地租的影响在这一方面,也是一样有害的"③。这无疑是正确的。但是,他把这种消极影响归结为"资本主义方法之有害于农业经济"④。他注意到了租佃农场制度在经济运行中的弱点,但是仍然把租地农场制作为纯粹的资本主义农业经济的形式,没有能揭示租地农场是在资本主义的私有关系中居于从属地位的一种次级占有形式。正是这种所有权的缺失,致使租地农场主缺少某种程度的经济积极性和主人翁意识,使得租地农场经营往往具有短视的根本弊病。

考茨基认为:"在其他同等的条件之下,最大的农民经济高于小的农民经济。"⑤ "独立的农民经济已经不可救药;它只有依靠大经济才能巩固。"⑥ 现代农业生产变得依赖于大企业。同时,考茨基又谨慎地指出:"我们无论怎样不能预料大经营在农村经济内迅速吞并小经营。"⑦

直到 20 世纪初年,农业在俄国国民经济中仍占有很高的比例。在 19 世纪后期俄国社会主义运动中,科学社会主义者和民粹派围绕

---

① 〔德〕考茨基:《土地问题》上卷,岑纪译,商务印书馆 1936 年版,第 279 页。
② 〔德〕考茨基:《土地问题》上卷,岑纪译,商务印书馆 1936 年版,第 281 页。
③ 〔德〕考茨基:《土地问题》上卷,岑纪译,商务印书馆 1936 年版,第 277 页。
④ 〔德〕考茨基:《土地问题》上卷,岑纪译,商务印书馆 1936 年版,第 277 页。
⑤ 〔德〕考茨基:《土地问题》上卷,岑纪译,商务印书馆 1936 年版,第 143 页。
⑥ 〔德〕考茨基:《土地问题》上卷,岑纪译,商务印书馆 1936 年版,第 433 页。
⑦ 〔德〕考茨基:《土地问题》上卷,岑纪译,商务印书馆 1936 年版,第 293—294 页。

农民的命运和资本主义在俄国的前景问题展开了论战。列宁对于农民和土地问题极为关注。1896—1898年,列宁在研究俄国经济史和经济现状的过程中,撰写了《俄国资本主义的发展》一书。在该书中,他用大量资料说明俄国资本主义已经在成长的事实和资本主义在俄国的发展不可避免。但他在讨论农业发展的章节中,也敏锐地注意到农业中存在着大量非资本主义的结构。

列宁在批驳加里雪夫的论点时写道:"他们说,为了研究耕作农民的生活,以土地作为标准的分类法是自然的和必要的。这种论据忽视了俄国生活的基本特征,即份地占有制的不自由性质,份地占有制由于法律而带有均等的性质,要彻底推行这种占有制是麻烦的。耕作农民分化之全部过程就在于:生活超出了这些法律的范围。"列宁在这里论及了在俄国农民经济中,尚存在着超经济的法律规定性的束缚和制约,某些土地占有具有"不自由性质"。① 列宁注意到租佃制在"农民经济"中的矛盾意义。一方面,"土地的买进、佃入和出租对于份地的关系,也决定了各类农民之实际的土地占有",另一方面,主要的土地出租者都是土地较少的农民,他们都抛弃份地,转让给经营者手中。列宁还引用加里雪夫的话,"租佃给农民分化以'推动'"。②

列宁在此书中对农民土地占有形式涉及不多,这是因为当时写此书的目的是与民粹派理论家作最后的论战,此书的主题是阐述俄国资本主义发展的客观必然性。列宁认为,在农村中,"不论这种土地占有形式怎样,农业资产阶级对农业无产阶级的关系决不会因此在本质

---

① 〔苏联〕列宁:《俄国资本主义的发展》,人民出版社1957年版,第97—98页、第98页脚注2。
② 〔苏联〕列宁:《俄国资本主义的发展》,人民出版社1957年版,第260页。

上有丝毫改变"①。但列宁也说道:"实际上重要的问题,决不在于土地占有形式,而在于纯粹中世纪古旧东西的残余,这些残余继续压榨在农民身上。例如,农民社会的等级封闭状态,连环保,决不能同地主土地赋税相比的农民土地过高的赋税,农民土地动员,农民的迁移和移民之没有充分自由。"②

列宁在1900年到1916年间,阅读了欧美各国的大量统计资料和资产阶级学者的各种研究著作,其间写下了篇幅很大的《土地问题笔记》,对农业发展规律作了新思考。这批笔记就内容来说可分为三部分,一是为俄国社会民主党制定土地政策的准备和与机会主义者的论战,二是对他人著作的摘要和评注,三是对各国统计资料的研究。我们可以发现,列宁在这一时期阅读了大量的资产阶级学者的著作,他在笔记中反击和驳斥了资产阶级学者在著作中对马克思主义的攻击,但他也十分注意这些学者著作中提出的有价值的观点。由于这些笔记有很多只是札记而不是供发表的最后著作,列宁自己的观点并没有在笔记中充分地展开陈述,很多内容尚待读者加以揣摩和释读,但细心的读者仍可以从笔记中(及这个时期其他著作中)窥见列宁对土地问题的新思想。列宁在这批笔记中表述的初步理论思考,发展了马克思本人在19世纪对资本主义时代农业发展特点的理论认识。

列宁认为农业资本主义的"理论的前提是资本主义农业 = 商品生产 + 雇佣劳动"③。"资本在农业中的'使命'

(1)土地占有同生产分离

(2)社会化

---

① 〔苏联〕列宁:《俄国资本主义的发展》,人民出版社1957年版,第260页。
② 〔苏联〕列宁:《俄国资本主义的发展》,人民出版社1957年版,第260—261页。
③ 《列宁全集》第56卷,人民出版社1990年版,第20页。

(3) 合理化"①

列宁分析了商业性农业的详细过程:"1. 商业性农业的发展。——过程的阶段。——市场的形成:城市。——农民工业者。——维持生计的经济残余。——农民从属于市场的程度。——农业中的自由竞争。"②

列宁在这个时期对于马克思的资本主义经济形态理论的新思考,似乎看出了马克思土地理论缺陷。1903 年,列宁在《对欧洲和俄国土地问题的马克思主义观点》一文中提出了一个至关重要的研究方法论问题。列宁分析了马克思土地理论的缺陷。他指出:"马克思关于资本主义生产方式发展的理论,既适用于工业,也适用于农业。但是不应当把资本主义在农业中和工业中的基本特点和不同的形式混淆起来。""商业性农业的形成过程本身同工厂工业并不完全相同:在工业中,这个过程采取简单的、直线的形式,在农业中,我们看到的却是另一种情况:农业中的主要现象是商业性农业和非商业性农业相互掺杂,各种不同的形式结合在一起,拿每一个地区来说,运往市场的主要是某一种产品。一方面,地主的生产,特别是农民的生产是商品性生产,另一方面,这种生产又保存着自治性质。"③

列宁在《对爱·大卫〈社会主义和农业〉一书的批注》(1903 年 3—4 月)中记下了大卫对马克思的两则批评意见,一是"马克思简单地把工业规律'搬到了'农业方面",二是"马克思在第 1 卷中对

---

① 《列宁全集》第 56 卷,人民出版社 1990 年版,第 20 页。
② 《列宁全集》第 56 卷,人民出版社 1990 年版,第 19 页。
③ 〔苏联〕列宁:《对奥托·普林斯海姆〈农业工场手工业和电气化农业〉一文中的资料的分析》(1901 年 6—9 月),《列宁全集》第 56 卷,第 101 页。

农业注意得很少"。① 列宁在这里再次关注资本主义时代工业的规律和农业的规律的不同。列宁注意到普林斯海姆所提出的"农业生产在资本主义时期所采取的形式和特点"的问题。列宁在笔记中强调,"农业形态学的问题还没有人研究过"②。"仅仅按照耕地面积来划分大农户和小农户,这是死板的、肤浅的办法。"③ 从行文中难以判断这句话是普林斯海姆的话,还是列宁自己的话。但是,它表明了说这句话的人对 20 世纪以前农业史研究状况不满意。

列宁对前人研究状况提出了尖锐的批评。一个问题是研究者始终过于把注意力放在大农和小农的数量和划分,以及小农消失的问题。如我们看到的,在英国农业史研究中便有此种倾向。再一个问题是大农户即现代农业大生产的性质问题。列宁认为,不能把大农业与资本主义大工业等量齐观。他在普林斯海姆的一段话旁加上了"注意"二字,普林斯海姆这段话说:"农业中的销售主要不是世界性的,而是地方性的。经营规模不大,很少有周转额达到 10 万马克的,而在工业中早已超过了这个数字。"④ 列宁还指出:"总的说来,大农户的性质同工业的性质不同。"⑤ 列宁提出了"农业中有没有同资本主义的家庭劳动(手工业和大工业之间的中间环节)类似的做法呢"这样的问题。列宁记下了"现代大农业应当与工场手工业(马克思所说的)相

---

① 〔苏联〕列宁:《对爱·大卫〈社会主义和农业〉一书的批注》(1903 年 3—4 月),《列宁全集》第 56 卷,第 372、373 页。
② 〔苏联〕列宁:《对奥托·普林斯海姆〈农业工场手工业和电气化农业〉一文中的资料的分析》(1901 年 6—9 月),《列宁全集》第 56 卷,第 101 页。
③ 《列宁全集》第 56 卷,人民出版社 1990 年版,第 101—102 页。
④ 《列宁全集》第 56 卷,人民出版社 1990 年版,第 102 页。
⑤ 《列宁全集》第 56 卷,人民出版社 1990 年版,第 101—102 页。

提并论"的话。① 列宁的意见是明确的，即现代资本主义时代的大农业，在经济形态上不同于或无法与现代资本主义工厂制度相比拟，它们之间存在着性质的差别，它在程度上无法与大工业相比，充其量只能与工场手工业相比。我们认为这是非常重要的意见。

中农和小农经济在农业经济中是否有积极意义，以及小农在经营中是否仍具有一定优势的问题，引起了列宁特别的注意。在《对施图姆普费〈论中小土地占有者与大土地占有者的竞争能力〉一文中的资料的分析》这篇笔记中，列宁记下了这样的话："施图姆普费开门见山地说，如果大生产在农业中也象在工业中那样比小生产优越的话，那么关于向东普鲁士移民的法律就是一个错误，社会民主党人就是正确的了。"列宁还记下了："根据1882年的资料，中等农户（10—100公顷）=农户的12.4%和土地的47.6%——'农民在经济上举足轻重'。"② "'但是农民农户的特别大的优越性恰恰在于，经营活动完全由业主掌握，为了自己的利益和自身的好处劳动，几乎总是比为他人的劳动更有价值，更经济，更盈利。'"以及"施图姆普费的结论：地产愈小，盈利愈大"③。"施图姆普费极其详细地反复解释小生产如何有利，如何盈利——既根据总收入，也根据纯收入"④。此外，列宁还记下了作者的一段话："而极小农户的情况与果园业近似，他们获得的总产量是能够达到的最高值，因此关于总产值可以不假思索地提出这样的原理：农户愈小，它的生产率，它的总产值就愈高。"⑤ 列宁还

---

① 《列宁全集》第56卷，人民出版社1990年版，第304页。
② 《列宁全集》第56卷，人民出版社1990年版，第304页。
③ 《列宁全集》第56卷，人民出版社1990年版，第311页。
④ 《列宁全集》第56卷，人民出版社1990年版，第329页。
⑤ 《列宁全集》第56卷，人民出版社1990年版，第340页。

记下了该书总结性的论点:"大农户总的来说是靠资本密集(购买种子、饲料和肥料最多)来经营的,而农民农户首先是小农农户则显示出最高的劳动密集程度,这在小农户中有时导致家庭成员劳动力的浪费。"①

列宁在《对欧洲和俄国的土地问题的马克思主义观点》中,引用了大卫著作中脚注中的话:"总的说来,在蔬菜业和果园业中也象在农业中一样,繁荣的是小生产。"②和他在写作《俄国资本主义的发展》时一样,列宁在这个时期研究土地问题时,同样非常注重对统计资料的研究。列宁的《土地问题笔记》所列各篇中,有相当大的部分是对德国、丹麦、奥地利、瑞士、美国、符登堡、巴伐利亚等各国各地区的官方农业统计资料的摘录和研究。

列宁在他的笔记中对美国农业作了较详细的研究,并把美国农业与欧洲农业作了比较。列宁根据美国经济资料编制了全美国农场数目统计表,分列了不同规模的农场各自所占的比重。其中,收入在1000美元以上的农场占农场数的17.2%,收入在500—10000美元的中等农场占农场数的24%,收入在500美元以下的农场占58%,收入在100美元的低收入农场占9.1%。列宁在表格下写道:"必须承认收入在1000美元以上的农场为资本主义农场,因为它们用于工资的支出很高;每个农场58—786美元。""必须承认收入在500美元以下的农场为非资本主义农场,因为它们用于工资的支出是微不足道的;每个农场18美元以下。"③在同一份笔记中,列宁还专门记下了使用雇佣工人的农场的数目。譬如,"概算:1910年使用雇佣工人的

---

① 《列宁全集》第56卷,人民出版社1990年版,第343页。
② 《列宁全集》第56卷,人民出版社1990年版,第24页。
③ 《列宁全集》第56卷,人民出版社1990年版,第575页。

农场为 45.9%。1900—1910 年间雇佣工人数目增加了 27%—48%（大约数）。"[1] 这表明列宁注意到了被称为农业资本主义发展典型的美国农业经济的结构亦具有多样性。列宁写道："应当指出，美国农业统计揭示了它同欧洲大陆的一个基本区别。""在美国，极小农场的百分比是微不足道的"，"在欧洲，极小农场的百分比很高"。"在美国，农业资本主义更纯一些，分工更明确一些；同中世纪、同依附于土地的劳动者的联系更少一些；地租的压迫轻一些，商业性农业同自然经济的农业的混淆程度轻一些。"[2]

列宁提出了农业经济规律与工业经济的规律之间是否存在根本差别的问题。

列宁在《对谢布尔加柯夫〈资本主义和农业〉（第 1 卷和第 2 卷，1900 年版）一书的批注》的笔记中记下了《作者序》中提出的"农业发展理论〈？〉的试验与资本主义一般发展的关系"这个重要问题。他还记下了下面两段话："'人在工业中支配〈?〉自然力'，而在农业中则要适应（?）自然力"，"人在农业中是自然规律的'奴隶'，在工业中是它的主人（'根本区别'）。"[3] 这表明列宁对农业经济形态与工业经济形态的本质差别已有一定的考虑。

在《对爱·大卫〈社会主义和农业〉一书的批注》中，列宁记下了爱·大卫对农业和工业的比较的认识。

他在笔记中写道：

"……工业——机械的过程，农业——有机的过程（= 实质！）不对。……

---

[1] 《列宁全集》第 56 卷，人民出版社 1990 年版，第 578 页。
[2] 《列宁全集》第 56 卷，人民出版社 1990 年版，第 559—560 页。
[3] 《列宁全集》第 56 卷，人民出版社 1990 年版，第 63—64 页。

{骚动等}

（1）没有连续性。

（2）变换工种。

（3）空间的变幻无常。（工作地点在改变。）

（4）节奏由自然界决定。

（5）劳动场所很宽阔。

（6）粪肥的生产——（没有相似之处）。产品的数量只能缓慢地增加。"[①] 这段话表明列宁对爱·大卫观点的重视。

列宁对土地问题的思考，对于我们认识资本主义社会农业经济形态和农业经济史理论，具有启发意义。由于这些思想是以读书笔记和短论的形式留下的，他对于这些思想只是作了提纲式的陈述，或者说只是流露了一些重要思想的萌芽。他还没有来得及系统地理论化并作清晰的陈述。

第四节　恰亚诺夫的农民学

20世纪初，苏俄农业经济研究中出现了恰亚诺夫为代表的农民学派。这个学派以19世纪末和20世纪初俄国和东欧这样的资本主义不发达国家的农业史作为研究对象和理论的实证基础。

恰亚诺夫（1888—1939）是苏俄农业经济学家和农民学家。他著有《意大利农业合作制》（1909年）、《比利时农业信贷》（1909年）、《瑞士小农农业》（1912年）、《法国农业中的生产与消费》（1913年）、《合作化简明教程》（1915年）、论文《非资本主义经济

[①] 《列宁全集》第56卷，人民出版社1990年版，第374—375页。

制度理论》(1924年)等六十多种著作和大批论文。《农民经济组织》(1925年)则是他的代表作。恰亚诺夫在《农民经济组织》中,提出了一种关于非资本主义制度的经济理论,即一种特殊类型的农民经济学。他基于他的经济制度类型说提出了一种宏观理论,这种宏观理论划分出了六种经济制度,即奴隶制、资本主义和共产主义,"家庭经济"、沙俄式的"农奴经济"和中世纪西欧式的"封建主义"。他认为每一种经济制度都需要概括出它自己的理论,而建立"农民经济"和其他"非资本主义经济"的理论是可能的。但这种理论必须有不同于资本主义理论的、自己的基本范畴与逻辑体系。

恰亚诺夫认为:"农民的农场经济第一个基本的特点在于,这是一种家庭经济。它的整个组织是由农民家庭的大小和构成,以及根据它的消费要求与它的劳动者的数目的协调一致来决定。这就解释了为什么农民经济和利润的概念不同于资本主义经济中的利润概念,以及为什么资本主义的利润概念不能适用于农民经济。资本主义的利润是一种净利润,它通过把所有的生产开支从总收入中扣除来计算。这种方式的利润的计算结果,无法应用于农民经济。"

恰亚诺夫看到,"农民农场"一语在不同地区有不同的指谓和涵义。"同一个词汇,即'农民农场'在不同的国家指的是性质迥异的经济组织。在俄国,90%的农民农场是纯粹的家庭农场,而在西欧和美国,家庭农场从全社会来看并不占重要地位,'农民农场'一词指的是半资本主义农场。还有一点也是清楚的:西欧存在的广泛的土地长子继承制下,即使是纯粹的家庭农场也无以足够清晰地展示其特征。"[①]

---

① 〔苏联〕A.恰亚诺夫:《农民经济组织》,萧正洪译,于东林校,中央编译出版社1996年版,第89页。

恰亚诺夫是一个比较现实的经济学家，在《农民经济组织》中他没有忽视资本主义发展的时代背景。恰亚诺夫注意到并表示尊重马克思主义者关于资本主义发展大趋势的经济理论成果。他表示，他并不是将农民农场视为一个与资本主义经济范畴相抗衡的农业经济范畴。他写道："许多马克思主义的分析方法很早以前便得到了普遍承认，并成为社会科学的有机组成部分。如果我们拒绝使用它们，同时将农民农场分析视作一个国民经济范畴，那将是非常奇怪的。我们认为，在以后数年中，在深入研究国民经济问题的基础上，我们将能够向世人说明在自己的实际研究工作中从马克思主义方法论那里学到了什么。"①

恰亚诺夫看到，在他所处的那个时代，从整体上说已是资本主义生产方式占主导地位的时代，纯粹的独立的农民家庭经济已难以长期存在。他写道："如果家庭农场存在于资本主义生产关系占主导地位的国民经济体系之中，如果它已被卷入商品生产的大潮并已成为一个小商品生产者，并且以商业资本主义确定的市场价格从事买卖，如果其循环资本从根本上说是它所借的银行资本，那么，我们所讨论的农民农场及其所有的特征——或者可以准确地说是由于这些特征——将从属于资本主义的剥削制度，成为资本主义制度的不可分割的一部分。"②

---

① 〔苏联〕A.恰亚诺夫：《农民经济组织》，萧正洪译，于东林校，中央编译出版社1996年版，第13页。当时苏联学界一些人攻击恰亚诺夫学派的理论说，"组织生产学派美化了深受小资产阶级精神影响的分散的农民农场，精心建构了农民农场的意识形态，从而支持反动的前资本主义的经济组织形式"。恰亚诺夫回击了这种攻击。(《农民经济组织》，第11页。)
② 〔苏联〕A.恰亚诺夫：《农民经济组织》，萧正洪译，于东林校，中央编译出版社1996年版，第218页。

恰亚诺夫预言了未来资本主义时代农业的经济组织形式。"农业中资本主义影响的增大与生产集中的发展,不一定如人们曾经预料的那样采取大地产的形成与发展的形式,更可能的情况是,商业与金融资本主义会建立起对数量极多的农业生产组织的经济控制,而就农业生产过程而言,仍会一如既往地由小规模家庭农场来完成。"①"在资本主义发展的现阶段上,大部分工业与商业以使用雇佣劳动的经济组织为基础,而农业则有相当一部分以家庭农场组织为基础,因此,当代资本主义不可避免地要受到这两种类型的经济活动的影响。"② 它的这一预言,已有当代美国农业的经济结构所证明。

恰亚诺夫对于家庭农场的性质做了辨析。他写道:"如果像我们以前那样,在组织与生产层面上将家庭农场与资本主义农场对照分析","那么劳动农场就同以后雇佣劳动为基础的资本主义农场大不相同了。就此而言,它们是对相同的经济因素做出不同反应的两种经济组织"。恰亚诺夫在定性方法上,还是倾向于把一种占主导地位的生产关系之下的所有经济组织的性质,视为是与占主导地位的经济组织的性质一致的。这一结论明显存在着问题。对于这一给农场定性的方式,恰亚诺夫显然是游移的,这可以从下面一段话中看出来:

"将农民农场视作农业企业性质的农场,其中农场经营者雇佣自己作为农业工人,这种观点只是在资本主义制度中才具有说服力。因为它完全是由资本主义的认识范畴组成的,然而,将农民农场视为一种组织形式——此时此刻我们感兴趣的也只是它——这在其它的国

---

① 〔苏联〕A.恰亚诺夫:《农民经济组织》,萧正洪译,于东林校,中央编译出版社1996年版,第17页。
② 〔苏联〕A.恰亚诺夫:《农民经济组织》,萧正洪译,于东林校,中央编译出版社1996年版,第221页。

民经济制度中也完全可以令人信服,比如封建农奴制、农业手工业国家甚至纯粹的自然经济,在这些经济制度中雇佣劳动和工资范畴即便不从历史上看而从逻辑上说也是完全不存在的。"①

小农是一种持有土地很少,在社会上具有从属地位的农民。恰亚诺夫提出了作为一种特殊类型的农民经济学。

"如同在资本主义经济中一样,在农民经济中,总收入和物质开支是以卢布表现的;但是,劳动力的花费不能用作工资支付的卢布来表现或计量,而只有直接按农民家庭本身的劳动作用来表现和计量。这些作用无法以货币单位增加或扣除;它们仅仅能够以卢布来对照。比较家庭的确实作用的价值与卢布计算的价值将是非常主观的;它将随着家庭要求被满足的程度和劳动作用本身的艰苦程度,同时还有其他条件而变化。"

"农民家庭劳作的报酬较小,而这恐怕对资本主义经济来说是完全无利润可言的。由于农民经济的主要目标是满足每年家庭消费预算,绝大部分利润事实上不是去补偿劳动单位(工作日),而是去补偿整个劳动年。当然,如果存在着丰富的土地,任何由家庭使用的劳动单位将具有一种得到那个单位最大工资的倾向,无论它是一种农民经济还是资本主义经济。在这样的条件下,农民经济时常导致比私人(企业家)拥有的土地的经济更广泛的垦殖。从一个土地单位得到的收入会较小,而一个工作单位将会得到较高的工资。但是,当可得到土地的总量是有限的,同时处于一种过密地开垦的程度下,农民家庭如果实行密集型耕作的话,不可能把所有劳动力用于它自己的土地。

---

① 〔苏联〕A. 恰亚诺夫:《农民经济组织》,萧正洪译,于东林校,中央编译出版社1996年版,第9页。

这些劳动力得到的剩余价值也不可能依靠从它的成员的年工资中得到必需的收入,农民家庭能够通过更密集地耕作其土地利用其劳动力的盈余。它的这种方式能够增加它劳动成员的年收入,尽管对于每个单位来说它们的劳动报酬将是很低的……出于同样的理由,农民家庭时常以前所未有的价格租用土地,这从纯粹的资本主义观点来看是无利可图的,并且很明显以超过资本主义地租的价格买进土地。这样做为的是找到使用家庭剩余劳动力的方式,(否则的话)不可能在保证土地安全的条件下利用它。"[1]

恰亚诺夫对于农场的性质做了辨析。恰亚诺夫指出,"农民农场作为一种生产组织类型存在于特定的历史时期。从理论上讲,它是多种经济制度的组成成分。它可以是自然经济的基础,可以是由农民农场和城市家庭手工业作坊构成的经济制度的一部分,也可以成为封建经济的基础。""在不同的具体条件下,它会以不同的方式同其它社会阶级相联系,从而以不同的方式参与每种经济制度中所特有的此起彼伏的阶级斗争。"[2] 农民农场具有多样性,"毫无疑问,农民农场的类型不是千篇一律的。除了农民劳动农场外,还存在大量半无产阶级的和半资本主义的农场"[3]。

恰亚诺夫预言,未来资本主义社会农业的主体仍将是小农农场而不是"农业工厂",农业资本主义化的主要方式是"纵向的一体化"

---

[1] A. V. Chaianov, "The Social-economic Nature of Peasant Farm Economy", from Eric R. Wolf, *Peasant*, New Jersey: Englewood Cliffs, Prentice Hall, 1966, pp. 14-15.
[2] 〔苏联〕A. 恰亚诺夫:《农民经济组织》,萧正洪译,于东林校,中央编译出版社1996年版,第16页。
[3] 〔苏联〕A. 恰亚诺夫:《农民经济组织》,萧正洪译,于东林校,中央编译出版社1996年版,第15页。

而不是横向的"农民分化","非资本主义"的未来新农村应走产前产后服务于乡村工业化之路。这一预言是正确的。

恰亚诺夫指出:"如果我们希望建立一种不依赖于某个具体的经济制度的农民劳动农场组织理论,那么我们就必须以家庭劳动作为认识农民农场组织的根本性质的基础。"①

恰亚诺夫农民经济的模式,系基于农民拥有绝对土地所有权的家庭经济模式,这种农民经济反映了非领主制条件下的乡村经济的特点,它以农民取得完全的自由土地权利,而且没有任何人身依附关系残余为条件。

恰亚诺夫进一步讨论了整个国民经济体系的性质问题。他提问道:"全部的问题仅仅在于,这个因为资本主义生产关系占统治地位而被称为资本主义的体系是任何形成的?或者准确地说,如果家庭类型的生产组织是这个体系中唯一的构成单位,如果绝大部分农业生产来自家庭农场,那么国民经济的结构与功能与现实的情况相比是否存在着某些不同?"他的结论是,"大量的家庭生产部门,一般来说是被动地卷入了资本主义国民经济体系之中,并从属于资本主义的组织中心。一旦如此,家庭农场本身也开始以其经济行为的特殊性质影响资本主义的组织体系"。"在资本主义发展的现阶段上,大部分工业与商业以使用雇佣劳动的经济组织为基础,而农业则有相当一部分以家庭农场组织为基础。因此,当代资本主义不可避免地要受到这两种类型的经济组织的影响。""就理论而言,从李嘉图直至今天,关于国民经济的种种研究一直以作为资本主义企业主、在雇佣劳动基础上从

---

① 〔苏联〕A.恰亚诺夫:《农民经济组织》,萧正洪译,于东林校,中央编译出版社1996年版,第9页。

事经营的经济人的动机与经济预测为依据进行推论。然而事实表明，这种古典经济学的经济人并非都是资本主义企业，而往往是家庭生产的组织者。"①

恰亚诺夫在农民研究中对于剥削提出了一个广为人知的概念，即"自我剥削（self-exploitation）"。这个概念来自于它关于家庭耕作的农场的论述。即在那种生产方式下，再生产的压力使得这些农场在恶劣的条件下不去计较额外的劳动力成本。资本主义农场则不得不将工资成本纳入支出于利润预期的计算之中，而家庭则不会将自己在农场的劳动力成本计算在内。实际上，"农民"的耕作比资本主义农场的耕作更为集约，尽管其劳动生产率水平低于后者，同时，他们也常常被迫以更高的价格购买或租种土地，却以更低的价格出售他们的产品，而资本主义农场主并不会这样做。与资本主义农场主相比，家庭小农能够负担生产与再生产的成本，而且愿意接受更低的消费水平，从而形成自我剥削。这种观点并非恰亚诺夫首创，持这种观点的人很多。

这种观点在对农业史的解释中起了重要的作用。例如，小规模农场具有显著的持续的生命力，在整个现代资本主义时代，"农民群体持续存在"。在19世纪末的学者中，一些人认为，只要小规模家庭农业或农民能够为资本家继续生产"廉价"的食品，使资本家得以获得廉价劳动力，那么他们持续的生命力或"持续存在"就受到资本的纵容或鼓励。这就是说，资本家可以在农民和小农出售他们的劳动力时，支付给他们更低的工资，他们的薪水不必要达到完全能够支付家庭再生产的水平，这是因为再生产费用的一部分可以通过他们的农耕

---

① 〔苏联〕A.恰亚诺夫：《农民经济组织》，萧正洪译，于东林校，中央编译出版社1996年版，第221—222页。

活动来满足。这种解释其实是说，资本主义农业创造了一种方式，通过这种方式，将小农、家庭农民（或"农民"）纳入或并入自己的市场结构和积累的动力之中，只要这样能为资本带来益处就行。这也就潜在地涉及一个论点，即农民被资本直接或间接地"剥削"了。研究美国农业史的学者则认为，农民在农业生产总值中所占的份额一直在下降，而在农业投入（及其成本）和加工与销售的份额则不断上升。

恰亚诺夫的农民学理论的影响在一度减小后，20世纪60年代又出现了复兴。西方出现了一批追随恰亚诺夫农民学理论的学者。西奥多·沙宁是其中之一，他曾长期在英国曼彻斯特大学社会学系任教，后回到莫斯科，担任社会经济学院院长。他著有《定义农民》（1990年）、《尴尬的阶级：发展中社会的农民政治社会学》（1972年）、《后马克思和俄国道路：马克思和"资本主义的边沿"》（1983）、《1905—1907年的俄国，真实的一刻》（1986）[1]。西奥多·沙宁指出，小农处于"失败者的处境，（也就是）由外人来控制小农阶级"。沙宁的理论核心是，小农处于"从属"地位。"作为一个规则，小农被远远拒于社会资源的权利之外。通过赋税、徭役、租金、利益以及对小农不利的贸易条件，使他们的政治屈从和文化附属及经济剥削联系在一起了。"

---

[1] Theodo Shanin, *The Awkward Class: Political Sociology of Peasantry in a Development Society: Russia, 1910-1925*, Oxford: Clarendon Press, 1972. Theodo Shanin, ed., *Peasant and Peasant Society*, Penguin Books, 1971. Theodo Shanin, *Late Marx and the Russia Road: Marx and the Peripheries of Capitalism*, Routledge & Kegan Paul, 1983. Theodo Shanin, *Russia, 1905-1907: Revolution as a Moment of Truth*, Macmillan, 1986. Theodo Shanin, *Defined Peasants: Essays Concerning Rural Societies, Explolary Economies and Learning from Them*, Basil Blackwell, 1990.

参考文献

一、中文

〔德〕卡尔·艾利希·博恩等：《德意志史》4卷，商务印书馆1991年版。

〔德〕考茨基：《土地问题》，梁琳译，生活·读书·新知三联书店1955年版。

〔德〕马克思：《1844年经济学哲学手稿》，人民出版社1985年版。

〔德〕马克思：《政治经济学批判》《剩余价值理论》，载《马克思恩格斯全集》第33卷，人民出版社2004年版。

〔德〕马克思：《资本论》1—3卷，人民出版社1975年版。

〔德〕威廉·罗雪尔：《历史方法的国民经济学讲义大纲》，朱绍文译，商务印书馆1997年版。

〔法〕费尔南·布罗代尔：《15至18世纪的物质文明、经济和资本主义》1—3卷，顾良、施康强译，生活·读书·新知三联书店1993年版。

〔法〕弗朗索瓦·基佐：《欧洲代议制政府的历史起源》，张清津、袁淑娟译，复旦大学出版社2008年版。

〔法〕魁奈：《魁奈经济学著作选集》，吴斐丹、张草纫选译，商务印书馆 1997 年版。

〔荷〕扬·杜威·范德普勒格：《新小农阶级：帝国和全球化时代为了自主性和可持续性的斗争》，潘璐、叶敬忠等译，社会科学文献出版社 2013 年版。

〔美〕弗兰克·艾利思：《农民经济学：农民家庭农业和农业发展》，胡景北译，上海人民出版社 2006 年版。

〔美〕戈登·塔洛克：《经济等级制、组织和生产的结构》，柏克、郑景胜译，商务印书馆 2015 年版。

〔美〕杰尔伯特·C. 菲特、〔美〕吉姆·E. 里斯：《美国经济史》，司徒淳、方秉铸译，辽宁人民出版社 1981 年版。

〔美〕杰拉尔德·冈德森：《美国经济史新编》，杨宇光等译，商务印书馆 1994 年版。

〔美〕伊利、莫尔豪斯：《土地经济学原理》，滕维藻译，商务印书馆 1982 年版。

〔美〕约翰·梅尔：《农业发展经济学》，何宝玉、张进选、王华译，农业读物出版社 1988 年版。

〔美〕詹姆斯·C. 斯科特：《农民的道德经济学：东南亚的反叛与生存》，程立显、刘建等译，译林出版社 2001 年版。

〔日〕速水佑次郎、〔美〕弗农·拉坦：《农业发展：国际前景》，吴伟东等译，商务印书馆 2014 年版。

〔瑞士〕费尔迪南·德·索绪尔：《普通语言学概论》，高名凯译，岑麟祥、叶蜚声校注，商务印书馆 2015 年版。

〔瑞士〕西斯蒙第：《政治经济学新原理》，何钦译，商务印书馆 1997 年版。

〔苏联〕A. 恰亚诺夫：《农民经济组织》，萧正洪译、于东林校，中央编译出版社1996年版。

〔苏联〕联共(布)中央特设委员会编:《联共(布)党史简明教程》,人民出版社1975年版。

〔苏联〕列宁:《俄国资本主义的发展》,人民出版社1956年版。

〔苏联〕潘·伊廖谦珂:《农业经济学》上卷,上海黎明书局1934年版。

〔苏联〕斯大林:《论辩证唯物主义和历史唯物主义》(1938年),载《斯大林文选》,人民出版社1962年版。

〔苏联〕斯大林:《论苏联社会主义经济问题》,人民出版社1964年版。

〔苏联〕苏联科学院经济研究所编:《政治经济学教科书》上、下册,修订第三版,人民出版社1959年版。

〔匈〕卢卡奇:《历史和阶级意识:马克思主义辩证法研究》,王伟光、张峰译,华夏出版社1989年版。

〔意〕翁贝托·梅洛蒂:《马克思与第三世界》,高铦、徐壮飞、涂光楠译,商务印书馆1981年版。

〔印度〕鲁达尔·达特、〔印度〕K. P. M. 桑达拉姆:《印度经济》上、下卷,雷启怀等译,四川大学出版社1994年版。

〔英〕E. P. 汤普森:《共有的习惯》,沈汉、王加丰译,上海人民出版社2002年版。

〔英〕E. 霍布斯鲍姆:"马克思《资本主义以前各形态》导言",载郝镇华(主编):《外国学者论亚细亚生产方式》,中国社会科学出版社1981年版。

〔英〕安德鲁·林克雷特:《世界土地所有制变迁史》,启蒙编译所译,上海社会科学院出版社2016年版。

〔英〕大卫·李嘉图:《政治经济学及赋税原理》,周洁译,华夏出版社2013年版。

〔英〕亨利·伯恩斯坦:《农政变迁的阶级动力》,汪淳玉译、叶敬忠译校,社会科学文献出版社2011年版。

〔英〕克拉潘:《简明不列颠经济史:从最早时期到一七五〇年》,范定九、王祖廉译,上海译文出版社1980年版。

〔英〕马尔萨斯:《论谷物法的影响、地租的性质与发展》,何宁译,商务印书馆1960年版。

〔英〕佩里·安德森:《绝对主义国家的系谱》,刘北城、龚晓庄译,上海人民出版社2001年版。

〔英〕托马斯·莫尔:《乌托邦》,戴镏龄译,商务印书馆1982年版。

〔英〕亚当·斯密:《国民财富的性质和原因的研究》上、下卷,郭大力、王亚南译,商务印书馆1974年版。

《列宁选集》1—4卷,人民出版社1972年版。

《马克思恩格斯选集》1—4卷,人民出版社1972年版。

《土地问题笔记》,《列宁全集》第56卷,人民出版社1990年版。

刘潇然:《土地经济学》,河南大学出版社2012年版。

马克垚:《西欧封建经济形态研究》,人民出版社1985年版。

沈汉、王建娥:《欧洲从封建社会向资本主义社会过渡研究——形态学的考察》,南京大学出版社1993年版。

沈汉:《16世纪英国农业资本主义发展的典型性问题及其他》,载北京大学现代化研究中心主编:《现代化研究》第三辑,商务印书馆2005年版。

沈汉:《论英国从封建主义向资本主义过渡时期阶级结构的模糊

性》,载《世界历史》编辑部(主编):《欧美史研究》,华东师范大学出版社 1989 年版。

沈汉:《世界史的结构和形式》,生活·读书·新知三联书店 2013 年版。

沈汉:《西方社会结构的演变——从中古到 20 世纪》,珠海出版社 1997 年版。

沈汉:《英国土地制度史》,学林出版社 2005 年版。

吴大琨:《论前资本主义社会地租的三种形态》,载《吴大琨自选集》,中国人民大学出版社 2007 年版。

张培刚:《农业与工业化》,中国人民大学出版社 2014 年版。

朱剑农:《土地经济原理》,农业出版社 1981 年版。

沈汉:《戈登·明格:生平与著述》,《贵州社会科学》2014 年第 8 期。

沈汉:《近代英国农业的结构和性质问题——兼论从封建主义向资本主义过渡问题》,《史学理论研究》2007 年第 1 期。

沈汉:《马克思主义关于农业经济形态理论的新发展——读考茨基〈土地问题〉和列宁〈土地问题笔记,1901—1915 年〉》,《学海》2008 年第 4 期。

沈汉:《琼·瑟尔斯克和她对英国农业史的研究》,《史学理论研究》1999 年第 2 期。

沈汉:《英格兰中世纪的土地保有权和各种身份的土地持有者》,《贵州社会科学》2010 年第 10 期。

沈汉:《资本主义还是后封建主义——论近代英国租佃农场制的性质》,《史学集刊》2011 年第 1 期。

二、英文

Food and Agriculture Organization of United Nations, *Report on the 1950 World Census of Agriculture*, Vol. 1, Census Result by Countries, Rome, 1955.

Food and Agriculture Organization of United Nations, *1970 World Census of Agriculture Analysis and International Comparison of the Results*, Rome, 1981.

Food and Agriculture Organization of United Nations, *Supplement to the Report on 1990. World Census of Agriculture: International Comparison and Primary Results by Country (1986-1995)*, Roma FAO, 2001.

Bureau of the Census with the Cooperation of the Social with the Cooperation of the Social Science Research Council, *A Statistical Abstract Supplement: Historical Statistics of the United States Colonial Times to 1957*, U. S. Department of Commerce, 1965.

Abel, Wilhelm, *Agricultural Fluctuation in Europe from Thirteenth to the Twentieth Centuries*, London: Methuem, 1980.

Adkin, B. W., *Copyholder and Other Land Tenures of England*, London, 1919.

Allen, Robert C., *Enclosure and the Yeoman: Agricultural Development of the South Midlands, 1450-1850*, Oxford U. P., 1992.

T. H. Aston and C. H. E. Philpin, eds., *The Brenner Debate. Agrarian Class Structure and Economic Development in Pre-industrial*

Europe, Cambridge U. P., 1987.

Bailey, Mark, *The English Manor C. 1200-C. 1500: Selected Sources Translated and Annotated*, Manchester University Press, 2002.

Bailey, Mark, *A Marginal Economy: East Anglian Breckland in the Later Middle Age*, Cambridge U. P., 1989.

M. R. Postgate, "Field System of East Anglia", in Alan R. H. Baker and Robin A. Butlin, eds., *Studies of Field System in British Isles*, Cambridge U. P., 1973.

Barraclough, G., *The Origins of Modern Germany*, Oxford: Basil Blackwell, 1947.

Bavel, Bas Van, and Richard Hoyle, eds., *Social Relations: Property Power*, Brepols, 2010.

Béaur, Gérard, Philiipp R. Schofield, Jean-Michel Chevet, Marfa Teresa Perez Picazo, eds., *Property Right, Land Markets and Economic Growth in the European Countryside (Thirteenth-Twentieth Centuries)*, Brepols, 2013.

Beckett, J. V., *A History of Laxton: England's Last Open Field Village*, Oxford: Basil Blackwell, 1989.

Bell, Andrew, *A History of Feudalism: British and Continental*, Longman Green, 1863.

Berry, R. Albert, and William R. Cline, eds., *Agrarian Structure and Productivity in Developing Countries: A Study Prepared for the International Labour Office within the Framework of the World Employment Programme*, The Johns Hopkins University Press, 1979.

Bidwell, Percy Well, and John I. Falconer, *History of Agriculture in the Northern United States 1620-1860*, Carnegie Institution of Washington, 1925.

Blackburn, Robin, T*he Making of New World Slavery, from the Baroque to the Modern 1492-1800*, London: Verso, 1997.

A. E. Bland, P. A. Brown, and R. H. Tawney, eds., *English Economic History, Select Documents*, London, 1914.

Blank, Steven C., *The Economics of American Agriculture: Evolution and Global*, M. E. Sharpe development, 2008.

Blum, Jerome, *The End of Old Order in Rural Europe*, Princeton U. P., 1978.

Bonnano, Alessandro, *Small Farms: Persistence with Legitimacy*, Boulder, Colo: Westview Press, 1987.

J. M. Bryden, C. Bell, I. Gilliatt, E. Hawkins, and W. Mackinnon, *Farm Household Adjustment in Western Europe 1987-1991*, Luxemburg: Official Publications of European Communities, 1993, 2 Vols.

Braun, Hans-Joachim, *The German Economy in the Twentieth Century: The German Reich and the Federal Republic*, London and New York: Routledge, 1990.

Buechler, Hans C., and Judith-Maria Buechler, *Contesting Agriculture: Cooperativism and Privatization in the New Eastern Germany*, State University of New York Press, 2002.

Campbell, Mildred, *English Yeoman under Elizabeth and the Early Stuarts*, Kelly, 1942.

F. L. Castern, *The Origins of Prussia*, London: Oxford U. P., 1954.

Cerman, Markus, *Villagers and Lords in Eastern Europe, 1300-*

1800, Palgrave Macmillan, 2012.

Chayanov, A. V., "On the Theory of Non-Capitalist Economic Systems", in A. V. Chayanov, *On the Theory of Peasant Economy*, Manchester U. P., 1986.

Chevet, Jean-Michel, and Gérard Béaur, eds., *Measuring Agricultural Growth: Land and Labour Productivity in Western Europe from the Middle Age to the Twentieth Century (England, France and Spain)*, Brepols, 2014.

Cobden Club, *Systems of Land Tenure in Various Countries: A Series of Essays*, London: Macmillan and Co., 1870.

Cochrane, Willard W., *The Development of American Agriculture: A Historical Analysis*, Minneapolis: University of Minnesota Press, 1979.

Cooper, J. P., "Patterns of Inheritance and Settlement by Great Landlords from the Fifteenth to Eighteenth Centuries", in J. Goody, Joan Thirsk and E. P. Thompson, eds., *Family and Inheritance, 1200-1800*, Cambridge U. P., 1976.

Corni, Gustavo, *Hitler and the Peasants: Agrarian Policy of the Third Reich, 1930-1939*, New York: Berg, 1990.

Currie, J. M., *Economic Theory of Agricultural Land Tenure*, Cambridge U. P., 1981.

Curtler, W. H. R., *The Enclosure and Redistribution of Our Land*, Oxford: Clarendon Press, 1920.

Dobb, Maurice, *Studies in the Development of Capitalism*, London, 1954.

Dobb, M. H., "The English Revolution", *Labour Monthly*, Vol. 23, no. 2.

Donath, Ference, *Reform and Revolution: Transformation of Hungary's Agriculture 1945-1970*, Corvina Kiado, 1980.

Dumont, Rene, *Types of Rural Economy: Studies of World Agriculture*, London: Methuem, 1957.

Dyer, C. C., *Lords and Peasants in a Changing Society: The Estates of the Bishopric of Worcester 680-1540*, Cambridge U. P., 1980.

Eggertsson, Thrainn, *Economic Behavior and Institutions*, Cambridge U. P., 1990.

Eicher, Carl K., and John M. Staatz, eds., *Agricultural Development in the Third World*, The Johns Hopkins University Press, 1990.

Ellias, Martha J., "A Study in the Manorial History of Halifax Parish in the Sixteenth and Early Seventeenth Centuries", *Yorkshire Archaeological Journal*, vol. 40, part 1, 2 (1960).

Enese, Laszlo, ed., *Development of Forms of Cooperative Farming in Hungary*, National Council of Agricultural Cooperatives, Budapest, 1979.

English, Barbara, *The Great Landowners of East Yorkshire 1530-1910*, Harvester, 1990.

Fertig, Georg, "A peasant way of economic growth. the land market, family transfers, and the life circle in nineteenth-century Westfhalia", in Gérard Béaur, Phillipp R. Schofield Jean-Michel Chevet, Maria Teresa Perez Picazo, eds., *Property Right, Land Markets and Economic Growth in the Europea: Countryside Thirteenth-Twentieth Centuries*, Brepols, 2013.

Finch, Mary E., *The Wealth of Five Northamptonshire Families,*

1540-1640, Oxford, 1956.

Firth, C. H., and R. S. Rait, eds., *Acts and Ordinance of The Interregnum 1640-1660*, 3 vols, London, 1911.

Fligstein, Neil, "The Underdevelopment of the South: State and Agriculture, 1865-1900", in A. Eugene Havevs, with Gregory Hooks, Patrick H. Mooney, and Max J. Pfeffer, eds., *Studies in the Transformation of U. S. Agriculture*, Westview Press, 1986.

Foster, George M., "Introduction: What Is a Peasant?" in Jack M. Potter, May N. Diaz, George M. Foster, eds., *Peasant Society: A Reader, Little, Brown and Company, 1957.*

Fryde, E. B., *Peasants and Landlords in Later Medieval England c.1380-c.1525*, Alan Sutton Publishing Limited, 1996.

Galenson, David W., "The Settlement and the Growth of the Colonies: Population, Labors and Economic Development", in Stanley L. Engerman and Robert E. Gallman, eds., *The Cambridge Economic History of the United States*, Cambridge University Press,1996.

Gardner, Bruce L., *American Agriculture in the Twentieth Century: How it Flourished and What It Cost*, Harvard U. P., 2002.

Gasson, Ruth, "Family Farming in Britain", in Boguslaw Galeski and Eugene Wilkening, eds., *Family Farming in European and America*, Westview Press, 1987.

Gay, E. F., "Inclosures in England in the Sixteenth Century", *Quarterly Journal of Economics*, XVII, 1930.

Gerolimatos, George, *Structural Change and Democratization of Schleswig-Holstein's Agriculture, 1945-1973*, UMI: Chapel Hill,

UMI, 2014.

Gonner, E. C. K., *Common Land and Inclosure*, London: Macmillan, 1912.

Goodman, David, and Michael Redclift, *From Peasant to Proletarian: Capitalist Development and Agrarian Transitions*, N. Y.: St. Matin.

Goody, Jack, Joan Thirsk, E. P. Thompson, eds., *Family and Inheritance: Rural Society in Western Europe, 1200-1800*, Cambridge U. P., 1976.

Grantham, George, and Carol S. Leonard, eds., *Agrarian Organization in the Century of Idustrilization Europe Russia, and America*, JAI Press, 1989.

Gray, C. M., *Copyholder, Equity and the Common Law*, Harvard U. P., 1963.

Gray, Lewis Cecil, *History of Agriculture in the Southern United States To 1860*, Washington, Carnegie Institution, 1933, 2 Vols.

Griffiths, Elizabeth, and Mark Overton, *Farming to Halves: The Hidden History of Sharefarming in England from Medieval to Modern Times*, Palgrave: Macmillan, 2009.

Peter Gubst, ed., *Hungarian Agrarian Society from the Emancipation of Serfs (1848) to the Reprivatization of Land (1998)*, Colorado: Atlantic Research and Publications, Inc., 1998.

Habib, Irfan, *The Agrarian System of Mughal India 1556-1707*, Oxford U. P., 1999.

Hagen, William W., *Ordinary Pressian: Brandenburg Junkers and Villagers, 1500-1840*, Cambridge U. P., 2002.

Hague, N. T., *Leasehold Enfranchisement*, London, 1987.

Hall, Kermit L., ed., *Land Law and Real Property in American History*, A Garland Series, 1987.

Hatcher, J., "English Serfdom and Villeinage: Toward a Reassessment", *Past and Present*, 90 (Feb. 1981).

Harvey, P. D. A., ed., *The Peasant Land Market in Medieval England*, Oxford: Clarendon Press, 1984.

Hazell, Peter, C. Poulton, S. Wiggins and A. Dorward, *The Future of Small Farms for Poverty Reductions Growth*, Washington: IFPRI, 2007.

Hatcher, J., *Rural Economy and Society in the Duchy of Cornwell, 1300-1500*, Cambridge U. P., 1970.

Havens, A. Eugene, Gregory Hooks, Patrick Mooney and Max Pfeffer, eds., *Studies in the Transformation of U. S. Agriculture*, Westview Press, 1986.

Hayami, Yujiro, and Keijro Otsuka, *The Economics of Contract Choice*, Oxford: Clarendon Press, 1993.

Held, Joseph, *The Modernization of Agriculture Rural Transformation in Hungary, 1848-1975*, Boulder, 1980.

Heller, Henry, *Labour, Science and Technology in France, 1500-1620*, Cambridge U. P., 1996.

Hemmeon, Morley de Wolf, *Burgage Tenure in Medieval England*, Harvard U. P., 1919.

Herring, Ronald J., "Chayanovian versus Neoclassical Perspectives on Land Tenure and Productivity Interactions", in E. Paul

Durrenberger, ed., *Chayanov, Peasant, and Economic Anthropology*, Academic Press, INC., 1984.

Hey, David G., *An English Rural Community Myddle under Tudor and Stuarts*, Leicester U. P., 1974.

Hilton, R. H., *English Peasantry in the Later Middle Ages*, Oxford U. P., 1975.

Hilton, R. H., *The Decline of Selfdom in Medieval England*, London: Macmillan, 1969.

Hobsbawm, Eric, "Introduction", in Karl Marx, *Pre-Capitalist Economic Formations*, New York: International Press, 1977.

Hobsbawm, Eric, Witola, Ashok Mitra, K. N. Raj, Ignacy Sachs, eds., *Peasants in History: Essays in Honour of Daniel Thorner*, Oxford U. P., 1980.

Hoffman, Richard C., "Medieval Origins of the Common Fields", in William N. Paller and Eric L. Jones, eds., *European Peasants and Their Markets: Essays in Agrarian Economic History*, Princeton U. P., 1975.

Hopcroft, Rosemary L., *Regions, Institutions, and Agrarian Change in European History*, University of Michigan Press, 1999.

Howell, Cicely, "Peasant Inheritance Custom in the Midlands 1280-1700", in J. Goody, Joan Thirsk, and E. P. Thompson, eds., *Family and Inheritance: Rural Society in Western Europe, 1200-1800*, Cambridge U. P., 1976.

Hoyle, R., "Tenure and the Land Market in Early Modern England: or a Later Contribution in Brenner Debate", *Economic Historical Review*, sec, ser, Vol. 43, no. 1 (1990).

Hoyle, R., "Conclusion: Reflections on Power and Property over the Last Millennium", in Bas Van Bavel and Richard Hoyle, eds., *Social Relations: Property Power*, Brepols, 2010.

Hurt, R. Douglas, *Problems of Plenty: The American Farmer in Twentieth Century*, Chicago: Ivan R. Dee, 2002.

Hyams, P. R., "The Proof of Villeinage Status in the Common Law", *Economic History Review*, lxxxix, 1974.

Hyams, Paul R., *King, Lords and Peasants in Medieval England: Common Law of Villanage in Twelfth and Thirteenth Century*, Oxford: Clarendon Press, 1980.

Hussain, Athar, and Keith Tribe, *Marxism and the Agrarian Question*, Macmillan, 1981.

International Labour Office, *The Landess Farmer in Latin America: Conditions of Tenants, Share-Farmers and Similar Categories of Semi-Independent and Independent Agricultural Workers in Latin America*, Geneva, 1957.

James, David R., "Local State Structure and the Transformation of Southern Agriculture", in A. Eugene Havens, with Gregory Hooks, Patrick H. Mooney, and Max J. Pfeffer, eds., *Studies in the Transformation of U. S., Agriculture*, Boulder and London: Westview Press, 1986.

Joan Thirsk, ed., *The Agrarian History of England and Wales*, Vol. VI, Cambridge U. P., 1984.

Johnson, Bruce F., and Peter Kilby, eds., *Agriculture and Structural Transformation: Economic Strategies in Late-developing Countries*, New York: Oxford U. P., 1975.

Kapila, Uma, ed., *India's Economic Development Since 1947*, New Delhi: Academic Foundation, 2009.

Kenyon, J. P., *A Dictionary of British History*, London, 1981.

Kerridge, Eric, *Agrarian Problem in the Sixteenth Century and After*, London: George Allan and Unwin, 1969.

Kerridge, Eric, *The Common Fields of England*, Manchester U. P., 1992.

Kirby, David, *Northern Europe in the Early Modern Period: The Baltic World 1492-1772*, Longman, 1990.

Komlos, John, "The Emancipation of the Hungary Peasantry and Agricultural Development", in Ivan Volgyes, ed., *The Peasantry of Eastern Europe*, Pergamon Press, 1978, Vol. 1.

Konnersmann, Frank "Land and Labour in Intensification in the Agricultural Modernization of Southwest Germany, 1760-1860", in Mats Olsson and Patrick Svensson, eds., *Growth and Stagnation in European Historical Agriculture*, Brepols, 2011.

Konvalina, Petr, ed., *Organic Farming and Food Production*, Intech, 2012.

Kula, Witold, *An Economic Theory of Feudal System, Toward a Model of the Polish Economy 1500-1800*, London, NLB, 1976.

Leadam, I. S., *The Domesday of Inclosure 1517-1518*, 2vols, N. Y.: Kennikat Press, 1971.

Lord Ernle, *English Farming, Past and Present*, Heinemann and Frank Cass, 1961.

Lord Leconfield, *Petworth Manor in the Seventeenth Century*,

Oxford University Press, 1954.

MacCulloch, D. "Bondmen under the Tudors", in Cross, C. D. Loaders, and J. J. Scansbrick, eds., *Law Professor of Modern History in the University of Cambridge on the Occasion of His Retirement*, Cambridge U. P., 1988.

Manchester, A. H., *A Modern Legal History of England and Wales, 1750-1950*, London, 1980.

Mann, Susan Archer, *Agrarian Capitalism in Theory and Practice*, University of North Carolina Press, 1990.

Marshall, *Principles of Economics,* 8th edition, London: Macmillan, 1956.

Martin, John E., *Feudalism to Capitalism, Peasant and Landlord in English Agrarian Development*, Macmillan, 1986.

McGarry, R. E., and H. W. R. Wade, *Law of Real Property*, London, 1984.

McMichael, Philip, *Food and Agrarian Orders in the World Economy*, Greenwood, 1995.

Mills, Dennis R., *Lord and Peasant in Nineteenth Century Britain*, London, 1980.

Mitchell, B., *European Historical Statistics, 1750-1975*, 2nd ed, London, 1978.

Moeller, Robert G., *Peasants and Lords in Modern Germany. Recent Studies in Agricultural History*, Boston: Allen & Unwin, 1985.

Molyneux-Child, J. W., *Evolution of English Manorial System*, Lewis: Book Guild Limited, 1987.

Morgan, O. S., ed., *Agricultural System of Middle Europe: A Symposium*, N. Y.: Macmillan Company, 1933.

Morgan, W. B., *Agriculture in the Third World: A Spatial Analysis*, Westview Press, 1978.

Morier, R. B. D., "The Agrarian Legislation of Prussia During the Peasant Century", in The Cobden Club, ed., *Systems of Land Tenure in Various Countries*, London: Macmillan, 1870.

Mulhall, Michael G., *The Dictionary of Statistics*, Thoemmes Press, 1892 [2000].

Nasse, E., *The Agricultural Community of Middle Ages and Inclosures of the Sixteenth Century in England*, London, 1872.

Overton, Mark, *Agricultural Revolution in England: The Transformation of Agrarian Economy 1500-1850*, Cambridge U. P., 1996.

Oxley-Oxland, J., and R. T. J. Stein, *Understanding Land Law*, Sydney, 1985.

Pedlow, Gregory W., "The landed elite of Hesse-Cassel in the nineteenth century", in Ralph Gibson and Martin Blinkhorn, *Landownership and Power in Modern Europe*, Harper Collins Academic, 1991.

Paget, Mary, "A Study of the Manorial Custom before 1625", *Local Historian*, Vol. 15, no 3, Aug. 1982.

Plymley, Joseph, *General View of the Agriculture of Shropshire*, London, 1813.

Pollock, F., and F. W. Maitland, *The History of English Law: Before the Time of Edward I*, Cambridge U. P., 1968.

Pound, N. J. G., *A Historical Geography of Europe 1500-1840*,

Cambridge U. P., 1979.

Prasad, C. S., ed., *Sixty Years of Indian Agriculture 1947-2007*, New Delhi: New Century Publications, 2006.

Prothero, Sir George Walter, ed., *Select Statutes and Other Constitutional Documents: Illustrative of the Reigns of Elizabeth and James I*, Oxford: Clarendon Press, 1973.

Puhle, H. J., "Lord and Peasants in the Kaiseneich", in Robert G. Moeller, ed., *Peasants and Lords in Modern Germany: Recent Studies in Agricultural History*, Allen & Unwin, 1986.

Raper, Authur F., and Ira De A Reid, *Sharecroppers All*, Chapel Hill: University of North Carolina Press, 1941.

Rebel, Hermann, *Peasant Class: The Bureaucratization of Property and Family Relations under Early Habsburg Absolutism*, Princeton U. P., 1983.

Robisheaux, Thomas, *Rural Society and the Search for Order in Early Modern Germany*, Cambridge U. P., 1989.

Rosener, Werner, *Peasants in the Middle Ages*, University of Illinois Press, 1992.

Sabean, David Warren, *Property Production, and Family in Neckarhausen 1700-1870*, Cambridge U. P., 1990.

Schissler, Hanna, "The Junkers: Notes on the Social and Historical Significance of the Agrarian Elite in Prussia", in Robert G. Moeller, ed., *Peasants and Lords in Modern Germany: Recent Studies in Agricultural History*, Boston: Allen & Unwin, 1986.

Scott, Tom, *Society and Economy in Germany, 1300-1600*,

Palgrave, 2002.

Seebohm, F., *English Village Community*, Cambridge U. P., 1883.

Shanin, Teodor, ed., *Peasants and Peasant Societies*, Penguin Books, 1987.

Simpson, A. W. B., *An Introduction to the History of the Land Law*, Oxford U. P., 1961.

Simpson, A. W. B., *History of Land Law*, second edition, Oxford: Clarendon Press, 1986.

Simpson, James, *Spanish Agriculture: the Long Siesta, 1765-1965*, Cambridge U. P., 1995.

Singh, Inderjit, Lyn Squire and John Strauss, eds., *Agricultural Household Models: Extensions, Applications, and Policy*, Johns Hopkins University Press, 1986.

Slater, G., *The English Peasantry and the Enclosure of Common Fields*, New York, 1907 (1968).

Sourisseau, Jean-Michel, ed., *Family Farming and the World to come*, Springer, 2015.

Spring, Eileen, *Law, Land, and Family: Aristocratic Inheritance in England, 1300-1800*, University of North Caroline Press, 1994.

Sreenivasan, Govind P., *The Peasants of Ottobeuren, 1487-1726, an Rural Society in Early Modern Europe*, Cambridge U. P., 2004.

Stone, L., And J. C. F., *An Open Elite? England 1540-1880*, Oxford U. P., 1986.

Tate, W. E., The English Village Community and the Enclosure Movement, London, 1967.

Tawney, R. H., *The Agrarian Problem in the Sixteenth Century*, N. Y., 1928.

Theibault, John C., *German Villages in Crisis: Rural Life in Hesse-Kassel and the Thirty Years' War, 1580-1720*, New Jersey: Humanities Press, 1995.

Thirsk, Joan, ed., *Agrarian History of England and Wales*, Vol. IV, 1500-1640, Cambridge U. P., 1967.

Thirsk, J., "The Common Field", *Past and Present*, 29 (1964).

Thirsk, J., *The Rural Economy of England*, London, 1984.

Thirsk, J., *Tudor Enclosures*, London, 1958.

Thompson, E. P., "Moral Economy of the English Crown in the Eighteenth Century", in *Past and Present* (February, 1971).

Thompson, E. P., "Folklore, Anthropology and Social History", in *Indian Historical Review*, Vol. 3, No. 2, January 1978.

Thorbecke, E., *Agricultural Sector Analysis and Models in Developing Countries*, Rome, FAO, 1982.

Thorne, Daniel, "Peasant Economy As a Category in History", in T. Shanan, ed., *Peasant and Peasant Society*, Penguin, 1988.

Eric Thorn and Tim Soens, eds., *Rural Economy and Society in North-western Europe, 500-2000*, Brepols, 2015.

Tomlinson, B. R., *The New Cambridge History of India*, Vol. III, The Economy of Modern India, 1860-1970, Cambridge U. P., 1993.

Torr, D., "The English Revolution", *Labour Monthly,* February, 1941.

Tracy, Michael, *Agriculture in Western Europe: Challenge and Response 1880-1980*, Granada, 1982.

Trike, Keith, *Genealogies of Capitalism*, Macmillan, 1981.

Turner, M. E., V. C. Beckett, and B. Afton, *Agricultural Rent in England 1690-1914*, Cambridge U. P., 1997.

Weiman, David F., Families, "Farms, and Rural Society in Preindustrial America", in George Grantham and Carol S. Leonard, eds., *Agrarian Organization in the Century of Industrialization Europe Russia, and America*, JAI Press, 1989.

Weis, T., *Global Food Economy The Battle for the Future of Farming*, London: Zed Books, 2007.

Wilson, Geoff A., and Olivia J., Wilson, *German Agriculture in Transition: Society, Policies and Environment in a Changing Europe*, Palgrave, 2001.

Wolf, Eric R., *Peasant*, N.J.: Englewood Cliff, 1966.

Wolf, Eric R., "Type of Latin American Peasantry: A Preliminary Discussion", *American Anthropology*, 57 (1955).

Yelling, J.A., *Common Field and Enclosure in England 1450-1850*, Macmillan, 1977.

Youings, Joyce, *The Dissolution of the Monastery,* London: Allen and Unwin, 1971.

作者著译作目录

著作：

1.《英国议会政治史》（合著，南京大学出版社 1991 年版）

2.《欧洲从封建社会向资本主义社会过渡研究——形态学的考察》（合著，南京大学出版社 1993 年版）

3.《西方国家形态史》（甘肃人民出版社 1993 年版）

4.《英国宪章运动》（甘肃人民出版社 1997 年版）

5.《西方社会结构的演变——从中古到 20 世纪》（珠海出版社 1998 年版）

6.《反叛的一代——20 世纪 60 年代西方学生运动》（合著，甘肃人民出版社 2002 年版）

7.《英国土地制度史》（学林出版社 2005 年版）

8.《资本主义史——从世界体系形成到经济全球化》（主编，学林出版社 2008 年版）

9.《资本主义史》（第 1 卷，人民出版社 2009 年版）

10.《世界史的结构和形式》（自选论文集，生活·读书·新知三联书店 2013 年版）

11.《资本主义史》（第 2 卷，人民出版社 2015 年版）

12.《资本主义史》（第 3 卷，人民出版社 2015 年版）

13.《中西近代思想形成的比较研究——结构发生学的考察》（人民出版社 2016 年版）

14.《英国近代知识分子的形成——从府邸宫廷到都市街巷》（商务印书馆待出）

15.《资本主义时代农业经济组织研究》（主编，上、下册，人民出版社待出）

16.《非资本主义、半资本主义和资本主义农业：资本主义时代农业经济组织的系谱》（商务印书馆 2022 年版）

17.《资本主义国家制度的兴起》（商务印书馆待出）

译作：

1.《资本主义社会的国家》（拉尔夫·密里本德著，合译，商务印书馆 1997 年版）

2.《近代国家的发展——社会学导论》（贾恩弗兰科·波齐著，商务印书馆 1997 年版）

3.《共有的习惯》（爱德华·汤普森著，合译，上海人民出版社 2002 年版）

4.《合法性的限度》（艾伦·沃尔夫著，合译，商务印书馆 2005 年版）

5.《宗教与资本主义兴起》（理查德·托尼著，合译，商务印书馆 2017 年版）